NOTICES

SUR LES

COLONIES FRANÇAISES

Paris. — Impr. administrative de Paul Dupont, rue Grenelle-St-Honoré, 45

NOTICES

SUR LES

COLONIES FRANÇAISES

ACCOMPAGNÉES D'UN ATLAS DE 14 CARTES

publiées

par ordre de S. Exc. le marquis de CHASSELOUP-LAUBAT,
Ministre Secrétaire d'État de la Marine et des Colonies.

HISTOIRE, GÉOGRAPHIE,
MÉTÉOROLOGIE, POPULATION, GOUVERNEMENT,
ADMINISTRATION, CULTE, ASSISTANCE PUBLIQUE, INSTRUCTION
PUBLIQUE, JUSTICE, FORCES MILITAIRES ET MARITIMES,
FINANCES, AGRICULTURE, INDUSTRIE, COMMERCE,
NAVIGATION, SERVICE POSTAL.

PARIS

CHALLAMEL AÎNÉ, LIBRAIRE-ÉDITEUR,

COMMISSIONNAIRE POUR LA MARINE, LES COLONIES ET L'ORIENT,

Rue des Boulangers, 30.

1866

AVERTISSEMENT

Les *Notices sur les Colonies françaises* qui forment le présent volume font suite à celles qui ont été précédemment publiées sur le même sujet par le Département de la marine et des colonies [1].

Ces Notices ont d'abord paru successivement dans la *Revue maritime et coloniale*, et sont accompagnées d'un Atlas de quatorze cartes, qui est le complément nécessaire de l'ouvrage.

On trouvera dans l'appendice une loi et un décret qui n'ont pu être insérés en temps opportun dans les *Notices*, et qui sont venus modifier la législation des sucres en France et le régime commercial du Sénégal.

---

[1] *Notices statistiques sur les Colonies françaises*, 4 vol. in-8°, Paris. Imp. royale, 1837, 1838, 1839 et 1840.—*Notice sur les Colonies françaises en 1858*, par M. E. Roy. 1 vol. in-8°. Paris, P. Dupont, 1858.

LES
COLONIES FRANÇAISES.

NOTICE PRÉLIMINAIRE.

Nomenclature des colonies.

Les possessions coloniales de la France sont :

En Amérique.

Les îles Saint-Pierre et Miquelon

La Martinique ;

La Guadeloupe et ses dépendances ;

La Guyane française ;

En Afrique.

L'Algérie[1] ;

---

1. Dans le courant de ce travail nous ne nous occuperons pas de l'Algérie, parce que cette possession française est dotée d'une organisation toute spéciale et qu'elle est confiée à une administration entièrement distincte de celle des autres colonies.

Le Sénégal et ses dépendances ;

Les établissements de la côte d'Or et du Gabon ;

La Réunion ;

Mayotte et ses dépendances ;

Sainte-Marie de Madagascar.

En Asie.

Les établissements de l'Inde, comprenant. . . . . .
- les territoires de : Pondichéry, Karikal, Yanaon, Mahé, Chandernagor, Mazulipatam,
- les loges de... : Calicut, Surate, Cassimbazar, Jougdia, Dacca, Balassore, Patna[1].

La Basse-Cochinchine ;

Les îles Poulo-Condore.

En Océanie.

Les établissements français de l'Océanie, comprenant le protectorat des îles. . . . .
- Tahiti,
- Moorea ou Eïméo,
- Maïtia,
- Matia,
- Tetiaora,
- Toubouaï,
- Pomotous,
- Gambier.

La possession des îles Marquises ;

La Nouvelle-Calédonie et ses dépendances.

---

1. Ces six dernières ne sont plus occupées ; la France possède en outre le droit d'établir des factoreries à Mascate et à Moka.

Régime constitutionnel.

GOUVERNEMENT ET ADMINISTRATION.

Aux termes de la Constitution de 1852 (*art.* 27, § 1er), le droit de régler l'organisation des Colonies est réservé au Sénat.

Cette organisation a été fixée par un sénatus-consulte du 3 mai 1854, qui a déterminé le régime administratif des trois colonies de la Martinique, de la Guadeloupe et de la Réunion, et a placé les autres colonies, jusqu'à ce qu'il ait été statué à leur égard par un sénatus-consulte, sous l'autorité des décrets de l'Empereur.

Le régime constitutionnel des Colonies comporte :
1° Un gouverneur ou un commandant ;
2° Un conseil privé ou un conseil d'administration ;
3° Un conseil général (à la Martinique, à la Guadeloupe et à la Réunion seulement) ;
4° Des conseils municipaux dans les principales colonies ;
5° Enfin un comité consultatif des colonies siégeant auprès du ministre de la marine et des colonies, à Paris.

Gouvernement et administration.

DU GOUVERNEUR.

Le commandement général et la haute administration sont confiés, dans chaque colonie, à un gouverneur ou à un commandant, sous l'autorité directe du ministre de la marine et des colonies.

Le gouverneur représente l'Empereur ; il est dépositaire de son autorité. Il rend des arrêtés et des décisions pour régler les matières d'administration et de police, et pour l'exécution des lois, règlements et décrets promulgués dans la colonie (*sén.-cons.*, *art.* 9).

Les attributions du gouverneur sont déterminées en détail par les ordonnances organiques des colonies, qui ont été maintenues en tout ce qu'elles n'avaient pas de contraire au sénatus-consulte de 1854[1].

Voici, d'après ces actes, quelles sont les principales attributions du gouverneur. Elles se divisent en pouvoirs ordinaires et pouvoirs extraordinaires. Les premiers embrassent toutes les parties du service ; le gouverneur les exerce par l'intermédiaire des chefs d'administration et après avoir consulté le conseil privé, facultativement ou obligatoirement suivant les cas, mais sans être tenu jamais de se conformer à son avis.

Les pouvoirs extraordinaires sont exercés par le gouverneur, avec obligation de consulter le conseil privé, mais avec toute latitude de statuer ensuite selon son opinion personnelle et sous sa seule responsabilité. Ces pouvoirs extraordinaires comprennent notamment le droit d'exclure de la colonie, ou d'y mettre en surveillance dans un canton déterminé, les individus qui troublent ou compromettent la tranquillité publique ; d'interdire l'entrée de la colonie aux individus dont la présence serait reconnue dangereuse ; de suspendre et de renvoyer en France les fonctionnaires de l'ordre judiciaire qui auraient tenu une conduite tellement répréhensible qu'ils ne puissent être maintenus en place.

Le gouverneur peut être poursuivi pour trahison, concus-

---

1. Ces ordonnances sont :
Pour la Martinique et la Guadeloupe et dépendances, une ordonnance du 9 février 1827 ;
Pour la Réunion, une ordonnance du 21 août 1825 ;
Pour la Guyane française, une ordonnance du 27 août 1828 ;
Pour ces quatre colonies, une ordonnance du 31 août 1828 qui règle le mode de procéder devant les conseils privés, — trois ordonnances du 22 août 1833 sur le gouvernement des colonies, modificatives des ordonnances organiques précitées, — et enfin, à l'égard des trois premières possessions, un décret du 26 juillet 1854 sur l'organisation des conseils généraux et un décret du 29 août 1855 qui supprime le commandant militaire.
Pour le Sénégal et dépendances, et pour les établissements de la Côte-d'Or et du Gabon, une ordonnance du 7 septembre 1840 ;
Pour Gorée et dépendances, un décret du 2 novembre 1854 ;
Pour les établissements français de l'Inde, une ordonnance du 23 juillet 1840 ;
Pour les établissements français de l'Océanie, une ordonnance du 28 avril 1843 ;
Pour Mayotte et dépendances, une ordonnance du 29 août 1843 ;
Pour Sainte-Marie de Madagascar, un décret du 18 octobre 1853 ;
Pour Saint-Pierre et Miquelon, une ordonnance du 18 septembre 1844.

sion, abus d'autorité ou désobéissance aux ordres de l'Empereur.

Toutefois, en ce qui concerne l'administration de la colonie, il ne peut être recherché lorsqu'il a agi conformément aux représentations ou aux propositions des chefs d'administration. Le gouverneur ne peut être, sous quelque cause que ce soit, ni actionné ni poursuivi dans la colonie pendant l'exercice de ses fonctions.

En cas de mort, d'absence ou autre empêchement, et lorsqu'il n'y a pas été pourvu d'avance, le gouverneur est remplacé provisoirement par l'ordonnateur et, à défaut de ce fonctionnaire, par le directeur de l'intérieur.

DES CHEFS D'ADMINISTRATION, DU CONTRÔLEUR ET DU COMMANDANT MILITAIRE.

Aux termes des ordonnances déjà citées, deux ou trois chefs d'administration, selon l'importance des colonies, dirigent, sous les ordres du gouverneur, les différentes parties du service ; ce sont : l'ordonnateur, le directeur de l'intérieur[1], le procureur général. Un contrôleur veille à la régularité des diverses parties du service et requiert l'exécution des lois, ordonnances et règlements.

L'ordonnateur est chargé de l'administration de la marine, de la guerre et du trésor, de la direction générale des travaux de toute nature (autres que ceux du service local et des communes), de l'ordonnancement des dépenses et de la comptabilité générale pour tous les services.

Le directeur de l'intérieur exerce les attributions qui concernent les services dépendant de l'administration intérieure, et afférents au budget local. Elles comprennent spécialement l'ordonnancement des dépenses du service local, la comptabilité des recettes et des dépenses de ce service en matières et deniers; la préparation du budget local et sa présentation au conseil privé et au conseil général. Il a sous ses ordres les ingénieurs civils et tous les agents, entretenus ou non entretenus, du service local (*décret du* 29 *août* 1855, *art.* 3).

---

1. Les fonctions de directeur de l'intérieur n'existent qu'à la Martinique, à la Guadeloupe, à la Réunion et à la Guyane. Dans les autres colonies elles sont exercées par l'ordonnateur.

Il est en outre chargé de la police générale et de l'administration des contributions directes et indirectes.

Le procureur général, en sa qualité de chef de l'administration judiciaire, a une série d'attributions indépendantes de celles de chef du parquet : il est chargé notamment de suivre les affaires de recours en grâce, de surveiller la curatelle aux successions vacantes, de préparer les projets de décrets ou de règlements concernant les matières judiciaires ; il exerce directement la discipline sur les notaires, les avoués et les autres officiers ministériels ; il a seul la présentation au gouverneur des candidats pour les places de judicature vacantes dans les tribunaux et pour les offices de notaires, d'avoués, etc.

Le contrôleur colonial est chargé du contrôle spécial de l'administration de la marine, de la guerre et des finances, et de la surveillance générale de toutes les parties du service administratif de la colonie. Il remplit ses fonctions dans une entière indépendance de toute autorité locale, mais il ne peut ni diriger ni suspendre aucune opération.

Les ordonnances organiques des colonies avaient institué à la Martinique, à la Guadeloupe, à la Réunion et à la Guyane un commandant militaire chargé, par délégation du gouverneur, des diverses parties du service militaire. Cet emploi a été supprimé dans les trois premières de ces colonies par un décret impérial du 29 août 1855 ; il ne subsiste donc plus qu'à la Guyane.

DU CONSEIL PRIVÉ.

Le conseil privé est composé : du gouverneur, président ; de l'ordonnateur ; du directeur de l'intérieur ; du procureur général et de deux conseillers[1] nommés par l'Empereur, lesquels, au besoin, peuvent être remplacés par des suppléants (*décret du* 29 *août* 1855, *art.* 5). Le contrôleur colonial assiste de droit au conseil et y a voix délibérative.

Le conseil ne peut délibérer qu'autant que tous ses membres sont présents ou légalement remplacés. Toutefois, dans le cas où il n'est que consulté, la présence du gouverneur n'est point obligatoire.

---

1. Il y en a trois à la Guyane.

Le conseil a le droit de demander communication de toutes les pièces relatives à la comptabilité, et, avec l'autorisation du gouverneur, de tout document susceptible de servir à former son opinion.

Il délibère à la pluralité des voix, en cas de partage celle du gouverneur est prépondérante.

Le conseil est consulté par le gouverneur sur la plupart des questions d'administration, sans toutefois que son avis puisse lier le gouverneur.

La compétence du conseil privé s'étend en outre sur des matières qui appartiennent à deux juridictions tout à fait distinctes : les unes se rapportent à la juridiction administrative, et les autres sont de nature purement judiciaire.

Dans le premier cas, le conseil se constitue, avec l'adjonction de deux magistrats désignés par le gouverneur, en conseil du contentieux administratif, pour le jugement des matières analogues à celles qui sont déférées en France aux conseils de préfecture. Le contrôleur colonial y remplit les fonctions du ministère public. Les décisions rendues sur ces matières sont susceptibles de recours au conseil d'État.

Dans le second cas, le conseil se forme en commission d'appel, et se prononce, sauf recours en cassation, sur l'appel des jugements rendus par le tribunal de 1re instance, en matière de douanes et de contributions directes.

Le mode de procéder devant les conseils privés a été réglé par une ordonnance royale du 31 août 1828; dans les cas prévus par cette ordonnance, quatre avocats désignés par le gouverneur ont le droit exclusif de faire tous actes d'instruction et de procédure devant le conseil.

Le président du conseil de l'ordre des avocats à la cour de cassation à Paris est chargé de recevoir, en cas de défaut, les communications faites aux défendeurs dans les instances portées au conseil d'État contre les décisions des conseils privés des colonies.

Dans les colonies du Sénégal et dépendances, de la Nouvelle-Calédonie, de l'Inde, de Mayotte, de Saint-Pierre et Miquelon, dans les établissements de la côte d'Or, du Gabon et de l'Océanie, le conseil privé prend le titre de conseil d'administration ; son organisation et ses attributions sont à peu près les mêmes que celles des conseils privés des autres colonies. Il est composé du gouverneur ou commandant de la colonie, du chef du service administratif, du chef du service judiciaire et du contrôleur colonial, et de deux habitants notables nommés par le gouverneur ou commandant. Lorsque le conseil a à se prononcer sur des matières de contentieux administratif, il s'adjoint un ou deux magistrats, et le contrôleur colonial y exerce alors les fonctions du ministère public. Ses décisions peuvent être attaquées par voie de recours au conseil d'État.

Le conseil d'administration ne peut délibérer que sur les affaires qui lui sont présentées par le gouverneur ou commandant, sauf le cas où il juge administrativement.

Dans les établissements français de l'Océanie, un arrêté local du 2 août 1861 a créé un comité consultatif d'administration, de commerce et d'agriculture, siégeant à Papeete et composé de treize membres, tous à la nomination du gouverneur. Comme son titre l'indique, les attributions de ce comité sont purement consultatives.

DU CONSEIL GÉNÉRAL.

Organisation. — Le conseil général dans les colonies de la Martinique, de la Guadeloupe et de la Réunion, est composé de vingt-quatre membres nommés, moitié par le gouverneur, moitié par les conseils municipaux de la colonie.

L'organisation du conseil général est réglée par un décret du 26 juillet 1854 dont voici les principales dispositions :

Peuvent être membres du conseil général : tous les citoyens âgés de vingt-cinq ans révolus et résidant dans la colonie depuis un an au moins. L'élection n'est valable qu'à la majorité absolue des suffrages, et qu'autant que les deux tiers des membres des conseils municipaux de la circonscription y ont concouru. En cas d'égalité du nombre de suffrages, l'élection est acquise au plus âgé.

Les membres des conseils généraux sont nommés pour six ans ; ils sont renouvelés par moitié tous les trois ans et sont indéfiniment rééligibles. A la session qui suit la première élection, le conseil général se partage en deux séries, composées chacune de six membres nommés par le gouverneur et de six membres nommés par voie d'élection. Un tirage au sort, fait par le gouverneur en conseil privé, détermine la première série à renouveler.

Ne peuvent être nommés membres du conseil général par voie d'élection : 1° Les fonctionnaires, magistrats, officiers et agents de tous ordres en activité de service, et recevant un traitement sur les budgets de l'État ou de la colonie; 2° les membres déjà nommés par le gouverneur.

Le conseil général se réunit une fois chaque année en session ordinaire, sur la convocation du gouverneur. La durée de la session ne peut être de plus d'un mois. Toutefois, le gouverneur peut la prolonger en cas de nécessité. Le gouverneur peut convoquer le conseil général en session extraordinaire par un arrêté qui en fixe en même temps la durée.

Le président, le vice-président et les deux secrétaires du conseil général sont nommés, pour chaque session, par le gouverneur et choisis parmi les membres du conseil.

L'ouverture de chaque session du conseil général est faite par le gouverneur.

Le directeur de l'intérieur a entrée au conseil général et assiste aux délibérations; il est entendu quand il le demande. Les autres chefs d'administration et de service peuvent être autorisés par le gouverneur à entrer au conseil pour y être entendus sur les matières qui rentrent dans leurs attributions respectives.

Les délibérations des conseils généraux ne sont valables qu'autant que la moitié plus un de leurs membres y a concouru. En cas de partage des votes, la voix du président est prépondérante. Les votes sont recueillis au scrutin secret toutes les fois que quatre des membres présents le réclament.

Le conseil général peut exprimer, dans un mémoire au gouverneur, ses vœux sur les objets intéressant la colonie. Il ne peut faire publier aucune proclamation ou adresse.

Est nulle toute délibération prise par le conseil général hors du temps de sa session, hors du lieu de ses séances ou en dehors de ses attributions légales. L'annulation est prononcée par le gouverneur en conseil privé.

Les délibérations des conseils généraux sont analysées dans des procès-verbaux rédigés par les secrétaires sous la direction du président.

Le gouverneur peut autoriser, sous les restrictions qu'il juge convenables, la publication de ces résumés dans le journal officiel de la colonie.

Le conseil général peut être dissous ou prorogé par un arrêté du gouverneur, rendu en conseil privé. En cas de dissolution, il doit être procédé, dans le délai de trois mois, à une nouvelle élection.

En cas de vacance par option, décès, démission ou autrement, il y est pourvu par le gouverneur ou par les membres des conseils municipaux, dans le délai de trois mois.

Est considéré comme démissionnaire tout membre du conseil général qui a manqué à une session ordinaire sans excuse légitime ou empêchement admis par le conseil.

Les séances du conseil général ne sont pas publiques.

Attributions. — Le conseil général vote :

1º Les dépenses d'intérêt local;

2º Les taxes nécessaires pour l'acquittement de ces dépenses et pour le payement, s'il y a lieu, de la contribution due à la métropole, à l'exception des tarifs de douanes, qui sont réglés conformément à ce qui est prévu aux articles 4 et 5 du sénatus-consulte de 1854 (voir plus loin, page 13);

3º Les contributions extraordinaires et les emprunts à contracter dans l'intérêt de la colonie.

Le conseil donne son avis sur toutes les questions d'intérêt colonial dont la connaissance lui est réservée par les règlements, ou sur lesquelles il est consulté par le gouverneur (*sén.-cons., art.* 13).

DE L'ADMINISTRATION MUNICIPALE.

Le territoire des colonies de la Martinique, de la Guadeloupe et de la Réunion est divisé en communes. Il y a dans chaque commune une administration composée du maire, des adjoints et du conseil municipal. Les maires, adjoints et conseillers municipaux sont nommés par le gouverneur (*sén.-cons., art.* 12).

Le conseil municipal délibère sur le budget de la commune, qui n'est exécutoire qu'après avoir été arrêté par le directeur de l'intérieur et définitivement approuvé par le gouverneur en conseil privé.

Le régime municipal n'est pas organisé dans les autres colonies. A la Guyane, la ville de Cayenne est seule érigée en municipalité; la colonie est divisée en quartiers où des commissaires-commandants exercent les principales fonctions attribuées aux maires.

DU COMITÉ CONSULTATIF DES COLONIES.

Le comité consultatif des colonies, établi près du ministre de la marine et des colonies, se compose : 1° de quatre membres nommés par l'Empereur; 2° d'un délégué de chacune des colonies de la Martinique, de la Guadeloupe et de la Réunion, choisi par le conseil général de la colonie (*sén.-cons.*, art. 17).

Le ministre de la marine et des colonies préside le comité.

Un membre du comité est désigné par le ministre pour présider en son absence.

Le directeur des colonies au ministère de la marine a droit de présence à toutes les séances du comité; il y introduit, au nom du ministre, les affaires sur lesquelles le comité est consulté, et prend part à toutes les délibérations.

Le comité donne son avis sur les projets de sénatus-consultes, les projets de lois et les projets de décrets relatifs aux matières coloniales, qui sont renvoyés à son examen par le ministre de la marine et des colonies. Il peut être chargé de préparer lui-même ces projets d'après les vues générales qui lui sont indiquées par le ministre. Il peut être, en outre, consulté sur toutes les questions relatives aux colonies que le ministre juge susceptibles d'être soumises à son examen.

Le comité ne peut prendre d'initiative et ne délibère que sur les affaires qui lui sont expressément déférées.

Le comité est permanent; il se réunit sur la convocation du ministre ou sur celle du vice-président, toutes les fois que l'exigent les matières soumises à ses délibérations. Il ne prend de vacances qu'en vertu d'autorisations spéciales du ministre.

Les délibérations du comité sont secrètes. Le ministre seul statue sur la suite à donner à ses avis, et sur l'usage à en faire près des corps constitués.

Sur la désignation du directeur des colonies, le comité appelle à ses séances les chefs de bureau et autres fonctionnaires aptes à être entendus, suivant la nature des affaires en délibération.

Un secrétaire est adjoint au comité; il est désigné par le ministre de la marine, soit parmi les employés de la direction des colonies, soit hors des bureaux.

Les quatre membres à la nomination de l'Empereur exercent gratuitement leurs fonctions. Les trois membres du comité nommés pour trois ans à titre de délégués par les conseils généraux des colonies reçoivent chacun une indemnité annuelle de 12 000 francs, payable sur les fonds du service local de leur colonie respective.

Le ministre de la marine désigne ceux des membres nommés par l'Empereur qui doivent, aux termes du paragraphe 4 de l'article 17 de la constitution coloniale, représenter dans le comité les divers établissements coloniaux non pourvus de délégués spéciaux (*décret du 26 juillet* 1854).

Régime législatif.

La constitution de 1854 a maintenu dans leur ensemble les lois, ordonnances et décrets précédemment en vigueur dans les colonies sur la législation civile et criminelle, l'exercice des droits politiques, l'organisation judiciaire, l'exercice des cultes, l'instruction publique, le recrutement des armées de terre et de mer (*sén.-cons., art.* 2).

A la Martinique, à la Guadeloupe et à la Réunion, le sénatus-consulte de 1854 a déterminé pour l'avenir la part respective du pouvoir du Sénat et de l'Empereur dans la législation de ces trois colonies (*art.* 3, 6, 7).

Le pouvoir législatif du sénat (*art.* 3) s'étend à tout ce qui concerne :

1° L'exercice des droits politiques ;

2° L'état civil des personnes ;

3° La distinction des biens et les différentes modifications de la propriété ;

4° Les contrats et les obligations conventionnelles en général ;

5° Les manières dont s'acquiert la propriété, par succession, donation entre-vifs, testament, contrat de mariage, vente, échange et prescription ;

6° L'institution du jury ;

7° La législation en matière criminelle ;

8° L'application aux colonies du principe du recrutement des armées de terre et de mer.

Il est statué par décrets impériaux (*art.* 6), rendus dans la forme de règlements d'administration publique, sur :

1° La législature en matière civile, correctionnelle et de simple police, sauf les réserves prescrites par l'art. 3 ;

2° L'organisation judiciaire;
3° L'exercice des cultes;
4° L'instruction publique;
5° Le mode de recrutement des armées de terre et de mer;
6° La presse;
7° Les pouvoirs extraordinaires des gouverneurs, en ce qui concerne les mesures de haute police et de sûreté générale;
8° L'administration municipale, en ce qui n'est pas réglé par le sénatus-consulte du 3 mai 1854;
9° Les matières domaniales;
10° Le régime monétaire, le taux de l'intérêt et les institutions de crédit;
11° L'organisation et les attributions des pouvoirs administratifs;
12° Le notariat, les officiers ministériels et les tarifs judiciaires;
13° L'administration des successions vacantes.

Des décrets de l'Empereur (*art.* 7) règlent :
1° L'organisation des gardes nationales et des milices locales;
2° La police municipale;
3° La grande et la petite voirie;
4° La police des poids et mesures et, en général, toutes les matières non mentionnées dans les articles 3, 4, 5, 6, du sénatus-consulte de 1854, ou qui ne sont pas placées dans les attributions des gouverneurs.

Les lois concernant le régime commercial des colonies sont votées par le Corps législatif et promulguées par décret impérial après examen du sénat (*sén.-cons.*, *art.* 4).

En cas d'urgence, et dans l'intervalle des sessions du Corps législatif, le gouvernement métropolitain peut statuer sur les matières commerciales, par décrets rendus dans la forme d'administration publique, mais ces décrets doivent être présentés au Corps législatif pour être convertis en lois dans le premier mois de la session qui suit leur publication (*art.* 5).

Dans nos autres établissements coloniaux, comme il a déjà été dit plus haut, toutes les questions législatives sont réglées par des décrets impériaux.

Législation civile. — Le code Napoléon est en vigueur dans les colonies; il y a été promulgué, pour la population libre, par des actes des autorités coloniales (Martinique, 7 novembre 1805; Guadeloupe, 9 novembre 1805; Réunion, 17 et 25 octobre 1805; Guyane, 23 septembre 1805; Inde, 6 janvier 1819; Sénégal, 5 novembre 1830; Saint-Pierre et Miquelon, 26 juillet 1833.

Depuis l'abolition de l'esclavage le code Napoléon régit l'universalité des citoyens.

En outre deux décrets du 22 janvier 1852 et du 15 janvier 1853 ont rendu applicables aux colonies différents actes qui touchent à divers titres à la législation civile.

Un sénatus-consulte du 3 mai 1856 a réglé l'expropriation pour cause d'utilité publique à la Martinique, à la Guadeloupe et à la Réunion.

Le code de procédure civile a été appliqué aux Antilles et à la Réunion, avec certaines modifications, par deux ordonnances des 19 octobre 1828 et 26 décembre 1827; à la Guyane par un arrêté local du 18 avril 1821; dans l'Inde par un arrêté du 6 janvier 1819; au Sénégal par des arrêtés locaux des 24 avril et 22 juin 1823; à Saint-Pierre et Miquelon par l'ordonnance du 26 juillet 1833.

Le code de commerce a été promulgué, avec diverses modifications, à la Guadeloupe par un arrêté local du 15 septembre 1808; à la Réunion, par un arrêté local du 14 juillet 1819; à la Guyane, par un arrêté du 1er octobre 1820; dans l'Inde par un arrêté du 6 janvier 1819; au Sénégal par un arrêté du 4 juin 1819; à Saint-Pierre et Miquelon par une ordonnance du 26 juillet 1833. Il n'avait pas été mis en vigueur à la Martinique; cette lacune a été comblée par une loi du 7 décembre 1850 qui a généralisé pour toutes les colonies, en même temps que l'application de ce code, celles de toutes les lois qui l'ont complété.

Les lois du 17 avril 1832 et du 13 décembre 1848 sur la contrainte par corps ont été appliquées dans les colonies, la première par une ordonnance du 12 juillet 1832, la seconde par un décret du 22 janvier 1852.

La conservation des hypothèques a été établie à la Martinique, à la Guadeloupe et à la Guyane par une ordonnance du 14 juin 1829; à la Réunion par une ordonnance du 22 novembre 1829; au Sénégal par un décret du 28 novembre 1861; à Mayotte et dépendances par un décret du 17 mai 1862.

Le service de l'enregistrement a été fondé à la Martinique, à la Guadeloupe et à la Guyane par une ordonnance du 31 décembre 1828, complétée par deux autres ordonnances des

1ᵉʳ juillet 1831 et 16 mai 1832 ; à la Réunion par une ordonnance du 19 juillet 1829 ; au Sénégal par un décret du 4 août 1860.

L'impôt du timbre a été établi à la Réunion par un acte local du 20 octobre 1804 ; à la Martinique et à la Guadeloupe par un décret du 24 octobre 1860, et au Sénégal par un décret du 4 août 1860.

Le régime de la curatelle des successions vacantes, dès longtemps institué aux Antilles et à la Réunion par d'anciens actes, a été réorganisé dans ces trois colonies, ainsi qu'à la Guyane, par un décret du 27 janvier 1855 ; ce même décret a été promulgué au Sénégal par un décret du 22 novembre 1861.

Législation criminelle. — Le code pénal et le code d'instruction criminelle ont été rendus applicables aux colonies, savoir, le code pénal : à la Martinique et à la Guadeloupe, par des ordonnances du 29 octobre 1828 ; à la Réunion par une ordonnance du 30 décembre 1827 ; à la Guyane par une ordonnance du 10 mai 1829 ; dans l'Inde par un arrêté local du 6 janvier 1819 ; au Sénégal par un arrêté du 11 mai 1824 ; à Saint-Pierre et Miquelon par une ordonnance du 26 juillet 1833 ; — le code d'instruction criminelle : à la Martinique et à la Guadeloupe, par des ordonnances du 12 octobre 1828 ; à la Réunion par une ordonnance du 19 décembre 1827 ; à la Guyane par une ordonnance du 10 mai 1829 ; dans l'Inde par un arrêté du 21 avril 1825 ; à Saint-Pierre et Miquelon par une ordonnance du 26 juillet 1833. Ces ordonnances n'ont apporté à ces codes que des changements secondaires, relatifs surtout au jury, sauf toutefois une disposition portant suppression pour la Réunion, vu l'éloignement de cette colonie, du recours en cassation en matière criminelle. Depuis lors un décret du 7 juin 1862 a ouvert le recours en cassation contre les arrêts rendus dans cette colonie par les cours d'assises et par la cour impériale, jugeant correctionnellement.

Ces ordonnances ont été suivies d'une loi spéciale du 22 juin 1835 et d'une ordonnance du 29 novembre 1836, qui ont rendu applicable aux colonies, sauf des changements peu graves, la loi du 28 avril 1832, modificative du code pénal et du code d'instruction criminelle.

Les décrets du 22 janvier 1852 et du 15 janvier 1853 ont prescrit la publication, dans nos colonies, d'un assez grand nombre de lois qui règlent divers points de la législation criminelle.

Un sénatus-consulte du 24 février 1855 et un décret du 10 mars ont appliqué dans toutes les colonies la loi du 30 mai 1854 sur l'exécution de la peine des travaux forcés, avec quelques modifications.

Un sénatus-consulte du 24 février 1855 et un décret du 10 mars suivant ont étendu aux colonies la loi du 31 mai 1854 sur l'abolition de la mort civile.

Législation sur le travail et la police rurale. — Le décret du 13 février 1852 a réglé dans les colonies le régime du travail, les obligations réciproques des travailleurs et des propriétaires, la police rurale et domestique et la répression du vagabondage. Par ce décret, la population des campagnes aux colonies se trouve placée dans l'alternative d'avoir des engagements à long terme ou de se pourvoir de livrets, à moins de justifier de moyens personnels d'existence. Des pénalités sont attachées aux infractions des propriétaires et des travailleurs à leurs obligations réciproques.

Une définition du vagabondage, plus stricte et plus sévère que celle du code pénal, vient en aide à la surveillance de la police municipale.

De nombreux règlements émanés des autorités coloniales ont développé le système inauguré par le décret de 1852, et qui est spécialement confié aux soins des juges de paix coloniaux.

Comme complément du décret du 13 février 1852 sont intervenus : 1° sous la date du 27 mars suivant, un autre décret qui réglemente l'immigration coloniale, en fixant les conditions des transports maritimes pour l'introduction des engagés de diverses races aux colonies ; 2° sous la date du 4 septembre 1852, un décret qui renvoie aux gouverneurs la réglementation complète du système des livrets.

Législation sur la presse. — Aux termes des ordonnances organiques de 1825 et de 1827, la surveillance de la presse et la police de la librairie sont remises au pouvoir discrétionnaire des gouverneurs.

Cette législation avait été modifiée par un décret du 2 mai 1848 et une loi du 7 août 1850, qui avaient été abrogés eux-mêmes par un décret du 20 février 1852; mais un décret du 30 avril 1852 a remis en vigueur ces deux derniers actes en tant qu'ils ne seraient pas contraires aux ordonnances organiques, et a substitué, pour la connaissance des délits politiques ou autres commis par la voie des journaux ou par la parole, la juridiction des tribunaux correctionnels à celle des cours d'assises.

Organisation judiciaire.

L'organisation et l'administration de la justice ont été réglées : à la Réunion par une ordonnance du 30 septembre 1827 ; à la Martinique et à la Guadeloupe par une ordonnance du 24 septembre 1828 (ces trois ordonnances modifiées par un décret du 16 août 1854); à la Guyane par un décret du 16 août 1854; dans l'Inde par une ordonnance du 7 février 1842, modifiée par une ordonnance du 3 février 1846 et un décret du 1er février 1862 ; au Sénégal par un décret du 9 août 1854; à Saint-Pierre et Miquelon par une ordonnance du 26 juillet 1833 ; à Mayotte et dépendances, ainsi qu'à Sainte-Marie de Madagascar, par une ordonnance du 26 août 1847, modifiée par les décrets du 30 janvier 1852 et du 29 février 1860.

D'après ces divers actes la justice est rendue dans nos principaux établissements coloniaux :

1° Par des tribunaux de paix et de police;
2° Par des tribunaux de première instance ;
3° Par des cours impériales;
4° Par des cours d'assises.

Voici les bases principales de l'organisation de ces divers tribunaux.

Les tribunaux de paix connaissent, en dernier ressort, des actions civiles et commerciales dont la valeur varie de 75 à 250 francs suivant la colonie, et en premier ressort, de 150 à 500 francs suivant la nature des contestations. (*Voir pour la limite de ces valeurs les ordonnances précitées.*)

Comme tribunaux de police, ils connaissent des contraventions telles qu'elles sont définies par le code pénal et le code d'instruction criminelle appliqués aux colonies. Les peines de police aux colonies (celles qu'appliquent les tribunaux de police et que les gouverneurs peuvent édicter dans leurs arrêtés) peuvent, en exécution des dispositions combinées du code d'instruction criminelle et du code pénal, aller jusqu'à 15 jours de prison et 100 francs d'amende. A la Guyane, sauf pour l'île de Cayenne et les quatre quartiers environnants, les fonctions de juges de paix sont exercées par les commissaires commandants de quartiers. Au Sénégal et dans ses dépendances, la juridiction des justices de paix est absorbée par celle des tribunaux de première instance.

Les *tribunaux de première instance*, dont la composition varie suivant l'importance du siége[1], connaissent de l'appel des jugements rendus en premier ressort par les juges de paix en matière civile et en matière commerciale, de toutes actions civiles et commerciales en premier et dernier ressort, jusqu'à concurrence de 500 à 2000 francs en principal, ou de 80 à 200 francs de revenu, suivant la colonie, et à charge d'appel au-dessus de ces sommes.

En matière correctionnelle ils connaissent en premier ressort de tous les délits et de toutes les infractions aux lois dont la peine excède la compétence des juges de paix, et ils procèdent comme les tribunaux correctionnels de France.

Les tribunaux de première instance connaissent, en outre, de l'appel des jugements de simple police, en premier ressort seulement, et des contraventions aux lois sur le commerce étranger, le régime des douanes et les contributions indirectes.

En cas de demande reconventionnelle, ils se conforment aux dispositions de l'article 2 de la loi du 11 avril 1838. Enfin ils exercent les attributions déférées en France aux chambres du conseil par le chapitre ix du livre Ier du code d'instruction criminelle. Un membre du tribunal, désigné pour 3 ans par décret impérial, remplit les fonctions de juge d'instruction.

Les *cours impériales* connaissent en appel : 1° des jugements des tribunaux de première instance en matière civile; 2° des jugements de police correctionnelle rendus en premier ressort par les tribunaux de première instance. Leur composition varie suivant la colonie.

Les *cours d'assises* connaissent de toutes les affaires dont le fait, objet de la poursuite, est de nature à emporter peine afflictive et infamante. Elles sont composées d'un certain nombre de conseillers de la cour impériale et d'assesseurs tirés

---

[1]. Dans la notice spéciale que nous consacrerons dans la suite à chaque colonie, nous indiquerons exactement la composition de chaque tribunal et de chaque cour impériale.

au sort sur une liste particulière de citoyens choisis dans des catégories déterminées. Aux termes des ordonnances d'organisation judiciaire des 30 septembre 1827 et 24 septembre 1828, aux Antilles et à la Réunion, les assesseurs sont appelés à prononcer en commun avec des magistrats de la cour d'assises, sur la position des questions, sur toutes les questions posées et sur l'application de la peine ; à la Guyane et au Sénégal, les assesseurs ne sont pas appelés à prononcer sur ce dernier point[1].

Dans les petites colonies, l'organisation judiciaire est plus simple.

A Saint-Pierre et Miquelon, la justice est rendue par deux tribunaux de paix, un tribunal de première instance et un conseil d'appel.

A Mayotte et à Nossi-bé, le service judiciaire comprend :

1° Un conseil de justice composé de sept membres, présidé par le commandant de la station, et appelé à juger les crimes de rébellion et d'attentat à la sûreté de la colonie ;

2° Deux tribunaux de première instance, l'un à Mayotte, l'autre à Nossi-bé, composés chacun d'un seul magistrat, dont la compétence s'étend en dernier ressort, pour les contestations civiles et commerciales, jusqu'à une valeur de 1000 francs en principal, et à charge d'appel devant la cour impériale de la Réunion au delà de cette limite.

3° Ces tribunaux se constituent en tribunaux correctionnels et en tribunaux de police pour statuer sur les délits et contraventions. Leurs jugements sont susceptibles d'appel devant la cour de la Réunion lorsque l'emprisonnement s'élève à plus d'une année et l'amende à plus de 1000 francs.

A Sainte-Marie de Madagascar le commandant particulier de l'île a, pour le jugement des affaires civiles et commerciales, les mêmes pouvoirs que les juges de Mayotte et Nossi-bé, avec cette seule différence que sa compétence est limitée à 500 francs. Les actions criminelles sont jugées par un magistrat délégué par le procureur général de la Réunion.

Dans les établissements de l'Océanie, la justice est rendue : 1° par un tribunal de paix ; 2° par un tribunal de première instance et de commerce ; 3° par un tribunal de police correc-

---

1. Le conseil d'État est en ce moment saisi d'un projet ayant pour but d'introduire une disposition analogue aux Antilles et à la Réunion.

tionnelle; 4° par une cour d'appel; 5° par un tribunal criminel. Ces diverses juridictions sont organisées (sauf le juge de paix, qui est institué *ad hoc*) au moyen du personnel militaire et administratif de l'établissement, et d'éléments empruntés à la population indigène quand il s'agit d'affaires mixtes.

Dans les établissements de l'Océanie, il n'a pas encore été pourvu législativement à l'organisation judiciaire de la colonie de l'Océanie; cette organisation est à l'étude.

En vertu du décret du 1er décembre 1858, les magistrats des cours impériales et des tribunaux de première instance des colonies françaises sont considérés comme détachés du ministère de la justice pour un service public et placés sous l'autorité du ministre de la marine et des colonies.

Toutefois, les mesures disciplinaires qu'il y aurait lieu de prendre à leur égard seront arrêtées de concert entre le ministère de la marine et des colonies et le garde des sceaux, sans préjudice des pouvoirs et attributions conférés aux gouverneurs, ainsi qu'aux cours et tribunaux, par les ordonnances organiques concernant l'administration de la justice aux colonies.

Les décrets portant nomination ou révocation des membres des cours impériales et des tribunaux de première instance sont rendus sur la proposition collective du ministre de la marine et des colonies, et du garde des sceaux qui les contresignent.

Les décrets ayant pour objet de modifier dans les colonies, soit la législation civile, correctionnelle et de simple police, soit l'organisation judiciaire, sont rendus sur le rapport du ministre de la marine et des colonies et du garde des sceaux, dans les formes et dans les limites déterminées par les articles 3, 6 et 18 du sénatus-consulte du 3 mai 1854.

Les procureurs généraux ou chefs du service judiciaire adressent, tous les six mois, au ministre de la marine et des colonies et au garde des sceaux, un rapport sur l'administration de la justice et sur la marche de la législation dans les colonies.

Les magistrats coloniaux peuvent être placés en France après cinq ans de service aux colonies. Ils sont amovibles.

Justice indigène. — Un tribunal musulman a été créé au Sénégal, par un décret du 20 mai 1857; il est composé d'un cadi, d'un assesseur et d'un greffier, nommés par le gouverneur. Le tribunal connaît exclusivement, d'après le droit et suivant la procédure en usage chez les Musulmans, des contestations entre indigènes et Musulmans ; l'appel de ses jugements a lieu devant un conseil composé du gouverneur, d'un conseiller de la cour impériale de Saint-Louis, du directeur des affaires indigènes et du chef de la religion musulmane.

Justice militaire. — Les dispositions pénales du code de justice militaire, pour l'armée de mer, ont été rendues exécutoires dans les colonies de la Martinique, de la Guadeloupe et de la Réunion, par un sénatus-consulte du 4 juin 1858 et par un décret du 21 juin de la même année à la Guyane, au Sénégal, à Gorée, dans les établissements de l'Inde et de l'Océanie.

Organisation du culte et de l'enseignement.

D'après un arrêté du pouvoir exécutif, en date du 10 octobre 1848, l'administration du personnel du culte dans les colonies se trouve placé dans les attributions du ministre des cultes, qui doit prendre toutefois, pour la nomination des supérieurs ecclésiastiques, l'avis du ministre de la marine et des colonies.

Le concours des deux départements est également nécessaire pour la préparation et la mise en vigueur des règlements relatifs à l'administration des cultes dans les colonies, comme pour la création de tout établissement ecclésiastique ou religieux.

Un décret du 18 décembre 1850 a institué des évêchés à la Martinique, à la Guadeloupe et à la Réunion. L'organisation de ces trois diocèses, suffragants de l'archevêché de Bordeaux, a été réglé par un décret du 3 février 1851, conformément aux lois canoniques et civiles appliquées en France.

L'évêque traite directement avec le gouverneur des affaires de son diocèse ; il fait, de droit, partie du conseil privé, toutes les fois que le conseil s'occupe d'affaires relatives au culte ou à l'instruction publique, et y a voix délibérative. Il correspond directement en France avec le gouvernement ; toutefois, dans les affaires où l'intervention du gouverneur est requise, l'évêque lui remet copie de sa correspondance.

Les autres colonies sont placées sous le régime des préfectures apostoliques. Le préfet apostolique est nommé par le gouvernement et agréé par la cour de Rome ; il n'a que certains pouvoirs sur le clergé dont il est le chef ; il est révocable par le concours des deux pouvoirs dont il tient sa nomination.

Le personnel ecclésiastique des colonies est fourni par le séminaire du Saint-Esprit de Paris.

Le décret du 3 février 1851 a prévu la création de grands et petits séminaires dans chacune des trois colonies des Antilles et de la Réunion. Il n'a encore été pourvu à la fondation d'un grand séminaire qu'à la Martinique, mais dans les trois colonies il a été immédiatement créé des colléges ecclésiastiques.

L'enseignement est généralement placé dans les colonies sous la direction des frères de l'institut de Ploërmel et de la doctrine chrétienne, pour les garçons, et sous celle des sœurs de la communauté de Saint-Joseph de Cluny pour les filles.

Régime financier.

Le principe fondamental du sénatus-consulte de 1854, quant aux finances coloniales, consiste dans une séparation complète entre les services de l'État et ceux des colonies, et dans la décentralisation des recettes et des dépenses appartenant en propre au service local. La législation en vigueur fait aux colonies l'abandon de tous les impôts qui peuvent y être perçus, et leur laisse la libre disposition de leurs revenus.

L'État prend à sa charge les dépenses militaires et d'administration générale et laisse aux colonies les dépenses purement locales.

Ce système de séparation, établi par le sénatus-consulte de 1854 (*art.* 16), a été organisé dans tous ses détails par un décret du 26 septembre 1855 sur le régime financier des colonies.

D'après ce décret, sont comprises et classées distinctement dans le budget de l'État, sous le titre de services coloniaux, les recettes et les dépenses qui suivent :

Recettes. — 1° Le contingent à fournir, s'il y a lieu, au trésor public par les colonies, en exécution de l'article 15 du sénatus-consulte du 3 mai 1854 ; 2° le produit de la rente de l'Inde ; 3° les produits de ventes et cessions d'objets appartenant à l'État, les retenues sur traitement pour le service des pensions civiles et tous autres produits perçus dans les colonies pour le compte de l'État.

Dépenses. — 1° Les dépenses des services militaires (matériel et personnel) ; 2° les dépenses de gouvernement, d'administration générale, de justice, du culte, de subvention à l'instruction publique, de travaux et services des ports, d'agents divers dépendant des divers services, les dépenses d'intérêt commun ; 3° les subventions accordées, s'il y a lieu, au service local des colonies ; 4° enfin toutes dépenses dans lesquelles l'État a un intérêt direct.

Toutes les autres dépenses sont à la charge des colonies, qui y pourvoient au moyen des recettes locales comprenant : les droits de douane à l'entrée et à la sortie ; les droits d'entrepôt ; les droits sur les terres cultivées en produits non soumis au droit de sortie ; les droits sur les maisons ; la contribution personnelle et mobilière ; les patentes, les droits d'enregistrement, de timbre et d'hypothèques ; les taxes de navigation ; les droits sur la fabrication et la vente des spiritueux ; les produits de la poste aux lettres ; les revenus des propriétés coloniales.

Cette nomenclature n'est pas limitative et n'exclut pas toute autre imposition régulièrement assise et qui n'aurait pas été indiquée par le décret de 1855.

Les dépenses des colonies sont obligatoires ou facultatives. Voici la nomenclature des dépenses obligatoires telle qu'elle a été fixée par le décret du 31 juillet 1855 : contribution à fournir s'il y a lieu à la métropole ; solde et accessoires de solde des agents des services ci-après ; direction de l'intérieur, service financier (enregistrement, timbre et hypothèques, contributions directes et indirectes, douanes, poste aux lettres, vérification des poids et mesures, domaine) ; instruction publique, ponts et chaussées ; police générale ; ateliers de discipline et prisons, et tous autres services organisés après consultation du conseil général ; traitement, aux hôpitaux, des agents du service local ; pensions accordées par dispositions spéciales ; frais de perception de l'impôt ; frais de matériel des douanes et des administrations financières ; loyers, mobiliers, menues dépenses des tribunaux ; casernement de la gendarmerie; matériel des ateliers de discipline et des prisons; grosses réparations et entretien des édifices coloniaux; travaux d'entretien des routes et ouvrages d'art; chauffage et éclairage des corps de garde et établissement de service local; frais de route des voyageurs indigents et frais de rapatriement des créoles dénués de ressources; frais de rapatriement des émigrants à l'expiration de leurs engagements; dépenses des enfants trouvés, des aliénés, des individus atteints de maladies contagieuses; frais d'impression et de publication des listes électorales; frais de tenue des assemblées convoquées pour nommer les membres des conseils généraux; frais d'impression des budgets et des comptes du service local; tables décennales de l'état civil; frais de visite chez les pharmaciens, confiseurs et épiciers droguistes; frais relatifs aux mesures qui ont pour objet d'arrêter les épidémies; dépenses de garde et de conservation des archives de la colonie; intérêts et amortissement des emprunts autorisés.

Toutes les dépenses du service local qui ne sont pas comprises dans la nomenclature qui précède, sont considérées comme facultatives et soumises à ce titre au vote des conseils généraux à la Martinique, la Guadeloupe et la Réunion.

Dans ces trois colonies, le conseil général détermine les voies et moyens applicables à la réalisation des crédits nécessaires à l'acquittement de toutes les dépenses locales. Toutefois les budgets et les tarifs des taxes locales, ainsi votés, ne sont valables qu'après avoir été approuvés par le gouverneur, qui est autorisé à y introduire d'office les dépenses obligatoires auxquelles le conseil général aurait négligé de pourvoir, à réduire les dépenses facultatives, à interdire la perception des taxes excessives ou contraires à l'intérêt général de la colonie, et à assurer par des ressources suffisantes l'acquittement des dépenses obligatoires.

Dans les colonies qui ne possèdent pas de conseil général, c'est au conseil privé ou au conseil d'administration que sont dévolues les attributions financières du conseil général. (*Décret du* 26 *sept.* 1855, *art.* 260.)

Quand il y a lieu d'exécuter dans les colonies quelques grands travaux publics présentant un caractère exceptionnel, il peut être formé un budget extraordinaire; il y est pourvu soit par des contributions extraordinaires, soit par des prélèvements sur les fonds de réserve; soit par des emprunts. Les contributions locales extraordinaires sont autorisées, votées et approuvées dans les mêmes formes que les contributions ordinaires; mais les emprunts doivent être approuvés par un décret impérial rendu après avis du conseil d'État.

Les colonies dont les ressources contributives sont supérieures à leurs dépenses locales peuvent être tenues de fournir un contingent au trésor métropolitain (les établissements de l'Inde sont seuls dans ce cas); dans les autres colonies, quand les revenus excèdent les dépenses, ce surplus est versé à la caisse de la réserve.

Le maximum du fonds de réserve a été fixé par le décret du 26 septembre 1855 (*art.* 98). Cette fixation a été faite de manière à ce que les colonies puissent se constituer un fonds de prévoyance suffisant pour parer, d'abord, aux premiers payements du service local, au moment où les recettes sont encore peu importantes, mais surtout pour faire face aux dépenses extraordinaires que des événements imprévus pourraient occasionner.

Tous prêts à des particuliers ou à des établissements publics, sur les fonds de réserve, sont interdits par l'art. 100 du même décret.

Les colonies dont les ressources locales ne suffisent pas à l'acquittement de leurs dépenses reçoivent une subvention de la métropole.

Voici comment sont prévues, pour l'exercice 1862, les recettes et les dépenses des colonies, tant au compte de l'État qu'à celui du service local.

BUDGET DES COLONIES

Service de l'État.

COLONIES.	DÉPENSES.
	francs.
Martinique...	2 972 600
Guadeloupe et dépendances...............................	3 407 960
Réunion..	2 495 690
Guyane française...	6 557 440
Sénégal...	2 576 690
Gorée (dépendance du Sénégal)..........................	1 035 150
Établissements de la Côte d'Or et du Gabon............	479 940
Saint-Pierre et Miquelon................................	283 300
Sainte-Marie de Madagascar.............................	289 490
Mayotte et dépendances.................................	521 880
Établissements français de Tahiti......................	675 030
Nouvelle-Calédonie......................................	1 149 420
Établissements français de l'Inde......................	535 740
Service commun des colonies............................	342 070
Dépenses militaires et maritimes classées dans les différents chapitres du budget au titre du service maritime..........	4 175 163.87
TOTAL.................	27 497 563.87 [1]

1. Ces dépenses, dites de protection, comprennent en outre les subventions faites par la métropole aux services locaux des colonies. Ces subventions s'élèvent pour l'exercice 1862 à la somme de 2 223 500 francs, ainsi répartie : Guyane, 523 000 ; Sénégal, 400 000 ; Gorée, 190 000 ; établissements de la Côte d'Or et du Gabon, 150 000 ; Saint-Pierre et Miquelon, 126 500 ; Sainte-Marie de Madagascar, 80 000 ; Mayotte et dépendances, 154 000 ; Établissements français de Tahiti, 300 000 ; Nouvelle-Calédonie, 300 000.

UR L'EXERCICE 1862.

Service local.

COLONIES.	RECETTES.			DÉPENSES.
	RECETTES locales.	SUBVENTION de l'État.	TOTAL des recettes.	
	francs.	francs.	francs.	francs.
artinique..................	3 726 171.57	»	3 726 171.57	3 726 171.57
adeloupe	4 011 566.00	»	4 011 566.00	4 011 566.00
éunion	7 685 252.13	»	7 685 252.13	7 685 252.13
yane.....................	536 655.00	523 000	1 059 655.00	1 059 655.00
négal.....................	379 370.00	400 000	779 370.00	779 370.00
rée.......................	45 544.68	190 000	235 544.68	235 544.68
te d'Or et Gabon............	50 480.00	150 000	200 480.00	200 480.00
int-Pierre et Miquelon.........	98 500.00	126 500	225 000.00	225 000.00
inte-Marie de Madagascar......	8 700.00	80 000	88 700.00	88 700.00
yotte et dépendances	35 400.00	154 000	189 400.00	189 400 00
hiti	169 374.00	300 000	469 374.00	469 374.00
uvelle-Calédonie............	34 000.00	300 000	334 000.00	334 000.00
s établissements de l'Inde......	1 121 550.00	»	1 121 550.00	1 121 550.00
TOTAUX............	17 902 563.00	2 223 500	20 126 063.38	22 126 063.30

1. Non compris la rente de l'Inde (1 050 000 francs) et le contingent de ces établisements (322 000 francs) qui sont versés au trésor métropolitain et qui figurent aux cettes de l'État.

Régime commercial.

D'après le système ancien, connu sous le nom de *pacte colonial*, qui réglait le régime commercial des colonies de la Martinique, de la Guadeloupe et de la Réunion, ces trois colonies ne devaient recevoir et consommer que des produits français, apportés sous pavillon français ; elles devaient en outre réserver tous leurs produits pour être expédiés en France par navires français. Bien que ce régime eût subi à diverses époques des changements dans un sens libéral, le principe de la navigation réservée, qui en était la base, avait été maintenu. La rupture du pacte colonial n'a été définitivement consacrée que par la loi du 3 juillet 1861, dont voici les principales dispositions :

Toutes les marchandises étrangères dont l'importation est autorisée en France, peuvent être importées dans les colonies susmentionnées sous tous pavillons et aux mêmes droits de douane que ceux qui leur sont imposés à leur importation dans la métropole.

Importées par navires étrangers elles sont soumises à une surtaxe de pavillon réglée ainsi qu'il suit, par tonneau d'affrétement[1] :

Des pays d'Europe ainsi que des pays non européens situés sur la Méditerranée.	A la Réunion......	30f
	Aux Antilles......	20
Des pays situés sur l'océan Atlantique, non compris la ville du Cap et son territoire....................	A la Réunion......	20
	Aux Antilles......	10
Des pays situés sur le grand Océan, y compris la ville du Cap et son territoire..	A la Réunion......	10
	Aux Antilles......	20

Sont affranchis toutefois de cette surtaxe dans nos colonies, en vertu de l'acte additionnel de la Convention de navigation conclue en 1826 avec l'Angleterre, les navires anglais qui y

---

[1]. La composition du tonneau d'affrétement a été déterminée par un décret du 25 août 1861.

importent directement des produits du sol ou des manufactures du Royaume Uni ou de quelque autre pays que ce soit, soumis à la domination britannique (l'Inde exceptée.)

Les marchandises étrangères précédemment admises aux colonies continuent à être régies par les tarifs résultant des lois, ordonnances et décrets qui en ont autorisé l'importation, dans tous les cas où les droits de douane ou les surtaxes de pavillon, établis par les dispositions qui précèdent, sont supérieurs à ceux qui ont été fixés par les tarifs existants.

Les produits étrangers dont les similaires français étaient soumis précédemment à un droit de douane à leur entrée aux colonies, acquittent le même droit augmenté de celui qui est fixé par le tarif de France.

Les produits des colonies à destination de la France, et les produits de la France à destination des colonies, peuvent être transportés sous tous pavillons. Seulement, lorsque les transports sont effectués sous pavillon étranger, il est perçu une surtaxe de 30 francs, par tonneau d'affrètement, sur les produits à destination ou en provenance de la Réunion, de 20 francs sur les produits à destination ou en provenance de la Martinique et de la Guadeloupe.

Les colonies peuvent exporter sous tous pavillons leurs produits, soit pour l'étranger, soit pour une autre colonie française, pourvu que cette colonie soit située en dehors des limites assignées au cabotage[1].

Tous les produits des colonies de la Martinique, de la Guadeloupe et de la Réunion, autres que le sucre, les mélasses non destinées à être converties en alcool, les confitures et fruits confits au sucre, le café et le cacao, importés en France par navires français, sont admis en franchise de droits de douane.

Quant au sucre, le plus important des produits de nos colonies, il n'est plus actuellement protégé à son importation en France, contre le sucre étranger, que par une détaxe provisoire de 3 francs 60 par 100 kilos (décimes compris), établie à son profit jusqu'au 30 juin 1866 (*lois du 28 juin* 1856 *et du 25 mai* 1860). Les sucres de colonies françaises situées au delà du cap de Bonne-Espérance profitent en outre d'une détaxe de provenance qui est de 3 francs par 100 kilos. Cette

---

1. Ces limites ont été fixées par **un décret du 26 février 1862**.

détaxe doit être réduite à 1 fr. 50 à partir du 1er juillet 1864 et supprimée le 30 juin 1865.

Du 1er juillet 1865 au 30 juin 1866, les sucres de toutes nos colonies payeront donc le même droit de 26 fr. 40 (décimes compris), et à partir du 1er juillet 1866, les sucres des colonies françaises et les sucres étrangers acquitteront le même droit que les sucres de fabrication indigène, c'est-à-dire 30 francs par 100 kilos, décimes compris.

Importés en France par navires étrangers, les sucres de la Réunion, de la Martinique et de la Guadeloupe sont, conformément à ce qui a été dit plus haut, et au décret du 20 octobre 1861, soumis à une surtaxe de navigation de 30 francs et de 20 francs par tonne de 1000 kilos, selon la provenance, décimes compris.

Les cafés provenant des colonies françaises acquittent un droit de 36 francs et ceux de l'étranger un droit de 50 fr. 40 c., décimes compris. Le droit sur les cacaos de provenance étrangère est de 30 fr.; il n'est que de 24 fr. sur ceux des colonies françaises.

Tel est, en résumé, le régime commercial de la Martinique, de la Guadeloupe et de la Réunion.

Quant aux autres colonies, elles ont toujours été tenues plus ou moins en dehors du système commercial restrictif qui avait été appliqué aux Antilles et à la Réunion. Leurs rapports avec la métropole sont demeurés soumis au régime de la navigation réservée, mais elles peuvent librement commercer avec les puissances étrangères, à l'importation comme à l'exportation, à l'exception du Sénégal (Saint-Louis) qui ne peut recevoir de marchandises étrangères sous pavillon étranger, ni exporter ses produits sous d'autre pavillon que celui de la France et pour une destination autre que celle des ports de France et des colonies françaises.

Il est question d'ailleurs d'étendre, autant que possible, à la généralité des colonies le bénéfice des dispositions libérales de la loi du 3 juillet 1861.

Nous faisons suivre cet exposé de la législation commerciale de nos établissements d'outre-mer de deux tableaux qui résument le mouvement du commerce et de la navigation de ces colonies, depuis 1847, année qui a précédé l'abolition de l'esclavage, jusqu'en 1860.

RÉSUMÉ COMPARATIF

des mouvements de la navigation française et étrangère auxquels le commerce maritime des colonies et pêcheries françaises a donné lieu de 1847 à 1859.

(D'après le tableau général du commerce de la France et les états des douanes locales.)

ANNÉES.	PAVILLON FRANÇAIS.						PAVILLON ÉTRANGER [1].	
	ENTRÉES.			SORTIES.			ENTRÉES.	SORTIES.
	NOMBRE de navires.	TONNAGE.	NOMBRE d'hommes d'équipage.	NOMBRE de navires.	TONNAGE.	NOMBRE d'hommes d'équipage.	NOMBRE de navires.	NOMBRE de navires.
1847	1 641	239 343	19 325	1 657	247 052	15 874	749	759
1848	1 470	197 613	17 180	1 516	206 915	13 627	542	549
1849	1 677	216 106	18 187	1 622	207 077	13 983	489	489
1850	1 860	232 871	20 005	1 843	235 792	16 202	990	878
1851	1 853	257 314	20 789	1 783	240 375	16 190	1 147	938
1852	2 000	257 317	22 582	1 998	268 308	18 326	1 264	1 208
1853	2 100	261 012	23 259	2 074	263 108	18 615	1 230	1 156
1854	2 412	348 688	26 362	2 357	318 981	20 359	1 168	1 145
1855	2 376	361 391	25 795	2 263	341 732	20 215	1 394	1 305
1856	2 365	397 946	31 521	1 970	313 618	20 647	1 228	1 185
1857	2 352	389 702	26 769	2 347	379 473	21 600	1 344	762
1858	2 447	443 982	26 791	2 517	438 991	23 037	1 207	1 172
1859	2 344	394 676	25 433	2 486	431 852	21 191	1 197	1 020

1. Le tonnage et le nombre d'hommes d'équipage des bâtiments étrangers n'est pas indiqué ici. Il ne faut pas perdre de vue que le tonnage n'est, comme le nombre même des bâtiments, susceptible d'aucune comparaison avec la somme du commerce, relativement très-faible, qu'ils font dans les colonies françaises.

RÉSU[MÉ]

En valeurs actuelles des Importations et Exportatio[ns]

(D'après les tableaux généraux du commerce de la France, publiés

ANNÉES.	MARTINIQUE.		GUADELOUPE.		GUYANE.		RÉUNION.	
	Importation.	Exportation.	Importation.	Exportation.	Importation.	Exportation.	Importation.	Exportat[ion]
	fr.	fr.	fr.	fr.	fr.	fr.	fr.	fr.
1847	23 088 080	25 564 819	22 429 403	38 895 420	3 105 310	3 088 160	15 649 421	21 990[ ]
1848	12 211 716	12 594 505	10 415 876	11 684 400	1 848 311	2 129 907	10 361 094	13 349[ ]
1849	20 281 048	15 111 725	13 672 339	13 943 827	2 929 447	1 485 655	13 979 612	16 616[ ]
1850	18 367 676	12 787 760	14 292 925	10 005 549	2 561 965	1 517 328	18 247 364	18 920[ ]
1851	27 082 160	17 282 610	19 168 391	13 438 546	2 834 107	1 223 635	21 079 741	15 007[ ]
1852	26 070 220	21 593 104	21 637 007	14 049 383	4 276 703	1 330 242	22 278 786	23 702[ ]
1853	25 558 832	18 645 907	18 761 523	11 556 056	5 676 152	1 703 173	26 046 747	23 073[ ]
1854	27 737 500	21 188 473	22 270 194	18 435 481	5 979 406	1 433 545	30 615 944	31 748[ ]
1855	24 901 774	22 040 473	22 778 433	19 924 845	5 912 360	1 284 901	37 607 507	34 271[ ]
1856	30 277 174	30 083 258	23 793 290	15 774 056	6 234 114	4 495 551	33 671 020	45 005[ ]
1857	27 352 510	29 948 896	25 400 362	20 829 113	5 580 779	1 471 897	42 140 612	57 443[ ]
1858	32 481 481	22 227 266	22 393 737	24 826 541	6 508 207	909 840	51 656 593	36 367[ ]
1859	27 769 180	22 506 933	23 542 884	19 808 304	6 869 837	898 766	47 215 320	41 178[ ]
1860	27 711 765	27 285 552	28 838 232	23 175 629	6 504 302	1 292 209	46 383 990	43 778[ ]

)MPARATIF

s colonies françaises de 1848 à 1860.

(dministration des douanes métropolitaines et les états des douanes locales.)

SÉNÉGAL.		GORÉE.		SAINT-PIERRE ET MIQUELON.		INDE.		ASSINIE, GABON, SEDHIOU, ET GRAND-BASSAM.	
portation.	Exportation.	Importation.	Exportation.	Importation.	Exportation.	Importation.	Exportation.	Importation.	Exportation.
fr.	fr.	fr. (1)	fr. (1)	fr.	fr. (2)	fr.	fr.	fr.	fr.
652 281	7 945 367	»	»	3 019 102	5 271 012	3 579 199	15 003 875	»	»
762 014	2 815 352	3 062 860	2 188 132	2 257 662	4 724 181	3 018 426	7 846 388	462 041	1 206 56
412 880	2 998 549	2 595 878	1 437 180	2 263 276	4 541 439	2 287 591	6 437 074	1 996 328	1 277 52
090 328	2 996 605	2 752 512	1 237 947	2 445 339	4 184 621	2 772 546	8 593 289	868 364	1 081 01
450 333	2 626 255	2 663 050	1 975 431	2 918 745	4 780 833	2 723 481	9 072 370	776 912	641 84
993 469	4 212 711	3 233 447	2 592 939	2 988 340	4 518 794	3 569 126	14 573 220	970 936	1 041 61
152 316	6 148 722	3 268 229	3 156 525	3 213 002	4 686 209	4 910 821	23 315 414	1 402 680	1 455 68
378 360	5 417 388	5 034 380	4 267 974	3 261 042	4 530 337	4 688 014	15 763 638	1 926 500	2 454 26
498 350	4 450 714	5 505 395	5 503 295	3 158 434	3 826 043	4 659 438	16 898 098	1 573 084	1 862 95
747 808	1 867 360	5 963 456	7 313 964	3 519 073	4 268 817	6 112 285	20 464 005	1 377 661	1 758 25
222 034	5 800 432	6 212 746	5 606 943	3 776 183	4 162 081	6 491 816	31 957 697	1 717 595	2 361 16
728 599	6 669 596	5 975 531	5 713 656	4 715 203	4 509 710	6 277 346	28 645 683	»	»
079 993	7 131 858	6 261 312	5 943 521	3 828 001	4 876 780	7 672 908	17 114 259	»	»
795 914	4 901 425	3 279 955	4 404 598	4 084 861	4 790 920	6 448 479	21 847 144	»	»

(1) Les chiffres de Gorée, pour 1847, sont compris dans ceux du Sénégal de la même année.
(2) Les chiffres de cette colonne ne comprennent que les exportations de Saint-Pierre et Miquelon, à l'exclusion des produits de la pêche française sur les bancs de Terre-Neuve.

COLON. FRANÇ.

Organisation militaire et maritime.

L'autorité militaire est concentrée entre les mains du gouverneur qui exerce les pouvoirs dévolus en France aux généraux de division; il a, à ce titre, le commandement et l'inspection de tout le personnel et du matériel militaire.

Le gouverneur réunit à ces attributions le commandement direct des milices, et de plus il dirige les mouvements des bâtiments de guerre attachés spécialement à la colonie. (*Ord. du* 21 *août* 1825 *et* 9 *février* 1827.)

Enfin le gouverneur forme et convoque les conseils de guerre; il peut déclarer l'état de siége.

Les forces établies dans les colonies consistent en infanterie, artillerie, génie et gendarmerie. L'infanterie et l'artillerie appartiennent aux corps organisés sous ce nom par le département de la marine et des colonies.

Les troupes indigènes sont organisées spécialement au point de vue colonial et sont commandées par des officiers tirés de l'infanterie et de l'artillerie de marine. Les troupes du génie et de la gendarmerie sont empruntées au département de la guerre. Le génie réunit souvent à ses attributions militaires le détail des ponts et chaussées.

Le service des fortifications et des bâtiments militaires aux colonies, est centralisé à Paris entre les mains du directeur du dépôt des fortifications des colonies, dépôt dont l'organisation remonte au décret du 9 juillet 1797.

La milice est organisée à la Réunion, à la Guadeloupe et au Sénégal; celle de la Martinique a été dissoute en 1830 et n'a pas été réorganisée depuis.

Le service de l'inscription maritime tel qu'il existe dans la métropole a été organisé dans les colonies des Antilles, de la Guyane, de la Réunion et de Saint-Pierre et Miquelon par un décret du 16 août 1856. Il est pourvu à l'administration de ce service au moyen des officiers et employés du cadre spécial du commissariat de la marine aux colonies.

CHAPITRE I.

COLONIES D'AFRIQUE.

La Réunion, Mayotte et dépendances, Sainte-Marie de Madagascar, Sénégal et dépendances, Établissements de la Côte d'Or et du Gabon.

LA RÉUNION.

Résumé historique.

L'île de la Réunion doit son premier nom de *Mascareigne* au navigateur portugais don Pedro de Mascarenhas qui la découvrit en 1505, 1507 ou 1513; il est impossible de choisir entre ces dates, chacune ayant pour elle des autorités d'égale valeur. Sur une carte portugaise dite de Weimar, dressée en 1527, on voit figurer l'île de la Réunion sous le nom de Sainte-Appollinia.

Les Portugais ne formèrent aucun établissement sur l'île. Les Hollandais y passèrent en 1598 et les Anglais en 1613, sans l'occuper. En 1638, le capitaine Gobert de Dieppe y arbora le drapeau de la France et en 1643 le sieur de Pronis, agent de la Compagnie des Indes orientales à Madagascar, en prit possession au nom du roi de France Louis XIII. En 1649, M. de Flacourt, son successeur, prit de nouveau solennellement possession de l'île, au nom du roi de France, et changea son nom de Mascareigne en celui de Bourbon.

En 1664, Louis XIV concéda l'île Bourbon, comme dépendance de Madagascar, à la Compagnie des Indes orientales; l'année suivante cette Compagnie envoya vingt ouvriers sous les ordres d'un chef nommé Regnault. Ce fut le début de la colonisation de l'île.

En 1671, M. de la Haye, vice-roi des Indes, commandant une escadre de dix bâtiments, envoyée par Louis XIV, vint prendre une troisième fois possession de l'île.

En 1674, un petit nombre de Français échappés aux massacres du Fort-Dauphin, à Madagascar, vint se réfugier à Bourbon et en accroître la population; quinze ans après l'arrivée de ces réfugiés, les projets de colonisation de divers Européens y furent favorisés par la concession de vastes terrains.

En 1710, la Compagnie des Indes, qui jusqu'alors s'était bornée à tenir à Bourbon un petit nombre d'agents, s'occupa d'y établir une administration régulière. Un gouverneur nommé par le roi, sur la présentation des directeurs de la Compagnie, fut chargé de l'administration supérieure. On institua pour l'assister un conseil composé des principaux employés. Les mêmes employés étaient membres du Conseil provincial, seul tribunal existant dans la colonie. L'île fut divisée en sept paroisses, et l'on plaça dans chacune d'elles un curé et un employé de la Compagnie.

En 1724, le Conseil provincial fut remplacé par un Conseil supérieur avec les mêmes attributions.

En 1735, l'Ile Maurice ou île de France, dont on avait pris possession en 1715, devint le siége du gouvernement des deux îles et Mahé de la Bourdonnais en fut nommé gouverneur général.

Une ordonnance royale de 1764 (août) rétrocéda ces deux îles au gouvernement du roi; la Compagnie des Indes reçut en échange 1 200 000 livres de rente.

L'administration des deux îles fut confiée par le roi à un gouverneur et à un intendant, dont une ordonnance du 25 septembre 1766 détermina les attributions. On choisit l'île de France pour la résidence de ces deux administrateurs, qui étaient représentés à Bourbon par un commandant particulier et par un ordonnateur de la marine.

C'est à M. Poivre, arrivé à l'île de France comme intendant général le 14 juillet 1767, que fut due l'organisation complète de toutes les branches du service. Il s'occupa surtout d'introduire à Bourbon la culture des épices.

L'année suivante on créa un Conseil électif des notables des communes qui se réunirent à Saint-Denis, sous la présidence de l'ordonnateur, pour administrer l'emploi des fonds provenant de l'impôt de capitation sur les esclaves. Cet impôt, qui avait été primitivement fixé à vingt sous par tête de noir et porté en 1766 à trente sous, était destiné à pourvoir aux dépenses communales de la colonie.

En 1774, fut installée, indépendamment du Conseil supérieur, une juridiction composée d'un juge royal, d'un lieutenant de juge, d'un procureur du roi et d'un greffier.

Les effets de la révolution de 1789 se firent vivement sentir à Bourbon. Par suite des décrets de l'Assemblée constituante des 2 et 28 mai 1790, une assemblée coloniale fut formée dans la colonie. Elle s'empara promptement de tous les pouvoirs et ne laissa plus au gouverneur que le soin d'apposer sa sanction aux décrets qu'elle adoptait. Tout individu, blanc ou noir, devenu libre, pouvait être élu membre de l'assemblée ; celle-ci se renouvelait chaque année.

L'institution des communes, du jury et des justices de paix date de cette année.

La République fut proclamée à Bourbon le 16 février 1793, et le 19 mars suivant parut le décret qui changea le nom de l'île de Bourbon en celui de l'île de la Réunion.

Le gouverneur de l'île fut déposé à la même époque par l'assemblée coloniale qui nomma alors une commission de onze membres chargée de surveiller un comité administratif composé de trois membres, auquel furent remises toutes les affaires. L'assemblée prononça aussi la suppression du Conseil supérieur et de la Juridiction royale, et fit déporter cent huit habitants de la colonie. Elle resta en permanence jusqu'en 1803, époque à laquelle le gouvernement de l'île fut remis au général Decaën, nommé capitaine général des établissements français au delà du cap de Bonne-Espérance. Un commandant particulier et un sous-préfet furent établis à la Réunion, et l'assemblée coloniale cessa ses fonctions.

Sous cette administration, la colonie s'éleva à un degré de prospérité auquel elle n'était pas encore parvenue. Elle se maintint dans cette situation favorable jusqu'en 1806; le 1er octobre de cette année, à la demande des habitants, le nom de l'île de la Réunion fut changé en celui d'île Bonaparte.

De 1806 à 1810, la guerre maritime qui s'engagea entre la France et l'Angleterre dans la mer des Indes, fit éprouver de grandes privations à la Réunion. En 1810, le 7 et le 8 juillet les Anglais, au nombre de cinq mille hommes, opérèrent deux débarquements près de Saint-Denis. La garnison de la colonie, composée de deux cent soixante hommes auxquels se réunirent douze cents gardes nationaux, opposa une vive résistance aux attaques des Anglais. Mais ceux-ci réussirent à s'emparer des principales positions, et le 9 juillet une capitulation, conclue entre leur chef et le commandant français, fit passer la colonie sous la domination britannique. L'île reprit alors son nom de Bourbon.

La colonie fut rétrocédée à la France le 6 avril 1815, en vertu du traité de paix signé à Paris le 30 mai 1814. On rétablit le Conseil supérieur de l'île, la Juridiction royale, les justices de paix et les communes sous le nom de *Paroisses*.

Une ordonnance du 13 novembre 1816 forma dans la colonie un *Comité consultatif, dit Comité d'agriculture et de commerce*.

Une ordonnance de la même date remplaça le Conseil supérieur et la Juridiction royale par une Cour royale et un tribunal de première instance. Une ordonnance du 25 décembre de la même année régla l'organisation municipale de la colonie.

La traite des noirs fut définitivement prohibée par une ordonnance royale du 5 janvier 1817 qui fut convertie en loi en 1818.

Le gouvernement de la colonie fut réorganisé par une ordonnance du 21 août 1825, qui remplaça le Comité consultatif de la colonie par un Conseil général de douze membres, nommés par la Couronne sur une liste double de candidats présentés par les conseils municipaux de la colonie.

La nouvelle de la révolution de 1830 parvint dans la colonie le 30 octobre de la même année. La première conséquence de cette révolution, à Bourbon, fut l'établissement de l'égalité civile entre les différents éléments de la population.

La loi du 24 avril 1833 sur le régime législatif des colonies supprima le Conseil général et créa un Conseil colonial, doué d'attributions plus étendues et composé de trente membres élus.

En 1834, le principe électif fut appliqué à la formation des municipalités.

La pensée de l'abolition prochaine de l'esclavage dans les colonies françaises donna naissance à un système de patronage plus actif en faveur des noirs. Ce patronage fut organisé par les lois de 1845.

Le 9 juin 1848, la République fut proclamée à Bourbon, qui reprit le nom de Réunion.

Un décret du 27 avril de cette même année supprima le Conseil colonial, ainsi que les fonctions de délégué. La colonie fut appelée à élire trois députés à l'assemblée nationale de la Métropole; le droit d'électeur fut accordé à tout habitant majeur né ou naturalisé français.

Le décret du 27 avril 1848, portant abolition de l'esclavage aux colonies, fut promulgué à la Réunion le 20 octobre suivant : 60 629 esclaves furent ainsi rendus à la liberté le 20 décembre de la même année.

L'Empire fut proclamé le 20 février 1853 à la Réunion, et le 26 juillet de l'année suivante fut promulgué le Sénatus-consulte du 3 mai 1854, réglant la nouvelle constitution des colonies.

LISTE CHRONOLOGIQUE DES GOUVERNEURS [1].

REGNAULT (Étienne), commandant pour le roi et la Compagnie des Indes, fut le premier qui séjourna à Bourbon, avec un droit officiel au commandement, après la prise de possession de l'île par *de Pronis* en 1642 et *de Flacourt* en 1649. Il resta en fonctions du 5 août 1665 au 8 mai 1671.

DE LA HEURE, commandant du 9 mai à novembre 1674.

D'ORGERET (Henri-Esse), gouverneur, mort en fonctions le 17 juin 1678.

DE FLEURIMONT, gouverneur, mort en fonctions en janvier 1680.

BERNARDIN DE QUIMPER, capucin, commandant par intérim de janvier 1680 au 1er décembre 1686.

---

[1]. Nous avons adopté la nomenclature des gouverneurs donnée par M. L. Maillard dans ses *Notes sur la Réunion*, parce qu'elle nous a paru la plus exacte. Les dates qui ont servi à établir cette liste ont en grande partie été trouvées dans diverses pièces où les gouverneurs ont signé. Les lacunes indiquent donc que c'est entre les époques citées qu'ont eu lieu les mutations entre les chefs de la colonie.

Drouillard (Jean-Baptiste), gouverneur par intérim du 2 décembre 1686 au 10 décembre 1689.

De Vauboulon, gouverneur du 5 décembre 1689 au 15 novembre 1690.

Firelin (Michel), commandant du 16 novembre 1690 au 11 août 1693.

De Prades, commandant, est signalé par M. Legras (1694); il y a une lacune dans les archives de cette époque, sauf le 26 août 1696, où le sieur Lemayeur signait à Saint-Paul comme Directeur pour la Compagnie.

Bastide (Joseph), commandant d'août 1696 au 6 juin 1698.

De La Cour (Jacques), gouverneur du 21 octobre 1698 au 13 mai 1701.

De Villers, gouverneur du 12 juin 1701 au 5 mars 1709.

De Charanville, gouverneur du 7 mars 1709 au 24 mars 1710.

De Parat, gouverneur du 22 avril 1710 au 14 novembre 1715.

Justamond (Henry), commandant par intérim du 4 décembre 1715 au 14 février 1718.

Beauvollier (Joseph), gouverneur du 21 novembre 1718 au 22 août 1723.

Desforges-Boucher, gouverneur du 23 août 1723 au 1er décembre 1725.

Dioré (Élie), commandant, puis gouverneur du 2 décembre 1725 au 28 mai 1727.

Dumas (Pierre-Benoît), directeur général des îles de Bourbon et de France du 21 juillet 1727 au 11 juillet 1735.

Mahé de Labourdonnais, directeur général des îles de Bourbon et de France, resta à Bourbon du 12 juillet 1735 au 1er octobre 1735.

Lemery-Dumont, commandant du 2 octobre 1735 au 30 septembre 1739.

D'Heguerty (Pierre-André), commandant par intérim du 11 novembre 1739 jusqu'au 12 décembre 1743.

Didier de Saint-Martin, commandant du 13 décembre 1743 au 8 mai 1745, passe à l'île de France.

Azéma (Jean-Baptiste), commandant, mort en fonctions le 31 octobre 1745.

Didier de Saint-Martin, revient de l'île de France et commande jusqu'au 18 décembre 1745.

Gérard de Ballade, commandant par intérim du 29 novembre 1745 au 28 mars 1747.

Didier de Saint-Martin, commandant, reparaît du 14 avril 1747 jusqu'au 11 novembre 1748.

Gérard de Ballade, gouverneur du 22 novembre 1748 au 17 mars 1749.

Desforges-Boucher, président du conseil et gouverneur par intérim, fils du précédent gouverneur de ce nom; en fonctions du 24 mai 1749 au 23 août 1749.

Brenier (Joseph), commandant, puis gouverneur par intérim du 6 septembre 1749 au 1er octobre 1750.

Bouvet (Jean-Baptiste), gouverneur du 2 octobre 1750 au 14 décembre 1752.

Brenier (Joseph), gouverneur par intérim, en l'absence de Bouvet, du 20 décembre 1752 au 14 janvier 1756.

Bouvet (Jean-Baptiste), gouverneur, reprend l'administration de Bourbon le 21 janvier 1756 et s'absente une seconde fois le 8 juillet 1757.

Desforges-Boucher, gouverneur par intérim du 27 juillet au 15 octobre 1757.

Bouvet (Jean-Baptiste) reprend ses fonctions le 19 octobre 1757 et les garde jusqu'au 6 septembre 1763.

Sentuari, commandant par intérim du 7 septembre 1763 au 14 octobre 1763.

Bertin, commandant, puis gouverneur du 5 novembre 1763 au 30 mars 1767.

Bellier (M. A.), commandant du 31 mars au 4 novembre 1767.

De Bellecombe, commandant du 5 novembre 1767 au 26 juillet 1772.

De Savournin, gouverneur par intérim du 20 octobre 1772 au 4 mars 1773.

De Bellecombe gouverneur du 27 juillet au 4 octobre 1773.

De Steynaver, commandant, du 15 décembre 1773 au 15 octobre 1776.

De Souillac (François), commandant du 26 octobre 1776 au 23 avril 1779.

De Saint-Maurice, commandant du 25 mai 1779 au 22 août 1781.

De Souville, commandant du 25 août 1781 au 21 août 1785.

Dioré (Elie), fils du premier commandant de ce nom, commandant du 2 mai 1785 au 15 février 1788.

De Cossigny, commandant du 8 juillet 1788 au 16 août 1790.

De Chermont, commandant du 8 septembre 1790 au 14 septembre 1792.

Du Plessis, gouverneur d'octobre 1792 au 11 août 1794.

— 42 —

Roubaud, gouverneur par intérim du 12 avril 1794 au 30 septembre 1795.

Jacob, commandant du 2 novembre 1795 au 9 novembre 1803.

De Magallon, commandant du 10 novembre 1803 au 31 décembre 1805 sous le gouvernement général de Decaen.

Des Bruslys, commandant du 9 janvier 1806 au 25 septembre 1809.

De Sainte-Suzanne, commandant du 9 octobre 1809 au 8 juillet 1810, jour de la prise de l'île par les Anglais.

Farqhuar, gouverneur pour l'Angleterre du 9 juillet 1810 jusqu'en 1811.

Fraser et Picton, gouverneurs par intérim.

Keating, gouverneur du 14 juillet 1811 jusqu'au 5 avril 1815, époque de la rétrocession de l'île à la France.

Bouvet de Lozier, maréchal de camp, gouverneur du 6 avril 1815 au 30 juin 1817.

De Lafitte du Courteil, maréchal de camp, commandant du 1er juillet 1817 au 9 septembre 1818.

Milius, capitaine de vaisseau, commandant du 10 septembre 1818 au 14 février 1821.

De Freycinet, capitaine de vaisseau, commandant du 15 février 1821 au 19 octobre 1826.

De Cheffontaines, capitaine de vaisseau, gouverneur du 20 octobre 1826 au 4 juillet 1830.

Duval-Dailly, capitaine de vaisseau, gouverneur du 5 juillet 1830 au 7 novembre 1832.

Cuvillier, contre-amiral, gouverneur du 8 novembre 1832 au 4 mai 1838.

De Hell, contre-amiral, gouverneur du 5 mai 1838 au 4 octobre 1841.

Bazoche, contre-amiral, gouverneur du 5 octobre 1841 au 4 juin 1846.

Graeb, capitaine de vaisseau, gouverneur du 5 juin 1846 au 13 octobre 1848.

Sarda-Garriga, commissaire général de la République, du 14 octobre 1848 au 8 mars 1850.

De Barolet de Puligny, colonel, commandant militaire, gouverneur par intérim du 9 mars au 14 avril 1850.

Doret, capitaine de vaisseau, gouverneur du 15 avril 1850 au 8 août 1852.

Hubert-Delisle (Henri), gouverneur du 9 août 1852 au 10 janvier 1858.

Lefèvre, commissaire de marine, gouverneur par intérim du 11 janvier au 27 mars 1858.

Darricau, capitaine de vaisseau, gouverneur du 28 mars 1858 (en fonctions).

Topographie.

Situation géographique. — L'île de la Réunion est située dans l'Océan oriental ou mer des Indes sous le 21° de latitude sud et le 53° de longitude est[1], à 100 milles marins de l'île Maurice, à 400 milles de Madagascar, à 2400 milles du cap de Bonne-Espérance, à 3300 milles de Pondichéry, et à 9600 milles du Havre par la voie du Cap.

Le développement des côtes est de 207 kilom. 30; la longueur de l'île, de la pointe des Galets à celle d'Ango, de 71 k. 20; sa largeur, de Saint-Pierre à Sainte-Suzanne, de 50 k. 60 et sa surface de 251 160 hectares[2].

Configuration. — L'île est de forme elliptique. Elle s'allonge du N. O. au S. E. et paraît s'exhausser autour de deux centres principaux, que marquent d'une part le piton des Neiges (3069 m.); de l'autre, le piton de la Fournaise (2625 m.)

La nature du sol et la disposition des laves dont il est formé attestent que l'île entière est le produit des éruptions de deux foyers, occupant les deux points que l'on vient de signaler, mais dont le plus considérable, le piton des Neiges, est dès longtemps éteint, tandis que l'autre, le piton de la Fournaise, brûle encore.

Montagnes. — Les deux groupes de montagnes de l'île sont réunis par un plateau, appelé la plaine des Cafres, qui est élevé de 1600 mètres au-dessus du niveau de la mer. L'île se trouve ainsi partagée en deux divisions naturelles dont l'une, celle du N. N. E, est dénommée *partie du vent*, et l'autre, celle du S. S. O., partie *sous le vent*.

Le piton des Neiges est le point culminant de l'île. La partie que domine ce volcan éteint est la plus fertile; c'est celle sur

---

[1]. La position géographique de Saint-Denis, chef-lieu de la Réunion, a été déterminée avec soin par M. Maillard, ingénieur colonial en retraite. Il a pris pour repère le belvédère de l'hôtel du gouvernement, qu'il a trouvé situé par 20°51′41″ de latitude S. et 53°10′ de longitude E.

[2]. L. Maillard, *Notes sur l'île de la Réunion*, 1 vol. gr. in-8, Paris, Dentu; 1862.

laquelle se sont principalement développées la culture et l'industrie agricole; c'est aussi dans cette partie qu'est située la ville de Saint-Denis, chef-lieu de l'île et siége du gouvernement local.

Plaines et vallées. — Il n'y a point de plaines proprement dites à la Réunion. Des vallées plus ou moins étroites séparent les montagnes; mais la pente de celles-ci s'adoucit à leur base de manière à devenir peu sensible à une certaine distance de la mer. La zone moyenne des montagnes est couverte de forêts.

Cours d'eau. — L'île est arrosée par un grand nombre de cours d'eau qui prennent leur source, à différentes hauteurs, dans la chaîne des montagnes et qui coulent tous du centre à la circonférence; leur cours est en général très-rapide. Les principaux sont : la rivière de Saint-Denis, la rivière des Galets, la rivière Saint-Étienne, la rivière d'Abord, la rivière des Marsouins, la rivière du Mât, la rivière des Roches, la rivière Sainte-Suzanne, et la rivière des Pluies. Ces rivières se dessèchent presque généralement en été; à l'exception de la rivière Sainte-Suzanne qui peut être parcourue en bateau sur une petite étendue, aucun de ces cours d'eau n'est navigable.

Sources thermales. — L'île de la Réunion possède un assez grand nombre de sources d'eaux thermales, sulfureuses, bicarbonatées et ferrugineuses; nous ne parlerons que des principales, ce sont : celles de Mafat, de Cilaos et de Salazie.

1° La source minérale de Mafat est située sur la rive droite de la rivière des Galets, à 20 kilom. de son embouchure et à 682 mèt. au-dessus du niveau de la mer; la température de cette eau est évaluée à 31° centigrades; son débit est de 810 litres par minute; elle contient, d'après l'analyse de M. le Dr P. Bories, par litre, 0^g,00576 de sulfure de sodium, 0,0011 de sulfure de fer, 0,0751 de chlorure de sodium, 0,0235 de sulfate de soude, 0,0506 de carbonate de soude. Cette source n'est pas encore fréquentée par les malades.

2° Les sources de Cilaos sont situées à 38 kilom. de l'embouchure de la rivière Sainte-Étienne et à 1114 mètres au-dessus du niveau de la mer; elles sont au nombre de deux, l'une froide sur la rive gauche de la rivière, l'autre chaude, dans le lit de la rivière, sur la rive droite. La température de la source froide varie de 20° à 25°; celle de la source chaude est de 38°. D'après l'analyse de M. Bories, l'eau de la source thermale contient 1^g,506475 d'acide carbonique libre par litre; l'eau de la source froide n'en contient que 0ᵍ,92106. Le produit utilisé des sources thermales de Cilaos peut être estimé à 10 000 litres par heure. Il existe au Bras-Rouge, près de Cilaos, une autre source qui a une température exceptionnelle de 48°.

3° La source minérale de Salazie est située à 23 kilom. de Saint-André et à 872 mèt. au-dessus du niveau de la mer. La température de l'eau est de 32°; son débit est de 1372 litres à l'heure; elle contient d'après la dernière analyse qui en a été faite par M. Bories, 1ᵍ,0782 d'acide carbonique libre par litre. Un hôpital militaire y est établi.

Étangs. — En outre des divers étangs de l'intérieur, dont le principal est le Grand-Étang, situé sur les hauteurs de Saint-Benoît, il y a, à la Réunion, quatre étangs qui communiquent avec la mer pendant la saison des pluies. Ce sont: l'étang de Saint-Paul[1], le plus considérable qui a environ 16 hectares 36 ares de superficie; l'étang Salé et l'étang du Gol à Saint-Louis; l'étang du champ Borne à Saint-André.

Sol. — Le terrain de la colonie est complétement volcanique; le sol végétal est formé de laves décomposées par l'action du temps, et mélangées à l'humus, résidu de végétations antérieures. Comme il existe un volcan encore incandescent, l'on rencontre dans la colonie toutes les nuances de terrains, depuis la lave aride à peine éteinte jusqu'à la plus riche végétation, avec ses transitions insensibles, d'abord la lave recouverte de mousses, puis de lichens, puis de fougères, d'arbustes, de grands arbres, et enfin les riches terres défrichées avec leurs luxuriantes récoltes.

Ports et rades. — L'île de la Réunion n'offre pas un seul port naturel dans toute sa circonférence; elle n'a que des rades foraines peu commodes pour l'atterrage, sans sûreté pour le mouillage et d'où l'on est obligé d'appareiller aux moindres bourrasques. Les principales rades sont celles de Saint-Denis, de Saint-Paul, de Saint-Pierre et de Sainte-Marie.

En 1854, la création d'un port a été décidée à Saint-Pierre où un barachois naturel offrait déjà un refuge aux caboteurs.

---

1. Les eaux de l'étang de Saint-Paul contiennent, d'après l'analyse qui en a été faite par M. Hugoulin, du carbonate de soude provenant sans doute de sources souterraines. Lorsque l'étang déborde dans les grandes pluies, les eaux laissent, en se retirant, à la surface du sol, une couche neigeuse de *natron* d'une grande pureté.

Les travaux commencés au mois d'août de cette année consistent en : 1° Une jetée est ayant 330 mètres de longueur qui protége l'entrée du port au vent; 2° Un épi de 98 mètres; 3° Une jetée ouest ayant 293 mètres de longueur qui forme le côté est du bassin; 4° Deux barrages qui ferment le bassin à l'ouest et au sud.

Le bassin, qui est aujourd'hui complétement fermé, pourra abriter trente navires; on est en train d'en creuser le fond. Il contiendra une forme de radoub et un *patent slip*.

La construction des jetées et de tous les travaux en général a coûté, d'après les états arrêtés le 31 décembre 1861, une somme de 2 006 628 fr., non compris l'achat du matériel estimé à environ 400 000 fr. Les dépenses de 1862, non encore arrêtées, n'ont pas dû aller au delà de 400 000 fr.

Dans la totalité de cette dépense, la métropole a contribué pour un million de francs. D'après une estimation, la dépense totale doit s'élever à 7 milllions de francs.

En outre du port de Saint-Pierre, il est question depuis quelque temps de la formation d'un port dans la baie de Saint-Paul. Des études préliminaires ont déjà été faites en vue de cette création.

Phare. — Un phare lenticulaire de deuxième ordre et à feu fixe est placé sur la pointe du Bel-Air (Sainte-Suzanne); il est situé par 20° 53′ 11″ de latitude sud et 53° 19′ 12″ de longitude est; il est élevé de 43 mèt. au-dessus du niveau de la mer. Des feux de port sont aussi installés à Saint-Denis, Saint-Paul et Saint-Pierre.

Canaux. — Il n'existe pas dans la colonie de canaux de navigation, mais on y compte plusieurs canaux d'irrigation et de dérivation. La plupart ont été ouverts au milieu de terres jusque-là restées en friche. Les principaux canaux sont :

1° Le canal de Saint-Étienne, commencé en 1825, qui prend ses eaux dans la rivière de ce nom et les verse dans la ravine du pont, après avoir franchi les rivières d'Abord et des Cafres; sa longueur totale est de 16 000 mètres;

2° Le canal des Moulins, dans la ville de Saint-Denis; commencé en 1770;

3° Le canal qui fut exécuté en 1836 et en 1837 pour conduire l'eau de la rivière dans la ville de Saint-Denis;

4° Le canal du Champ-Borne ou canal Lancastel construit en 1829, qui prend l'eau à la rivière du Mât et la distribue dans toute la partie inférieure du quartier Saint-André;

Ponts. — En 1815, il n'existait dans toute l'île qu'un seul grand pont en bois. On en compte aujourd'hui 99, savoir :

Ponts avec culées et piles en maçonnerie et travées en bois, de 4 à 8 mètres d'ouverture	31
Id. id. de 10 à 20 mètres d'ouverture	34
Id. id. de 20 à 40 mètres d'ouverture	20
Id. id. de 40 à 60 mètres d'ouverture	8
Pont en pierre avec voûte en plein cintre	1
Ponts suspendus en fer de 42 à 80 mètres de largeur	3
Ponts en tôle et fer corniers de 15 à 60 mètres	2
Total	99

Les trois ponts suspendus sont établis sur les rivières du Mât, des Roches et de l'Est ; celui de cette dernière rivière a été enlevé le 11 février 1861 par une crue extraordinaire, on est en train de le rétablir.

Routes. — Les principales voies de communication existant à la Réunion sont les suivantes :

1° Route de Ceinture, dite route Impériale, qui fait le tour de l'île en suivant presque partout le bord de la mer, et qui a un parcours de 232 kilomètres ;

2° Seconde route de Ceinture, dite *route Henry-Delisle*, commencée en 1856, qui a déjà une longueur d'environ 80 kilomètres ;

3° Route de l'intérieur, traversant toute la partie S. E. de l'île et allant de Saint-Benoît à Saint-Pierre par les plaines des Palmistes et des Cafres, qui a une longueur totale de 68 kil.;

4° Route de Salazie, dont la longueur est de 23 kil.;

5° Route de Cilaos, dont la longueur est de 38 kil.;

Un atelier colonial, composé de travailleurs immigrants, est employé à la construction et à la réparation des routes. Cet atelier, créé par arrêté du 23 juin 1856, se compose de 195 hommes et femmes répartis en dix brigades, dirigée chacune par un sous-chef et deux commandeurs.

Voici l'itinéraire des routes de la colonie :

Partie du vent.

Distance de Saint-Denis à	kil.	Distance de	kil.
Ste-Marie	12	Ste-Marie à Ste-Suzanne	8
Ste-Suzanne	20	Ste-Suzanne à St-André	6
St-André	26	St-André à St-Benoît	12
St-Benoît	38	St-Benoît à Ste-Rose	20

	kil.		kil.
Ste-Rose	58	Ste-Rose au milieu du Grand-Brûlé	17
Milieu du Grand-Brûlé	75		

Partie sous le vent.

Distance de Saint-Denis à	kil.	Distance de	kil.
La Possession	34	La Possession à St-Paul	12
St-Paul	46	St-Paul à St-Leu	30
St-Leu	75	St-Leu à St-Louis	22
St-Louis	97	St-Louis à St-Pierre	10
St-Pierre	107	St-Pierre à St-Joseph	18
St-Joseph	125	St-Joseph à St-Philippe	18
St-Philippe	143	St-Philippe au milieu du Grand-Brûlé	13
Milieu du Grand-Brûlé	157		

Distances à divers points de l'intérieur.

	kilom.
De Saint-André au village de Salazie	14
De Saint-André aux eaux de Salazie	23
De Saint-Louis aux eaux de Cilaos	33
De Saint-Pierre au sommet de la plaine des Cafres	32
De Saint-Benoît à Sainte-Agathe. (Plaine des Palmistes.)	35

Circonférence de la Colonie, en suivant la route de ceinture.

	kilom.
Partie du vent	75
Partie sous le vent	175
Total	232

Division territoriale. — La Réunion est partagée en deux grands arrondissements, celui *du Vent*, chef-lieu Saint-Denis, et celui *Sous le Vent*, chef-lieu Saint-Pierre. Le premier comprend 6 communes et 2 districts; le second 6 communes.

Voici la division de chaque arrondissement :

Arrondissement du vent.

Communes ou districts.	Superficie en hectares.
Saint-Denis	15 090
Sainte-Marie	8 445
Sainte-Suzanne	5 580
Saint-André	5 535
Salazie (district)	10 930
Saint-Benoît	36 558
Plaine des Palmistes (district)	4 715
Sainte-Rose	17 375

Arrondissement sous le vent.

Saint-Philippe.	15 330
Saint-Joseph.	18 817
Saint-Pierre.	36 270
Saint-Louis.	21 380
Saint-Leu.	19 330
Saint-Paul.	35 405
Total.	251 160

Villes et bourgs. — Il y a à la Réunion 4 villes : Saint-Denis, Saint-Pierre, Saint-Benoît et Saint-Paul; 10 bourgs ou villages qui portent les noms des communes comprises dans le tableau précédent; plus les cinq villages de Hell-Ville et de Helbourg, dans le district de Salazie, de la Possession et de Saint-Gilles, dans la commune de Saint-Paul et de Sainte-Agathe dans la plaine des Palmistes.

La ville de Saint-Denis, chef-lieu de la colonie et siége du gouvernement colonial, n'avait que 12 000 habitants en 1837; elle en compte aujourd'hui 36 000. Saint-Pierre a 28 000 habitants; Saint-Paul, 25 000, et Saint-Benoît, 20 000.

Météorologie.

Climat. — L'île de la Réunion, quoique placée sous la zone torride, est un des pays les plus sains de l'univers. Son beau ciel, son air pur, la douceur de son climat, l'abondance de ses eaux, la fraîcheur de ses brises, tout concourt à en faire un séjour non moins agréable que salubre. Il y a lieu toutefois de constater que depuis l'arrivée dans l'île de nombreux immigrants de l'Inde, le choléra et la variole y ont été introduits à diverses reprises.

Température. — Le maximum de la température ne dépasse pas 36° centigrades, la moyenne est de 24° et le minimum de 12°. Dans la partie sous le vent, qui est moins favorisée que l'autre sous le rapport de la végétation, on jouit pendant toute l'année d'une température plus modérée et plus chaude. D'ailleurs, à la Réunion comme dans tous les pays de montagnes situés sous les tropiques, la température et le climat varient en quelque sorte suivant l'élévation des lieux.

Pression atmosphérique. — La moyenne générale du baromètre est de 760 millimètres; le maximum de 772, et le minimum de 719.

Saisons. — Deux saisons distinctes partagent l'année à la Réunion. De novembre à mai règne la saison marquée par la chaleur et l'abondance des pluies; c'est celle qu'on appelle l'*hivernage*. Toutefois l'hivernage, pour ce qui concerne la navigation, ne commence officiellement que le 10 décembre. A partir de ce jour, tous les navires mouillés sur les rades de la colonie reçoivent l'ordre de prendre leur mouillage pour l'époque des mauvais temps, qui dure ordinairement jusqu'à la fin de mars.

Depuis le mois de mai jusqu'au mois de novembre, les pluies sont beaucoup plus rares et les chaleurs plus tempérées. C'est l'époque de la belle saison.

Vents. — Les vents qui règnent communément dans l'île soufflent de l'est-sud-est et du sud-sud-est. Toutefois, cette règle, quoique assez constante, est sujette à des exceptions lorsque le soleil entre dans la partie australe, c'est-à-dire depuis le mois d'octobre jusque vers le milieu d'avril.

Ouragans. — L'île de la Réunion éprouve quelquefois des ouragans ou cyclones [1], funestes à ses cultures et aux navires qui se trouvent sur ses côtes.

Parmi les ouragans qui ont causé le plus de dommages dans la colonie, on cite ceux de 1751, 1772, 1773, 1774, 1786, 1806, 1829, 1858 et 1860.

Ras de marée. — D'avril à novembre, alors que les cyclones passent au sud de la colonie, ses côtes sont exposées à des violents ras de marée dont la durée est ordinairement de vingt-quatre heures.

Pluies. — La quantité moyenne de pluie qui tombe annuellement à la Réunion est de 1800 millimètres. La différence entre les années pluvieuses et les années sèches n'excède guère 650 millimètres.

Le minimum des pluies a lieu en mai, juin, juillet, août et septembre; le maximum en décembre, janvier, février et mars. C'est à Saint-Paul qu'il tombe généralement le moins d'eau et à Saint-Benoît où il en tombe le plus.

Voir à ce sujet les travaux publiés dans la *Revue*, t. IV, p. 236, par M. le commandant Bridet, capitaine de port à Saint-Denis.

Humidité atmosphérique. — L'hygromètre de Saussure donne, pour terme moyen de l'humidité atmosphérique de l'île, 83°,3 à Saint-Benoît; 79°,2 à Saint-Denis; 77°,9 à Saint-Pierre.

Marées. — La marée se fait peu sentir dans les mers de la Réunion; son maximum ne dépasse guère 1^m,10 au-dessous des plus basses mers, ou 0^m,55 au-dessus du niveau moyen.

Durée du jour. — Les jours les plus longs sont ceux du solstice de décembre; le 22 de ce mois, le soleil se lève à 5 h. 21' 48", il se couche à 6 h. 38' 12"; la durée du jour est donc alors de 13 h. 16' 24".

Les jours les plus courts sont ceux du solstice de juin; le 22 de ce mois, le soleil se lève à 6 h. 38' 12", et se couche à 5 h. 21' 48"; le jour le plus court est donc de 10 h. 43' 36".

La durée du crépuscule est en moyenne de 1 h. 26'; le plus long crépuscule (22 décembre), est de 1 h. 29', le plus court (22 juin) de 1 h. 23'.

Population.

D'après le tableau statistique dressé par l'administration, la population de l'île de la Réunion, s'élevait au 1er janvier 1860 à 166 558 individus, dont 103 290 hommes et 63 268 femmes.

Dans ce chiffre de 166 558 étaient compris 64 733 immigrants de toute origine [1].

Cette population augmente sans cesse par suite de l'arrivée dans l'île de nouveaux immigrants. Ainsi au mois d'octobre de l'année 1862, le nombre des engagés était de 72 594 individus de toute origine. (Nous en donnons plus loin la classification.)

Au point de vue ethnographique, outre les Européens nés dans le pays ou ailleurs, et les habitants désignés sous le

---

1. M. Maillard, dans ses *Notes sur la Réunion*, porte le chiffre total de la population au 31 décembre 1860 à 200 000 habitants, ainsi répartis :

Population locale, y compris les non-recensés......	135 597
Immigrants, d'après l'état officiel du syndicat......	64 403
	200 000

nom de *petits créoles* ou *petits blancs*, on trouve à la Réunion, des Africains (Cafres, Iambanes, Macouas, Abyssins, Arabes de Zanzibar, etc.); des Malgaches (Hovas et Sakalaves); des Asiatiques (Indiens et Chinois); quelques Malais importés à l'époque de l'esclavage, et enfin un petit nombre d'Australiens déposés récemment par un navire en cours de voyage.

Relativement à la masse totale de la population, la proportion des naissances, décès et mariages a été, en 1859, comme suit :

    Une naissance sur............. 42 individus
    Un décès sur................... 19   —
    Un mariage sur................. 170   —

Population maritime. — D'après le recensement opéré en 1856, la population maritime de la colonie se composait à cette époque de 1604 personnes dont 1365 de 10 à 50 ans et 239 au-dessus de 50 ans. Elles étaient ainsi dénommées sur les registres de l'inscription maritime :

    Maîtres au grand cabotage................ 56
       —   au petit cabotage................. 38
    Matelots.................................. 1262
    Mousses et novices........................ 151
    Ouvriers charpentiers, calfats et voiliers. 97
                        Total.................. 1604

Immigration.

Avant l'émancipation l'introduction des travailleurs étrangers était à peu près nulle à la Réunion; mais aussitôt que l'affranchissement des esclaves eût été prononcé, les colons qui virent bientôt leurs ateliers déserts, commencèrent à aller chercher au dehors les bras qui leur faisaient défaut dans la colonie. A l'exemple de leurs voisins de Maurice, ils recoururent tout d'abord aux Indiens. Les Établissements français de l'Inde leur étaient naturellement ouverts. Des associations se formèrent, et quelques convois d'Indiens, expédiés par des négociants de Pondichéry et de Karikal, contribuèrent heureusement pendant les pénibles années de 1848 et 1849, à soutenir le travail à la Réunion et à ranimer les courages.

Quelques colons essayèrent aussi des immigrants Chinois. Environ 800 travailleurs de cette origine, recrutés à Canton et à Amoy, furent à cette époque introduits à la Réunion, mais ils y réussirent mal. Probablement choisis avec peu de soin, leur conduite et leur travail furent jugés peu satisfaisants, et la colonie a renoncé depuis lors aux immigrants de cette race.

Les premières opérations d'immigration avaient été faites sous le régime de la liberté commerciale. Mais ce régime, qui surexcite la concurrence, amena promptement une forte élévation dans le prix d'introduction des immigrants. Les maisons de l'Inde, chargées des recrutements, faisaient en effet la loi aux colons et mettaient pour ainsi dire leurs services à l'enchère. Il se créa alors à la Réunion une société anonyme d'immigration, qui fut investie du privilége exclusif de faire venir des travailleurs et qui pour se soustraire aux exigences exagérées des négociants de l'Inde, annonça l'intention d'envoyer à Pondichéry un agent qui se chargerait lui-même des recrutements. La Société espérait ainsi pouvoir céder à bon marché les contrats d'engagement des immigrants. Quant à la répartition des engagés à la Réunion, elle devait se faire, pour une partie, au moyen du tirage au sort, les contrats d'engagement étant cédés, dans ce cas, au prix de revient; l'autre partie devait être délivrée aux propriétaires qui offriraient, pour la cession des contrats d'engagement, le prix le plus élevé.

Ce système qui donna pendant quelque temps de bons résultats souleva, au bout de quelques années, les plus vives réclamations. On se plaignit que la Société n'avait pas tenu ses promesses; qu'elle n'avait point entretenu à Pondichéry un agent recruteur, qu'au lieu d'amener les maisons de l'Inde à composition, elle avait subi leurs exigences, enfin que l'immigrant qu'elle devait livrer, tous frais payés, à 158 fr., revenait le plus souvent au propriétaire à 250 ou 300 fr.

Par suite de ces plaintes, le privilége accordé à la Société d'immigration le 18 janvier 1853 lui fut retiré le 27 septembre 1855. Pendant ces trois années, elle avait rendu, il faut le reconnaître, des services réels. Étendant à la fois ses opérations dans l'Inde et sur la côte orientale d'Afrique, à Madagascar, aux Comores, etc., elle introduisit pendant certaines années près de 10 000 immigrants dans la colonie.

Au commencement de 1853, la Réunion possédait 24 699 Indiens, 499 Chinois, 2080 Africains. A la fin de 1855, au moment de la dissolution de la Société, la colonie comptait, déduction faite des mortalités et des rapatriements pendant ces trois années, 35 201 Indiens, 448 Chinois, et 10 265 Africains. C'était une augmentation de 18 636 immigrants.

Grâce à ces nombreux travailleurs étrangers, la production prenait un rapide accroissement, mais deux causes vinrent y apporter une entrave momentanée. En premier lieu la Martinique, la Guadeloupe et la Guyane commencèrent à particiger largement au recrutement qui s'effectuait dans l'Inde et dont la Réunion avait jusqu'alors profité presque exclusivement; en second lieu, le gouvernement métropolitain, informé des désordres occasionnés par les recrutements à la côte orientale d'Afrique, crut devoir les interdire pendant quelque temps.

La Réunion vit donc subitement diminuer dans une proportion considérable le chiffre des introductions. Dans le courant de l'année 1856, il ne fut pas introduit plus de 3000 immigrants dans cette colonie.

La pénurie fut un moment extrême : le prix de cession des contrats atteignit un prix exorbitant. Pour y remédier, le département de la marine et des colonies avait confié les recrutements dans l'Inde à une société dite d'*émigration*, composée des principales maisons de commerce de Pondichéry et de Karikal, et qui devait livrer les émigrants à la Réunion comme aux Antilles à un prix déterminé (39 roupies pour la Réunion, 42 roupies pour les Antilles). Ces émigrants étaient remis, à leur arrivée à la Réunion, à une société agricole composée de la majeure partie des grands propriétaires de la colonie, et qui s'interdisant la spéculation, devait céder les contrats d'engagement au prix de revient. Malgré la surveillance de l'administration locale cette dernière condition ne fut pas toujours observée, on agiota sur les contrats d'engagement, et certains habitants déboursèrent jusqu'à 1000 et 1200 fr. pour chaque contrat dont ils obtenaient la cession.

L'année 1857 vit apporter une heureuse amélioration à cette situation. Le gouvernement autorisa les recrutements d'engagés, au moyen du rachat sur les côtes orientales et occidentales d'Afrique. La Réunion recommença aussitôt, en les environnant des précautions nécessaires, les opérations de recrutement sur les divers points de la côte orientale, à

Madagascar et jusque dans la mer Rouge. Pendant les années 1857, 1858 et les premiers mois de 1859, 13 500 Africains furent introduits dans la colonie. Le prix de cession des contrats tomba et se maintint à environ 500 fr. Mais lorsqu'au commencement de 1859, le recrutement des travailleurs fut interdit à la côte orientale d'Afrique, une nouvelle ère de détresse s'ouvrit pour la Réunion, toujours limitée à un faible contingent d'Indiens par suite de la concurrence des Antilles et de la Guyane. Depuis longtemps les recrutements dans l'Inde ne dépassaient pas 5800 individus par an; la part de la Réunion dans ce contingent était de 1200 à 1500.

On conçoit que c'était là une bien faible satisfaction pour les besoins pressants de la colonie, et que le prix de cession des contrats dut remonter à un taux fort élevé. Pour faire cesser l'agiotage, le gouvernement métropolitain exigea que les immigrants fussent remis, à leur arrivée, non plus à la Société agricole, mais à l'administration locale elle-même, que des listes tenues à la Direction de l'intérieur servissent à l'inscription des demandes qui lui seraient adressées et que la répartition des immigrants se fît par les soins de l'administration, dans l'ordre des inscriptions et au prix de revient, reconnu et arrêté par l'administration.

Cette mesure maintint le prix de cession des contrats à un taux raisonnable, mais les bras faisaient toujours défaut. Enfin deux conventions conclues le 25 juillet 1860 et le 1ᵉʳ juillet 1861 entre les gouvernements français et anglais, vinrent mettre un terme aux souffrances que la colonie éprouvait à cet égard. Par le premier de ces actes, la Réunion put recruter immédiatement 6000 Indiens à Calcutta. Par le second, la Réunion fut admise, comme nos autres colonies, à recevoir, par l'intermédiaire des agents officiels de recrutement, institués par la convention, des travailleurs des diverses parties de l'Inde britannique. Le prix de cession des contrats est depuis lors descendu dans la colonie à 221.25, frais de transport compris.

Le chiffre d'émigrants qui existait à la Réunion au mois de novembre 1862 était de 72 594 ainsi répartis:

	Hommes.	Femmes.	Enfants.	Total.
Indiens.....	38 225	5603	2582	46 410
Chinois.....	413	»	»	413
Africains...	18 875	5457	1439	25 771
Total...	57 513	11 060	4021	72 594

L'introduction des émigrants a toujours eu lieu à la Réunion avec les seules ressources locales, sans subvention de la part de l'État. Le gouverneur a récemment autorisé la formation d'une nouvelle Société agricole qui sera chargée de fournir les fonds nécessaires aux introductions, d'entretenir des agents dans les divers ports de l'Inde, à l'effet de recevoir les émigrants des mains des agents officiels de recrutement, d'affréter les navires-transports, et de répartir les émigrants parmi les habitants de la Réunion, à un prix de revient contrôlé par l'administration, et d'après les listes d'inscription tenues à la direction de l'intérieur. On espère de bons résultats de cette organisation.

Gouvernement et administration.

L'organisation du gouvernement de la Réunion est réglée par une ordonnance royale du 21 août 1825, qui a été successivement modifiée par les trois ordonnances royales des 8 mai 1832, 22 août 1833 et 15 octobre 1836, par le sénatus-consulte du 3 mai 1854, et par les deux décrets impériaux des 26 juillet 1854 et 29 août 1855.

Le gouvernement local se compose d'un gouverneur, d'un conseil privé, d'un conseil général, de chefs d'administration et d'un contrôle colonial.

La colonie est représentée auprès du gouvernement métropolitain par un délégué élu par le conseil général.

Nous renvoyons à la notice préliminaire [1] pour ce qui regarde les bases et les formes générales de l'organisation administrative.

Voici la composition du personnel civil des divers services de la colonie.

GOUVERNEMENT COLONIAL. — Le personnel du gouvernement colonial comprend 4 personnes, savoir :

Un gouverneur; un secrétaire archiviste; deux employés attachés au secrétariat du gouverneur.

Le secrétariat a pour attributions l'enregistrement et la dis-

---

1. Voir plus haut, p. 3.

tribution des dépêches ministérielles aux chefs d'administration ; la centralisation des lettres, adressées au ministère ; la correspondance intérieure ; la correspondance avec les gouvernements étrangers, et la correspondance avec le chef de la station ; les affaires secrètes et réservées ; la délivrance des passe-ports ; la légalisation des pièces à transmettre hors de la colonie.

Services de l'ordonnateur. — Les services placés sous les ordres de l'ordonnateur comprennent l'administration de la marine, de la guerre et du trésor, la direction générale des travaux de toute nature (autres que ceux du service local et des communes), la comptabilité générale de tous ces services. En voici la composition :

1er bureau, secrétariat de l'ordonnateur : 1 chef et trois employés, chargés de l'enregistrement et de l'analyse des dépêches ; des communications de ces dépêches aux services et détails compétents ; de la répartition des bulletins officiels ; des insertions au *Moniteur* ; des rapports au conseil privé ; de la correspondance et de l'enregistrement de la correspondance ; de la répartition des ordres de service et de la destination des officiers et employés du service de l'ordonnateur ; de la préparation du budget du service colonial.

2e bureau, fonds : 1 chef et trois employés chargés du mandement et de l'ordonnancement des dépenses ; de la remise des mandats de payement aux parties prenantes ; des versements au Trésor ; des virements et annulations ; du remboursement des avances entre les départements ministériels et les établissements coloniaux ; des remboursements par suite de cessions ; des dépenses des exercices clos ; des rappels sur les exercices courants ; des exercices périmés ; du compte définitif de l'exercice.

3e bureau, revues et armements : 1 chef et trois employés chargés des rapports de service avec les officiers entretenus et autres agents, avec les corps de troupe en ce qui concerne la comptabilité des corps ; de la vérification de ces comptabilités ; de l'expédition de la solde et des accessoires ; de l'examen des réclamations pour solde et accessoires ; de la tenue des contrôles ; de l'établissement des revues de liquidation ; de la préparation des états de service ; des délégations ; des successions ; de l'administration des hôpitaux ; des rapports de service avec le personnel embarqué ; de l'embarquement et du débarquement du personnel; du contrôle des pièces comptables de bord; du payement de la solde; des accessoires et du traitement de table; des feuilles de journées et revues de liquidation; de la suite à donner aux actes de l'état civil.

4° bureau, travaux, subsistances : 1 chef et trois employés chargés du personnel des ouvriers; de la comptabilité du matériel des directions de l'artillerie et du génie et des bâtiments de l'État; des marchés pour entreprise de façon d'ouvrages et de travaux à prix faits; de la location des terrains et maisons; des acquisitions d'immeubles; des réceptions d'ouvrages; des inventaires; de l'approvisionnement des magasins; de la passation des marchés; des rapports avec le garde-magasin général et les directions de l'artillerie et du génie; de la surveillance administrative sur les comptabilités des matières; du casernement; des commandes aux fournisseurs; des réceptions ou rebuts des matières; de la liquidation des livraisons.

5° bureau, inscription maritime : 1 chef et trois employés à Saint-Denis, 1 chef de service à Saint-Paul et 1 à Saint-Pierre. Ce service est chargé du classement des gens de mer, des levées, de la police de la navigation et des pêches maritimes, des bris et naufrages, de l'ordonnancement des dépenses et des recettes de la caisse des Invalides de la marine, du payement des pensions et demi-soldes.

L'ordonnateur a également sous ses ordres l'administration des deux hôpitaux militaires de Saint-Denis et de Saint-Paul et de l'hôpital thermal de Salazie; le personnel administratif de ces deux hôpitaux se compose de deux directeurs, d'un agent comptable et de deux commis aux entrées.

Un garde-magasin du matériel et des vivres, aidé de trois employés, est chargé du classement et de la répartition des approvisionnements; des entrées et sorties; des cessions; des remises faites par les bâtiments en cours de campagne; des recensements et inventaires; de la comptabilité du matériel en service et de l'emploi des matières.

Un commissaire adjoint de la marine est chargé de la conservation des archives coloniales.

Service de santé. — Le personnel médical et pharmaceutique se compose d'un médecin en chef, de 2 chirurgiens principaux, de 16 chirurgiens de 1re, 2e et 3e classe, et 4 pharmaciens de 1re, 2e et 3e classe. Huit de ces chirurgiens sont détachés dans les établissements de Sainte-Marie de Madagascar, de Mayotte et de Nossi-bé.

Trésorerie. — Le trésorier général est payeur, receveur général des finances et trésorier des Invalides de la marine. Il a sous ses ordres un trésorier particulier dans la partie sous le vent et 11 percepteurs dans les diverses communes.

Service des ports. — Le service des ports comprend 1 capitaine, 1 lieutenant et 4 maîtres de port, 2 pilotes, 4 aide-pilotes et 39 canotiers.

L'observatoire de Saint-Denis fait encore partie des services de l'ordonnateur.

CONTRÔLE COLONIAL. — Le contrôleur colonial, a sous ses ordres un chef de bureau et 2 employés.

DIRECTION DE L'INTÉRIEUR. — Le directeur de l'intérieur a dans ses attributions tous les services dépendant de l'administration intérieure de la colonie : budget local, enregistrement, domaines, curatelle aux successions et biens vacants, eaux et forêts, douanes, contributions, instruction publique, ponts et chaussées, police, etc. Voici la composition de ces divers services :

1er bureau : 1 secrétaire général, 2 sous-chefs et 5 commis, chargés de la centralisation du travail des bureaux ; de l'enregistrement et de la conservation de la correspondance générale; des archives ; des affaires à présenter au Conseil général et au Conseil privé ; des affaires réservées; du personnel des divers services ; de la police secrète.

2e bureau, administration et contentieux : 1 chef, 1 sous-chef et 10 employés chargés de l'administration, du contentieux et de l'enregistrement, des domaines, des eaux et forêts et des contributions diverses.

3e bureau, agriculture, commerce, immigration, culte et instruction publique : 1 chef, 1 sous-chef et 2 commis.

4e bureau, finances et approvisionnements : 1 chef, 1 sous-chef et 12 employés chargés de l'ordonnancement des diverses dépenses; de la comptabilité coloniale et communale; des budgets ; des travaux et approvisionnements ; du contrôle des services financiers.

Services financiers. — Le personnel des administrations financières se compose de 72 personnes, réparties de la manière suivante :

Enregistrement et domaines, curatelle aux successions vacantes, eaux et forêts : 1 inspecteur, chef du service, 21 conservateurs, receveurs et commis, 12 brigadiers et 38 gardes forestiers.

Douanes. — Le personnel du service des douanes se compose d'un directeur et de 18 sous-inspecteurs, contrôleurs, vérificateurs et commis; le service actif des douanes comprend 1 lieutenant, 76 brigadiers, sous-brigadiers et préposés et 20 agents divers.

Contributions. — Le personnel du service des contributions se compose d'un chef et de 12 contrôleurs et commis.

L'inspection des distilleries est confiée à 26 préposés surveillants.

Poste aux lettres. — Le service de la poste comprend 1 receveur comptable chef, 1 contrôleur, 4 commis à Saint-Denis, et 15 receveurs dans les communes [1].

Instruction publique. — Un inspecteur nommé par le ministre est à la tête de ce service. Il existe au chef-lieu une commission centrale, et dans chaque commune une commission spéciale d'instruction publique [2].

Police. — La police est dirigée par un commissaire central de sûreté, inspecteur; le service administratif de la police centrale se compose d'un chef de bureau et de deux commis. Le commissaire central a sous ses ordres : 1 commissaire de sûreté, 3 commissaires spéciaux, 5 commissaires de cantons et 13 commissaires de police; il a aussi dans ses attributions le syndicat des gens de travail, composé de 10 syndics et de 4 commis, et l'atelier de discipline divisé en 4 compagnies, à la tête de chacune desquelles se trouve placé un surveillant.

Vaccine. — Un vaccinateur est chargé spécialement de la conservation et de la propagation de la vaccine dans la colonie. Le premier règlement local relatif à l'inoculation de la vaccine, à la Réunion, remonte à l'année 1806. Un arrêté du 11 juin 1849 a rendu obligatoire la vaccination des immigrants.

Ponts et chaussées. — Le personnel des ponts et chaussées se compose d'un ingénieur en chef, chef de service, de 4 ingénieurs d'arrondissement, de 17 conducteurs, et de 2 commis à la gérance.

1-2. Nous consacrons un article spécial à ces deux services.

ORGANISATION MUNICIPALE. — L'administration municipale a été réorganisée à la Réunion par un arrêté local du 12 novembre 1848, lequel a été modifié lui-même par le sénatus-consulte du 3 mai 1854, pour tout ce qui regarde l'élection des conseillers municipaux et la nomination des maires et adjoints[1].

Chacune des douze communes de la colonie a une administration nommée par le gouverneur et composée du maire, d'adjoints et de conseillers municipaux dont le nombre varie de 4 à 14.

Une agence municipale existe dans les deux districts de Salazie et de la plaine des Palmistes.

Les conseils municipaux sont investis du droit de nommer la moitié des membres du conseil municipal.

Justice.

Le décret organique du 31 août 1854 sur le régime judiciaire des colonies a fait disparaître de l'organisation de 1827 certaines dispositions exceptionnelles. Le régime actuel est, en ce qui concerne l'ordre des juridictions civiles et correctionnelles, semblable à celui de la métropole.

Il en est autrement de la juridiction criminelle. Des habitants notables sont appelés à faire partie comme assesseurs des cours d'assises. Ils participent avec les magistrats de la cour impériale à l'administration de la justice criminelle; ils remplissent à la fois les fonctions de jurés et celles qui, en France, sont exclusivement réservées aux membres de la cour d'assises, car ils prononcent en commun avec les magistrats sur la position des questions, sur toutes les questions posées et sur l'application de la peine.

Jusqu'en 1862 la Réunion s'est trouvée exclue du bénéfice du recours en cassation en matière correctionnelle et criminelle. Cette exclusion, qui avait trouvé sa justification dans les difficultés et les lenteurs des communications de cette île avec la France, n'avait plus sa raison d'être en présence du fonctionnement régulier des packets anglais et de la convention

---

1. Voir, pour les attributions des conseils municipaux, la notice préliminaire, t. V, p. 194 (juin 1862).

passée avec les Messageries impériales pour l'exécution du service postal de l'Indo-Chine. Un décret du 7 juin 1862 a ouvert, à l'île de la Réunion, le recours en cassation contre les arrêts rendus par les cours d'assises et par la cour impériale de cette colonie, jugeant correctionnellement[1].

Les diverses cours de justice de la colonie sont composées de la manière suivante[2] :

Justice de paix. — La colonie est divisée en neuf cantons de justice de paix, dont les chefs-lieux sont : Saint-Denis, Sainte-Suzanne, Saint-André, Saint-Benoît et Saint-Paul, dans l'arrondissement du Vent; Saint-Leu, Saint-Louis, Saint-Pierre, et Saint-Joseph dans l'arrondissement Sous-le-Vent.

Tribunaux de 1re instance. — Il y a deux tribunaux de 1re instance. Le resssort du premier comprend l'arrondissement du Vent, le tribunal siége à Saint-Denis; le ressort du second comprend l'arrondissement Sous-le-Vent, le tribunal siége à Saint-Pierre.

Le tribunal de 1re instance de Saint-Denis est composé d'un président, de deux juges, d'un juge d'instruction, d'un procureur impérial, de deux substituts et d'un greffier.

La composition du tribunal de 1re instance de Saint-Pierre est la même, mais ce tribunal n'a qu'un seul juge et qu'un seul substitut.

Cour impériale. — La cour impériale siége à Saint-Denis; elle est composée d'un président, de sept conseillers, d'un conseiller auditeur, d'un procureur général, de deux substituts et d'un greffier en chef.

Le procureur général est le chef du service judiciaire dans la colonie.

Cours d'assises. — Deux cours d'assises se tiennent chaque trimestre, l'une à Saint-Denis, l'autre à Saint-Pierre. Leur ressort respectif est le même que celui du tribunal de 1re instance de l'une et l'autre de ces deux villes.

Chaque cour d'assises se compose de trois conseillers de la cour impériale et de quatre membres du collége des asses-

---

1. Pour plus amples informations sur l'organisation judiciaire, voir Delabarre de Nanteuil, *Législation de l'île Bourbon*, page 555, t. IV.
2. Pour le degré de compétence des diverses cours de justice, voir la notice préliminaire qui a été publiée dans le tome V de la *Revue*, p. 201 (n° de juin 1862).

seurs. Ce collége est composé de soixante membres, choisis parmi les habitants de la colonie qui réunissent les conditions déterminées par l'ordonnance du 30 septembre 1827. (Titre IV. — Art. 164 à 174.)

Avocats et avoués. — La profession d'avocat, supprimée en 1790, puis en 1828, fut rétablie à la Réunion par l'ordonnance du 15 février 1831. On comptait en 1862, 19 avocats près la cour et les tribunaux, dont 13 dans l'arrondissement de Saint-Denis et 6 dans celui de Saint-Pierre. Il y a dans chaque arrondissement un Conseil de l'ordre présidé par un bâtonnier.

Le nombre des avoués a été fixé à 15 par une ordonnance du 12 avril 1833; ils sont répartis par le gouverneur entre la cour impériale et les tribunaux de première instance. Quatre avoués exercent les fonctions d'avocat devant le Conseil privé constitué en Conseil du contentieux administratif et en Commission d'appel.

Notaires et *huissiers.* — On compte dans la colonie 16 notaires et 10 huissiers.

STATISTIQUE JUDICIAIRE.

(Période triennale de 1858 à 1860.)

Justice de paix. — Le juge de paix de Saint-Denis a rendu en moyenne, chaque année, 1290 jugements et 3831 décisions de simple police;

Le juge de paix de Sainte-Suzanne, 247 jugements et 344 décisions de simple police;

Le juge de paix de Saint-André, 255 jugements et 338 décisions de simple police;

Le juge de paix de Saint-Benoît, 283 jugements et 684 décisions de simple police;

Le juge de paix de Saint-Paul a rendu, en moyenne, 419 jugements et 851 décisions de simple police;

Le juge de paix de Saint-Louis, 69 jugements et 288 décisions de simple police;

Le juge de paix de Saint-Pierre, 283 jugements et 445 décisions de simple police;

Le juge de paix de Saint-Joseph, 111 jugements et 233 décisions de simple police.

C'est une moyenne annuelle pour toute la colonie de 2075 jugements et de 5197 décisions de simple police.

Tribunaux de 1re instance. — Le tribunal de Saint-Denis a jugé en matière civile et commerciale, chaque année, en moyenne . . . . 992 affaires.
Le tribunal de Saint-Paul . . . . 389 —

Soit pour toute la colonie. . . . . . . 1381 —

Le tribunal de Saint-Denis prononçant en matière correctionnelle sur les appels des jugements de police, a jugé chaque année en moyenne . . . . 250 affaires.
Le tribunal de Saint-Paul[1] . . . . 141 —

Soit pour toute la colonie. . . . . . . 391 —

Cour impériale et cours d'assises. — La cour impériale a jugé en moyenne, chaque année, 139 affaires. Les deux cours d'assises ont rendu pendant les trois années 1858, 1859 et 1860 392 arrêts concernant 774 accusés. C'est une moyenne annuelle de 130 arrêts et de 258 accusés, sur lesquels on compte 55 acquittements. Cette moyenne avait été pendant la période triennale précédente de 141 arrêts comprenant 254 accusés.

Les vols les plus nombreux sont les vols domestiques. Les attentats contre la propriété et contre les personnes sont commis, pour la plupart, par les immigrants.

Prisons et ateliers de discipline. — La moyenne des individus détenus dans les ateliers de discipline de la Réunion a été, pendant les années 1858, 1859 et 1860, de 427 individus par an.

Le nombre des individus enfermés dans les deux prisons de Saint-Denis et de Saint-Paul tend malheureusement à s'augmenter chaque année; en 1858, il était de 960 détenus; en 1859, de 1019; en 1860, de 1122.

La maison de *correction* établie sur le terrain de la Providence à Saint-Denis, a compté en 1858 38 jeunes détenus; en 1859, 85; et en 1860, 97.

Aux termes de la législation coloniale, les condamnés aux

---

1. La translation du tribunal de première instance de Saint-Paul à Saint-Pierre, prononcée par décret du 6 janvier 1857, n'a pu être effectuée qu'en juillet 1862. Aux termes de ce décret, Saint-Paul a été annexé à l'arrondissement judiciaire de Saint-Denis et une neuvième justice de paix a été créée à Saint-Leu.

travaux forcés doivent être envoyés à Cayenne pour y subir leur peine (sénatus-consulte du 24 février 1865). Les condamnés à la reclusion, appartenant à la race asiatique et à la race africaine, peuvent être également envoyés dans nos établissements pénitentiaires de la Guyane (Décret du 20 août 1853).

Culte et Assistance publique.

La religion catholique est la seule qui soit professée publiquement à la Réunion; il y existe un petit nombre de protestants mais il n'y out pas de temple. Les travailleurs immigrants sont généralement idolâtres; un missionnaire catholique travaille au salut du petit nombre d'Indiens catholiques qui se trouvent parmi eux.

Le clergé catholique eut longtemps pour chefs des préfets ou vice-préfets apostoliques, mais un décret du 18 décembre 1860 a érigé la colonie en évêché, dont le siége a été fixé à Saint-Denis.

Le diocèse de Saint-Denis, qui est suffragant de l'archevêché de Bordeaux, se divise actuellement en deux archidiaconés (Saint-Denis et Saint-Paul), 9 cantons et 54 paroisses.

Le cadre ecclésiastique se compose, outre l'évêque et ses vicaires généraux, de 76 prêtres, non compris les PP. Jésuites, les religieux du Saint-Esprit, les PP. Lazaristes et les Frères des Écoles chrétiennes.

Le clergé se recrute des élèves formés au séminaire du Saint-Esprit, à Paris, comme aussi de quelques ecclésiastiques des diocèses de France agréés soit par Mgr l'évêque de la colonie, soit par le supérieur général de la congrégation du Saint-Esprit et du Saint-Cœur de Marie. Les sujets acceptés par eux sont ensuite inscrits sur le cadre, en vertu d'une décision de S. Exc. le ministre de la marine et des colonies, qui leur accorde le passage gratuit et leur alloue les indemnités de trousseau et autres fixées par les règlements.

Missions. — La mission de Zanzibar, sur la côte orientale d'Afrique, est placée sous la protection spéciale de Mgr l'évêque de Saint-Denis, et sous la direction d'un de ses grands vicaires. Cette mission s'étend du cap Delgado à l'Équateur, sur une profondeur inconnue; elle a son siége à Zanzibar dans l'île de ce nom, et bien qu'elle ne date que de deux ou trois ans à peine, il existe déjà dans la ville un monastère qui contient un hôpital pour les malades européens, un hospice pour les pauvres indigènes et des ateliers où les enfants viennent apprendre des métiers.

La mission de Madagascar a son siége à la Réunion; le préfet apostolique qui la dirige réside ordinairement à Saint-Denis; c'est de cette ville que partent les missionnaires qui évangélisent Madagascar et les petites île qui l'entourent.

COMMUNAUTÉS RELIGIEUSES.

Il existe à la Réunion 7 communautés religieuses :

1° Les *RR. PP. Jésuites*, établis dans le diocèse depuis 1844 sont au nombre de 30; leur résidence principale est à Saint-Jacques (Saint-Denis). Ils ont la direction du collége diocésain de Sainte-Marie et de l'établissement malgache de Notre-Dame de la Ressource.

2° Les *religieux du Saint-Esprit et du Saint-Cœur de Marie*, établis en 1843, comptent 3 pères et 15 frères qui dirigent l'établissement de la Providence à Saint-Denis, comprenant une école agricole et professionnelle, un pénitencier pour les jeunes détenus, un hospice de vieillards et d'infirmes; ils desservent aussi la léproserie.

3° Les *RR. PP. Lazaristes*, arrivés dans la colonie dès 1667, y ont exercé le saint ministère jusqu'en 1841, et s'y sont rétablis en 1861.

4° Les *Frères des Écoles chrétiennes*, arrivés dans la colonie en 1817, y dirigent aujourd'hui 18 établissements; l'institution compte 66 frères et 8 novices.

5° Les *Sœurs de Saint-Joseph de Cluny* sont établies dans la colonie depuis 1816; cette congrégation compte 117 religieuses professes et 15 novices; elles ont 21 établissements à la Réunion (pensionnats, écoles gratuites, ouvroirs, salles d'asile). Elles desservent les hôpitaux de la colonie.

6° Les *Filles de Marie*. Cette communauté fondée dans la colonie en 1849 compte actuellement 62 religieuses professes, 9 novices et 10 postulantes; elles ont 6 établissements (orphelinats, ouvroirs, et desservent concurremment avec les religieux du Saint-Esprit, l'hospice des vieillards et infirmes et la léproserie.

7° Quatre *Sœurs de Saint-Vincent-de-Paul* se sont établies

en 1860 à Sainte-Suzanne et sont attachées aux hôpitaux des exploitations de Mme la vicomtesse Jurien de la Gravière.

INSTITUTIONS DE BIENFAISANCE.

L'organisation première de l'assistance publique à la Réunion remonte à 1806. L'administration locale se borna à établir au chef-lieu un *Bureau de bienfaisance* dont l'action, bien qu'étendue aux divers quartiers de l'île, ne dépassait que bien rarement les limites de la commune de Saint-Denis. A part divers changements de détail, c'est d'après ce mode et ce système d'institution que s'est opérée, jusque dans ces derniers temps, la distribution des secours publics à la Réunion.

En 1848, la somme des besoins de l'assistance publique s'étant considérablement accrue par suite de l'abolition de l'esclavage, des secours hospitaliers furent organisés et répartis entre quatre circonscriptions qui embrassaient toute la colonie.

Plus tard, en 1856, l'administration jugea qu'il était plus avantageux de centraliser à Saint-Denis les secours qui étaient donnés dans les quartiers, et l'hospice de la Providence pour les vieillards et les infirmes fut créé à l'aide des capitaux du Bureau de bienfaisance et du fonds de subvention accordé par le budget du service local.

La gestion du Bureau de bienfaisance, dont les revenus sont exclusivement affectés à l'entretien de cet hospice, est entre les mains du maire de Saint-Denis, en attendant la réorganisation de l'assistance publique qui est actuellement à l'étude.

Voici maintenant les diverses institutions de bienfaisance religieuses et laïques qui existent dans la colonie :

1° La *Société de Saint-Vincent de Paul*, établie en 1854, est représentée par un conseil supérieur et un conseil particulier à Saint-Denis et par 16 conférences, comptant environ 200 membres titulaires et honoraires.

2° La *Société de Saint-François-Xavier*, sous la direction du clergé, se compose surtout d'affranchis de 1848. Elle a pour but d'unir ses membres par le double lien de l'instruction religieuse et des secours mutuels. Elle leur offre, dans des réunions régulières, un enseignement religieux et moral, leur donne des connaissances usuelles appropriées à leur position, et, dans une cotisation modique, des ressources pour eux et leurs familles lorsqu'ils sont éprouvés par la maladie. Elle se propose, en un mot, de faire de bons chrétiens et d'utiles citoyens, par l'habitude des devoirs religieux et l'exercice de la charité fraternelle.

Cette société compte, dans les différentes paroisses du diocèse, au moins 4000 membres.

3° La *Société de Notre-Dame de Bon-Secours* se propose, parmi les femmes de la classe ouvrière, le même but que celle de Saint-François-Xavier parmi les hommes. Elle compte au moins 3000 membres.

4° La *Société des Dames de Charité*, fondée par Mme Cuvillier, a pour but l'entretien d'une maison de refuge à Saint-Denis pour les jeunes filles pauvres qui y sont élevées et y apprennent à travailler.

5° La *Société des Mères chrétiennes* établie à Saint-Denis.

6° La *Société Ouvrière et Industrielle*, fondée en 1848, sous le patronage de saint François d'Assises, par les ouvriers de la ville de Saint-Denis, a pour objet de réunir dans un but d'assistance mutuelle les gens de travail, de leur créer des ressources dans l'adversité, de les soulager dans les coups imprévus dont la maladie et la mort les frappent trop souvent au milieu de leurs familles. Par des cotisations mensuelles elle a formé une *caisse de secours* qui vient en aide aux sociétaires malades et estropiés, aux veuves des sociétaires défunts, aux orphelins que ceux-ci laissent derrière eux. La Société compte actuellement plus de 150 membres. Un arrêté du 4 décembre 1862 l'a autorisée à s'établir à Saint-Pierre.

7° *Caisse de secours ecclésiastiques*. Cette caisse a été autorisée par un arrêté local du 18 octobre 1858 pour venir en aide aux prêtres âgés et infirmes.

8° *L'Association des anciens Élèves du Lycée* est une association de confraternité et de bienfaisance qui emploie ses fonds à payer des bourses aux jeunes gens peu aisés.

9° *Association de prévoyance et de secours mutuels des médecins de la Réunion*. — Les statuts de l'Association des médecins de l'île de la Réunion ont été approuvés par arrêté de M. le gouverneur en date du 3 septembre 1860. L'association est agrégée à l'Association générale des médecins de France dont les statuts ont été approuvés par arrêté de S. Exc. le ministre de l'intérieur en date du 31 août 1858. Comme l'association générale, l'association de la Réunion a pour but : 1° de venir au secours des sociétaires que l'âge, les infirmités, la maladie, des malheurs immérités réduisent à un état de détresse; 2° de secourir les veuves, les enfants, les ascendants laissés sans ressources par des sociétaires décédés ; 3° de donner aide et protection à ses membres ; 4° de maintenir par son influence moralisatrice l'exercice de l'art dans les voies utiles au bien public et conformes à la dignité de la profession ; 5° de fonder dans l'avenir une caisse de retraite ; 6° de préparer et fonder les institutions propres à compléter et à perfectionner son œuvre d'assistance. Le président est nommé par l'Empereur.

ŒUVRES PIEUSES.

Les *Œuvres de la Propagation de la foi et de la Sainte-Enfance* ont recueilli, en 1861, dans les diverses paroisses du diocèse, des aumônes s'élevant ensemble à la somme de 23 641 francs.

L'*Œuvre apostolique, sous le patronage des saintes femmes de l'Évangile*, fondée en France il y a environ 16 ans pour venir en aide aux missions et aux pauvres églises, s'est établie à la Réunion dans le courant de 1861.

HÔPITAUX.

Il existe à la Réunion deux hôpitaux militaires, l'un à Saint-Denis, l'autre à Saint-Paul ; deux hôpitaux civils, l'un à Saint-Denis, l'autre à Saint-Pierre ; un hôpital thermal à Salazie ; une léproserie à Saint-Denis, contenant 67 malades, et un hospice pour la vieillesse, qui fait partie de l'établissement de la Providence et qui contient près de 300 vieillards ou infirmes.

L'hospice civil de Saint-Denis, qui jusqu'en 1862 avait été dirigé à l'entreprise, par des médecins de la colonie, a été réorganisé par un arrêté du 29 mars 1862 sur des bases beaucoup plus larges. L'hospice qui prend le titre d'*Hôpital colonial*, sera administré en régie comme les hôpitaux militaires de la colonie ; il sera reconstruit sur un nouvel emplacement. Dans sa session de 1862, le Conseil général a voté une somme de 142 000 francs pour le commencement de ces travaux qui nécessiteront une dépense totale d'environ 400 000 francs.

Le nombre des malades que renferment les deux hôpitaux militaires de Saint-Denis et de Saint-Paul est de deux cents environ. Une succursale de l'hôpital de Saint-Denis, pour les convalescents, a été établie récemment dans les hauts de la ville, à Saint-François.

L'hôpital thermal de Salazie est également de construction récente; près de 80 malades y sont actuellement traités.

Un lazaret a été créé à la Grande-Chaloupe, près de Saint-Denis, en vue des besoins nouveaux issus de l'immigration.

Un conseil spécial, composé de 17 membres, exerce la police sanitaire dans la colonie; il est chargé de surveiller les quarantaines et de diriger le service du lazaret.

Instruction publique.

Le service de l'instruction publique est placé sous la direction d'un inspecteur nommé par le ministre. Une commission centrale et permanente surveille l'instruction publique dans la colonie et propose toutes les améliorations à y introduire. Elle est composée du président de la Cour impériale qui la préside, de l'inspecteur de l'instruction publique, de M. l'évêque de Saint-Denis, du maire de Saint-Denis, du médecin en chef et de trois membres au choix du gouverneur. Il y a dans chaque commune une commission spéciale qui correspond avec la commission centrale.

On accorde aux élèves qui ont fait leurs études dans la colonie des brevets de capacité qui leur servent provisoirement de diplômes de bachelier ès lettres ou ès sciences.

Depuis 1816, la colonie possède, en vertu de deux ordonnances royales, six bourses gratuites dans les lycées de France, et trois places dans les maisons impériales fondées pour l'éducation des filles des membres de la Légion d'honneur.

Il existe à la Réunion un lycée impérial, trois colléges ecclésiastiques et quatre-vingt-dix-neuf écoles, asiles, ouvroirs, orphelinats ou autres établissements destinés à l'éducation.

Pendant l'année 1861, ils ont été fréquentés par environ 11 000 enfants et adultes.

Le *lycée impérial*, fondé à Saint-Denis en 1818, sous le nom de *Collége royal de l'île Bourbon*, commença avec 25 élèves et en compte aujourd'hui 430. L'enseignement classique, scientifique et artistique y est donné par 33 professeurs et 9 maîtres répétiteurs. Le cours d'études comprend toutes les connaissances qu'embrassent dans leur programme les lycées de la métropole.

Le *collège diocésain de Sainte-Marie*, fondé en 1851 à Saint-Denis, est dirigé par les PP. Jésuites; il compte 180 élèves, 1 recteur, 17 professeurs et 3 surveillants religieux, et 9 professeurs laïques.

Le *collège Saint-Charles*, établi d'abord à Saint-Denis, a été transféré en 1857 à Saint-Paul; il compte 104 élèves, 1 supérieur, 8 professeurs religieux et 5 laïques.

Le *collège communal* a été ouvert à Saint-Benoît en 1856; il compte 85 élèves, 1 supérieur, 2 professeurs religieux et 3 laïques.

Dix-sept écoles primaires gratuites de garçons, dirigées par les Frères des écoles chrétiennes, existent dans les diverses communes et sont entretenues aux frais de la colonie. Ces écoles, auxquelles 72 frères sont attachés, comptent 68 classes qui ont été fréquentées, en 1861, par 2931 enfants et 2405 adultes. Les frères ont aussi une école agricole et professionnelle à Salazie.

Les sœurs de Saint-Joseph de Cluny dirigent 15 établissements d'instruction et plusieurs asiles pour l'enfance, dans lesquels on a compté en 1861 2354 élèves gratuites et 474 élèves payantes.

Cinq ouvroirs et un orphelinat sont placés sous la direction des Filles de Marie, et ont été fréquentés en 1861 par 531 enfants.

Sous ce titre, *Établissement de la Providence*, le gouvernement a créé à Saint-Denis, en 1858, une école agricole et professionnelle, et un pénitencier de jeunes détenus; ces deux établissements, dirigés par les religieux du Saint-Esprit et du Saint-Cœur de Marie, comptent, le premier, 128 enfants, et le second, 100 détenus environ.

Les RR. PP. Jésuites ont fondé en 1849, à Sainte-Marie, les établissements de Notre-Dame de la Ressource et de Nazareth pour l'instruction des jeunes Malgaches. Après avoir été initiés à la connaissance et à la pratique de la religion catholique, et avoir été formés au travail et aux arts industriels, ces enfants sont renvoyés dans leur patrie où ils deviennent les apôtres du christianisme et de la civilisation.

Le nombre des élèves était en 1861 de 70 garçons et de 48 filles. L'établissement de Nazareth pour les filles est placé sous la direction des sœurs de Saint-Joseph.

Indépendamment de ces institutions primaires, tenues par des religieux, on compte 44 écoles particulières payantes, fréquentées par 1300 enfants environ.

Enfin il se fait à Saint-Denis des cours publics et gratuits par des professeurs, choisis dans le sein de la Société des sciences et arts et proposés par elle à la nomination de l'administration. Ces cours embrassent la préparation aux sciences exactes, l'anglais, la musique et le dessin linéaire.

Bibliothèque publique. — La bibliothèque publique de la Réunion, fondée en 1855, a été ouverte au public en 1856. Formée de ce qui restait de la bibliothèque du conseil colonial et d'une partie de celle du contentieux administratif, elle comptait à cette époque 4500 volumes. Depuis sa fondation, le conseil général a voté annuellement une somme d'argent destinée à l'acquisition de livres. Le nombre de volumes est aujourd'hui de plus de 7000.

La bibliothèque a été installée en 1859 dans les bâtiments de l'hôtel de ville de Saint-Denis.

Société des sciences et arts. — La Société des sciences et arts a été fondée le 22 novembre 1855 par M. Hubert-Delisle. Elle publie un Bulletin de ses travaux et délivre, chaque année, une médaille d'or au meilleur ouvrage écrit sur les données qu'elle propose.

Presse et écrits périodiques. — Au commencement de 1863, il se publiait à la Réunion 8 journaux, savoir : *le Journal officiel de l'île de la Réunion*, paraissant le mercredi et le samedi, à Saint-Denis ; *le Moniteur de la Réunion*, paraissant le mercredi et le samedi, à Saint-Denis ; *le Journal du Commerce*, paraissant le mardi et le vendredi, à Saint-Denis ; *la Malle*, paraissant le jeudi et le dimanche, à Saint-Denis ; *la Réunion*, paraissant le jeudi, à Saint-Denis ; *le Courrier de Saint-Pierre*, paraissant le jeudi, à Saint-Pierre ; *le Phare de Saint-Paul*, paraissant le jeudi, à Saint-Paul ; *la Semaine*, journal illustré, paraissant le jeudi, à Saint-Denis ; *l'Album de l'île de la Réunion*, qui publie chaque mois une feuille de texte et plusieurs lithographies ; enfin le *Bulletin de la Société des sciences et arts* qui paraît à des époques indéterminées.

Mentionnons aussi parmi les publications périodiques le *Bulletin officiel de l'île de la Réunion*, qui paraît par livraison mensuelle, et l'*Annuaire de la Réunion*, tous deux publiés par les soins du gouvernement local ; enfin l'*Annuaire religieux* publié sous les auspices de l'évêché.

Forces militaires.

Les forces militaires de la Réunion se composent des troupes de la garnison et des milices locales.

L'effectif de la garnison est de 46 officiers et de 1124 sous-officiers et soldats répartis entre divers détachements d'infanterie et d'artillerie de la marine, de disciplinaires des colonies, de génie et de gendarmerie coloniale.

Voici la composition de ces divers corps :

État-major. — Un lieutenant de vaisseau, attaché à l'état-major général ; 1 capitaine d'infanterie de marine, adjudant de place à Saint-Denis.

Génie. — Un chef de bataillon directeur, 1 lieutenant et 3 gardes du génie ; une compagnie indigène d'ouvriers du génie composée de 3 officiers et de 93 sous-officiers et soldats. Total : 8 officiers, 93 sous-officiers et soldats.

Artillerie de la marine. — Un chef d'escadron directeur ; 1 sous-chef ouvrier d'état ; 1 garde d'artillerie de 1re classe ; 1 maître armurier ; une batterie d'artillerie de marine composée de 4 officiers et de 96 sous-officiers et soldats ; une section de canonniers ouvriers composée d'un officier et de 45 ouvriers. Total : 8 officiers et 144 sous-officiers et soldats.

Infanterie de marine (4ᵉ régiment). — Un lieutenant-colonel, 1 chef de bataillon, 1 capitaine-major, 1 capitaine adjudant-major, 1 chirurgien aide-major, 1 lieutenant officier payeur, 1 sous-lieutenant chargé de l'habillement, 4 compagnies, chacune de 114 hommes dont 3 officiers [1]. Total : 19 officiers et 444 sous-officiers et soldats.

Disciplinaires des colonies. — Une compagnie composée de 5 officiers et de 281 sous-officiers et soldats.

---

1. Une cinquième compagnie qui compte à la Réunion est détachée dans les îles de Mayotte, Nossi-Bé et Sainte-Marie de Madagascar.

Gendarmerie coloniale. — Une compagnie composée de 4 officiers et 162 sous-officiers et soldats dont 90 à cheval, 67 à pied et 5 enfants de troupe.

Milice. — L'effectif de la milice s'élevait en 1862 à 9970 hommes dont 295 officiers.

La milice est placée sous le commandement supérieur du gouverneur ; elle est divisée en deux classes : la première, qui est désignée sous le nom de *classe mobile*, est composée des habitants valides de 17 à 45 ans ; la deuxième, appelée *classe sédentaire*, des habitants valides de 45 à 55 ans. Ces deux classes forment dans chaque corps de milice des compagnies ou sections de compagnies séparées. Dans chaque commune la milice est placée sous les ordres d'un commandant des milices ; l'infanterie est organisée par compagnies et par bataillon, et la cavalerie par subdivision d'escadron. Il existe, dans quelques communes, des compagnies d'artillerie et de sapeurs-pompiers.

Le gouverneur nomme provisoirement aux emplois vacants parmi les officiers.

L'amende n'excédant pas 50 francs et la détention pour 3 jours au plus sont les peines appliquées par les conseils de discipline.

Les miliciens de divers grades de la classe mobile, lorsqu'ils sont astreints à se rendre à l'instruction militaire en dehors des prescriptions réglementaires, ont droit à des indemnités de déplacement fixées à 2 francs pour les sous-officiers et soldats, 6 francs pour les lieutenants et sous-lieutenants, 10 francs pour les capitaines et 15 francs pour les officiers supérieurs.

Station maritime. — La station locale de la Réunion se compose de trois bâtiments de l'État : *le Lynx*, aviso à hélice de 150 chevaux et de 2 canons ; les goëlettes à voiles *la Turquoise* et *la Perle*, armées chacune de 2 canons.

La Réunion est aussi le centre de la division navale des côtes orientales d'Afrique.

Finances.

Les dépenses publiques de la Réunion sont divisées en deux catégories principales : l'une comprend les dépenses de souveraineté et de protection, auxquelles il est pourvu au moyen de fonds alloués par le budget de l'État ; l'autre se compose des dépenses d'administration intérieure, à l'acquittement desquelles est employé le produit des contributions publiques et autres revenus locaux.

DÉPENSES DE L'ÉTAT (exercice 1862).

Chap. Ier. — Personnel civil et militaire.

	fr.	c.
Gouverneur	60 000	»
Administration générale	211 050	»
Justice	282 200	»
Culte	217 100	»
États-majors	70 350	»
Gendarmerie coloniale	404 894	»
Compagnie disciplinaire	104 502	60
Troupes indigènes	67 000	00
Accessoire de la solde	22 000	00
Traitement dans les hôpitaux	146 491	60
Vivres	471 059	60
Divers	63 140	00
	2 119 787	80
A déduire 1/30, pour incomplets	70 659	59
Total	2 049 128	21

Chap. II. — Matériel civil et militaire.

	fr.
Ports et rades	10 000
Édifices publics	50 000
Casernement, artillerie et génie	296 000
Loyers et ameublements	40 000
Impressions et publications	18 500
Frais de justice et de procédure	34 000
Total	448 500

Récapitulation.

Chapitre I. Personnel (chiffres ronds)	2 049 120
Chapitre II. Matériel	448 500
Total général	2 497 620

Ces dépenses ne comprennent pas celles de la station maritime locale, ni la solde des troupes d'infanterie et d'artillerie de marine en garnison dans la colonie. Ces dernières sont classées dans les différents chapitres du budget de la marine (service marine); la décomposition par colonie n'en est donnée que dans les *Comptes définitifs* de chaque exercice. Dans le compte de 1860, le dernier rendu, les dépenses du service maritime effectuées pour le compte de la réunion se sont élevées à la somme de 1 491 180 francs.

DÉPENSES LOCALES.

Ces dépenses, ainsi que les ressources locales qui sont destinées à y pourvoir, sont votées par le Conseil général, elles étaient inscrites au budget de 1862 pour la somme de 7 685 252 francs. En voici le détail :

Section I. — Dépenses obligatoires.

Chap. Iᵉʳ. — Personnel.

	fr.	c.
Délégués de la colonie à Paris	12 000	»
Direction de l'intérieur	99 210	»
Services financiers	753 167	50
Instruction publique	432 700	»
Ponts et chaussées	111 760	»
Police générale	394 240	»
Ateliers de discipline et prisons	90 600	»
Syndicat de l'immigration	61 000	»
Pilotage	12 000	»
Frais de routes, de passage, etc.	39 680	»
Total	2 006 357	50
A déduire : le 45ᵉ pour retenue et incomplets	44 585	72
Total de la solde et accessoires de la solde	1 961 771	78
Pensions	34 113	84
Hôpitaux	58 153	50
Exercices clos	3 586	67
Total du chap. Iᵉʳ. Personnel.	2 057 625	79

Chap. II. — Matériel.

	fr.	c.
Frais de perception de l'impôt.......	130 000	»
Matériel des admin. financières.....	93 200	»
Loyers, mobiliers.................	31 800	»
Menues dépenses des tribunaux et parquets......................	28 700	»
Casernement de la gendarmerie.....	81 000	»
Ateliers de discipline, prisons.......	275 106	50
Entretien de l'atelier colonial et entretien des édifices................	270 000	»
Travaux d'entretien coloniaux, des routes, etc.....................	619 140	»
Enfants trouvés, aliénés, dispensaires	79 700	»
Mesures sanitaires................	110 500	»
Achats de terrains et d'immeubles...	145 366	46
Remboursement aux communes sur divers impôts...................	793 139	63
Dépenses diverses de matériel......	49 000	»
Total du chap. II. Matériel...	2 706 652	59

Section II. — Dépenses facultatives.

Chap. III. — Personnel.

	fr.
Secrétariat et archives du gouvernement	7 800
Personnel secondaire des ponts et chaussées................................	43 400
Agents du commerce...............	10 500
— au syndicat des travailleurs.....	7 200
Agence de l'immigration à Madras......	44 900
Service des ponts..................	23 112
— de santé..................	6 000
Bibliothèque et musée..............	9 000
Lazaret et léproserie...............	12 600
Services divers....................	32 450
Total du chap. III.............	196 962

Chap. IV. — Matériel.

	fr.	c.
Travaux maritimes................	200 000	»
Bâtiments civils et édifices coloniaux.	651 900	»
Routes, canaux et ponts...........	701 822	»
A reporter.........	1 553 722	

	fr.	c.
Report............	1 553 722	»
Hospice civil en régie...............	35 000	»
Atelier colonial....................	111 000	»
Frais d'impression, de reliure, etc...	58 000	»
Instruction publique................	415 740	»
Subventions pour le service postal avec l'Europe...................	309 278	35
Subventions diverses...............	86 000	»
Encouragements aux cultures et à l'industrie.......................	19 000	»
Dépenses diverses et imprévues.....	136 271	40
Total du chap. IV.........	2 724 011	75

Récapitulation.

Dépenses obligatoires.

	fr.	c.	fr.	c.
Personnel..........	2 057 625	79	4 764 278	38
Matériel............	2 706 652	59		

Dépenses facultatives.

	fr.	c.	fr.	c.
Personnel..........	196 962	»	2 920 973	75
Matériel............	2 724 011	75		

Total général des dépenses...	7 685 252	13

RECETTES LOCALES.

Les recettes locales étaient inscrites au budget de 1862 pour la somme de 7 685 252 fr. 13 c.[1] dont voici le détail :

Chap. Iᵉʳ. — Contributions directes.

(Y compris la part afférente aux communes et à la Chambre de commerce.)

	fr.	c.
Impôt personnel...................	649 022	»
— des maisons et emplacements..	273 313	»
— des voitures...............	67 864	96
— des patentes...............	671 994	67
Total du chap. Iᵉʳ.....	1 662 194	63

---

1. Le budget des recettes de l'exercice 1863 s'élève à la somme de 7 661 083 fr. 74 c., dont il faut retirer la part revenant aux communes sur les impôts perçus sur rôles, s'élevant à la somme de 1 292 460 fr. 30 c., ce qui établit le budget colonial des recettes à 6 388 623 fr. 44 c.

Chap. II. — Contributions indirectes.

	fr.
Droits de sortie en remplacement de l'impôt foncier..................	1 600 000
Droits d'importation.................	480 000
— d'exportation..............	3 000
— de navigation et droits sanitaires..	20 300
Taxes accessoires de navigation........	68 500
Droits accessoires de douanes.........	19 200
Impôt de fabrication des tabacs........	160 000
— — des spiritueux [1]....	1 700 000
Droits d'enregistrement..............	775 000
— de timbre....................	162 000
— de greffe.....................	50 000
— d'hypothèques................	3 000
Taxe des lettres.....................	120 000
Total du chap. II............	5 130 600

Chap. III. — Produits divers.

	fr.	c.
Produits du domaine...............	110 000	»
Taxes des poids et mesures.........	35 000	»
Produits du lycée..................	274 200	»
Taxe d'introduction et de rengagement des immigrants.............	135 000	»
Recettes diverses..................	308 357	50
Totaux..............	862 557	50

Récapitulation.

	fr.	c.
Chap. 1er. Contributions directes...	1 662 194	63
Chap. II. — indirectes.	5 160 500	»
Chap. III. Produits divers.........	862 557	50
Total des recettes.........	7 685 252	13

Lorsqu'en fin de chaque exercice les recettes ont dépassé les dépenses, l'excédant est versé à la *Caisse de réserve*. Cette caisse, fondée par ordre ministériel du 1er janvier 1819, sert à compléter les fonds nécessaires à la clôture des exercices

---

1. Y compris le dixième revenant aux communes.

dont les dépenses excèdent les recettes, et à solder les dépenses extraordinaires ou imprévues.

Les communes ont aussi leur budget; voici le résumé de leurs recettes pendant l'année 1858, non compris les centimes additionnels que les conseils des communes sont autorisés à voter pendant le cours des exercices :

		fr.
Commune de	Saint-Denis	413 600
—	Sainte-Marie	52 800
—	Sainte-Suzanne	102 000
—	Saint-André	108 500
—	Saint-Benoît	132 800
—	Sainte-Rose	38 900
—	Saint-Philippe	19 600
—	Saint-Joseph	62 700
—	Saint-Pierre	317 400
—	Saint-Louis	109 900
—	Saint-Leu	58 800
—	Saint-Paul	255 200
—	Salazie	18 500
	Totaux	1 690 800

Les dépenses communales égalent toujours à peu près les recettes.

ÉTABLISSEMENTS FINANCIERS.

Banque de la Réunion. — Cet établissement a été créé en exécution de la loi du 30 avril 1849, au moyen d'un prélèvement d'un huitième sur l'indemnité coloniale accordée aux propriétaires des esclaves émancipés en 1848. La loi organique qui le régit, adoptée le 11 juillet 1851 par l'Assemblée législative, a été mise en vigueur à la Réunion le 17 mai 1853.

La banque, fondée au capital de 3 millions de francs, a le droit d'émettre des billets au porteur de 500, 100 et 25 fr.; elle est autorisée: 1° à escompter des lettres de change et autres effets revêtus de deux signatures au moins; 2° à escompter des engagements, négociables ou non, garantis par des transferts de rentes, des dépôts de lingots ou monnaies, des récépissés de marchandises ou des engagements de récoltes pendantes; 3° à se charger, pour compte de tiers, de tous effets à payer ou à recouvrer; 4° à recevoir des dépôts volontaires de lingots ou d'espèces.

La prospérité de cet établissement a toujours progressé

depuis son origine; ses actions, émises au taux de 500 francs, valent maintenant 800 francs. Voici le tableau des dividendes qu'a répartis la banque depuis sa fondation :

	fr. c.		pour 100
Exercice 1853-54.......	28 83	par action ou	5 76
— 1854-55.......	40 16	—	8 07
— 1855-56.......	46 40	—	9 28
— 1856-57.......	50 40	—	10 08
— 1857-58.......	46 63	—	9 32
— 1858-59.......	47 91	—	9 57
— 1859-60.......	48 79	—	9 75
— 1860-61.......	51 81	—	10 35
— 1861-62.......	58 13	—	11 62

L'ensemble des opérations de la banque s'est élevé du 1er juillet 1861 au 30 juin 1862 à la somme de 26 326 028 fr. 27 c., chiffre de beaucoup supérieur à celui de l'exercice précédent, qui n'était que de 22 603 708 fr. 93 c.

En 1860, la banque de la Réunion, comme celles de nos autres colonies, a été autorisée à passer avec le comptoir d'escompte de Paris un traité qui a augmenté les facilités de crédit en procurant aux habitants, soit sur la France, soit sur l'étranger, les traites dont ils peuvent avoir besoin.

Crédit colonial. — Le crédit colonial, créé par décret du 24 octobre 1860, a pour objet, comme on le sait, de prêter, soit à des particuliers, soit à des réunions de colons, les sommes nécessaires à la construction de sucreries nouvelles ou au renouvellement et à l'amélioration de l'outillage ancien. Au 30 juin 1862, les prêts réalisés à la Réunion ou en cours de réalisation atteignaient le chiffre de 2 065 000 francs.

Assurances. — La Société des Assurances coloniales contre l'incendie, qui a été autorisée par un décret du 22 septembre 1862, a commencé légalement ses opérations à la Réunion. Le chiffre des assurances promises à la Société au commencement de 1863 dépassait la somme de 10 millions de francs, minimum fixé par les statuts. Le personnel local est organisé au chef-lieu, et l'inspecteur divisionnaire est actuellement en tournée.

Crédit agricole. — Une Société du Crédit agricole est également établie à la Réunion. Par un arrêté du 19 août 1862, cette Société a été chargée de pourvoir à tous les détails relatifs au service de l'immigration.

Agriculture.

Les terres cultivées de la Réunion s'élèvent en plan incliné, sur la pente des montagnes, depuis le littoral jusqu'au tiers environ des hauteurs, et forment autour de l'île une lisière de 5 à 6 kilom. de largeur moyenne, qui est interrompue seulement au S. E. par le *Grand-Brûlé* et au N. O. par les montagnes s'étendant du cap Saint-Denis au cap de la Possession. Le sol de cette zone est affecté aux cultures tropicales. Dans l'intérieur de l'île il existe plusieurs plaines, telles que la plaine des Cafres, la plaine des Salazes et la plaine des Palmistes, où l'on cultive presque exclusivement les *vivres* du pays.

Les terres cultivées se composent principalement de champs de cannes, de maïs, de manioc et de patates ou de plantations de café, de tabac, de girofle, de vanille et de cacao, qu'on désigne le plus souvent d'après la nature des produits, sous les noms de sucreries, caféières, girofleries, etc. La même habitation réunit presque toujours plusieurs de ces exploitations et quelquefois même toutes.

Les propriétés particulières se sont formées, dans le principe, au moyen de concessions qui comprenaient la totalité ou une portion déterminée du terrain situé entre deux rivières ou ravines, depuis le bord de la mer jusqu'au sommet des montagnes. Il est résulté de ce mode de concession une grande confusion dans les propriétés, par suite de l'absence de limites fixes. Cette confusion est une des principales causes de la dévastation des forêts, si nuisible à l'agriculture, parce qu'elle a favorisé les empiétements entre voisins et que celui qui usurpait les bois s'est hâté, en vue d'un bénéfice présent, de défricher sans songer à l'utilité de leur conservation.

La quantité d'hectares employés à chaque genre de culture et la quantité de produits récoltés en 1861 sont indiquées au tableau suivant :

EMPLOI DU TERRITOIRE ET PRODUITS DE LA CULTURE DE LA COLONIE EN 1861.

DÉSIGNATION DES CULTURES.	NOMBRE d'hectares cultivés.	QUANTITÉ des produits [1].	VALEUR BRUTE des produits.
		kilog.	francs.
Canne à sucre { Sucre brut.......	62,000	74,207,960	43,297,834
Sucre terré......		300,000	
Sirop et mélasse.		5,512,609	
Tafia............		3,626,358	
Café........................	2,156	412,600	813,950
Coton.......................	10 5	400	400
Cacao.......................	22	919	2,100
Girofle......................	321	9,000	5,500
Mûriers.....................	46	»	»
Épices......................	5	500	1,000
Maïs........................	18,697	12,043,650	
Manioc.....................	1,344 5	6,475,950	4,851,630
Patates.....................	857	2,107,500	
Songes......................	304	1,245,000	
Riz.........................	92	62,200	98,000
Légumes secs...............	1,645	767,750	329,450
Pommes de terre............	956	2,450,600	364,680
Tabac.......................	375	625,939	1,351,878
Blé..........................	10	11,500	5,070
Avoine......................	281	135,000	72,750
Embrevades.................	2,171	1,043,300	403,490
Jardinage...................	1,377	1,006,130	436,739
Vanille......................	116	3,881	388,100
Savanes et volcans..........	42,706	»	»
Bois et forêts...............	49,360	»	2,046,908 [1]
En friche...................	35,013	»	»
Dépendances du domaine public.................	31,295	»	»
Totaux............	251,160	»	54,339,479

1. Les chiffres de cette colonne sont empruntés à un tableau inséré dans l'*Annuaire de la Réunion* de 1862. Les différences qui existent entre quelques-uns de ces chiffres et ceux du tableau des exportations que nous publions plus loin viennent sans doute de ce qu'une partie des produits récoltés en 1861 n'ont été exportés qu'en 1862.

La valeur totale des produits bruts est estimée à 54 339 479 fr.
L'estimation approximative des frais d'exploitation étant de 23 753 150

La valeur nette des produits de la colonie est de 30 586 329

Le nombre total des travailleurs employés aux cultures, au 31 décembre 1861, était de 85 620, ainsi répartis :

Travailleurs de 14 à 60 ans, constituant la partie active des ateliers ruraux..............	61 871
Ouvriers de tout âge et de toute profession...	8 586
Domestiques de tout âge, des deux sexes.....	12 152
Gardiens...............................	2 761

Voici le relevé numérique des animaux de trait et du bétail existant dans la colonie au 31 décembre 1861 :

Chevaux.................................	3 636
Anes....................................	924
Mulets..................................	8 273
Taureaux et bœufs.......................	5 608
Béliers et moutons.......................	4 608
Boucs et chèvres.........................	10 792
Cochons.................................	60 571

Le capital engagé dans les cultures peut être évalué approximativement à 218 millions de francs répartis de la manière suivante :

	fr.
Valeur des terres employées aux cultures..	142 000 000
— des bâtiments et du matériel d'exploitation...........................	42 000 000
des animaux de trait et du bétail...	16 000 000
— des contrats d'engagements des travailleurs introduits à la charge des propriétaires (72 000 contrats à 250 fr.)...........................	18 000 000
Valeur totale............	218 000 000

Si l'on compare cette valeur approximative de la masse des propriétés rurales de toute nature existant dans la colonie à la somme totale du produit net des cultures, s'élevant à 30 586 329 fr., on reconnaît que le revenu de la terre à la Réunion est de 7 pour 100 environ.

Voici l'origine des principaux produits cultivés à la Réunion:

Les premiers colons s'adonnèrent à la culture des grains nourriciers; ils devaient en effet d'abord pourvoir à leur subsistance. A cette époque, une partie du littoral était couverte de plantations de blé, de riz et de maïs, qui suffisaient aux besoins de la colonie.

Café. — Le café moka, le seul cultivé aujourd'hui à la Réunion, a été importé d'Arabie, en 1715, par le sieur de la Boissière, commandant du navire *l'Auguste*. Lorsque les habitants virent des branches et des baies de ce café, ils reconnurent que la même plante existait à la Réunion. A la suite de cette découverte, ils se réunirent en conseil provincial et décidèrent que le gouverneur, de Parat, serait envoyé en France « pour aviser la cour d'un événement aussi avantageux au royaume et à cette île. » Toutefois le café indigène fut laissé de côté, parce que son grain était moins agréable que celui d'Arabie, et l'on s'adonna exclusivement à la culture du café moka, qui ne tarda pas à se substituer à celle des grains.

En 1806, un ouragan terrible détruisit la plupart des plantations de café de la colonie; depuis cette époque, la récolte de ce produit a continué à décroître, à mesure que la culture de la canne prenait de l'extension.

Canne à sucre. — Connue dès la fondation de la colonie, la canne à sucre y est sans doute indigène, bien qu'à différentes époques des espèces nouvelles, les seules cultivées aujourd'hui, y aient été introduites.

La canne dite de Batavia a été longtemps et presque exclusivement l'objet des soins des habitants.

Un peu plus tard, une canne jaune, venue, croit-on, de Saint-Domingue, s'est rapidement propagée dans l'île. Elle a, sur la canne de Batavia, l'avantage de donner un vesou plus abondant et plus riche.

La canne jaune est entrée en possession d'une grande réputation dans les différentes contrées de la mer des Indes; elle y est connue sous le nom de *canne de Bourbon*.

En 1850 et dans les années suivantes, une maladie, qui commençait par attaquer les feuilles et continuait par altérer complétement le cœur de la plante, a ruiné la plupart des champs de cannes jaunes. Il a fallu presque partout dans l'île renoncer à sa culture et choisir un autre plant.

De tous ceux qu'on a essayés à cette époque, celui de la canne rouge a le mieux réussi. Cette canne a échappé aux atteintes de la maladie et elle a sauvé l'industrie sucrière dans la colonie. Malheureusement, depuis quelques années, une chenille connue sous le nom de *borer* ou *perce-canne* (*Borer saccharellus*, Guenée) fait de grands ravages dans les champs de cannes. Ce lépidoptère a été introduit dans l'île avec des plants venus de Ceylan par la voie de Maurice. Tous les essais tentés pour en débarrasser les cannes n'ont pas réussi.

La récolte du sucre commence à la fin de juin dans la partie du vent et continue jusqu'en janvier ; elle se fait un peu plus tard dans la partie sous le vent à cause des sécheresses. La maturité de la canne a lieu de 15 à 30 mois après la mise en terre des plants ou boutures, selon la qualité et l'altitude des terrains. On récolte généralement une recoupe au bout d'un ou deux ans, et souvent une troisième deux ans plus tard. Quand la canne commence à s'étioler, on l'arrache et on la remplace par un nouveau plant.

Girofle et muscade. — Le giroflier, dont la récolte donnait, il y a trente ans, plus de 800 000 kilogrammes, tend à disparaître ; il avait été introduit une première fois en 1770, ainsi que le muscadier, par M. Poivre. Cet essai n'ayant point réussi, M. Poivre en ordonna un second, et au mois de juin de 1772, des plants et des graines de cet arbuste, apportés par M. J. Hubert, furent distribués aux habitants, qui se livrèrent avec succès à cette culture.

Cacao. — Le nom de l'introducteur du cacaotier, soit à Maurice, soit à la Réunion, est inconnu. Cet arbuste vient admirablement bien dans la colonie ; plusieurs habitants, notamment M. Adrien Bellier, cherchent à propager cette culture, qui a été fort négligée depuis le commencement du siècle. Le peu de cacao qui se récolte à la Réunion sert à la consommation locale.

Coton. — Le coton paraît avoir été introduit dans la colonie en 1677, par le P. Bernardin, qui l'apporta de Surate. Il fournissait des récoltes assez abondantes. C'était le seul produit qui fût livré à l'exportation. Aujourd'hui cette culture est malheureusement à peu près complétement abandonnée.

Vanille. — C'est M. Perrotet que l'on doit remercier d'avoir introduit la vanille à la Réunion en 1818. Le développement de sa culture, auquel a contribué une prime accordée par l'administration, ne remonte qu'à 1850. La vanille se cultive, surtout sur les petites propriétés, en tant de points différents, que la colonie, à elle seule, pourrait alimenter aujourd'hui tous les marchés de l'univers. Malheureusement l'abondance des produits a promptement fait baisser les prix de cette gousse.

Céréales. — La culture du blé, aujourd'hui tombée en décadence, a été une des plus importantes de la Réunion, à l'époque où la colonie nourrissait sa population. Elle produisait, en 1783, 4 millions de kilogrammes de blé. On retrouve encore dans différentes communes les anciens magasins, très-bien conservés, construits autrefois par la Compagnie des Indes, pour servir d'entrepôt aux blés qu'elle exportait, notamment à Maurice.

L'avoine vient aussi très-bien à la Réunion, mais seulement dans les hauts; elle sert de nourriture aux bestiaux et aux bêtes de charroi concurremment avec le maïs.

Le riz et le maïs constituent, avec le manioc, la base de la nourriture des travailleurs étrangers et créoles. Le riz que l'on cultivait à la Réunion était supérieur en qualité à celui de l'Inde; la culture en est aujourd'hui abandonnée; on le fait venir de l'Inde et de Madagascar.

Racines et tubercules. — Le manioc, les patates et les songes forment ce qu'on appelle à la Réunion les *vivres du pays*.

Ces vivres sont la ressource du pauvre et surtout des nombreux noirs affranchis qui sont allés se fixer dans les hauts de l'île.

L'introduction du manioc à la Réunion est due à Mahé de Labourdonnais. On le cultive dans tous les quartiers de l'île, et les sucreries s'en servent comme d'assolement. Il est à remarquer que le suc exprimé de cette racine n'a aucune propriété malfaisante à la Réunion, tandis qu'en Amérique il est quelquefois un poison violent.

Les songes ne sont autre chose que la racine connue en Amérique sous le nom de chou caraïbe.

La culture de la pomme de terre est si facile qu'il suffit, surtout dans les hauts et les plaines de l'intérieur, d'en planter une fois pour toutes dans un terrain pour obtenir une récolte à peu près perpétuelle. On exporte une assez grande quantité de pommes de terre à Maurice, où elles se vendent très-cher à la population anglaise.

Légumes. — Les légumes secs cultivés à la Réunion sont les embrevades, les ambériques, les haricots, les lentilles, les petits pois, les pois du Cap et les woèmes.

Tous les légumes cultivés en France le sont également à la Réunion; mais les plantes potagères d'Europe y dégénèrent facilement.

Fruits. — Par suite de la diverse altitude des terres cultivées, les jardins de la colonie produisent plusieurs fruits d'Europe, et la plupart de ceux que l'on récolte sous les tropiques, tels que l'ananas, l'avocat, la banane, la citrouille, la datte, la figue, la fraise, la framboise, le fruit à pain, le mangoustan, la mangue, le melon, l'orange, la pêche, le raisin, la sapotille, etc. Le vacoua se cultive un peu partout, mais surtout dans les communes de Sainte-Rose et de Sainte-Philippe. On fabrique avec ses feuilles des sacs pour l'emballage du sucre.

Thé. — L'on fait actuellement des essais de culture de thé, sur lesquels la Chambre d'agriculture du pays compte beaucoup pour l'avenir. Les premiers thés récoltés ont fourni un produit de qualité supérieure.

Tabac. — Le tabac cultivé à la Réunion a beaucoup de ressemblance avec le tabac de Virginie. La récolte annuelle de ce produit suffit presque à la consommation locale; cette culture est complètement libre, mais elle est soumise à un impôt de fabrication qui est de 2 francs par kilogramme de tabac en feuilles, et de 20 francs le mille de cigares.

Le tableau suivant montre la marche qu'ont suivie les principales cultures du pays de 1815 à l'époque actuelle.

EXPORTATIONS ANNUELLES DES DENRÉES DU CRU DU PAYS, DE 1815 A 1861.

PÉRIODES.	SUCRE ET SIROP.	CAFÉ.	GIROFLE clous et griffes.	CACAO.	MUSCADES et MACIS.	VANILLE.	RHUM.	Légumes secs, autres grains et pommes de terre.
Moyennes quinquennales.	kilogr.	kilogr.	kilogr.	kilogr.	kilogr.	kilogr.	litres.	kilogr.
De 1815 à 1819....	696 632	1 890 010	136 564	18 019	»	»	25 529	500 408
1820 à 1824....	4 121 812	1 720 732	390 393	23 133	136	»	115 144	120 299
1825 à 1829....	9 680 241	1 910 579	842 788	17 725	1 079	»	203 489	172 385
1830 à 1834....	18 682 151	874 464	684 103	5 955	2 322	»	32 291	72 302
1835 à 1839....	20 589 361	894 285	668 157	2 477	4 595	»	73 310	164 797
1840 à 1844....	28 936 361	940 423	854 393	2 236	5 098	»	85 052	191 217
1845 à 1849....	22 460 087	450 954	586 698	48	3 623	»	9 141	155 741
Moyenne annuelle.								
1850..........	21 362 732	289 361	951 096	»	3 355	30	»	111 539
1851..........	23 749 649	69 843	64 748	350	1 371	216	»	272 599
1852..........	29 494 996	210 788	44 771	»	990	136	»	166 386
1853..........	33 410 942	402 602	108 845	»	3 052	267	»	180 792
1854..........	39 036 397	218 038	227 519	161	1 146	406	21 102	207 074
1855..........	56 905 206	259 117	259 256	50	1 669	899	157 919	350 177
1856..........	56 211 273	515 201	460 695	755	2 861	728	62 578	180 256
1857..........	51 954 631	216 433	247 998	373	2 054	1 637	33 739	129 263
1858..........	58 655 525	148 425	19 279	490	1 580	3 260	27 670	99 313
1859..........	62 596 309	200 178	34 152	260	2 724	3 617	95 969	160 636
1860..........	68 769 081	239 629	59 111	»	1 821	6 097	76 351	279 851
1861..........	61 611 100	62 045	57 316	50	3 374	15 773	50 528	328 179

Chambre d'agriculture. — Il existe dans la colonie une Chambre consultative d'agriculture qui tient ses séances à Saint-Denis. Elle est chargée de présenter au gouvernement ses vues sur toutes les questions qui intéressent l'agriculture. Son avis est habituellement demandé sur les changements à opérer dans la législation en ce qui touche aux intérêts agricoles, sur la police et l'emploi des eaux dans un intérêt général, sur la distribution des fonds généraux ou coloniaux destinés à l'encouragement de l'agriculture, etc. Elle est aussi chargée de la statistique agricole de la colonie.

La Chambre est composée de 35 membres dont 26 sont nommés par les conseils municipaux et 9 choisis par le gouvernement. Ils sont nommés pour trois ans et toujours rééligibles. Les président, vice-président et secrétaires sont nommés par la Chambre pour un an à la majorité absolue des suffrages. Elle tient une séance annuelle qui ne peut excéder vingt jours ; elle peut être convoquée en session extraordinaire par le directeur de l'intérieur. Son budget, qui est soumis à l'approbation du gouverneur, fait partie des dépenses locales de la colonie.

Exposition et courses. — La première exposition de l'agriculture et des industries coloniales a eu lieu à Saint-Denis, en 1853. Depuis cette époque, il y en a eu quatre autres en 1854, 1855, 1856 et 1858. Ces expositions se terminent par une distribution de médailles et de récompenses pécuniaires aux exposants les plus méritants. Le nombre des exposants, qui n'était en 1853 que de 90, s'est élevé à 482 en 1858, y compris une soixantaine d'exposants de l'île Maurice.

Des courses, pour l'encouragement de l'élève des chevaux, ont été instituées en 1846 et se sont continuées d'année en année depuis cette époque. Elles se font ordinairement en même temps que l'exposition.

Jardin botanique. — Le jardin botanique, qui a été établi, dit-on, à Saint-Denis, en 1772 ou 1773, contient aujourd'hui plus de 2500 plantes classées et cataloguées, et possède un herbier local de plus de 1500 plantes.

Muséum d'histoire naturelle. — Créé par un arrêté de M. le gouverneur Hubert-Delisle, en date du 1er février 1854, le muséum d'histoire naturelle de Saint-Denis a été ouvert au public le 14 août 1855. Enrichi de nombreux dons, le local actuel du muséum est devenu trop petit et ne permet plus le classement des collections excessivement riches qu'il possède, surtout en poissons et en objets de Madagascar.

Société d'acclimatation. — Un arrêté du 18 septembre 1862 a autorisé la constitution à la Réunion d'une Société coloniale d'acclimatation. Cette Société, dont le siége est établi à Saint-Denis, est en correspondance avec la Société impériale d'acclimatation de Paris.

Industries.

La fabrication du sucre constitue la principale industrie de la Réunion. Autrefois, les habitants se bornaient à en extraire le jus ou vesou pour en faire des sirops ou des liqueurs spiritueuses (rhum, arack, tafia). Le premier établissement sucrier de quelque importance ne fut fondé qu'en 1815 par M. Ch. Desbassayns, actuellement président du Conseil général et de la Chambre d'agriculture. Aujourd'hui, on compte dans la colonie 125 sucreries, dont 102 possèdent des moteurs à vapeur; les autres sont mues par des moulins à eau.

En 1815, la canne était broyée entre des cylindres en bois qui n'extrayaient qu'une faible partie du jus; en 1817, M. Desbassayns fit venir des cylindres en fonte verticaux, mus par une machine à vapeur; et depuis, de progrès en progrès, on en est arrivé à employer les puissantes machines de Desrone et Cail.

La cuisson du vesou se faisait d'abord à feu nu dans des chaudières en fonte; aujourd'hui l'on emploie les appareils perfectionnés de Wetzel, les batteries Gimart, les appareils à cuire dans le vide d'Howards.

Avant 1854, le sucre fabriqué se mettait dans des formes où, par des *claires* et autres procédés, on séparait le sirop du sucre. Maintenant, on se sert le plus généralement, pour la purgation des sucres, de turbines à force centrifuge qui permettent de livrer le sucre au commerce presque aussitôt sa cuisson.

Les autres industries de la colonie ont un rapport plus ou moins direct avec la production ou la préparation du sucre et de quelques denrées coloniales dont le nombre va toujours diminuant, à mesure que la plantation de la canne envahit tous les terrains productifs. Hors de là, les professions industrielles n'ont à satisfaire que les besoins journaliers de la vie.

La majeure partie de ces professions, ne peuvent être exercées que par des chefs d'industrie à la tête de grands capitaux, l'éloignement de la métropole obligeant à des approvisionnements considérables. Ainsi la colonie n'a pas de boulangers, de charrons, de voituriers, etc., mais des entrepreneurs de boulangerie, de charronnerie, de roulage, etc.

Parmi les industries se rattachant à la sucrerie, on peut citer comme les plus importantes :

1° La guildiverie, qui convertit les mélasses en rhum. Cette industrie, soumise au régime fiscal, fournit un des plus beaux revenus du gouvernement local et des communes ; au budget de 1862, la recette provenant de cette source s'élevait à la somme de 1 700 000 francs. On compte 25 guildiveries dans la colonie.

2° La chaudronnerie, qui occupe plusieurs maisons fort importantes à Saint-Denis, dans lesquelles on construit et répare les appareils évaporatoires. L'un des grands ateliers de construction de Paris (Cail et Cie) possède même une succursale à la Marre, aux environs de Sainte-Marie.

3° La charronnerie, qui utilise les bois du pays à la construction de solides charrettes. L'un de ces principaux établissements, à Saint-Denis, fut détruit il y a peu d'années par l'incendie, mais peu de mois après il était reconstruit sur un plus vaste modèle.

4° La préparation des sacs de vacoua, pour l'emballage du sucre, qui emploie un nombre considérable de femmes, d'enfants ou d'hommes âgés et peu valides qui trouvent leur existence dans cette modeste industrie. Chaque sac contient de 65 à 70 kilogrammes de sucre, et l'on met double emballage. Il se fabrique annuellement à la Réunion environ 3 millions de sacs qui se vendent de 50 à 65 centimes la pièce.

L'art de la construction navale ne peut s'exercer encore que sur des navires d'un faible tonnage, mais il pourra prendre un développement plus considérable quand la création des ports aura supprimé les difficultés de la mise à l'eau.

L'absence de ports rend fort difficile l'embarquement et

le débarquement des marchandises, aussi les mouvements des denrées sont-ils opérés par l'entremise de compagnies de batelage sous la surveillance de l'autorité. Ces entreprises, soumises à des conditions rigoureuses de matériel et de personnel, opèrent, au moyen de fortes chaloupes, sur les rades foraines et à l'extrémité des ponts de débarquement.

Il existe dans la colonie six imprimeries, dans l'une desquelles fonctionne une presse mécanique pour le tirage des journaux.

On a fait dans ces dernières années quelques essais d'éducation de vers à soie ; les produits en étaient satisfaisants, mais cette industrie est presque complétement abandonnée, comme n'étant pas assez lucrative, malgré les encouragements du gouvernement local et les primes à l'exportation de la soie.

La pêche se fait le long des côtes de la colonie et n'a d'autre objet que de se procurer du poisson frais pour les besoins journaliers.

Commerce.

Législation. — Le commerce de la Réunion resta jusqu'en 1769 entre les mains de la Compagnie des Indes. A dater de cette époque, il fut régi par les mêmes règlements que celui de l'Ile de France, actuellement Maurice.

Tant que ces deux îles demeurèrent réunies sous la domination française, le commerce de la Réunion n'eut qu'une importance secondaire, ses opérations avec la métropole se faisant en général par l'entremise de l'île de France ; c'est seulement depuis 1815 qu'il a commencé à prendre de l'importance.

Le principe du monopole réciproque, en vigueur dans les autres colonies françaises, fut alors appliqué à la Réunion : toutefois la législation n'y fut jamais aussi restrictive qu'aux Antilles. Il existait, notamment pour le commerce avec l'Inde, des franchises spéciales qui se maintinrent pendant de longues années et qui subsistent encore en partie. Il était d'autant plus difficile de soumettre cette colonie au régime général appliqué aux autres possessions de la France, que la situation se compliquait de son éloignement de la métropole et du voisinage de Maurice, avec laquelle on ne pouvait rompre ses relations.

Les gouverneurs furent donc autorisés à laisser le commerce étranger en possession d'une partie de l'approvisionnement de cette colonie, et à permettre aussi, dans certains cas donnés, l'envoi à l'étranger de ses produits. Cependant les règlements locaux, successivement adoptés en cette matière, furent toujours calculés de manière à ménager un avantage au commerce national.

L'ordonnance du 18 octobre 1846 retira aux gouverneurs la faculté d'autoriser, en certains cas, l'admission des bâtiments étrangers et des marchandises étrangères et revisa le régime commercial de la colonie. Toutefois, il y a lieu de remarquer que les dispositions de cette ordonnance ont été un peu moins restrictives que celles qui avaient été adoptées en 1839 et en 1842 pour les Antilles, surtout en ce qui concerne l'exportation des produits locaux à l'étranger. Ainsi, tandis que les Antilles ne pouvaient y envoyer que les tafias et les sirops, la Réunion avait le droit d'expédier à l'étranger tous ses produits, à l'exception des sucres, cafés et cotons. Cette exception n'atteignait pas les sirops ou sucres de basse qualité.

L'ordonnance de 1846 affranchit complétement du droit d'entrée les marchandises françaises importées à la Réunion, à l'exception des spiritueux; elle exempta aussi du droit de sortie les produits coloniaux exportés par navires français, en n'assujettissant à ce droit que les exportations permises par navires étrangers; elle augmenta la nomenclature des marchandises pouvant être importées directement de l'étranger, avec ou sans franchise de droits; enfin, elle régla les rapports commerciaux de la colonie avec les Établissements français de l'Inde, Mayotte, Mascate, Madagascar, Maurice et la Chine. Aux termes de cette ordonnance (art. 2), les provenances de Mayotte et dépendances, par navires français, jouissent d'une remise des trois quarts des droits, et celles de Mascate et de Madagascar d'une remise de moitié des droits.

Certains produits de l'Indo-Chine, objets de luxe et de fantaisie, sont admis au droit uniforme de 12 pour 100, lorsqu'ils sont importés par navires français.

Le régime commercial de la colonie a été modifié en dernier lieu par la loi du 3 juillet 1861, dont nous avons donné les principales dispositions dans la Notice préliminaire [1].

---

[1]. Voy. t. V, page 212 (n° de juin 1862).

Depuis la promulgation de cette loi dans la colonie (5 septembre 1861), celle-ci peut exporter ses produits à l'étranger et recevoir les marchandises étrangères sous tous pavillons. Tous ses produits, autres que le sucre, les mélasses non destinées à être converties en alcool, les confitures et fruits confits au sucre, le café et le cacao sont admis en France en franchise de droits de douane.

A la Réunion, comme aux Antilles, un décret du 6 octobre 1862 a accordé la franchise douanière aux produits exportés de France et fabriqués avec les matières étrangères admises temporairement en franchise des droits.

Les ports ouverts au commerce à la Réunion sont ceux de Saint-Denis, Saint-Paul et Saint-Pierre, et c'est là seulement que sont établis des bureaux de douane.

Toutefois, les bâtiments français peuvent, avec l'autorisation de la douane, se rendre sur les autres rades de l'île pour y débarquer des marchandises d'encombrement et y embarquer des denrées coloniales.

Les perceptions des droits d'entrée et de sortie s'effectuent au moyen de mercuriales qui sont revisées périodiquement et définitivement arrêtées par le gouverneur en conseil privé.

Chambre de commerce. — Il existe à Saint-Denis, depuis 1830, une Chambre de commerce qui a remplacé le Bureau de commerce qui y existait antérieurement. Cette Chambre se compose de 11 membres nommés pour trois ans par le gouverneur; ces membres se renouvellent par tiers tous les ans. Les attributions de la Chambre sont purement consultatives; elle donne au gouvernement les avis et les renseignements qui lui sont demandés : sur l'état de l'industrie et du commerce, sur les moyens d'en accroître la prospérité, et sur les améliorations à introduire dans toutes les branches de la législation commerciale. Elle dresse et fait afficher dans la salle du secrétariat des tableaux indiquant jour par jour : le détail nominatif des entrées et des sorties de navires, la nature et la quantité des importations et exportations, les cours des marchandises, du fret et du change, la nomenclature des navires attendus, etc.

Il est perçu chaque année un droit additionnel de 1 et demi pour 100 sur toutes les patentes de la colonie, à l'effet de couvrir les dépenses de la Chambre.

On compte dans la colonie 14 agents de change, courtiers de commerce, qui nomment une chambre syndicale de 3 membres.

Statistique. — Le mouvement ascendant du commerce de la Réunion, depuis 1815, est indiqué par le relevé ci-après qui comprend l'ensemble des importations et des exportations :

	fr.
1815	5 145 000
1816	7 604 000
1821	13 791 000
1826	18 651 000
1831	17 644 000
1835	22 190 000
1840	26 600 000
1843	35 881 000
1844	34 771 000
1845	32 982 000
1846	33 472 000
1847	28 267 000
1848	19 676 882
1849	21 981 385
1850	28 015 508
1851	28 903 181
1852	34 849 551
1853	37 492 063
1854	44 890 462
1855	57 606 238
1856	57 986 988
1857	65 359 668
1858	71 214 947
1859	76 810 555
1860	80 866 096
1861	87 081 914

Pendant cette dernière année, la valeur des importations s'est élevée à la somme de 52 791 134 francs, et celle des exportations à 34 290 780 francs.

Comparé aux résultats de l'année 1860, l'ensemble du commerce de 1861 présente une augmentation de 6 215 818 francs; mais si l'on établit la comparaison avec le chiffre qu'a fourni l'époque la plus prospère de l'ancien régime colonial (1840 à 1844), dont la moyenne annuelle était de 35 millions de francs environ, on voit que c'est une différence de plus de 52 millions de francs en faveur de 1861.

Les relevés comparatifs ci-après établissent, pour les deux années 1860 et 1861, les divers éléments qui composent l'ensemble du commerce de la colonie :

IMPORTATIONS.

ANNÉES.	MARCHANDISES FRANÇAISES			MARCHANDISES ÉTRANGÈRES.					TOTAL GÉNÉRAL.
	de France.	des colonies françaises.	TOTAL.	des entrepôts métropolitains.	des colonies françaises.	DES PAYS ÉTRANGERS		TOTAL.	
						par navires français.	par navires étrangers.		
1860	21 957 231	1 765 613	23 722 844	453 438	3 309 326	14 742 848	295 513	18 801 125	42 523 969
1861	29 480 709	2 206 560	31 687 269	590 783	1 380 891	16 708 976	2 423 215	21 103 865	52 791 134
Augmentations en 1861	7 523 478	440 947	7 964 425	137 345	»	1 966 128	2 127 702	2 302 740	10 267 165
Diminutions	»	»	»	»	1 928 435	»	»	»	»

EXPORTATIONS.

ANNÉES.	PRODUITS DU CRU DE LA COLONIE EXPORTÉS				MARCHANDISES PROVENANT DE L'IMPORTATION.			TOTAL GÉNÉRAL.
	Pour la France.	pour les autres colonies françaises.	pour l'étranger.	TOTAL.	Françaises.	Étrangères.	TOTAL.	
1860	36 042 952	30 571	226 734	36 300 257	1 531 363	510 507	2 041 870	38 342 127
1861	30 953 721	56 405	583 397	31 593 523	2 158 931	538 326	2 697 257	34 290 780
Augmentations en 1861	»	25 834	356 663	»	627 568	27 819	655 387	»
Diminutions	5 089 231	»	»	4 706 734	»	»	»	4 051 347

IMPORTATIONS.

Les envois de la métropole, en 1861, présentent sur ceux de 1860 une augmentation de 7 523 478 francs. La comparaison avec la moyenne quinquennale antérieure fait ressortir, en faveur de 1861, une différence de 10 745 957 francs. On ne peut donc mettre en doute l'extension du débouché offert par la colonie aux produits nationaux.

L'importation des marchandises tirées, tant des colonies françaises que des pays étrangers et des entrepôts métropolitains, offre, relativement à 1860, un accroissement de 2 743 687 francs. Enfin, considérant isolément dans les importations la part de la consommation intérieure du pays, on voit qu'elle a grossi considérablement. En effet, la moyenne des cinq dernières années a été de 35 808 255 francs, somme qui a été dépassée de 14 285 622 francs en 1861.

La valeur des apports de l'étranger, par navires français, en 1861, est de 1 966 128 francs supérieure à celle de 1860 ; le riz forme le principal élément de cette augmentation.

La marche du commerce étranger, par pavillons étrangers, a également offert des résultats bien supérieurs à ceux de 1860. Le chiffre de ces importations donne un excédant, en faveur de 1861, de 2 127 702 francs, qui repose entièrement sur le guano.

La France fournit principalement à la colonie des tissus, des vins, des articles de modes, des ouvrages en fer et des machines. Les importations des colonies et pêcheries françaises se composent de riz, grains, dhalls, huiles, tissus de coton (guinées), venues de nos possessions de l'Inde et de poissons provenant de Saint-Pierre et Miquelon. Enfin les marchandises importées de l'étranger, c'est-à-dire de l'Inde anglaise, de Madagascar, de Maurice, du Cap et du Pérou, consistent principalement en riz, blé, grains, dhalls, bœufs, mules, gibier, volailles, tortues, viandes salées, légumes secs, saindoux, huile à brûler, guano, lichens tinctoriaux, cigares et tabacs fabriqués.

Voici du reste le relevé des principales denrées et marchandises importées à la Réunion pendant l'année 1861 :

	Quantités.	Valeur[1]. Fr.
Chevaux, bêtes à cornes, porcs.......	9 168 têtes.	4 064 240
Gibiers, volailles et tortues..........	52 509 —	157 527
Produits et dépouilles d'animaux......		4 433 336
Engrais (guano et autres).............	8 661 730 kil.	2 598 519
Poissons secs, salés ou fumés.........	2 443 084 —	1 233 742
Riz.................................	35 271 986 —	9 523 438
Autres farineux alimentaires..........	774 534 —	3 909 507
Denrées coloniales, sucres bruts, condiments et stimulants.................	112 271 —	209 018
Huiles diverses......................	843 897 —	976 123
Bois................................	5370 stères.	159 465
Lichens tinctoriaux[2]	394 710 kil.	394 710
Marbres sculptés, moulés ou polis.....	45 710 —	228 550
Chaux..............................	4 875 994 —	124 670
Briques et tuiles.....................	1 783 136 mill.	482 989
Ciment romain......................	1 294 094 kil.	124 670
Houille.............................	1 924 605 —	769 842
Fer en barres.......................	876 827 —	850 732
Cuivre laminé.......................	104 873 —	419 492
Sel.................................	1 698 755 —	169 876
Couleurs et vernis...................	57 783 —	176 709
Parfumerie.........................	37 413 —	187 090
Savons.............................	783 091 —	783 091
Acide stéarique ouvré................	160 743 —	642 972
Tabacs fabriqués....................	48 728 —	292 368
Sucre raffiné........................	56 740 —	113 480
Vins en fûts et en bouteilles..........	3 192 700 litr.	3 381 606
Bière...............................	231 681 —	231 681
Liqueurs et spiritueux................	342 575 —	645 015
Poteries et verreries.................	120 633 kil.	363 941
Tissus de coton......................	912 811 —	4 573 383
— de laine.....................	38 656 —	633 640
— de lin ou de chanvre..........	84 254 —	359 780
— de soie......................	5 333 —	471 185
Papiers et ses applications............	106 783 —	839 821
Peaux préparées et ouvrées, selleries...	142 739 —	953 531
Chapellerie.........................	33 143 pièc.	423 760
Cordages...........................	144 611 kil.	211 743
Orfévrerie, bijouterie, horlogerie......		615 966

---

1. Ces chiffres sont extraits des États dressés par l'administration locale de la Réunion, et, dès lors, ce sont les prix courants du marché colonial qui ont servi de base à l'estimation des valeurs.

2. Les lichens tinctoriaux viennent de Madagascar; ils ne sont qu'entreposés à la Réunion pour être exportés ensuite en France.

	Quantités.		Valeur.
Machines et mécaniques...............	»		1 633 943
Ouvrages en fonte......................	201 180	kil.	120 708
— en fer, tôle et fer-blanc.........	466 180	—	683 001
— en cuivre et bronze............	21 352	—	119 740
Voitures............................	»		203 650
Merceries...........................	35 622	—	142 488
Modes et fleurs artificielles.............	»		516 640
Parapluies et ombrelles................	13 138	pièc.	197 070
Meubles............................	»		488 082
Linge et habillement..................	»		544 613

EXPORTATIONS.

Comparativement à l'année 1860, les exportations ont fléchi de 4 051 347 francs. Cette différence porte principalement sur les denrées du cru de la colonie; elle est due à la baisse des sucres sur les marchés d'Europe et notamment à l'infériorité de la récolte, malgré les soins de tout genre portés à la culture, les cannes ayant souffert du *borer* et des perturbations atmosphériques qui se sont fait sentir à certains intervalles en 1861. Ainsi l'exportation du sucre qui avait été de 68 769 081 kilogr. en 1860, n'a été que de 61 611 100 kilogr. en 1861.

Il a été expédié pour l'étranger, pendant cette même année, 1 556 554 kilogr. de sucre de sirop et 508 555 kilogr. de sucre brut, valant ensemble 453 043 francs contre 930 542 kilogr. de sucre de basse qualité en 1860, valant 139 582 fr. C'est une augmentation de valeur de 313 461 francs qu'on doit, en partie, à l'exécution de la loi du 3 juillet 1861 qui a permis d'exporter les produits des colonies à toutes destinations ; c'est sur l'Australie que ces sucres ont été dirigés par bâtiments français: Si parmi les autres denrées du sol exportées, le café (qui disparaît pour faire place à la canne), le girofle, et les eaux-de-vie de mélasse, présentent ensemble, en 1861, une diminution de valeur de 299 339 francs sur l'année 1860, la vanille, par contre, a pris beaucoup d'accroissement depuis plusieurs années; il en a été exporté, en 1861, pour 725 130 francs contre 655 614 en 1860.

Les principales denrées, du cru de la colonie, exportées en 1861, sont les suivantes :

	Quantités.		Valeur.
Pommes de terre et légumes secs........	328 179	kil.	97 394
Sucre brut...........................	60 054 546	—	30 290 703

	Quantités.		Valeur.
Sucre de sirop	1 556 554	kil.	233 069
Café	61 895	—	118 728
Girofles (clous et griffes)	57 316	—	29 911
Vanille	15 773	—	725 130
Rhum	50 528	—	30 318
Sacs de vacoua	95 772	pièc.	57 464

RÉEXPORTATIONS.

Le commerce de réexportation offre sur l'année 1860 une augmentation de 655 387 francs, qui porte pour 627 568 fr. sur les marchandises françaises et pour 27 819 sur les marchandises étrangères. Les principales marchandises réexportées ont été :

	fr.
Riz	371 850
Vins et liqueurs	368 237
Lichens tinctoriaux	314 245
Poudre à tirer	213 492
Tissus de coton	303 450
Machines et mécaniques	180 085
Ouvrages en métaux, ancres et chaînes	129 552
Sacs de gonis, sacs vides et autres	102 774
Cordages	62 619
Meubles, ouvrages en bois, futailles vides	117 210
Produits et dépouilles d'animaux	101 982

Entrepôts.

Un entrepôt réel des douanes est établi au port de Saint-Denis, tant pour recevoir les marchandises admissibles à la consommation que celles qui sont prohibées dans la colonie et en France.

Les marchandises étrangères, non admissibles à la consommation de la colonie, ne peuvent être apportées à l'entrepôt, ni leur réexportation s'effectuer que par bâtiments de 50 tonneaux au moins.

La durée de l'entrepôt est de trois ans. Les marchandises déposées à l'entrepôt sont passibles, à leur sortie, d'un droit de magasinage. Le droit d'entrepôt est fixé, pour les marchandises venant de France ou de l'Inde, à 75 centimes pour cent de la valeur, et pour les marchandises venant de l'étranger à 1 fr. 25.

Les marchandises françaises, passibles du droit d'octroi peuvent être mises en entrepôt fictif, ainsi que les huiles destinées à la fabrication des savons à Saint-Denis.

La durée de l'entrepôt fictif est de six mois; à l'expiration de ce terme, les marchandises doivent être mises en consommation, ou réexportées, ou bien être déposées à l'entrepôt réel.

Statistique. — Les mouvements de l'entrepôt pendant l'année 1861 se sont élevés, entrées et sorties réunies, à 4 296 061 francs; en 1860 ils avaient été de 4 285 230; la différence en faveur de 1861 n'est donc que de 10 831 francs.

Les tableaux suivants font connaître, par provenance et destination, la valeur comparative des entrées et des sorties :

Entrées.

	1860.	1861.
Provenant de France	1 063 765	792 022
— des colonies françaises	669 505	629 039
— de l'étranger	474 568	369 487
— des entrepôts métropolitains	54 344	36 903
Totaux	2 262 182	1 827 451

Sorties.

	1860.	1861.
Pour la France	190 732	33 888
— les colonies françaises	53 910	98 479
— l'étranger	576 016	593 376
— la consommation locale	1 202 390	1 741 887
Totaux	2 023 048	2 467 630

Comme on le voit par ces relevés, il y a eu en 1861, comparativement à 1860, une diminution de 434 731 francs dans les entrées venant de France, et de 156 844 francs dans les sorties pour la France, mais une augmentation de 61 929 francs dans la réexportation pour les colonies et l'étranger, ainsi qu'une augmentation de 539 497 francs dans les sorties pour la consommation locale. Au 31 décembre 1861, il restait dans les entrepôts pour une valeur de 971 849 francs de marchandises.

Navigation.

Législation. — Le gouverneur exerce une haute surveillance sur la police de la navigation. Il délivre les actes de francisation et les congés de mer, en se conformant aux ordonnances et instructions du ministre de la marine et des colonies.

Les droits de navigation, perçus au profit de la douane et réglés par l'ordonnance du 18 octobre 1846, se composent des droits de tonnage, des droits de congé ou de passeports, des permis de charger ou de décharger, des droits de francisation et des droits sanitaires.

Les taxes accessoires de navigation, perçues au compte du service local et déterminées par des arrêtés locaux (23 octobre 1843, — 23 juin 1845, — 18 juillet 1849, — et 27 décembre 1861) comprennent les droits de pilotage, de mouillage provisoire, le droit annuel sur les bateaux caboteurs, le droit de jaugeage, de francisation, de phares, d'aiguade, de halage et d'accostage sur les bateaux (ceux de pêche exceptés), enfin des droits de visite sanitaire et de garde à bord des bâtiments.

Statistique. — Le commerce maritime de la colonie a occupé, en 1861, 222 navires français, jaugeant 84 583 tonneaux et montés par 3611 hommes d'équipage et 41 navires étrangers avec 24 867 tonneaux.

Les 228 navires français ont effectué 405 entrées et 350 sorties représentant un mouvement général de 261 040 tonneaux, excédant de 44 394 tonneaux celui de l'année 1861.

Les navires étrangers présentent sur cette même année un accroissement de 23 navires et de 19 628 tonneaux dû aux importations considérables de guano.

Bien que les exportations aient diminué de valeur en 1861, le mouvement de sortie des navires est supérieur à celui constaté en 1860, la plupart étant partis sur lest.

Il est bon de remarquer que jusqu'au 5 septembre 1861 (date de la promulgation dans la colonie de la loi du 3 juillet 1861) les rapports entre la France et la colonie étaient interdits par bâtiments étrangers. Ces bâtiments étaient seulement admis à la navigation entre la colonie et l'étranger (Maurice, l'Inde anglaise, Madagascar et le Pérou principalement). D'après la législation actuellement en vigueur, les transports pour toutes destinations peuvent être effectués sous tous pavillons.

Le tableau suivant indique l'emploi des navires pour le commerce avec la France, les colonies françaises et l'étranger.

PAYS DE PROVENANCE ou DE DESTINATION	ENTRÉES. NAVIRES français. Nombre.	Tonnage.	Hommes d'équipage.	étrangers. Nombre.	TOTAL DES ENTRÉES.	SORTIES. NAVIRES français. Nombre.	Tonnage.	Hommes d'équipage.	étrangers. Nombre.	TOTAL DES SORTIES.
France.										
Bordeaux	27	10 583	429	»	27	16	6 071	246	»	16
Marseille	25	10 263	388	»	25	21	8 542	324	»	21
Le Havre	15	5 874	272	»	15	7	3 150	123	»	7
Nantes	94	38 078	1 542	»	94	78	30 817	1 225	»	78
Saint-Malo	1	285	13	»	1	»	»	»	»	»
Dunkerque	1	348	14	»	1	»	»	»	»	»
Totaux	163	66 431	2 658	»	163	122	48 580	1 958	»	122
Colonies françaises.										
St-Pierre et Miquelon	10	2 995	139	»	10	»	»	»	»	»
Établissements de l'Inde	15	5 387	237	»	15	38	14 565	610	»	38
Ste-Marie de Madagascar	5	429	62	»	5	4	399	52	»	4
Mayotte, Nossi-Bé	3	549	38	»	3	7	1 982	99	»	7
St-Paul et Amsterdam	2	237	20	»	2	2	142	12	»	2
Totaux	35	9 597	496	»	35	51	17 088	773	»	51
Pays étrangers.										
Inde anglaise	80	33 843	1 319	15	95	63	28 098	1 079	9	72
Maurice	56	12 017	746	62	118	52	10 674	737	64	116
Madagascar	52	12 328	990	3	55	49	11 526	926	5	54
Pérou	»	»	»	11	11	»	»	»	»	»
Buénos-Ayres	7	2 658	105	»	7	»	»	»	»	»
Montevideo	3	1 342	58	»	3	»	»	»	»	»
Angleterre	4	1 529	68	»	4	»	»	»	»	»
Mascate	2	175	16	»	2	»	»	»	»	»
Cap de Bonne-Espérance	2	728	29	»	2	»	»	»	1	1
Manille	1	797	26	»	1	»	»	»	»	»
Ile Saint-Brandon	»	»	»	1	1	»	»	»	»	»
Aden	»	»	»	»	1	»	»	»	12	12
Sydney	»	»	»	»	»	5	1 519	73	1	6
Ceylan	»	»	»	»	»	3	920	44	1	4
Lombok (Malaisie)	»	»	»	»	»	2	511	23	»	2
Irlande	»	»	»	»	»	1	274	12	»	1
Les Seychelles	»	»	»	»	»	1	128	12	»	1
Batavia	»	»	»	»	»	»	»	»	1	1
Iles Andaman	»	»	»	»	1	1	279	12	»	1
Totaux	207	65 417	3 357	93	300	177	53 929	2 918	94	271

Voici maintenant les mouvements de la navigation depuis l'année 1846; on voit qu'ils ont plus que doublé.

Navires entrés.

ANNÉES.	BATIMENTS FRANÇAIS.		BATIMENTS ÉTRANGERS.		TOTAUX.	
	Nombre.	Tonnage.	Nombre.	Tonnage.	Nombre.	Tonnage.
1846.......	200	51 858	42	3 906 (1)	242	55 764
1847.......	190	48 699	40	4 465	230	53 164
1848.......	194	50 267	20	1 271	214	51 538
1849.......	198	61 247	26	2 332	224	63 579
1850.......	214	55 530	19	2 850	233	58 112
1851.......	248	65 043	16	2 120	264	67 164
1852.......	262	70 390	6	1 307	268	71 697
1853.......	250	64 020	11	2 171	261	66 191
1854.......	322	89 080	9	1 294	331	90 374
1855.......	352	106 985	26	3 834	378	110 819
1856.......	349	121 961	10	1 908	359	123 869
1857.......	385	128 043	27	8 490	412	136 534
1858.......	427	149 848	44	12 077	471	162 925
1859.......	318	101 157	38	6 830	356	107 987
1860.......	321	111 761	70	9 008	391	120 769
1861.......	405	141 445	93	20 167	498	161 612

(1) Le chiffre du tonnage des navires étrangers ne peut pas être considéré comme indiquant l'importance de la navigation avec l'étranger, parce que la plupart de ces navires qui entrent à la Réunion n'ont pas un chargement complet pour cette colonie.

Cabotage autour de l'île. — Il n'est pas sans intérêt de faire ressortir l'importance du cabotage effectué autour de l'île, tant par les navires de la métropole que par les bateaux de la colonie; il a porté sur une valeur de 45 023 194 francs, qui se décompose de la manière suivante :

Marchandises embarquées provenant :
                                  fr.   c.   fr.   c.
   Du cru de la colonie...... 20 748 963 88 ⎱ 25 455 769 63
   De l'importation......... 4 706 805 75 ⎰

Marchandises débarquées provenant :
   Du cru de la colonie...... 2 002 003 68 ⎱ 19 567 424 96
   De l'importation......... 17 565 341 28 ⎰

Total des marchand. embarquées et débarquées.. 45 023 194 59

Marine locale. — Les navires, bateaux et goëlettes, immatriculés à la Réunion, en 1856, et affectés soit au long cours, soit au grand ou petit cabotage, soit à la pêche, étaient au nombre de 481, savoir :

Navires employés au long cours ou au grand cabotage. 11
Bateaux employés au petit cabotage. 76
   id.   id.   au batelage. 114
Pirogues id.   à la pêche autour de l'île. 280

Douanes.

Les recettes des douanes se composent des droits ci-après : 1° droits à l'importation des marchandises, réglés par l'ordonnance du 18 octobre 1846 et par la loi du 3 juillet 1861; 2° droits de navigation; 3° taxes coloniales accessoires de navigation réglées par des arrêtés locaux; 4° impôt dit de fabrication des tabacs, qui est de 2 francs par kilogr. de tabac en feuilles et de 20 francs le mille de cigares (arrêté du 18 décembre 1861); 5° taxe coloniale sur l'exportation des denrées et qui remplace l'impôt foncier. Cette taxe est de 2 et demi pour 100 de la valeur de la vanille (arrêté du 16 décembre 1861), de 4 pour 100 sur tous les produits (arrêté du 24 décembre 1861); 6° droit de douane à la sortie, lequel est perçu seulement sur les denrées exportées sous pavillon étranger, et fixé à 2 fr. par 100 kilog. ou par hectolitre de liquide (ordonnance du 18 octobre 1846, art. 6); 7° droits de magasinage (arrêté local du 24 mars 1852); 8° droits d'expédition (arrêté du 18 juillet 1849).

Indépendamment de ces divers droits de douane qui sont perçus au compte de la colonie, il a été établi, par un arrêté local du 13 décembre 1850, un droit d'octroi municipal à l'entrée par mer, lequel est perçu au profit des communes et dans le but de subvenir à leurs dépenses. Sur le produit de ce droit, il est accordé une remise de 7 pour 100 au service des douanes qui est chargé de sa perception.

Les divers droits de douane perçus en 1861 ont produit une somme de 2 359 735 fr. 43 c. supérieure de 10 341 fr. 37 c. à celle de l'année 1860. Le détail de ces droits est indiqué au tableau ci-après :

DÉSIGNATION DES DROITS.			MONTANT DES DROITS. 1860.	MONTANT DES DROITS. 1861.	Diminutions en 1861.	Augmentations en 1861.
			fr.	fr.	fr.	fr.
	SERVICE LOCAL.					
DOUANES.	Droits de douane.	à l'importation	483 164.17	567 938.07	»	84 773.85
		à l'exportation	4 211.65	2 706.79	1 504.86	»
	Droits de navigation.	Droits de navigation et de port	17 418.46	22 870.57	»	5 452.11
		Taxes accessoires	68 407.42	76 197.17	»	7 789.75
	Droits accessoires.	De magasinage	14 226.67	20 555.10	»	6 328.43
		Remboursement d'imprimés	4 670.99	5 755.95	»	1 084.96
		De stationnement	1 471.05	376.26	1 094.79	»
	Droits divers / Prélèvement sur le produit des saisies.	Au profit du trésor colonial	182.05	192.57	»	10.52
		Au profit du service des pensions civiles	504.63	529.46	»	24.83
CONTRIBUT.	Contributions directes.	Droits à la sortie ou impôt foncier	1 212 021.46	1 068 158.71	143 862.75	»
	Contributions indirectes.	Impôt de fabrication sur les tabacs	113 991.58	100 398.20	13 593.38	»
SERVICE MUNICIPAL.						
Octroi à l'entrée par mer			429 121.93	494 054.63	»	64 932.70
Totaux généraux			2 349 392.06	2 359 733.43	160 055.78	170 397.15
Augmentation en 1861						10 341.37

Ces droits et produits ont été constatés dans la proportion suivante, entre les trois ports ouverts au commerce :

DÉSIGNATION.	1860.	1861.	Diminutions en 1861.	Augmentations en 1861.
Saint-Denis	1 617 553.86	1 671 225.06	»	53 671.20
Saint-Paul	280 490.23	212 421.20	68 069.03	»
Saint-Pierre	451 347.97	476 087.17	»	24 739.20
Totaux	2 349 392.06	2 359 733.43	68 069.03	78 410.40
Augmentation égale				10 341.37

Service postal.

Le service de la poste, établi à la Réunion vers la fin du dernier siècle, a été réorganisé par deux arrêtés locaux, en date des 24 décembre 1860 et 19 janvier 1861, qui ont abrogé la plupart des dispositions antérieures.

Le personnel se compose d'un receveur-comptable et d'un contrôleur à Saint-Denis, de receveurs dans les autres communes. Ces agents sont placés sous les ordres du chef du service des contributions.

Dans l'intérieur de la colonie, le transport des lettres est effectué par les messageries publiques et par des courriers à pied ou à cheval.

Depuis longtemps, la Réunion s'est efforcée d'établir des communications rapides et régulières avec la France par la voie de Suez, et elle n'a pas reculé devant de grands sacrifices pour atteindre à ce but. Mais jusqu'en 1858 ses efforts furent infructueux ; la plupart des lignes projetées ne purent se fonder ; celles qui furent établies, ne purent se maintenir.

A cette époque une ligne anglaise, la Compagnie péninsulaire et orientale [1], qui faisait déjà le service de l'Inde et de la Chine avec l'Europe, ayant pris la succession de la ligne australienne, le gouvernement de Maurice fit une convention avec cette Société pour l'ouverture d'un service entre l'île Maurice et Aden. L'administration de la Réunion profita de cette circonstance pour sortir de la mauvaise situation que lui avaient faite ses précédents insuccès et elle passa, le 5 juin 1858, un traité pour cinq années [2] avec la Compagnie péninsulaire. Aux termes de ce marché qui expire au mois de mars 1864, les paquebots-poste de la Com-

---

1. Le nom de cette Compagnie (*Peninsular and Oriental Steam navigation Company*) provient de ce que ses paquebots desservent la péninsule Ibérique (Portugal, Espagne, Gibraltar) et l'Orient. Son siége principal est à Londres. Les paquebots-poste partent de Southampton quatre fois par mois pour Alexandrie, et correspondent avec les paquebots de la même Compagnie partant de Marseille huit jours après.

2. M. Imhaus, qui fut nommé plus tard délégué de la Réunion, fut chargé de négocier ce traité à Maurice.

pagnie, allant de Maurice à Aden, doivent toucher à Saint-Denis pour y prendre les voyageurs et la correspondance; ceux qui viennent d'Aden peuvent se rendre directement à Maurice, mais, dans ce cas, les voyageurs et les lettres pour la Réunion sont dirigés immédiatement à destination, soit sur le paquebot même, soit sur un autre bateau à vapeur d'une vitesse suffisante pour arriver à Saint-Denis dans la matinée du lendemain.

Pour ce service, la colonie accorde à la Compagnie péninsulaire et orientale une subvention annuelle de 300000 fr., payable par trimestre.

Grâce à ce traité, la Réunion a pu jusqu'à ce jour assurer des communications régulières avec l'Europe par la voie d'Égypte. Ces relations seront rendues plus fréquentes par suite de l'ouverture de la ligne française de l'Indo-Chine qui aura probablement lieu dans le courant de l'année 1863.

En attendant que, par suite de l'ouverture de cette ligne, la Réunion soit mise deux fois en communication avec l'Europe, elle ne l'est actuellement qu'une fois par la voie anglaise.

Le paquebot partant de Marseille le 28 au matin de chaque mois arrive à Alexandrie le 3 du mois suivant; celui qui part de Suez le 5 arrive à la Réunion le 24. C'est donc un trajet de 26 à 27 jours. De même pour le retour; le paquebot partant de Maurice le 6 de chaque mois touche le 7 à la Réunion et arrive à Suez le 26; celui qui part d'Alexandrie le 27 arrive à Marseille le 3 du mois suivant.

Le prix du passage est de 95 livres sterl. (2375 fr.) pour une place dans une cabine commune de plusieurs lits, et de 245 livres sterl. (6125 fr.) pour une cabine réservée. Outre le prix de passage, les voyageurs ont à leur charge le prix du transit en chemin de fer entre Alexandrie et Suez : première classe, 7 liv. sterl. (175 fr.); deuxième classe, 3 liv. sterl. 10 shill. (87 fr.).

Les conditions d'échange des correspondances entre la Réunion et la France, ainsi que les pays étrangers auxquels la France sert d'intermédiaire, ont été réglées par les décrets des 26 novembre 1856, 19 mai et 13 novembre 1859, à la suite d'une convention passée entre le gouvernement français et celui d'Angleterre.

La taxe d'une lettre affranchie de 7 grammes 1/2 est de 50 centimes; celle d'une lettre non affranchie de 60 centimes. On peut également envoyer à la Réunion des lettres chargées en payant la double taxe. Mais l'envoi des mandats sur la poste n'est pas encore autorisé. Toutefois il y a une exception à cette prohibition en ce sens qu'on peut envoyer de France des bons sur la poste aux militaires et marins qui servent dans la colonie.

Pour l'affranchissement des lettres expédiées de la Réunion en France, on se sert de timbres-poste spéciaux à nos colonies. En 1858, on a créé des timbres-poste coloniaux de 40 et de 10 centimes. Ces timbres sont de couleurs semblables à celles des timbres correspondants de France. Ils en diffèrent par la forme; ils sont rectangulaires, et au lieu de l'effigie de l'Empereur, ils portent une *aigle impériale* avec cet exergue : colonies de l'Empire français. En 1861, on a créé des timbres de 1 et de 5 centimes.

En dehors de la voie rapide, des communications sont établies avec la Réunion par la voie des navires de commerce qui doublent le cap de Bonne-Espérance.

La moyenne de la traversée par cette voie est d'environ 90 jours de France à la Réunion et de 100 jours de la colonie en France. Le prix du passage, calculé d'après cette moyenne, est en général de 1200 francs pour l'aller, de 1500 francs pour le retour.

Les lettres expédiées par la voie du commerce sont taxées à 30 centimes par 10 grammes si elles sont affranchies, et, dans le cas contraire, à 40 centimes. Sur le produit de cette taxe, 10 centimes par lettre sont payées au capitaine du navire qui a effectué le transport.

Les communications entre la Réunion et l'Inde, et en général les pays pour lesquels la France ne sert pas d'intermédiaire, sont subordonnées aux convenances du commerce. Les navires qui partent de la Réunion pour ces pays, emportent les correspondances qui sont affranchies jusqu'au port de débarquement du pays de destination.

Le prix de ces lettres est de 30 centimes, sur lesquels 10 centimes appartiennent au capitaine du navire. Des règlements obligent ce dernier, dès son arrivée au bureau de poste du port de débarquement, à déposer le sac des correspondances qu'il a pris au lieu d'origine et dans les escales intermédiaires; de même il est tenu d'emporter à son départ les lettres qui lui sont confiées pour les pays de destination de son voyage.

MAYOTTE ET DÉPENDANCES[1].

Jusqu'en 1843, les trois îles Mayotte, Nossi-Bé et Sainte-Marie de Madagascar ont été administrées par des commandants particuliers dépendant de l'autorité du gouverneur de l'île Bourbon. Mais par une ordonnance royale du 29 août 1843, l'administration de ces trois îles a été réunie entre les mains d'un même commandant, avec le titre de commandant supérieur de Nossi-Bé et dépendances, titre qui a été remplacé, en vertu d'une ordonnance du 10 novembre 1844, par celui de Mayotte et dépendances. L'île Sainte-Marie a été détachée de ce commandement par un décret du 18 octobre 1853.

Le commandant supérieur de Mayotte et dépendances réside à Mayotte. Un commandant particulier est placé à Nossi-Bé. Nous nous occuperons successivement de ces deux îles[1].

MAYOTTE.

Résumé historique.

L'île Mayotte, qui fait partie du groupe des Comores, presque ignorée des Européens jusqu'en 1840, est cependant habitée depuis six cents ans. Les premiers habitants connus sont des noirs de la côte d'Afrique, d'une tribu ou d'une partie de côte appelée Mouchambara. Lorsque les Portugais abordèrent à Comore, le chef arabe qui y commandait échappa à leur tyrannie avec la plus grande partie des siens. Il arriva sans difficulté à Mayotte, dans la baie de Zambourou, où il construisit une ville dont les restes existent encore. A peu près à la même époque, des Sakalaves de Madagascar vinrent demander à s'établir à Mayotte et obtinrent la cession de cette partie de l'île que l'on nomme aujourd'hui Mon'sapéré. Pen-

---

1 La plupart des renseignements qui vont suivre sur l'histoire et la géographie de Mayotte et dépendances sont extraits de la *Revue coloniale*, années 1844, 1847 et 1858.

dant que ces Arabes et ces Sakalaves s'établissaient à Mayotte, une riche et nombreuse peuplade de Chiradzy, au nord de Sohely, ayant pour chef Mohamed-ben-Haïssa, s'empara de la Grande-Comore, puis des îles Anjouan et Mohéli et leur donna pour chefs ses deux fils. Ce même Haïssa, ayant entendu beaucoup vanter Mayotte, vint visiter cette île; il fut accueilli en ami et épousa la fille du sultan qui y régnait. A la mort de son beau-père, il lui succéda et fit bâtir une ville sur un des plus riches plateaux de l'île. Cette ville fut appelée Chingouni, et l'on voit encore aujourd'hui, comme témoignage de son existence, les restes dégradés d'une mosquée et d'un tombeau que l'on dit être celui de Moina-Singa, fille de ce sultan, et auquel elle avait succédé dans le gouvernement de Mayotte.

Jusqu'en 1830, l'histoire de Mayotte est assez obscure. Vers cette époque, Andrian-Souli, roi des Sakalaves venait d'être chassé par les Hovas de la côte N. O. de Madagascar, lorsque le sultan de Mayotte, nommé Amadi, qui s'était lié d'amitié avec lui dans son enfance et qui avait épousé une de ses parentes, lui fit offrir, par son fils Buanacombé, de partager avec lui la souveraineté de Mayotte. Andrian-Souli hésitait, lorsque dans l'intervalle, Amadi fut massacré par son frère qui prit sa place. Buanacombé renouvela les offres faites par son père et engagea Adrian-Souli à hâter son arrivée. Ce dernier se décida à accepter, l'usurpateur fut renversé et Adrian-Souli fut reçu à Mayotte comme un père. Une partie de l'île lui fut assignée en toute propriété et il commença à la cultiver avec les Sakalaves qu'il avait amenés de Madagascar. Mais bientôt des querelles s'élevèrent entre les gens d'Andrian-Souli et ceux de Buanacombé et la guerre éclata entre les deux chefs. Buanacombé, chassé de Mayotte, chercha un refuge à Mohéli, près de Ramanateka, à qui il fit cession de son île, pour prix de son hospitalité. En 1836, Ramanatéka envahit Mayotte et en chassa à son tour Andrian-Souli. Ce dernier se réfugia chez Abd-Allah, sultan d'Anjouan, mais il rentra bientôt en possession de Mayotte, grâce à l'assistance de ce chef qui vint ensuite attaquer Ramanateka à Mohéli. Abd-Allah échoua dans cette entreprise; son escadrille ayant été jetée à la côte dans un coup de vent, il tomba entre les mains de Ramanateka qui le laissa mourir de faim en prison.

Allaouy fut proclamé sultan d'Anjouan à la place d'Abd-Allah son père, et avec l'appui d'Andrian-Souli, son beau-père; mais il fut renversé par son oncle Salim qui favorisa en même temps une révolte à Mayotte contre Andrian-Souli. Celui-ci parvint à se rendre maître de la révolte et à rester seul possesseur de Mayotte.

Tel était l'état des choses en 1841, lorsque M. Jehenne, alors lieutenant de vaisseau, commandant *la Prévoyante*, visita Mayotte et fut frappé des avantages remarquables que présentait cette île. Peu de temps après, M. Passot, capitaine d'infanterie, envoyé en mission auprès du souverain de Mayotte, par le contre-amiral de Hell, concluait avec Andrian-Souli, le 25 avril 1841, un traité qui nous assurait la possession de l'île, moyennant une rente annuelle de 5000 francs, et l'engagement de faire élever à la Réunion deux enfants du sultan. Trois prétendants contestaient à Andrian-Souli la légitimité de sa possession, c'étaient: 1° Buanacombé, ancien sultan de Mayotte; 2° Ramanatéka, sultan de Mohéli; 3° Salim, sultan d'Anjouan. Mais toutes ces prétentions furent successivement écartées. Buanacombé, seul prétendant sérieux, mourut peu après; Ramanatéka est mort aussi, en léguant la souveraineté de Mohéli à sa fille qui n'a cessé depuis lors de vivre en bonne intelligence avec l'autorité française.

Enfin Salim, qui avait succédé comme sultan d'Anjouan, à Allaouy, décédé à Maurice en 1842, et qui eut pour prétendant à cette succession un de ses parents, Saïd-Hamza, a renoncé positivement à tous droits de souveraineté sur Mayotte, en reconnaissant « comme une chose juste et vraie que, depuis la mort du sultan Allaouy, les sultans d'Anjouan n'avaient aucune espèce de droits à faire valoir sur l'île Mayotte et que ses habitants étaient libres d'en disposer suivant leur volonté. »

Le traité passé par le capitaine Passot fut donc ratifié par une décision du gouvernement français du 10 février 1843, et la prise de possession de Mayotte fut effectuée le 13 juin 1843, par M. Passot, en présence de M. Protet, commandant de la gabare *la Lionne*, et de deux détachements d'infanterie et d'artillerie de marine destinés à tenir garnison dans l'île.

LISTE CHRONOLOGIQUE DES COMMANDANTS SUPÉRIEURS.

RANG (P.-C.-A.-L.), capitaine de corvette, qui avait été nommé commandant supérieur de Nossi-Bé et dépendances par ordonnance du 29 août 1843, et qui, en vertu d'une autre ordonnance du 10 novembre 1844, devait prendre le commandement supérieur de Mayotte et dépendances, est mort le 16 juin 1844.

Lebrun (A.-N.), chef de bataillon d'infanterie de marine, entré en fonctions, comme intérimaire, le 22 octobre 1844.

Passot (P.), chef de bataillon d'infanterie de marine, nommé par ordonnance royale du 21 décembre 1854 ; entré en fonctions le 5 janvier 1846. En 1848, il prend le titre de commissaire de la République.

Livet (S.-F.), chef de bataillon du génie, nommé commissaire de la République par intérim le 11 août 1849 ; entré en fonctions le 9 décembre de la même année. (M. Marguet (A.-J.-F.), sous-commissaire, a rempli l'intérim en 1850, pendant l'absence de M. Livet, en tournée dans les établissements ; ce dernier a repris le commandement le 5 mars 1851).

Bonfils (P.-A.), capitaine de frégate, commandant supérieur, entré en fonctions le 15 juin 1851.

Brisset (A.), capitaine d'infanterie de marine, nommé le 18 octobre 1853.

Vérand (A.-C.), commissaire de la marine, nommé le 13 décembre 1854, entré en fonctions le 1er septembre 1855.

Morel, chef de bataillon d'infanterie de marine, nommé commandant supérieur le 15 août 1857, promu lieutenant-colonel le 17 octobre de la même année et entré en fonctions le 12 décembre suivant.

Gabrié (C.-L.-B.), commissaire de la marine, nommé le 14 août 1860 ; en fonctions.

Topographie.

Situation géographique. — L'île Mayotte est la plus sud et la plus est des îles Comores. Elle est située entre les 12° 39′ et 12° 59′ de latitude sud, et les 42° 46′ et 43° 2′ de longitude est[1] ; à 54 lieues marines à l'O. 10° N. de Nossi-Bé, et à 300 lieues environ de la Réunion.

---

1. M. le capitaine de vaisseau Fleuriot Delangle, dans sa *Campagne de la Cordelière*, assigne à Dzaoudzi, chef-lieu de l'île, la longitude de 42°55′29″.

Configuration. — L'île a une forme allongée dans le sens S. E. et N. O. Elle compte 21 milles marins du N. N. O. au S. S. E.; sa largeur varie de 2 à 8 milles. Sa superficie est de plus de 30 000 hectares, sans y comprendre les îles Pamanzi, Zambourou et plusieurs îlots.

Sol. — Le sol, d'origine volcanique, est formé d'une couche de terre végétale assez épaisse et d'une grande fertilité, qui atteint par endroits une profondeur de 15 mètres. Dans l'intérieur, à l'ouest de la chaîne principale, on remarque plusieurs plateaux, particulièrement deux qui sont assez étendus et à l'abri des dégâts que produisent les pluies abondantes de l'hivernage.

Montagnes. — L'île est traversée dans toute sa longueur par une chaîne de montagnes dont les sommets atteignent jusqu'à 600 mètres. Le reste de l'île est coupé de ravins profonds, formant autant de torrents pendant la saison des pluies, et desséchés pendant le reste de l'année.

Cours d'eau. — Il n'y a pas de rivières proprement dites; mais dans l'intérieur, on rencontre fréquemment de petits cours d'eau ou ruisseaux, dont quelques-uns sont assez puissants pour être employés à faire mouvoir des machines. La plupart des cours d'eau, et notamment ceux de la partie est, vis-à-vis des meilleurs mouillages de l'île, fournissent une eau excellente.

Bois et forêts. — Mayotte est assez bien boisée, et parmi les arbres qui s'y trouvent, il y en a qui sont propres aux constructions navales, principalement dans le voisinage des baies de Boéni et de Dapani. Les indigènes se servent de ces bois pour la construction de leurs pirogues et boutres.

Villages. — Il n'existait, à notre arrivée à Mayotte, que deux villages dans la partie est, et sur le point le mieux exposé aux brises du large : 1° celui de Choa, sur une pointe de terre située en face de Dzaoudzi, et jointe à Mayotte par un isthme élevé de 5 à 6 mètres au-dessus des plus hautes marées; 2° celui de Dzaoudzi, sur l'île de ce nom, ancienne résidence du sultan de Mayotte, et qui est aujourd'hui le siège du gouvernement local. Un hôpital y a été construit dans une situation salubre.

Depuis notre occupation, les naturels, plus confiants, ont rebâti leur ancienne capitale, Chingouni, située dans la partie ouest de l'île, près d'une sorte de marais qui prend, à la saison des pluies, les dimensions d'un petit lac. Aujourd'hui, le nombre des villages a augmenté; on cite entre autres ceux de M'sapiry, le plus important de tous, de Koëni, de Joungoni et de Dapani, etc.

Récifs et passes. — Une ceinture de récifs entoure l'île Mayotte dans presque toute sa circonférence, à une distance de 2 à 6 milles des côtes, formant ainsi d'excellents mouillages. On compte sept passes principales pour franchir cette ceinture; la meilleure et la plus accessible de ces passes est celle de Bandéli, à l'est, la plus rapprochée du mouillage de Dzaoudzi.

Ilots. — L'espace compris entre la ceinture de récifs et l'île Mayotte renferme plusieurs îlots, notamment ceux de Pamanzi, de Dzaoudzi, de Bouzi et de Zambourou. L'îlot de Pamanzi, situé à l'est de Mayotte, est le plus étendu de tous. A l'exception de la partie sud, qui est basse et couverte de pâturages, cet îlot est parsemé de monticules à peu près incultes. La partie nord renferme un ancien cratère devenu un lac, dont l'eau est sulfureuse, et excellente, dit-on, pour la guérison des maladies cutanées et des blessures.

L'îlot Dzaoudzi est rattaché à l'angle occidental de Pamanzi par une chaussée étroite; cet îlot est complétement couvert d'habitations, et n'a que quelques puits pour les besoins de la population. Dzaoudzi n'est séparé de Mayotte que par un bras de mer d'un quart de lieue environ, qui peut donner passage aux plus grands navires.

L'îlot Bouzi, situé aussi à l'est de Mayotte et au sud-ouest de Pamanzi, est haut et boisé jusqu'à son sommet dans la partie sud et ouest. On y trouve très-peu de terre végétale.

L'île Zambourou, au nord de Mayotte, est très-escarpée et n'a point de terre végétale.

Rades et baies. — Toute la partie S. S. E. et O. de Mayotte est découpée par de grandes baies. Les meilleurs mouillages sont ceux que forment entre elles, depuis le N. E. jusqu'à l'E. S. E., les îles Mayotte, Pamanzi et Dzaoudzi. La rade qui entoure ce dernier îlot est susceptible de recevoir une escadre; l'abri y est complet, la tenue excellente et la profondeur de l'eau ne laisse rien à désirer.

Au N. E. de Mayotte, la baie de Longoni, bien abritée des vents généraux de S. E. et S. O., renferme un petit port naturel très-convenable pour le carénage des bâtiments de toute dimension.

La plus vaste de toutes les baies de l'île est celle de Boéni, à la côte occidentale, près de Chingouni, l'ancienne capitale; elle est entourée de hautes montagnes qui l'abritent de tous les vents; l'eau y est très-profonde.

Météorologie.

Température. — La température moyenne de Mayotte, pendant les mois de mars et d'avril, est de 29° à 31° centigrades, à midi; pendant la saison des plus fortes chaleurs (janvier et février), elle ne s'élève jamais au-delà de 34°. La température moyenne de l'année est de 27°,20. L'île Mayotte passe pour une des plus saines des îles Comores.

Hivernage. — La saison pluvieuse ou hivernage est déterminée par les lunes de décembre et de mars; les grains donnent généralement plus de pluie que de vent. Les coups de vents y sont très-rares. Dans la partie S. de l'île, les pluies sont moins abondantes pendant l'hivernage que dans l'E. C'est le contraire pendant la belle saison.

Hydrographie. — La mer monte, à Mayotte, de onze pieds deux pouces dans les syzygies et de douze pieds huit pouces dans les marées d'équinoxes.

Les courants, autour de l'île, sont très-variables en force et en direction, suivant les localités. Néanmoins, leur direction est presque toujours celle de la côte, près de la côte, et celle des récifs, près des récifs. Leur vitesse a quelquefois 3 nœuds et demi dans les passes.

Le *flot* porte au S.O. ou au S. selon la position; le *jusant* porte au N.E. ou au N. dans les passes; ils suivent la direction des passes au commencement du flot et à la fin du jusant.

Population.

La population de Mayotte est formée de deux races distinctes, toutes deux noires: 1° la race arabe que l'on rencontre sur toutes les îles de la côte orientale d'Afrique, depuis Aden jusqu'au Sud de Madagascar, et que les Portugais ont trouvée régnant dans ces mers à leur arrivée. Les individus de cette race sont principalement adonnés au commerce maritime et ont des habitudes nomades. Ils se sont plus ou moins mêlés avec la race indigène des Comores ; on désigne sous le nom de Mahori ceux qui sont nés et fixés à Mayotte. Les Arabes forment le principal élément de la population de l'île. 2° la race sakalave, provenant des émigrations de Madagascar. Il existe, en outre, disséminés dans les différentes exploitations, un assez grand nombre de travailleurs des diverses races de la côte orientale d'Afrique.

Le caractère des habitants est doux et facile, mais comme la plupart des races noires, ils sont enclins à la paresse et au manque de prévision. On remarque pourtant dans la construction de leurs cases une certaine élégance témoignant qu'ils ne sont pas complétement dénués de goût.

D'après un recensement effectué dans les derniers mois de 1860, l'effectif de la population était de 4937 individus ainsi répartis :

Population indigène sédentaire	2945
Habitants européens	77
Employés civils	38
Officiers et soldats	131
Travailleurs engagés	1746

Gouvernement et administration.

Le commandant supérieur de Mayotte et dépendances relève directement du ministère de la marine à Paris. Son autorité s'étend à Nossi-Bé, qui n'a qu'un commandant particulier.

Le commandant supérieur des deux îles est assisté d'un conseil d'administration, composé des principaux fonctionnaires et de deux habitants notables.

Le Conseil vote le budget local et délibère sur les questions qui lui sont soumises par le commandant supérieur. Le secrétaire-archiviste du gouvernement remplit les fonctions de secrétaire du Conseil.

L'administration civile se compose d'un commissaire-adjoint de la marine, ordonnateur, ayant sous ses ordres un aide-commissaire, un commis et deux écrivains de marine, et d'un aide-commissaire faisant fonctions de contrôleur.

Un trésorier est chargé du service des fonds.

Le service de santé est confié à trois chirurgiens de la marine, et celui du port à un maître de manœuvre.

Culte et Instruction publique.

Le service du culte et celui de l'instruction publique sont confiés aux Pères de la Mission de Madagascar, dont la maison centrale est à la Réunion, et qui sont établis à Mayotte depuis l'année 1851.

Le personnel du culte comprend un préfet apostolique, deux prêtres et un catéchiste.

Il existe à Mayotte deux chapelles, l'une sur l'îlot de Dzaoudzi, et l'autre sur l'île Mayotte proprement dite.

La population, de race arabe, appartient à la religion musulmane ; une mosquée en pierres a été construite en 1855 sur l'île Pamanzi, pour être affectée au service de ce culte. Les habitants de race malgache sont en général idolâtres, mais ils se montrent mieux disposés que les Arabes à se convertir au catholicisme.

Les Pères ont fondé à Mayotte deux écoles, l'une pour les garçons, l'autre pour les filles. Elles sont fréquentées par une centaine d'enfants des deux sexes, en nombre à peu près égal. La direction de l'école des filles est confiée aux sœurs de Saint-Joseph de Cluny. Les enfants sont logés et nourris dans ces écoles, qui reçoivent de l'État une subvention annuelle de 6000 francs.

Enfin, il vient d'être fondé une école laïque où, indépendamment des connaissances élémentaires qui font ordinairement le programme d'une institution de ce genre, les enfants recevront une instruction professionnelle.

Justice.

Le régime de la justice a été organisé à Mayotte et à Nossi-Bé par l'ordonnance du 26 août 1847, le décret du 30 janvier 1852 et le décret du 29 février 1860.

Aux termes de ces divers actes la justice est rendue à Mayotte par un conseil de justice et un tribunal de 1re instance. Le conseil de justice est composé ainsi qu'il suit :

Le commandant de la station, président; le juge du tribunal de première instance, chef du service judiciaire à Mayotte; le capitaine d'artillerie; l'enseigne de vaisseau commandant la marine locale; un chirurgien de première classe; deux lieutenants.

Ce conseil de justice connaît en dernier ressort des crimes de rébellion et d'attentat à la sûreté de la colonie.

Les pénalités sont celles de la législation métropolitaine sur la matière. La condamnation est valable à la majorité de cinq voix sur sept.

Le commandant supérieur renvoie devant la cour de la Réunion la connaissance directe des crimes commis à Mayotte et à Nossi-Bé, soit par des Français ou par des étrangers, soit par des indigènes sur les personnes ou les propriétés des Français ou des étrangers. Il peut également y renvoyer la connaissance des crimes commis entre indigènes lorsque la demande en est faite par les tribunaux du pays.

Le tribunal de première instance de Mayotte est composé d'un magistrat, seul juge; il connaît, aux termes du décret du 30 janvier 1852, comme tribunal civil et commercial :

En dernier ressort, lorsque la valeur de la demande en principal n'excède pas 1000 francs, et à charge d'appel devant la cour de la Réunion au-delà de cette limite, des contestations civiles et commerciales autres que celles où les deux parties seraient indigènes.

Comme tribunal correctionnel :

1° Des délits commis par les indigènes au préjudice de Français ou d'étrangers;

2° Des délits commis par des Français ou des étrangers, soit entre eux, soit contre des indigènes.

Comme tribunal de police :

Des contraventions de police et infractions aux règlements faits par l'autorité administrative.

Les décisions du juge ne sont jamais sujettes à l'appel, en matière de simple police et en matière correctionnelle, si l'emprisonnement prononcé ne doit pas s'élever à plus d'une année et l'amende à plus de 1000 francs.

Le tribunal civil de Mayotte applique les lois civiles de la France.

Indépendamment des fonctions qui lui sont attribuées comme juge de première instance par le code Napoléon et le code de procédure civile, le juge de Mayotte remplit les fonctions tout à la fois de juge de paix et de juge d'instruction. Il fait également les actes attribués par le code de commerce aux tribunaux de commerce.

Les fonctions du ministère public sont remplies près le tribunal de Mayotte par un officier du commissariat de la Marine; un greffier est institué près de ce tribunal et les fonctions d'huissier sont exercées par l'un des agents de la force publique.

A Mayotte, comme à Nossi-Bé, deux notables indigènes sont adjoints, avec voix délibérative, au tribunal français: 1°, quand le procès en matière civile est entre Français ou étranger d'une part et indigène de l'autre; 2° lorsque dans un procès correctionnel l'un des prévenus est indigène.

Les procès engagés entre indigènes seulement, sont jugés par les tribunaux et selon les lois du pays. Cependant, sur l'apport d'une des parties, l'affaire peut être portée devant les tribunaux français.

Dans le cas d'appel, le tribunal français est assisté de deux notables arabes ou sakalaves.

Forces militaires.

Les forces militaires en garnison à Mayotte et à Nossi-Bé comprennent : une section de compagnie d'infanterie de marine, forte de 100 hommes; deux compagnies de soldats indigènes, chacune de 112 hommes, et un détachement d'artillerie de marine composé de 27 canonniers et de 8 ouvriers. Ces forces sont réparties également entre les deux îles.

Les deux compagnies de soldats noirs sont de formation récente; le cadre de chaque compagnie comprend 2 officiers et 8 sous-officiers européens, 15 sous-officiers et 85 soldats indigènes.

Une goëlette à voile, *la Turquoise*, et un aviso à vapeur sont affectés au service maritime de Mayotte et dépendances.

Finances.

Pour l'année 1863, la colonie de Mayotte et dépendances est inscrite au budget de l'État pour la somme de 527 120 francs, dont 154 000 francs comme subvention au service local.

Les dépenses du service local sont estimées, pour la même année, à la somme de 402 980 francs, et les recettes locales à 248 980 francs. La subvention de l'État sert au payement du surplus des dépenses locales.

Voici le détail du budget de la colonie :

DÉPENSES DE L'ÉTAT (1863).

	fr.
Personnel du gouvernement et administration.	76 080
— — de la Justice.....	17 200
— — du Culte.........	21 400
Accessoires de la solde des services civils.....	6 000
Solde des troupes indigènes...............	60 571
Accessoires de la solde des troupes européennes.	10 000
Traitement dans les hôpitaux..............	39 379
Vivres...........................	100 832
Travaux des ports et rades, édifices publics...	8 000
Casernement et campement................	500
Travaux du génie.......................	38 200
Loyers et ameublements..................	4 000
Impressions et publications...............	1 500
Frais de justice et de procédure............	500
Subventions au service local..............	154 000
Total (déduction faite des incomplets).......	527 120

BUDGET LOCAL (1863).

Recettes.

	Mayotte.	Nossi-Bé.	Total.
Contribution foncière........	10 500	7 500	18 000 fr.
Contribution personnelle......	12 000	3 000	15 000
Fabrication et vente du Rhum.	4 200	10 200	14 400
A reporter.....	26 700	20 700	47 400

	Mayotte	Nossi-Bé	Total
Report............	26 700	20 700	47 400 fr.
Droits de greffe............	200	300	500
Droits de douane............	1 900	4 200	6 100
Taxes de concessions de terres.	5 000	5 000	10 000
Vente des cocos du domaine et d'objets divers............	1 100	100	1 200
Remboursement de prix de concessions faites à divers[1].....	140 000	40 000	180 000
Passe-ports et amendes........	640	640	1 280
Subvention métropolitaine....	141 406	12 594	154 000
Recettes diverses.............	2 000	500	2 500
Totaux.......	318 946	84 034	402 980

Dépenses.

	Mayotte.	Nossi-Bé.	Total.
Personnel des services administratifs.................	4 800	1 200	6 000
Personnel du service des ports.	13 060	3 730	16 790
— des ponts et chaussées.	8 920	4 760	13 680
— de l'instruction publique	13 350	8 300	21 650
— de police............	9 180	6 480	15 660
Divers agents..............	14 130	5 805	19 935
Dépenses assimilées à la solde.	6 200	400	6 600
Hôpitaux............	3 761	2 201	5 962
Vivres...................	161 063	8 098	169 161
Travaux et approvisionnement.	76 288	37 300	113 588
Dépenses diverses...........	8 194	5 760	13 954
Totaux.......	318 946	84 034	402 980

Le budget de 1863 présente dans son ensemble une augmentation de 9500 fr. sur celui de 1862.

---

1. Cette somme ne saurait être considérée comme une recette effective; elle est plutôt la contre-partie d'une dépense qui figure au budget local. En effet, il s'agit de remboursements effectués par *divers*, par le *service colonial*, par le *service marine*, pour cessions à eux faites d'objets de matériel, de vivres, etc., etc.

Agriculture.

Le sol de Mayotte peut fournir, dans ses parties cultivables, les différentes productions coloniales qui viennent à la Réunion et à Madagascar. La partie S. et S.O. est pleine de cocotiers et de bananiers qui poussent sans soins; les orangers, les citronniers, les tamariniers, les goyaviers et les autres fruits abondent à l'état sauvage; la canne à sucre, le coton, le café, le tabac croissent spontanément. Le riz, la patate douce, le maïs, le miel, l'igname, l'ananas, le melon d'eau, le gingembre et le pourpier viennent très-bien. On recueille dans l'île de la cire et du miel. On y trouve de la gomme copal, une espèce de résine blanche et parfumée, et diverses essences de bois propres à l'ébénisterie et aux constructions navales.

La partie O. et S. O. de Mayotte, ainsi que l'îlot Pamanzi, fournissent d'excellents pâturages.

Les terres sont cultivées en vertu de concessions accordées suivant les conditions spécifiées dans un décret du 5 mars 1856 et dont le principe est la taxe progressive qui, partant de 5 francs par hectare au-dessous de 100 hectares, a pour limite 25 francs par hectare pour les concessions de 500 hectares. Aux termes de ce décret, les concessions sont faites à titre définitif avec cette réserve que le concessionnaire ne pourra aliéner son terrain qu'après sa complète mise en valeur. La constitution de la propriété a permis d'organiser le régime hypothécaire dans la colonie et un bureau d'hypothèques a été créé à Mayotte par un décret du 17 mai 1862.

La superficie totale de l'île est de 30 mille hectares. Au 1er janvier 1863, 18 483 hectares de terres avaient été concédés à divers colons; 936 hectares étaient plantés en cannes; il existait également quelques plantations de café, de vanille, de girofle, de cacao, de riz et de plantes alimentaires.

On compte actuellement dans la colonie dix-huit exploitations de cannes, dont onze sont pourvues de machines à fabriquer le sucre. Trois de ces usines ont une distillerie.

Les dépenses de premier établissement occasionnées par ces dix-huit exploitations dépassent 5 millions de francs, et ont donné à ces propriétés une valeur de 5 840 000 francs.

Le nombre des travailleurs engagés, employés aux cultures, était de 1805 à la fin de l'année 1862.

Voici le relevé des produits des cultures pendant l'année 1862 :

	Quantités
Sucre brut....................	1 958 000 kilog.
Sirops et mélasses.............	60 000 litres.
Rhum........................	11 000 —
Café.........................	1 100 kilog.

Canne à sucre. — La culture de la canne à sucre, qui est la principale de l'île et vers laquelle se portent tous les efforts et toute la sollicitude des concessionnaires, donne déjà d'heureux résultats et fait naître de belles espérances. Il est hors de doute qu'avant peu l'île de Mayotte pourra être classée parmi les colonies productives de la mère patrie. Elle a même déjà fait plusieurs expéditions de sucre en Australie.

Dans les vallées de Mayotte, la terre est si riche qu'elle n'a pas besoin de recevoir des cultures différentes pour se refaire. La canne peut occuper le même terrain pendant huit à dix ans et donner à peu près le même résultat.

L'insecte nommé Borer, qui a fait tant de ravages à Maurice et à la Réunion, avait été reconnu aussi à Mayotte en 1858 ; mais il paraît avoir tout à fait disparu à la suite des moyens énergiques qui ont été employés pour sa destruction, c'est-à-dire le feu.

Café. — La culture du café, qui avait donné de si belles espérances, ne semble pas tenir sa promesse. En effet, les jeunes plants viennent avec beaucoup de vigueur et à la troisième année se chargent de fleurs et de fruits ; mais, au moment de récolter, on voit les arbres périr, ou bien ceux qui restent ne donnent que des enveloppes coriaces sans baies. Cette culture demande encore quelques études dans le choix des terrains qui lui seraient propres.

Petite culture. — Nous rangeons dans la catégorie de petite culture celles du riz, du maïs, du manioc, etc., qui ne sont faites à Mayotte que par les indigènes pour leur consommation. Le nombre des indigènes susceptibles de planter est d'ailleurs fort restreint. Les colons préfèrent faire venir du dehors le riz nécessaire à l'alimentation de leurs engagés, ne voulant pas détourner ceux-ci de la culture de la canne à sucre, pour s'occuper du riz et des autres plantes alimentaires.

Commerce et navigation.

Le régime commercial de Mayotte et dépendances est celui d'une liberté et d'une franchise complètes, sauf les restrictions que, par mesure de police, le commandant supérieur peut établir, quant à l'introduction des spiritueux. Les sucres, cafés et autres denrées coloniales sont reçus en France aux droits spéciaux accordés aux produits de la Réunion, à la condition d'être accompagnés de certificats constatant qu'ils sont du crû de ces îles.

Statistique. — Bien que le commerce de Mayotte ne soit pas encore considérable, il suit un mouvement ascendant; on en jugera par le relevé ci-après :

Années.	Importations.	Exportations.	Total.
1852	242 464	100 881	343 345 francs.
1853	239 855	105 558	345 413
1854	188 622	153 008	341 630
1856	340 101	428 395	768 496
1857	534 706	»	»
1858	423 252	342 162	765 414
1859	327 537	367 207	694 734
1860	536 754	877 943[1]	1 414 697
1861	529 982	1 257 179	1 787 161[2]

Comme on le voit, la valeur des exportations est plus considérable que celle des importations. Dans le mouvement général (1 787 161 francs), le commerce par navires français est compris pour une valeur de 1 616 408 francs, et le commerce par navires étrangers pour une valeur de 170 753 fr.

Les principaux objets d'importation sont : le riz, les bœufs, venant de la côte orientale d'Afrique, de Madagascar, des Co-

---

1. Le troisième trimestre à l'exportation manque à l'année 1860.
2. N'est pas comprise dans ce chiffre la valeur des marchandises réexportées invendues, qui s'est élevée à la somme de 136 863 fr.

mores; les moulins et machines à sucre, le fer, les vins, les spiritueux, les briques, les fruits et la poudre de traite, les faïences, les étoffes de coton, les ustensiles de ménage, etc., venant de France et de la Réunion; le charbon venant d'Angleterre.

Les principaux objets d'exportation sont : le sucre, les cocos, l'huile de coco, les noix d'arek, le rhum, les curiosités du pays, etc.

Voici le relevé du mouvement de la navigation de 1852 à 1861 :

Années.	Entrée.		Sortie.	
	navires.	tonnage.	navires.	tonnage.
1852	74	3513	71	3317
1853	96	4365	100	3713
1854	97	3340	97	3040
1856	97	5423	73	4327
1857	106	5948	108	5640
1858	100	6936	102	6901
1859	88	8034	82	7538
1860	117	6589	79[1]	5063
1861	154	8133	144	7740

En 1861, le mouvement maritime s'est décomposé de la suivante :

Entrées.

13 navires français au long cours, venant de France ou de la Réunion, jaugeant 3614 tonneaux et montés par 190 hommes d'équipage;
36 boutres ou caboteurs du pays, jaugeant 1009 tonneaux et montés par 529 hommes d'équipage;
105 boutres ou caboteurs étrangers, jaugeant 3459 tonneaux et montés par 1760 hommes d'équipage.

Sorties.

12 navires au long cours, allant à Nantes et à Marseille, jaugeant 3414 tonneaux et montés par 175 hommes d'équipage.
38 boutres ou caboteurs du pays, jaugeant 1014 tonneaux et montés par 547 hommes d'équipage.
94 boutres ou caboteurs étrangers, jaugeant 3310 tonneaux et montés par 1652 hommes d'équipage.

---

1. Le troisième trimestre à la sortie manque à l'année 1860.

Service postal.

Le service de la poste, à Mayotte, est confié à un préposé qui relève du chef du service administratif.

Il y a également un proposé à Nossi-Bé.

Les règles qui président au mode de transport et à la taxe des correspondances, soit par les navires du commerce, soit par les paquebots-poste, sont les mêmes que pour la Réunion. Nous renverrons donc pour cette question à l'article relatif à cette colonie [1]. Nous ajouterons seulement que les correspondances destinées à Mayotte et à Nossi-Bé sont déposées à l'île Mahé des Seychelles par les paquebots de la compagnie Péninsulaire et Orientale qui desservent la Réunion et Maurice, et que de là, elles sont transportées à Mayotte par un des bâtiments de notre station locale des Comores. L'escale de Mahé est de même adoptée pour les lettres adressées de Mayotte ou de Nossi-Bé en France.

La moyenne du trajet entre Mayotte et Mahé est de douze jours; il en résulte que la correspondance échangée entre la colonie et la France peut arriver à destination en moins de six semaines. Cependant, comme les paquebots-poste ne peuvent aborder à Mahé pendant les mois de juin, juillet et août, à cause des moussons, les lettres expédiées à cette époque sont obligées de passer par la Réunion, et mettent trois mois environ à parvenir à leurs destinataires. Cette lenteur dans l'acheminement des lettres qui n'a lieu aujourd'hui que pendant ces trois mois de la mousson, s'étendait autrefois à toute la correspondance; elle n'a cessé que depuis deux ans, par suite de l'adoption de l'escale de Mahé.

Notre colonie des Comores est donc reliée, une fois par mois à la France, par les paquebots britanniques; l'ouverture de la ligne française de l'Indo-Chine lui permettra sans doute d'avoir, deux fois par mois, des communications avec la mère-patrie, par l'intermédiaire de Mahé.

Comme Mayotte et Nossi-Bé sont déjà pourvus d'usines à sucre d'une certaine importance, le département de la marine a jugé utile de favoriser le passage des colons; et, dans

---

1. Voir plus haut, page 107.

ce but il a autorisé ceux-ci à s'embarquer sur les bâtiments de l'État qui font le service entre Mayotte et Mahé, sauf à rembourser le prix de table, d'après un tarif fixé par une décision ministérielle du 18 août 1862.

NOSSI-BÉ.

Résumé historique.

L'île de Nossi-Bé et les petites îles environnantes étaient jadis placées sous l'autorité des rois Sakalaves de la côte N. O. de Madagascar[1]. Ces rois, dont la famille était la plus ancienne de la grande île, ont régné sur la moitié de Madagascar. Vihiny, l'une des reines de cette race avait conquis toute la côte ouest et plusieurs provinces de l'est et de l'intérieur étaient ses tributaires; elle mourut en 1811. Andrian-Souli, dont nous avons déjà parlé à propos de Mayotte, était son petit-fils. Lorsque, battu par les Hovas, il se réfugia à Mayotte, en 1832, il céda ses droits à sa sœur Ouantitzi, qui mourut elle-même quatre ans après; sa nièce, la jeune princesse Tsioumeik, alors âgée de 8 ans, seul rejeton de la branche régnante, fut proclamée reine des Sakalaves, le 5 avril 1836. Les hostilités recommencèrent bientôt entre les Hovas et les Sakalaves, et ceux-ci demandèrent des secours à l'iman de Mascate, qui leur envoya 150 hommes de troupes pour tenir garnison à Bavatoubé. Mais la division s'étant mise parmi les chefs arabes, ces troupes se rembarquèrent pour Mascate.

Réduits à leurs seules forces, les Sakalaves se décidèrent à quitter la grande terre où ils ne se sentaient pas en sûreté et se réfugièrent en masse, avec leur reine, à Nossi-Bé, dont la

---

1. Dans son travail sur l'histoire, la géographie et le commerce de la partie N. O. de Madagascar, M. le commandant Guillain dit que Nossi-Bé appartenait au territoire d'Ankara, qui forme la presqu'île N. O. de Madagascar. Lorsque la reine Tsioumeik la fit comprendre dans les pays dont elle concédait la propriété à la France, Tsimiare, le roi d'Ankara, en revendiqua la propriété, mais seulement pour nous la céder lui-même. En effet, Nossi-Bé fut mentionnée dans le traité que ce roi passa avec M. Passot en 1840 et par lequel il cédait à la France tous ses droits sur l'Ankara et les îles dépendantes. Nous la reçûmes donc des deux souverains à la fois.

population fut ainsi augmentée de 5000 à 6000 âmes. Le mouvement s'opéra dans les premiers jours de mai 1839.

Les arrivants se portèrent sur divers points de l'île, principalement au sud et à l'est, et de nombreux villages s'élevèrent. Peu de temps après, le 29 septembre 1839, le brick de guerre français *le Colibri* mouilla dans les eaux de Nossi-Bé. Ce navire avait à bord M. Passot, capitaine d'infanterie de marine, qui était chargé par le gouvernement français d'explorer cette île. La reine Tsioumeik et les chefs sakalaves, craignant un retour offensif des Hovas, prièrent M. Passot de faire connaître au gouverneur de Bourbon leur désir de se mettre sous la protection de la France et de le supplier de leur envoyer promptement les renforts nécessaires. Ces propositions furent accueillies par M. le gouverneur de Hell; M. le capitaine Passot revint à Nossi-Bé au mois d'avril 1840, sur la gabare *la Prévoyante*, et signa le 14 juillet suivant, avec la reine Tsioumeik, une convention par laquelle celle-ci cédait à la France tous ses droits de souveraineté sur le Bouéni (province de la côte N. O. de Madagascar) et les îles dépendantes.

Cette convention ayant reçu l'autorisation du gouverneur de Bourbon, M. F. Gouhot, capitaine d'artillerie de marine, fut nommé commandant particulier de Nossi-Bé, par arrêté du gouverneur de Bourbon, et y arriva le 5 mai 1841 sur la corvette *la Dordogne* avec un détachement destiné à former la garnison de l'île. Le traité de cession comprenait, outre l'île de Nossi-Bé, les petites îles voisines : Nossi-Cumba, Nossi-Faly et Nossi-Mitsiou. De ces îlots, Nossi-Cumba est le seul que nous ayons occupé.

Des colons européens venus de la Réunion et de Maurice ne tardèrent pas à arriver à Nossi-Bé, et y commencèrent l'œuvre de colonisation à l'abri de notre pavillon. Les mesures prises par le commandant de l'établissement, pour prévenir les excursions des indigènes sur la grande terre et les moyens de les fixer au sol commençaient à produire leurs fruits, lorsque l'île fut attaquée, en 1849, par un grand nombre de pirates et d'insulaires de Madagascar. Les agresseurs furent vivement repoussés, grâce à l'énergie de la garnison, secondée par la population européenne et indigène. A la suite de cette attaque, des travaux de fortification furent entrepris, afin de protéger efficacement notre nouvelle colonie. Depuis cette époque, les colons n'ont plus été inquiétés et la tranquillité de l'île n'a plus été troublée.

LISTE CHRONOLOGIQUE DES COMMANDANTS.

Gouhot (F.), capitaine d'artillerie de marine, commandant particulier, 5 mai 1841.

Rang (P.-C.-A.-L.), capitaine de corvette, nommé commandant supérieur de Nossi-Bé et dépendances, décédé le 16 juin 1844.

Morel (C.-A.-J.), capitaine adjudant-major d'infanterie de marine, commandant particulier en 1844.

Lamy (H.-M.), capitaine d'infanterie de marine, entré en fonctions le 16 juin 1845.

Sonolet (É.-H.), lieutenant de vaisseau, commandant particulier en 1847.

Lamy (H.-M.), capitaine d'infanterie de marine, entré en fonctions le 1er août 1848.

Marchaisse (J.), capitaine d'infanterie de marine, entré en fonctions le 5 novembre 1848.

Desbeaux (P.-J.), lieutenant d'infanterie de marine, commandant par intérim, entré en fonctions le 6 mars 1850.

Raoult (L.-J.-M.), aide-commissaire de la marine, commandant particulier par intérim en 1850.

Berg (A.), enseigne de vaisseau, commandant particulier, entré en fonctions le 14 août 1850.

Lapeyre-Bellair (J.-T.), capitaine d'artillerie de marine, entré en fonctions le 12 juin 1851, décédé le 14 novembre 1852.

Harmand (V.), lieutenant d'artillerie de marine, nommé le 22 novembre 1852.

Brisset (A.), capitaine d'infanterie de marine, entré en fonctions le 28 mars 1853.

Dupuis (J.-T.), capitaine d'infanterie de marine, commandant particulier par intérim, entré en fonctions le 26 juillet 1853.

Arnoux (L.-A.-E.), capitaine d'artillerie de marine, commandant particulier par intérim, entré en fonctions le 13 septembre 1854.

Girard (H.-A.), aide commissaire de la marine, nommé commandant particulier par intérim le 31 janvier 1855.

Septans (M.), capitaine d'infanterie de marine, commandant particulier par intérim, entré en fonctions le 18 avril 1855.

Dupuis (T.-J.), capitaine d'infanterie de marine, nommé commandant particulier, sous l'autorité du commandant supérieur de Mayotte et dépendances, le 18 janvier 1855, entré en fonctions le 1er septembre 1855.

Dérussat, commissaire de la marine, nommé commandant particulier le 10 novembre 1860 ; en fonctions.

Topographie.

Situation géographique. — Nos-Bé ou plutôt Nossi-Bé, comme le prononcent les indigènes, ou encore Variou-Bé, mot adopté depuis par les Sakalaves, veut dire île grande. C'est en effet la plus grande des îles situées sur la côte N. O. de Madagascar. Elle est comprise, d'après les observations faites en 1840 par M. Jéhenne, entre les parallèles de 13° 10′ 44″ et 13° 24′ 46″ Sud, et entre les méridiens de 46° 04′ 32″ et 45° 53′ 47″ à l'Est de Paris. La position du môle de Hellville a été déterminée, pendant la campagne de *la Cordélière*, de 1858 à 1861, par 13° 23′ 16″ de latitude et 46° 0′ 31″ de longitude.

Configuration. — L'île a une forme irrégulièrement quadrilatère prolongée au nord par la presqu'île de Navetch et au sud par le morne Loucoubé. La plus grande longueur de la pointe d'Ampourach à la pointe sud de Loucoubé est de 22 kilomètres ; sa plus grande largeur d'Angouroukarani à Diamakaba est de 15 kilomètres. La superficie de l'île entière comprend à peu près 19 500 hectares.

Montagnes. — Le système des montagnes de Nossi-Bé forme trois groupes distincts ; 1° celui du centre dont le sommet s'appelle Tané-Latsak est élevé de 500 mètres ; 2° celui du nord composé des montagnes de Navetch et d'Ampourach ; 3° celui du sud auquel appartient le morne Loucoubé, point culminant de l'île, haut de 600 mètres, découpé de ravines profondes et dominant une belle forêt qui couvre toute la côte sud.

Sol. Le sol de Nossi-Bé se divise également sous le rapport de la composition géologique, en trois séries qui correspondent parfaitement à celles des montagnes.

La série du centre, essentiellement volcanique, et comprenant les trois quarts de l'île, est formée d'épaisses coulées de laves basaltiques et trappéennes, recouvertes dans divers endroits par des couches de matières arénacées, de tufs et de rapillis volcaniques. La seconde, celle du nord, est formée de grès rouge ou jaune, traversés par des filons ou massifs de gneiss et de quartz. La troisième, celle de Loucoubé se compose de roches granitiques, de gneiss, de micaschistes, de schiste ardoise et d'argile plastique.

Cours d'eau. — Nossi-Bé est arrosé par trois cours d'eau principaux et par une foule de ruisseaux et de torrents qui parcourent les innombrables ravines dont le sol de cette île est déchiré. Ces trois cours d'eau sont : le Djabala à l'ouest, l'Andrian et l'Ankarankeni à l'est. Le Djabala est le plus important par la longueur de son cours ; il passe au pied du plateau de Hellville ; la mer le remonte jusqu'à trois kilomètres au delà de son embouchure et le rend navigable, en canot, sur une certaine distance. L'eau de tous ces ruisseaux est potable toute l'année.

Source thermale. — Sur la rive gauche du Djabala se trouve une source d'eau thermale sulfureuse. M. le docteur Herland a fait l'analyse de cette source dont la température est de 44° centigrades et il a constaté qu'elle contenait une certaine quantité d'acide carbonique et d'acide sulfhydrique.

Lacs. — Quelques-unes des montagnes de l'île sont creusées à leurs sommets par des cratères d'effondrement, qui ont donné lieu à la formation de lacs de petites dimensions, assez régulièrement circulaires. Ces lacs, au nombre de neuf, ne communiquent pas entre eux ; leur niveau, diffèrent pour chacun d'eux, s'abaisse de 0^m,70 à 1 mètre pendant la saison sèche.

Marais. — Les marais sont de deux espèces, les uns formés par les eaux de la mer, les autres par l'eau douce. Ceux-ci sont les moins nombreux ; les principaux sont les marais de Vouririki, au nombre de deux, communiquant entre eux ; ils renferment des sangsues en quantité notable, plus petites que les sangsues ordinaires, mais dont on peut tirer parti.

Villages. — La population totale de l'île est répartie sur plus de cinquante villages. Le principal centre et le lieu qu'habitent la plupart des Européens est Hellville, siège du gouvernement. Ce village est situé sur un plateau élevé de 8 à 10 mètres au-dessus du niveau de la mer et formant une pointe avancée entre les baies d'Andavakoutouk et de Passimen. Depuis les guerres de 1849, les Sakalaves qui nous sont restés fidèles sont venus se grouper autour de l'établissement principal et y créer quatre villages très-populeux. Ces villages sont : Andavakoutouk, au fond de la baie de même nom, Douëni, ancienne demeure des rois de Nossi-Bé et aujourd'hui le faubourg de Hellville ; Amboudivaniou, situé sur les mornes les plus voisins; enfin Ampomboulava, le plus peuplé de tous les villages de l'île et situé au pied du grand cratère; une excellente route relie ce point à Hellville. Les Pères jésuites y ont un établissement.

Iles. — L'île de Nossi-Bé est environnée de plusieurs petites îles dont les principales sont celles de Nossi-Cumba et de Sakatia. Nossi Cumba est située au S. E. de Nossi-Bé et en est séparée par un canal de 2600 mètres de largeur; c'est un pâté de montagnes presque entièrement rond à sa base et qui a deux sommets dont l'un a 622 mètres de hauteur. Dans les ravines, la végétation est magnifique; dans la partie S. E. se trouvent quelques grands villages. L'îlot Sakatia situé à un kilomètre environ à l'ouest de Nossi-Bé, n'est pas habité, mais des propriétaires sakalaves de Nossi-Bé y vont fréquemment pour y faire des plantations de patates, manioc, etc.

Anses et baies. — L'espace compris entre la partie méridionale de Nossi-Bé, la côte N. O. de Nossi-Cumba, et la petite île de Tani-Keli est le meilleur mouillage de Nossi-Bé ; près de terre on trouve deux anses, celles d'Hellville et du plateau, peu spacieuses, il est vrai, mais dont la tenue est bonne. On rencontre encore sur les côtes plusieurs anses et baies pouvant servir à l'abri des bâtiments ; les principales sont celles de Foutaka au N.-O., de Vatou-Zavavi, de Linta, et de Tendraka sur la côte Est.

Météorologie.

Thermomètre. — La variation annuelle du thermomètre est peu considérable ; pendant la saison d'hivernage (novembre à avril) le thermomètre marque de 28 à 31° dans la journée; dans la belle saison, la chaleur varie de 19 à 26°.

Baromètre. — Les modifications qu'éprouve le baromètre donnent pour moyenne $0^{mm},750$; la plus grande hauteur atteinte par le mercure est de $0^{mm},765$, en juillet, et la moins élevée de $0^{mm},754$, en janvier.

Vents. — A Nossi-Bé les moussons de N. O. et de S. E., si

constantes dans le canal de Mozambique, ne se font pas sentir d'une manière directe. De mai à novembre les vents sont assez réguliers; le matin, généralement, il règne une petite brise qui souffle quelquefois du Nord, mais bien plus souvent du S. E. ou du S. S. E. Vers 10 heures, cette brise mollit considérablement, et il est rare qu'il n'y ait pas alors un moment de calme; si, au contraire, elle persiste, elle passe au Sud, puis au S. O. pour s'établir d'une manière définitive à l'Ouest, vers midi ou 1 heure du soir. Cette brise du large, faible d'abord, ne tarde pas à devenir plus forte et souffle jusqu'à la nuit. Le calme qui lui succède dure très-souvent toute la nuit. D'autres fois, au contraire, une bonne brise de Nord ou de N. O. souffle jusqu'au matin. Telle est la marche ordinaire des vents pendant la belle saison. Pendant l'hivernage, il en est tout autrement, on observe beaucoup moins de régularité dans les brises qui manquent fort souvent. Quelquefois cependant la brise du large (d'Ouest) se lève vers 2 heures du soir, mais elle est bientôt remplacée par la bourrasque qui précède les grains journaliers de cette saison.

Orages. Pluies. — Les nuages sont journaliers dans les mois de janvier, février et mars, et s'ils n'éclatent pas tous sur le plateau d'Hellville, ils passent du moins sur l'île. La quantité de pluie qui tombe annuellement à Nossi-Bé est considérable; du 1er juillet 1855 au 30 juin 1856, elle a été de 3^m,258; le minimum indiqué par le pluviomètre a été de 0^m,014 en mai, et le maximum de 0^m,870 en janvier.

Marées. — Les marées sont fort régulières à Nossi-Bé. Le flot et le jusant y ont une égale durée. Le moment de l'établissement de la marée est à 4^h 36' les jours de nouvelle et de pleine lune, et la mer marne de 4^m,49 aux équinoxes.

Courants. — Les courants varient en direction et en vitesse selon la configuration des côtes; mais en général le flot porte à l'Est et le jusant à l'Ouest, avec une moyenne de 0^m,5 à 1^m,5 et rarement au delà, si ce n'est dans le chenal, entre Nossi-Cumba et la Grande-Terre, où il va jusqu'à 2^m et 2^m,5 dans les grandes marées.

Population.

La population de Nossi-Bé est principalement formée de Sakalaves, venus de la Grande-Terre de Madagascar, comme nous l'avons dit. Ces Sakalaves sont de race noire; naturellement enclins au vol, à la cupidité, à l'ivrognerie et à la paresse, ils deviennent, sous la direction d'un chef juste et sévère, intelligents et laborieux. Ils n'ont ni religion, ni loi écrite, mais ils se convertissent assez facilement au catholicisme, sous l'influence des missionnaires.

Au 1er janvier 1861, la population indigène de Nossi-Bé s'élevait à 14 005 individus, dont 8247 hommes et 5758 femmes.

Dans ce chiffre n'étaient pas compris les fonctionnaires et employés européens avec leurs familles, au nombre de 23; les habitants européens ou créoles de la Réunion et de Maurice, au nombre de 63; les troupes de la garnison, dont l'effectif est de 175 hommes; 529 engagés attachés aux exploitations rurales; plus 67 femmes et enfants résidant sur les établissements. Ces divers chiffres représentent 855 âmes qui, réunies aux 14 005 ci-dessus, forment un total de 14 860 individus[1].

Administration, justice[2].

Le commandant particulier de Nossi-Bé est placé sous l'autorité du commandant supérieur de Mayotte et dépendances; il est assisté d'un conseil d'administration.

L'administration civile se compose d'un aide commissaire chargé du service administratif, ayant sous ses ordres un commis et deux écrivains de marine. Un préposé du trésorier de Mayotte est chargé du service des fonds. Le service de santé est confié à deux chirurgiens de marine.

La justice est rendue, comme à Mayotte, par un tribunal de première instance composé d'un seul juge, dont la compétence est la même, aux termes du décret du 29 février 1860, que celle attribuée au juge de Mayotte.

Les fonctions du ministère public sont remplies, près le tribunal de Nossi-Bé, par l'officier ou par l'employé du commissariat de la marine, désigné à cet effet. Un greffier est

---

1. Le père Finaz, préfet apostolique de Mayotte et dépendances, évalue à 18 000 le chiffre de la population de Nossi-Bé.
2. Pour les forces militaires, dont l'effectif est de 179 hommes, voir ce qui a été dit plus haut au sujet de Mayotte (p. 120).

institué près de ce tribunal, et les fonctions d'huissier sont remplies par l'un des agents de la force publique.

Culte et Instruction publique.

L'île Nossi-Bé, comme celle de Mayotte, est desservie par la Mission religieuse de Madagascar, dont le siége est à la Réunion. Le personnel du culte se compose de deux prêtres et d'un catéchiste, qui relèvent directement du préfet apostolique de Mayotte.

Il existe à Nossi-Bé une église en pierre située à Hellville, et huit chapelles en chaume dans les diverses parties de l'île, où les missionnaires vont régulièrement faire le catéchisme.

Les Pères jésuites ont fondé deux écoles dans l'île ; elles sont fréquentées par environ 120 enfants des deux sexes et reçoivent une subvention réglée sur le même pied que pour Mayotte.

Les pères ont aussi formé un hospice de vieillards qui compte déjà 15 pensionnaires.

Agriculture.

Le sol de Nossi-Bé se prête à toute espèce de culture, la terre y est très-riche, d'un travail facile, et la végétation luxuriante et vigoureuse.

Le café, le sésame, la canne à sucre, l'indigo, le riz, la patate, le manioc y viennent très-bien et sans réclamer trop de soins.

La canne à sucre, cultivée d'abord pour le compte des Européens, a trouvé dans la nature du sol tant de conditions favorables, que les indigènes l'ont plantée eux-mêmes et ont apporté leur contingent aux sucreries qui sont installées dans la colonie.

Voici quel était, au 1er janvier 1863, l'emploi du territoire de l'île :

	Hectares.
Canne à sucre	537
Café	31
A reporter	568

	Hectares.
Report..........	568
Riz et plantes alimentaires..............	3084
Savanes......................	5391
Forêts.......................	3000
En friche.....................	2957
	15 000

A la même date on comptait dans la colonie 18 sucreries dont 8 sont munies d'usines à vapeur et 5 d'usines hydrauliques; 8 d'entre elles possèdent des alambics pour la fabrication du rhum. Neuf de ces habitations ont des plantations de café qui ne sont pas encore toutes en rapport. Cette culture prend une certaine extension depuis quelque temps.

Au 1er janvier 1863, le nombre des travailleurs employés aux cultures, était de 1321, dont 938 avec un engagement de travail.

Voici le relevé des produits des cultures pendant l'année 1862 :

Sucre brut..................	343 000 kilog.
Rhum.....................	44 000 litres.
Café.....................	1200 kilogr.
Riz et vivres du pays.	(Quantités non constatées.)

La production du riz et des autres plantes alimentaires cultivées par les indigènes et consommées par eux, peut être évaluée à 7 millions de kilogrammes, qui, au prix moyen de 7 francs les 100 kil., donnent une valeur de 490 000 francs.

Les règlements de concessions et de travail qui existent à Nossi-Bé, sont les mêmes que ceux de Mayotte.

Commerce et Navigation.

Le régime commercial de Nossi-Bé est le même que celui de Mayotte, c'est-à-dire celui de la liberté. (Voir plus haut.)

Voici le mouvement commercial de l'île de 1856 à 1861 :

Années.	Importations.	Exportations.	Total.
1856........	503 410	119 624	623 034 francs.
1857........	261 019	39 979	300 998
1858........	125 583	60 795	186 378
1859........	376 044	150 488	526 532
1860........	426 056	228 429	664 585
1861........	395 449	144 380	539 879

Pendant cette dernière année, la valeur du commerce par navires français s'est élevée, à l'importation, à la somme de 138 573 francs, et à l'exportation, à celle de 131 465 francs. Le commerce par navires étrangers est représenté, à l'entrée, par une somme de 256 876 francs, et à la sortie, par une somme de 12 915 francs.

Les principaux objets d'importation sont le riz, les bœufs, les tissus de coton blancs appelés toile hamy, les mouchoirs de coton, le bois de sandal, le sel, etc., venant de Madagascar, de la côte orientale d'Afrique, de l'Arabie, de l'Inde; les machines et outils, les vins et liqueurs, la bière, les étoffes d'habillements, les chaussures, l'huile d'olive, le papier, les fusils et la poudre venant de France, de la Réunion ou de Maurice.

Les principaux objets d'exportation sont le sucre, le café, le rhum, la cire, le bois d'ébène, le bois de Takamaka, excellent pour les constructions navales[1], le bois de sandal, le riz en paille, et diverses marchandises provenant de l'importation.

Voici le relevé de la navigation de 1856 à 1861 :

Années.	ENTRÉE.		SORTIE.	
	navires.	tonnage.	navires.	tonnage.
1856	265	6 888	194	6 461
1857	220	9 868	101	6 340
1858	215	12 917	141	11 923
1859	196	12 174	203	11 745
1860	216	10 847	223	11 485
1861	278	9 733	270	10 541

Le mouvement maritime s'est décomposé de la manière suivante en 1861 :

Entrée.

11 navires français, venant de France ou de la Réunion, jaugeant 2584 tonneaux et montés par 173 hommes d'équipage.
68 boutres ou caboteurs français, jaugeant 1398 tonneaux et montés par 749 hommes d'équipage.
4 navires étrangers, jaugeant 678 tonneaux et montés par 46 hommes d'équipage.

---

1. L'administration locale a fait construire à Nossi-Bé, avec les seules ressources du pays, une goëlette de 25 tonneaux qui a été lancée le 11 décembre 1855 et qui rend de réels services à la station locale.

195 boutres étrangers, jaugeant 5073 tonneaux et montés par 2782 hommes d'équipage.

Sortie.

12 navires français allant de la Réunion à Mayotte ou aux Comores, jaugeant 2584 tonneaux et montés par 182 hommes d'équipage.
75 boutres français, jaugeant 1805 tonneaux, montés par 886 hommes d'équipage.
4 navires étrangers, jaugeant 678 tonneaux et montés par 46 hommes d'équipage.
179 boutres étrangers, jaugeant 5474 tonneaux et montés par 2669 hommes d'équipage[1].

SAINTE-MARIE DE MADAGASCAR.

Résumé historique.

Les premiers établissements français sur la côte orientale de Madagascar remontent à l'année 1644. Nous y avons possédé successivement : Port-Dauphin, Tamatave, Foulpointe, Tintingue, Sainte-Luce et Sainte-Marie. La cession de Sainte-Marie a été faite à la Compagnie des Indes, en 1750, par Béti, fille de Ratzimilaho, souverain de l'île.

De 1667 à 1670, Port-Dauphin a été chef-lieu des possessions orientales de la Compagnie des Indes; mais à la fin de 1671, presque tous les blancs ayant été massacrés par les naturels de Madagascar, ce poste fut abandonné. Plus tard, vers 1786, nos possessions de la baie d'Antongil, Tintingue et Port-Choiseul entre autres, furent également délaissées, et, lorsque éclatèrent les guerres maritimes de l'Empire, nous n'occupions plus à Madagascar que Tamatave et Foulpointe. En 1811, ces derniers points tombèrent au pouvoir des Anglais, qui détruisirent les forts et abandonnèrent ensuite le pays aux indigènes.

En 1814, le traité de Paris rendit à la France ses anciens droits sur Madagascar, et, en 1818 et 1819, le gouvernement français fit reprendre solennellement possession de Sainte-

---

[1]. Pour le service postal, voir ce qui a été dit plus haut au sujet de Mayotte (p. 127).

Marie, de Tintingue, de Fort-Dauphin, de Sainte-Luce, et plaça ces établissements sous l'autorité du gouverneur de l'île Bourbon.

La France, on le sait, n'avait à cette époque aucun port au delà du cap de Bonne-Espérance.

L'île Sainte-Marie fut présentée alors comme réunissant, par sa situation et la beauté de sa rade, les conditions voulues pour un établissement militaire et maritime. En conséquence, une expédition fut envoyée de France pour commencer cet établissement et débarqua à Sainte-Marie en octobre 1821; elle se composait de 79 personnes, comprenant, outre le personnel civil, une compagnie de 60 officiers et ouvriers militaires.

Dès le début, ces projets furent traversés par Radama, chef des Hovas, qui fit occuper Foulpointe vers la fin de juin 1822 par 3000 de ses soldats, s'empara l'année suivante de la Pointe-à-Larrée, située vis-à-vis de Sainte-Marie, incendia et pilla les villages de Fondaraze et de Tintingue, et menaça un instant d'attaquer Sainte-Marie, qui fut alors mise en état de défense.

Radama, qui cherchait toujours l'occasion d'agir hostilement, envoya sur la côte, en 1825, un corps de 4000 soldats qui s'emparèrent du Fort-Dauphin, alors occupé par un poste de cinq soldats et d'un officier français. Moins d'un an après cette agression, les plus insignes vexations commencèrent à être exercées par les Hovas contre les traitants français de la côte orientale de Madagascar, et particulièrement contre ceux de Sainte-Marie.

On comprit alors l'inanité du système de temporisation suivi jusqu'alors dans les affaires de Madagascar, et l'on se décida à organiser une expédition militaire contre Radama. Sur ces entrefaites, le 24 juillet 1828, ce prince mourait et était remplacé par une de ses femmes, Ranavalo-Manjaka. Cette princesse continua la politique de son prédécesseur et le gouvernement français dut accélérer ses préparatifs de guerre.

L'expédition, composée d'une division navale de 6 bâtiments et de 500 à 600 hommes de débarquement, mouilla, le 9 juillet 1829, sur la rade de Tamatave; le 2 août, Tintingue fut repris et reçut une garnison de 400 hommes. Les troupes hovas furent successivement battues à Tamatave, à Ambatoumanoui, à Foulpointe et à la Pointe-à-Larrée. Ranavalo capitula et les hostilités furent suspendues ; mais comme la reine éludait les conditions du traité, on projeta contre elle une nouvelle expédition.

Ce projet n'eut pas de suite en raison des événements survenus en France après la révolution de 1830. On évacua même Tintingue du 20 juin au 3 juillet 1831, tout en faisant réserve de nos droits. L'occupation de Sainte-Marie fut maintenue, afin de conserver des moyens de protection efficaces à l'égard de notre commerce sur la côte orientale de Madagascar. Depuis lors, les hostilités n'ont pas été reprises avec les Hovas ; mais, pendant tout le règne de Ranavalo, nos rapports politiques avec la grande île n'ont jamais été rétablis ostensiblement. Cette reine mourut le 15 août 1861, et Rakoto, son fils, lui succéda sous le nom de Radama II. Ce prince s'étant montré désireux d'établir de bonnes relations avec la France, un traité d'amitié et de commerce fut conclu avec lui dans le courant de l'année 1862.

Jusqu'en 1843, l'île de Sainte-Marie de Madagascar était administrée, comme Mayotte et Nossi-Bé, par des commandants particuliers dépendant de l'autorité du gouverneur de l'île Bourbon. Elle fut réunie au commandement supérieur de Mayotte et dépendances par une ordonnance royale du 29 août de cette année ; mais, en dernier lieu, un décret du 18 octobre 1853 a placé Sainte-Marie de Madagascar, en raison de son éloignement des deux autres îles, sous les ordres d'un commandant spécial.

LISTE CHRONOLOGIQUE DES COMMANDANTS PARTICULIERS
DEPUIS 1819.

CARAYON, officier d'artillerie, entré en fonctions le 12 juin 1819.

ROUX (S.), entré en fonctions en octobre 1821, décédé le 2 août 1823.

BLÉVEC, capitaine du génie, en fonctions de 1825 à 1829.

CARAYON, officier d'artillerie, reprend le commandement en novembre 1829.

(De 1830 à 1841, on ne voit aucun officier figurer comme commandant particulier de Sainte-Marie.)

VERGÈS (R.), capitaine d'infanterie de marine, chef de bataillon le 26 octobre 1847, exerçait le commandement depuis 1841 sous l'autorité du gouverneur de l'île Bourbon ;

il en reprit possession le 21 avril 1844, après un intérim qui avait été rempli par M. Lamy (H.).

Mermier (P.-B.), capitaine d'infanterie de marine, promu chef de bataillon le 14 juin 1850, fut nommé provisoirement commandant particulier, le 16 novembre 1849, par le commandant de la division navale, inspecteur général de Mayotte et de ses dépendances. Il entra en fonctions le 23 du même mois.

Brisset (A.), capitaine d'infanterie de marine, nommé provisoirement commandant particulier, le 27 novembre 1850, par le gouverneur de la Réunion. Il entra en fonctions le 7 décembre suivant.

Mermier (P.-B.), chef de bataillon d'infanterie de marine, reprit l'intérim en 1851.

Brisset (A.), capitaine d'infanterie de marine, nommé de nouveau commandant par intérim, le 29 février 1852, par décision du commandant supérieur de Mayotte, rentra en fonctions le 23 juin suivant.

Guébert (S.-F.), sous-lieutenant d'infanterie de marine, entra en fonctions comme commandant par intérim le 1er février 1853.

Durand, capitaine d'infanterie de marine, nommé commandant particulier par intérim le 18 octobre 1853, et commandant titulaire le 25 mars 1854.

Raffenel (A.-J.-B), sous-commissaire de la marine, nommé commandant titulaire le 14 novembre 1855.

De la Grange, lieutenant de vaisseau, nommé commandant par intérim le 15 janvier 1858, et titulaire le 15 septembre de la même année ; en fonctions.

Topographie.

Situation géographique. — L'île Sainte-Marie, que les Malgaches nomment Nossi-Ibrahim, est séparée de la côte orientale de Madagascar par un canal large de 5 kilomètres dans sa partie la plus étroite, vis-à-vis de la Pointe-à-Larrée, et de 8 kilomètres vis-à-vis de Tintingue. Elle est traversée, dans sa partie méridionale, par un bras de mer qui la divise en deux îles, dont la plus petite peut avoir 8 kilomètres de tour. Les deux îles ont environ 48 kilomètres de long sur 8 à 12 de large; leur périmètre mesure à peu près 100 kilomètres, et leur superficie est de 90 975 hectares.

Port. — Le port de Sainte-Marie, sur la côte ouest de l'île, est situé par 17° de latitude sud et 47° 31' 25" de longitude est; il est formé par un enfoncement dans les terres de 2 kilomètres de profondeur sur une largeur de 1 kilomètre environ. L'entrée de la baie est défendue par l'*îlot Madame*, long de 200 mètres et large de 125 mètres environ, et qui porte quelques fortifications, ainsi que les bâtiments du personnel civil et militaire de l'établissement. La passe du N. E. qui conduit dans le port peut livrer passage aux plus grands bâtiments.

Montagnes. — Sainte-Marie est formée de petits monticules réunis en quatre chaînes principales, dont deux sont basaltiques. Les deux autres se composent d'un tuf recouvert d'un sable quartzeux; leurs pentes sont douces, leur élévation varie entre 50 et 60 mètres. On peut les cultiver presque dans toute leur hauteur.

Sol. — Le sol est généralement de mauvaise qualité, à l'exception d'une zone intérieure de 20 000 hectares environ qui est seule cultivée. Le sol renferme beaucoup de fer et l'on y trouve en abondance les matériaux propres aux constructions, tels que : pierres, chaux, terre à brique.

Bois. — Les bois de Sainte-Marie occupent une surface de 20 à 30 mille hectares, dans la partie centrale de l'île. Ils alimentent un petit chantier où l'on a construit quelques chaloupes qui servent au cabotage.

Cours d'eau. — L'île est bien arrosée par de nombreux ruisseaux formés par des sources abondantes et de bonne qualité. La rivière du port, qui est le plus important de ces cours d'eau, éprouve, assez loin de son embouchure, l'effet de la marée.

Villages. — Les indigènes habitent, comme les blancs, des cases en bois, couvertes de feuilles de ravenal. Ces cases forment 32 villages répandus sur le littoral et dans l'intérieur.

Météorologie.

Thermomètre. — Le climat de Sainte-Marie est très-humide et malsain. Les mois les plus chauds sont ceux de janvier et février. Les variations du thermomètre sont très-sensibles dans cette saison, il atteint jusqu'à 37° et demi, au milieu du jour, se maintient généralement durant les autres parties de la journée entre 31° et 33°, et, pendant la nuit, il descend quelquefois à 21° et même 20°.

Pluies. — La saison pluvieuse commence ordinairement en mars et finit en août ; mais même pendant la saison sèche, les pluies ne cessent pas complétement ; aussi l'île Sainte-Marie est-elle considérée comme l'une des contrées du globe où il pleut avec le plus d'abondance. Le nombre des jours pluvieux y est annuellement de 220 à 240.

Vents. — Pendant la saison pluvieuse, les vents généraux soufflent généralement du S. O. au S. E. ; quelquefois d'E. et de N. E., surtout en février et mars, mais assez rarement. Pendant la saison sèche, d'août en février, ils soufflent du S. E., de l'E., du N. et du N. E. La brise d'Ouest, c'est-à-dire celle qui vient de la Grande-Terre, souffle presque toutes les nuits et le matin ; la brise du large ne prend qu'à midi.

Hydrographie. — Les raz de marée sont assez fréquents sur les côtes orientales de l'île, mais ils ne se font pas sentir dans le canal qui la sépare de Madagascar.

Marée. — Dans les plus fortes marées, il n'y a jamais plus de 1^m 30 de différence entre la basse et la pleine mer. Dans les marées ordinaires, la mer ne marne que de 65 centimètres. Aux nouvelles et pleines lunes, la mer est haute à 2 heures de l'après-midi.

Population.

La population de Sainte-Marie se compose principalement de Malgaches chassés de Madagascar par les Hovas. A l'abri de notre influence, ces naturels s'occupent de culture.

En 1860, l'effectif de la population s'élevait à 5701 individus, dont 5620 indigènes, 29 planteurs et négociants, 24 fonctionnaires et 28 militaires européens.

Gouvernement et administration.

Le commandement en chef de Sainte-Marie est confié, depuis l'année 1853, à un commandant relevant directement du ministre de la marine et des colonies.

Un conseil d'administration, composé des principaux fonctionnaires de l'île, assiste le commandant dans l'exercice de ses fonctions.

Le personnel administratif comprend, outre le commandant :

Un sous-commissaire de la marine, ordonnateur, ayant sous ses ordres un commis et deux écrivains de marine ;

Un trésorier, chargé du service des fonds ;

Un conducteur de 1re classe, chef du service des ponts-et-chaussées ;

Deux chirurgiens de la marine, affectés au service de santé ;

Deux maîtres charpentiers, chargés du service du port.

Forces militaires.

Les forces militaires de Sainte-Marie présentaient, au 1er janvier 1863, un effectif de 106 hommes, savoir :

1° Un détachement du 4e régiment d'infanterie de marine, composé de 25 hommes, dont un officier ;

2° Un détachement d'artillerie de marine, composé de 3 artilleurs et de 2 ouvriers ;

3° Un garde du génie ;

4° Une compagnie de noirs sénégalais, Mozambiques et Malgaches, formant un total de 75 hommes, dont 1 officier et 4 sous-officiers.

La goëlette à voile, le *Dzaoudzi*, est affectée au service local de Sainte-Marie.

Justice.

Le commandant particulier de Sainte-Marie de Madagascar remplit les fonctions judiciaires attribuées au tribunal de

1re instance de Mayotte, sauf l'appel de ses sentences, en matière civile et commerciale, devant la cour d'appel de la Réunion, lorsque la demande en principal excède 500 francs.

Les fonctions du ministère public sont remplies par le commis d'administration.

A l'égard des actes d'instruction criminelle, il y est pourvu, sur la requête du ministère public, par un magistrat délégué par le procureur général de l'île de la Réunion, où sont jugés tous les crimes commis à Sainte-Marie, de quelque nature qu'ils soient.

Culte et Instruction publique.

Les indigènes de Sainte-Marie sont généralement idolâtres; comme à Mayotte et à Nossi-Bé, ce sont les Pères de la mission de Madagascar qui ont introduit le culte catholique dans l'île.

Le personnel religieux se compose de trois prêtres et de deux catéchistes relevant du préfet apostolique de Madagascar.

Deux églises en pierre s'élèvent dans l'île, l'une à Amboutifou, non loin du port de Sainte-Marie, et l'autre à Tsasifou, sur la côte N. E. de l'île. Une chapelle est attenante à l'hôpital établi sur l'îlot Madame.

Les Pères dirigent également une école de garçons; celle des filles est confiée aux soins des sœurs de Saint-Joseph de Cluny. Le mode de subvention est le même que pour Mayotte et Nossi-Bé.

Finances.

Les revenus locaux de Sainte-Marie ne s'élevant pas à plus de 10 000 francs, c'est la métropole qui subvient à la plus grande partie des dépenses de cet établissement. Les crédits ouverts au budget de l'État pour le compte de Sainte-Marie se sont élevés, en 1862, à la somme de 289 490 francs, dont 80 000 francs comme subvention au service local.

Voici le détail du budget de la colonie pour l'année 1862 :

DÉPENSES DE L'ÉTAT (exercice 1862).

	fr.
Personnel du gouvernement colonial	12 000
— de l'administration générale	20 700
— de la justice	500
— du culte	12 600
— du génie	3 160
— du service des ports	5 000
Troupes noires (solde)	15 419
Accessoires de la solde (services civils)	5 000
— — (services milit.)	3 300
Traitement dans les hôpitaux	11 513
Vivres du personnel	23 554
Ports et rades (travaux et entretien)	7 000
Édifices publics	50 000
Matériel du génie	40 000
Subvention au service local	80 000
Divers	3 500
Total (déduction faite des incomplets)	289 490

BUDGET LOCAL.

Recettes.

	fr.
Droits sur les emplacements	4 000
Cote personnelle	3 000
Impôt foncier	500
Licence des cabaretiers et droits sur l'entrée des spiritueux	2 000
Amendes, timbre et enregistrement	500
Subvention de la métropole (portée plus haut aux dépenses de l'État)	80 000
Totaux	90 000

Dépenses.

	fr.
Personnel du service administratif	2 920
Police	7 040
Chefs de village	3 720
Ponts et chaussées	6 280
Service du port	9 034
Instruction publique	1 680
A reporter	30 674

	fr.
Report............	30 674
Agents divers.......................	7 206
Hôpitaux...........................	5 400
Vivres.............................	4 000
Travaux et approvisionnements.........	12 000
Achèvement et entretien des édifices publics............................	2 000
Primes pour engagement d'ouvriers.....	2 000
Frais d'internat pour 100 élèves des deux sexes............................	8 000
Culte et encouragement à l'instruction religieuse.........................	1 500
Encouragements à la colonisation.......	10 000
Allocations et secours divers...........	7 220
Total............	90 000

Agriculture.

Les premiers essais de culture tentés à Sainte-Marie par les Européens, depuis la reprise de possession, remontent à 1819. A cette époque, diverses personnes se réunirent pour entreprendre la culture en grand du café, du girofle et d'autres denrées coloniales ; plusieurs habitations s'élevèrent alors dans l'île. Ces essais de grande culture, qui pendant longtemps n'avaient pas eu de suite, ont été repris et ils tendent à acquérir un grand développement sous l'impulsion de l'administration actuelle.

Quant aux indigènes, ils cultivent, pour leurs besoins personnels, le riz, le manioc, les ambrevades, diverses espèces de fèves et de haricots, les patates, les ignames et quelques autres racines nutritives qui forment la base de leur nourriture.

Commerce, navigation, service postal.

Le régime commercial est celui de la plus entière liberté, comme à Mayotte et à Nossi-Bé.

Tout le commerce de l'île se fait avec la Réunion, Maurice et Madagascar.

Les objets importés sont du riz et des bœufs provenant de Madagascar, des toileries de toute espèce d'origine française et de l'Inde; des rhums de la Réunion et de Maurice; du sel, des marmites en fonte, de la faïence, de la verroterie, de la mercerie et des objets de consommation et d'habillement pour les blancs. Une partie de ces articles se vend sur les lieux; le reste est porté à Madagascar, pour y être échangé contre les productions du sol ou de l'industrie malgache.

Les exportations se composent de riz et de bœufs provenant de l'importation, de volailles, de poisson, de peaux de bœuf, d'écaille de tortue, de pagnes, de nattes, etc.

Sauf les riz et les bœufs provenant de Madagascar, c'est la Réunion qui fournit les approvisionnements en vivres, les liqueurs, les effets d'habillement, etc., nécessaires à l'établissement de Sainte-Marie.

La valeur du commerce varie, suivant le degré de facilité que présentent les relations commerciales avec la côte orientale de Madagascar; elle s'élève en moyenne à 150 000 ou 200 000 francs environ.

Le commerce se fait par quelques navires français et étrangers, des caboteurs de la colonie et des pirogues de Sainte-Marie et de Madagascar.

Au point de vue postal, la colonie de Sainte-Marie communique avec la France par la Réunion. Un préposé de la poste est chargé de centraliser l'envoi et la réception de la correspondance. La moyenne du trajet entre la colonie et la France est de deux mois environ.

Les règles qui président à la taxe et au mode de transport des correspondances sont les mêmes que pour la Réunion.

Nous renvoyons pour ce sujet à l'article de cette colonie.

SÉNÉGAL ET DÉPENDANCES.

Résumé historique.

Le Sénégal[1] est la plus ancienne colonie de la France; c'est en l'année 1364 que des navigateurs normands com-

---

1. Le Sénégal a d'abord été appelé *Zénaga* par les navigateurs, du nom de l'ancienne peuplade berbère Zénaga qui habite sa rive droite.

mencèrent à former divers établissements commerciaux sur la côte occidentale d'Afrique, depuis l'embouchure du Sénégal jusqu'à l'extrémité du golfe de Guinée.

Un siècle plus tard, en 1446, les Portugais s'établirent sur les rives du Sénégal, et, en 1455, ils élevèrent sur l'île d'Arguin un fort dont les Hollandais s'emparèrent le 5 février 1638.

Dès 1626, et jusqu'en 1664, une association de marchands de Dieppe et de Rouen exploitait, sur le continent africain, des Comptoirs administrés par des Directeurs de son choix. En 1664, ces commerçants vendirent leurs établissements moyennant la somme de 150 000 livres tournois à la Compagnie des Indes-Occidentales, créée par un édit du mois de mai de la même année.

Un arrêt du Conseil du Roi du 9 avril 1672 obligea cette Compagnie à céder tous ses Comptoirs et priviléges à une nouvelle société qui, par lettres patentes du mois de juin 1679, prit le titre de Compagnie du Sénégal, et obtint le privilége de négocier exclusivement depuis le Cap Blanc jusqu'à celui de Bonne-Espérance.

En 1677 les Français enlevèrent de vive force aux Hollandais l'île de Gorée, les Comptoirs de Rufisque, Portudal et Joal. Le traité de Nimègue, du 10 août 1678, leur en confirma la possession.

La Compagnie du Sénégal, ruinée par les pertes éprouvées durant la guerre contre les Hollandais, se vit réduite, en juillet 1681, à céder, au prix de 1 010 015 livres tournois, tous ses droits et possessions à une nouvelle société qui prit le titre de Compagnie du Sénégal, côte de Guinée et d'Afrique. Par arrêts du Roi des 12 septembre 1684 et 6 janvier 1685, l'étendue de sa concession fut limitée entre le Cap Blanc et Sierra-Leone ; la société prit, dès lors, le nom de Compagnie du Sénégal.

La Compagnie royale du Sénégal, cap nord et côte d'Afrique, succéda à la précédente en 1694 et construisit, en 1699, le fort de Saint-Joseph, près de Dramané, qui fut enlevé par les eaux en 1701, reconstruit, puis brûlé par les naturels révoltés, le 25 décembre 1702.

La Compagnie royale subsista jusqu'en 1709, époque où, étant entrée en liquidation, elle fut forcée par l'autorité royale de vendre ses priviléges, pour la somme de 240 000 livres, à une nouvelle société qui reçut ses lettres patentes le

30 juillet de cette année, et qui prit aussi le nom de Compagnie du Sénégal.

En 1713 le fort Saint-Joseph fut reconstruit à Makana; deux ans plus tard, le fort de Saint-Pierre de Kaïnoura fut élevé sur la rive gauche de la Falémé.

En 1717, les Maures du Sénégal cédèrent aux Français Portendick; cette cession, ainsi que celle de l'île d'Arguin, dont les Français s'étaient emparés en 1724, fut confirmée par une convention signée à la Haye le 13 janvier 1727.

Par un acte de vente passé le 15 décembre 1718 et approuvé par un arrêt du Conseil d'État du 10 janvier 1719, la Compagnie dite des Indes acheta, moyennant la somme de 1,600,000 livres tournois, tous les Comptoirs de la Compagnie du Sénégal. Le roi déclara en sa faveur le privilége perpétuel y compris les côtes situées entre Sierra-Leone et le Cap de Bonne-Espérance.

La Compagnie des Indes releva plusieurs forts dans l'intérieur et construisit, en 1743, le fort de Podor sur la pointe occidentale de l'île à Morfil; elle administra le pays et exploita son commerce jusqu'en 1758, année où les Anglais s'emparèrent du Sénégal et de Gorée.

Le traité de 1763 restitua Gorée seul à la France; mais le 30 janvier 1779 le Sénégal fut repris de vive force par le duc de Lauzun, et le traité de paix du 3 septembre 1783, entre la France et l'Angleterre, reconnut nos droits à cette possession. C'est à partir de cette époque que la colonie a été administrée par des gouverneurs nommés par le roi.

De 1763 à 1787, le Damel ou roi du Cayor céda à la France le Cap-Vert et les terres voisines, depuis la pointe des Mamelles jusqu'au Cap-Bernard, avec le village de Dakar.

Le privilége de la traite de la gomme au Sénégal, qui avait été accordé le 1er juillet 1784 à la Compagnie de la Guyane fut, dès 1785, cédé par celle-ci à une association de négociants qui prit le titre de *Compagnie de la Gomme*; titre qui fut remplacé, en 1786, par celui de *Compagnie du Sénégal*.

Le 23 juillet 1791, un décret de l'Assemblée constituante prononça la dissolution de cette dernière société et déclara libre pour tous les Français le commerce du Sénégal.

En l'année 1800, l'île de Gorée fut enlevée par les Anglais qui tentèrent, mais en vain, de s'emparer de Saint-Louis.

En 1802, en vertu du traité d'Amiens, l'île de Gorée devait

être remise à la France; elle ne le fut pas, mais le 18 janvier 1804 des corsaires français, réunis à un détachement de la garnison du Sénégal, enlevèrent Gorée, qui toutefois retomba peu de temps après entre les mains des Anglais. Le Sénégal lui-même, attaqué par eux, se rendit le 14 juillet 1809.

Quoique le traité de Paris du 30 mai 1814 eût restitué à la France tous les établissements qu'elle possédait au 1er janvier 1792 à la côte occidentale d'Afrique, leur remise par les Anglais n'eut lieu effectivement que le 1er janvier 1817.

La Méduse, dont le naufrage sur le banc d'Arguin est si tristement célèbre, portait les fonctionnaires et les troupes qui allaient reprendre le Sénégal.

A cette époque, cette colonie ne comprenait réellement que l'îlot de Saint-Louis, dans le fleuve, et l'île de Gorée sur la côte, à 180 kilomètres plus au sud.

Saint-Louis n'était alors qu'un véritable comptoir de traite où les rares Européens qui y étaient établis troquaient certaines marchandises d'Europe, et surtout les guinées de l'Inde, contre la gomme, seul produit acheté aux Maures du fleuve par les traitants indigènes.

Mais l'autorité supérieure, qui voyait des plaines fertiles laissées sans culture, voulut qu'elles fussent utilisées. Après des études sérieuses, on acquit la certitude que les terres sénégambiennes pourraient produire le coton et l'indigo. Quoique les moyens employés alors eussent fait échouer l'entreprise, cette certitude n'a encore rien perdu de sa force.

Dès le 8 mai 1819, le commandant de nos établissements avait passé, avec le roi et les principaux chefs du Oualo, un traité par lequel ceux-ci, moyennant des coutumes annuelles, avaient cédé à la France en toute propriété les îles et terres du Oualo qu'on voudrait cultiver.

C'était pour protéger les établissements qu'on se proposait de créer que furent construits, en 1820 et en 1821, les forts de Richard-Toll[1] et de Dagana dans le Oualo, sur la rive gauche du Sénégal.

Le premier de ces deux forts, situé au confluent de la Taouey et du Sénégal, dominait la partie du Oualo qui, des bords du lac de Guier, converge avec Saint-Louis et servait encore de point d'appui à l'escale des Darmankours et à celle du

---

1. L'étymologie de ce mot est *toll* en ouolof : jardin, lieu de culture, et *Richard*, horticulteur distingué envoyé de France.

désert, situées à une vingtaine de kilomètres en aval de ce poste. Le fort de Dagana tenait en respect la partie du Oualo située au delà du lac de Guier ainsi que le Dimar, et servait de point d'appui à l'escale des Trarzas, lorsque ceux-ci venaient se fixer momentanément en face du village de Gaë. Plus tard, en 1842, un troisième poste fut construit à Mérinaghen, au fond du lac de Guier, pour compléter l'occupation du Oualo.

Dans le haut du fleuve, les comptoirs fortifiés de Médine, Sansanding, Saint-Joseph, Farabana, etc., qui avaient été construits par les anciennes Compagnies, avaient disparu. Le gouvernement local, connaissant l'importance d'un établissement dans ces parages où les maures Douaïchs exploitent de vastes forêts de gommiers, traita, dès l'année 1818, avec le Tonka (roi du pays) et acheta de lui le terrain sur lequel fut élevé deux ans plus tard le fort de Bakel.

En 1824, une société qui prit le nom de *Compagnie commerciale et agricole de Galam et du Oualo*, se fit concéder le droit d'exploiter le commerce de la haute Sénégambie. Les Compagnies se renouvelèrent successivement, et le monopole ne fut supprimé qu'en 1848.

Au milieu de certaines fluctuations, et sous la pression de ce monopole, la colonie n'avait fait réellement aucun progrès; les cultures de coton et d'indigo, tentées de 1820 à 1830, n'avaient abouti qu'à un insuccès dont il est inutile de rechercher les causes. Pendant que cantonnés sur certains points, nous nous contentions de faire quelques apparitions en rivière au moment de la traite, les chefs maures de la rive droite du fleuve avaient utilisé le temps au profit de leurs projets de domination sur la rive gauche. Nous eûmes plusieurs fois à les punir de leurs déprédations, notamment en 1826, en 1830, en 1832 et en 1843.

De leur côté, les populations noires de la rive gauche du fleuve, ne sentant qu'à des intervalles fort éloignés la main protectrice de la France, avaient plié sous le joug des Maures de la rive droite, leurs oppresseurs; la situation politique était devenue intolérable; signalée à l'autorité métropolitaine dès 1851, ordre fut donné de la modifier.

L'œuvre de rénovation de notre colonie fut confiée à M. le commandant Faidherbe, nommé gouverneur en 1854. Il commença par reprendre, après une guerre de quatre ans, la rive gauche du fleuve aux maures Trarzas. Le roi des

Trarzas, après des pertes énormes, signa en mai 1858 un traité qui consacrait le nouvel état de choses. Le Oualo et d'autres territoires voisins furent annexés à nos possessions.

Pendant cette période de temps, des centres commerciaux avaient été créés à Podor et à Dagana pour remplacer les anciennes foires annuelles qui se faisaient à l'escale du Désert et à l'escale du Coq. Cette transformation était vivement désirée par le commerce français ; quant aux maures Trarzas et Braknas, ils n'y avaient consenti que contraints par la force. La navigation du fleuve avait été en même temps affranchie d'une foule d'entraves, de droits de passage et d'ancrage et d'autres exigences de la part des États riverains.

Une guerre terrible commençait à exercer ses ravages dans le Soudan occidental au moment même où M. Faidherbe prenait le gouvernement du Sénégal; un apôtre noir de l'Islam, El Hadj Omar, entreprenait de soumettre tout le bassin du Sénégal pour détruire les établissements européens et fonder un vaste empire indigène et musulman. Obligés de défendre notre existence même, nous soutînmes une lutte qui embrassa plus de 300 lieues de pays, depuis Saint-Louis jusqu'au bassin du Niger, qui dévasta la moitié de ces contrées, et dont l'acharnement fut tel qu'on devait l'attendre du fanatisme musulman. Cette guerre ne cessa qu'en 1860 par une convention faite avec un lieutenant du prophète, au moment où celui-ci, repoussé du Sénégal par de nombreux échecs, se trouvait aux prises sur le haut Niger avec le puissant empire Bambara de Ségou. Les plus beaux faits d'armes de cette guerre furent la défense par Paul Holl, métis sénégalais, du fort de Médine, poste avancé construit en 1855 auprès des cataractes du Félou, à mille kilomètres de Saint-Louis en remontant le fleuve, pour couvrir notre important comptoir de Bakel; sa délivrance par le gouverneur en personne après un siége de trois mois, le 18 juillet 1857 ; et la prise de vive force du grand village fortifié de Guémou, le 25 octobre 1859, par le lieutenant-colonel Faron.

La convention faite en août 1860 avec le lieutenant d'El Hadj Omar au nom de son maître, établit une frontière entre les pays sur lesquels nous n'élevons pour le moment aucune prétention et que nous abandonnons aux entreprises du prophète, et ceux dont nous nous déclarons possesseurs ou protecteurs et qui forment un territoire presque aussi étendu que l'Algérie.

Pour compléter le système commercial du fleuve et assurer sa navigation, des postes-comptoirs furent encore créés à Matam, dans le Damga, en 1857, et à Saldé ou Tébékout, dans le Fouta central, en 1859.

Pendant cette période (1854 à 1860), les faits marquants qui eurent lieu au Sénégal sont les suivants :

En 1855, la fondation de la banque du Sénégal, de l'imprimerie du gouvernement et du journal officiel de la colonie;

En 1856, l'annexion du Oualo, dont nous avons déjà parlé, des villages de Dagana, de Bakel et de Sénoudébou, des îles de Thiong et de Ndiago;

En 1857, la renonciation par les Anglais au droit de commerce sous voiles, depuis l'embouchure de la rivière Saint-Jean jusqu'à Portendick, en échange de la factorerie d'Albréda sur la Gambie;

En 1858, l'annexion à la colonie des villages de Gaé, Réfo, Bokol, et de divers territoires aux environs de Saint-Louis; — un traité de paix consacrant : 1° des cessions de territoires de la part des chefs noirs du haut pays, entre autres de la rive gauche du fleuve, depuis Bakel jusqu'à la Falémé (Guoy); 2° le droit de créer des établissements sur tout le cours de cette dernière rivière ; — l'annexion du Dimar à la colonie;

En 1859, le démembrement du Fouta en trois états indépendants : Damga, Fouta central et Toro; — l'annexion à la colonie du Damga et soumission du Toro.

En 1860, voyages d'exploration dans les contrées voisines par MM. Vincent, Mage, Pascal, Lambert, Bourel, Azan, Alioun-Sal, Bou-el-Moghdad et Braouézec;

Le mouvement de réaction qui s'opéra à Saint-Louis à partir de 1854, s'étendit à Gorée, dont les dépendances ne comprenaient à cette époque que le comptoir d'Albréda, en Gambie, cédé depuis à l'Angleterre, les îles de Djogué et de Carabane dans la basse Casamance, et le territoire de Sedhiou dans la haute Casamance, achetés en 1828, 1836 et 1837 aux indigènes de cette rivière.

Depuis 1854, revendiquant des titres anciens, nous avons repris sur la presqu'île du Cap-Vert les droits que nous conféraient trois traités passés en 1763, 1765 et 1787 avec le roi du Cayor. Ce pays, parcouru en 1861 et 1862 par diverses colonnes commandées successivement par les gouverneurs Faidherbe et Jauréguiberry, est devenu accessible à notre influence et a fini par accepter notre suzeraineté. Un traité du 1er février 1861 nous a cédé toute la côte entre Saint-Louis et Gorée sur une profondeur de trois lieues; la province du Gandiole, voisine de Saint-Louis, et celle du Diander, en face de Gorée, ont été également annexées à nos possessions.

En 1859, les royaumes de Baol, Sine et Saloum ont été visités par nos colonnes; trois traités ont été passés avec les rois de ces pays, et nous nous sommes établis à Rufisque, Portudal, Joal et Kaolakh.

Dans la Casamance, plusieurs expéditions heureuses de M. le chef de division Pénaud en 1851, à Cagnut sur les Aïamats; de M. le chef de division Protet en 1859, sur les Jigonches et les Banjiars de Kamabel; du commandant Laprade en 1860, sur les Karônes, à Hilor et Courba, et à Thionk sur les Jigonches; enfin du même officier supérieur en 1861, sur le Souna et les Balantes de Couniara, ont soumis à la France la plupart des terrains arrosés par ce fleuve. (Traités des 7 novembre 1855, 9 janvier 1859, 14 février 1861 et 17 mars 1863.)

Depuis lors, les coutumes arbitraires imposées à nos traitants ont été supprimées; Sedhiou est devenu le centre d'un commerce florissant, la rivière de Songrougou, affluent de la Casamance, a été explorée et ouverte à nos nationaux.

Enfin, dans le courant de 1862 des troubles ayant éclaté dans le Fouta central, des populations amies ayant été pillées par les Toucouleurs, trois expéditions furent successivement entreprises contre ces fanatiques en juillet et septembre 1862 et janvier 1863. Vaincues et dispersées dans ces trois circonstances, le Fouta-Toro a demandé et obtenu la paix.

LISTE DES DIRECTEURS ET GOUVERNEURS DU SÉNÉGAL, DEPUIS 1626.

Compagnie Normande ou Association de marchands de Dieppe et de Rouen (1626 à 1664).

1626. LOMBARD Thomas, mort au Sénégal en 1631.
1631. FUMECHON Jacques, revient en France en 1641.
1641. COLYER Jean, revient en France en 1648.
1649. DE SOUSSY, mort à Saint-Louis en 1650.

1651. Mésineau, mort à Saint-Louis en 1658.
1658. Raguenet, *idem* en 1661.
1662. Du Boulay, *idem* en 1664.

Compagnie des Indes occidentales (1664 à 1673).

1665. Jacquet, rappelé en France en 1668.
1668. De Richemont, mort à Saint-Louis en 1673.

Compagnie d'Afrique (1673 à 1682).

1674. Fumechon Jacques, mort à Saint-Louis en 1682.

Compagnie du Sénégal (1682 à 1695).

1682. Fumechon, rappelé en France en 1688.
1688. Chambonneau, abdique en 1689.
1689. De Lacourbe, dirige, *par intérim*, jusqu'en 1692.
1692. Chambonneau, revenu avec le titre de directeur et commandant général, mort à Saint-Louis en 1695.

Compagnie du Sénégal, cap Nord et côte d'Afrique (1695 à 1709).

1695. Bourguignon Jean, dirige jusqu'en 1697.
1697. Brue André, revient en France le 12 avril 1702.
1702. Lemaitre, dirige jusqu'en 1706.
1706. De Lacourbe, administre jusqu'en 1709.

Compagnie du Sénégal (1709 à 1719).

1710. Mustellier, mort à Tuabo, sur le Sénégal, le 15 août 1711.
1712. De Richebour, se noie en passant la barre, le 2 mai 1713.
1714. Brue André, dirige jusqu'en janvier 1719.

Compagnie des Indes (1719 à 1758).

1719. Brue André, reste directeur jusqu'au mois de juin 1720.
1720. De Saint-Robert, rentre en France le 25 avril 1723.
1723. Du Bellay Julien, révoqué en 1724.
1724. De Saint-Robert, gouverna longtemps.
    Le Vuex.

(Ici il y a une lacune : on ne connaît pas de directeur marquant après de Saint-Robert que M. David, dont on ne peut fixer l'arrivée dans la colonie).

David gouverna longtemps et passa à l'île de France en 1745.

1745. Delarue, dirige jusqu'en 1758.

La colonie tomba au pouvoir des Anglais au mois de décembre 1758, et fut reprise le 29 janvier 1779, par le duc de Lauzun. Le Sénégal est désormais gouverné par des officiers nommés par le roi.

Gouverneurs.

Dumontel, nommé en 1782, destitué en 1784.

De Repentigny, comte, lieutenant de vaisseau, nommé en 1784.

De Boufflers, chevalier, maréchal de camp, entre en fonctions en 1786.

De Blanchot, chevalier, major d'infanterie, entré en fonctions le 31 janvier 1788.

Charbonnier, capitaine commandant, *par intérim*, le 6 mars 1800.

Lassère, général de brigade, *par intérim*, le 3 juillet 1801.

Charbonnier, reprend l'*intérim* le 29 avril 1802.

De Blanchot, général de brigade, revenu le 9 octobre 1803.

Levasseur, capitaine d'infanterie, *par intérim*, le 12 septembre 1807.

La capitulation du 14 juillet 1809, mit une seconde fois la colonie entre les mains des Anglais, qui la restituèrent le 25 janvier 1817.

Commandants et administrateurs pour le roi.

Schmaltz, colonel d'infanterie, entre en fonctions le 25 janvier 1817.

De Fleuriau, capitaine de frégate, *intérimaire*, le 2 janvier 1818.

Schmaltz, revenu le 10 juillet 1819.

Lecoupé, baron, capitaine de vaisseau, le 11 août 1820.

Roger, baron, avocat, le 1er mars 1822.

Hugon, baron, capitaine de frégate, *intérimaire*, le 1er septembre 1824.

Roger, baron, revenu le 1er novembre 1825.

Gerbidon, commissaire de la marine, *intérimaire*, le 19 mai 1827.

Gouverneurs.

Jubelin, commissaire principal de la marine, le 7 janvier 1828.

Brou, capitaine de vaisseau, le 11 mai 1829.
Renault de Saint-Germain, chef de bataillon d'infanterie de marine, le 28 mai 1831.
Gadéot, sous-commissaire de la marine, *intérimaire*, le 18 octobre 1833.
Quernel, capitaine de frégate, *intérimaire*, le 15 novembre 1833.
Pujol, capitaine de frégate, le 11 mai 1834.
Malavois, lieutenant de vaisseau, en retraite, le 1er juillet 1836.
Guillet, sous-commissaire de la marine, *intérimaire*, le 29 décembre 1836.
Soret, capitaine de corvette, en retraite, le 15 septembre 1837.
Charmasson, capitaine de vaisseau, le 12 avril 1839.
Montagniès de la Roque, capitaine de vaisseau, le 19 mai 1841.
Pageot des Noutières, commissaire de la marine, *intérimaire*, le 7 mai 1842.
Bouet-Willaumez, capitaine de corvette, le 6 février 1843.
Laborel, chef de bataillon d'infanterie de marine, *par intérim*, le 1er février 1844.
Thomas, commissaire de la marine, *par intérim*, le 25 juillet 1844.
Ollivier, capitaine de vaisseau, en retraite, le 12 décembre 1845.
Houbé, chef de bataillon d'infanterie de marine, *par intérim*, le 21 mars 1846.
Bourdon de Gramont, comte, capitaine de corvette, le 30 août 1846.
Caille, lieutenant-colonel, *par intérim*, le 24 août 1847.
Bertin du Chateau, chef de bataillon d'infanterie de marine, *par intérim*, le 7 septembre 1847.
Baudin, capitaine de vaisseau, le 1er décembre 1847.
Bertin du Chateau, chef de bataillon, *par intérim*, le 1er mai 1848.
Baudin, capitaine de vaisseau, commissaire de la république, le 23 novembre 1848.
Aumont, capitaine de frégate, gouverneur *par intérim*, le 21 août 1850.
Protet, capitaine de vaisseau, le 10 octobre 1850.
Aumont, capitaine de frégate, *par intérim*, du 26 avril au 22 mai 1853.

Vérand, commissaire de la marine, *par intérim*, du 22 mai 1853 au 20 janvier 1854.

Protet, capitaine de vaisseau, revenu le 20 janvier 1854.

Faidherbe, chef de bataillon du génie, nommé le 16 décembre 1854.

Morel, chef de bataillon d'infanterie de marine, *par intérim*, du 13 juin au 3 novembre 1856.

Faidherbe, lieutenant-colonel du génie, revenu le 4 novembre 1856.

Robin, capitaine de frégate, commandant supérieur de la marine, *par intérim*, du 4 septembre 1858 au 12 février 1859.

Faidherbe, colonel du génie, revenu le 12 février 1859.

Stéphan, commissaire ordonnateur, *par intérim*, du 1er juin au 4 décembre 1861.

Jauréguiberry, capitaine de vaisseau, le 4 décembre 1861 au 28 avril 1863.

Pinet-Laprade, lieutenant-colonel du génie, *par intérim*, du 2 mai 1863 au 10 juillet 1863.

Faidherbe, général de brigade, nommé gouverneur par décret du 23 mai 1863, en fonctions.

Topographie.

Position géographique. — La colonie comprend d'abord le bassin du fleuve le Sénégal, qui a 1600 kilomètres de cours, depuis les montagnes du Fouta-Djalon jusqu'à son embouchure, et des forts et comptoirs situés le long de la côte occidentale d'Afrique, depuis le cap Blanc, au nord, jusqu'au cap de Sierra-Leone, au sud[1].

---

1. Antérieurement à 1854, le gouvernement du Sénégal s'étendait aux établissements échelonnés le long de la côte, depuis Portendick jusqu'au Gabon. Un décret du 1er novembre 1854 détacha de ce gouvernement l'île de Gorée et les établissements de la côte, pour les placer sous l'autorité supérieure du commandant de la division navale des côtes occidentales d'Afrique. Un décret du 24 février 1859 fit rentrer sous l'autorité du gouverneur du Sénégal Gorée et les établissements situés au Nord de Sierra-Leone.

Voici la position géographique des principaux points de nos possessions :

LOCALITÉS.	LATITUDE.	LONGITUDE.
Cap-Blanc...............	20°46'55" N.	19°18'30" O.
Arguin (L'île d')...........	20°25'00"	18°57'00"
Portendick...............	18°17'28"	18°26'54"
St-Louis (Le Gouvernem¹).	16°00'48"	18°51'10"
Mérinaghen...............	15°57'15"	18°18'20"
La Taouey (Sénégal)......	16°27'20"	18°01'00"
Dagana (id.)...............	16°30'00"	17°51'04"
Podor (id.)...............	16°39'30"	17°17'30"
Saldé (La tour de) id......	16°11'30"	16°14'05"
Matam (id.)...............	15°40'10"	16°36'33"
Bakel (id.)...............	14°53'13"	14°49'25"
Médine (id.)...............	14°20'10"	13°44'09"
Bafoulabé (id.) confluent du Bakoy	13°50'00"	13°14'00"
Sénoudébou (Falémé).....	14°25'22"	14°36'49"
Farabana-Kemboutoumané (Falémé)...............	13°40'37"	14°26'38"
Gorée...................	14°39'55"	19°45'00"
Rufisque................	14°43'00"	19°38'45"
Portudal................	14°27'30"	19°23'20"
Joal....................	14°12'30"	19°13'00"
Pointe de Sangomar (rivière de Saloum)	13°49'30"	19°07'45"
Kaolakh (id.)............	14°02'00"	18°26'00"
Carabane (Casamance).....	12°32'30"	19°09'00"
Sedhiou (id.)............	12°41'00"	18°01'30"

Saint-Louis. — L'îlot de sable sur lequel est bâtie la ville de Saint-Louis, chef-lieu de la colonie, est formé par le Sénégal, qui se jette aujourd'hui dans la mer à environ 6 kilomètres plus loin. La longueur de l'île est de 2 500 mètres, sa largeur moyenne de 180 mètres, sa circonférence d'environ 5000 mètres, et sa superficie de 34 hectares. Sa plus grande élévation au-dessus des basses eaux ne dépasse pas 2 mètres. Les abords de la ville du côté de l'est sont d'un accès facile pour les navires; du côté de l'ouest ils sont obstrués. Le bras du fleuve qui se trouve de ce côté a de 200 à 300 mètres de largeur et coule parallèlement à la mer, dont il n'est séparé que par une langue de sable de 400 à 500 mètres de largeur nommée pointe de Barbarie, sur laquelle est bâtie, en face même de Saint-Louis, le petit village de Guet-N'dar.

Non loin de l'île Saint-Louis, en amont et en aval, le fleuve forme plusieurs îles dont les principales sont celles de Thiong, de Safal, de Babagué, de Sor et de Roup, etc.

Oualo[1]. — A trois lieues au-dessus de l'embouchure du Sénégal commence le Oualo, qui s'étend à 160 kilomètres environ au-dessus de l'île Saint-Louis, le long de la rive gauche du fleuve, jusqu'au village de Dagana. Il est limité au sud par le Cayor, à l'est par le lac de Guier et le marigot de Bounoun qui le séparent du Djoloff et du Dimar. Nous y avons deux forts : Richard-Toll, sur le bord du fleuve, et Mérinaghen, à l'extrémité du lac de Guier. Le pays a été annexé à la colonie en 1855. Il produit une graine oléagineuse excellente appelée *béreff*; le sol conviendrait bien à la culture du coton.

Dimar. — Après le Oualo, toujours sur la rive gauche, vient le Dimar, contrée qui a été incorporée à la colonie le 18 juin 1858; elle produit du mil en abondance et un peu de coton. Elle est dominée par le fort de Dagana, qui s'élève sur le bord du fleuve.

Toro. — Au delà du Dimar, sur la même rive du fleuve, se trouve le Toro, ancienne province du Fouta, soumise à la France le 10 avril 1859; c'est sur le territoire du Toro et sur la pointe occidentale de l'île à Morfil que s'élève le fort du Podor.

Fouta. — Vient ensuite le Fouta proprement dit, ou Fouta central, habité par des Peuls et des Toucouleurs, races fanatiques qui nous sont toujours hostiles, mais qui cependant n'ont pas osé s'opposer, en 1859, à la construction d'un poste fortifié à Saldé ou Tébékout.

Damga. — Le Damga est situé à l'est du Fouta central, auquel il était attaché jadis par certains liens de confédération; il a été annexé à la colonie le 10 septembre 1859. Matam, sur les bords du fleuve, centre commercial qui peut devenir important, est protégé par un fort.

Gadiaga. — En remontant la rive gauche du fleuve, on trouve, après le Fouta, le Gadiaga, pays habité par des Soninké et qui s'étend, depuis le marigot de Nguérer jusqu'à Boungourou inclusivement; il est coupé en deux par la Falémé, c'est la contrée appelée vulgairement le pays de Galam : Dans ces dernières années, le Gadiaga a été séparé

---

1. Pour plus amples détails sur les pays du bassin du Sénégal, voir la *Notice sur la colonie du Sénégal*, par M. le colonel L. Faidherbe.

en deux États ; le Guoy en deça de la Falémé et le Kamera au delà de cette rivière.

Le Guoy, a été, le 19 août 1858, cédé en partie à la France, depuis le poste de Bakel jusqu'à la Falémé. C'est dans ce pays que se trouve l'important comptoir de Bakel protégé par le fort de ce nom. La population de Gadiaga est la plus commerçante du fleuve.

Bondou. — Le Bondou est un état poul et musulman, qui s'étend dans l'angle occidental formé par le Sénégal et la Falémé ; ce pays, produit de beaux troupeaux, du mil, des arachides, du riz, du sésame, de l'indigo, du coton, de la cire et du miel ; il est dominé par le fort de Sénoudébou sur la rive gauche de la Falémé.

Bambouk. — Le Bambouk est un pays malinké, non musulman, qui occupe l'angle oriental formé par la Falémé et le Sénégal. C'est une contrée vaste, accidentée, divisée en plusieurs États indépendants et qui renferme des mines d'or et de fer. C'est en 1858 que nous avons occupé Kéniéba sur la frontière du Bondou et du Bambouk pour tenter l'exploitation de ses mines d'or.

Khasso. — Le Khasso est un pays à cheval sur le Sénégal, depuis Diakhabel jusqu'au confluent du Bafing et du Baoulè. Ses habitants sont des Peuls ; il produit des arachides de qualité supérieure. C'est dans ce pays que se trouve le fort de Médine, le plus éloigné de nos postes sur le fleuve, situé à moins de deux kilomètres des cataractes du Félou. Le Khasso est sous la domination d'un chef soumis à notre influence.

Kaarta. — Le Kaarta est situé sur la rive droite du Sénégal dont il est séparé par le Khasso en face de Médine. C'est un pays bien cultivé, d'une superficie de 2500 à 3000 lieues carrées, habité par les Bambaras, qui font un commerce avec les Maures des contrées voisines. Ce pays n'est plus qu'une province de l'empire d'El Hadj Omar.

Pays de la rive droite. — La rive droite du Sénégal, depuis Saint-Louis jusqu'à Bakel, est parcourue plutôt qu'habitée par trois grandes tribus maures du désert, connues sous les noms de Trarzas, Braknas et Douaïchs. Ces Maures autrefois insolents et pillards, sont cantonnés aujourd'hui dans leur territoire et par suite de sévères leçons, sont devenus respectueux pour le nom français, les sujets ou les protégés de la France.

Les Trarzas, les plus rapprochés de Saint-Louis, habitent le pays qui s'étend des bords du fleuve jusqu'au marigot de Morghen, vis-à-vis de Gaé et sur une profondeur de plus de cent lieues. Les Braknas occupent la contrée qui longe la rive droite du fleuve, depuis le marigot de Morghen jusqu'à El-Modinalla, vis-à-vis du Fouta-Toro. Enfin, le territoire des Douaïchs commence à El-Modinalla et se prolonge jusque derrière les Guidimakha, dans l'intérieur et du côté du Tagant. Ces Maures se mettent en contact avec nous pour l'échange de la gomme qu'ils récoltent sur leur territoire.

Passons maintenant aux pays situés au sud de l'embouchure du Sénégal.

Gandiole. — Le Gandiole se compose de trois villages très-rapprochés les uns des autres, situés à 8 kilomètres au sud de l'embouchure actuelle du fleuve. Ce pays qui faisait partie du Cayor nous appartient depuis 1861; il renferme de riches salines qui servent à l'approvisionnement des populations de l'intérieur.

Cayor. — Le Cayor se prolonge sur la côte, au sud de Saint-Louis jusqu'à la presqu'île du Cap-Vert, sur une longueur de 40 lieues et une largeur de 20 à 30. Toute la côte, sur une profondeur de 3 lieues, nous appartient; nous y avons élevé, en 1861, trois postes à Lompoul, M'boro et M'bidgen qui servent de stations à la ligne télégraphique reliant Saint-Louis à Gorée. Le Cayor est un pays généralement plat et sablonneux; dans la saison sèche on n'y trouve de l'eau que dans les puits très-profonds.

Gorée. — L'île de Gorée est située, sur la côte, à 180 kilom. S. O. de Saint-Louis, à 14 kilom. du Cap-Vert et à 2 kilom. de la pointe de Dakar. C'est un rocher d'environ 880 mètres dans sa plus grande largeur et de 215 mètres de largeur moyenne; sa circonférence est de 2250 mètres et sa superficie de 17 hectares. Gorée commande une rade très-vaste et assez sûre, au moins pendant la saison sèche. La partie sud de l'île est la plus haute et est couronnée à son sommet par un fort. Plus des deux tiers de la superficie de l'île sont couverts de constructions.

Diander. — En face de Gorée, sur la terre ferme, se trouve la province du Diander, affranchie du Cayor en 1861, et placée aujourd'hui sous notre autorité. Son port principal, Rufisque, est relié à nos autres établissements par un fil électrique.

Dakar, la pointe extrême de la presqu'île du Cap-Vert, n'est séparé de Gorée que par un canal de 2 kilom.; on y construit en ce moment un port qui servira au ravitaillement des paquebots transatlantiques français de la ligne du Brésil.

Baol et Sine. — Plus bas l'on rencontre les pays de Baol et de Sine qui, en vertu de traités anciens ou récents, reconnaissent notre suzeraineté. Nous possédons dans le Baol, le comptoir de Portudal et dans le Sine celui de Joal, tous deux protégés par une tour crénelée.

Saloum. — Au sud du Sine se trouve le Saloum traversé par la rivière de ce nom. Sur les bords de ce fleuve, à environ 120 kilom. de son embouchure, nous avons construit, en 1860, une tour à Kaolakh, principal lieu de traite situé à 6 kilom. du village de Cahone, capitale du royaume, placée un peu dans l'intérieur des terres.

Casamance. — Au delà de la Gambie, à 235 kilom. environ de Gorée, se trouve le fleuve Casamance. Nous y possédons, à l'entrée du fleuve, sur la rive droite, l'île de Djogué; sur la rive gauche, le territoire et l'île de Carabane ainsi que l'île de Guimbéring; enfin, dans le haut du fleuve, sur la rive droite, le Boudhié, où se trouve notre comptoir de Sédhiou, à environ 180 kilom. de l'embouchure, le Pakao, le Yassi, et sur la rive gauche le Souna et le Kerakounda.

Rio-Nunez et Rio-Pongo. — En suivant la côte, à 440 kilom. de la Casamance, se trouvent le Rio-Nunez, et à environ 130 kilom. plus bas le Rio-Pongo, rivières exploitées par le commerce français, mais où nous n'avons aucun poste fortifié.

Bois et forêts. — Les rives du Sénégal, au-dessus de Dagana et jusqu'à Matam, sont souvent garnies de bois peu épais, qui ne consistent guère qu'en arbustes épineux, mêlés de plantes grimpantes. Le *Gonakié*, espèce d'arbre dont le bois très-dur est excellent pour la construction à laquelle il donne des courbes très-recherchées, borde les rives du Sénégal en rideaux épais, depuis Dagana jusqu'à Saldé. Ce bois de haute futaie est d'une grande valeur pour l'avenir commercial; l'île à Morfil en est couverte. C'est surtout sur la rive droite que l'on rencontre les forêts de gommiers exploitées par les Maures.

Fleuves et rivières. — Dans la partie de la côte occidentale d'Afrique sur laquelle se trouvent les établissements français désignés sous le nom de Sénégal et dépendances, les principaux fleuves et rivières sont : le Sénégal ; la Falémé, son principal affluent ; le Saloum ; la Gambie ; la Casamance ; le Rio-Cachéo ; le Rio-Geba ; le Rio-Grande ; le Rio-Nunez ; le Rio-Pongo et la Mallécory. Nous ne parlerons que des rivières où nous avons des établissements.

Le Sénégal est formé de deux rivières, le Ba-Fing et le Ba-Khoÿ qui descendent des montagnes du Fouta-Djalon et qui se réunissent à Bafoulabé. Le plus considérable de ces deux cours d'eau, le Ba-Fing, prend sa source par 10° 40′ de latitude nord et 12° 37′ de longitude ouest, non loin de Timbo.

L'embouchure du Sénégal se déplace quelquefois de plusieurs milles à la suite de violents ras de marée. Elle se maintient néanmoins toujours dans un espace de dix milles, entre la pointe du sud de Guet-N'dar et Mousse-Guiob au sud de Gandiole. Au 1er avril 1863, la barre était située à 9300 mètres au sud de l'hôtel du gouvernement à Saint-Louis.

Le Sénégal sépare la partie méridionale du Sahara, parcourue par des Maures nomades et pasteurs, du pays des noirs, qui sont sédentaires et cultivateurs.

Sa longueur est de 400 lieues environ ; sa largeur près de son embouchure est de 1500 à 1800 mètres ; à 15 ou 20 lieues plus haut, elle est en moyenne de 400 à 600 mètres ; le long de l'île à Morfil, le fleuve n'a que 150 mètres de large et reprend quelquefois une largeur de 800 mètres au-dessus de Saldé.

La profondeur, en deçà de l'embouchure, est de 10 à 12 mètres ; elle se maintient à peu près la même en remontant jusqu'à la distance de 90 lieues, à Mafou, premier haut-fond où elle n'est plus que de 1m25 pendant les basses eaux. Pendant les hautes eaux, le fleuve déborde presque dans toute son étendue, ces hautes eaux peuvent être comparées à un flot de marée qui passe à Bakel au commencement de septembre et n'arrive à Saint-Louis que cinq semaines après. La durée la plus ordinaire du débordement est d'environ un mois ; les eaux s'écoulent ensuite assez promptement. L'élévation de la crue des eaux est, terme moyen, de 15m à Bakel, 6m à Podor, 3m à Dagana, 1m20 à Saint-Louis.

L'époque des plus basses eaux est le mois de juin, elles recommencent à monter en juillet et ne sont entièrement répandues sur les plaines voisines que vers la fin de septembre; l'étendue de l'inondation est souvent de plusieurs lieues.

Le Sénégal serait navigable pour de très-grands bâtiments si la barre leur en permettait l'entrée. En toute saison, des bâtiments calant 12 pieds d'eau peuvent la franchir et remonter jusqu'à Richard-Toll, à 30 lieues de son embouchure, d'août à novembre. Les bâtiments à vapeur remontent jusqu'à Médine, près des cataractes du Félou, à 250 lieues de son embouchure; jusqu'à Mafou, à 90 lieues de son embouchure, le fleuve est navigable en toute saison pour des bâtiments calant 8 pieds d'eau.

Le Sénégal a un grand nombre de petits affluents que l'on nomme *marigots* dans le pays. Près de Saint-Louis, ces marigots forment plusieurs grandes îles alluvionnaires dont la majeure partie est inondée pendant les hautes eaux. A Richard-Toll, le fleuve reçoit sur sa rive gauche, la petite rivière de la Taouey qui a environ 8 lieues de cours vers le sud-ouest et qui communique avec le lac de Guier; à Mérinaghen, ce lac prend le nom de marigot de Bounoun qui est presque à sec dans la saison sèche, mais qui s'étend à 40 milles plus loin à l'époque des hautes eaux.

A Saldé, un marigot ou plutôt un bras du fleuve, se détache du bras principal sur la rive gauche et ne le rejoint qu'un peu au-dessous de Podor, formant ainsi la plus grande île du fleuve connue sous le nom d'île à Morfil.

Le Sénégal est très-poissonneux; on y trouve une espèce de poisson électrique et de grandes huîtres d'eau douce non comestibles.

La Falémé, qui prend comme le Sénégal sa source dans le Fouta-Djalon, se jette dans le fleuve sur la rive gauche près d'Arondore, après un parcours d'une centaine de lieues environ; elle est navigable, pendant les hautes eaux, sur une longueur de 40 lieues, à partir de son confluent, pour des bâtiments calant 6 pieds.

Le fleuve de Saloum, qui tire son nom du royaume de Saloum qu'il traverse, a son embouchure située par 13°48' de latitude nord et 19°8' de longitude ouest, à 65 milles de l'île de Gorée. Nous y possédons, à 30 lieues environ de son embouchure, le poste de Kaolakh qui est ravitaillé chaque mois par le bâtiment faisant le service entre Gorée et la Casamance.

A environ quinze lieues de l'embouchure, le fleuve se sépare en deux branches; l'une, le Saloum, se dirige vers l'est en faisant mille détours, passe à Kaolakh et va se perdre dix lieues plus loin dans une plaine inondée pendant la saison des pluies; l'autre, désignée sous le nom de rivière de Sine, remonte vers le nord. Pendant les dix premiers milles de son parcours, à partir du Saloum, cette branche sert de limite occidentale au royaume de Saloum, puis elle s'enfonce dans le royaume de Sine, et vient passer à une lieue et demie de la capitale, Diakhao, au grand village de Fatick, situé sur la rive droite, qui est à la fois une escale de traite, et le port de Diakhao. Au-dessus de Fatick, cette rivière se perd dans une plaine inondée.

L'embouchure du Saloum forme un vaste delta dont quelques bras communiquent avec la Gambie. Les rivières de Sine et Saloum, les marigots de l'entrée ont été explorés en 1859 et en 1860 par des avisos de la flottille du Sénégal; leurs eaux sont salées dans tout leur parcours, le flux et le reflux se font sentir jusqu'au point où elles se perdent dans les plaines; elles peuvent être parcourues sur presque toute leur longueur, à marée haute, par des bâtiments calant de 6 à 8 pieds d'eau. Les bords du Saloum et du Sine sont généralement bas, bordés de palétuviers ou de plaines dont le sol est recouvert d'une couche de sel cristallisé.

La Casamance qui prend sa source dans les montagnes du Kabou, sur les contreforts occidentaux des montagnes du Fouta-Djalon, a son embouchure située par 13°32′ de latitude N. et 19°10′ de longitude O., à environ 40 lieues au sud de Gorée et 12 lieues de la Gambie. Des bancs de sable, s'étendant à 4 ou 5 milles au large, en obstruent l'entrée en y laissant cependant trois passes, dont celle du milieu, d'environ 1200 mètres de large, est seule praticable pour des bâtiments calant au plus 4 mètres à marée haute. Au delà de la barre du fleuve, on trouve à l'entrée et assez loin dans le fleuve des fonds de 10 à 15 mètres. Parcourant un pays d'alluvions, la Casamance a des largeurs très-diverses jusqu'au-dessus de Sedhiou; elles varient de 1 à 3 milles; plus la rivière s'élargit et moins son chenal est profond; des bâtiments calant 2 mètres d'eau peuvent la remonter jusqu'à Sedhiou, à 170 mètres kilomètres de son embouchure.

Les rives de la Casamance jusqu'à une certaine distance de son embouchure, sont formées par des îles basses séparées par des marigots; ces rives s'abaissent encore à mesure qu'on remonte la rivière; elles sont bordées d'épais mangliers et de bancs de vase très-étendus qui rendent le débarquement et l'embarquement très-difficiles et ne se relèvent que devant le Boudhié et le pays des Balantes.

La Casamance a un parcours d'environ 250 kilomètres; son principal affluent est la rivière Songrogou qu'elle reçoit sur sa rive droite, à une vingtaine de lieues de son embouchure.

Carabane, Zighinchor (poste portugais non fortifié), et Sedhiou sont les principaux lieux de traite du fleuve.

Le Rio-Nunez, dont l'embouchure est située par 10°32' de latitude N., et 17°5' de longitude O., est l'un des fleuves les plus importants par son commerce et l'un des plus fréquentés de la côte occidentale d'Afrique. On y pénètre par une passe, qui a un mille de large et 5 à 6 mètres de fond.

C'est à Wakaria que commence le territoire désigné sous le nom de Karcandy, qui s'étend jusqu'à la source du Rio-Nunez, partie la plus riche et la plus commerçante du fleuve. Le grand village de Boké [1], est situé à 8 milles environ de l'endroit où le fleuve prend sa source. Les bâtiments calant 2 mètres peuvent amortir à Boké, qui est le point central du commerce du fleuve et le rendez-vous des caravanes qui viennent de l'intérieur par le Fouta-Djalon.

Le Rio-Pongo a son embouchure à 130 kilom. au sud du Rio-Nunez; il a plusieurs bouches dont les deux principales et les seules fréquentées par les navires, sont celles de Mud-Bar et de Sand-Bar; on trouve des fonds de 3 mètres à 3 mètres 60 dans la première de ces barres et de 5 mètres dans la seconde (à mer haute).

Ports et rades. — Depuis le cap Blanc jusqu'à l'embouchure de la Gambie, la côte occidentale d'Afrique offre peu de rades sûres; à 15 lieues au sud de ce cap et à 90 lieues au nord de l'embouchure du Sénégal, se trouve la rade d'Arguin peu connue et qu'on considère même dans ce pays comme impraticable.

La baie de Portendick est un peu plus au sud; l'accès du mouillage et l'atterrage en sont très-difficiles.

La rade foraine de Guet-N'dar, en face de Saint-Louis,

---

1. C'est de là qu'est parti Caillé en 1824, pour faire son voyage dans l'Afrique centrale.

est le meilleur mouillage pour communiquer avec cette ville, on y trouve de 13 à 18 mètres de fond, sable et vase.

La rade de la barre du Sénégal est située en pleine côte; en dehors de la barre, la tenue de la rade est bonne, et offre un fond de vase de 7 à 13 brasses, selon que l'on se place à 2 ou 5 milles de cette barre. En dedans, la rade est très-sûre, et offre une profondeur de 7 à 8 brasses.

La rade de Gorée est au N. E. de l'île, et est abritée de tous les vents depuis le S. S. O. jusqu'à l'E. N. E.; elle est parfaitement sûre pendant huit mois de l'année de novembre à juillet. Pendant la mauvaise saison, il faut prendre le mouillage de l'hivernage qui donne de la chasse.

A 3/4 de lieue environ de la pointe N. de Gorée, sur le continent, entre les pointes de Dakar et de Bel-Air, se trouve l'anse de Dakar, où l'on termine en ce moment (1863) une jetée de 250 mètres de long pour former un port qui servira d'escale aux paquebots français de la ligne du Brésil.

Lacs. — Les seuls lacs du Sénégal auxquels on puisse donner ce nom sont le lac de Cayar, sur la rive droite du fleuve, dans le pays des Maures Trarzas, et le lac de Guier dans le Oualo. Pendant l'hivernage ces lacs se remplissent des eaux du fleuve et lui rendent leur superflu pendant la saison sèche. Les herbes qui engorgent les affluents du lac Cayar empêchent d'y pénétrer avec des bateaux.

Étangs salins. — Près de l'embouchure du Sénégal, se trouvent les étangs salins de Gandiole qui fournissent une quantité de sel supérieure à celle qui est nécessaire à la consommation de la colonie et au commerce avec l'intérieur de l'Afrique. Ces étangs ont de 400 à 600 mètres de longueur sur 100 à 200 mètres de largeur; l'eau est tellement saturée de sel qu'elle en rend le tiers de son volume. Au centre du Oualo, à Nguiel, on trouve aussi des marais salants, exploités seulement pour les usages domestiques.

Circonscription territoriale. — Un arrêté local du 16 juillet 1863 a divisé le Sénégal et ses dépendances en trois arrondissements, savoir:

1° Celui de Saint-Louis, s'étendant, en remontant le fleuve, jusqu'à Aleybé et Aéré inclusivement, et vers le Sud jusqu'à la Tanma;

2° Celui de Gorée, comprenant tout ce qui est au sud de la Tanma;

3° Celui de Bakel, comprenant les pays en amont d'Aleybé et d'Aéré.

Les arrondissements sont divisés en cercles de la manière suivante :

L'arrondissement de Saint-Louis comprend quatre cercles : 1° Le cercle de Saint-Louis, qui s'étend jusqu'à la Taouey dans le fleuve, et jusqu'à la Tanma dans le sud ; 2° le cercle de Podor, dont l'action s'étend sur le Toro ; 3° le cercle de Dagana, qui comprend le Dimar et la partie du Oualo à l'est de la Taouey ; 4° le cercle de Mérinaghen, qui comprend la partie intérieure du Oualo, c'est-à-dire les cantons de Nder, de Foss et de Ross.

L'arrondissement de Gorée comprend quatre cercles : 1° le cercle de Gorée, qui s'étend de Dakar à la pointe de Sangomar ; 2° le cercle de Mbidjem, qui comprend le Diander et dont l'action s'étend sur les Serrères ; 3° le cercle de Kaolakh dans le Saloum ; 4° le cercle de Sedhiou dans la Casamance.

L'arrondissement de Bakel comprend, outre le cercle de Bakel, ceux de Médine, de Matam et de Saldé.

Météorologie.

Température. — La température est fort variable au Sénégal ; ainsi à Saint-Louis, pendant la saison sèche, par des vents d'Est, on constate souvent 20° de différence entre la température du matin et celle de l'après-midi. A Saint-Louis, pendant le mois de janvier, qui est le plus froid, la température ne descend guère au-dessous de 11° au-dessus de 0 ; elle commence à s'élever dès le mois de février, et parvient à son maximum (35°) en juillet, août et septembre. Néanmoins, pendant la saison sèche, lorsque le vent d'Est souffle, le thermomètre monte quelquefois jusqu'à 36° à l'ombre et 63° au soleil. Dans les postes du haut du fleuve, la température est en moyenne de 4 à 5 degrés plus élevée qu'à Saint-Louis ; à Podor, on voit monter fréquemment le thermomètre jusqu'à 65° à l'ombre. Si les mois de juillet, avril et septembre sont les plus chauds à Saint-Louis, à l'embouchure du fleuve, il n'en est pas de même dans les localités situées à son cours supérieur. A Bakel par exemple, on a constaté en 1860, que la température, qui avait atteint le chiffre de 42° en avril, a commencé à baisser avec les premières pluies en mai, juin et juillet et est arrivée à 32° en septembre, pour remonter ensuite en octobre à la cessation des pluies.

Hygrométrie. — Lorsque le vent d'Est règne à Saint-Louis, il n'est pas rare de voir l'hygromètre de Saussure marquer 0°, c'est-à-dire la sécheresse extrême, ce qui prouverait que l'humidité a complétement disparu de l'air.

Saisons. — On ne connaît que deux saisons à la côte occidentale d'Afrique : la saison des pluies et la saison sèche ; celle-ci dure près de huit mois au Sénégal ; elle commence dans les derniers jours d'octobre et finit vers le milieu de juin ; elle se passe généralement sans une goutte de pluie, mais de décembre en mai, il règne des rosées et des brumes abondantes.

Pluies. — Les plus fortes pluies tombent généralement depuis le milieu de juin jusqu'à la fin de septembre et sont ordinairement accompagnées d'orages.

Vents. — En novembre, les vents d'E.-N.-E. ou brises de terre, qu'on appelle vent d'Est au Sénégal (*harmattan*), commencent à souffler le matin, et sont remplacés presque sans intermittence par ceux du large ou du N.-N.-O. ; ils ont, de jour en jour, plus de force et de durée jusqu'en janvier, où ils soufflent le plus souvent pendant toute la journée ; à la fin de ce mois, ils perdent de leur force et cessent tout à fait en mars, tandis que les brises du large deviennent de plus en plus fraîches, pour souffler à leur tour pendant toute la journée, depuis le commencement d'avril jusqu'à la fin de mai. En juin, ces derniers font place, surtout dans l'après-midi, à des brises moins régulières de l'O.-N.-O. et même de l'O., qui halent souvent jusqu'au S.-O. en juillet, août et septembre, pour remonter enfin au N.-N.-O. en octobre.

Ras de marée. — Les ras de marée les plus forts ont lieu dans l'intervalle des mois de janvier au mois d'avril ; ils durent quelquefois dix ou douze jours, et cessent presque toujours aux époques des nouvelles et pleines lunes.

Marées. — La hauteur de la pleine mer est de 1 mètre à Saint-Louis, et de 1 mètre 70 dans la rade de Gorée ; l'établissement de la marée est à onze heures dans la première de ces villes, et à sept heures trois quarts dans la seconde.

Population[1].

Races blanches. — Indépendamment des individus de race européenne qui habitent le Sénégal, on trouve sur la rive droite du fleuve deux races blanches distinctes : la race berbère et la race arabe.

La race berbère occupait déjà l'Afrique septentrionale avant les Phéniciens et les Égyptiens ; l'une de leurs nations les plus célèbres, les *Zénaga*, s'étaient étendus du Maroc jusqu'au Sénégal ; ils y régnèrent en maîtres jusqu'à l'invasion de l'Afrique par les Arabes, au septième siècle de notre ère, et depuis lors leur puissance commença à décroître. Au treizième siècle, une puissante tribu arabe, les Beni-Hassan, subjuguèrent les Zénéga, les soumirent à l'impôt et dominèrent à leur place sur les bords du Sénégal. Ils achevèrent, contre les noirs, l'œuvre de conversion à l'islamisme et de refoulement vers le centre de l'Afrique commencée par les Berbères. Aujourd'hui les Maures de la rive droite forment trois grandes tribus : les Trarzas, les Braknas et les Douaïchs qui se divisent elles-mêmes en une foule de tribus. L'élément arabe et l'élément berbère sont à peu près égaux dans ces trois grandes tribus ; dans les deux premières, les familles d'origine berbère sont tributaires des Arabes-Hassan ou guerriers ; au contraire, la race berbère ou zénaga, primitivement subjuguée par les Arabes-Hassan, a repris la prééminence sur ces derniers chez les Maures Douaïchs.

Enfin, comme les uns et les autres se sont mêlés depuis des siècles aux noirs, et qu'il se trouve parmi eux la moitié de noirs purs, captifs ou affranchis, qui ont adopté les mœurs de leurs maîtres ou patrons, on doit dire que ces Maures se composent, par tiers environ, de mulâtres arabes, de mulâtres berbères et de noirs affranchis ou esclaves, tous nomades.

Races noires. — Les noirs du bassin du Sénégal se divisent, comme les blancs, en races qui se distinguent par la teinte plus ou moins foncée de leur peau, par les formes du corps et le degré d'intelligence.

Les principales races sont : la race poul, la race malinké

---

1. Voir, pour plus amples renseignements, la *Notice* du colonel Faidherbe.

ou bambara à laquelle se rattachent les Soninké et la race Ouolof, comprenant les Sérer.

Les *Poul* ou *Peul* sont des individus d'un brun rougeâtre, aux cheveux à peine laineux, aux traits presque européens. S'étant trouvés les plus rapprochés des populations blanches musulmanes qui ont envahi le Soudan, ils ont les premiers embrassé l'islamisme, et jouent, vis-à-vis des autres peuples noirs, le rôle de convertisseurs à main armée. Ils ont fondé des États puissants, tels que le Haoussa, le Macina, le Fouta, le Toro, le Damga, le Bondou, le Fouta-Djalon. Ils se sont mélangés avec leurs captifs ou voisins de race noire, et lorsque dans une de leurs peuplades, l'élément noir entre dans une proportion notable, la race mélangée est désignée, au Sénégal, par le nom de Toucouleur ou Toukrour. Les Poul sont généralement pasteurs; ils ont une langue spéciale, douce et harmonieuse.

Les Malinké et les Soninké, connus au Sénégal sous les noms de Mandingues et de Sarakhollé, sont des noirs de haute taille et aux cheveux crépus; ils ont les traits du nègre, mais non pas au même point que ceux des régions équatoriales et du Congo. Ils habitent principalement le versant septentrional des pays montagneux où le Niger, le Sénégal et la Gambie prennent leur source. Ces populations parlent divers dialectes dérivant d'une même langue. Les Malinké sont assez guerriers par tempérament; les Soninké sont les noirs les plus commerçants de la côte occidentale d'Afrique.

Les Ouolof et les Sérer sont les plus grands, les plus beaux et les plus noirs de tous les nègres de l'Afrique; ils ont pour berceau les vastes plaines d'alluvion comprises entre le Sénégal, la Falémé et la Gambie. Ils habitent principalement le Oualo, le Cayor, le Baol et le Sine. La race Serer-Ouolof parle deux langues à peu près monosyllabiques, qui ont entre elles les affinités les plus complètes. Ces peuples sont doux, puérilement vains, imprévoyants, apathiques, mais très braves. Ils sont cultivateurs et pêcheurs. D'une grande sobriété naturelle, ils s'adonnent de la manière la plus déplorable à l'ivrognerie.

Les Ouolof, au milieu desquels se trouvent nos principaux établissements du Sénégal, vivent généralement avec nous en bonne intelligence; il est sorti de ce contact une race mélangée, assez nombreuse, qui a fait des progrès bien remarquable depuis le commencement de ce siècle.

Statistique. — La population immédiatement soumise à la France, au Sénégal et dans ses dépendances, est actuellement (1863) de 116,000 âmes; la population vivant sous notre dépendance peut être évaluée à 150,000 âmes, et la population commerçant exclusivement avec nous à plus d'un million d'âmes[1]. Ces deux dernières évaluations ne sont qu'approximatives. On comprend, en effet, combien il est difficile de suivre le mouvement de ces populations, qui sont pour la plupart musulmanes et chez lesquelles l'état civil n'existe pas.

La population de nos possessions directes se répartit ainsi entre les divers arrondissements de la colonie[2]:

Arrondissement	Localité	Population	Total
Arrondissement de Saint-Louis	Saint-Louis et faubourgs	15 015	27 663
	Banlieue	12 648	
Arrondissement de Richard-Toll	Richard-Toll	336	11 090
	Oualo	10 754	
Arrondissement de Dagana	Dagana et banlieue	3 346	9 174
	Dimar	5 828	
Arrondissement de Podor	Podor et banlieue	2 045	27 069
	Saldé	24	
	Toro[3]	25 000	
Arrondissement de Bakel	Bakel et banlieue	1 936	23 244
	Médine	66	
	Sénoudébou	500	
	Ndangan	60	
	Matam	682	
	Damga[4]	20 000	
Arrondissement de Gorée	Île de Gorée	2 647	14 304
	Cercles de Dakar, du Ndiander, des Serrères et de Joal	11 657	
Arrondissement de Sedhiou	Comptoirs de Sedhiou et de Carabane (*Casamance*)	854	854
Troupes indigènes dans les divers postes			643
Marins et employés indigènes, *id.*			433
Militaires, marins et employés europ. avec leurs familles			1 462
Total			115 936

Sur ce nombre, on compte 292 Européens civils, dont 204 à Saint-Louis et 88 à Gorée.

---

1. *Annuaire du Sénégal et dépendances* pour l'année 1863.
2. Cette statistique a été établie avant l'arrêté du 16 juillet 1863 qui a divisé la colonie en trois arrondissements.
3 et 4. Approximativement.

Gouvernement et administration.

Le gouvernement et l'administration du Sénégal ont été réglés par une ordonnance du 7 septembre 1840, et par un décret du 27 avril 1848.

L'administration supérieure de la colonie est confiée à un gouverneur résidant à Saint-Louis. Un commandant supérieur qui relève du gouverneur et lui rend compte de ses actes est placé dans chacun des arrondissements de Gorée et de Bakel. Ces chefs d'arrondissements ont sous leurs ordres des chefs de cercles, des chefs de postes et des chefs de villages.

Deux chefs d'administration, l'ordonnateur et le chef du service judiciaire, dirigent, à Saint-Louis, sous les ordres du gouverneur, les différentes parties du service public. Un contrôleur veille à la régularité du service administratif.

Un conseil d'administration, présidé par le gouverneur et composé des chefs administratif et judiciaire, du contrôleur colonial et de deux habitants notables, éclaire les décisions de chef de la colonie, vote la budget local et statue, en certains cas, comme tribunal administratif.

Dans chacun des trois arrondissements de la colonie, il existe une commission consultative qui se réunit deux fois par an, à l'effet d'exprimer son avis et les vœux des populations européennes et indigènes en ce qui concerne l'agriculture, le commerce, les plantations, l'élève des bestiaux, l'instruction publique, le service des milices, la police, les travaux d'utilité publique. Cette commission, présidée par le chef de l'arrondissement, se compose du maire (à Saint-Louis et à Gorée seulement), des principaux fonctionnaires, de deux notables, de deux négociants, d'un marchand et de deux chefs de village.

Les affaires politiques, c'est-à-dire celles qui intéressent les populations de l'intérieur, annexées ou non, sont traitées par un directeur relevant directement du gouverneur et assisté de deux adjoints.

Le personnel administratif de la colonie se compose : d'un commissaire de la marine, ordonnateur, de deux commissaires adjoints, de quatre commissaires, de sept aides-commissaires et de dix commis de marine.

Un préfet apostolique dirige le service du culte catholique dans la colonie.

Le service du trésor comprend un trésorier à Saint-Louis et un préposé à Gorée.

Le service de santé est confié à un médecin en chef, trois chirurgiens de première classe, dix-huit de deuxième, cinq de troisième et quatre pharmaciens de la marine.

Le service des douanes est dirigé par un sous-inspecteur et deux commis.

Le personnel du service des ports se compose de deux capitaines de port, l'un à Saint-Louis, l'autre à Gorée, de deux maîtres de port, d'un capitaine du poste de la barre du Sénégal et de quatre pilotes et aspirants-pilotes.

Le service des ponts et chaussées est réuni au service du génie et dirigé par un chef de bataillon de cette arme.

Le service de la police est confié, à Saint-Louis, à un commissaire et à un sergent de police; à Gorée, à un commissaire de police. Il existe, en outre, un corps indigène de gardes de sûreté à cheval, composé de trois brigadiers et de trente gardes, répartis dans les divers arrondissements de la colonie.

Un bureau de l'Enregistrement et des Domaines est établi à Saint-Louis et à Gorée. Les deux receveurs sont en même temps chargés de la curatelle aux biens vacants et de la conservation des hypothèques.

Le service de la poste comprend deux bureaux, l'un à Saint-Louis et l'autre à Gorée. (Nous consacrons un article spécial au service postal.)

Le personnel télégraphique se compose de trois agents détachés du service métropolitain; l'un d'eux, résidant à Saint-Louis, est chargé de la direction de la ligne, sous les ordres du chef du service des ponts et chaussées; les deux autres sont chargés de la transmission des dépêches aux deux extrémités, Saint-Louis et Dakar; les postes intermédiaires, Gandiole, Lompoul, M'boro, M'bidgen, sont desservis par des sous-officiers.

Les interprètes employés sous les ordres du directeur des affaires indigènes, du commandant d'arrondissement et des chefs de poste, forment un corps spécial dont le cadre comprend un interprète principal, dix-neuf interprètes titulaires divisés en quatre classes, et un certain nombre d'interprètes auxiliaires.

L'administration municipale est confiée, dans chacune des villes de Saint-Louis et de Gorée, à un maire, assisté de deux adjoints.

Forces militaires et maritimes.

Les forces militaires du Sénégal et de ses dépendances se composent de troupes européennes et de troupes indigènes, qui présentent un effectif de 93 officiers et de 2,162 hommes répartis entre les divers postes de la colonie.

Voici la composition numérique des différents corps de la garnison au 1er mai 1863 :

État-major général et des places. — 8 officiers dont un lieutenant-colonel, commandant de Gorée, 2 lieutenants et un enseigne de vaisseau.

Génie. — Sous-direction : un chef de bataillon et 10 officiers ou assimilés. Troupes : une compagnie d'ouvriers indigènes de 130 hommes dont 3 officiers.

Artillerie. — Direction : un chef d'escadron, directeur et commandant des troupes et 5 officiers ou assimilés. Troupes : une batterie et demie d'artillerie de marine composée de 6 officiers et de 219 hommes ; un détachement de 48 ouvriers d'artillerie et de 2 officiers. Un détachement de 38 indigènes, pour le service des transports, est placé dans les attributions de la direction de l'artillerie.

Gendarmerie. — Un détachement composé d'un officier et de 25 sous-officiers et gendarmes.

Spahis sénégalais. — Un escadron du 2e régiment, composé de 9 officiers et de 141 cavaliers.

Infanterie de marine. — Un bataillon de 6 compagnies qui forment un effectif de 700 hommes dont 23 officiers.

Tirailleurs sénégalais. — Un bataillon de 6 compagnies, formant un effectif de 797 hommes et commandé par un lieutenant-colonel et 23 officiers français. Ce bataillon se recrute par engagements volontaires parmi les indigènes du Sénégal. Sur ces six compagnies il n'y en a que quatre et demie, formant un effectif de 19 officiers et de 605 hommes, en garnison au Sénégal et dans ses dépendances ; le reste est détaché dans les établissements de la côte d'Or et du Gabon.

Disciplinaires des colonies. — Une compagnie composée de 5 officiers et de 282 sous-officiers et soldats.

Milices. — La milice a été organisée au Sénégal par un arrêté local du 31 janvier 1833. Elle est sous les ordres du gouverneur ; elle se compose aujourd'hui de 3 compagnies de milice sédentaire commandées par un chef de bataillon et de 5 compagnies de milice mobile.

Volontaires. — Outre ces forces permanentes, la ville de Saint-Louis et les villages sous nos postes peuvent fournir, au besoin, 3000 volontaires armés et courageux. Un millier d'entre eux prend part à toutes nos expéditions de guerre.

Station locale. — La station maritime locale est placée sous les ordres du gouverneur; quand ce haut fonctionnaire n'appartient pas au corps de la marine, un capitaine de frégate remplit, sous son autorité, les fonctions de commandant supérieur de la marine.

La flottille du Sénégal se compose actuellement de treize navires de la marine impériale dont voici les noms:

L'*Archimède*......	aviso à vapeur de	80 chev^x	et de	4 obus^{rs} de 12.
L'*Africain*........	— —	60	—	4 —
Le *Podor*.........	— —	60	—	4 —
Le *Grand-Bassam*.	— —	40	—	2 —
Le *Serpent*.......	— —	30	—	2 —
Le *Basilic*........	— —	30	—	2 —
Le *Crocodile*.....	— —	20	—	2 —
Le *Griffon*.......	— —	20	—	2 —
La *Couleuvrine*...	canonn. à hélice de	25	—	4 caronnades.
La *Bourrasque*....	— —	25	—	4 —
L'*Écureuil*.......	côtre à voiles	»	......	2 pierriers.
La *Sénégalaise*...	citerne flottante	»	......	»
La *Trombe*.......	— —	»	......	»
Totaux.........		390		32

L'état-major de ces 13 bâtiments se compose de 11 lieutenants de vaisseau, 3 enseignes, 7 chirurgiens et 2 premiers maîtres de timonnerie.

Les équipages, qui forment un effectif d'environ 500 hommes, sont composés en grande partie de matelots noirs, désignés sous le nom de *laptots*; ces hommes sont actifs, dévoués, et fournissent des compagnies de débarquement très-précieuses dans les expéditions.

Culte et instruction publique.

La plupart des populations indigènes du bassin du Sénégal professent la religion musulmane, plus ou moins dénaturée par des pratiques superstitieuses et des coutumes idolâtres. Le chef de la religion musulmane réside à Saint-Louis où il existe une grande mosquée.

Comme dans tous les pays musulmans, le christianisme rencontre au Sénégal une grande résistance chez les populations soumises à la loi de Mahomet; son influence s'exerce beaucoup plus facilement sur les noirs idolâtres.

Depuis l'année 1843 le Sénégal possède une mission catholique qui fait partie du vicariat apostolique de la Guinée et de la Sénégambie, dont le personnel est alimenté par la congrégation du Saint-Esprit et du Saint-Cœur de Marie.

Le point central de cette mission est à Dakar, sur la presqu'île du Cap-Vert; c'est la résidence d'un évêque, le lieu d'acclimatement des missionnaires venant de France et l'établissement principal où l'on enseigne aux enfants les éléments des connaissances littéraires et industrielles adaptées à leur position et à leur avenir. Cet établissement comprend : une école primaire supérieure, une école primaire élémentaire et une école professionnelle. Les arts et métiers enseignés par les frères de la mission sont ceux de cordonnier, de tailleur, de menuisier, de relieur, d'imprimeur, de cuisinier, etc. On organise en ce moment, près de Joal, un vaste établissement agricole qui doit être spécialement affecté à la culture du coton. A côté de l'établissement des missionnaires s'élève celui des sœurs de l'Immaculée Conception pour les jeunes filles. La mission possède aussi une chapelle et une école à Joal.

Indépendamment de la mission de Dakar, le Sénégal forme une préfecture apostolique dont le clergé est fourni, comme celui de la mission de Dakar, par la congrégation du Saint-Esprit.

Le préfet apostolique, chef du service du culte catholique au Sénégal, est assisté de six prêtres répartis entre les deux paroisses de Saint-Louis et de Gorée.

En outre des trois écoles tenues à Dakar et à Joal par les

missionnaires et les sœurs, on compte dans la colonie douze établissements d'instruction publique, savoir :

A Saint-Louis, pour les garçons, une école primaire supérieure tenue gratuitement par 9 frères de Ploërmel, et une école primaire laïque ; — pour les filles, une école gratuite tenue par 8 sœurs de Saint-Joseph, et une école primaire laïque ;

A Gorée, deux écoles gratuites pour les garçons et pour les filles, tenues, la première par 5 frères de Ploërmel, la seconde par 6 sœurs de Saint-Joseph ;

A Dakar, Dagana, Podor, Bakel et Sedhiou, une école primaire laïque.

Les sœurs de Saint-Joseph tiennent en outre un asile à Saint-Louis et à Gorée.

Enfin, il existe au chef-lieu une école des otages où le gouvernement entretient et instruit environ trente fils de chefs indigènes qui lui ont été confiés en garantie de l'exécution des traités.

Une commission, composée du chef du service judiciaire, du préfet apostolique, du maire et d'un habitant notable, est chargée de l'inspection des écoles de Saint-Louis.

Justice.

L'ordonnance du 7 janvier 1822, qui a organisé pour la première fois le service de la justice au Sénégal, a été modifiée successivement par quatre ordonnances portant les dates des 24 mai 1837, 19 novembre 1840, 27 mars 1844 et 4 décembre 1847, et enfin par le décret du 9 août 1854.

Aux termes de ce décret, la justice est rendue au Sénégal par des tribunaux de première instance et de police, par une cour impériale et par une cour d'assises.

Les tribunaux de première instance siégent à Saint-Louis et à Gorée[1]. Le tribunal de première instance de Saint-Louis est composé d'un juge impérial, d'un procureur impérial et d'un greffier ; il comprend dans sa juridiction l'île de Saint-Louis et les établissements sur le fleuve du Sénégal, à l'exception de Bakel.

Le tribunal de première instance de Gorée est composé

---

1. Un tribunal de première instance a été installé à Bakel par décret du 1ᵉʳ avril 1863.

d'un juge impérial, d'un substitut du procureur impérial et d'un greffier ; il comprend dans sa juridiction l'île de Gorée et les établissements au sud de cette île.

Les tribunaux de première instance connaissent de toutes les actions civiles et commerciales, en premier et dernier ressort, jusqu'à la valeur de mille francs en principal ou de soixante francs de revenu déterminé, soit en rente, soit par prix de bail ; et en premier ressort seulement au-dessus de ces sommes. Ils se conforment aux dispositions de l'art. 2 de la loi du 11 avril 1838 en matière de justice de paix.

Comme tribunaux de police ou correctionnels, ils connaissent de toutes les contraventions de police et de tous les délits. Les jugements rendus en matière de simple police ne peuvent être attaqués par la voie de l'appel que s'ils prononcent cinq jours d'emprisonnement, ou si les amendes, restitutions et autres réparations civiles, excèdent la somme de cent francs, outre les dépens.

La cour impériale siége à Saint-Louis ; elle est composée d'un président chef du service judiciaire de la colonie, d'un conseiller, d'un conseiller auditeur et d'un greffier. Le procureur impérial près le tribunal de Saint-Louis remplit auprès de la cour les fonctions du ministère public. Le ressort de la Cour impériale comprend l'ensemble des établissements français sur la côte occidentale d'Afrique. Ses arrêts sont rendus par trois juges. Elle connaît des appels en matière civile, de commerce ou de douane, et en matière correctionnelle ou de simple police. Le recours en cassation est ouvert en matière civile, commerciale et douanière, ainsi qu'en matière correctionnelle, contre les arrêts de la Cour impériale.

La cour d'assises du Sénégal siége à Saint-Louis ; elle est composée du président de la Cour impériale, du conseiller et du conseiller auditeur, de quatre assesseurs choisis parmi les habitants notables, du procureur impérial et du greffier de la cour. La cour d'assises connaît de toutes les affaires criminelles ; elle est saisie directement par le procureur impérial. Les juges et les assesseurs délibèrent en commun sur les questions de fait résultant de l'acte d'accusation ou des débats. La déclaration de culpabilité est rendue à la simple majorité. Les juges statuent seuls sur les questions de compétence, l'application de la peine, les incidents de droit ou de procédure, et les demandes en dommages-intérêts.

La Cour de cassation peut, en cas d'annulation d'un arrêt

rendu par la cour d'assises du Sénégal, renvoyer le procès devant la même cour ; dans ce cas, la cour d'assises est composée du gouverneur de la colonie, président, de deux membres pris parmi les magistrats qui n'ont pas connu de l'affaire, et à défaut, parmi les notables que choisit le président de la cour parmi ceux désignés chaque année par le gouverneur pour suppléer les membres de l'ordre judiciaire momentanément absents ou empêchés.

Dans les instances soumises au préliminaire de conciliation, les maires de Saint-Louis et de Gorée remplissent les fonctions de magistrats conciliateurs.

Un seul fonctionnaire exerce l'emploi de greffier près les diverses juridictions établies au siége de sa résidence. Il réunit à ces fonctions celles de notaire. Telles sont les principales dispositions du décret organique du 9 août 1854.

Un décret subséquent du 27 décembre 1854, visant le décret du 1er novembre de la même année, qui avait prononcé la séparation du commandement de Gorée de celui du Sénégal, a créé un procureur impérial à Gorée au lieu et place d'un substitut.

Aux termes de ce décret, le magistrat qui remplissait les fonctions du ministère public près le tribunal de première instance de cette ville, était chef du service judiciaire à Gorée. Mais un décret ultérieur du 26 février 1859, en replaçant l'île de Gorée sous l'autorité du gouverneur du Sénégal, n'a laissé naturellement au procureur impérial que les attributions du ministère public.

Un décret du 1er avril 1863 a complété l'organisation susmentionnée en conférant aux commandants des divers arrondissements du Sénégal, autres que Saint-Louis et Gorée, les attributions de juge d'instruction, et en créant un tribunal de police correctionnelle et de simple police à Bakel, composé du commandant de l'arrondissement, président, et de deux notables nommés pour un an par le gouverneur. Les fonctions du ministère public près de ce tribunal sont remplies par l'officier d'administration en résidence au fort de Bakel.

Conseils de conciliation. — Pour faciliter dans les établissements de l'intérieur trop distants de Saint-Louis l'administration de la justice, des conseils de conciliation ont été créés par un arrêté local en date du 20 janvier 1862, approuvé par le ministre de la marine (dépêche ministérielle du 21 mars 1862). Cet arrêté, complété par un second arrêté du 20 juillet 1863, institue dans l'arrondissement de Bakel et dans chaque chef-lieu de cercle, un conseil de conciliation destiné à régler par la voie amiable les différends qui peuvent s'élever entre les résidents qui font le commerce dans ces localités. Le commandant de l'arrondissement ou du cercle préside ce conseil ; il est assisté de deux notables et de deux suppléants désignés par le gouverneur au commencement de chaque année.

Avoués. — Un arrêté ministériel, en date du 5 mars 1859, a organisé dans le ressort de la Cour impériale du Sénégal une corporation d'officiers ministériels qui, sous la dénomination de *conseils commissionnés*, remplissent les fonctions attribuées aux avoués ; ils sont au nombre de quatre.

Commissaire-priseur. — Il existe à Saint-Louis un commissaire-priseur encanteur, exclusivement chargé de procéder à toutes les ventes volontaires de marchandises, effets mobiliers, navires, etc. Les huissiers ont seuls le droit de procéder aux ventes mobilières après saisie.

Justice musulmane. — En ce qui concerne la justice musulmane, un décret du 20 mai 1857 a créé à Saint-Louis un tribunal musulman composé d'un cadi, d'un assesseur et d'un greffier. Ce tribunal connaît exclusivement des affaires, entre indigènes musulmans, relatives aux questions qui intéressent l'état civil, le mariage, les successions, donations et testaments, etc. Les causes sont instruites et jugées d'après le droit et suivant les formes de procéder en usage chez les Musulmans. L'appel est ouvert aux parties contre les jugements du tribunal musulman. Il y est statué d'après la loi musulmane par un conseil composé du gouverneur, président, d'un conseiller de la Cour impériale, du chef du bureau des affaires indigènes et du chef de la religion musulmane ou *Tamsir*.

Les parties peuvent, si elles le jugent convenable, porter leurs contestations devant les tribunaux français, qui statuent selon les règles de compétence et les formes de la loi française. Un assesseur musulman est, dans ce cas, désigné par le gouverneur pour siéger avec voie délibérative.

La justice musulmane est rendue gratuitement et sans autres frais que ceux prévus et alloués par la loi musulmane.

Statistique de 1861. — Le nombre des affaires portées en conciliation, à Saint-Louis, devant le conseiller auditeur, qui pourvoit aux actes tutélaires attribués aux juges de paix, a été de 861, dont 393 ont été conciliées, 197 non conciliées, et 271 ont été jugées par défaut. A Gorée, le nombre de ces affaires portées devant le juge impérial, chargé des mêmes fonctions, a été de 76, dont 18 ont été conciliées et 58 non conciliées.

Le tribunal de première instance de Saint-Louis, statuant en matière civile et commerciale, a prononcé jugement sur 556 affaires, dont 163 en premier ressort. Celui de Gorée a jugé 82 affaires en premier ressort.

Le tribunal de première instance de Saint-Louis, prononçant en matière correctionnelle, a jugé 145 affaires et 283 contraventions de simple police. A Gorée, le tribunal de première instance a prononcé 102 jugements en matière correctionnelle, et 280 jugements pour contraventions de simple police.

La Cour impériale a rendu 70 arrêts, et la cour d'assises 16. Deux pourvois en cassation, en matière correctionnelle, ont été présentés et rejetés.

La proportion des attentats sur la propriété et des délits contre les personnes peut être établie ainsi qu'il suit, en chiffres ronds : contre les personnes, 20 centièmes; contre les propriétés, 80 centièmes.

Finances.

Le Sénégal et ses dépendances figurent au budget de l'État (exercice 1863) pour une somme de 3 804 970 fr., ainsi répartie :

DÉPENSES DE L'ÉTAT (EXERCICE 1863).

Personnel civil et militaire.

	fr.	c.
Gouvernement colonial...............	85 300	»
Administration générale...............	132 735	»
Justice.............................	61 800	»
Culte..............................	29 800	»
État-major général et des places........	54 660	»
État-major de l'artillerie.............	38 535	»
A reporter.......	402 830	»

	fr.	c.
Report..........	402 830	»
État-major du génie..................	70 420	»
Inscription maritime.................	4 600	»
Gendarmerie coloniale................	47 992	»
Équipages du train...................	56 490	50
Spahis...............................	216 111	»
Compagnies disciplinaires............	117 906	78
Troupes indigènes....................	434 776	69
Accessoires de la solde..............	62 000	»
Traitement dans les hôpitaux.........	633 190	60
Vivres...............................	781 229	90
Agents divers........................	2 712	»
Total................................	2 830 259	47
A déduire, un 30ᵉ pour incomplets...	94 341	98
Total................................	2 735 917	49

Matériel civil et militaire.

	fr.	c.
Ports et rades.......................	14 000	»
Édifices publics.....................	40 000	»
Casernement et campement.............	5 300	»
Artillerie et transports.............	119 200	»
Génie................................	281 100	»
Loyers et ameublements...............	10 000	»
Impressions et publications..........	4 000	»
Frais de justice et de procédure.....	2 950	»
Encouragement aux cultures...........	2 500	»
Total................................	479 050	»

Subvention.

	fr.	c.
Sénégal..............................	400 000	»
Gorée et dépendances.................	190 000	»
Total................................	590 000	»

Récapitulation.

	fr.	c.
Personnel (chiffres ronds)...........	2 735 920	»
Matériel......id.....................	479 050	»
Subvention....id.....................	590 000	»
Total général........................	3 804 970	»

Les dépenses qui précèdent ne comprennent pas celles qui

sont effectuées au compte du *service marine* et dont le détail n'est donné que dans les *comptes définitifs*. En 1861, elles se sont élevées à la somme de 1 541 380 fr.

BUDGET LOCAL (EXERCICE 1863).

Le budget du service local doit être réglé en dépenses sur les ressources suivantes :

Recettes.

	fr.	c.
Droits sur les loyers des maisons........	16 683	88
Contribution personnelle...............	43 000	»
Patentes industrielles..................	104 060	»
Droits de tonnage.....................	6 000	»
Droits de douanes.....................	232 550	»
Droits de greffe, d'enregistrement et de timbre.............................	30 500	»
Produits des domaines.................	19 000	»
Recettes diverses.....................	67 400	»
Subvention métropolitaine.............	590 000	»
Total................	1 109 193	88

Dépenses.

Personnel.

	fr.	c.
Administration municipale..............	10 720	»
Comité consultatif des colonies (part contributive)...........................	400	»
Agents des services financiers..........	54 420	»
Instruction publique...................	88 927	60
Personnel des ponts et chaussées.......	26 070	»
Service de la police...................	24 618	10
Service des ports.....................	32 156	38
Culte et tribunal musulmans............	10 565	»
Imprimerie...........................	18 445	»
Prisons..............................	4 880	»
Hospice civil.........................	3 800	»
Télégraphie électrique.................	21 640	»
Direction des affaires indigènes.........	43 474	50
Agents subalternes du culte catholique..	2 740	»
— du service judiciaire.............	7 120	»
— du gouvernement colonial........	1 920	»
A reporter.....	351 896	58

	fr.	c.
Report.....	351 896	58
Agents du service intérieur..............	12 220	»
Pensions et secours...................	6 197	40
Postes........................	34 290	»
Accessoires de la solde................	15 000	»
Bourses dans les colléges de France....	6 200	»
Hôpitaux militaires...................	16 357	59
Vivres..........................	62 311	67
Total du personnel................	504 473	24
A déduire, le 45ᵉ pour retenues et incomplets.......................	9 462	31
Total...........	495 010	93

Matériel.

	fr.	
Entretien des bâtiments publics, routes et ponts........................	356 000	»
Approvisionnements généraux.........	72 000	»
Loyers d'établissements et de maisons..	23 985	83
Transports par terre et par eau........	6 000	»
Subventions à divers établissements....	13 500	»
Dépenses de l'hospice civil............	8 500	»
Exposition permanente................	4 000	»
École des otages et fils de chefs........	14 000	»
Direction des affaires indigènes........	25 000	»
Poste aux lettres....................	6 500	»
Dépenses diverses et imprévues........	70 197	12
Éclairage des établissements publics....	14 500	»
Total du matériel.................	614 182	95
Total général.................	1 109 193	88

Banque. — L'ensemble des opérations de la Banque s'est élevé, dans la période du 1ᵉʳ juillet 1861 au 30 juin 1862, à 2 384 496 fr. 47 c.; l'exercice précédent, ces mêmes opérations avaient été de 2 295 971 fr. 03 c., d'où il résulte une différence en plus, pour 1861-62, de 88 525 fr. 44 c.

Les dividendes de 1861-62 se sont élevés à 34 fr. 85 c., soit 7 fr. 98 c. p. 100 par action, tandis que ceux de 1860-61 ne se montaient qu'à 34 fr. 31 c. par action.

Au 1ᵉʳ juillet 1861, le fonds de réserve de la Banque était de 24 454 fr. 40 c.; il était de 30 382 fr. 82 c. au 1ᵉʳ juillet 1862.

Agriculture et produits du sol.

L'agriculture, au Sénégal, est entièrement aux mains des noirs. Les principaux produits du sol de la colonie et de ses dépendances sont : la gomme, l'arachide, le béref ou graine de melon, le sésame et autres plantes oléagineuses, l'amande et l'huile de palme, le mil, le riz et le coton.

Gomme. — L'arbre qui produit la gomme appartient au genre des acacias et porte, parmi les indigènes, le nom de *vereck* quand il donne de la gomme blanche, et de *nebueb* quand il donne de la gomme rouge.

Les principaux points de production se trouvent sur la rive droite du fleuve, dans le pays des Maures, qui viennent camper auprès des forêts de gommiers qu'exploitent leurs esclaves. La gomme dite de Galam, que l'on traite à Bakel, est la plus blanche et la plus estimée. On trouve également de la gomme sur la rive gauche du Sénégal, mais elle est généralement plus colorée, plus friable et moins estimée que celle de la rive droite. La traite de la gomme, aux diverses escales du fleuve, a lieu ordinairement du mois de janvier au mois d'août ; elle est en voie de diminution depuis quelques années. En 1859, l'exportation a été de 4 061 301 kilogr.; en 1860, de 3 125 436 ; en 1861, de 3 139 168 ; et en 1862, de 2 303 912. Une des causes de cette diminution est l'abaissement des prix de la gomme sur les marchés d'Europe ; au commencement de 1863, les prix avaient une tendance à remonter.

Arachide. — L'arachide (*arachis hypogea*) est une plante annuelle, de la famille des légumineuses, qui ne s'élève pas au-dessus du sol de plus d'un pied ; elle produit une amande de la grosseur d'une petite aveline, que l'on désigne ordinairement sous le nom de pistache de terre, et dont on extrait une huile limpide, claire, inodore, moins grasse que l'huile d'olive, à laquelle on la dit supérieure[1]. L'amande sert

---

[1] Toutes les fleurs de l'arachide portées sur les tiges droites avortent, celles placées sur les tiges couchées ou qui sont peu éloignées de terre sont les seules qui fructifient, et voici la manière dont s'opère cette fructification : après la fécondation, tous les organes floraux tombent, laissant l'ovaire à nu, porté sur un torus qui bientôt s'allonge en se recourbant

aussi de nourriture aux habitants, qui la font griller et en sont très-friands. Les tiges de la plante fournissent un excellent fourrage aux bestiaux. L'enveloppe de l'amande, réduite en tourteaux, sert de combustible et d'engrais. La culture de l'arachide s'est propagée considérablement dans la colonie depuis quelques années; l'exportation, qui en 1840 n'était que de 1210 kilog., est aujourd'hui de plus de 10 millions de kilog. C'est le Cayor et la Casamance qui fournissent les plus fortes quantités d'arachides; il en vient également dans le pays de Galam une espèce qui est plus estimée que les autres, à cause du peu d'épaisseur de la coque et du rendement supérieur en huile. On commence à planter en novembre, et la récolte finit ordinairement en mars.

Béref et autres plantes oléagineuses. — Le béref, ou *beraff*, est la graine de deux cucurbitacées (*cucumis melo* et *cucurbita miroor*) qui contient 30 pour 100 d'une huile très-fluide, se rapprochant beaucoup de l'huile d'olive et bonne pour l'alimentation et la saponification. Les noirs consomment cette cucurbitacée crue et vendent la graine. La production augmente chaque année; en 1860, l'exportation n'était que de 63 266 kilog., et en 1862, elle s'est élevée à 1 016 346 kilog. On récolte aussi au Sénégal, principalement en Casamance, d'autres oléagineux, tels que la graine de sésame (*sesamum orientale*), de pignon d'Inde (*curcas purgans*), la noix de touloucouna (*carapa touloucouna*), la noix de palme qui conviennent surtout à la savonnerie.

Mil et autres céréales. — Le mil est à peu près la seule céréale des noirs; ils en font une espèce de semoule ou couscous qui constitue la base de leur nourriture. Le mil est cultivé sur les deux rives du Sénégal et principalement sur la rive gauche; les champs de mil sont nommés lougans; on le plante en juillet, avant les pluies, et on le récolte en novembre. Les noirs cultivent aussi, pour leur nourriture, du

---

vers la terre de manière à y faire pénétrer l'ovaire; et ce n'est que lorsque celui-ci est parvenu à une profondeur de 5 à 8 centimètres, qu'il commence à grossir de manière à former une gousse longue de 27 à 36 millimètres, épaisse de 9 à 14, un peu étranglée au milieu. Cette gousse est formée d'une coque blanche, mince, veineuse, réticulée, renfermant ordinairement deux semences d'un rouge vineux, blanches à l'intérieur, très-huileuses et d'un goût de haricot. (Extrait de l'*Histoire naturelle des drogues simples*, par Guibourt.)

riz, du maïs, des haricots dits *niébés*. Le riz du Kaarta est aussi beau que les plus beaux riz de l'Inde.

Coton. — Le coton croît partout à l'état sauvage au Sénégal, mais surtout dans le haut pays ; la plante y vient de moyenne grandeur, dure sept à huit ans, n'exige aucune culture et produit beaucoup les quatre premières années. Aucun insecte parasite ne gâte la blancheur de ses fibres, aucun animal ne dévore la plante, et le seul inconvénient à signaler est le vent du désert qui emporte au loin la soie des coques dont la cueillette n'a pas été faite à temps. Les cotons sénégalais sont d'une remarquable finesse et d'une grande force, bien que beaucoup plus courts que les cotons américains ; on les classe dans les sortes moyennes des États-Unis.

On cultive aussi, dans le bas Sénégal, un coton herbacé appelé koraï (*hirsutum herbaceum*), que les noirs sèment dans leurs lougans après la récolte du mil, c'est-à-dire en novembre, et qu'ils récoltent d'avril à juin. Ce coton donne une soie blanche et très-solide ; après la récolte, la plante est broutée par les bestiaux, et les pieds sont arrachés en juin avant l'ensemencement du mil.

Les noirs emploient le coton pour tisser des vêtements à leur usage personnel ; jusqu'à présent l'exportation a été à peu près nulle, mais il est permis d'espérer que, grâce aux encouragements dont cette culture est l'objet en ce moment de la part du Gouvernement, et aux essais de nouvelles graines qui ont été faits récemment dans la colonie, le Sénégal ne tardera pas à entrer dans le grand mouvement commercial qui peut régénérer l'Afrique [1].

Indigo. — L'indigofère croît partout à l'état sauvage dans la Sénégambie ; les noirs le cultivent autour de leurs cases, recueillent les feuilles vertes avant la floraison, les pilent dans des mortiers et en font des boules qui sont d'un emploi général et l'objet d'un commerce très-actif dans l'intérieur, surtout en Gambie. La plante donne jusqu'à vingt récoltes par an sur les bords du fleuve et dure quatre à cinq ans.

Bestiaux. — Les animaux employés à l'agriculture au Sénégal sont le bœuf, l'âne et le chameau ; celui-ci n'est employé

---

1. Voir l'article sur la culture du coton au Sénégal, par M. Azan, publié dans le numéro de juillet 1863 de la *Revue maritime et coloniale*, p. 445.

que par les Maures. On élève aussi des chèvres, des moutons et des cochons. Les bœufs y sont très-dociles ; on en exporte une certaine quantité pour les Antilles. Les moutons élevés par les Maures ont un pelage noir, court, donnant une laine très-douce. Le cheval sénégalais, d'origine arabe, est de petite taille, très-sobre, résistant très-bien à la fatigue ; les indigènes ne s'en servent jamais comme bête de somme ou de trait.

Bois. — Le Sénégal proprement dit ne produit pas une quantité de bois considérable, quoiqu'une partie de ses rives soit couverte de gonakiès (*acacia Adansonii*) très-propres aux constructions navales. Mais il n'en est pas de même en Casamance, où les ressources forestières sont immenses. La marine peut trouver là les meilleures essences, les mêmes qu'à Bissao, d'où les Portugais tirent la plus grande partie de leurs approvisionnements maritimes.

Les principales espèces sont : le Caïlcedra (*khaya Senegalensis*) ; le Detarr (*detarium Senegalense*) ; le Gonakié (*acacia adansonii*) ; le N'dimb (*sterculia cordifolia*) ; le Solum (*dialium nitidum*) ; le Vène (*pterocarpus erinaceus*).

Industries.

Les professions industrielles, dont la plupart sont considérées par les noirs et surtout par les mulâtres comme un déshonneur, n'ont pas un grand développement au Sénégal ; les seules fabriques qui y existent sont les briqueteries et les chaufourneries. Pour la fabrication de la brique on emploie les terres argileuses des environs de Saint-Louis, et, pour la fabrication de la chaux, on se sert de coquilles d'huîtres fossiles, dont on trouve des bancs considérables à huit kilomètres de la ville, ainsi que dans le pays de Sine.

Les principales professions manuelles sont celles de charpentier, de menuisier, de maçon, de calfat, de tisserand, de forgeron et d'orfévre ; de ces professions, celles de charpentier de marine, de tisserand et d'orfévre sont les seules qui offrent quelque degré de perfectionnement. Indépendamment des forgerons ordinaires, il existe dans la colonie des forgerons nègres ou maures qui ne se bornent pas au travail du fer et qui fondent, forgent et travaillent tous les métaux indistinctement. Ils fabriquent les outils de culture les plus grossiers et les bijoux en or les plus délicats.

Les tisserands nègres du Sénégal tissent avec le coton indigène des bandelettes d'étoffe de 15 centimètres de largeur en moyenne. La réunion de plusieurs de ces bandelettes, longues de 2 à 3 mètres environ, forme un morceau d'étoffe nommé pagne, qui constitue le principal vêtement des indigènes des deux sexes. Les plus beaux de ces pagnes sont mêlés de fils de couleurs qui forment des dessins très-réguliers et même assez compliqués. Le nombre des tisserands excède à lui seul celui de tous les autres ouvriers réunis.

Extraction de l'or. — L'or que l'on traite au Sénégal provient en grande partie du Bambouck et du Tambaoura. L'or se trouve dans des terrains d'alluvion formés de sable, de cailloux quartzeux et d'argile schisteuse. C'est sur ce fond facile à creuser que l'on pratique, pendant la saison sèche, des excavations de 7 à 8 mètres de profondeur. A mesure que la terre est extraite, des femmes en remplissent des calebasses qu'elles vont laver au marigot le plus proche. On conçoit que, par de tels procédés, l'on ne recueille qu'une faible partie de la quantité d'or contenue dans les sables aurifères.

Pêche. — Il n'existe aucun établissement de pêche à Saint-Louis et à Gorée. Le Sénégal et la mer qui borde les côtes abondent en poissons. Les nègres de Saint-Louis, de Guett-N'dar et des villages voisins, ainsi que ceux de Gorée et des environs pêchent à l'aide des procédés les plus primitifs, et prennent cependant des quantités considérables de poissons qui nourrissent la population, et dont une partie, séchée au soleil, est emportée dans l'intérieur. L'usage de la seine et de l'épervier se répand rapidement.

Marine locale. — Le nombre des marins noirs ou laptots employés à la navigation locale ou à la pêche est d'environ 450.

Il existe plusieurs chantiers de construction maritime à Saint-Louis et à Gorée. La colonie possède 48 navires de commerce (non compris les embarcations), dont 25 long-courriers et 23 caboteurs qui sortent presque tous de ces chantiers.

Une compagnie est formée à Saint-Louis pour le service du remorquage sur la barre du Sénégal; elle possède deux bateaux à vapeur qui sont affectés à ce service : le remorquage n'est pas obligatoire pour les caboteurs de Saint-Louis et de Gorée.

Commerce.

Législation. — Réglé d'abord par l'acte de navigation du 21 septembre 1793 et l'arrêté consulaire du 6 décembre 1801, le régime commercial de la colonie, après avoir subi plusieurs modifications, a été fixé en dernier lieu par le décret du 8 février 1852, dont voici les principales dispositions :

Les marchandises françaises de toute nature et certaines marchandises étrangères [1] sont admises au port de Saint-Louis au droit de 2 pour 100 de la valeur, lorsqu'elles sont importées par navires français ou des entrepôts de France exclusivement.

Néanmoins, les bois, les fers et aciers non ouvrés, les tabacs et les poudres peuvent être introduits au port de Saint-Louis, par extraction de l'entrepôt de Gorée et par navires français, moyennant le même droit de 2 pour 100.

Les poutrelles en fer et les autres fers laminés, propres à la construction des édifices, sont admis en franchise de droits lorsqu'ils arrivent, sous pavillon français, soit des ports ou entrepôts de la métropole, soit de Gorée. (Décret du 28 avril 1855.)

Sont également admis en franchise de droits : les fruits, les légumes frais et les pierres des Canaries importés directement par navires français.

Les toiles bleues de l'Inde, dites Guinées, qui forment le principal élément des échanges, ne peuvent être admises au Sénégal, sous le payement du droit de 2 pour 100 de la

---

1. Voici la nomenclature des marchandises étrangères admissibles :
Ambre, guinées, bajulapaux, néganépaux et autres toiles de l'Inde, baguettes, barbus, bassins et chaudrons, bayettes, bonnets de laine, bois, cauris, coraux ouvrés, couteaux, sabres et fusils de traite, cuivre rouge, clous de cuivre, verges rondes et barres plates de cuivre, fers et aciers non-ouvrés, fusils de chasse autres que de luxe, flacons de verre, féverolles de Hollande, grelots et clochettes en métal, gros carton brun, grosse quincaillerie, manilles, moques de faïence, neptunes, petits miroirs d'Allemagne, pipes de Hollande, plotilles de Breslau, plomb de deux points, poterie d'étain, poudre à tirer, produits des colonies françaises, rassades et autres verroteries, tabacs en feuilles et fabriqués, trompettes et vases de Saxe.

valeur, qu'après avoir fait escale dans les entrepôts de France.

Les vins étrangers de toute espèce, importés directement sous pavillon français, payent 25 centimes par hectolitre. (Décret du 31 janvier 1855.)

Les produits du Sénégal ne peuvent être exportés de Saint-Louis que par navires français et pour aucune autre destination que les ports de France et les colonies françaises. Ils sont soumis à un droit de sortie de 2 pour 100.

Toutefois, la gomme peut être expédiée par navires français, soit pour Gorée, soit directement pour l'étranger.

Le commerce de Gorée, de Joal,, dans le Sine, de Kaolakh dans le Saloum, de Carabane et de Sedhiou dans la Casamance est entièrement libre.

Les marchandises de toute espèce et de toute provenance (à l'exception des guinées) peuvent y être importées et en être exportées par navires de tout pavillon et en franchise de droits de douane.

Le commerce intérieur du Sénégal a été longtemps soumis à de nombreuses restrictions. Les échanges dans la partie supérieure du fleuve, qui ont pour point d'appui le comptoir fortifié de Bakel, ont été, à partir de 1824, monopolisés par une compagnie, dite de Galam, dont le privilége a été supprimé en 1848.

En outre, le commerce payait aux Maures, dans les différentes escales du fleuve, des droits, dits coutumes; ces coutumes, qui étaient très-élevés, ont été successivement supprimés depuis 1854; aujourd'hui le commerce du fleuve est entièrement libre; toutefois, d'après les traités, les gommes ne peuvent être achetées qu'à Médine, Bakel, Matam, Saldé, Podor et Dagana et payent aux chefs des Maures un droit de sortie qui remplace avantageusement l'ancienne coutume.

Statistique. — Voici, depuis l'époque de la reprise de possession, la marche qu'a suivie le mouvement commercial de la colonie, y compris l'île de Gorée, avec la France [1].

---

1. Ces chiffres sont empruntés aux *Tableaux du commerce de la France*, publiés par l'Administration des douanes métropolitaines. Ils représentent la valeur *officielle* des marchandises, établie de façon à permettre la comparaison d'une année à l'autre, d'après un tarif qui a été arrêté en 1826 et qui n'a pas varié depuis cette époque.

Voici le relevé des principales marchandises et denrées composant les importations :

	fr.
Produits d'animaux, viandes salées	126 528
Farines	295 751
Riz	183 210
Autres farineux alimentaires	294 029
Arachides en coques	105 573
Fruits et graines divers	58 613
Tabac en feuilles	336 062
Sucre et mélasses	267 808
Huile d'olive et de graines grasses	72 865
Huile de palme	37 193
Bois communs	148 138
Charbon de terre	231 352
Métaux (fer, cuivre, plomb et zinc)	92 594
Savon	57 704
Vins français	501 345
Eaux-de-vie, liqueurs et autres boissons	324 760
Fils de coton et fils à voiles	84 538
Guinées et autres tissus de l'Inde	2 340 963
Guinées de Rouen	72 764
Autres tissus de coton	647 735
Tissus de laine et de soie	51 410
Tissus de lin ou de chanvre	78 065
Ouvrages en fer et quincaillerie	97 159
Ouvrages en bois	109 673
Ouvrages en cuir	57 303
Modes et merceries	77 824
Effets confectionnés	252 485
Articles de Paris	52 787
Sacs vides	71 776
Apparaux de navires, ancres et cordages	55 953
Poudre de chasse et de traite	53 884
Armes à feu	68 674
Articles divers	604 399
Total	7 910 917

Les principales marchandises que la colonie tire de l'étranger sont : les guinées et le riz qui viennent de l'Inde ; les tabacs, et les sucres non raffinés, de l'Amérique ; la cire, les peaux de bœufs, les arachides, les amandes et l'huile de palme, du Cayor et autres pays limitrophes. Aucun de ces derniers produits du sol africain n'est consommé dans la colonie ; ils figurent tous dans les exportations.

Voici maintenant les principales denrées et marchandises d'exportation :

	fr.
Bœufs..	36 900
Peaux de bœufs.................................	225 354
Cire jaune...	10 296
Plumes de parure...............................	10 557
Ivoire...	12 271
Mil...	8 240
Arachides..	522 783
Graines de melon (*béraff*) et autres oléagineux..	74 178
Huile de palme..................................	23 156
Gomme..	1 999 764
Or...	5 991
Produits divers..................................	4 851
Total des produits de la colonie........	2 934 341

Denrées et marchandises provenant de l'importation.

Farineux alimentaires........................	37 158
Tabac en feuilles...............................	54 301
Huile de palme..................................	11 820
Métaux..	13 047
Vins, spiritueux et autres boissons....	70 757
Guinées de l'Inde et autres................	106 179
Ouvrages en matières diverses..........	73 238
Marchandises et produits divers........	184 641
Total des exportations........	3 485 482

GORÉE.

Gorée ne donne lieu, quant à sa consommation locale, qu'à un commerce insignifiant, mais son port sert de point de relâche et d'échange à une partie des navires qui vont, soit de France, soit des États-Unis, aux différents points de la côte d'Afrique, aux navires qui reviennent de cette côte et aux caboteurs qui fréquentent également le littoral africain jusqu'aux environs de Sierra-Leone.

En 1861, le mouvement général du commerce extérieur de l'île s'est élevé à la somme de 10 076 132 fr. dont 5 472 803 fr. à l'importation et 4 603 329 à l'exportation.

Le tableau suivant montre les pays avec lesquels le commerce s'est effectué :

PAYS DE PROVENANCE OU DE DESTINATION.	IMPORTATION à Gorée.	EXPORTATION de Gorée.
	fr.	fr.
France..................................	3,557,268 [1]	1,962,696
Colonies françaises.....................	82,759	12,225
Saint-Louis (Sénégal)...................	58,481	101,059
Petite côte ou côte voisine.............	185,659	292,119
Sine et Saloum.........................	83,930	204,587
Gambie et côte Sud.....................	329,673	1,325,069
Casamance..............................	602,524	647,320
Cap Vert et Canaries...................	2,959	12,104
États-Unis.............................	414,281	46,150
Angleterre.............................	155,269	»
Totaux..................	5,472,803	4,603,329

1. Dans cette somme est comprise une valeur de 1,041,208 francs de marchandises étrangères provenant des entrepôts de France.

L'île de Gorée ne produisant rien par elle-même, toutes les marchandises qu'elle exporte proviennent de l'importation.

Les principales denrées et marchandises que le commerce de Gorée tire de la France et de l'étranger pour les revendre ensuite à la côte occidentale d'Afrique, sont : les tissus de coton, les guinées de l'Inde, le tabac, les vins, le tafia, les eaux-de-vie et autres liqueurs fortes, le charbon de terre, les farines, le sucre raffiné, le savon, les bougies, les armes à feu, la poudre de traite, les verroteries, les articles de Paris, les cotons filés, les vêtements confectionnés, etc.

Gorée fait surtout venir de France : les vins et les eaux-de-vie, les tissus de coton, le charbon de terre, les farines, le sucre raffiné, les armes à feu, les confections, les articles de Paris ; — des entrepôts français : le tabac, le tafia, les guinées de l'Inde ; — des États-Unis : le tabac et le tafia ; — et d'Angleterre : des tissus de coton, des ouvrages en fer et de la poudre de traite [1].

Les principales denrées que l'île de Gorée tire de la côte

1. Par suite des améliorations introduites dans la fabrication de la poudre de traite française, celle-ci tend à être préférée à la poudre d'origine anglaise.

voisine, de Sine et de Saloum, de la Casamance et de la Gambie, et qu'elle exporte principalement en France, sont : l'arachide, la cire, les peaux de bœufs, l'huile et les amandes de palme, les graines de sésame, la gomme copal, l'ivoire, etc. Voici quelle a été la valeur de quelques-uns de ces produits en 1861 :

	fr.
Arachides	1 372 000
Cire	306 423
Peaux de bœufs	208 789
Amandes et huile de palme	52 446
Graines de Sésame	40 271

La colonie exporte aussi des bœufs vivants aux Antilles et a commencé depuis quelques années à envoyer des arachides aux États-Unis.

COMPTOIR DE JOAL (SINE).

Le commerce du comptoir de Joal s'est élevé en 1861 à la somme de 110 211 fr. qui s'est décomposée de la manière suivante :

Importations.

	fr.
Eaux-de-vie et liqueurs	22 090
Tissus	3 680
Vins	1 680
Tabac	1 295
Farines, lard, bière et sucre	691
Total	29 436

Exportations.

	fr.
Peaux de bœufs	30 851
Bœufs vivants	3 890
Chaux et coquilles	19 600
Mil	16 554
Charbon de bois	2 609
Riz	2 584
Cire	1 924
Arachides	1 813
Bois	820
Moutons, chèvres et porcs	130
Total	80 775

Tout le commerce extérieur du comptoir de Joal se fait avec Gorée et avec Sainte-Marie-de-Bathurst, en Gambie.

COMPTOIR DE KAOLAKH (SALOUM).

Le commerce du comptoir de Kaolakh s'est élevé, en 1861, à la somme de 164 896 francs qui s'est décomposée de la manière suivante :

Importations.

	fr.
Tabac...................................	31 021
Guinées et tissus divers................	29 660
Eaux-de-vie.............................	26 714
Tafia...................................	17 371
Liqueurs et boissons....................	5 010
Fusils et poudre de traite..............	3 275
Articles divers.........................	5 803
Total...............	118 854

Exportations.

	fr.
Peaux de bœufs..........................	25 061
Arachides...............................	14 011
Mil.....................................	5 560
Bœufs vivants...........................	800
Produits divers.........................	610
Total...............	46 042

Le commerce extérieur de Kaolakh se fait exclusivement avec Gorée et Sainte-Marie de Bathurst.

COMPTOIR DE CARABANE (CASAMANCE).

Le commerce du comptoir de Carabane, à l'embouchure de la Casamance, s'est élevé, en 1861, à la somme de 830 712 francs, qui s'est décomposée de la manière suivante :

Importations.

Marchandises venant de Gorée ou d'Europe.

	fr.
Tabac	9 467
Eaux-de-vie et tafias	8 234
Tissus de coton	49 292
Poudre de traite	8 925
Verroteries	4 694
Fer en barres	1 767
Articles divers d'Europe	5 485

Produits venant du haut du fleuve.

Arachides	237 873
Cire	4 774
Peaux de bœufs	3 975
Riz	3 113
Gomme copal	3 079
Coton non égrené	1 680
Produits divers	2 776
Total	345 134

Exportations.

Produits du sol expédiés à Gorée ou en Europe.

	fr.
Arachides	320 353
Riz	36 072
Cire	15 540
Peaux de bœufs	10 846
Chaux	2 311
Amandes de palme	1 345

Marchandises provenant de l'importation par mer et expédiées dans le fleuve.

Tissus	30 632
Tabac	8 112
Eaux-de-vie	8 440
Corail	17 000
Verroteries	5 900
Poudre de traite	1 811
Bijouterie	5 700
Articles divers	21 516
Total	485 578

COMPTOIR DE SEDHIOU (CASAMANCE).

Le comptoir de Sedhiou a doublé d'importance depuis 1856; en 1860, dernière année dont nous possédons la statistique complète, le commerce s'est élevé à la somme de 1 144 057 francs [1], importations et exportations réunies.

Voici les principaux éléments de ce commerce :

Importations.

	fr.
Farineux alimentaires	31 626
Tabac	38 001
Bois	3 050
Barres et plaques de fer	9 101
Zinc	4 131
Sucre raffiné	2 213
Eaux-de-vie et boissons	20 572
Verroteries	26 100
Ambre	34 834
Corail	23 135
Tissus de coton	212 205
Poudre de traite	53 991
Fusils de traite	28 324
Sabres	6 297
Sel	5 110
Cire	5 493
Articles divers	25 873
Total	530 056

Exportations.

	fr.
Bœufs vivants	4 880
Peaux de bœufs	37 471
Cire	109 644
Arachides	441 983
Riz	6 760
Produits divers	13 263
Total	614 001

1. Pendant le 1er trimestre de 1862, la valeur des importations et des exportations a été de 698 737 fr.

La production de l'arachide dans la Casamance a considérablement augmenté depuis 1860. En 1862, la récolte a produit 380 000 boisseaux (5 130 000 kilog. environ), représentant une valeur de 1 333 800 francs.

RIO-NUNEZ ET RIO-PONGO.

On compte dans le Rio-Nunez cinq factoreries françaises, trois anglaises, une américaine et une indigène; elles se partagent un commerce de 4 millions de francs au moins, dont les principaux articles sont, en exportations : le café, les cuirs, l'or, l'ivoire, le riz, les arachides et un peu de cire; en importations : les cotonnades, la poudre, les armes, les verroteries et une prodigieuse quantité de sel. Le Rio-Pongo et la Mallécory prennent une part assez importante au mouvement commercial de cette zone des dépendances du Sénégal.

Navigation.

Législation. — La navigation entre la France et le Sénégal, y compris l'île de Gorée, et les rapports de la colonie avec les autres possessions françaises d'Asie, d'Afrique et d'Amérique, est réservée au pavillon national. Non-seulement les navires français sont seuls admis à faire le commerce dans le fleuve du Sénégal, mais les navires étrangers venant de l'étranger ne peuvent entrer dans le Sénégal, même pour y introduire les marchandises permises. Les navires étrangers qui touchent à Saint-Louis payent un droit de tonnage de 4 francs par tonneau, sauf le cas de relâche forcée. A Gorée, où les navires étrangers sont admis à faire le commerce, le droit de tonnage n'est que de 0 fr. 50 par tonneau (Décret du 8 février 1852 et du 6 janvier 1855).

Les taxes accessoires de navigation perçues à Saint-Louis consistent en droits de tonnage, de congé, d'ancrage, de francisation et de pilotage, qui sont fixés par des arrêtés locaux. Les droits de francisation et de congé sont les mêmes à Gorée qu'à Saint-Louis.

Dans les comptoirs français de Joal et de Kaolakh et dans ceux de la Casamance, les navires de commerce, quelle que soit leur nationalité, ne sont assujettis à aucun droit de navigation.

Statistique. — En 1861, il est entré à Saint-Louis 90 navires jaugeant 15 007 tonneaux et montés par 890 hommes d'équipage ; il en est sorti 95 navires jaugeant 16 016 tonneaux et montés par 1032 hommes d'équipage. Voici le tableau général, par pays de provenance et de destination, des mouvements de la navigation maritime du Sénégal en 1861 :

SÉNÉGAL (SAINT-LOUIS).

PAYS DE PROVENANCE ou de DESTINATION	ENTRÉE. (Navires français).			SORTIE. (Navires français).		
	Nombre	Tonnage	Équipage	Nombre	Tonnage	Équipage
FRANCE.						
Hâvre	2	252	27	»	»	»
Bordeaux	28	6,299	355	25	5,811	322
Marseille	19	4,081	95	10	2,216	108
Toulon	1	325	11	»	»	»
Totaux	50	10,957	488	35	8,027	430
COLONIES FRANÇAISES.						
Algérie	4	855	41	»	»	»
Gorée	19	1,499	191	31	3,801	316
Guadeloupe	»	»	»	4	923	50
Totaux	23	2,354	232	35	4,724	366
PAYS ÉTRANGERS.						
Angleterre	1	171	10	»	»	»
Espagne	1	262	13	»	»	»
Iles du Cap Vert	1	53	8	2	222	17
Canaries	2	320	21	»	»	»
Gambie	»	»	»	3	602	29
Bissao	2	78	16	1	39	8
Rio-Nunez	2	84	18	2	85	18
Rio-Pongo	8	728	84	12	1,332	113
Sierra Leone	»	»	»	3	507	30
Mexique	»	»	»	2	478	21
Totaux	17	1,696	170	25	3,265	236
Totaux généraux	90	15,007	890	95	16,016	1,032

GORÉE.

Le commerce maritime de Gorée a donné lieu, en 1861, à l'entrée de 590 navires, jaugeant 40 343 tonneaux et montés par 4004 hommes d'équipage, et à la sortie de 583 navires, jaugeant 38 572 tonneaux et montés par 3943 hommes d'équipage. Ce mouvement maritime s'est réparti de la manière suivante :

Entrée.

		Nombre.	Tonnage.	Équipage.
Navires français venant	de France	67	16 971	763
	des colonies françaises	13	2 970	172
	de l'étranger [1]	29	6 923	480
Caboteurs de la colonie venant.	des colonies françaises	84	5 340	628
	de l'étranger [2]	378	5 464	1806
Navires et caboteurs étrangers venant	des États-Unis	8	1 410	66
	du Cap-Vert, Ténériffe et Ste-Marie de Gambie	7	1 159	69
	d'autres pays étrangers [3]	4	106	20
	Totaux	590	40 343	4004

Sortie.

		Nombre.	Tonnage.	Équipage.
Navires français allant	en France	35	7 708	400
	dans les colonies françaises	7	1 532	76
	en pays étrangers [4]	63	16 802	848
Caboteurs de la colonie allant.	dans les colonies françaises	75	4 894	562
	en pays étrangers	387	5 907	1941
Navires et caboteurs étrangers allant	aux États-Unis	2	387	19
	au Cap-Vert, à Ténériffe et à Ste-Marie de Gambie	8	1 050	72
	autres pays étrangers	6	292	25
	Total	583	38 572	3943

Voici de quelle manière s'effectuent les opérations maritimes de Gorée : des navires au long cours venant de France, principalement de Marseille et de Bordeaux, apportent à Gorée des marchandises qui sont transbordées sur des cabo-

---

1, 2, 3, 4. États-Unis, Angleterre, Gambie, Iles du Cap vert, Ténériffe.

teurs; ces caboteurs portent ensuite ces marchandises dans les différents comptoirs de la côte d'Afrique, jusqu'à Sierra-Leone, pénètrent dans les rivières qui ne sont pas praticables aux navires long-courriers, chargent des produits du pays qu'ils rapportent à Gorée, où ces denrées sont mises à bord des navires qui retournent en France.

COMPTOIR DE JOAL (SINE.)

Le commerce de Joal avec Gorée et la Gambie a donné lieu, en 1861, à l'entrée de 41 caboteurs jaugeant 633 tonneaux, et à la sortie de 38 caboteurs jaugeant 622 tonneaux.

		Entrée.		Sortie.	
		Nombre.	Tonnage.	Nombre.	Tonnage.
Caboteurs français venant de ou allant à....	Gorée............	34	534	31	557
	Ste-Marie de Gambie.	3	50	2	13
Caboteurs étrangers venant de ou allant à....	Ste-Marie de Gambie.	4	49	5	52
		41	633	38	622

COMPTOIR DE KAOLAKH (SALOUM).

Le commerce maritime de Kaolakh a donné lieu, en 1861, à l'entrée de 184 caboteurs jaugeant 1826 tonneaux, et à la sortie de 178 caboteurs jaugeant 1732 tonneaux.

		Entrée.		Sortie.	
		Nombre.	Tonnage.	Nombre.	Tonnage.
Caboteurs français venant de ou allant à....	Gorée	177	1766	174	1704
	Ste-Marie..........	6	53	3	21
Caboteurs étrangers................		1	7	1	7
		184	1826	178	1732

CASAMANCE.

La Casamance dispose pour son commerce local d'une flottille de 37 navires représentant un tonnage de 720 tonneaux; un nombre considérable de chalands, de pirogues et de canots s'ajoute à cette force déjà imposante et dans laquelle ne figurent ni les grandes goëlettes qui font le cabotage entre Gorée et le fleuve, ni les navires long-courriers allant en France.

L'ensemble de la navigation de Carabane a donné, en 1861, à l'entrée, un total de 232 navires jaugeant 11 483 tonneaux, et à la sortie, un total de 250 navires jaugeant 12 123 tonneaux. Ce mouvement maritime s'est ainsi décomposé :

Entrée.

7 navires français jaugeant 1385 tonneaux, venant de France, après avoir touché à Gorée;
185 caboteurs français, jaugeant 8932 tonneaux, venant de Gorée et de Sedhiou;
9 Caboteurs français, jaugeant 301 tonneaux, venant de la Gambie;
31 navires et caboteurs étrangers, jaugeant 865 tonneaux, venant de la Gambie et des États-Unis.

Sortie.

6 navires français, jaugeant 1160 tonneaux, allant en France;
175 caboteurs français, jaugeant 9168 tonneaux, allant à Gorée et dans les comptoirs voisins;
23 caboteurs français, jaugeant 548 tonneaux, allant à Gorée et dans les comptoirs voisins;
46 navires et caboteurs étrangers, jaugeant 1247 tonneaux, allant à Gorée et aux États-Unis.

Service postal.

Le service de la poste est placé dans les attributions de l'ordonnateur. Des bureaux de poste sont établis à Saint-Louis, à Gorée et à Bakel; sur les autres points de l'intérieur le service est fait par les soins des commandants militaires.

Le Sénégal est en communication régulière avec la France par deux lignes de paquebots-poste. La plus ancienne est la ligne anglaise de Liverpool à Bonny et à Fernando-Po (côtes occidentales d'Afrique). Les paquebots de cette ligne, partant de Liverpool le 24 de chaque mois, touchent à

Sainte-Marie de Bathurst (chef-lieu des établissements anglais de la Gambie), le 8 du mois suivant, et arrivent à Fernando-Po le 28. Pour le voyage de retour, ils partent de Fernando-Po le 28 de chaque mois, touchent à Bathurst le 24 du mois d'après et arrivent à Liverpool le 10 du mois suivant. Jusqu'en 1858 ces paquebots touchaient à Gorée; mais à la nouvelle d'un projet d'organisation de la ligne française du Brésil, la Compagnie anglaise, renonçant à la concurrence, a cessé de toucher à notre établissement. Aujourd'hui les correspondances, expédiées de France et des autres pays de l'Europe au Sénégal, par la voie d'Angleterre, sont déposées à Sainte-Marie de Bathurst, où elles sont prises par un bâtiment de notre station locale qui les transporte à Gorée et à Saint-Louis. Il en est de même pour les correspondances expédiées du Sénégal en Europe par la même voie : elles sont déposées à Bathurst par un bâtiment de la station et remises aux paquebots britanniques en retour sur Liverpool. Par cette voie, les lettres expédiées de Paris le 22 de chaque mois sont distribuées à Gorée et à Saint-Louis vers le 11 ou le 12 du mois suivant; celles du Sénégal, expédiées vers le 22 ou le 23, sont distribuées à Paris le 11 ou le 12 du mois suivant.

La seconde ligne est la ligne française. La loi du 17 juin 1857 ayant établi en principe la subvention de trois services nationaux de paquebots à vapeur destinés à relier la France à l'Amérique (Brésil, Antilles et New-York), la ligne du Brésil fut concédée à la Compagnie des services maritimes des Messageries Impériales par une convention du 19 juin de la même année.

Moyennant une subvention annuelle de 4 700 000 francs, la Compagnie s'était engagée à effectuer deux départs par mois, l'un de Bordeaux et l'autre de Marseille; mais par des arrangements ultérieurs, ce service a été réduit à un seul départ ayant lieu de Bordeaux.

Le paquebot quittant Bordeaux le 25 de chaque mois, touche à Lisbonne le 28, à Saint-Vincent (îles du Cap-Vert) le 6 du mois suivant, et de là se dirigeant vers le Brésil, arrive à Rio-de-Janeiro le 20, et à Buenos-Ayres le 1er du mois suivant.

Dans le principe, les paquebots du Brésil devaient toucher à Gorée, mais le mouillage de cette île offrait quelques inconvénients pour ce service nouveau, et on lui a substitué la relâche de Dakar, situé sur la côte d'Afrique dans la baie même de Gorée. L'escale à Dakar est elle-même restée subordonnée à l'achèvement de divers travaux qui touchent à leur terme et rendront cette escale bien préférable à celle de Saint-Vincent, comme sécurité et facilité d'opérations.

En attendant, la colonie du Sénégal est reliée à la ligne du Brésil par un bateau annexe de la Compagnie (le *Télémaque*), qui fait le service entre Gorée et Saint-Vincent.

Dans cet ordre de faits, les correspondances de France pour le Sénégal sont expédiées de Bordeaux le 25 de chaque mois, de Saint-Vincent le 8 du mois suivant, et elles parviennent à Gorée le 11 et à Saint-Louis le 12. Quant à celles du Sénégal pour la France, elles sont expédiées de Gorée le 2 de chaque mois, remises le 10 au paquebot de la ligne du Brésil touchant à Saint-Vincent, et parviennent à Bordeaux le 20.

Il y a trois classes pour les passagers de chambre et une pour ceux d'entrepont; à bord des paquebots français, le prix d'un passage de Bordeaux à Gorée est de 1125 francs pour la 1re classe, de 750 francs pour la 2e, de 625 francs pour la 3e, et de 250 francs pour les passagers d'entrepont. Au retour, le prix est de 700 francs pour un passager de 3e classe, et de 300 francs pour un passager d'entrepont. Quant il s'agit de passagers de l'administration, ces prix supportent un rabais de 30 pour cent sur la portion de frais qui ne représente pas les dépenses de nourriture.

Les conditions d'échange des correspondances entre le Sénégal et la France, par la voie des paquebots britanniques, ont été réglées par les décrets des 26 novembre 1856, 19 mai et 13 novembre 1859, à la suite d'une convention passée entre le gouvernement de l'Empereur et celui d'Angleterre. Ces mêmes conditions d'échange par les paquebots français sont réglées par le décret du 12 janvier 1861.

Il importe de remarquer, d'ailleurs, que le mode de transmission et la quotité de la taxe des correspondances sont identiques pour les deux voies, avec cette différence cependant que les dépêches officielles sont transportées gratuitement par la voie française.

Le port d'une lettre affranchie au-dessous de 7 grammes et demi est de 50 centimes; celui d'une lettre non affranchie, 60 centimes. On peut envoyer des lettres chargées en payant la double taxe. Le service des articles d'argent ne tardera pas à être établi entre la France et ses colonies, mais en attendant des mandats de poste ne peuvent être adressés qu'aux militaires et marins qui servent au Sénégal et dans ses dépendances.

En dehors de la voie rapide, des communications sont établies avec le Sénégal et Gorée par la voie des navires qui font un commerce très-actif entre la colonie et les principaux ports de France, principalement Marseille et Bordeaux. La moyenne de la traversée par Bordeaux est d'environ 18 à 20 jours de France au Sénégal, et de 30 jours de la colonie en France. Le prix du passage, calculé d'après cette moyenne, est en général de 400 francs pour l'aller et de 500 francs pour le retour.

Les conditions d'échange des correspondances par la voie des navires du commerce ont été réglées par la loi du 4 mai 1853. Les lettres sont taxées à 30 centimes par 10 grammes si elles sont affranchies, et dans le cas contraire, à 40 cent. Sur le produit de cette taxe, 10 centimes par lettre sont payées au capitaine du navire qui a effectué le transport.

Dans l'intérieur de la colonie, le transport des lettres est effectué par des courriers expédiés par terre, et par les bateaux à vapeur de la station locale qui desservent les postes situés sur le bord du fleuve, ainsi que nos établissements de la côte occidentale d'Afrique.

La taxe d'une lettre expédiée de Saint-Louis sur un point quelconque de la colonie est de 50 cent. jusqu'à 7 grammes et demi; au-dessus, elle est de 1 franc.

L'administration s'est également préoccupée, dans ces derniers temps, de faciliter les relations commerciales, en permettant aux négociants de se transporter sur les différents points de la colonie où des affaires réclament leur présence. Dans ce but, elle a autorisé l'embarquement de passagers civils à bord des bâtiments de la station locale qui font le service régulier de la correspondance. Ces passages sont effectués moyennant des prix modérés fixés par le gouverneur du Sénégal.

ÉTABLISSEMENTS DE LA COTE D'OR ET DU GABON.

GRAND-BASSAM, ASSINIE ET DABOU.

Résumé historique.

Il est aujourd'hui bien avéré que les Français sont les premiers qui aient eu des établissements commerciaux à la côte occidentale d'Afrique[1]. Dès l'année 1364, les Dieppois y possédaient des comptoirs, non-seulement à l'embouchure du Sénégal, mais le long de la côte jusqu'au delà de la rivière de Sierra-Léone ; l'un était appelé le *Petit Paris*, et était situé par 5° 30' de lat. N. et 3° 20' long. E., et l'autre, le *Petit Dieppe*, sur la côte de Malaguette. L'année suivante, les Dieppois poussèrent leurs explorations jusqu'à la côte d'Or, où ils élevèrent en 1382 le fort de la Mine. Parmi les autres comptoirs que nous possédions alors sur ces côtes, on peut citer ceux d'Akara, de Cormentin, de Cap-Corse et de Takoraï. Malheureusement, les compagnies qui faisaient dans ces parages le commerce de l'or, de l'ivoire et du poivre, tombèrent successivement en décadence, et à la fin du seizième siècle, de tous les établissements que les Normands avaient eus sur la côte d'Afrique, il ne leur restait plus que ceux du Sénégal.

En 1700, la compagnie d'Afrique, voulant relever le commerce de la côte d'Or, fonda dans ce but un comptoir à l'entrée de la rivière d'Assinie. Après le départ de l'expédition qui avait été chargée de cette mission et qui était commandée par le chevalier Damon, le fort et la garnison restèrent quatre ans sans communication avec la France et abandonnés à leurs propres ressources. Le mauvais état de la compagnie détermina, en 1707, l'abandon de cette factorerie.

A peu près vers la même époque nous avions aussi élevé

---

1. Voir Villault de Bellefond, *Relation des côtes d'Afrique*, 1669 ; le père Labat, *Nouvelle Relation de l'Afrique occidentale*, 1728.

un fort à Whydah, sur la côte des Esclaves, dans le royaume de Juda, aujourd'hui annexé au royaume de Dahomey; ce poste a été occupé sans interruption par des forces militaires jusqu'en 1797, année pendant laquelle il fut abandonné. Ce fort existe encore, et est connu dans le pays sous le nom de *Fort français;* il sert de comptoir à une importante maison de Marseille.

En 1838, dans le but de rechercher les moyens d'augmenter notre commerce sur la côte occidentale d'Afrique, un navire de l'État, *la Malouine*, commandé par M. E. Bouet-Willaumez, alors lieutenant de vaisseau, fut chargé d'explorer le littoral depuis les îles de Los, au nord, jusqu'au cap Lopez, au sud. C'est à la suite de cette expédition que fut décidée la création des établissements d'Assinie, de Grand-Bassam et du Gabon. La souveraineté de ces pays fut acquise à la France, en 1842, par divers traités conclus entre les rois indigènes et M. E. Bouet-Willaumez, capitaine de corvette, commandant la station navale des côtes occidentales d'Afrique. Ces traités ayant été ratifiés par le Gouvernement français, trois expéditions furent organisées à Gorée pour aller prendre possession des territoires cédés.

L'expédition d'Assinie, partie de Gorée dans les premiers jours de juin 1843, était composée de la corvette l'*Indienne*, commandée par M. Rataillot, lieutenant de vaisseau, chef de l'expédition; de *la Malouine*, commandée par M. Fleuriot de Langle, lieutenant de vaisseau; du cutter *l'Éperlan*, commandé par M. Darricau, lieutenant de vaisseau, et de trois navires de commerce, chargés du matériel et des trente hommes de la garnison du fort que devait commander M. de Mont-Louis. Après quelques jours de pourparlers entre les chefs d'Assinie et le lieutenant de vaisseau Fleuriot de Langle, arrivé dans la rivière dès le 25 juin, le débarquement, qui présenta les plus grandes difficultés d'exécution par suite de la barre des nombreux brisants, commença le 5 juillet, et le 22 juillet le blockaus était terminé. Dans l'intervalle, un nouveau traité avait été signé avec Amatifoux, neveu et gendre d'Attacla, roi d'Assinie. La cérémonie de la prise de possession fut célébrée avec solennité le 29 juillet. Ce traité, qui cède à la France, en toute propriété, la presqu'île sur laquelle on a fondé notre établissement, placé en outre la totalité du pays d'Assinie sous la protection du Gouvernement français.

L'expédition destinée à établir le comptoir de Grand-Bassam partit de Gorée le 23 juillet 1843 ; elle était composée du brick *l'Alouette*, commandé par M. de Kerhallet, lieutenant de vaisseau, chef de l'expédition ; de la goëlette *la Fine*, commandée par M. Méquet, lieutenant de vaisseau, et de trois navires de commerce portant la garnison, l'artillerie, les vivres, les munitions et le matériel. Les navires arrivèrent devant Grand-Bassam le 17 août ; le 22 on commença l'établissement d'un va-et-vient nécessaire pour faire franchir la barre des brisants de la côte aux radeaux destinés au transport des vivres et du matériel. Le 26 septembre, cette opération était terminée, et le 28 septembre, le blockaus était achevé ; la cérémonie de la prise de possession eut lieu le même jour. M. Besson, enseigne de vaisseau, fut le premier commandant de l'établissement. (Nous parlons plus loin de l'expédition du Gabon.)

Les populations de la province d'Aka, située entre la rive gauche de la rivière de Grand-Bassam et la rive droite de celle d'Assinie, ont cherché à plusieurs reprises, par leurs manœuvres et par des attaques à main armée, à empêcher les peuplades de l'intérieur de commercer avec nous et à fermer à nos bâtiments l'entrée de la lagune d'Ébrié et de la rivière aurifère d'Akba. Une première fois, en 1849, M. le capitaine de vaisseau Bouet-Willaumez fut obligé de sévir contre eux, d'incendier leur village principal, Yahou, et de les forcer de payer des indemnités à nos commerçants. A la suite de cette expédition, une exploration fut entreprise dans l'intérieur, et le commerce rassuré reprit une extension rapide.

En 1852, les gens de l'Ébrié, province au nord de la lagune, s'étant révoltés à leur tour, le commandant de l'établissement, M. Martin des Pallières, capitaine d'infanterie de marine, fit contre eux une démonstration armée, et jeta la terreur parmi les courtiers Jack-Jacks du littoral, qui avaient provoqué le soulèvement. Il les força à reconnaître la suzeraineté du pavillon français qu'il fit arborer sur tous les villages bordant la lagune et la mer, entre Petit-Bassam et la rivière de Lahou.

Les gens du village de Grand-Bassam, plus voisins du comptoir et qui avaient aidé la révolte devenue générale, n'obtinrent la paix qu'à de rudes conditions, qu'ils n'observèrent entièrement que l'année suivante. Leur roi, Piter, resta en otage sur le bâtiment stationnaire, en rade de Grand-

Bassam. L'Ébrié, abrité par ses forêts, ne put être réduit par les seules forces du comptoir, éprouvé par une épidémie de fièvre jaune, et ce pays continua ses actes d'agression.

Au printemps de 1853, les habitants de l'Ébrié entraînèrent dans leurs hostilités les gens de l'Akba, du Potou, et à l'ouest de leur pays, ceux du Dabou et du Bouboury. En même temps le roi d'Assinie, Amatifoux, jusqu'alors notre allié, suivait le mouvement et prétendait ruiner notre comptoir d'Assinie. Une expédition vigoureuse était devenue nécessaire. Le 14 septembre 1853, une colonne forte de sept cent soixante-trois soldats et marins partit de Gorée sous les ordres du capitaine de vaisseau Baudin, commandant la division navale des côtes occidentales d'Afrique, et débarqua le 10 du mois suivant à Assinie. A l'arrivée de nos forces, les gens de Grand-Bassam s'empressèrent de renouveler leur soumission. Le roi Piter leur fut rendu, et ils donnèrent à la colonne un contingent et des guides. — La paix rétablie sur ce point, nous permit de diriger toutes nos forces dans l'Ébrié, pour châtier les villages qui nous étaient hostiles. En quelques jours, les villages d'Abata, d'Eboué et de Dabou, où s'était concentrée la révolte, furent détruits malgré leurs fortes palissades, et les populations forcées de venir demander la paix. Le résultat de cette expédition fut la construction d'un nouveau blockaus à Dabou, point qui commande la lagune et plusieurs villages, dans une contrée riche en huile de palme. L'installation de ce poste fut confiée au capitaine du génie Faidherbe, et le 10 octobre 1853, le pavillon français fut élevé pour la première fois sur notre nouvel établissement[1]. De son côté, le lieutenant d'infanterie Coquet, envoyé à Assinie, n'avait pas été moins heureux ; en peu de temps il avait ramené à notre cause, par la persuasion, le roi Amatifoux, et obtenu, sans coup férir, la pacification du Potou.

Depuis lors, la tranquillité n'a pas cessé de régner dans nos établissements de Grand-Bassam et d'Assinie ; des travaux d'assainissement ont été entrepris par le commandant Bruyas et poursuivis par ses successeurs : des chaussées ont été ouvertes, des marais comblés. Dans le premier de ces établissements, dès 1849, le blockaus a été remplacé par une ha-

---

1. On y a depuis construit un établissement régulier en maçonnerie, entouré de murs bastionnés et armés de 4 obusiers de 12 c/m.

bitation dite *Maison modèle;* un hôpital en briques, une poudrière ont été construits en 1856; l'enceinte fortifiée a été agrandie et refaite en haie vive par le chef de division Protet en 1857. A Assinie, le blockaus, construit sur la plage, sur l'emplacement de l'ancien poste du dix-huitième siècle, a été abandonné pour la *Maison modèle* et les établissements élevés en face de l'autre côté de la rivière. Le pays environnant, habité par les Assiniens, a définitivement reconnu la suzeraineté de la France.

LISTE CHRONOLOGIQUE DES COMMANDANTS DE GRAND-BASSAM, D'ASSINIE ET DE DABOU.

De 1843 à 1860, les commandants des comptoirs étaient choisis par le gouverneur du Sénégal ou par le commandant de la division navale, parmi les officiers de la garnison ou de la station[1]; ce n'est que depuis 1860 pour Grand-Bassam, 1861 pour Dabou, et 1862 pour Assinie, qu'ils ont été nommés par décret impérial.

GRAND-BASSAM.

LIEBAULT, chef de bataillon d'artillerie de marine en retraite,

---

1. Voici la liste de quelques-uns des premiers commandants des établissements de la côte d'Or :

GRAND-BASSAM.

BESSON, enseigne de vaisseau, 1843-1844.
CONJARD, sous-lieutenant d'infanterie de marine, 1845 à 1847.
PIJEON, lieutenant d'infanterie de marine, 1848.
BOULAY, lieutenant d'infanterie de marine, 1849-1850.
MARTIN DES PALLIÈRES, lieutenant, puis capitaine d'infanterie de marine, 1851 à 1853.
CHIRAT, capitaine d'infanterie de marine, 1853-1854.
MAILHETARD, lieutenant d'artillerie de marine, commandant les trois comptoirs, 1855.
BRUYAS, capitaine d'infanterie de marine, 1856.
BROSSARD DE CORBIGNY, lieutenant de vaisseau, 1857.
MAILHETARD, capitaine d'artillerie de marine, 1858 à 1860.

ASSINIE.

DUFOUR DE MONT-LOUIS, enseigne de vaisseau, 1853.
BOYER, lieutenant de vaisseau, 1844.

nommé le 10 novembre 1860, décédé à Toulon, en juillet 1862.

ALEM, capitaine d'infanterie de marine, nommé le 28 août 1862, décédé à Grand-Bassam, le 14 janvier 1863.

NOYER, chef de bataillon d'infanterie de marine, nommé le 29 avril 1863, en fonctions.

ASSINIE.

DARRÉ, capitaine d'infanterie de marine, nommé le 4 janvier 1862.

VIARD, capitaine d'infanterie de marine, nommé le 29 avril 1863, en fonctions.

DABOU.

BRUYAS, capitaine d'infanterie de marine, nommé le 21 décembre 1861, en fonctions.

Topographie.

Situation géographique. — L'établissement français de Grand-Bassam s'élève sur une langue de sable marécageuse située par 5° 11' 40" de latitude N. et 6° 3' 4" de longitude O., à la pointe occidentale d'entrée de la rivière Costa ou de Grand-Bassam.

Rivière de Grand-Bassam. — La rivière a une largeur variable de 200 à 250 mètres à son embouchure; elle est barrée

---

TESSA, volontaire de la marine, 1846.
DE THÉVENARD, sous-lieutenant d'infanterie de marine, 1847.
BROCHARD, sous-lieutenant d'infanterie de marine, 1848-49.
LEMAIRE, lieutenant d'infanterie de marine, 1850.
COQUET, lieutenant d'infanterie de marine, 1851.
DE THÉVENARD, lieutenant d'infanterie de marine, 1853.
MAILHETARD, lieutenant d'artillerie de marine, 1855.
DENIS, lieutenant de vaisseau, 1856 à 1858.

DABOU (fondé en 1853).

BENECH, sous-lieutenant d'infanterie de marine, 1853.
DURBAN, lieutenant d'infanterie de marine, 1854.
GUÉDEN, lieutenant d'infanterie de marine, 1856.
DENIS, lieutenant puis capitaine d'artillerie de marine, 1857-1858.

mais par des fonds qui oscillent entre 10 et 15 pieds. La barre est dangereuse, surtout en juin, juillet, août et septembre. Des bâtiments à voiles, calant 3^m à 3^m,50 peuvent la franchir avec précaution en décembre et janvier.

Une fois la barre passée, la rivière devient profonde, et l'on y trouve depuis 8^m jusqu'à 10^m de fond; elle s'élargit aussi considérablement et à 1 mille de son embouchure, on trouve une petite île nommée île Bouët, qui la divise en deux.

Un peu au delà de cette île, une vaste lagune sans courant remonte vers le N. N. O. pour s'étendre ensuite à l'ouest jusqu'à la rivière de Lahou. Quant à la rivière de Grand-Bassam, elle se dirige vers l'est, prend alors le nom d'Akba, et traverse le pays d'Aka qu'elle sépare du Potou et du territoire d'Alepé plus au nord, direction générale que prend l'Akba devant les villages de Yabou et d'Impérié.

Village de Grand-Bassam. — Le village de Grand-Bassam se trouve en face de l'Akba, sur la rive droite de la lagune, à 2 milles environ de la barre; c'est la résidence du roi des Bassamans.

Lagune. — En dépassant ce village, fort étendu sur la rive, la lagune se partage en deux bras dont le principal remonte au nord et sépare le pays de Potou de celui d'Ébrié; l'autre bras va rejoindre la lagune plus à l'ouest, formant de grandes îles habitées qui dépendent de Grand-Bassam.

Le bras de Potou, ainsi que la lagune et la rivière Akba jusqu'au barrage d'Alépé, est navigable d'un bout à l'autre pour des bâtiments calant au plus 8 pieds chargés. La langue de terre qui sépare la lagune de la mer est habitée par les courtiers indigènes connus sous le nom de Jack-Jacks.

Dabou. — A environ 50 milles à l'ouest de Grand-Bassam sur la rive nord de la lagune et au fond de la jolie baie de Dabou, s'élève le poste français de ce nom, fondé en 1853 sur un mamelon qui commande la baie et plusieurs villages.

Assinie. — De Grand-Bassam à Assinie, la côte court l'espace de 27 milles à l'est 10° S.; elle est presque en ligne droite, son rivage est sablonneux et le sommet de la plage, garni partout de grands arbres, atteint une élévation de 30 à 35 mètres. La province d'Aka sépare les pays de Grand-Bassam et d'Assinie.

On donne le nom de rivière d'Assinie au conduit de quelques milles par lequel les lagunes d'Ahy et d'Éhy versent à la mer les eaux qu'elles reçoivent des rivières de Krinjabo ou rivière Bia et de Tanoé. Son embouchure est située par 5° 8′ 30″ de lat. N. et 5° 43′ 30″ de longitude O. La rivière de Krinjabo et celle de Tanoé prennent leur source dans un pays montagneux et boisé, et viennent alimenter les lagunes qui reçoivent également les eaux d'un grand nombre de petits torrents de moindre importance. Le courant formé devant le comptoir par tous ces cours d'eau suit alors le rivage parallèlement l'espace de 8 milles vers l'ouest, point où il s'ouvre un passage à la mer. Cette embouchure, fort étroite, présente une barre tournante très-dangereuse, et bien qu'on y trouve quelquefois 3 mètres de profondeur, elle est impraticable aux bâtiments à voiles; les avisos à vapeur de 20 à 30 chevaux y ont seuls pu pénétrer jusqu'à ce jour. Dans la partie du cours de la rivière qui suit le rivage, on trouve de 4 à 5 mètres d'eau.

L'établissement, qui avait été construit dans l'origine sur le bord de la mer, à 8 milles à l'est de l'embouchure de la rivière, sur l'emplacement de l'ancien comptoir que notre commerce y a possédé au dix-huitième siècle, s'élève aujourd'hui sur la rive droite, à 9 milles de l'embouchure et à 1 mille du village d'Assinie, sur la pointe où commence le grand lac d'Ahy qui n'a pas moins de 15 milles de long sur 9 de large.

A une distance de 24 milles environ, au-dessus du lac, sur la rive gauche de la rivière, est situé le grand village de Krinjabo, résidence du roi d'Assinie ou d'Amatifoux.

Le territoire de ce roi est d'une étendue de 150 à 200 milles du N. au S., et de 45 à 60 milles de l'E. à l'O.

Météorologie.

Climat. — On comprend sans peine que dans un delta pareil à celui qui est formé par les lagunes de Grand-Bassam et d'Assinie, où d'immenses nappes d'eau restent stagnantes presque toute l'année, l'atmosphère soit presque constamment chargée de miasmes délétères. Dans les environs de nos postes, les brises de mer combattent ces funestes influences; mais dans l'intérieur, il n'en est plus de même. Des brouillards épais couvrent les eaux de ces lacs à peu près en toutes saisons, et ce n'est que vers le milieu de la journée que l'influence d'un soleil ardent parvient à les dissiper. L'eau douce que l'on obtient au bord de la mer, en creusant des trous dans le sable, est de qualité médiocre.

Saisons, vents et pluies. — Il y a deux saisons pluvieuses dans ces parages; la petite saison des pluies commence à la fin d'octobre par de forts grains du N. E.; elle continue en novembre et pendant les premiers jours de décembre. L'humidité des nuits est alors très-forte; les brises de N. E. et de terre règnent fréquemment; c'est la saison des fièvres. En décembre et janvier, la température s'élève sensiblement. En février et mars, les brises du large sont plus régulières; la température, toujours forte, accuse 30 à 32° à l'ombre, et monte jusqu'à 66° centigrades au soleil; la végétation se dessèche et l'humidité des nuits cesse complétement. La belle saison dure jusqu'à la mi-mars; le temps devient alors orageux, les grains de N. E. soufflent dans l'intérieur et annoncent la saison des grandes pluies, lesquelles commencent sur le littoral à la fin de mars, et durent jusqu'à la fin de juin. Pendant ces trois mois, les tornades et les ras de marée sont des plus violents, et les pluies diluviennes, surtout en mai et au commencement de juin. En juillet, les pluies deviennent plus fines et plus rares, et la température descend à 25°. Cette saison dure jusqu'au mois d'octobre.

Marées. — L'établissement de la marée sur cette partie de la côte a lieu à quatre heures vingt minutes. Les marées ne se font sentir qu'à deux ou trois milles de la terre, et encore ne paraissent-elles pas régulières. La mer marne de 1^m 20.

Population. — Religion.

Les populations indigènes des pays de Grand-Bassam et d'Assinie sont peu nombreuses. Les naturels sont généralement grands, bien pris dans leur taille; leur nez est épaté et leurs traits sont grossiers. Leur teint est d'un beau noir; quelques-uns cependant sont cuivrés comme les Peuls du Sénégal, ce qui a fait supposer, non sans raison, que ces peuples sont en communication par l'intérieur avec les Bambaras qui habitent les rives du haut Niger et du haut Sénégal. Ils se tressent les cheveux en carrés ou en losanges qui donnent au crâne l'aspect d'un damier. Leur peau est d'une grande finesse.

Les habitants de ces parages, ceux de Grand-Bassam surtout, sont perfides, pillards et astucieux; ils sont même anthropophages, mais le contact des Européens tend peu à peu à détruire chez eux ces instincts de férocité qu'ils leur cachent déjà soigneusement. Paresseux à l'excès, ils n'ont que quelques plantations d'ignames et de manioc; leur principale ressource provient de la pêche, qui est pour eux la première industrie.

Les habitations des naturels consistent en grandes cours clôturées avec des roseaux, autour desquelles sont construites d'assez vastes cases en bambous recouvertes extérieurement et intérieurement de terre glaise, revêtue soigneusement d'une espèce de ciment sur lequel ils tracent de grossiers dessins coloriés ou qu'ils rougissent avec la décoction d'une racine. Ces cases sont couvertes en feuilles de palmier imperméables à l'eau. Plusieurs de ces cases ont un réduit où les indigènes renferment le fétiche en bois peint, grossièrement sculpté, et figurant un monstre de fantaisie, qui protége plus particulièrement la maison et la famille.

La religion de ces populations est un fétichisme porté aux dernières limites de l'ignorance et de la superstition, devant lequel sont venus se briser les efforts de nos missionnaires. Lors de notre prise de possession, le gouvernement, songeant à fournir au pays les bienfaits de la religion, avait établi une mission à l'abri de notre établissement. Mais les prêtres ont successivement succombé à la tâche, et il n'en restait pas un seul en 1853.

Gouvernement, administration et forces militaires.

Les établissements de Grand-Bassam, d'Assinie et de Dabou sont placés sous l'autorité supérieure du commandant de la division navale des côtes occidentales d'Afrique.

Un commandant, nommé par l'Empereur et relevant directement du chef de la division navale, est placé dans chacun de ces établissements.

Le personnel administratif et militaire se compose, en dehors du commandant : d'un lieutenant de vaisseau commandant la marine, de trois chirurgiens de marine à terre, d'un chirurgien de marine embarqué, d'un lieutenant commandant les troupes, d'un garde du génie, d'un aide-commissaire de marine chargé du service administratif, officier de l'état civil et curateur aux biens vacants, d'un interprète, d'un garde magasin et d'un agent de police.

Le service des ports est confié à trois pilotes, deux chefs piroguiers et huit piroguiers sénégalais, deux chefs kroomen[1] et quarante kroomen-canotiers.

Les forces militaires se composent de détachements d'artillerie de marine et de tirailleurs sénégalais. Au 1er mai 1863, l'effectif de ces forces était de cent trente-trois hommes répartis de la manière suivante entre les trois postes :

Grand-Bassam, deux artilleurs et quarante-huit tirailleurs, dont un officier ;

Assinie, un artilleur et seize tirailleurs, dont un officier ;

Dabou, deux artilleurs et soixante-quatre tirailleurs, dont un officier.

Un aviso à vapeur de 29 chevaux, l'*Archer*, est affecté au service local des établissements. Une chaloupe canonnière à hélice, la *Rafale*, hors de service à Grand-Bassam, est employée comme dépôt flottant.

Agriculture.

L'agriculture est presque nulle à Grand-Bassam et à Assinie; on y cultive cependant avec succès le bananier, l'oranger, l'ananas, le manioc et l'igname; les jardins d'Assinie et de Dabou fournissent depuis notre occupation une assez grande quantité de légumes.

Sur les rives du lac Appolonie, situé à l'est du lac d'Ahy, il y a des rivières qui produisent un riz de belle apparence et exclusivement blanc. Les plantations se font en février et mars; la récolte commence aux mois de juillet et d'août pour les ignames et d'octobre pour le riz.

L'huile de palme est le produit qui alimente presque tout le commerce du pays. La récolte des régimes ou grappes de fruits du palmier se fait principalement de la mi-février à la

---

1. *Kroumem* ou mieux *kroumanes* en francisant le mot : hommes de la côte de Krou.

mi-mai ; il y a une seconde récolte en novembre, mais elle est moins productive que la première. L'huile est préparée par les femmes des tribus de l'intérieur qui l'apportent aux marchés des villages de la lagune, où viennent l'acheter, dans leur pirogues, les courtiers riverains de l'Océan.

Ces courtiers connus sous le nom de Jack-Jacks à l'ouest de Grand-Bassam, et en général tous les habitants du littoral avoisinant, se livrent encore moins au travail de la terre que ceux d'Assinie ; ils vont s'approvisionner à Abra, à Potou et dans la lagune qui fournit, en grande quantité, sur la rive opposée, des ignames, du maïs, des bananes et où le palmier vient sans culture.

On trouve dans les forêts qui bordent les rivières des bois de couleur, parmi lesquels on remarque le sandal, le teck, le gonakier, etc. Le coton, quoique les indigènes n'en fassent aucun usage, y vient en abondance. On y rencontre aussi l'indigofère.

Commerce et Navigation.

Le commerce des comptoirs de la côte d'Or consiste en poudre d'or et en une certaine quantité d'ivoire. Grand-Bassam, outre ces produits, fournit abondamment de l'huile de palme, qui vient presque entièrement des lagunes d'Ébrié et de Potou.

La poudre d'or de ces comptoirs est la plus pure de la côte ; elle vaut 45 francs l'once en marchandises (valeur de France) ; l'ivoire est beau aussi, mais peu abondant ; l'huile est d'une qualité supérieure ; sa valeur moyenne en marchandises (valeur de France) est de 350 francs le tonneau sur place.

Les marchandises les plus propres au commerce d'échange sont : le tabac, l'eau-de-vie, les étoffes et mouchoirs de coton, les verroteries, le corail, la poudre et les armes de traite.

Tout le commerce est entre les mains des Jack-Jacks, courtiers du littoral, qui vont chercher à vil prix au delà des lagunes les produits qu'ils revendent aux bâtiments européens, échelonnés sur la côte devant les brisants de leurs riches et populeux villages. On estime à six ou huit mille tonneaux d'huile et à quelques centaines de livres d'or les quantités qui se traitent annuellement par l'intermédiaire des Jack-Jacks.

Le commerce et la navigation intérieurs de nos comptoirs sont réservés à la France. La navigation et le commerce extérieurs, sauf les cas fort rares de blocus pour cause de guerre, sont entièrement libres devant les villages des courtiers. En général les bâtiments troqueurs descendent la côte de l'ouest à l'est, confient aux chefs des villages riverains une partie d'étoffes et d'objets de traite, nouent leurs affaires, et ne reviennent que plusieurs mois après, à une époque convenue, recueillir l'huile qui doit leur être livrée en échange des marchandises déposées. Les courtiers se montrent ordinairement très-fidèles à leurs engagements. La traite de l'or se fait au comptant. Dans l'intérieur des lagunes, les factoreries traitent directement sur des bateaux de 50 à 100 tonneaux. Leurs agents s'établissent souvent dans les villages producteurs en concurrence avec les Jack-Jacks et font descendre leurs produits aux comptoirs, où les navires long-courriers d'Europe viennent les charger toute l'année.

Grand-Bassam possède un grand nombre de pêcheries visitées par une centaine de pirogues que les naturels manœuvrent avec la plus grande habileté. La pirogue du roi, ornée de sculptures, d'une seule pièce, ne mesure pas moins de 25 mètres de long sur 2 de large et 1 m. 50 de creux; elle porte deux cents hommes, dont cent guerriers et cent rameurs. Celle d'Amatifoux, roi d'Assinie, est encore plus remarquable [1].

GABON.

Résumé historique.

La prise de possession du Gabon par la France date de la même époque que celle d'Assinie : l'expédition partit de Gorée le 16 mai 1843; elle se composait du brick de l'État *le Zèbre*, commandé par M. de Monléon, capitaine de corvette; de la canonnière-brick *l'Églantine*, commandée par M. Jance et d'un navire de commerce chargé du matériel. Le personnel de l'établissement était organisé comme celui d'As-

---

[1]. Pour la justice, les finances et le service postal, voir plus loin, p. 238, 239 et 246.

sinie; M. Guillemain, capitaine d'infanterie de marine, avait été désigné pour en prendre le commandement.

Le convoi arriva à l'entrée du Gabon le 18 juin suivant, et le débarquement, se faisant dans un estuaire abrité de la mer du large, ne rencontra pas les difficultés qu'on avait trouvées à Grand-Bassam et à Assinie.

Les travaux d'installation furent terminés le 25 août de la même année.

Par un traité du 18 mars 1842, le chef Louis nous avait cédé une partie de son territoire, sur la rive droite du Gabon, dans une position bien préférable à celle que nous eût procuré le traité passé précédemment avec le roi Denis, le chef le plus influent de la rive gauche.

Dans le courant de l'année 1844 (avril et juillet), MM. Bouët-Willaumez et Darricau, passèrent avec tous les chefs importants des deux rives du Gabon, de nouveaux traités qui assurèrent notre souveraineté sur toutes les terres, îles et presqu'îles qui sont baignées par le Gabon ou ses affluents.

En 1849, fut fondé, sur le plateau où étaient les magasins de la station, le village de Libreville. Pour le peupler on fit appel aux esclaves qui avaient été enlevés à un négrier *l'Élizia* et rendus à la liberté.

Depuis cette époque, nos droits de souveraineté se sont affermis et accrus sans résistance de la part des populations indigènes. Les rivières voisines ont été explorées à diverses reprises, au point de vue géographique et commercial, par des officiers de la division navale.

Nos possessions se sont complétées en 1862 par la cession d'un territoire important situé au cap Lopez, au sud du Gabon. Le traité passé le 1er juin de cette année, avec le roi et les principaux chefs du cap Lopez et de la rivière Nazaré, porte que la souveraineté des pays cédés s'étend depuis le cap Lopez dans le sud, jusqu'à la pointe Liancié dans le nord. Cette dernière limite borne les États du roi Denis dans le sud.

Un blockaus est en voie de construction sur ce nouveau territoire. Un poste va être également établi à l'embouchure de la rivière Mondah.

Depuis notre occupation, nous n'avons eu au Gabon qu'à résister presque sans coup férir aux prétentions de quelques chefs qui se sont hâtés de se soumettre; la garnison du comptoir a toujours suffi à exercer la police du pavillon et du commerce dans toutes ses dépendances.

LISTE CHRONOLOGIQUE DES COMMANDANTS SUPÉRIEURS DES ÉTABLISSEMENTS DE LA CÔTE D'OR ET DU GABON.

Depuis l'année de leur fondation (1843) jusqu'au 1er novembre 1854, les établissements de la côte d'Or et du Gabon dépendaient du gouvernement du Sénégal; on trouvera plus haut, à la notice sur cette colonie (p. 159), la liste des gouverneurs pendant cette époque[1]. En 1854, ils furent placés sous l'autorité supérieure du commandant de la division navale des côtes occidentales d'Afrique.

Monléon, capitaine de vaisseau, commandait la division navale des côtes occidentales d'Afrique depuis le 21 février 1854, quand le décret du 1er novembre 1854 plaça les établissements de la côte d'Or et du Gabon sous son autorité supérieure.

Protet, capitaine de vaisseau, nommé le 30 janvier 1856.

Bosse, capitaine de vaisseau, nommé le 19 février 1859.

Didelot (le baron), capitaine de vaisseau, nommé le 22 juillet 1861, promu contre-amiral le 9 mai 1863.

Lafon de Ladébat, contre-amiral, nommé le 16 août 1863.

LISTE DES COMMANDANTS DU GABON.

De 1848 à 1860, les commandants du Gabon étaient choisis par le gouverneur du Sénégal ou par le commandant de la division navale, parmi les officiers de la garnison de la station[2]; ce n'est qu'à partir du 4 août 1860 qu'ils ont été nommés par décret impérial.

---

[1]. Pendant la même époque, voici quels ont été les commandants de la division navale des côtes occidentales d'Afrique :

Baudin, capitaine de corvette, nommé le 21 septembre 1842.

Bouet-Willaumez, capitaine de corvette, a pris le commandement le 30 juillet 1843.

Montagniès de la Roque, contre-amiral, nommé le 19 juillet 1845 a remis le commandement le 22 mai 1848 à M. Baudin.

Bouet-Willaumez, capitaine de vaisseau, nommé le 1er septembre 1848.

Pénaud, capitaine de vaisseau, nommé le 13 février 1860.

Baudin, capitaine de vaisseau, nommé le 19 octobre 1851.

[2]. Voici la liste de quelques-uns des commandants du Gabon depuis 1843 jusqu'en 1860 :

Guillemain, capitaine d'infanterie de marine, 1843.

Brue, lieutenant-colonel d'infanterie de marine en retraite, nommé le 4 août 1860.

Baur, nommé le 22 octobre 1862, décédé le 21 février 1863 ; n'a pas encore été remplacé.

Topographie[1].

Situation géographique. — Le Gabon, nommé M'pongo par les naturels, est un bras de mer ou estuaire qui pénètre à 25 milles dans les terres, sur la côte occidentale d'Afrique, par 0°30' de latitude nord et par 7° de longitude est. Vis-à-vis de notre établissement, situé sur la rive droite, l'estuaire a une largeur de 7 milles, un peu plus loin il s'élargit et se termine en un vaste bassin, au milieu duquel on distingue quelques îles de moyenne grandeur, dont les principales sont l'île Coniquet, la seule habitée et surmontée d'une hauteur qui sert à se diriger dans les passes d'entrée, et l'île marécageuse des Perroquets. Sur la rive droite, au second plan, les monts Bouët et Baudin dominent les nombreuses collines qui se dirigent en pente douce des bords du rivage vers l'intérieur.

Notre établissement est situé à 12 milles de l'embouchure du Gabon; son élévation est de 40 mètres au-dessus du niveau de la mer. Il comprend :

1° Deux pavillons en maçonnerie surmontés d'un étage faisant face à la mer; l'un sert de logement au commandant,

---

De Voisins, enseigne de vaisseau, 1843.
Millet, enseigne de vaisseau, 1844.
Brisset, lieutenant d'infanterie de marine, puis capitaine, 1845.
Sourdeau, sous-lieutenant d'infanterie de marine, 1848.
Desperles, enseigne de vaisseau, 1849.
Deschanel, capitaine d'infanterie de marine, 1849.
Martin, capitaine d'infanterie de marine, 1850-1851.
Vignon, capitaine d'infanterie de marine, 1852-1853.
Guillet, capitaine d'infanterie de marine, de 1853 à 1857.
Vignon, capitaine d'infanterie de marine, de 1856 à 1859.
Mailhetard, capitaine d'artillerie de marine, de 1859 à 1860.
Pradier, capitaine de frégate, 1860.

1. Quelques-uns des renseignements qui vont suivre sont empruntés à un Mémoire manuscrit de M. E. Vignon, capitaine d'infanterie de marine, ex-commandant du Gabon.

aux officiers et employés des divers services ; l'autre d'hôpital et de caserne aux troupes de la garnison.

2° Plusieurs barracons en planches servant de magasins et d'ateliers.

3° Une poudrière, une batterie.

4° Deux jardins, dont un dit *d'essai*, fondé par M. Aubry-Lecomte, où l'on cultive le café, le cacao, le coton, les arbres à épices, les fruits intertropicaux et les légumes d'Europe.

5° Un parc et un étable pour le troupeau de bœufs.

Les pavillons et les magasins sont entourés d'une palissade de 100 mètres de côté. Auprès de notre établissement s'élèvent les factoreries de nos commerçants, la maison des Sœurs de la communauté de Castres, les cases du village de Libreville.

Plusieurs villages indigènes sont disséminés sur le bord de la mer.

Sur la rive gauche de l'estuaire s'élève le village Denis, un des plus importants des rives du fleuve.

Les bâtiments de la mission apostolique française où réside l'évêque, dont le coadjuteur est détaché en Sénégambie, sont construits à quelques kilomètres plus à l'ouest près du village de Louis, sur le plateau où s'élevait le blockhaus, établi à l'époque de l'occupation en 1842 et aujourd'hui abandonné.

Sol. — Les couches inférieures du sol des environs de nos établissements sont formées d'un calcaire coquiller gris à grains fins et réguliers, qui demande pour être converti en chaux près d'un mois de cuisson.

Au-dessus de ce calcaire, le terrain est formé par une couche continue de terre jaune argilo-sablonneuse, très-friable, pouvant acquérir à l'aide de l'eau et du damage une solidité qui la fait employer par les indigènes à former le sol de leurs demeures. On trouve dans ce terrain un grand nombre de pierres ferrugineuses, faciles à tailler et très-bonnes pour bâtir.

La terre jaune est recouverte d'un terreau noir très-riche en détritus végétaux dont les couches sont très-épaisses, surtout dans les lieux bas et humides. La plus luxuriante végétation couvre ce terreau dans lequel croît une flore aussi variée que peu connue.

Forêts. — De magnifiques forêts s'étendent à partir du littoral jusqu'à des distances inconnues dans l'intérieur ; elles contiennent une grande variété d'arbres parmi lesquels on distingue l'ébénier, l'*ocoumé*, sorte de bursera semblable à l'acajou femelle; l'*oingo*, bois de teinture rouge; le teck, propre aux constructions navales; le mandgi, beau bois d'ébénisterie, ainsi qu'un grand nombre d'essences produisant des graines ou amandes oléagineuses.

Rivières. — Le Gabon est moins un fleuve qu'un magnifique estuaire pouvant offrir un abri sûr à une flotte considérable. Il se trouve naturellement divisé en deux bassins, auxquels on a donné le nom de bassin extérieur et de bassin intérieur. La longueur de l'estuaire est de 25 milles et sa largeur moyenne de 8 à 10 milles. La profondeur de l'eau dans le premier bassin varie de 8 à 25 mètres et celle du second, de 5 à 8 mètres. Malheureusement la navigation dans le bassin extérieur et dans les passes qui y conduisent exige la plus grande prudence, à cause des nombreux pâtés de roches à fleur d'eau qui s'élèvent brusquement sur des fonds unis où rien n'annonce leur approche.

L'estuaire du Gabon reçoit plusieurs cours d'eau, dont les principaux sont : les rivières Como et Rhamboé.

La rivière Como, dont l'hydrographie a été fixée, de 1858 à 1860, par MM. Dumesnil et Braouezec, enseignes de vaisseau, commandant le stationnaire *l'Oise*, débouche dans le fond de l'estuaire dont elle est comme la continuation; elle prend sa source dans les montagnes de Cristal, à peu de distance des sources de la rivière de Bénito, de la rivière d'Anger, de la rivière Mondah et sur le versant opposé de celle du cap Lopez. Tous ces cours d'eau s'éloignent de leurs sources en configurant par leur trajet une surface triangulaire dont les montagnes de cristal forment le sommet, la rivière Bénito le côté nord, celle du cap Lopez le côté sud, en tournant le pâté de montagnes par l'est en arête, enfin la rivière Como à peu près le milieu de la base.

La rivière Como est assez large à son embouchure, mais elle se rétrécit bientôt pour ne plus présenter que 700 à 800 mètres, 50 milles plus loin, au point où elle opère sa jonction avec la rivière Bogoé, son principal affluent, un peu avant d'arriver à un bâtiment de l'État mouillé en cet endroit pour servir d'avant-poste aux commerçants qui fréquentent la rivière.

La navigation, facile dans la plus grande partie de ce parcours, n'offre de difficultés réelles que vers les approches du stationnaire où des bancs de sable et de roches forment un chenal assez étroit. Au-dessus de ce point, la rivière n'est plus navigable qu'aux côtres et petites goëlettes. La marée se fait sentir jusqu'à près de 70 milles de l'embouchure, mais on trouve l'eau douce à marée basse.

On observe à l'entrée de la rivière Como quelques îles ayant plusieurs milles d'étendue. La plus importante de ces îles est celle de Ningué-Ningué, placée à l'embouchure du Bogoé, un peu au dela du mouillage du stationnaire. Cette île sert de point de relâche aux traitants noirs qui parcourent ces rivières. Une mission protestante américaine a fait de cette île le chef-lieu de ses établissements et de son commerce.

La rivière Rhamboé qui se jette dans l'estuaire du Gabon, près l'île Ningué-Pongoé, forme à son embouchure un bassin de plusieurs milles de longueur sur un mille de largeur et dont la profondeur moyenne est de 5 mètres; son parcours est d'environ 40 milles dans le sud-est.

La rivière Mondah qui a son embouchure dans la baie de Corisco, à 25 milles de la pointe nord de l'estuaire du Gabon, communique avec cet estuaire par une de ses branches, la rivière Cohit, qui vient s'y jeter au sud-est de nos établissements, en face de l'île Coniquet.

Le fleuve Ogo-wai, plus connu sous le nom de rivière du cap Lopez, aboutit à la mer par plusieurs embouchures, à 60 milles environ au sud du Gabon, au-dessus et au-dessous du cap Lopez. Ce fleuve, qui est une des artères principales de cette partie du continent africain, a été exploré, jusqu'à une certaine distance, pour la première fois, en 1862, par M. le lieutenant de vaisseau Serval. Formé à une soixantaine de lieues de son embouchure par la réunion de deux grandes rivières l'Okanda et le N'Gouniay, dont on ignore encore l'origine, il reçoit peu de temps après les eaux du lac Jonanga, puis, sans être grossi par aucun affluent important, il conserve dans tout son parcours une largeur moyenne de 2500 mètres. Sa rapidité est assez grande et son volume d'eau assez considérable pour qu'à son embouchure, ou du moins à celle de Nazaré [1], même pendant la saison sèche, son eau reste constamment douce à marée haute.

---

1. La rivière Nazaré ou Nazarette n'est elle-même qu'une des bouches de l'Ogo-wai.

Caps. — Le cap Esteiras, pointe sud de la baie de Corisco, est situé à 8 milles au nord de l'entrée de l'estuaire du Gabon, par 0° 38′ 15″ de lat. N. et 7° 0′ 46″ de long. E. Ce cap est bas, boisé et prolongé dans le N.-O. par des récifs qui brisent presque toujours avec force. La mission française y a un établissement important pour l'instruction des enfants de la contrée voisine.

Du cap Esteiras, la côte décrit vers l'ouest une courbe peu profonde qui se termine par le cap Santa-Clara, pointe nord de l'embouchure du Gabon. Ce cap, qui a 20 mètres de hauteur, est situé par 0° 30′ 2″ de lat. N. et 6° 59′ 54″ long. E.

La pointe Pongara forme l'extrémité sud de l'estuaire du Gabon; elle est basse et sablonneuse.

Le cap Lopez est situé à l'extrémité nord de l'île du même nom, par 0° 36′ 0″ de lat. S. et 6° 22′ 36″ de long. E., à 70 milles au sud du Gabon et à 25 milles de l'embouchure de la rivière Nazaré, l'une des branches du fleuve Ogo-wai. C'est une pointe basse, sablonneuse et isolée de l'île par des marigots; elle forme l'extrémité sud du golfe de Biaffra.

A l'abri du cap Lopez, les navigateurs trouvent d'excellents refuges contre la houle et les vents régnants du S. O.

Météorologie.

Température. — La température du Gabon n'est pas aussi élevée qu'on pourrait le supposer, sous une telle latitude. Le ciel est généralement couvert dans tout le golfe de Biaffra par des nuages élevés qui interceptent les rayons du soleil et rafraîchissent l'atmosphère. La variation de la température pendant l'année est d'environ 10°; le thermomètre monte rarement au-dessus de 32° à l'ombre; pendant les mois les plus chauds, janvier, février, mars, avril et mai, l'observation donne, le matin 25°, à deux heures 30° à 32°, le soir 28°; les autres mois donnent en moyenne, le matin 23°, à 2 heures 28° et le soir 26°. Le minimum de la température a lieu en août.

Vents. — La direction des vents généraux venant du large varie du N.-O. au S.-S.-O.; ils s'élèvent vers 10 heures du matin et continuent jusqu'au coucher du soleil. Les brises de terre soufflent, légères, du S.-E. à l'Est pendant la nuit.

Saisons. — L'année se divise en deux saisons, la saison des pluies et la saison sèche. Celle-ci commence du 15 au 20 mai et se termine du 15 au 20 septembre. Les pluies ont lieu pendant les mois de janvier, février, mars, avril et la première quinzaine de mai; elles reprennent vers la mi-septembre pour continuer jusqu'à la fin de l'année. On a ainsi régulièrement toute l'année huit mois de pluies et quatre mois de saison sèche.

Marée. — L'établissement de la marée, devant le poste, se fait à 5 h. 30'. Le flot et le jusant s'accomplissent peu régulièrement. La mer marne de 1^{m}6 dans les petites marées et de 2^{m}1 dans les grandes. Les ras de marée ont lieu principalement lors de la saison des pluies, mais ne sont pas dangereux sur la rade. Une digue en grosses pierres sèches, mais construite avec soin, forme un abri qui protége efficacement les communications de la rade avec le comptoir. Les marées produisent un courant violent qui rend très-pénible le va-et-vient des embarcations. Les grands bâtiments ne peuvent pas mouiller prudemment à moins d'un mille de terre. Les avisos se rapprochent à 500 ou 600 mètres en recherchant avec soin, pour jeter l'ancre, les lits de vase qui séparent les plateaux rocheux embarrassant le mouillage devant Libreville.

Population.

Les principales peuplades du Gabon et de ses affluents sont : les Gabonnais, ou M'pongoé, les Bouloux, les Bakalais et les Pahouins ou Fans ; tous appartiennent à la race nègre. Les hommes sont généralement grands, bien faits et bien proportionnés; ils ont des traits réguliers, le nez moins épaté, les lèvres moins épaisses que les nègres de la Sénégambie et du Congo. La couleur de leur peau est aussi moins foncée.

Les Gabonnais habitent les villages les plus proches de notre établissement ; leur nombre peut être évalué au chiffre d'environ 3000, non compris les esclaves, répartis de la manière suivante entre les villages situés sur les deux rives de l'estuaire :

Rive droite[1].

Village de	Manoël Kringé	60
—	Quaben	200
—	Louis	150
—	Glass	1200
—	Toko	100
—	Prince Glass	80
—	Boulaben	60
—	Tom-Lowson	70
—	Libreville	150

Rive gauche.

Village de	Denis	500
—	Petit-Denis	100
—	Georges	80
—	Duking	90

Ile Coniquet.

Village de François		100

Les Gabonnais servent de courtiers entre les populations de l'intérieur et les capitaines du commerce dont ils reçoivent par avance les marchandises à échanger contre les produits du pays.

Les Bouloux habitent les premiers villages que l'on rencontre en remontant la rivière Como. Cette peuplade, autrefois toute puissante, ne possède plus aujourd'hui qu'un petit nombre de villages disséminés sur les deux rives. Elle compte tout au plus 3000 âmes. Seuls courtiers pendant longtemps des Gabonnais, les Bouloux étaient seuls en relations avec les sauvages de l'intérieur qu'ils tinrent longtemps en échec, mais qui commencent à se rapprocher de nous.

Les Bakalais ou Akalais, que l'on trouve après les Bouloux, en remontant la rivière Como, appartiennent à une nation comptant environ 60 000 âmes, qui s'étend depuis les rives de l'Ogo-wai jusqu'à celles des rivières Bogoé et Como. Cette peuplade, qui sert d'intermédiaire entre les Pahouins et les Bouloux, tend, comme ces derniers, à disparaître devant l'invasion des premiers, de l'est à l'ouest.

Les Pahouins forment la peuplade la plus nombreuse de

---

1. Chaque rive a son chef supérieur qui prend le titre de roi : la rive droite est commandée par le roi Quaben, et, la rive gauche, par le roi Denis.

ce pays ; leur nombre peut être évalué à 120 000 âmes environ. Ils sont moins noirs que leurs voisins les Bakalais et les Bouloux. C'est un peuple brave, éminemment guerrier et chasseur. Descendus des montagnes de cristal, ils se sont établis depuis plusieurs années dans le haut de la rivière Como et tendent constamment à se rapprocher du littoral, en exterminant les peuplades qu'ils rencontrent sur leur passage et qui leur ont servi jusqu'à présent d'intermédiaires. Ce sont eux qui poursuivent l'éléphant et qui nous font parvenir par les Bakalais, les Bouloux et les Gabonnais, l'ivoire que leur fournissent leurs chasses. Ils préparent aussi le caoutchouc, la cire, les billes de bois d'ébène et savent travailler le fer qui abonde dans leurs montagnes.

Sur nos instances, les Pahouins commencent à venir dans notre établissement, à bord de nos navires et dans nos factoreries. L'accueil qu'ils y reçoivent et le résultat de leurs relations commerciales, ne peuvent qu'accroître nos rapports directs avec ces naturels.

Toutes les peuplades du Gabon parlent des langues différentes. Les Gabonnais, les premiers courtiers de la rivière, sont familiers avec le français, l'anglais, l'espagnol et le portugais qui leur sont indispensables pour leurs opérations commerciales.

Gouvernement et administration.

Les établissements de la côte d'Or et du Gabon, qui depuis leur fondation dépendaient du gouvernement du Sénégal, furent placés, par un décret du 1er novembre 1854, sous l'autorité supérieure du commandant de la division navale des côtes occidentales d'Afrique avec l'île de Gorée pour chef-lieu. La séparation définitive des comptoirs de nos possessions de la Sénégambie fut prononcée par un décret du 26 février 1859 qui rattacha Gorée à la colonie du Sénégal. Un commandant, nommé par l'Empereur, mais relevant du commandant de la division navale, est placé dans chacun des établissements du Gabon, de Grand-Bassam, d'Assinie et de Dabou.

L'administration de ces divers établissements est centralisée au Gabon.

Un commissaire-adjoint de la marine, ordonnateur, et le magistrat chargé du ministère public dirigent, sous les ordres du commandant de la division navale, les différentes parties du service administratif et judiciaire. Un agent du commissariat y remplit les fonctions de contrôleur.

Le service des ponts et chaussées est placé sous les ordres d'un capitaine du génie ; celui de la police est confié à un commissaire et à trois agents.

Un trésorier payeur est chargé du service des fonds.

Le service de santé est confié à trois chirurgiens de la marine impériale ayant sous leurs ordres quatre infirmiers.

Quatre chefs kroumanes et six kroumanes canotiers sont affectés au service du port.

Forces militaires et maritimes.

L'effectif réglementaire des troupes qui forment les garnisons des établissements de la côte d'Or et du Gabon est de 212 hommes dont 12 officiers. Au 1er mai 1863, 133 de ces hommes étaient dans les établissements de la côte d'Or et 69 au Gabon.

La garnison du Gabon est composée de la manière suivante :

1° Un capitaine du génie, faisant fonctions de chef du service des ponts et chaussées ;

2° Un garde d'artillerie et 3 artilleurs de la marine ;

3° Un capitaine, un lieutenant ou sous-lieutenant et 62 sous-officiers ou soldats du bataillon de tirailleurs sénégalais ;

4° Trois chirurgiens de la marine.

Division navale. — Le Gabon est le centre de la division navale des côtes occidentales d'Afrique, actuellement commandée par un contre-amiral. Elle se compose de neuf bâtiments, représentant un armement de 50 canons et montés par 853 hommes d'équipage. En voici le détail :

	chevaux.	canons.	hommes.
La Junon, frégate à hélice de....	600	28	415
La Somme, transport à hélice....	100	2	44
La Zélée transport à hélice.......	60	2	60
L'Étoile, aviso à roues...........	100	4	64
L'Arabe, —	60	2	60
Le Dialmath, —	60	4	60
L'Archer, —	20	2	20
Le Pionnier, —	20	2	20
La Caravane, transport à voiles..	»	4	110
Totaux...............	1020	50	853

L'état-major de la division comprend 1 contre-amiral, 3 capitaines de frégate, 23 lieutenants ou enseignes de vaisseau, 10 chirurgiens, 6 officiers d'administration et 13 élèves ou volontaires.

Culte et Instruction publique.

Le fétichisme le plus grossier, avec un cortége de superstitions ridicules, dégradantes et parfois cruelles, telle est la religion des Gabonnais et des habitants de l'intérieur.

Les premiers fondements d'une mission catholique au Gabon remontent à 1844, année qui suivit celle de notre occupation. Depuis lors la mission, qui est devenue la résidence de l'évêque, chef de la mission des deux Guinées et de la Sénégambie, s'est développée. Réunie auprès du plateau sur lequel notre établissement est fondé, elle prend chaque jour une assiette plus ferme et ses progrès sont sensibles. Indépendamment des 40 enfants des deux sexes qui sont entretenus dans les deux écoles, aux frais du budget local, on ne compte pas moins de 60 garçons et 40 filles qui y reçoivent gratuitement la nourriture et l'instruction religieuse, élémentaire, professionnelle ou agricole.

Le personnel religieux se compose de l'évêque, de 4 prêtres, 4 frères convers et 6 sœurs de la communauté de Castres, dont une attachée à l'hôpital.

Les nombreuses constructions de la Mission sont en planches ou en bambou; elle possède de grandes cultures de manioc, de maïs, de patates douces, d'ignames, de cocotiers, de bananiers et d'arbres à pain, nécessaires à l'alimentation de son personnel.

La Mission est à la fois une paroisse, une communauté, un pensionnat, une ferme, où chacun, depuis l'évêque jusqu'au frère convers, a ses fonctions, son emploi et sa spécialité.

Afin d'engager les parents à envoyer leurs enfants chez eux, les missionnaires leur donnent, tous les deux mois et pour chaque enfant, une pièce d'étoffe de la valeur de quatre à cinq francs. Les habitants du village de Libreville, presque tous mariés et chrétiens, n'exigent pas de cadeaux de la mission pour lui confier leurs enfants.

Il existe aussi sur les hauteurs du village de Glass, situé à

5 kilomètres de notre établissement, une mission protestante américaine. Le nombre de ses prosélytes est assez nombreux.

Justice.

Malgré leur séparation définitive du Sénégal, les établissements de la côte d'Or et du Gabon continuent, aux termes de l'article 5 du décret du 9 août 1854, à être compris judiciairement dans le ressort de la Cour impériale de Saint-Louis. Toutes les affaires de justice civile, commerciale, criminelle, militaire et maritime sont renvoyées devant les tribunaux du Sénégal.

Un arrêté du commandant supérieur, en date du 28 mars 1862, a remis en vigueur, en le complétant par quelques dispositions nouvelles, un arrêté du gouverneur du Sénégal du 20 décembre 1848, qui institue, dans chaque établissement, une commission chargée de régler les différends qui peuvent survenir entre les négociants ou capitaines de navires du commerce et les traitants ou courtiers indigènes. Cette commission est composée du commandant particulier, président, du chef du service administratif, d'un commerçant européen et de deux chefs indigènes nommés par le commandant supérieur.

Ce n'est là qu'une sorte de tribunal d'arbitrage qui peut prévenir des procès, mais qui n'a pas qualité pour les juger. Aussi, pour rendre l'administration de la justice plus prompte et moins onéreuse, est-il question de créer deux tribunaux de première instance, l'un au Gabon, l'autre à Grand-Bassam. La juridiction de ce dernier tribunal s'étendrait à Assinie et à Dabou. Ces tribunaux seraient composés d'officiers ou fonctionnaires civils, remplissant les fonctions de président et de procureur impérial, et de résidents notables, au choix du commandant supérieur, remplissant les fonctions de juges-assesseurs. Dans les affaires mixtes, c'est-à-dire entre résidents et indigènes, il serait adjoint au tribunal un chef indigène.

L'appel des jugements de ces tribunaux serait porté devant la Cour impériale de Saint-Louis.

Finances.

Les établissements de la côte d'Or et du Gabon figurent au budget de l'État, exercice 1863, pour une somme de 517 210 fr. (chiffres ronds). Le budget local du Gabon s'élève, pour le même exercice, à la somme de 154 000 fr., dont 4 000 fr. de recettes locales. Voici le détail du budget de la colonie :

DÉPENSES DE L'ÉTAT (exercice 1863).

Personnel civil et militaire.

	fr.	c.
Gouvernement colonial	28 000	»
Administration générale	29 960	»
Culte	17 100	»
Accessoires de la solde	14 000	»
États-majors	11 060	»
Troupes indigènes	88 416	14
Traitements dans les hôpitaux	61 019	40
Vivres	69 961	20
	319 516	74
A déduire un 30ᵉ pour incomplets	10 650	23
Total du personnel	308 866	51

Matériel civil et militaire.

	fr.	c.
Ports et rades	1 000	»
Édifices publics	1 000	»
Casernement et campement	800	»
Génie	52 000	»
Artillerie	3 000	»
Divers	550	»
Total du matériel	58 350	»
Subvention au service local	150 000	»
Rappel du total du personnel	308 866	51
Total général	517 216	51

Les dépenses qui précèdent ne comprennent pas celles qui

sont effectuées au compte du *service marine* (solde des troupes, dépenses de la station navale, etc.) et dont le détail n'est donné que dans les *comptes définitifs*. En 1861, elles se sont élevées à la somme de 459 497 fr. 09 c.

BUDGET LOCAL (1863).

Recettes.

	fr.	c.
Contributions indirectes................	2 000	»
Amendes et produits divers............	2 000	»
Subvention métropolitaine.............	150 000	»
Total des recettes......	154 000	»

Dépenses.

	fr.	c.
Service des ponts et chaussées..........	3 660	»
— des ports....................	19 895	20
— de la police...................	2 613	48
— de l'instruction publique	1 200	»
— des postes....................	600	»
Administration générale (suppléments) ...	1 400	»
Agents divers........................	22 869	72
Dépenses accessoires	3 000	»
Total du personnel......	55 238	40
A déduire le 30ᵉ pour retenues à l'hôpital et incomplets................	1 841	28
Total........	53 397	12
Hôpitaux	10 840	»
Vivres.............................	48 092	94
Travaux et approvisionnements..........	6 500	»
Approvisionnements divers..............	5 200	»
Éclairage public.....................	1 000	»
Subvention au service du culte..........	1 000	»
— — de l'instruction publique.	3 000	»
Frais de correspondance...............	1 200	»
— de culture, achats de graines.......	1 500	»
Dépenses diverses et imprévues.........	22 300	»
Total du personnel et du matériel...	154 030	06
Et pour somme ronde....	154 000	00

Agriculture.

Les Gabonnais ne cultivent que les produits indispensables à leur nourriture. Les plantations ont lieu en septembre, c'est-à-dire au commencement des pluies ; elles consistent en bananiers, patates douces, arachides, manioc, maïs et ignames. Les indigènes cultivent aussi quelques cannes à sucre, mais seulement comme objet de friandise pour les femmes et les enfants.

Un jardin d'essai fondé dans la colonie, en 1850, par M. Aubry-Lecomte, produit presque tous les légumes d'Europe et rend de véritables services. Les essais tentés dans ce jardin et dans ceux des Missions française et américaine sur la culture du café, du cacao et du coton ont parfaitement réussi ; malheureusement il ne nous a pas encore été possible, jusqu'à ce jour, d'amener les Gabonnais à cultiver ces produits.

Quoique l'élève des bestiaux soit possible et même facile dans ce pays, les indigènes n'ont pas de troupeaux de bœufs. Le roi Denis fait exception à cette règle, mais il considère bien plus son troupeau comme un objet de luxe que comme un objet de spéculation. Les troupeaux de bœufs du Comptoir et des deux Missions, qui ne comprennent que des sujets nés dans le pays, sont fort beaux. Les bœufs de provenance étrangère vivent difficilement au Gabon. On peut aussi élever des chevaux, mais ils exigent beaucoup plus de soins que les bœufs. Les Bouloux et les Bakalais, populations de l'intérieur, possèdent quelques moutons et cabris d'assez bonne qualité, qu'ils vendent aux Européens à des prix modérés. La volaille est commune dans le pays, et les porcs s'y élèvent facilement, mais on restreint autant que possible le nombre de ces animaux, à cause des dégâts qu'ils commettent dans les plantations.

Le Gabon produit une grande quantité de graines oléagineuses, qui se récoltent en janvier et février, et parmi lesquelles on peut citer le djavé, le noungou, le dika, l'owala, l'élozy-zégué, les noix de paline et enfin celles de m'poga et de coula qui fournissent une huile analogue à l'huile d'olive. Au cap Lopez, on récolte de la cire qui est généralement de bonne qualité.

Commerce et navigation.

Le commerce du Gabon et des côtes qui l'avoisinent est fait par des capitaines français, anglais, américains et portugais. Les produits qu'ils y traitent, par l'intermédiaire des courtiers indigènes, en échange de leurs marchandises et même quelquefois contre des espèces, sont les suivants :

L'ivoire (*n'pugni*) vaut depuis 1 fr. 50 jusqu'à 20 fr. le kilog. selon sa grosseur. On sait que l'ivoire du Gabon est le plus beau qui existe. C'est surtout dans le haut de la rivière Como que se trouvent les plus beaux spécimens.

Le bois d'ébène (*ebila*) se vend de 15 à 18 fr. le tonneau.

Le sandal ou bois rouge (*oingo*) vaut de 15 à 18 fr. le tonneau ; les bûches doivent peser 10 kilog. ; au-dessous de ce poids on peut en exiger deux pour une.

La cire (*n'ponga*) se vend 2 fr. le kilog.

La gomme-copal est vendue par les Bouloux 5 fr. les 12 kilog. ; on en trouve beaucoup à Cama et au cap Lopez.

Le caoutchouc est très-abondant dans les rivières Mondah et Danger ; il vaut de 1 à 3 francs le kilog. suivant la qualité.

Tout capitaine de commerce venant au Gabon doit avoir un assortiment complet de marchandises bien appropriées aux besoins des indigènes. Voici la nomenclature des marchandises nécessaires à la traite, avec les prix du pays en regard :

	fr.	c.	
Romals	1	»	la brasse.
Liménéas	15	»	la pièce de 9 brasses.
Madapolam	20	»	la pièce de 12 brass.
Chiloé	5	»	la pièce de 3 brasses.
Fusils anglais, peints en rouge	20	»	l'un.
— français de munition	15	»	—
Poudre de traite	1	»	la livre.
Eau-de-vie de traite à 19°	1	75	le litre.
Pipes communes, grandes, sans talons	1	»	les six.
Barrettes en cuivre jaune 0,07 diam., 0,60 long.	1	»	l'une.
— — 0,045 — 0,60 long.	1	45	—
Barres de fer de 2m,25 long. 0,03 larg. 25 épais.	1	25	—
Tabac en feuille	»	20	la tête de 3 feuilles.
Assiettes communes avec ou sans dessins	»	50	l'une.
Clochettes	»	50	—
Rasoirs de traite	1	»	l'un.
Ciseaux de traite	»	50	la paire.
Foulards communs en soie	5	»	l'un.
Chapeaux de paille communs	2	5	—
— — plus fins	5	»	—

	fr.	c.	
Chemises de couleur très-communes........	2	50	l'une.
— blanches.............................	5	»	—
— de couleur.....................	4	»	—
Chaudrons en cuivre à anses de fer, 0,30 diam.	5	»	l'un.
Petits bassins en cuivre jaune..............	2	50	—
Neptunes en cuivre jaune..................	15	»	—
Bonnets de coton rouge ou bariolés.........	1	»	—
Couteaux flamands.........................	1	»	—
Coffres en bois blanc léger, planches minces, serrures très-communes, de 0,72 long., 0,34 haut., très-importants pour la traite, peuvent s'apporter démontés............	5	»	l'un.
Cuvettes et pots à eau.....................	3	50	les deux.
Perles blanches, moyennes mates...........	1	»	la livre.
Masses de petites perles mates blanches, rosés, bleu-clair, rouge-sang, jaune clair........	1	»	la masse.
Masses de perles rouges moyennes.........	1	»	—
Caisses de vin rouge ordinaire..............	15	»	l'une.
Bouteilles de vin blanc.....................	2	»	—
— d'anisette commune..............	2	50	—
— d'huile d'olive...................	3	5	—
— de gin, petites carrées............	5	»	—
Papier peint, de 3 brasses 1/2 à 4 brasses....	3	»	le rouleau.
Casquettes très-communes.................	2	50	l'une.
Gilets de tricot en coton blanc..............	5	»	—
Gilets de coton à ramages..................	15	»	l'un.
Petits miroirs avec cadres en bois...........	1	»	—
Bonnet basque noir commun	2	»	—
Chandelles de suif, petites	»	25	l'une.
Dames-jeanne de 10 litres..................	5	»	l'une.
Barbançons en grès........................	1	50	l'un.
Verres à boire.............................	»	50	—
— de poudre de traite...................	»	50	—
Bols en fayence	»	50	—
Malles communes grandes..................	15	»	l'une.
— — petites....................	10	»	—
Marmites en fonte	2	»	—
Petites haches.............................	5	»	l'une.
Sabres dits manchettes.....................	2	50	l'un.
Cadenas de moyenne grandeur.............	1	»	—
Cravates en soie noire, communes..........	5	»	l'une.
Parapluies en soie, communs...............	20	»	l'un.
— en coton........................	10	»	—
Savon de Marseille........................	1	50	la livre.
Boucles d'oreilles de forme tubulaire et creuses en cuivre doré, ayant les dimensions suiv.: Diam. extér., 48 millim.; intér., 0,35 millim.	15	»	la paire.
— 0,35 — 0,28 —	5	»	—
— 0,23 — 0,17 —	2	50	—

Plus, des effets confectionnés d'été communs, chaussures communes, robes de chambre, couteaux, chaises communes, paniers de bière, sardines à l'huile et parfumerie commune.

Toutes les saisons sont bonnes pour commercer; mais quand on a à prendre une cargaison de bois rouge, il vaut mieux venir pendant la saison sèche, c'est-à-dire de mai à septembre, car à cette époque les chargements se font beaucoup plus vite et les équipages restent moins exposés à l'insalubrité des rivières, dans lesquelles les navires sont tenus de se rendre pour opérer leur chargement.

Une maison de commerce doit établir le centre de ses opérations sur l'un des points de notre concession ou près du littoral, afin d'éviter une location ou un achat de terrain aux chefs du pays.

Indépendamment des navires destinés à alimenter la factorerie principale de marchandises d'Europe et à y transporter en retour les produits indigènes, il est indispensable d'avoir une goëlette ou un côtre pour aller dans les rivières voisines alimenter les succursales et y prendre les produits traités dans l'intervalle d'un voyage à l'autre.

Le commerce du Gabon est placé sous le régime de la franchise la plus complète.

Statistique.—En 1862, la valeur des importations au Gabon s'est élevée à la somme de............   655 551 fr.
et celle des exportations à............ 1 624 805

Total...... 2 280 356 fr.

IMPORTATIONS.

	fr.
Spiritueux...........................	128 519
Vins.................................	10 244
Armes...............................	28 590
Poudre..............................	48 178
Conserves alimentaires et denrées diverses	69 186
Quincaillerie........................	36 842
Mercerie et chapellerie..............	15 748
Tissus divers........................	184 454
Sel.................................	5 400
Articles divers confectionnés........	38 942
Faïences et verroteries..............	25 212
Meubles.............................	4 330
A reporter.........	595 645

---

1. Dans ces évaluations ne figurent pas les vivres et le matériel expédiés de France pour le compte du gouvernement.

Report................	595 645
Tabac......................	44 105
Bois de construction et embarcations....	15 800
Total.............	655 551

EXPORTATIONS.

	fr.
Bois de Sandal...................	9 907
— d'ébène......................	224 991
— rouge......................	111 775
Caoutchouc.....................	104 419
Cire........................	23 526
Gomme copal....................	723
Ivoire.......................	420 965
Dika........................	3 024
Huile de palme....................	607 971
Café........................	1 370
Cacao.......................	6 425
Huile de coco...................	10 500
Camwood.....................	27 835
Espèces monnayées................	25 000
Articles divers...................	1 374
Total............	1 624 805

Le commerce extérieur s'est réparti de la manière suivante entre les diverses puissances:

	Importations. fr.	Exportations. fr.
Navires français...........	193 414	330 112
— anglais...........	409 758	1 236 682
— américains.........	32 279	58 011
— portugais.........	4 000	»
— hambourgeois......	16 100	»
	655 551	1 624 805

Voici le mouvement de la navigation à l'entrée:

		tonneaux.	hommes.
Navires français............	15	3788	173
— anglais............	16	3346	180
— américains.........	3	646	39
— portugais..........	3	205	34
— hambourgeois......	1	230	13
	38	8215	439

Service postal.

Deux bureaux de poste sont établis l'un à Assinie l'autre au Gabon pour l'échange des correspondances. Le premier est chargé de desservir nos établissements d'Assinie, de Grand-Bassam et de Dabou; le second n'est institué que pour le Gabon.

Les correspondances expédiées par la voie rapide à nos comptoirs de la côte occidentale d'Afrique, sont transportées par les paquebots-poste anglais partant de Liverpool le 24 de chaque mois pour Bonny, sur les côtes de la Guinée, et l'île de Fernando-Po [1].

Celles qui sont destinées à nos établissements de la côte d'Or sont déposées au Cap-Coast-Castle, et de là transportées à Assinie par la voie de Saint-Georges d'Elmina [2].

Celles qui sont pour le Gabon sont déposées à Fernando-Po, et transportées à notre comptoir par un bâtiment de la station locale.

Quant au prix des lettres, il est le même que pour toutes nos colonies, c'est-à-dire 50 centimes par 7 grammes et demi pour une lettre affranchie, et 60 centimes pour une lettre non affranchie.

Outre les paquebots-poste anglais, on peut se servir pour l'expédition des lettres, des occasions que fournissent certaines maisons de commerce de Marseille et de Bordeaux qui sont en relation avec les établissements de la côte d'Or et du Gabon.

Dans ce cas, le prix de chaque lettre est de 30 centimes par 50 grammes, si elle est affranchie, et de 40 centimes, lorsqu'elle ne l'est pas.

Pour l'affranchissement des correspondances expédiées de la colonie, on emploie des timbres-poste coloniaux, dont la forme et la valeur sont identiques dans tous nos établissements d'outre-mer [3].

---

1. Ile du golfe de Guinée appartenant aux Espagnols.
2. Comptoir hollandais de la Guinée supérieure.
3. Voir l'article sur la Réunion et le Sénégal (pages 107 et 209).

CHAPITRE II.

COLONIES D'AMÉRIQUE.

Saint-Pierre et Miquelon. — Martinique. — Guadeloupe et dépendances. Guyane.

ILES SAINT-PIERRE ET MIQUELON.

Résumé historique.

On ne sait pas encore d'une manière bien certaine quels furent les premiers navigateurs qui fréquentèrent les parages de l'île de Terre-Neuve. Les hommes du nord de l'Europe (*Northmen*), habitants du Danemark et de la Norwége, paraissent avoir connu cette île dès le onzième siècle. Les Basques français réclament l'honneur d'y être venus dans le courant du quatorzième siècle, près de deux cents ans avant les voyages des Cabot (1497) et de Verazzani (1527). Quoi qu'il en soit, il est certain que dès l'année 1504 les Bretons et les Normands venaient pêcher dans les eaux de Terre-Neuve où la morue se trouvait en abondance; mais ce n'est que vers l'année 1604 que nos pêcheurs fondèrent leurs premiers établissements sédentaires sur cette île. A partir de cette époque, grâce à la fondation de nouvelles colonies au Canada et dans l'Acadie, grâce aussi aux encouragements accordés par le gouvernement, la pêche de la morue commença à acquérir de l'importance, et, cent ans plus tard, en 1710, on ne comptait pas moins de 3000 habitants à Terre-Neuve.

Le traité de paix conclu à Utrecht le 11 avril 1713 fit passer Terre-Neuve entre les mains de l'Angleterre, en réservant à la France le droit de pêcher et de sécher le poisson sur certaines parties des côtes de l'île.

Lorsqu'en 1763 la France perdit le Canada et ses autres possessions de l'Amérique du Nord, il ne lui resta plus dans ces parages que les petites îles Saint-Pierre et Miquelon, que le traité de Paris, du 10 février 1763, lui céda pour servir d'asile à ses pêcheurs. Le baron de l'Espérance, capitaine d'infanterie, fut chargé, le 14 juillet 1763, d'aller prendre possession de ces îles au nom de la France. Les droits de pêche et de sécherie, reconnus aux Français par le traité d'Utrecht, furent d'ailleurs confirmés et même étendus.

Ce fut de 1764 à 1767 que se formèrent nos premiers établissements de pêche aux îles Saint-Pierre et Miquelon. Les produits que les habitants sédentaires de ces îles retirèrent de la pêche, de 1765 à 1777, s'élevèrent, année commune, à environ 6000 quintaux de morue. Cette pêche occupait chaque année 220 bâtiments jaugeant ensemble 24 000 tonneaux et montés par 8000 marins ou pêcheurs.

En 1778, lors de la guerre de l'indépendance de l'Amérique, les Anglais s'emparèrent des îles Saint-Pierre et Miquelon, dont ils détruisirent les constructions de fond en comble et dont ils forcèrent les habitants, au nombre de 1200 à 1300, à se réfugier en France. La paix de Versailles, du 3 septembre 1783, rendit à la France les îles Saint-Pierre et Miquelon et confirma nos droits de pêche sur les côtes de Terre-Neuve. Tous les habitants qui avaient été forcés de quitter ces îles en 1778 y furent ramenés aux frais de l'État, au nombre de 1223, dont 510 en 1783 et 713 l'année suivante.

Les expéditions de nos ports pour la pêche de la morue suivirent immédiatement la reprise de possession des îles Saint-Pierre et Miquelon ; en 1784, le nombre total des navires expédiés de France pour cette pêche s'éleva à 318, jaugeant ensemble 34 658 tonneaux et montés par 9520 marins ou pêcheurs.

La guerre de 1792 vint de nouveau détruire cette branche d'industrie si importante pour les Français, soit comme école de navigation, soit comme source d'alimentation et de commerce. Le 14 mai 1793, les Anglais s'emparèrent des îles

Saint-Pierre et Miquelon, et l'année suivante ils en déportèrent les habitants en France,

La paix d'Amiens (27 mars 1802) restitua ces îles à la France qui en reprit possession le 20 août de la même année, mais qui les perdit pour la dernière fois en mars 1803.

Le traité de Paris du 30 mai 1814 a rendu à la France ses pêcheries d'Amérique et a stipulé, en outre, quant aux droits de pêche des Français sur les côtes de l'île de Terre-Neuve, et des îles adjacentes, ainsi que dans le golfe de Saint-Laurent, que tout serait remis sur le même pied qu'auparavant.

La rétrocession des îles Saint-Pierre et Miquelon eut lieu le 22 juin 1816. Une expédition française y amena, pour former le noyau de la population nouvelle, 150 des anciennes familles. Avec le secours du gouvernement, les habitants relevèrent le bourg de Saint-Pierre qui avait été détruit en 1795; un autre petit bourg fut en même temps formé à Miquelon.

Les expéditions de pêche ne tardèrent pas à reprendre leur ancienne activité; et depuis lors, grâce à la continuation des encouragements accordés par la métropole, leur développement a subi diverses phases plus ou moins heureuses.

LISTE CHRONOLOGIQUE DES COMMANDANTS.

DANGEAC, nommé le 1er janvier 1763 gouverneur des îles Saint-Pierre et Miquelon, dont le baron de l'Espérance, capitaine d'infanterie, est chargé, le 14 juillet 1763, de prendre possession.

L'ESPÉRANCE (le baron de), gouverneur en mars 1773.

En 1778, les îles tombent au pouvoir des Anglais.

En 1783, elles sont rétrocédées à la France.

DAUSEVILLE, commandant et ordonnateur, le 28 août 1784.

Le 14 mai 1793, prise des îles par les Anglais.

Le 22 juin 1816, rétrocession des îles à la France.

BOURRILHON (J.-P.), commissaire de la marine, chargé en chef du service, arrivé dans la colonie le 25 mai 1816.

BORIUS (A.-V.), lieutenant de vaisseau, chargé par intérim du commandement et de l'administration, le 1er novembre 1818.

FAYOLLE (P.-A.-H.), capitaine de frégate honoraire, nommé le 24 mars 1819 commandant et administrateur pour le roi, entré en fonctions le 20 juin 1819.

BORIUS (A.-V.), capitaine de frégate, nommé le 6 mars 1825

commandant et administrateur pour le roi, entré en fonctions le 11 juin 1825.

BRUE (J.-L.-M), chef de bataillon honoraire, nommé commandant le 20 mars 1828, entré en fonctions le 28 mai 1828.

PARIS (F.-J.-G.), sous-commissaire de marine, chargé de l'intérim du 1er janvier jusqu'au 16 avril 1832, et du 5 octobre 1835 jusqu'au 15 juin 1836, en l'absence de M. Brue.

MAMYNEAU (L.-A.), capitaine de vaisseau en retraite, nommé le 14 mars 1839, entré en fonctions le 10 septembre 1839.

DESROUSSEAUX (J.-A.), capitaine de corvette, nommé le 13 mai 1842, entré en fonctions le 14 juillet 1842.

DELÉCLUSE (J.-M.-F.), capitaine de corvette en retraite, nommé le 6 avril 1845, entré en fonctions le 3 juillet 1845.

BRUSLÉ (P.-B.), chef du service administratif, chargé par intérim des fonctions de commissaire de la République le 17 juillet 1849, entré en fonctions le 14 octobre suivant.

GERVAIS (J.-F), lieutenant-colonel d'artillerie de marine en retraite, nommé le 16 mai 1850, entré en fonctions le 3 juillet 1850.

GAUTIER (A.-S.), lieutenant de vaisseau, chargé par intérim du commandement, le 25 juillet 1855, entré en fonctions le 10 octobre suivant.

GERVAIS reprend ses fonctions le 14 mai 1856.

DE LA RONCIÈRE (le comte E.), nommé le 16 mars 1859, a pris le service le 4 mai suivant.

CREN (P. V.), chef de bataillon d'infanterie de marine, nommé le 14 décembre 1863.

Topographie.

Situation géographique. — Les îles Saint-Pierre et Miquelon sont situées dans l'océan Atlantique septentrional, à 10 milles de la côte Sud de Terre-Neuve et à 667 myriamètres de Brest.

Ile Saint-Pierre. — L'île Saint-Pierre gît par 46°46' de latitude N. et 58°30' de longitude O. dans le S. E. de l'île Miquelon. Sa plus grande longueur est de 7 kilomètres et demi, sa plus grande largeur de 5 kilomètres et demi et sa superficie de 2600 hectares.

L'île Saint-Pierre n'est pour ainsi dire qu'un rocher granitique hérissé de nombreuses éminences. Elle est à peu près inculte et stérile. On y trouve du minerai de fer et de cuivre.

Il existe dans l'île une douzaine d'étangs poissonneux dont les plus grands peuvent avoir de 600 à 700 mètres de longueur; ces derniers communiquent en tout temps avec la mer. Il n'y a que quelques ruisseaux, qui grossissent à la fonte des neiges et fournissent aux habitants une eau claire et limpide.

Les côtes de l'île sont hautes, escarpées et presque inabordables depuis le cap à l'Aigle, en allant vers le nord et l'ouest, jusqu'à la pointe à Savoyard. Depuis cette pointe jusqu'au cap qui forme l'entrée de la passe du S. E., la côte est plus basse et l'on y trouve quelques anses abordables pendant le beau temps.

La rade et le port de Saint-Pierre se trouvent dans l'espace compris entre le cap à l'Aigle, au nord, la pointe à Philibert au sud et l'île aux Chiens à l'est. La rade communique avec la pleine mer par trois passes dont la plus grande, celle du N. E, n'a pas moins de 900 mètres de largeur, et de 10 à 27 mètres de fond. Cette rade, abritée contre les vents de l'Est par l'île aux Chiens, est très-sûre, surtout du mois d'avril au mois de décembre; elle peut contenir environ 150 bâtiments. L'extrémité O.S.O de la rade forme un port assez vaste pour recevoir à la fois cent navires du commerce, mais comme pour entrer de la rade dans le port, il faut passer par un goulet étroit et peu profond, les bâtiments d'un faible tirant d'eau peuvent seuls y pénétrer. Tous les contours du port sont occupés par des grèves disposées pour la sécherie de la morue.

Le bourg de Saint-Pierre, qui est le chef-lieu des deux îles, est situé au pied d'une colline et s'étend jusqu'au bord de la mer; sa plus grande longueur est d'un kilomètre environ. C'est le seul centre de population existant dans l'île.

Outre les rochers qui entourent l'île Saint-Pierre on compte sept îlots dépendant de cette île, savoir : le Grand et le Petit-Colombier, au nord-est; l'île aux Chiens, l'île aux Vainqueurs, et l'île aux Pigeons, à l'est, en face de la rade; et à 65 kilomètres dans le N. E., l'île Verte.

Ile Miquelon. — L'île Miquelon, située entre 47°8' de latitude N. et 46°47° et 58° 40' de longitude O. formait autrefois deux îles, la petite et la grande Miquelon, séparées par une passe qui était praticable aux navires. Mais depuis 1783 cette passe est comblée par les sables, et les deux îles se trouvent réunies par une espèce de chaussée.

La plus grande longueur de l'île Miquelon est de 36 kilomètres, sa plus grande largeur de 24 kilomètres et sa superficie de 18423 hectares.

L'île Miquelon est à 5 kilomètres environ de l'extrémité nord-ouest de l'île Saint-Pierre. Elle est, comme celle-ci, formée d'un roc granitique recouvert d'une faible couche de tourbe. Ses contours sont très-irréguliers; le centre de la partie nord de l'île, connue autrefois sous le nom de grande Miquelon, est montagneux et renferme du minerai de fer et quelques sources ferrugineuses.

Le plus large ruisseau est celui qui porte le nom de Belle Rivière, dans la partie de l'île appelée la Petite Miquelon ou Langlade. Les deux plus grands étangs, dont l'un communique avec la mer, sont situés dans la grande Miquelon.

A l'extrémité nord de l'île, se trouve une vaste baie semi-circulaire, dont l'ouverture regarde l'Est, et au fond de laquelle est un étang considérable. Il n'y a aucune communication entre la rade et l'étang; pendant l'hiver les petites embarcations y sont traînées ou portées à bras.

Le bourg de Miquelon est situé au fond du port; il est distant d'environ 40 kilomètres du bourg de Saint-Pierre.

Travaux publics. — Dans ces dernières années, et surtout depuis 1859, les travaux publics ont été poussés avec activité à Saint-Pierre et Miquelon. La route *Iphigénie,* ainsi nommée parce qu'elle a été commencée par les marins de cette frégate, a été continuée sur une longueur d'environ 2200 mètres, jusqu'à l'extrémité de l'île Saint-Pierre. La route du bord de la rade, dite de *Gueydon* en l'honneur de l'amiral de ce nom qui l'a fait ouvrir, a été prolongée de 450 mètres.

Des canaux de desséchement ont été commencés. Un quai, qui n'aura pas moins de 134 mètres de longueur, avec escaliers et plans inclinés, a été commencé en 1862 dans le port de Saint-Pierre et a dû être terminé à la fin de 1863. Les remblais que ces travaux ont nécessités ont permis de niveler une partie des rues de la ville qui sont presque toutes aujourd'hui praticables aux voitures. Des égouts ont été établis partout où cela était nécessaire.

La construction d'un abattoir a fait ouvrir une large voie de communication à travers un quartier autrefois impraticable. On a également institué deux salles d'asile, bâti une maison de commandement à Miquelon, une habitation pour les gardiens du phare de Galantry; une caserne pour les gendarmes, à l'île aux Chiens, deux nouveaux phares, etc. La cale du Gouvernement, à Saint-Pierre, a été allongée et remise à neuf ; une grande fontaine a été achetée, pour être placée sur la place Napoléon. Un cure-môle, à vapeur, est attendu de France pour nettoyer et creuser le port et la rade. Enfin, à Miquelon, une église neuve sera livrée au culte incessamment.

L'exécution de ces travaux a été facilitée par l'arrivée dans l'île de 50 soldats disciplinaires qui ont rendu d'excellents services.

Météorologie.

Température. — Pendant les mois les plus chauds (juillet et août), la température des îles Saint Pierre et Miquelon ne s'élève guère au-dessus de 20 à 25° centigrades ; en hiver, pendant les mois de janvier et février, elle est ordinairement de 15° au-dessous de zéro et descend quelquefois jusqu'à 24°. La moyenne annuelle est environ de 9° centigrades au-dessus de zéro.

Climat. — Le climat est fort sain meilleur que dans les autres îles du golfe Saint-Laurent.

Saisons. — L'hiver dure cinq à six mois ; pendant près de quatre mois, du milieu de novembre à la fin de mars, une neige épaisse couvre partout la terre et intercepte les voies de communication. Les neiges commencent à fondre en avril ; mais le froid est encore rigoureux et de fortes brises du sud, accompagnées de pluies battantes, se font alors sentir.

Il règne en mai et juin des brumes qui persistent quelquefois quinze à vingt jours, et qui sont si épaisses qu'on ne peut souvent distinguer les objets à dix pas de distance.

Vers la fin d'avril, la végétation engourdie reprend son activité, et les plantes croissent avec rapidité. La belle saison se prolonge ordinairement jusqu'en octobre.

Pluies. — Les pluies sont généralement rares et passagères, en été ; au début du printemps et de l'automne, elles sont abondantes et accompagnent presque toujours les grandes brises soufflant de l'O. au S. E, inclusivement.

Vents. — Les vents régnants varient du S. au N. en passant par l'O. En avril, ils remontent peu à peu vers l'E.

Pendant la belle saison les vents les plus fréquents sont ceux du N. O. Les vents de S. E., de S. et de S. O. sont ceux du mauvais temps. Les plus impétueux sont ceux du N. E. et ceux du S. E. On désigne les premiers sous le nom d'*anordies*, et les seconds sous celui d'*assuélies*.

Près des côtes les vents de N O. mollissent au coucher du soleil.

Marée. — A Saint-Pierre, la hauteur de la pleine mer, aux nouvelles et pleines lunes, est de 2^m,60; l'établissement se fait à 9 heures aux mêmes époques.

Phares. — Un phare est établi sur la pointe à Galantry; pendant la saison des pêches deux coups de canon y sont tirés toutes les deux heures, lorsqu'il y a de la brume. Le phare répond en outre coup pour coup aux navires qui tirent en mer la nuit comme le jour. Un second phare a été élevé dernièrement à la pointe aux Canons.

Aurores boréales. — Il ne se passe pas d'année sans que l'on ait occasion d'observer plusieurs aurores boréales, aux îles Saint-Pierre et Miquelon ; c'est plus particulièrement au mois d'avril qu'elles se montrent. Elles embrasent quelquefois toute l'atmosphère.

Baromètre. — Le maximum de hauteur moyenne du baromètre, pendant les douze mois de l'année, est de 765 millimètres et le minimum de 738, ce qui donne une hauteur moyenne annuelle de 752 millimètres.

Population.

Au 1er janvier 1862, la population des îles Saint-Pierre et Miquelon s'élevait à 3074 individus dont 2385 de population sédentaire et 689 de population flottante.

La population sédentaire est formée d'anciens Acadiens, de Normands, de Bretons, de Basques et d'anciens pêcheurs qui ont fini par se fixer dans le pays. Les Acadiens sont peu nombreux et habitent presque tous l'île Miquelon.

Le chiffre de la population sédentaire a toujours été en augmentant depuis la reprise de possession; il n'était que de 488 en 1817, de 1070 en 1830 et de 1770 en 1850 [1].

Sur les 2385 individus formant la population sédentaire des deux îles, au 1er janvier 1862, 1665 habitaient Saint-Pierre et

---

1. Au 1er janvier 1863, la population sédentaire était de 2507 individus.

690 Miquelon; 1168 appartenaient au sexe masculin et 1217 au sexe féminin.

Les habitants s'adonnent presque tous à la pêche de la morue.

La population flottante se décompose ainsi qu'il suit :

Fonctionnaires et leurs familles............	59
Agents divers et leurs familles.............	78
Troupes de la garnison.....................	65
Gendarmes et leurs familles................	45
Officiers et marins de la station locale......	82
Pêcheurs hivernants[1].....................	277
Étrangers.................................	83
Total............	689

Cette population flottante ne comprend ni les pêcheurs et marins des navires venus de France (leur nombre est de 3500 environ), ni les équipages des navires qui vont à la pêche de la morue sur les bancs ou sur les côtes de Terre-Neuve.

Sur les 689 individus de la population flottante, 588 habitent Saint-Pierre et 101 Miquelon : 526 sont du sexe masculin et 153 du sexe féminin.

Pendant l'année 1861, on a enregistré aux îles Saint-Pierre et Miquelon 118 naissances, et 91 décès, soit une naissance sur 26 individus et un décès sur 34.

Gouvernement et administration.

Le régime administratif des îles Saint-Pierre et Miquelon a été réglé par une ordonnance royale du 18 septembre 1844.

Le commandement et l'administration supérieure sont confiés à un commandant résidant à Saint-Pierre et ayant sous ses ordres, pour diriger les différentes parties du service, un

---

1. Les pêcheurs hivernants sont des pêcheurs de France qui, ne possédant ni bâtiments, ni embarcations pour la pêche, se rendent aux îles Saint-Pierre et Miquelon, après avoir obtenu des armateurs de nos ports, à titre d'avances remboursables en morue, leur passage et même leurs vivres et leurs instruments de pêche. Arrivés à leur destination, ils se livrent à la pêche dans des embarcations, concurremment avec les habitants sédentaires, et passent un ou plusieurs hivers dans la colonie. Ils reviennent ensuite en France payant en morue le prix de leur retour et les avances qui leur avaient été faites.

officier du commissariat, ordonnateur, et un chef du service judiciaire. Un contrôleur veille à la régularité du service administratif.

Un conseil d'administration, placé près du commandant, éclaire ses décisions et statue en certains cas comme conseil du contentieux administratif. Le conseil est composé : du commandant, de l'ordonnateur, du chef du service judiciaire, du contrôleur colonial et d'un habitant notable.

Le personnel administratif comprend, outre le commandant :

Un commissaire-adjoint, ordonnateur, ayant sous ses ordres, deux aides-commissaires, quatre commis, trois écrivains de marine et trois écrivains auxiliaires ;

Un sous-commissaire, contrôleur colonial ;

Un trésorier chargé du service des fonds ;

Deux conducteurs des ponts et chaussées ;

Un capitaine de port, ayant sous ses ordres un maître de port, pour le service des ports des deux îles ;

Un syndic et un garde-maritime chargés du service de l'inscription maritime.

Le service de santé est confié à trois chirurgiens, un pharmacien de marine, quatre sœurs et deux infirmiers. Les soins médicaux et les médicaments sont donnés gratuitement aux indigents.

Forces militaires et maritimes.

Depuis la dernière reprise de possession, en 1816, le gouvernement n'entretient plus à Saint-Pierre et Miquelon que cinq sous-officiers et soldats d'artillerie de marine et un détachement de gendarmerie coloniale à pied, composé d'un maréchal-des-logis, de deux brigadiers et de quatorze gendarmes.

En 1862, 50 disciplinaires, détachés de la Compagnie de la Guadeloupe, ont été envoyés à Saint-Pierre pour prendre part aux travaux de la colonie.

La station locale se compose de trois goëlettes de 35 tonneaux (*la Mouche*, *la Fauvette* et *la Gentille*) et d'une goëlette de 15 tonneaux, *la Lizzy*. *La Mouche* et *la Lizzy* sont affectées spécialement au service local de la colonie ; les deux autres navires forment, pendant la saison des pêches, de mai à octobre, avec deux bâtiments détachés de la division des Antilles et de l'Amérique du Nord, une division qui est chargée de la surveillance de la pêche dans les parages de Terre-Neuve.

Justice.

Législation. — La colonie de Saint-Pierre et Miquelon est une de celles qui, en vertu de l'article 18 du sénatus-consulte du 3 mai 1854, sont placées sous le régime des décrets.

L'ordonnance royale du 26 juillet 1833 y a déclaré exécutoires le Code d'instruction criminelle, le Code pénal, le Code Napoléon et les Codes de procédure civile et de commerce.

Organisation judiciaire. — Cette ordonnance a institué, pour rendre la justice, deux tribunaux de paix, un tribunal de première instance et un conseil d'appel. Les deux îles sont divisées en deux cantons de justice de paix dont les chefs-lieux sont Saint-Pierre et Miquelon. Un juge de paix siége au chef-lieu de chacun de ces cantons.

Les fonctions de juge de paix, à Saint-Pierre, sont remplies par le juge du tribunal de première instance, qui est en même temps notaire et encanteur public; celles de juge de paix à Miquelon sont confiées au commis de marine chargé du service administratif de cette île.

Les tribunaux de paix connaissent en premier et dernier ressort de toutes les actions civiles, soit personnelles, soit mobilières, et des actions commerciales lorsque la valeur principale de la demande n'excède pas cinquante francs. Ils connaissent également en dernier ressort, jusqu'à la valeur de cinquante francs en principal, des actions pour dommages faits aux champs, fruits, récoltes, pêcheries, pour payement de salaires, réparations locatives de maisons, fermes, etc., etc.

Dans les matières civiles qui excèdent leur compétence, les juges de paix remplissent les fonctions de conciliateurs, ainsi qu'il est réglé par le Code de procédure civile.

Ils connaissent en outre des contraventions de simple police, telles qu'elles sont définies par le chapitre 1er du livre II du Code d'instruction criminelle.

Les jugements des tribunaux de paix en matière de contravention de simple police peuvent être attaqués par la voie d'appel lorsqu'ils prononcent l'emprisonnement. Ces mêmes jugements, soit en matière civile et commerciale, soit en matière de police, ne donnent lieu à aucun recours en cassation. Ils peuvent être attaqués par voie d'annulation pour incompétence, excès de pouvoir ou contravention à la loi.

Le tribunal de première instance pour la colonie de Saint-Pierre et Miquelon siége à Saint-Pierre. Il se compose d'un juge qui rend la justice seul et sans ministère public.

Il y a près de ce tribunal un commis-greffier assermenté; les fonctions d'huissier sont remplies par un gendarme ou tout autre agent de la force publique.

Le tribunal de première instance connaît en premier et dernier ressort des actions civiles, soit personnelles, soit mobilières, soit réelles, soit mixtes, et des actions commerciales lorsque la valeur de la demande en principal est au-dessus de cinquante francs et n'excède pas trois cents francs.

Le juge du tribunal de première instance remplit dans toute l'étendue de la colonie les fonctions de juge d'instruction et peut les déléguer au juge de paix de Miquelon pour les actes d'instruction à faire dans cette île.

Le conseil d'appel siége à Saint-Pierre. Aux termes de l'ordonnance royale du 6 mars 1843, la présidence du conseil d'appel, qui avait été attribuée au commandant de la colonie par l'article 43 de l'ordonnance du 26 juillet 1833, appartient à un magistrat nommé par l'Empereur, lequel remplit en même temps les fonctions de chef du service judiciaire des îles Saint-Pierre et Miquelon.

La justice est rendue souverainement par le conseil d'appel, qui se compose du chef du service judiciaire, président; du chirurgien chargé du service de santé, du capitaine de port. Le contrôleur colonial remplit les fonctions de ministère public. Le commis-greffier du tribunal de première instance tient la plume.

Le conseil d'appel connaît de l'appel des jugements du tribunal de première instance; il statue directement, comme chambre d'accusation, sur les instructions en matières criminelle, correctionnelle et de police; il connaît en premier et dernier ressort de toutes les matières correctionnelles telles qu'elles sont définies par l'article 179 du Code d'instruction criminelle.

Le conseil d'appel se constitue en tribunal criminel pour le jugement des affaires où le fait qui est l'objet de la poursuite est, aux termes du Code pénal, de nature à emporter peine afflictive et infamante. Dans ce cas, il est complété par l'adjonction de quatre notables désignés en conseil d'administration par le commandant de la colonie [1].

L'agent chargé du service d'huissier près le tribunal de première instance exerce les mêmes fonctions près le conseil d'appel.

La voie de cassation est ouverte contre tous arrêts rendus par le conseil d'appel, soit en matière civile et commerciale, soit en matière correctionnelle ou criminelle, excepté dans les cas prévus par les articles 40 et 41 de l'ordonnance royale du 26 juillet 1833, en ce qui concerne les demandes en annulation de jugements formés par le ministère public pour incompétence, excès de pouvoir ou contravention à la loi.

Statistique. — La statistique judiciaire pour 1862 présente les chiffres suivants :

Le tribunal de paix de Saint-Pierre n'a été saisi d'aucune affaire en matière civile et commerciale ; il a jugé, en simple police, 42 affaires. Celui de Miquelon a été saisi de 5 affaires, en matière civile et commerciale, dont 4 ont été terminées par abandon et 1 par voie de conciliation. Il n'a jugé aucune affaire de simple police.

Le tribunal de première instance de Saint-Pierre a été saisi de 60 affaires, dont 33 en matière civile et 27 en matière commerciale.

Le nombre des affaires correctionnelles déférées au conseil d'appel a été de 6.

Le conseil d'appel a été saisi de 9 appels dont 6 en matière civile et 3 en matière commerciale. Aucun appel n'a été formé en matière de simple police.

Quatre accusations ont été portées devant le tribunal criminel, 3 pour crimes contre les personnes, une pour crime contre la propriété.

Aucun pourvoi en cassation n'a été formé contre les arrêts du conseil d'appel rendus en 1862.

Pendant la même année, 24 individus ont été traduits devant le tribunal maritime commercial et 17 ont été condamnés.

---

1. Une ordonnance royale du 6 avril 1835 porte que le conseil d'appel se constituera de la même manière lorsqu'il connaîtra des crimes maritimes aux termes de l'article 36 de l'ordonnance du 26 juillet 1833.

Culte, instruction et assistance publiques.

Le clergé de l'établissement comprend trois prêtres, dont un a le titre de supérieur ecclésiastique. Il y a une église dans chacune des deux îles. Celle de Saint-Pierre a été récemment dotée d'un conseil de fabrique.

Quatre écoles, deux pour les filles et deux pour les garçons, y sont entretenues aux frais de la caisse coloniale. La rétribution, dans ces écoles varie de 0 fr. 50 à 1 fr. 50 par mois; les enfants des familles pauvres sont affranchis de cette rétribution.

Les écoles de garçons, tenues par 6 frères de Ploërmel, reçoivent 156 élèves; celles des filles, dirigées par 7 sœurs de Saint-Joseph, 134. Les sœurs ont en outre un pensionnat à Saint-Pierre qui compte 46 élèves.

Elles tiennent aussi des salles d'asile qui ont été fondées en 1861; près de 200 enfants des deux sexes y reçoivent des soins dévoués et apprennent les premiers principes d'ordre et d'honnêteté.

Deux commissions d'instruction publique, l'une à Saint-Pierre, l'autre à Miquelon, sont chargées de la surveillance et de l'inspection des écoles de la colonie.

Assistance publique. — Deux commissions d'assistance publique, fondées en 1859, sont chargées de la distribution des secours aux malheureux; celle de Saint-Pierre est composée de sept membres et celle de Miquelon de cinq.

Un hôpital militaire est établi à Saint-Pierre. Trois chirurgiens de la marine y sont attachés. On y reçoit les officiers, les employés civils et militaires, les marins de l'État et du commerce, les pêcheurs hivernants et les passagers. Les habitants y sont traités moyennant une rétribution fixée par l'autorité locale, et sur un ordre du commandant. On y admet gratuitement les indigents.

Finances.

Le budget de l'État alloue 186 156 francs pour l'établissement de Saint-Pierre et Miquelon, plus une subvention de

126 500 francs. Cette subvention, jointe à 130 400 francs de recettes locales, dont 30 000 francs seront pris, en 1863, sur le fonds de réserve, porte à 256 900 francs le budget intérieur de la colonie pour cet exercice. Voici le détail du budget :

DÉPENSES DE L'ÉTAT (exercice 1863).

Personnel civil et militaire.

	fr.	c.
Gouvernement colonial..............	15 000	»
Administration générale............	48 400	»
Justice...........................	19 400	»
Culte.............................	9 576	»
Agents divers.....................	700	»
Artillerie........................	1 450	»
Inscription maritime..............	2 600	»
Gendarmerie coloniale.............	29 227	»
Dépenses accessoires de la solde.....	5 500	»
Traitements dans les hôpitaux......	9 922	»
Vivres............................	2 670	80
Total............	144 445	80
A déduire un 30ᵉ pour incomplets...	4 714	80
Total du personnel.....	139 731	00

Matériel civil et militaire.

	fr.
Ports et rades....................	10 000
Édifices publics..................	2 000
Artillerie........................	300
Génie.............................	28 825
Divers............................	5 300
Total du matériel..........	46 425
Subvention au service local.......	126 500
Rappel des dépenses du personnel...	139 731
Total général.............	312 656

Les dépenses qui précèdent ne comprennent pas celles qui sont effectuées au compte du *service marine* et dont le détail n'est donné que dans les comptes définitifs. En 1861, elles se sont élevées à la somme de 157 980 fr. 70 c.

BUDGET LOCAL (Exercice 1863).

Recettes.

	fr.
Contributions des patentes	15 000
Impôt foncier	6 000
Droits de consolidation	13 200
Droits de douane	14 000
Taxes accessoires de navigation	25 950
Licences de cabaretiers	6 500
Droits de greffe	2 000
Droits sur les ventes publiques	1 500
Recettes de la douane	5 000
Recettes diverses	11 250
Subvention de l'État	126 500
Prélèvement sur le fond de réserve	30 000
Total	256 900

Dépenses.

Personnel.

	fr.	c.
Services financiers	2 700	»
Instruction publique	20 082	50
Ponts et chaussées	12 540	»
Police	500	»
Comité consultatif (part contributive)	300	»
Agents divers	15 400	«
Accessoires de la solde	1 500	«
Hôpitaux (journées)	8 080	»
Vivres	20 570	»
Total	82 272	50
A déduire pour retenues et incomplets	1 022	50
Total du personnel	81 250	00

Matériel.

	fr.
Travaux et approvisionnements	80 893
Perception de l'impôt	3 000
Éclairage public, phares et fanaux	5 000
Frais du culte à Miquelon	2 000
Subvention à l'assistance publique	6 000
Correspondance avec l'Europe par la malle anglaise	24 000
Dépenses diverses imprévues	24 757
Total du matériel	145 650

Service extraordinaire.

Travaux du quai.......................... fr. 30 000

Total général des dépenses.. 256 900

Cultures et produits naturels.

La stérilité naturelle des îles Saint-Pierre et Miquelon et la rigueur prolongée de l'hiver s'opposent à ce que les cultures puissent y prendre quelque développement.

L'île de Saint-Pierre n'est à proprement parler qu'un rocher presque absolument dépourvu de terre végétale, et ne contient que quelques jardins dans sa partie méridionale.

La végétation naturelle de l'île se compose de broussailles épaisses et rampantes et d'arbres verts s'élevant rarement à plus de trois mètres. Il y existe cependant trois fermes qui entretiennent un peu de bétail avec le fourrage recueilli sur les plateaux.

Le sol de Langlade (Petite Miquelon) est plus favorable à la culture que celui de Saint-Pierre ; on y compte 13 fermes. Quelques-unes des plantes potagères et légumineuses de France y viennent parfaitement. Les céréales ne sont pas l'objet d'une culture suivie, l'élève des bestiaux et les fourrages donnant des produits plus certains. Néanmoins un fermier y a fait récemment un essai en grand de culture de blé et d'avoine, lequel a parfaitement réussi, et dont les produits ont figuré avec distinction à l'exposition universelle de Londres en 1862.

A la fin de 1862, on comptait dans les deux îles 87 chevaux, 24 taureaux, 113 bœufs, 417 vaches, 339 moutons, 305 chèvres et 172 porcs.

L'île Saint-Pierre ne contient pas d'arbres de haute futaie; elle produit des genévriers, dont on tire un genièvre excellent et une assez grande variété d'arbustes qui fournissent en abondance des petits fruits acides très-efficaces pour préserver du scorbut, ainsi que plusieurs espèces de thés.

On fabrique avec une variété de pin désignée sous le nom de *Spruce* une bière dite *Sapinette*; on emploie pour cet usage toutes les parties de l'arbre; mais on préfère les branches vertes et garnies de leurs feuilles. La bière de spruce entre dans la composition de la ration des équipages des bâtiments de guerre en station dans ces parages, et un ancien règlement de la colonie en a fait un des éléments de la ration des pêcheurs, sans en limiter la quantité. C'est la boisson habituelle des habitants du pays.

Malgré les défrichements successifs opérés depuis 1816 à Miquelon, on y trouve encore, principalement dans la partie appelée *Langlade*, des bouquets de bois très-nombreux. Les arbres et arbustes qui y croissent sont : le sapin, le bouleau, l'if, l'érable, le sorbier, le néflier, le genévrier, le rosier et le pommier sauvage qui s'y est multiplié considérablement.

Industries.

La pêche et la préparation de la morue constituent, ou à peu près, la seule industrie de ces îles. Ces deux opérations sont pratiquées soit par les pêcheurs venant chaque année de France, soit par ceux qui habitent la colonie et que l'on nomme résidents.

Les expéditions de pêche effectuées des ports de la Métropole pour les parages de Terre-Neuve prennent les désignations suivantes :

Armements pour le grand banc de Terre-Neuve, avec sécherie aux îles Saint-Pierre et Miquelon ; idem, avec sécherie à la côte Ouest de Terre-Neuve[1] ; idem, avec sécherie à la côte Est de Terre-Neuve.

Armements pour la côte Ouest de Terre-Neuve (pêche et sécherie);

Armements pour la côte Est de Terre-Neuve (pêche et sécherie);

Armements pour les îles Saint-Pierre et Miquelon;

Enfin, armements pour le grand banc de Terre-Neuve sans sécherie.

Le tableau suivant indique le chiffre de ces armements depuis 1853, pour chacune des catégories qui précèdent.

---

1. En 1853, deux navires seulement ont été armés pour cette pêche, il n'y en a plus eu depuis cette époque.

ANNÉES.	ARMEMENTS POUR LE GRAND BANC DE TERRE-N. Avec sécherie :						ARMEMENTS POUR LES CÔTES DE TERRE-NEUVE. Pêche et sécherie :								ARMEMENTS pour LES ÎLES ST.-P. ET MIQUELON.			ARMEMENTS pour LE GRAND BANC de TERRE-NEUVE sans sécherie.			TOTAUX GÉNÉRAUX des armements.		
	AUX ÎLES ST-PIERRE ET MIQUELON			A LA CÔTE EST.			A LA CÔTE O.						A LA CÔTE E.											
	Navires.	Tonnage.	Équipage.	Navires.	Tonnage.	Équipage.	Navires.	Tonnage.	Équipage.		Navires.	Tonnage.	Équipage.	Navires.	Tonnage.	Équipage.	Navires.	Tonnage.	Équipage.	Navires.	Tonnage.	Équipage.	Navires.	Tonnage.	Équipage.
1853	48	6,584	1,716	16	2,402	538	24	2,664	828	124	21,116	6,857	7	1,132	394	71	13,828	1,331	292	47,965	11,728
1854	54	7,243	1,868	12	1,743	416	24	2,793	737	97	16,313	5,210	8	1,283	378	69	13,991	1,302	264	43,366	9,911
1855	62	8,385	2,447	12	1,704	390	20	2,219	650	77	13,392	4,204	1	155	36	67	13,521	1,295	239	39,376	9,022
1856	70	9,658	2,705	3	466	113	19	2,361	642	85	14,491	4,661	»	»	»	60	12,598	1,161	237	39,574	9,282
1857	71	10,354	3,012	5	771	173	19	2,431	686	103	18,365	6,013	«	»	»	62	13,927	1,259	260	45,848	11,143
1858	76	11,012	3,277	5	793	172	20	2,585	750	101	18,435	5,957	»	»	»	55	12,733	1,112	257	45,558	11,268
1859	78	8,049	2,251	2	283	62	24	3,163	947	106	19,315	6,175	»	»	»	60	13,244	1,212	270	44,054	10,647
1860	68	9,793	2,738	4	590	122	27	3,623	1,081	105	18,970	6,180	1	150	20	51	11,344	1,016	256	44,223	11,157
1861	61	7,910	2,588	3	433	93	28	3,538	1,088	105	18,853	6,058	»	»	»	58	11,449	1,172	255	42,183	10,999
1862	48	7,034	1,591	3	440	93	34	4,579	1,354	112	20,319	6,593	»	»	»	41	8,160	834	238	40,532	10,465
1863	40	6,535	1,480	3	440	90	36	4,914	1,519	116	17,449	5,493	»	»	»	44	8,695	866	239	38,033	9,448

Indépendamment des armements faits en France, il y a les armements locaux, dont voici le détail pour l'année 1862 :

	Nombre.	Équipage.	Tonnage.
Warys	309	628	622
Pirogues	162	403	476
Canots	40	83	120
Chaloupes	8	30	75
Goëlettes	122	1353	4249
Total	641	2497[1]	5542

La pêche locale, c'est-à-dire celle dont les produits sont exclusivement séchés et préparés sur les grèves de la colonie, a donné en 1862 10 138 431 kilogrammes de morue sèche, 1 004 380 morues vertes et 570 596 kilogrammes d'huile de morue.

On verra par les deux tableaux qui suivent que la différence entre l'importation et l'exportation des produits de la pêche locale, n'a été, pendant cette année, que de 86 010 kilog. de morue sèche.

---

1. Dans ces 2497 individus figurent 61 hommes déjà portés dans les équipages des bâtiments armés avec sécherie à Saint-Pierre.

Importation des produits de pêche aux îles Saint-Pierre et Miquelon.

	Navires.	Équipages.	Tonnage.	Embarcations.	Équipage.	PRODUITS DE PÊCHE		
						MORUE sèche.	MORUE verte.	HUILE de morue.
						kil.	nombre.	kil.
Par les équipages des navires armés avec salaison à bord	11	213	1,660	»	»	»	302,364	»
— avec sécherie à St-Pierre..	50	1,679	7,304	»	61	»	»	»
Par les pêcheurs hivernants inscrits en France........	»	»	»	}	501			
Par les passagers venus de France inscrits et non inscrits	»	»	»	641	1,404	10,138,431	702,016	570,596
Par les pêcheurs des deux îles........................	»	»	»		531			
Total.................	61	1,892	8,964	641	2,436			
Total des produits de pêche pour l'année 1862						10,138,431	1,004,380	570,596
Produits restants de la pêche de 1861.........................						2,066,250	»	»
Totaux..						12,204,681	1,004,380	570,596

1. Ces équipages figurent déjà dans ceux des bâtiments armés en France.

Exportation des produits de pêche des îles Saint-Pierre et Miquelon.

LIEUX DE DESTINATION.	MORUE SÈCHE.	MORUE VERTE.	HUILE de morue.	ISSUE de morue.	ROGUES.
	kil.	Nombre.	kil.	kil.	kil.
Ports de France [1].	803,462	1,004,380	570,596	316,590	25,502
Martinique.	4,228,307	»	»	»	»
Guadeloupe.	2,641,004	»	»	»	»
Réunion.	855,038	»	»	»	»
Boston.	1,000,514	»	»	»	»
New-York.	382,450	»	»	»	»
Halifax.	303,000	»	»	»	»
Alicante.	113,500	»	»	»	»
Total.	10,327,275	1,004,380	570,596	316,590	25,502
Produits restant en magasin au 1er janvier 1863.	1,791,396	»	»	»	»
Ensemble.	12,118,671	1,004,380	570,596	316,590	25,502

1. Ce sont les mêmes ports que les neuf portés à la navigation de sortie de St-Pierre et Miquelon. (Voir plus loin page 277.)

La pêche de la morue a lieu généralement sur le grand banc de Terre-Neuve, sur les côtes de cette île et sur les fonds de Saint-Pierre et Miquelon, du 1er avril au 1er octobre.

Indépendamment du filet dit *Seine*, les pêcheurs font usage de diverses espèces de lignes : la ligne de fond, la ligne à la main ordinaire, la ligne à faucher ou *faux*, la vette et la ligne perdue dite *flotte*.

La ligne de fond, après la seine, est le plus puissant engin employé pour la pêche de la morue. C'est une ligne dormante, étendue sur le fond au moyen de petites embarcations; elle rapporte des morues plus grandes que celles que prennent les pêcheurs à la ligne ordinaire. Son emploi, qui ne remonte qu'à une trentaine d'années, est interdit dans les eaux de la colonie.

La pêche à la ligne de main se fait du bord; chaque pêcheur est armé de deux lignes qu'il jette et tire alternativement d'un bord à l'autre de l'embarcation.

Quand la morue ne mord pas, on emploie une ligne armée de deux hameçons fixés à demeure sur un morceau de plomb en forme de poisson. Quand la ligne atteint le fond, le pêcheur, par un mouvement assez semblable à celui d'un faucheur, lui imprime un mouvement de va-et-vient, pendant lequel les hameçons s'accrochent aux morues qu'ils rencontrent. De là le nom de ligne à faucher ou simplement faux.

La *vette* et la *flotte* sont employées quand la morue quitte les fonds pour se tenir près de la surface de l'eau. La vette consiste dans un morceau de plomb ayant la forme d'un petit poisson, auquel est fixé un hameçon. Le pêcheur la lance à pleine volée et la ramène rapidement à travers les bandes de morues. La flotte ne diffère de la vette que par la forme du plomb qui est simplement arrondi au lieu de figurer un poisson.

Les appâts employés par les pêcheurs pour amorcer leurs lignes sont : le hareng, le capelan et l'encornet. Le hareng, paraissant au printemps dans les parages de Terre-Neuve en quantités innombrables, sert d'appât ou boitte pour la première pêche qui dure jusqu'au commencement de juin. Une grande partie de cette boitte est apportée par les Anglais de Terre-Neuve.

Le capelan vient ensuite; l'encornet arrive en dernier lieu, mais il ne fait qu'une courte apparition. Tous ces petits poissons sont employés frais, comme appât, dans les environs de Saint-Pierre et Miquelon; mais sur les fonds de Terre-Neuve, on se sert presque exclusivement de capelan salé pour le boïttage des lignes de fond.

Les pêcheurs ne font sécher qu'une partie de leurs morues; ils en réservent une certaine quantité qui sont seulement salées. Ces dernières, que l'on appelle *morues vertes*, sont destinées à entrer immédiatement dans la consommation en France et dans plusieurs pays du midi de l'Europe. Elles sont tranchées au plat, c'est-à-dire fendues jusqu'à la queue, débarrassées de la tête et de l'arête médiane dans la partie correspondante à la cavité abdominale. On les met ensuite dans le sel, quelquefois en bailles où elles trempent dans la saumure, mais le plus souvent en *arrimes*, c'est-à-dire en tas, d'où la saumure s'égoutte sans baigner le poisson.

Les sels employés par les pêcheurs sont généralement de quatre provenances : sel des salines de l'Ouest de la France, sel de Portugal, sel d'Espagne et sel de la Méditerranée. Plus le sel est blanc, mieux la morue est préparée.

La pêche de la morue fournit en outre des produits accessoires tels que l'huile de foie de morue pour la corroyerie et les usages thérapeutiques, les langues et naus de morue employés comme aliment, les rogues ou œufs de morues salées dont on se sert en France pour la pêche de la sardine.

La pêche du hareng, qui ne se fait guère qu'en vue d'approvisionner les pêcheurs d'appâts, pourrait devenir l'objet d'un commerce d'exportation dans nos colonies ou d'importation en France. L'introduction de ce hareng a été autorisée en franchise dans nos colonies des Antilles, de la Guyane et de la Réunion par une décision ministérielle du 30 janvier 1860. Quant à l'importation en France, elle a été fixée par une loi du 25 mai 1863 au droit de 10 fr. par 100 kilog. sous pavillon français, et au droit de 11 fr. sous pavillon étranger.

Indépendamment de la pêche de la morue, du hareng, du capelan et de l'encornet, nos pêcheurs se livrent aussi à la pêche du saumon, à l'embouchure des cours d'eau de la partie de la côte de Terre-Neuve où les traités nous réservent le droit exclusif de pêche; mais il faut reconnaître que nos nationaux abandonnent peu à peu l'exploitation de cette pêche, soit par ce qu'elle n'est plus suffisamment rémunératrice, soit parce qu'ils éprouvent des difficultés pour l'exercer.

L'industrie de la pêche de la morue est favorisée par l'allocation de primes divisées en primes d'armement et en primes sur les produits.

Ces primes ont été concédées pour une période déterminée par les ordonnances des 8 février 1816, 21 octobre 1818, 20 février 1822, 24 février 1825, 7 décembre 1829, et par les lois des 22 avril 1832, 9 juillet 1836, 25 juin 1841 et 22 juillet 1851. Cette dernière loi a été prorogée pour 10 ans par celle du 28 juillet 1860.

Elles sont aujourd'hui réglées de la manière suivante :

Primes d'armement : 50 fr. par homme d'équipage pour la pêche *avec sécherie*, soit à la côte de Terre-Neuve, soit à Saint-Pierre et Miquelon, soit sur le grand banc de Terre-Neuve ; 50 francs par homme d'équipage pour la pêche *sans sécherie* dans les mers d'Islande ; 30 fr. par homme d'équipage pour la pêche *sans sécherie* sur le grand banc de Terre-Neuve ; 15 fr. par homme d'équipage pour la pêche au Dogger-Bank.

Primes sur les produits. 1° 20 fr. par quintal métrique pour les morues sèches de pêche française expédiées soit directement des lieux de pêche, soit des entrepôts de France, à destination des colonies françaises de l'Amérique, de l'Inde, ainsi qu'aux établissements français de la côte occidentale d'Afrique et des autres pays transatlantiques, pourvu qu'elles soient importées dans les ports où il existe un consul français. — 2° 16 fr. par quintal métrique pour les morues sèches de pêche française expédiées soit directement des lieux de pêche, soit des ports de France à destination des pays Européens et des États étrangers, sur les côtes de la Méditerranée, moins la Sardaigne et l'Algérie. — 3° 16 fr. par quintal métrique pour l'importation aux Colonies françaises de l'Amérique, de l'Inde et autres pays transatlantiques, des morues sèches de pêche française, lorsque ces morues seront exportées des ports de France, sans y avoir été entreposées. — 4° 12 fr. par quintal métrique pour les morues sèches de pêche française expédiées soit directement des lieux de pêche, soit des ports de France, à destination de la Sardaigne et de l'Algérie.

Indépendamment de ces allocations, il est accordé une

prime de 20 francs par quintal métrique de rogues de morues que les navires pêcheurs rapportent en France du produit de leur pêche.

Une disposition favorable aux armements locaux, a été introduite dans la loi du 21 juillet 1860. En assujettissant à un minimun d'équipage les goëlettes armées aux îles Saint-Pierre et Miquelon, cette disposition a eu pour conséquence d'ouvrir aux armateurs de ces navires des droits à la prime d'armement, laquelle peut leur être payée dans la colonie.

Grèves. — Un décret du 7 novembre 1861 a eu pour objet de régulariser aux îles Saint-Pierre et Miquelon la constitution de la propriété des grèves servant à la sécherie des poissons, et qui jusqu'alors, aux termes des ordonnances du 2 mai 1819 et du 26 juillet 1823, étaient frappées d'inaliénabilité. La consolidation des grèves entre les mains des détenteurs avait été par le même décret subordonnée au payement préalable d'une taxe fixée à 5, 10, 15 et 20 centimes par mètre carré, suivant la localité. Dans le but de faciliter les opérations de pêche, cette taxe a été supprimée par un décret du 6 juin 1863.

Commerce.

Les exportations des îles Saint-Pierre et Miquelon se composent exclusivement des produits de la pêche de la morue. Une partie de ces produits est exportée directement, dans l'intervalle de mai à janvier, pour nos colonies des Antilles et de la Réunion; l'autre partie est envoyée en France. Les importations consistent principalement en objets nécessaires aux pêcheurs pour leur subsistance, leur habillement et l'exercice de leur industrie.

Législation. — Les marchandises françaises et étrangères importées par navires français aux îles Saint-Pierre et Miquelon sont exemptes de droits d'entrée. Il est perçu sur les marchandises étrangères, importées dans la colonie par navires étrangers et par navires français, un droit de 1 p. 100 de la valeur.

Les bestiaux, le bois de chauffage, le capelan, le hareng et le sel destiné aux opérations de pêche, sont affranchis de cette taxe (arrêté du 14 août 1845 et décret du 16 avril 1848). L'introduction de la morue, de l'huile ou de tout autre produit de pêche étrangère est interdite.

Tous produits de pêche préparés ailleurs que sur les possessions françaises sont considérés comme produits de pêche étrangère (arrêté du 8 juillet 1828).

Quant à l'exportation de la morue elle est favorisée par des avantages spéciaux, dans le système général de primes sous la protection duquel est placée toute notre industrie des armements pour la pêche. (Voir ce qui est dit plus haut au sujet des primes, p. 580.)

Statistique. — Voici, d'après les états de la douane locale, le résumé du commerce des îles Saint-Pierre et Miquelon depuis 12 ans :

Années.	Importations. fr.	Exportations. fr.	Total. fr.
1851	2 918 745	4 780 833	7 699 578
1852	2 988 340	4 518 794	7 507 134
1853	2 213 002	4 686 209	7 899 211
1854	3 261 042	4 518 049	7 779 091
1855	3 158 434	3 826 043	6 984 477
1856	3 119 073	4 268 817	7 387 890
1857	3 776 183	4 162 081	7 938 264
1858	4 713 303	4 509 710	9 221 913
1859	3 828 001	4 876 781	8 704 782
1860	4 084 861	4 790 920	8 875 781
1861	4 239 567	4 098 268	8 375 835
1862	3 528 763	5 267 998	8 796 761

Pendant cette dernière année le mouvement commercial s'est décomposé de la manière suivante :

Importations.

	fr.
Marchandises françaises venant de France	1 340 211
— — des colonies françaises	42 097
— étrangères venant de l'étranger par navires français	394 567
— étrangères par navires étrangers	1 751 888
Total des importations	3 528 763

Exportations.

		fr.
Marchandises du crû de la colonie exportées pour	la France	1 103 936
	les colonies	2 780 765
	l'étranger	647 807
Marchandises d'importation française exportées pour	la France	1 236
	les colonies	»
	l'étranger	254 601
Marchandises d'importation étrangère exportées pour	la France	29 300
	les colonies	164 118
	l'étranger	286 235
Total des exportations		5 267 998

Voici le relevé des principales denrées et marchandises composant les importations :

	fr.
Beurre salé	140 203
Biscuit de mer	51 362
Boucauts en boîte	201 155
Chaussures	78 380
Bois de chauffage, de sapin et bois dur	101 516
Bêtes à cornes	35 580
Cordages de chanvre	82 104
Café	36 484
Eau-de-vie	61 663
Farine	444 034
Filets et ustensiles de pêche	53 776
Harengs et capelans pour appât	222 250
Lard et bœuf salé	61 459
Mélasse	57 794
Planches et madriers	173 727
Quincaillerie	54 277
Rhum et tafia	66 333
Sel de pêche	368 736
Sucre brut raffiné	71 384
Tissus divers	86 870
Thé	65 674
Tabac fabriqué et en feuilles	57 906
Vins	46 196
Numéraire	170 613

La métropole fournit surtout à la colonie : le beurre salé, le biscuit de mer, les chaussures, les cordages de chanvre, l'eau-de-vie, les filets et ustensiles de pêche, le sel de pêche, le sucre raffiné, les tissus divers, les vins.

La colonie tire principalement des États-Unis et des colonies anglaises de l'Amérique du Nord : les boucauts en botte, les bois, la farine, les harengs et capelans pour appât, la mélasse, les planches et madriers, la quincaillerie, le rhum et le tafia, le thé et le tabac.

Enfin les colonies des Antilles françaises exportent aux îles Saint-Pierre et Miquelon de la mélasse, du sucre brut, du rhum et du tafia.

Voici le relevé, en quantités et valeurs, les denrées du crû de la colonie exportées pendant l'année 1862 :

	Quantités.	Valeurs. fr.
Morue verte	1 044 380 nombre.	401 752
Morue sèche	10 327 285 kilogr.	3 717 821
Huile de morue	570 596 litres.	342 357
Issues de morue	316 590 kilogr.	63 318
Rogues	25 502 —	5 100
Cuir vert	1 440 —	1 008
Objets d'histoire naturelle	»	1 152
Total.		4 532 508

Toutes ces denrées ont été expédiées en France, à l'exception de la morue sèche, dont 7 724 349 kilog. ont été exportés dans les colonies françaises et 1 799 464 kilog. à l'étranger.

Une grande partie des boucauts importés dans la colonie (27 353 sur 40 137) est réexportée pour nos colonies des Antilles.

Les principales marchandises réexportées de la colonie sont : les cordages, les chaussures, l'eau-de-vie, le café, le sucre, la mélasse, la farine et le lard salé.

Navigation.

Législation. — Conformément à l'acte du 21 septembre 1793, la navigation entre les ports de France et les îles Saint-Pierre et Miquelon ne peut se faire que sous pavillon français.

Les droits de navigation et de port sont réglés ainsi qu'il suit :

Bâtiments français.	Pilotage. fr. c.	Tonnage. fr. c.	Feu. fr.	Santé. fr.
Au-dessous de 150 tonneaux..	25 »	0 25	10	10
De 158 tonneaux et au-dessus.	30 »			

Bâtiments étrangers.				
Au-dessous de 158 tonneaux..	30 »	0 60	10	10
De 158 tonneaux et au-dessus.	35 »			

Lorsque le navire ne fait que mouiller sur rade, les droits de pilotage sont réduits de 10 fr.

Sont exempts de ces droits : 1° les bâtiments au-dessous de 30 tonneaux ; 2° les bâtiments de tout tonnage, armés dans la colonie pour la pêche et le cabotage ; 3° les bâtiments étrangers dont la cargaison est entièrement composée de chauffage et de bestiaux.

Les bâtiments pêcheurs ne payent le droit qu'une fois, à leur arrivée de France.

En cas de relâche volontaire ou forcée, les navires ne payent qu'un droit unique de 10 fr., s'ils ne font pas d'opération commerciale dans la colonie (arrêté du 5 décembre 1859).

Statistique. — La navigation commerciale des îles Saint-Pierre et Miquelon a employé, en 1862, 146 bâtiments français, jaugeant ensemble 24 835 tonneaux et montés par 3514 hommes d'équipage, plus 86 bâtiments étrangers, dont les états de douane ne donnent ni le tonnage, ni l'équipage.

Les 146 bâtiments français ont effectué 322 entrées et autant de sorties, représentant ainsi un mouvement de 106 376 tonneaux, entrées et sorties réunies.

Les tableaux suivants indiquent les mouvements de la navigation française par pays de provenance et de destination :

Entrées.

Ports d'armement.	Nombre de navires.	Tonnage.	Équipage.	Nombre d'entrées.	Tonnage correspondant au nombre des entrées.
Dieppe	11	2 197	205	24	4850
Saint-Valery-en-Caux	1	238	20	2	476
Fécamp	18	4 222	358	36	8444
Le Havre	7	1 689	84	10	2212
Granville	47	6 643	1184	111	16189
Saint-Malo	48	7 176	1404	110	15951
Morlaix	2	309	45	4	618
Bayonne	4	564	123	10	1327
Bordeaux	2	332	19	4	618
Cette	2	444	21	3	635
Marseille	2	446	24	3	654
Saint-Nazaire	2	575	27	5	1214
	146	24 835	3514	322	53188

On comprend, d'après le tableau qui précède, que les 146 navires, une fois arrivés à Saint-Pierre et Miquelon, en sont partis et y sont revenus plusieurs fois pendant la même campagne. Voici, d'ailleurs, le relevé des 176 entrées complémentaires :

Navires venant de la Martinique	17
— de la Guadeloupe	8
— du banc de Terre-Neuve	138
— de la côte de Terre-Neuve	5
— de New-York	2
— de Boston	7
— d'Halifax	3

On se rendra parfaitement compte des mouvements des 146 navires français venus à Saint-Pierre et Miquelon, en 1862, par le tableau des sorties :

LIEUX de destination.	NOMBRE de sorties.	TONNAGE correspondant aux entrées.
Granville	15	2 264
Saint-Malo	19	2 755
Nantes	1	79
Ile de Ré	2	269
Bordeaux	3	262
Bayonne	2	255
A reporter	42	5 884

Report..............	42	5 884
Marseille.................	5	666
Cette.....................	2	444
Morlaix...................	1	154
Bancs de Terre-Neuve........	192	32 733
Côtes de Terre-Neuve.......	19	2 809
Martinique.................	24	4 074
Guadeloupe................	18	3 214
La Réunion................	4	1 222
Boston....................	8	1 035
New-York..................	2	273
Halifax...................	3	446
Alicante (Espagne).........	1	79
Carmen (Mexique)..........	1	155
Totaux.............	322	53 188

On voit par ce tableau que, sur les 146 navires venus des ports de France à Saint-Pierre et Miquelon, en 1862, 50 seulement sont retournés directement dans les ports de la métropole.

Voici maintenant les mouvements de la navigation étrangère à Saint-Pierre et Miquelon pendant la même année :

Lieux de provenance ou de destination.	Nombre de navires	
	Entrés.	Sortis.
Boston...........................	12	»
Québec...........................	5	3
Nouvelle-Écosse..................	14	44
Nouveau-Brunswick................	8	19
Ile du Prince-Edouard............	18	3
Ile du Cap-Breton................	31	13
	88	82

La différence entre les entrées et les sorties vient de ce que 6 navires étrangers ont été vendus dans la colonie pendant l'année 1862.

Service postal.

Le service de la correspondance se fait par l'intermédiaire d'un bureau de poste établi à Saint-Pierre.

Les correspondances qui sont échangées entre la colonie et la France, par la voie rapide, sont transportées par les paquebots-poste anglais partant de Liverpool, le samedi de chaque quinzaine, pour se rendre à Boston par Halifax (Nouvelle-Écosse).

Les dépêches de Saint-Pierre et Miquelon sont prises à l'aller et au retour dans le port d'Halifax qui est relié à notre colonie par un service de goëlettes établi par le gouvernement local.

En été, les correspondances sont transportées par les postes anglaises jusqu'à Sidney (île du cap Breton) où elles sont prises par le bateau d'embranchement. Cette mesure a pour objet d'abréger le trajet par mer, mais elle est impossible en hiver à cause des glaces qui rendent la mer impraticable entre Sidney et Saint-Pierre.

La transmission des correspondances, réglée par le décret du 26 novembre 1856, vient d'être réorganisée par le décret du 7 septembre 1863, qui est entré en exécution à partir du 1er janvier 1864.

Le prix des lettres a été déterminé ainsi qu'il suit :

```
Lettres non affranchies, par 10gr..........  0f 90c
Lettres affranchies.......................  0  80
Lettres chargées..........................  1  60
Imprimés, par 40gr .......................  0  12
```

Comme dans nos autres colonies, on se sert à Saint-Pierre et Miquelon de timbres-poste coloniaux pour l'affranchissement des lettres et des imprimés.

En dehors de la voie rapide, des communications sont établies entre la France et Saint-Pierre et Miquelon par des bâtiments de commerce ou des bateaux de pêche; mais ces communications n'ont lieu que du mois de février au mois de septembre.

Le prix des lettres expédiées par cette voie est fixé à 40 centimes pour les lettres non affranchies, du poids de 10 grammes et à 30 centimes pour les lettres affranchies.

MARTINIQUE.

Résumé historique.

L'île de la Martinique fut découverte, avec les autres îles qui forment les petites Antilles, par Christophe-Colomb, lors de son second voyage en Amérique, en 1493. Déjà maîtres d'un continent immense, les Espagnols ne firent aucun établissement dans ces petites îles qu'ils appelaient *cayes* ou rochers. Les Caraïbes, naturels de ces îles, en restèrent tranquilles possesseurs jusqu'en 1625, époque à laquelle deux bâtiments, l'un anglais et l'autre français, abordèrent à Saint-Christophe, l'une des petites Antilles. Les Français étaient commandés par un marin intrépide Pierre Belain, sieur d'Esnambuc [1], qui par ses belles actions sur mer avait obtenu le grade de *capitaine de roy sur les mers du Ponant*. Les naturels ne firent d'abord aucune résistance à l'établissement des Français et des Anglais sur leur île; mais au bout de quelque temps, ils résolurent, à l'instigation d'un de leurs sorciers, ou *Boyés*, de se débarrasser des étrangers. Ceux-ci les prévinrent; ils égorgèrent une partie des naturels et devinrent ainsi maîtres de l'île entière.

Cette première colonie, une fois fondée, entra en correspondance avec la Métropole. Il se forma en France, sous le patronage du cardinal de Richelieu, une compagnie des îles d'Amérique. En 1634, le sieur de l'Olive (Charles-Lyénard), lieutenant de d'Esnambuc à Saint-Christophe, vint en France, s'associa à Jean Duplessis, sieur d'Ossonville, et l'année suivante obtint de la Compagnie une commission pour fonder une colonie soit à la Dominique, à la Martinique, ou à la Guadeloupe. Partis de Dieppe le 25 mai 1635, avec 550 hommes, ces deux pionniers débarquèrent le 25 du mois suivant à la Martinique, où ils arborèrent les premiers le drapeau de la France; mais ayant trouvé cette île trop montagneuse, ils se dirigèrent sur la Guadeloupe où ils abordèrent le 28 juin.

D'Esnambuc, après avoir réussi à fonder la colonie de Saint-

---

1. Voir la notice de M. P. Margry, conservateur adjoint des Archives de la marine, intitulée : *Belain d'Esnambuc et les Normands aux Antilles*. Paris, in-8°, Faure, 1863.

Christophe, jeta ses vues sur la Martinique et débarqua dans cette île le 1er septembre 1635 avec 150 hommes déjà acclimatés à ces pays et munis de nombreuses provisions. Il traita avec les sauvages et fit bâtir sur la rivière de *Roxelànne* (aujourd'hui rivière Saint-Pierre) un fort en palissade qu'il arma de canons. Il prit solennellement possession de l'île le 15 septembre suivant au nom de la Compagnie. Après avoir jeté les premiers fondements de la colonie, il retourna à Saint-Christophe, laissant à la Martinique, comme commandant, Jean Dupont, gentilhomme d'un mérite reconnu. Sous les ordres de ce dernier, les Français battirent les Caraïbes qui les inquiétaient et qui étaient venus attaquer le fort. La paix assurée, Dupont s'embarqua à son tour pour Saint-Christophe; mais un coup de vent ayant jeté son petit bâtiment sur les côtes espagnoles, il fut pris et renfermé dans une prison où il resta trois ans sans qu'on entendît parler de lui. M. Duparquet (Jacques-Dyel) neveu de d'Esnambuc, fut envoyé de France en 1637 pour le remplacer dans le gouvernement de la Martinique, et prit possession quelque temps après, au nom de la Compagnie, de Sainte-Lucie, de la Grenade et des Grenadins (ou Grenadilles).

En 1638, M. de Poincy, capitaine-général de Saint-Christophe pour la compagnie, fut nommé lieutenant-général des îles d'Amérique pour le roi.

La Compagnie des îles d'Amérique, n'ayant pu retirer de l'exercice de ses priviléges les avantages qu'elle en attendait, se vit obligée de vendre ces îles. Duparquet les acheta en 1650, au prix de 60 000 livres, et devint ainsi le propriétaire et le seigneur des îles qu'il gouvernait. A sa mort, qui survint le 2 janvier 1658, la guerre éclata entre les Français et les Caraïbes. Une grande partie de ces derniers furent massacrés ou expulsés de l'île : en 1664, il n'en restait plus dans la colonie.

Par lettres patentes du 15 septembre 1658, le roi accorda aux enfants de M. Duparquet les biens et les dignités de ce dernier. Mais des désordres ayant éclaté dans le gouvernement de ces colonies, la Cour résolut d'enlever ces îles aux particuliers et de les donner à une compagnie nouvelle. Le lieutenant général Alexandre Prouville de Tracy, membre du Conseil privé, fut envoyé dans ce but à la Martinique où il arriva le 1er juin 1664. La valeur de ces îles avait augmenté depuis l'année 1650; le gouvernement les racheta aux héritiers de Duparquet au prix de 240 000 livres; puis, il céda ses droits à la *Compagnie des Indes occidentales* qui venait d'être créée par un édit du mois de mai de la même année et qui devait conserver pendant quarante ans le droit exclusif de commerce et de navigation dans les mers d'Amérique.

Des lettres patentes du 11 octobre 1664 instituèrent à la Martinique un Conseil souverain, composé du gouverneur et des principaux officiers de l'île. La création du Conseil avait été autorisée par une déclaration du 1er aout 1656, mais cette déclaration n'avait jamais été sérieusement exécutée.

La guerre qui fut déclarée contre les Hollandais en 1674 accéléra la décadence de la Compagnie; quoique nous eussions eu partout l'avantage sur nos ennemis et que le célèbre Ruyter eût été repoussé avec perte de Fort-Royal (juillet 1674), la Compagnie fut dissoute par un édit du mois de décembre 1674 et les îles furent réunies au domaine de l'État; tous les Français sans distinction eurent désormais la liberté de s'y fixer.

Les colons de l'île formaient alors deux classes. La première se composait de ceux qui étaient venus de France à leurs frais et qu'on appelait *habitants;* le gouvernement local leur distribuait des terres en toute propriété, moyennant une certaine redevance annuelle. L'autre classe se composait d'Européens qui, sous le titre d'*engagés*, étaient contraints de travailler pendant trois années consécutives sur les plantations des colons qui avaient payé les frais de leur passage d'Europe dans la colonie. A l'expiration de l'engagement, les travailleurs recevaient, pour la plupart, des concessions gratuites de terres, dont l'étendue, réduite plus tard de moitié, était de 1000 pas de longueur sur 200 de largeur.

Mais le nombre de ces travailleurs n'était pas suffisant, et, dès le début même de la colonie, on fut obligé d'avoir recours à l'introduction des noirs d'Afrique. La traite des esclaves prit promptement une grande extension, et en 1736, la population esclave de la colonie ne s'élevait pas à moins de 72 000 noirs.

Après la perte d'une partie de nos possessions de l'Amérique du nord, en 1713, la sollicitude du gouvernement se porta sur les colonies qui lui restaient. Les Antilles devinrent surtout l'objet de sa protection. Affranchie, dès 1717, des droits excessifs qui avaient d'abord été établis sur ses produits, la Martinique vit son agriculture et son commerce prendre de grands développements. Elle devint le chef-lieu et le marché général des Antilles françaises.

La guerre, qui éclata en 1744 entre les Anglais et les Français, arrêta le cours de ces prospérités ; les colons employèrent leurs capitaux à l'armement des corsaires, et négligèrent la culture et le commerce.

Terminées en 1748, les hostilités reprirent en 1756 contre les Anglais ; nos corsaires firent pendant cette guerre des prises considérables, et désolèrent le commerce de nos ennemis dans les îles. Le nombre des prises se monta à 950, et leur produit à plus de 30 millions de livres. Le 14 janvier 1759, une flotte anglaise de 80 vaisseaux parut devant Fort-Royal ; le débarquement s'effectua la nuit, mais le lendemain l'ennemi, repoussé par les habitants, fut contraint de se rembarquer en toute hâte.

En 1762, les Anglais sous les ordres de l'amiral Rodney et du général Robert Monkton, furent plus heureux dans leurs tentatives sur la Martinique. Le 16 janvier de cette année, leur escadre, composée de 230 voiles et de 15 000 hommes de troupes réglées, mouilla devant la Casenavire où le débarquement se fit pendant la nuit. Les 1200 hommes de troupes et les 2400 habitants ou flibustiers qui formaient toutes nos forces ne purent tenir contre les Anglais, et le 13 février, après plusieurs combats, le gouverneur, M. de Latouche, capitula à Saint-Pierre. La paix avec l'Angleterre fut signée à Fontainebleau le 3 novembre 1762, et, en vertu du traité de Paris, du 10 février 1763, la Martinique fut restituée le 11 juillet de la même année au marquis de Fénelon, envoyé de France pour en reprendre possession.

Pendant la guerre de l'indépendance américaine, qui commença en 1774, la Martinique devint le centre des opérations maritimes des flottes françaises placées sous les ordres de d'Estaing, de Grasse, de Lamotte-Picquet, de Guichen, de Barras et de Vaudreuil. Sous son chef énergique et habile, le marquis de Bouillé, gouverneur général des îles du vent, la colonie participa ainsi à la gloire de nos armes dans cette mémorable campagne.

La paix de 1783 donna un nouvel essor à la prospérité commerciale et agricole de la Martinique, qui continua à s'accroître jusqu'en 1790. Pendant cette année, la valeur de son commerce s'éleva à la somme de 44 003 539 livres, dont 30 246 286 à l'exportation et 12 538 496 à l'importation. La population de la colonie se composait alors de 99 284 individus, dont 83 414 esclaves.

Malheureusement la guerre civile éclata dans l'île, lorsqu'y fut connu le décret de la Convention qui proclamait la liberté des noirs. Le commerce fut interrompu, les cultures abandonnées, et un grand nombre d'habitants quittèrent la colonie.

Les Anglais vinrent à cette époque attaquer la Martinique. Un corps d'armée de 15 000 hommes, avec 90 canons, commandé par sir Ch. Grey et John Gervis, y débarqua le 3 février 1794 ; après plusieurs combats, le général de Rochambeau, commandant général des îles du vent, se retira avec 600 hommes dans le fort Bourbon, et ne se rendit que le 22 mars, après 32 jours de siége.

La domination anglaise à la Martinique dura huit années. La paix d'Amiens, en 1802, amena la restitution de l'île à la France. La colonie fut de nouveau attaquée au commencement de 1809 par 15 000 Anglais, sous les ordres du lieutenant général sir G. Beckwith et l'amiral sir Alexandre Cochrane. La garnison résista pendant 27 jours dans le fort Bourbon et capitula le 24 février.

En exécution du traité de Paris (30 mai 1814), les Anglais évacuèrent la Martinique le 2 décembre de la même année. Ils y reparurent un instant en 1815, et en occupèrent même les forts à titre d'auxiliaires jusqu'au mois d'avril 1816 ; mais le traité de novembre 1815 fit rentrer définitivement la Martinique sous la domination française.

LISTE CHRONOLOGIQUE DES GOUVERNEURS[1].

DUPONT, gouverneur sous l'autorité de d'Esnambuc, capitaine général de Saint-Christophe et gouverneur pour le roi, 17 septembre 1625.

DUPARQUET, gouverneur sénéchal de l'île pour la compagnie des îles d'Amérique, 2 décembre 1637.

DE POINCY, lieutenant général des îles de l'Amérique pour S. M., 1638.

DE THOISY, *idem.*, 1645.

DE POINCY, *idem.*, 1647.

DUPARQUET, prend le nom de général, 22 novembre 1653.

DYEL DE VAUDROQUE, gouverneur, 15 septembre 1658.

Vacance de la lieutenance générale, 1660.

---

1. Cette liste est extraite de l'*Annuaire de la Martinique*.

— 285 —

Prouville, chevalier, seigneur de Tracy, lieutenant général, 7 juin 1664.
De La Barre, lieutenant général, 1667.
Baas (Le marquis de), premier gouverneur, lieutenant général pour S. M., 4 février 1669.
Blénac (Le comte de), 8 novembre 1677.
Éragny (Le marquis d'), 5 février 1691.
Amblimont (Le marquis d'), 14 mars 1697.
Esnotz (Le comte d'), 23 mai 1701.
De Machault, 24 mars 1703.
De Philippeaux, 3 janvier 1711.
Du Quesne (Le marquis), 2 janvier 1715.
Lavarenne (Le marquis de), 7 janvier 1717.
Feuquière (Le chevalier de), 5 octobre 1717.
Champigny (Le marquis de), 3 février 1728.
De Caylus, 9 mai 1744.
De Bompar, 9 novembre 1750.
Beauharnais (Le marquis de), 31 mai 1757.
Le Vassor de Latouche, 7 février 1761.
  Prise de l'île par les Anglais, 13 février 1762.
Rufane (William), 21 mai 1762.
Fénelon (Le marquis de), après la remise de l'île, 11 juillet 1763.
Ennery (Le comte d'), 20 mars 1765.
Valière (Le chevalier de), 2 janvier 1771.
Nozières (Le comte de), 9 mars 1772.
Argout (Le comte d') 25 mars 1776.
Bouillé (Le marquis de), 5 mai 1777.
Damas (Le vicomte de), lieutenant du gouverneur général, 2 septembre 1782, nommé gouverneur général le 3 mai 1784.
Vioménil (Le comte de), 1er juillet 1789.
Damas (Le vicomte de), 26 mars 1790.
De Béhague, 31 décembre 1792.
De Rochambeau, 3 février 1793.
  Prise de la colonie par les Anglais, 1794.
Prescott (Robert), 23 avril 1794.
Vaughan (Sir John), 22 novembre 1794.
Shore Milnes (R.), 6 juillet 1795.
Keppel (William), 16 avril 1796.
Villaret-Joyeuse (L'amiral), capitaine général, après la remise de l'île, 13 septembre 1802.

Prise de l'île par les Anglais, le 24 février 1809.

Leckwith (Sir George), gouverneur provisoire, 24 février 1809.

Brodrick (Le major général John), gouverneur civil, 27 février 1810.

Wales (Le major général Ch.), gouverneur par intérim le 24 juin 1811; gouverneur, avril 1812.

Vaugiraud (Le vice-amiral comte de), lieutenant général après la remise de l'île à la France, 12 décembre 1814.

Donzelot (Le lieutenant général comte), gouverneur et administrateur pour le roi, 15 janvier 1818.

Bouillé (Le maréchal de camp comte de), gouverneur, juin 1826.

Barré (Le maréchal de camp), gouverneur par intérim, 20 juin 1828.

Desaulses de Freycinet (Le baron), gouverneur, 20 juin 1829.

Gérodias (Le colonel), gouverneur par intérim, 1er février 1830.

Dupotet (Le contre-amiral), gouverneur, 1er novembre 1830.

Halgan (Le vice-amiral), gouverneur, 6 janvier 1834.

Mackau (Le contre-amiral baron de), commandant en chef des forces navales aux Antilles, gouverneur, 6 mars 1836.

Rostoland (Le colonel), gouverneur par intérim, 11 janvier 1838.

Moges (Le contre-amiral comte de), commandant en chef des forces navales aux Antilles, gouverneur, 5 juillet 1838.

Du Valdailly (Le contre-amiral), gouverneur, 22 août 1840.

Mathieu (A.) (nommé contre-amiral par ordonnance royale du 18 octobre 1846), 2 décembre 1844.

Rostoland, maréchal de camp, gouverneur provisoire, 27 mars 1848.

Perrinon, commissaire général de la république, 3 juin 1848.

Bruat, contre-amiral, gouverneur, commandant la station, 4 novembre 1848; gouverneur général des Antilles, commandant la station navale, 12 mars 1849.

Vaillant, contre-amiral, gouverneur général des Antilles, commandant la station navale, 12 juin 1851; gouverneur de la Martinique commandant la station, 15 septembre 1851.

Brunot, colonel d'infanterie de marine, gouverneur par intérim, 16 juillet 1853.

Gueydon (Comte de), capitaine de vaisseau, nommé contre-amiral par décret du 2 décembre 1854, gouverneur, 23 décembre 1853.

Lagrange, commissaire de marine de 2° classe, gouverneur par intérim, 17 juillet 1856.

Fitte de Soucy (comte de), général de division, gouverneur, 12 décembre 1856.

Lagrange, commissaire de la marine de 1re classe, gouverneur par intérim, 11 janvier 1859.

De Maussion de Candé, capitaine de vaisseau, gouverneur, 2 juin 1859.

Vérand, commissaire de la marine de 1re classe, gouverneur par intérim, 29 janvier 1862.

De Maussion de Candé, contre-amiral, rentre en fonctions, le 30 septembre 1863.

De Lapelin, capitaine de vaisseau, nommé gouverneur le 30 avril 1864.

Topographie.

Situation géographique. — L'île de la Martinique est située dans l'océan Atlantique, et fait partie du groupe des Antilles désigné sous le nom d'*îles du Vent*. Elle gît entre 14° 23' 43" et 14° 52' 47" de lat. N. et entre 63° 6' 19" et 63° 31' 34" de longitude O. du méridien de Paris, à 48 kilom. S. E. de la Dominique, à 32 kilom. N. de Sainte-Lucie, et à 100 kilom. S. E. de la Guadeloupe. Sa distance approximative du port de Brest est de 1270 lieues marines.

Étendue. — La plus grande longueur de l'île est de 64 kilom. et sa largeur moyenne d'environ 28 kilom. Sa circonférence est de 320 kilom. y compris les caps. Sa superficie est de 98.782 hectares. Un tiers de l'île environ est en plaines, et le reste en montagnes.

Configuration. — La Martinique offre l'aspect de deux péninsules, réunies par l'isthme qui est entre le cul-de-sac François et le cul-de-sac Royal ; le terrain s'élève graduellement depuis le rivage jusqu'au centre, où sont les montagnes.

Montagnes. — On compte dans l'île six volcans éteints qui sont : les pitons du Carbet, la montagne Pelée, les Roches Carrées, la montagne du Vauclin, le cratère du Marin, et le

Morne-la-plaine. C'est à l'éruption de ces volcans que les montagnes et autres aspérités de l'île doivent leur origine. Lorsque les reliefs des hauteurs ont gardé la forme conique, on leur a donné en général le nom de *Pitons*; les montagnes moins élevées, et dont les pentes sont plus douces que celles des pitons, sont ordinairement désignées sous le nom de *Mornes*. Les plus hautes montagnes sont : la montagne Pelée (1350^m), et les pitons du Carbet (1207^m).

Cours d'eau. — On compte à la Martinique 75 cours d'eau dont les principaux sont : au vent de l'île, le Lorrain qui se jette dans la mer en deux bras, le Lorrain et le Masse, le Galion, la Capote, la Falaise qui se jette dans la Capote, les rivières du Macouba, de la Grande-Anse, et de Sainte-Marie; sous le vent, la rivière Pilote, la rivière Salée, la Lézarde, la Jambette, la rivière Monsieur, la rivière Madame qui passe à Fort de France, la rivière du Carbet, la rivière du Fort Saint-Pierre et la rivière de Case-navire. L'étendue du cours de ces rivières n'est souvent que de 4 kilomètres, et n'excède jamais plus de 28 kilomètres. Les seules navigables sont : la rivière Pilote et la rivière Salée. Leur profondeur, pendant la saison sèche, ne dépasse pas un mètre. Les pluies de l'hivernage les transforment en torrents impétueux.

Il y a dans la colonie deux canaux principaux, celui du Lamentin, et celui de la rivière Salée. C'est par ces canaux que les communes du même nom communiquent avec la mer. Ils sont navigables en toute saison; leur profondeur moyenne est de 2 mètres, et leur largeur de 6 mètres.

Sources thermales minérales. — Il existe quatre sources d'eaux minérales dans la colonie[1] : celles de Reynal, de Roty, d'Absalon et du Prêcheur. Les trois premières de ces sources ont leur foyer dans les pitons du Carbet, et la quatrième dans la montagne Pelée.

La source Reynal est située à 4 kilomètres environ dans le N. E. de Fort de France. Cette eau a fourni à l'analyse les résultats suivants, pour le résidu de 4 litres pesant 1^{gr},88 : Acide carbonique, environ 1/4 du volume; muriate de soude, 0,59; muriate de magnésie, 0,30; sulfate de soude, 0,04; carbonate de chaux, 0,37; oxyde de fer, 0,25; silice, 0,28; ma-

---

1. Sans parler des sources du François et du Lamentin dont on ne fait pas usage.

tière animale, 0,05. La chaleur de l'eau est moindre que celle de la source d'Absalon.

La source d'Absalon, est située à 10 kilomètres dans le N. O. de Fort de France ; elle a une température qui varie de 35 à 36° centigrades. Ses eaux possèdent les propriétés des eaux gazeuses et ferrugineuses ; elles contiennent un tiers de leur volume d'acide carbonique, et du fer en petite quantité.

La source Roty, à 8 kilomètres du Fort de France, est d'un accès plus facile que la précédente ; sa température est de 3° au dessous de celle d'Absalon ; elle est à peu près de même nature.

La source du Prêcheur est située sur le versant de la montagne Pelée, dans le nord de Saint-Pierre. La température est de 34 à 35° centigrades. Un litre d'eau a donné à l'évaporation un résidu de 51 centigrammes qui contient : Carbonate de soude, 0,09 ; muriate de soude, 0,19 ; carbonate de chaux, 0,06 ; carbonate de magnésie, 0,14 ; silice, 0,10 ; matière animale, 0,03.

Forêts. — Les montagnes qui forment le centre de la Martinique sont ceintes pour la plupart de forêts presque impénétrables, dont l'étendue est évaluée au quart environ de la superficie de l'île.

Sol. — Le sol n'est pas partout de même nature : dans le voisinage de la Montagne-Pelée, du Morne-Rouge et de la Calebasse, et dans les quartiers du Macouba et de la Basse-Pointe, il se compose de pierres-ponces, qui, mêlées aux détritus végétaux, forment une terre légère, mais assez fertile. Le sol du Prêcheur, de Saint-Pierre et du Carbet, est à peu près de même nature. Les terres de la Trinité et de la partie méridionale de l'île sont grasses, fortes et argileuses. Dans la partie N. O., le sol est au contraire aride et pierreux.

Côtes, rades et baies. — Les côtes de l'île sont bordées, en plusieurs endroits, par des escarpements à pic, notamment au nord et à l'ouest. A l'est, c'est-à-dire au vent de l'île, les bords sont généralement d'un accès difficile, à cause des bancs de madrépores. Cependant les havres du Robert, du François, du Vauclin, y offrent un abri aux petits navires. Le port de la Trinité est accessible à des bâtiments de tonnage moyen. Au sud s'ouvrent la baie du Marin et plusieurs petites anses assez sûres quand le vent ne souffle point de l'ouest.

La rade de Saint-Pierre et la baie de Fort-de-France sont

situées sur la côte occidentale (sous le vent de l'île). La première est principalement fréquentée par les navires de commerce qui la quittent à l'époque de l'hivernage, pour aller s'abriter dans le port de Fort-de-France, dont la rade est une des plus belles des Antilles. Des bâtiments du plus fort tonnage peuvent en tout temps mouiller sans danger dans la baie du carénage et y accoster à quai.

Fort-de-France sert d'escale aux paquebots transatlantiques français de la ligne de Saint-Nazaire au Mexique. Depuis 1860, des travaux considérables ont été entrepris pour approprier le port à sa nouvelle destination ; il a reçu le nom de port *Chasseloup-Laubat*. Un décret du 28 juillet 1860 a autorisé la construction d'un bassin de radoub à Fort-de-France[1], et le gouvernement métropolitain a accordé une subvention d'un million de francs pour activer ces travaux qui doivent évidemment faire de cette île un des centres commerciaux les plus importants des Antilles[2].

Routes. — L'île est traversée par 24 routes principales, toutes praticables pour les voitures.

Phare. Un phare a été établi au mois de juin 1862 sur l'extrémité E de la presqu'île de la Caravelle, par 14° 46′ 15″ N et 63° 13′ 2″ O. C'est un feu blanc fixe, élevé de 125 mètres, et visible à 24 milles en mer. Il est placé au haut d'une

---

1. Aujourd'hui la forme de radoub est presque entièrement creusée; les maçonneries sont commencées ; la cérémonie de la pose et de la bénédiction de la première pierre a eu lieu le 16 mars 1864.

2. Voici sur les travaux du port quelques détails que nous empruntons à un rapport fait au Conseil général de la Martinique, dans sa séance du 22 novembre 1863, par la commission chargée d'examiner le budget de 1864.

« Les travaux du port des transatlantiques se composent : 1° Du remblai d'une superficie de terrain mesurant 4 hectares; 2° De la construction de 300 mètres de quai, sur une largeur de 3 mètres et une profondeur moyenne, à la lame, de 7 mètres 20 centimètres à basse mer; 3° Du dragage de trois bancs de vase ou madrépores, aux abords de ce quai; 4° De la construction de deux brise-lames de 700 mètres de longueur sur 20 mètres d'épaisseur à la base et 10 mètres au sommet.

« Le degré d'avancement de ces grandioses travaux est des plus satisfaisants. Le remblai du terrain sera terminé à la fin de cette année (1863), au prix d'un reste de dépense de 26 000 fr., et les 300 mèt. de quai pourront être livrés, suivant toute probabilité, à la compagnie des paquebots français avant le 1er janvier 1865, époque où elle est tenue d'avoir son service entièrement organisé. Une partie du dragage est déjà effectuée et la construction des brise-lames, complément et couronnement du port, marchera concurremment avec la continuation de l'appropriation du fond par le dragage.

« Pour assurer l'achèvement des travaux en cours, la direction du port

tour blanche, au sommet du morne Caracoli, à un tiers de mille dans l'intérieur des terres. Le rocher de la Caravelle se relève dans le nord : distance deux milles et un quart.

Circonscription territoriale. — La Martinique est divisée en 2 arrondissements, 9 cantons et 25 communes, dont voici la nomenclature :

Arrondissement de Fort-de-France.

Cantons.	Communes.
Fort-de-France	Fort-de-France.
Lamentin	Lamentin.
Saint-Esprit	Saint-Esprit. Ducos. François. Rivière Salée.
Anses-d'Arlets	Sud. Trois Ilets. Sainte-Luce.
Marin	Marin. Vauclin. Sainte-Anne. Rivière-Pilote. Diamant.

dispose actuellement de puissants engins comprenant : une drague à cuillers, une drague à vapeur de 6 chevaux, une drague à vapeur de 12 chevaux (attendue), un remorqueur à vapeur de 15 chevaux, et l'ensemble des apparaux secondaires assurant l'exécution économique et rapide de tous ses mouvements.

« Aussi peut-on tenir pour certain que, si les ressources financières ne font point défaut, le port d'attache des paquebots transatlantiques à la Martinique sera une œuvre finie en l'année 1866.

« La commission n'a rien trouvé à modifier dans les prévisions relatives au port. Elle a éprouvé, en présence du travail déjà accompli, en regard des prévisions nettement définies sur ce qui reste à faire, un sentiment de patriotique satisfaction que partagera sans doute le conseil général.

« Pour achever le bassin de radoub, il restait encore, au 10 août 1863, à réaliser :

« 1° 7778 mètres cubes de fouille dans la terre;
« 2° 16584 mètres cubes de fouille dans le roc;
« 3° 17 000 mètres cubes de maçonneries diverses.

« Les monte-charge, pompes, appareils d'épuisement et le bateau-porte, en un mot tout le matériel nécessaire à la construction de la forme, sont actuellement rendus sur les lieux ou tout au moins assurés dans un prochain avenir par des marchés conclus. »

Arrondissement de Saint-Pierre.

Fort..................... { Saint-Pierre. / Prêcheur.
Mouillage................ { Carbet. / Case-Pilote.
Basse-Pointe............. { Basse-Pointe. / Macouba. / Lorrain.
Trinité.................. { Trinité. / Sainte-Marie. / Gros-Morne. / Robert.

Villes et bourgs. — Il y a à la Martinique deux villes : Fort-de-France, siége du gouvernement colonial, et Saint-Pierre, centre du commerce de l'île, à 28 kil. au N. du chef-lieu ; quatre gros bourgs : la Trinité, le Marin, le Lamentin et la Rivière-Salée ; et 19 petits bourgs ou villages portant les noms des communes portées au tableau ci-dessus.

Météorologie.

Température. — La température moyenne de la Martinique à l'ombre, à deux mètres au-dessus du niveau de la mer, est de 26° centigrades ; le maximum de son élévation est de 35° et le minimum de 20°. Au sommet des montagnes, à 1300 mètres au-dessus du niveau de la mer, la température n'excède pas 19° pendant les mois de février et d'avril, à l'heure du jour où la chaleur est la plus forte. La variation journalière du thermomètre est de 5 à 10° suivant la saison.

Humidité atmosphérique. — L'humidité de l'atmosphère est excessive à la Martinique ; dans le cours de trois années consécutives l'hygromètre de Saussure a donné, pour termes extrêmes et opposés, le 100e et le 60e degré, et pour terme moyen 87° 7.

Pluie. — La quantité moyenne de pluie qui tombe annuellement dans l'île est de 217 centimètres au niveau de la mer. La différence entre les années pluvieuses et les années sèches n'excède pas 33 centimètres.

Saison. — La belle saison dure environ neuf mois ; elle

commence en octobre et finit en juillet; la saison pluvieuse ou hivernage dure du milieu de juillet au milieu d'octobre.

Durée des jours. — Aux Antilles, les jours, pendant tout le cours de l'année, sont à peu près égaux aux nuits. La durée des jours les plus courts, en décembre, est de 11 heures 1/4 environ, et celle des plus longs, en juin, de 12 heures 1/2.

Vents. — Les vents qui dominent dans l'archipel des Antilles sont ceux d'E., de N. et de S. Les périodes de domination de ces vents peuvent se réduire à deux. Pendant la première, qui dure depuis novembre jusqu'en avril, les vents soufflent de l'hémisphère boréal, en passant successivement du N. vers l'E. Pendant la seconde, qui dure depuis le mois de mai jusqu'en octobre, les vents soufflent de l'hémisphère austral et varient entre l'E. et l'O, en passant vers le S. Le vent d'O. est le plus rare. Les vents d'E. soufflent pendant les trois quarts de l'année environ. Ils ne règnent toutefois avec constance que durant les mois de mars, avril, mai et juin. Ce sont ces vents qui portent le nom de vents alisés et d'où dérivent les expressions *au vent* et *sous le vent*, qui servent à désigner dans les Antilles l'Orient et l'Occident.

Marée. — L'élévation ordinaire de la marée n'excède pas 40 à 50 centimètres; elle se réduit même à moins lors des solstices; pendant les équinoxes, elle est tout au plus de 0^m80 à 1 mètre.

Ouragans. — Les graves perturbations atmosphériques ont ordinairement lieu de juillet à octobre; elles sont assez souvent accompagnées de ras de marée et quelquefois de tremblements de terre.

Tremblements de terre. — Il ne se passe guère d'année où l'on ne ressente quelques secousses de tremblements de terre. Parmi les plus terribles on cite celui de 1737, auquel on attribue la destruction de tous les cacaoyers qui étaient alors une des principales exploitations agricoles du pays. Le 11 janvier 1839, la population de Fort-de-France a été éprouvée par un tremblement de terre qui a bouleversé la plus grande partie de la ville et les plantations environnantes.

Population.

Au 1er janvier 1862, la population de la Martinique s'élevait à 135 991 individus, dont 62 143 hommes et 73 848 femmes. Dans ces chiffres sont compris :

1º Les fonctionnaires et employés non propriétaires s'élevant, avec leurs familles, au nombre de..................	666 personnes.
2º Les troupes de la garnison, formant, en moyenne, un effectif de......................	1 509 hommes.
3º Les immigrants de toute origine (au 1er janvier 1862) au nombre de......................	14 457 personnes.
Total................	16 032

En déduisant ce chiffre de 16 032 du total de la population, il reste, pour représenter la population sédentaire proprement dite, 119 959 âmes, soit à 398 âmes près en moins, le même chiffre que celui de l'année 1848, qui était de 120 357.

Il résulte de cette comparaison que, si l'on ne tient pas compte des individus introduits par l'immigration, la population sédentaire de la Martinique est restée stationnaire pendant les quinze dernières années.

Il n'est guère possible de déterminer d'une manière exacte la composition des diverses races qui forment la population de l'île, les officiers de l'état civil, depuis déjà longtemps, ne tenant pas compte, dans les déclarations des naissances et des décès, de la différence de couleur.

Cependant, comme le chiffre de la population de l'île n'a pas sensiblement varié depuis cette époque, et que les noirs affranchis n'ont généralement pas émigré de l'île, il y a lieu d'en inférer, sans trop se tromper, que la proportion entre les noirs et les blancs est à peu près la même qu'en 1848. D'un autre côté, la statistique de l'immigration donnant exactement la composition par races, on peut classer de la manière suivante, en nombres ronds, la population de la colonie, au point de vue ethnographique :

Blancs (européens)....................	9 400
Noirs et gens de couleur...............	110 000
Africains (immigrants).................	7 800
Indiens (*idem*).......................	8 000
Chinois (*idem*)......................	800
Total.................	136 000

En 1861, la population de la Martinique a présenté les mouvements suivants :

Naissances.......................... 4860
Décès............................... 5539
Mariages............................ 485

Relativement à la masse totale de la population, la proportion des naissances, des décès et des mariages a été, en 1861, d'une naissance sur 28 individus, d'un décès sur 24, et d'un mariage sur 282.

Population maritime. — L'effectif de la population maritime portée sur les registres de l'inscription maritime était, en 1858, de 2667 individus, ainsi répartis :

Maîtres au cabotage................. 79
Officiers mariniers et matelots..... 1218
Novices et mousses.................. 780
Ouvriers et apprentis............... 146
Matelots hors de service............ 440
Mécaniciens et chauffeurs........... 4

Immigration.

A la Martinique, comme dans nos autres colonies, les noirs, à la suite de l'émancipation, désertèrent en grand nombre les habitations agricoles, et il fallut songer à les remplacer par des travailleurs étrangers. Quelques personnes étaient disposées, à cette époque, à provoquer une large immigration européenne, et les administrations des Antilles furent saisies, en 1852, d'un projet par lequel des spéculateurs proposaient d'introduire à la Martinique et à la Guadeloupe plusieurs milliers de cultivateurs qui seraient recrutés dans les départements de l'Alsace et des Pyrénées. Après des discussions approfondies, ce projet ne fut point adopté. Le conseil privé de la Martinique fit ressortir avec force que le cultivateur européen ne convenait nullement au climat des tropiques. L'opinion générale était alors qu'une immigration trop nombreuse de travailleurs de cette origine serait beaucoup plus nuisible qu'utile. Employés aux travaux accessoires d'une habitation, les Européens bien choisis peuvent rendre, disait-on, de bons services, mais aucun n'a encore réussi aux travaux de la canne qui sont trop durs pour eux dans ce pays. Les blancs ne peuvent être employés à l'agriculture coloniale que comme conducteurs de voitures, pour les soins à donner au bétail, à la fabrication et à la manipulation des denrées, à tous les travaux enfin qui n'exigent pas leur continuelle présence au soleil. Dans ces limites ils peuvent rendre sans doute des services, et encore ce n'est peut-être qu'à la condition d'être parfaitement choisis, très-ménagés, très-bien nourris. Il n'y a pas là l'élément d'une immigration nombreuse. Il faut aux colonies des Asiatiques ou des Africains pour la culture du sol.

On se tourna donc vers les Indiens qui commençaient à être fort appréciés à la Réunion. Par un décret en date du 27 mars 1852, un capitaine au long cours, M. Blanc, fut autorisé à transporter aux Antilles 4000 Indiens, dans un espace de six années, moyennant une prime de 500 francs par adulte des deux sexes, et de 300 francs par immigrant non adulte. Un autre décret de même date établissait avec détail toutes les conditions auxquelles les navires destinés aux transports des immigrants dans nos colonies devaient être assujettis.

La dépense devait être couverte partie par la colonie, partie par les engagistes. Une caisse dite d'immigration fut instituée à cet effet et formée, dès le principe, par les fonds provenant de l'indemnité accordée à la colonie pour les noirs émancipés du domaine. L'État contribua de son côté et a continué de participer à l'introduction des travailleurs étrangers par une subvention annuelle versée à la caisse d'immigration et qui a varié de 100 000 à 150 000 francs.

M. le capitaine Blanc introduisit à la Martinique 1191 Indiens, puis il renonça à la concession que le décret du 27 mars 1852 lui avait faite. Le département de la marine traita alors avec la Compagnie générale maritime pour le transport de tous les coulis indiens qui pourraient être recrutés, pour le compte des Antilles, par la société d'immigration de Pondichéry. La prime à l'introduction fut fixée à la somme nette de 415^f 55 ainsi répartie : la caisse d'émigration payait à la compagnie maritime 318^f 05 par émigrant adulte, et directement à chaque engagé introduit 12^f 50. L'engagiste payait de son côté un supplément de 85 francs à la compagnie maritime, et il remboursait en outre, à peu près intégralement, la caisse d'immigration de ses avances au moyen de trois ou quatre annuités, d'un droit d'enregistrement et d'un autre droit proportionnel aux salaires de ses travailleurs. Dans ces conditions, la compagnie maritime introduisit à la Martinique, dans l'espace de huit années (de 1855 à la fin de 1862), 9158 indiens. La plupart de ces travailleurs se rengagent dans la colonie à l'expiration de leur premier contrat de travail dont la durée est de cinq ans. Ils touchent alors une prime fixée par le conseil général, et qui est de 40 francs pour un rengagement d'un an, de 90 francs pour un rengagement de deux ans, de 150 francs pour un rengagement de trois ans et de 350 francs pour un rengagement de sept ans. Ceux qui préfèrent retourner dans leur pays sont rapatriés gratuitement. La compagnie maritime est tenue, par son traité, de disposer à cet effet un de ses navires qui rapatrie, chaque année, les engagés indiens des colonies de la Martinique, de la Guadeloupe et de la Guyane. Le prix de ces rapatriements, payé par la caisse d'immigration de chaque colonie, est de 291 francs, si le nombre des rapatriés est inférieur à cinquante, de 242^{f}50, s'il est inférieur à cent, et de 194 francs seulement si le nombre est de cent et au-dessus. Jusqu'à présent, le nombre des rapatriés s'est élevé, pour la Martinique, à environ 200 par année.

Le faible contingent de 1200 à 1500 Indiens que la Martinique recevait chaque année ne pouvait suffire aux besoins des colons. On chercha donc à se procurer ailleurs des immigrants. Un traité, qui fut passé au mois de septembre 1856 avec la maison Arnaud et Touache de Marseille, pour l'introduction de 600 Chinois à la Martinique et 600 à la Guadeloupe, n'ayant pas donné de résultats (l'opération avorta et ne recruta pas un seul individu), on se tourna vers la race africaine. Un capitaine au long cours de Nantes, M. Chevalier, avait déjà commencé à introduire à la Guyane quelques centaines de noirs recrutés dans les parties de la côte occidentale d'Afrique où l'esclavage n'existe plus (côte de Krou, Liberia, etc.). L'administration de la Martinique conclut à son tour un traité avec ce capitaine pour diriger sur la colonie quelques convois d'Africains. M. Chevalier introduisit au mois de juillet 1857 un contingent de 283 individus; mais les difficultés de recrutement devinrent telles qu'il dut reconcer à poursuivre l'opération. Le département de la marine prit alors une mesure décisive. Le recrutement n'avait été jusqu'à cette époque autorisé que parmi les populations africaines originairement libres; on décida de recruter parmi les populations à esclaves. L'esclave devait être racheté à son maître et transporté comme travailleur libre dans nos colonies à des conditions à peu près analogues à celles accordées aux Indiens, et avec la promesse d'être rapatrié gratuitement, s'il le désirait, à l'expiration de son engagement. M. Régis, négociant à Marseille, se chargea par un traité du 27 mars 1857 d'effectuer les recrutements moyennant une prime de 485 fr. (net) pour chaque immigrant adulte introduit. Le noir racheté contractait un engagement de 10 ans et remboursait ultérieurement sur ses salaires, au colon qui en avait fait l'avance, une somme de 200 fr. pour son rachat. M. Régis introduisit à la Martinique de 1857 au mois d'août 1862 (date de l'arrivée du dernier convoi) 9090 Africains exclusivement recrutés au Congo et à Loango. Pendant ce temps quelques habitants de la colonie faisaient venir directement pour leur compte par l'intermédiaire de la maison Vidal, de Nantes, deux convois recrutés dans notre établissement du Gabon et comprenant 342 noirs.

Les colons de la Martinique, qui avaient vu d'abord avec une certaine appréhension l'introduction des Africains, s'en sont montrés depuis entièrement satisfaits. On est généralement d'accord que l'emploi simultané des deux races asiatique et africaine produit sur les ateliers d'excellents résultats. A l'Africain sont dévolus les ouvrages les plus rudes, ceux où une plus grande dépense de force physique est nécessaire ; à l'Indien, les travaux qui exigent plus d'intelligence et d'industrie. Mais comme le prix d'introduction de l'Africain est, en somme, moins élevé que celui de l'Indien, que le noir est plus facile à nourrir, qu'il s'acclimate plus vite, on peut dire qu'il est aujourd'hui préféré à tout autre. On a calculé que le prix de revient de la journée de travail d'un Africain ressort pour le propriétaire à 1 fr. 60, le prix de la journée de l'Indien à près de 2 fr. 60, enfin le prix de la journée d'un Chinois à 4 fr.

On conçoit que le haut prix de ce dernier travailleur le mette peu en faveur dans nos colonies. Trois essais seulement ont été faits à cet égard à la Martinique : on y a reçu 754 Chinois apportés par les navires *Amiral Baudin* et *Galilée*, et recrutés à Canton par les soins de la maison Malavois et Ce. La colonie avait précédemment partagé avec la Guadeloupe un autre convoi apporté par le navire *l'Indien*, appartenant à la Compagnie maritime, et reçu pour sa part 223 Chinois. La prime d'introduction était de 809 fr. 60 c. indépendamment de 61 fr. 80 c. d'avances payés à l'engagé à son départ de Chine et remboursables ultérieurement sur ses salaires. La caisse d'immigration a dû faire l'avance de la totalité de la prime, l'engagé s'obligeant à en rembourser la plus grande partie au moyen d'annuités dont l'administration a été obligée de porter le nombre jusqu'à onze. Une pareille mesure indique assez que le Chinois est loin, en général, d'être recherché. Disons cependant que quelques propriétaires ont déclaré être très-satisfaits des travailleurs de cette origine et que des démarches ont été récemment faites par eux pour s'en procurer de nouveaux.

Un nouveau traité conclu récemment avec la compagnie transatlantique fixe la prime d'introduction pour chaque immigrant adulte ou non adulte à 415 fr. 55, sur lesquels l'engagiste rembourse 150 fr. au moment où il reçoit l'immigrant, la caisse d'immigration prend à sa charge 265 fr. 55.

L'effectif des émigrants existant dans la colonie était à la date du 1er janvier 1864 de 15.576, dont 7676 indiens, 7225 africains et 675 chinois. Ce chiffre de travailleurs est complété par 41 000 noirs indigènes, employés sur les habitations agricoles et dont 6000 seulement sont engagés à l'année, 35 000 travaillant à la journée.

Gouvernement et administration.

L'organisation du gouvernement de la Martinique est réglée par une ordonnance royale du 9 février 1827, qui a été successivement modifiée par une seconde ordonnance royale du 22 août 1833, par le sénatus-consulte du 3 mai 1854 et par les deux décrets impériaux des 26 juillet 1854 et 29 août 1855.

Le gouvernement local se compose d'un gouverneur, d'un conseil privé, d'un conseil général, de trois chefs d'administration et d'un contrôleur colonial.

La colonie est représentée auprès du gouvernement métropolitain par un délégué élu par le conseil général, et qui fait partie du comité consultatif des colonies siégeant à Paris.

Nous renvoyons à la notice préliminaire [1] pour ce qui regarde les attributions du gouvernement local.

---

1. Voir plus haut, p. 3.

SERVICES DE L'ORDONNATEUR. — Le personnel de l'administration de la marine se composait, au 1er janvier 1864, de 33 fonctionnaires et employés, savoir : d'un commissaire de la marine, ordonnateur; de 2 commissaires-adjoints, de 10 sous-commissaires, de 7 aides-commissaires et de 13 commis de marine. Ce personnel est réparti en un secrétariat et six bureaux dont voici les attributions :

Secrétariat de l'ordonnateur : correspondance générale concernant le service de l'ordonnateur; préparation et enregistrement des ordres de service; nominations, promotions et congés, etc.

1e bureau, revues et armements : revue et solde des officiers sans troupes, des fonctionnaires et agents civils et militaires; revue et inspection de la comptabilité des corps organisés; mouvements du personnel; tenue des matricules; formation des états de service; solde du personnel des corps de la marine embarqués.

2e bureau, inscription maritime : mouvements des bâtiments; police des gens de mer; tenue des matricules pour les navires armés dans la colonie et les barges des douanes; tenue des rôles d'équipages; comptabilité des invalides et des gens de mer ; prises, bris et naufrages.

3e bureau, approvisionnements et travaux : cahiers des charges et marchés relatifs aux approvisionnements et aux travaux pour tous les services de l'État : ventes et cession des magasins; réception des fournitures; impressions et reliures; mobilier des hôtels, bureaux et autres établissements publics; payement des secours, subventions, frais, justice; vérification de la comptabilité des directions des travaux, des gardes-magasins de la marine et des gardes-magasins particuliers des directions; casernement des troupes; baux; constatation à la réception des travaux; casernets de solde; liquidation des salaires des maîtres et ouvriers des directions ; police administrative des transports généraux; comptabilité en matière des bâtiments armés, etc.

4e bureau, hôpitaux : administration de la police des hôpitaux; personnel du service de santé, des sœurs et autres agents attachés à ces établissements ; confection des inventaires du mobilier et la liquidation des dépenses acccessoires des hôpitaux.

5e bureau, subsistances : marchés relatifs au service des vivres; formation et réunion des comptes vivres, tant à terre qu'à la mer; répartition des agents des subsistances; vérification de la comptabilité du garde-magasin.

6e bureau, fonds : comptabilité en deniers ; centralisation des recettes et dépenses de tous les services ; formation des budgets et des comptes annuels; répartition des crédits; tenue des comptes-courants; vérification de la comptabilité du trésor colonial.

Tous ces services sont centralisés au siége du gouvernement à Fort-de-France. Un sous-commissaire de la marine, ayant sous ses ordres un aide-commissaire et un commis de marine, est chargé du service administratif à Saint-Pierre, en ce qui concerne les revues, les armements, l'inscription maritime, les hôpitaux, les travaux d'approvisionnements et les fonds. Un commis de marine dirige le même service dans chacun des cantons de la Trinité et du Marin.

Service des ports. — Le personnel du service des ports comprend 28 personnes, savoir : un capitaine de port, un lieutenant de port, un maître de port, deux pilotes, un maître charpentier et un maître forgeron, à Fort-de-France; un capitaine de port et deux pilotes à Saint-Pierre; un pilote à la Trinité, un au Marin et un au François; neuf canotiers et six gardiens de phare.

Service de santé. — Le personnel médical et pharmaceutique, sans y comprendre les sœurs hospitalières, se compose de 19 personnes, savoir : un médecin en chef, neuf chirurgiens et trois pharmaciens à Fort-de-France; un second médecin en chef, quatre chirurgiens et un pharmacien à Saint-Pierre.

Trésor. — Le trésorier-payeur est en même temps trésorier des invalides de la marine, caissier des gens de mer et des prises, et receveur-général des contributions; il a sous ses ordres, à Fort-de-France, un chef de comptabilité, un sous-chef et un caissier, et à Saint-Pierre un trésorier particulier, qui est en même temps receveur particulier des contributions dans cet arrondissement.

DIRECTION DE L'INTÉRIEUR. — Le personnel de l'administration intérieure de la colonie se compose de trente fonctionnaires et employés, savoir : un directeur de l'intérieur, un secrétaire-général, cinq chefs de bureau, quatre sous-chefs, dix commis et neuf écrivains, répartis en un secrétariat général et quatre bureaux dont voici les attributions :

Secrétariat-général : Centralisation du travail des bureaux, enregistrement et conservation de la correspondance ministérielle, archives, affaires à présenter au conseil général et au conseil privé, affaires réservées, personnel des divers services, police secrète.

1ᵉ bureau : Administration, contentieux, enregistrement, domaines, contributions diverses.

2ᵉ bureau : Agriculture, commerce, immigration et douanes.

3ᵉ bureau : Culte, instruction publique, assistance publique, police.

4ᵉ bureau : Ordonnancement des diverses dépenses, comptabilité coloniale et communale, budgets, travaux et approvisionnements, contrôle des services financiers.

Enregistrement, etc. — Le personnel du service de l'enregistrement, des hypothèques et des successions vacantes comprend vingt personnes, savoir : un inspecteur de 2ᵉ classe, chef du service, deux vérificateurs de 2ᵉ et 3ᵉ classe, onze receveurs, un garde-magasin premier commis de direction, et cinq commis-receveurs.

Douanes. — Le personnel du service des douanes se composait, au 1ᵉʳ janvier 1864 : d'un directeur, de deux sous-inspecteurs, d'un contrôleur, de dix vérificateurs, de huit commis, d'un lieutenant et de 85 brigadiers, préposés, et agents divers du service actif.

Contributions. — Ce service comprend, indépendamment du trésorier-payeur et du trésorier-particulier, qui remplissent respectivement les fonctions de receveur-général et de receveur-particulier des contributions : un inspecteur de 2ᵉ classe, chef du service, un inspecteur de 3ᵉ classe, huit contrôleurs, douze percepteurs des contributions, deux vérificateurs des poids et mesures et deux commis. Dans chaque commune la vente des spiritueux est affermée à des particuliers.

Poste aux lettres. — Le personnel de la poste se compose d'un receveur-comptable chef, d'un receveur et de trois commis et de cinq facteurs dans les villes de Saint-Pierre et de Fort-de-France ; de trois préposés buralistes-receveurs dans les communes [1].

Police. — Ce service comprend dix commissaires de police, dont deux à Saint-Pierre, un à Fort-de-France et sept dans les communes rurales.

---

[1]. Nous consacrons un article spécial au service de la poste.

Prisons. — Un chef du bureau de la direction de l'intérieur est chargé de l'inspection des prisons. Il existe dans la colonie une prison centrale et un atelier de discipline, à Fort-de-France [1], une maison d'arrêt à Saint-Pierre et deux ateliers d'éducation correctionnelle, à l'habitation Saint-Jacques, l'un pour les garçons, l'autre pour les filles. Le personnel affecté au service des prisons se compose de quatre régisseurs, trois commis comptables et huit guichetiers.

Ponts-et-chaussées. — Le personnel des ponts-et-chaussées se composait, au 1er janvier 1864 : d'un ingénieur chef du service, de deux ingénieurs coloniaux, de six conducteurs principaux, et de six conducteurs de 1re et de 2e classe. Un comité spécial de six membres, institué par arrêté du 7 octobre 1853, est chargé de donner son avis sur tous les projets de travaux envoyés à son examen par le gouvernement. Les travaux du bassin de radoub à Fort-de-France forment un service spécial, placé sous la direction d'un capitaine d'artillerie de marine, d'un aspirant ingénieur colonial, et de deux conducteurs principaux.

Immigration. — Le personnel administratif du service de l'immigration se compose d'un commissaire, chef du service à Fort-de-France, de deux sous-commissaires, l'un à Fort-de-France, l'autre à Saint-Pierre, d'un régisseur du dépôt au chef-lieu et de trois écrivains. Un médecin est attaché au dépôt de Fort-de-France. Il y a un syndicat de l'immigration dans chacun des deux arrondissements de la colonie.

CONTRÔLE COLONIAL. — Le service de l'inspection et du contrôle spécial de l'administration coloniale, de la conservation des archives, de la surveillance des opérations de la banque, etc., se compose d'un commissaire de 1re classe de la marine, contrôleur, d'un sous-commissaire et d'un commis de marine à Fort-de-France, et d'un sous-commissaire délégué à Saint-Pierre.

ORGANISATION MUNICIPALE. — L'organisation municipale a été réorganisée à la Martinique par un décret colonial du 12 juin 1837, lequel a été modifié par le sénatus-consulte du 5 mai 1854, pour tout ce qui regarde l'élection des conseillers municipaux et la nomination des maires et adjoints [2].

---

[1]. L'atelier de discipline et le personnel de la prison centrale ont fourni en 1863 : 28 961 journées, dont 19 510 pour les travaux du bassin de radoub, 6204 pour ceux du port d'attache des transatlantiques et 3247 pour le service municipal.

[2]. Pour les attributions des Conseils municipaux, voir la Notice préliminaire.

Chacune des vingt-cinq communes de la colonie a une administration composée d'un maire, d'un ou de deux adjoints nommés par le gouverneur, et de conseillers municipaux, également nommés par le gouverneur, et dont le nombre varie de cinq à treize.

Forces militaires.

Les forces militaires de la Martinique se composent : 1° des troupes de la garnison ; 2° d'un corps de gendarmerie ; 3° d'ouvriers indigènes du génie ; 4° d'un corps de sapeurs-pompiers. Ces derniers non compris, ces forces présentent ensemble un effectif de 1568 hommes, qui étaient répartis de la manière suivante en 1863 [1] :

États-majors. — L'état-major général et l'état-major des places comprennent : un lieutenant de vaisseau et un capitaine d'infanterie de marine, attachés à l'état-major particulier du gouverneur ; deux chefs de bataillon, l'un commandant la place de Fort-de-France, l'autre celle de Saint-Pierre (ces deux officiers comptent à l'effectif du détachement d'infanterie de marine en garnison dans la colonie); un adjudant de place à Saint-Pierre.

Artillerie. — Un chef d'escadron directeur, un capitaine en Ier adjoint; 2 gardes d'artillerie ; 1 chef ouvrier d'État et 2 maîtres armuriers, 6 gardiens de batterie et 1 portier-consigne ; deux batteries d'artillerie composées de 9 officiers, non compris le directeur-commandant, et de 202 sous-officiers et canonniers ; un détachement de 50 ouvriers, commandé par un lieutenant. Total : 15 officiers et 261 soldats.

Génie. — Un chef de bataillon sous-directeur ; 1 capitaine de 1re classe; 6 gardes du génie ; une compagnie indigène d'ouvriers du génie, composée de 3 officiers et de 156 sous-officiers et soldats. Indépendamment de son service spécial au génie, cette compagnie est employée au cadastre et, en général, à tous les travaux publics de la colonie. Total, pour le génie, 11 officiers et 156 sous-officiers et soldats.

Infanterie de marine (1er régiment). — Un lieutenant-colo-

---

1. Une partie de ces troupes (600 hommes environ) a été envoyée au Mexique au commencement de la campagne. La colonie a fourni en outre une compagnie de volontaires pour cette expédition.

nel commandant; 2 chefs de bataillon; 1 capitaine-major; 2 capitaines adjudants-majors; 1 lieutenant officier payeur; 1 lieutenant officier d'habillement; 2 chirurgiens aides-majors; huit compagnies à 114 hommes dont 3 officiers. Total : 34 officiers, 922 sous-officiers et soldats.

Gendarmerie coloniale. — Un chef d'escadron, commandant; 1 capitaine; 2 lieutenants; 138 sous-officiers et gendarmes à cheval et 24 à pied. Total : 4 officiers et 162 sous-officiers et soldats formant 28 brigades réparties sur les divers points de la colonie.

Sapeurs pompiers — Les compagnies de sapeurs-pompiers, rétablies comme corps de milice par l'arrêté du 2 mai 1854, ont été placées, dans les deux villes de Fort-de-France et de Saint-Pierre, dans les attributions de l'autorité militaire, dont elles relèvent aujourd'hui directement. L'autorité municipale conserve néanmoins son action et son contrôle spéciaux sur le matériel des pompes.

Dans les autres localités pourvues du matériel nécessaire, il peut être créé des sections de sapeurs-pompiers, dont l'effectif varie de 15 hommes au minimum à 50 au maximum.

Ces sections relèvent directement de l'autorité municipale; elles ne peuvent être réunies que pour les exercices de la pompe et en cas d'incendie. Elles ont la dénomination de *sapeurs-pompiers porte-hache.* (Arrêté du 17 août 1857.)

Il n'existe actuellement que deux compagnies dans la colonie, l'une à Fort-de-France, composée de 60 hommes, dont 3 officiers; l'autre à Saint-Pierre, composée de 110 hommes, dont 4 officiers. Total : 7 officiers et 170 sous-officiers et sapeurs-pompiers.

Station locale. — La station locale se compose de deux bâtiments de l'État : l'aviso à vapeur le *Tartare*, de 4 canons et de 160 chevaux; de la goëlette à voile l'*Amaranthe*, de 6 canons. L'état-major et l'équipage de ces deux bâtiments présentent un effectif de 9 officiers et 163 matelots.

La Martinique est aussi le centre de la division navale des Antilles et de l'Amérique du nord.

Arsenal maritime. — Un arsenal maritime a été fondé à Fort-de-France en 1828. La première pierre en fut posée le 29 janvier de cette année par M. le comte Bouillé, alors gouverneur de la Martinique. Depuis lors, cet établissement a successivement reçu les développements qu'il comportait. Les ressources dont il disposait sont telles qu'il a pu, dans une occasion récente, ravitailler 30 bâtiments de guerre, emportant une armée au Mexique. Le bassin de radoub, qui se construit actuellement à Fort-de-France, complètera cet arsenal et en fera le premier établissement de ce genre dans les petites Antilles.

Justice.

L'organisation du service de la justice, à la Martinique, a été mise en harmonie avec nos institutions métropolitaines par l'ordonnance du 24 septembre 1828 et le décret du 16 août 1854.

Aux termes de ces actes, la justice est rendue dans cette colonie par des tribunaux de paix et de police, par des tribunaux de première instance et par une cour impériale.

Les traitements de la magistrature, modifiés successivement par divers arrêtés et décrets, ont été réglés, en dernier lieu, par le décret du 17 janvier 1863, fixant le traitement des magistrats coloniaux et établissant la parité d'office pour servir de base à la liquidation des pensions de retraite, aux termes de l'article 24 de la loi du 18 avril 1831.

En exécution du décret du 1er décembre 1858, les magistrats des cours impériales et des tribunaux de première instance des colonies françaises sont considérés comme détachés du Ministère de la justice pour un service public, et placés sous l'autorité du département de la Marine et des Colonies.

Les tribunaux et la cour de la Martinique appliquent le Code Napoléon, le Code de procédure civile, le Code de commerce, le Code d'instruction criminelle et le Code pénal dont la promulgation a eu lieu, dans ladite colonie, aux époques suivantes : Code Napoléon, 16 brumaire, an XIV ; Code de procédure civile. 29 octobre 1828 ; Code de commerce, 26 mars 1851 ; Code d'instruction criminelle, 12 octobre 1828 ; Code pénal, 29 octobre 1828.

Les principaux changements apportés en France à notre législation civile et criminelle, ont été successivement introduits à la Martinique avant et depuis la promulgation du décret du 27 avril 1848 abolissant l'esclavage dans les colonies.

L'arrondissement de Fort-de-France compte cinq tribunaux de paix : la justice de paix du canton de Fort-de-France, celles du Saint-Esprit, des Anses d'Arlet, du Marin et du Lamentin.

L'arrondissement de Saint-Pierre en compte quatre : la justice de paix du canton du Mouillage, celles du Fort, de la Basse-Pointe, et de la Trinité.

La compétence des tribunaux de paix est réglée conformément aux dispositions de la loi du 25 mai 1838. Toutefois, ils connaissent : 1° en matière civile, en dernier ressort, jusqu'à la valeur de 250 francs, et, en premier ressort, jusqu'à la valeur de 500 francs des actions indiquées dans l'article Ier de cette loi. 2° En dernier ressort jusqu'à la valeur de 250 francs des actions indiquées dans les articles 2, 3, 4 et 5 de ladite loi.

En matière commerciale ils connaissent, en dernier ressort, jusqu'à la valeur de 150 francs en principal et, en premier ressort, lorsque la valeur principale de la demande n'excède pas 300 francs.

Les tribunaux de paix se constituent en tribunaux de police pour prononcer sur les contraventions de police telles qu'elles sont définies par le Code pénal et par le Code d'instruction criminelle.

Il y a deux tribunaux de première instance à la Martinique ; l'un à Fort-de-France, l'autre à Saint-Pierre.

Le tribunal de Fort-de-France se compose d'un président, de trois juges, d'un procureur impérial, d'un substitut et d'un greffier. Le tribunal de Saint-Pierre se compose d'un président, de trois juges, d'un procureur impérial, de deux substituts et d'un greffier.

Les tribunaux de première instance connaissent de l'appel des jugements rendus en premier ressort par les juges de paix en matière civile et commerciale, et de toutes les actions civiles et commerciales, en premier et dernier ressort jusqu'à concurrence de 2000 fr. en principal ou de 200 fr. de revenu déterminé, soit en rentes, soit par prix de bail, et à la charge d'appel au-dessus de ces sommes.

En matière correctionnelle, ils connaissent, en premier ressort, de tous les délits et de toutes les infractions aux lois dont la peine excède la compétence des juges de paix, et ils procèdent comme les tribunaux correctionnels en France.

Les tribunaux de première instance connaissent, en outre, de l'appel des jugements de simple police et en premier ressort seulement, des contraventions aux lois sur le commerce étranger, le régime des douanes et les contributions indirectes. Ils se conforment aux dispositions de l'article 2 de la loi du 11 avril 1838.

Les tribunaux de première instance exercent les attributions déférées en France aux chambres du conseil par le chapitre IX du livre 1er du code d'instruction criminelle.

Un membre du tribunal, désigné pour trois ans par décret impérial, remplit près de chaque tribunal les fonctions de juge d'instruction.

La cour impériale de la Martinique siége à Fort-de-France. Elle se compose d'un président, de sept conseillers, d'un conseiller auditeur, d'un procureur général, de deux substituts et d'un greffier en chef. Le procureur général est le chef du service judiciaire dans la colonie.

La cour connaît en dernier ressort des matières civiles et commerciales, sur l'appel des jugements des tribunaux de première instance. Elle connaît de l'appel des jugements correctionnels rendus en premier ressort par les tribunaux de première instance. Elle procède comme les chambres correctionnelles des Cours impériales en France. Elle statue sur les mises en accusation conformément au chapitre Ier du titre II du livre II du code d'instruction criminelle et connaît des oppositions aux ordonnances des chambres du conseil conformément au chapitre IX du livre Ier du même code.

La juridiction d'appel en matière de commerce étranger, de douanes et de contributions directes, a lieu devant le conseil privé, sauf recours en cassation conformément à l'article 178 de l'ordonnance du 9 février 1827.

Il y a à la Martinique deux arrondissements de cours d'assises ; l'un, dont le chef-lieu est à Fort-de-France et qui comprend le ressort du tribunal de première instance de Fort-de-France ; l'autre, dont le chef-lieu est à Saint-Pierre et qui comprend le ressort du tribunal de première instance de Saint-Pierre.

Chaque cour d'assises siége au chef-lieu de son arrondissement et se compose de trois conseillers et de quatre membres du collége des assesseurs. Ce collége est composé de 60 membres choisis parmi les habitants de la colonie qui réunissent les conditions déterminées par le titre IV de l'ordonnance organique du 24 septembre 1828.

Officiers ministériels. — Le notariat existe à la Martinique ;

il est régi par divers arrêtés locaux; un projet de décret portant organisation définitive, se basant sur la loi du 25 ventôse an XI, est en ce moment soumis aux délibérations du Conseil d'État. On compte à la Martinique 20 notaires, 17 avoués et 16 huissiers.

Statistique judiciaire. — Les justices de paix de la Martinique, pendant la période triennale de 1859 à 1861, ont rendu en moyenne, chaque année, 2471 jugements en matière civile et commerciale, et 7085 décisions de simple police.

Pendant la même période, le tribunal de première instance de Fort-de-France a rendu, en moyenne annuelle, 585 jugements en matière civile et commerciale, et 446 en matière correctionnelle; celui de Saint-Pierre, 917 jugements de la première catégorie et 519 de la seconde; soit une moyenne annuelle, pour toute la colonie, de 1502 jugements, en matière civile, et de 965 en matière correctionnelle.

La moyenne des affaires sur lesquelles la Cour impériale a eu à se prononcer, de 1859 à 1861, a été de 143 annuellement.

Les cours d'assises, pendant la même période, ont eu à juger annuellement, en moyenne, 94 affaires et 120 prévenus, sur lesquels 27 ont été acquittés. La moyenne annuelle de la période précédente avait été de 97 affaires et de 129 prévenus.

Culte et assistance publique.

Le catholicisme est la religion de la grande majorité de la population à la Martinique.

La colonie a été érigée en évêché par un décret impérial du 8 décembre 1850. Il existe à Saint-Pierre, siège du diocèse de la Martinique, un grand séminaire pour les jeunes gens se destinant à la carrière ecclésiastique. La colonie y entretient 16 boursiers.

Le cadre du clergé de la colonie se compose d'un évêque, de deux vicaires généraux et de 80 prêtres.

Un décret impérial du 31 octobre 1856 a rendu applicable aux colonies la législation métropolitaine concernant les fabriques.

Des conseils de fabrique ont été organisés par arrêtés des 11 et 15 avril 1857; ils sont composés de neuf membres dans les paroisses de 5 000 âmes et au-dessus et de cinq membres seulement dans les autres paroisses. Le curé et le maire de la commune, où sont situées les paroisses, sont en outre membres de droit de chaque conseil.

On compte à la Martinique 28 paroisses et une mission diocésaine.

COMMUNAUTÉS RELIGIEUSES.

Il y a dans la colonie quatre congrégations religieuses, savoir : 1° Les pères du Saint-Esprit, dirigeant le grand séminaire et le séminaire-collége ; 2° les frères de l'institut de Ploërmel, au nombre de 50, voués à l'instruction ; 3° les sœurs de Saint-Joseph de Cluny, au nombre de 86, vouées à l'instruction ; 4° les sœurs de Saint-Paul de Chartres, au nombre de 37, consacrées spécialement au service des hôpitaux.

INSTITUTIONS DE BIENFAISANCE.

Bureaux de charité. — Il existe dans la colonie 27 bureaux de charité. Aux termes d'un arrêté du 27 mai 1856, les percepteurs sont chargés de la gestion, en recette et en dépense, de ces établissements. Dans les localités où il existe des hospices civils, les bureaux de charité sont annexés à ces hospices et administrés par les conseils d'administration de ces établissements.

Un conseil de surveillance de l'assistance publique a été institué au chef-lieu de la colonie par un arrêté du 12 septembre 1862. Il se compose du président de la Cour impériale, président, d'un vicaire général désigné par l'autorité diocésaine, du trésorier de la colonie, du 1er médecin en chef de la marine ; du chef du bureau des cultes, inspecteur de l'assistance publique ; de deux membres du conseil général désignés par ledit conseil et de deux habitants notables.

Ouvroir. — Un ouvroir pour les jeunes filles a été fondé à Fort-de-France par les soins de Mme Vaillant dans le but d'inculquer aux jeunes filles de la population ouvrière, par une éducation appropriée à leur condition, des habitudes de piété, d'ordre, de travail et de régularité. Indépendamment des orphelines qu'elle entretient gratuitement, l'institution, dirigée par trois sœurs de Saint-Paul, reçoit, moyennant une légère rétribution, les enfants que leurs familles voudraient faire participer aux bienfaits de cette éducation toute spéciale. Les élèves, autant que les circonstances le permettent, ne quittent pas la maison avant dix-huit ans, et reçoivent à leur sortie un trousseau complet et une somme d'argent destinée à subvenir à leurs premiers besoins. Un comité de 30 dames est chargé de surveiller l'administration de l'établissement et de le soutenir par des dons particuliers et les produits d'une loterie annuelle instituée au chef-lieu. Une partie du prix des ouvrages exécutés par les élèves est également affectée aux dépenses de l'institution; le surplus est destiné à leur servir de pécule.

HÔPITAUX.

Hôpitaux militaires. — La Martinique possède deux hôpitaux militaires, l'un à Fort-de-France, l'autre à Saint-Pierre, le premier contenant 335 lits et le second 223. L'hôpital de Fort-de-France a une succursale à la pointe du Bout, de l'autre côté de la rade.

Indépendamment de ces hôpitaux militaires, les hospices civils de la Trinité et du Marin doivent toujours tenir à la disposition de l'administration chacun 34 lits pour les salariés de l'État. Le gouvernement dirige aussi sur les établissements particuliers des Pitons les malades ou convalescents qui ont besoin des eaux thermales.

Il existe un conseil de santé à Fort-de-France, une commission de santé à Saint-Pierre, et une commission sanitaire auprès de chaque hôpital.

Le cadre du service de santé à la Martinique comprend : un premier et un second médecin en chef, trois chirurgiens de 1re classe, cinq de 2e et cinq de 3e classe; un pharmacien de 1re classe, un de 2e et deux de 3e classe.

Dix-neuf sœurs hospitalières de la congrégation de Saint-Paul de Chartres sont attachées à ces hôpitaux.

Hospices civils. — Les hospices civils de la colonie, fondés en 1850, ont été réorganisés par l'arrêté du 16 juin 1854, modifié par celui du 12 septembre 1862. Ils sont institués pour recevoir et soigner concurremment : 1° Les indigents malades, les infirmes et les vieillards indigents et les enfants trouvés et abandonnés ; 2° les prisonniers malades (soit condamnés, soit prévenus) et les aliénés en état d'observation; 3° les personnes qui demanderaient à y être traitées à leurs frais et les salariés de l'État (officiers et soldats ou assimilés) dans les localités où il n'existe pas d'hôpital militaire.

Leur administration est confiée à un conseil composé des maires des diverses communes de la circonscription hospitalière, du curé de la paroisse et de trois habitants notables, sous la présidence permanente du maire de la commune où l'hospice est situé.

Les hospices civils sont au nombre de six et sont situés à Fort-de-France, à Saint-Pierre, à la Trinité, au Saint-Esprit, au Marin, et à la Grande-Anse. Un chirurgien de la marine, trois médecins civils, deux aumôniers, et 13 sœurs de la congrégation de Saint-Paul sont attachés à ces établissements.

La colonie possède en outre, aux Pitons du Carbet et au Prêcheur, des établissements thermaux qui sont très-fréquentés.

Maison coloniale de santé. — Créée en 1837 par les soins de M. Lemaire, et dirigée par deux dames hospitalières, cet établissement est situé dans une des positions les plus pittoresques de Saint-Pierre. Il est spécialement destiné au traitement des aliénés. Outre les personnes traitées à la charge de la colonie, on y admet des pensionnaires aux frais des familles. Le nombre des aliénés incurables ou en état d'observation est environ de soixante.

Instruction publique.

Un décret du 23 décembre 1857 a institué à la Martinique une commission chargée d'examiner les aspirants au baccalauréat ès-lettres et ès-sciences et de leur délivrer un certificat d'aptitude. Cette commission est composée de cinq membres, nommés chaque année par le gouverneur et pris dans la magistrature, le clergé, le conseil général, les fonctionnaires civils ou militaires, les anciens élèves de l'École polytechnique, le commissariat, les docteurs en droit, en médecine, ès-lettres ou ès-sciences. Le brevet est délivré gratuitement; les élèves qui en sont porteurs peuvent prendre les quatre premières inscriptions près des Facultés de droit ou de médecine, avant d'avoir régularisé leur position par l'obtention du diplôme de bachelier.

Il existe dans la colonie 78 établissements d'instruction publique, dont 38 pour les garçons et 40 pour les filles, non compris 8 salles d'asile pour les garçons et 7 pour les filles. Voici l'énumération de ces divers établissements :

La congrégation du Saint-Esprit dirige dans la colonie :

1° *Un petit séminaire*, collége fondé à Saint-Pierre, en 1851, par Mgr le Herpeur. Un supérieur et seize professeurs ou maîtres d'études sont attachés à cet établissement. L'enseignement qu'on y reçoit embrasse toutes les branches de l'instruction secondaire ; le programme de l'Université y est suivi de point en point, tant pour la littérature que pour les mathématiques. Des cours spéciaux, dont la durée est de trois années, sont donnés, en dehors de l'éducation classique, aux élèves qui se destinent aux professions industrielles et commerciales. Le nombre des élèves pendant l'année 1862 a été de 273, dont 116 pensionnaires, 109 demi-pensionnaires et 48 externes ;

2° A Fort-de-France, sous le nom d'*Institution de Sainte-Marie*, une succursale du petit séminaire, dirigée par un supérieur et cinq professeurs. Cet établissement borne l'enseignement littéraire à la classe de cinquième et donne un enseignement commercial qui comprend, outre la langue française, les éléments des mathématiques, de la physique, du droit commercial, de la tenue des livres, de l'histoire et de la géographie. Il a été fréquenté par 179 élèves en 1862.

L'institut des frères de Ploërmel dirige vingt et une écoles primaires qui sont entretenues aux frais du gouvernement, dans les diverses communes de la colonie. Pendant le 1er semestre de l'année 1863, 50 frères ont distribué dans ces écoles les bienfaits de l'instruction élémentaire à 2092 garçons. La rétribution scolaire varie de 1 à 10 fr. par mois selon l'âge des enfants. Pendant la même période de temps, 2341 adultes ont assisté aux instructions du soir et du dimanche chez les frères ; et 18 708 adultes ont été instruits par les frères catéchistes sur les habitations.

De leur côté, les sœurs de l'*institut de Saint-Joseph de Cluny* dirigent, à la Martinique, 23 établissements d'instruction publique, savoir :

1° A Saint-Pierre, un pensionnat dont la fondation remonte à l'année 1824 et où sont élevées, généralement, les enfants des meilleures familles du pays, qui y reçoivent une éducation soignée et complète sous tous les rapports. Le gouvernement local y a toujours entretenu un certain nombre d'élèves boursières. Au commencement de 1863, le nombre des élèves se trouvait être de 103.

En outre, cet établissement renferme dans le même local deux annexes : un externat comptant 85 enfants, et un orphelinat ou pensionnat secondaire qui a été confié aux sœurs en 1827 et qui contient 48 élèves, dont 32 sont entretenues aux frais du gouvernement. Il possède encore, au centre de Saint-Pierre, une succursale pour les enfants des familles moins aisées, qui y sont reçues presque toutes à titre d'externes, et s'y trouvent au nombre de 100 environ ;

2° A Fort-de-France, un externat, succursale du pensionnat de Saint-Pierre, contenant 106 élèves dont 11 boursières ;

3° Deux écoles primaires à Saint-Pierre, une à Fort-de-France et 15 dans les diverses communes de la colonie. Ces 18 écoles, entretenues par le gouvernement, ont été fréquentées, en 1863, par 1456 jeunes filles de race noire et de couleur.

Les sœurs ne bornent pas seulement leurs soins à l'enfance ; partout où elles sont établies, elles s'occupent encore des adultes. Cinq ou six fois par semaine, après leurs classes, elles les réunissent autour d'elles pour leur enseigner le catéchisme et les prières, les préparer à la première communion, ou pour les exhorter à la persévérance. De là naissent quatre catégories de personnes qui sont ainsi l'objet de leur dévouement, à savoir : les jeunes filles qui ne fréquentent aucune école ; les femmes déjà arrivées à la vieillesse pour leur apprendre aux unes et aux autres, mais séparément, les éléments de la religion ; les persévérantes, jeunes ou âgées, pour les diriger et les maintenir dans la pratique du bien.

Cette œuvre pieuse, due à la seule initiative des sœurs, est peut-être ce qu'il y a de plus fructueux dans l'exercice de leur mission. En effet, pendant le premier semestre de 1863, on n'a pas compté moins de 4812 personnes qui ont reçu leurs soins, sur les divers points de l'île.

Tous ces établissements ou œuvres occupent un personnel de 86 religieuses, tant pour le service du gouvernement, que pour le pensionnat, ses annexes et sa succursale.

Les *écoles particulières et laïques* sont au nombre de 14 pour les garçons et de 17 pour les filles. Parmi les premières, il faut citer le collége de Saint-Louis, situé à Fort-de-France et où la colonie entretient des boursiers et des demi-boursiers.

Il existe encore une école des arts et métiers à Fort-de-France. Il est aussi question de fonder des fermes-écoles centrales dans le but d'introduire, d'une manière efficace, le travail agricole dans l'éducation des enfants.

Cours publics. — Un cours public est ouvert à Fort-de-France depuis le mois d'avril 1864 ; ce cours traite des parties des sciences auxquelles se rattachent les choses usuelles de la vie, et comprend l'historique des principales inventions modernes.

Écrits périodiques. — Il existe à la Martinique trois journaux, savoir : le *Messager*, journal officiel de la Martinique, les *Antilles* et le *Propagateur* paraissant deux fois par semaine, le premier à Fort-de-France et les deux autres à Saint-Pierre.

L'administration locale fait publier un *Annuaire de la colonie*, un *Bulletin officiel des actes du gouvernement* qui paraît par livraisons mensuelles.

Finances.

Les dépenses de la Martinique, à la charge du budget métropolitain, s'élèvent, pour l'exercice 1864, à la somme de 3 133 910 fr. non compris les dépenses effectuées dans la colonie pour le compte du service de la marine.

Voici le relevé de ces dépenses :

DÉPENSES DE L'ÉTAT (EXERCICE 1864).

Chap. I. — Personnel civil et militaire.

	fr.	c.
Gouvernement colonial.....................	60 000	»
Administration générale...................	242 440	»
Justice...................................	333 300	»
Culte.....................................	251 400	»
Subvention à l'instruction publique.......	100 000	»
États-majors	103 723	50
Services maritimes........................	28 770	»
Gendarmerie coloniale.....................	441 467	»
Troupes indigènes	67 116	78
A reporter........	1 628 217	28

	fr.	c.
Report...	1 628 217	28
Accessoires de la solde...	34 800	»
Traitement dans les hôpitaux...	425 427	»
Vivres...	492 561	60
Dépenses accessoires et diverses...	47 520	»
Total...	2 628 525	88
A déduire, 1/30e pour incomplets...	87 617	83
Total du personnel...	2 540 908	35

Chap. II. — Matériel civil et militaire.

	fr.	c.
Ports et rades (entretien)...	29 000	»
Édifices publics...	25 000	»
Casernement et campement...	7 000	»
Artillerie et transports...	70 000	»
Travaux du génie...	192 000	»
Loyers et ameublements...	60 000	»
Impressions et souscriptions...	15 000	»
Frais de justice et de procédure...	45 000	»
Introduction de travailleurs...	150 000	»
Total du matériel...	593 000	»
Rappel du personnel (chiffres ronds)...	2 540 910	»
Total général...	3 133 910	»

Les dépenses qui précèdent ne comprennent pas celles qui sont effectuées dans la colonie au compte du *service marine* et qui se sont élevées, en 1862, à la somme de 2 075 603 fr. L'élévation de ce chiffre s'explique par le grand nombre de troupes qui sont passées à la Martinique, pendant le cours de cette année, pour se rendre au Mexique.

BUDGET LOCAL (EXERCICE 1864).

Le budget local de la Martinique, pour l'exercice 1864, est basé sur une recette totale de 3 335 307 fr. 24, ce qui constitue une diminution de 165 724 fr. 34 sur le budget de l'exercice 1863. Cette diminution, dans la prévision des recettes locales, provient surtout de l'abaissement des prix du sucre qui servent de base à la liquidation des droits de sortie. Les dépenses obligatoires s'élèvent à 2 130 703 fr. 03, les dépenses facultatives à 1 082 597 fr. 59, et les dépenses extraordinaires à 122 006 fr. 62 ; ce qui donne un total de 3 335 307 fr. 24. Voici le détail de ce budget :

Recettes.

	fr.	c.
Droits de sortie sur les denrées de la colonie...	295 950	»
Droits sur les propriétés.....................	235 529	91
Contribution personnelle.....................	431 080	»
Contribution mobilière.......................	75 659	76
Contribution des patentes...................	186 002	05
Frais d'avertissement.......................	1 071	20
Droits d'enregistrement et d'hypothèques.....	207 968	05
Droits de timbre.............................	189 781	91
Droits de douane.............................	513 744	76
Ferme des spiritueux.........................	581 960	»
Taxe des lettres.............................	86 552	43
Taxes diverses...............................	11 795	10
Produits du domaine.........................	213 495	55
Subvention de l'État pour l'instruction publique.	100 000	000
Recettes diverses.............................	82 709	90
Total des recettes ordinaires...	3 213 300	62
Recettes extraordinaires : taxe additionnelle de 10 centimes sur les contributions directes..	122 006	62
Total général des recettes......	3 335 307	24

Dépenses.

Section I. — Dépenses obligatoires.

Personnel.

	fr.	c.
Indemnité au délégué et au secrétaire du comité consultatif des colonies..................	12 900	»
Direction de l'intérieur.......................	91 880	»
Enregistrement et domaines.................	88 650	»
Contributions directes.......................	53 150	»
Douanes.....................................	209 500	»
Poste aux lettres.............................	24 460	»
Vérification des poids et mesures............	6 800	»
Instruction publique.........................	155 500	»
Ponts et chaussées...........................	117 600	»
Police générale...............................	52 660	»
Prisons.......................................	25 620	»
Service des ports.............................	42 460	»
Service de l'imprimerie.......................	39 040	»
A reporter............	920 220	»

	fr.	c.
Report.............	920 220	»
Service de l'immigration..................	42 020	»
Agents divers...........................	30 820	»
	993 060	»
A déduire le 45ᵉ pour incomplets et retenues..	22 068	»
Reste................	970 992	»
Frais de route, de passage, etc............	30 000	»
Traitements dans les hôpitaux.............	61 661	60
Total du personnel.......	1 062 653	60

Matériel.

	fr.	c.
Entretien des édifices coloniaux............	52 000	»
— routes, rivières et canaux.......	397 128	02
Matériel des administrations financières......	62 910	»
Matériel de l'imprimerie...................	14 000	»
Perception de l'impôt.....................	92 500	»
Tribunaux...............................	45 647	86
Crédit foncier colonial....................	8 000	»
Casernement de la gendarmerie et de la police.	45 000	»
Ateliers de discipline et prisons............	169 496	»
Rapatriement des immigrants..............	45 000	»
Enfants trouvés et aliénés.................	60 416	»
Intérêts des emprunts autorisés.............	41 811	55
Dépenses diverses.......................	34 140	»
Total du matériel.........	1 068 049	43
Rappel du personnel.........	1 062 653	60
Total des dépenses obligatoires.....	2 130 703	03

Section II. — Dépenses facultatives.

	fr.	c.
Personnel...............................	20 620	40
Constructions neuves de bâtiments civils......	35 000	»
Travaux neufs de routes et rivières..........	40 000	»
Bâtiments flottants du service local..........	8 800	»
Part contributive dans les travaux de curage et d'entretien des ports...................	88 287	30
Subvention aux travaux du bassin de radoub et du port d'attache......................	74 317	98
Secours et indemnités à divers.............	61 278	»
Encouragements aux cultures et à l'industrie..	94 150	»
Subventions diverses et bourses............	182 700	89
Exploitation de l'habitation Saint-Jacques.....	99 532	67
A reporter..........	704 687	24

	fr.	c.
Report..........	704 687	24
Introduction de travailleurs...............	200 000	»
Subvention aux communes et fabriques.......	31 000	»
Remboursement aux communes du 6ᵉ du produit de la ferme des spiritueux...............	97 010	»
Dépenses diverses et imprévues,............	49 900	35
Total des dépenses facultatives.....	1 082 597	59

Dépenses extraordinaires.

	fr.	c.
Construction du bassin de radoub et travaux du port d'attaché des Transatlantiques.........	122 006	62
Rappel de dépenses obligatoires............	2 130 703	03
Total général des dépenses.......	3 335 307	24

La situation de la caisse de réserve de la colonie présentait, au mois d'octobre 1863, un disponible de 832 488 fr.

ÉTABLISSEMENTS FINANCIERS.

Banque de la Martinique. — Cet établissement a été constitué par la loi du 14 juillet 1851, au capital réalisé de trois millions de francs.

Le mouvement général de ses opérations d'escompte s'est élevé, pendant l'exercice 1862-63, à la somme de 25 318 840 f. 32. Ce mouvement s'est décomposé de la manière suivante :

	fr.	c.
Effets sur place........................	23 183 518	54
Obligations sur actions..................	1 609 514	04
Obligations sur dépôt de rente............	94 631	50
Obligations garanties par nantissement de marchandises.......................	56 929	34
Obligations garanties par cession de récolte..	374 146	90
	25 318 840	32

Les opérations de change se sont élevées à la somme de 21 402 509 fr. 51 ainsi répartie :

	fr.	c.
Mandat sur le comptoir d'escompte de Paris..	11 104 637	35
Traites négociées par la banque et envoyées en remise au comptoir.................	10 245 097	31
Mandats sur les banques de la Guadeloupe et de la Guyane.......................	52 774	85
Total........	21 402 509	51

Les sommes versées en dépôt ont atteint le chiffre de 646 401 fr. 69, et les comptes courants celui de 33 098 688 fr. 40. Il est entré en caisse pendant le même exercice 54 136 675 fr. en billets, et 2 471 531 fr. 95 en numéraire. Le dividende de la banque, pour l'exercice 1862-63, s'est élevé à 7. 39 pour 100, soit 36 fr. 95 par action.

Crédit foncier colonial. — La société de Crédit colonial, fondée en 1860, dans le but unique de venir en aide à l'industrie sucrière dans les colonies, a été autorisée, par un décret du 31 août 1863, à se transformer en société de crédit foncier colonial. Un décret de la même date a approuvé la convention passée le 9 août 1863 entre le ministre de la marine et des colonies, agissant au nom de la Martinique et de la Guadeloupe, et le président de ladite société, pour régler les conditions de l'établissement du Crédit foncier dans ces deux colonies. Du 1er janvier au 1er avril 1864, la société a reçu, à la Martinique, 23 demandes de prêts sur immeubles ruraux, s'élevant à une somme collective de 1 599 629 fr., et 12 demandes sur immeubles urbains s'élevant à 107 200 fr.

Agriculture.

Grâce à l'amélioration des procédés de culture et à l'emploi d'engrais meilleurs, l'industrie agricole a fait de notables progrès à la Martinique dans ces dernières années.

Les terres cultivées se composent principalement de plantations de cannes, de café, de cacao, de coton, de manioc, de maïs, d'ignames, de patates, de choux caraïbes et d'autres vivres du pays.

Les terres destinées à la production de la canne ne reçoivent jamais plus d'un ou deux labours en plein, et après qu'elles ont été sillonnées à la charrue, les autres travaux dont elles sont l'objet s'accomplissent au moyen des bras. Sarclage, fumage, entretien des terres et des plantes, tout se fait par des travailleurs qui reçoivent un salaire quotidien élevé, indépendamment d'une case et d'un jardin. Les cannes sont ordinairement plantées à une distance de 3 pieds 1/2 en moyenne. Sur certaines habitations, cependant, nous devons dire que l'on s'efforce de remplacer autant que possible le travail des bras par celui des instruments aratoires de toute sorte. On cherche aussi à substituer le travail à la tâche au salaire journalier. Depuis 1857 des essais de drainage, encouragés, par des primes, ont eu lieu dans la colonie et ont donné de beaux résultats.

Le tableau suivant fait connaître la quantité d'hectares consacrés à chaque genre de culture, ainsi que la quantité et la valeur des produits récoltés pendant l'année 1862 :

DÉSIGNATION DES CULTURES.	Nombre d'hectares cultivés.	Quantités des produits. kil.	Valeur brute des produits. fr.
Canne à sucre. { Sucre brut	19 565 [1]	27 079 300	11 644 099
Sucre terré		550	275
Sirops et mélasses ...		6 119 876	1 162 776
Rhum et tafia		4 371 143	1 333 199
Café..................	515	130 630	300 449
Coton.................	24	6 650	9 975
Cacao.................	330	127 500	121 125
Tabac.................	6	6 000	14 100
Vivres du pays........	12 051	»	»
Totaux pour les cultures......	32 491	»	14 585 998
Savanes...............	22 532	»	»
Bois et forêts.........	19 733	»	»
Terrains non cultivés..	24 026	»	»
Surface totale de la colonie......	98 782	»	»

La valeur brute des produits de culture, en ne comprenant pas celle des vivres du pays, est estimée à... fr. 14 585 998

Les frais d'exploitation peuvent être approximativement évalués à........................... 7 292 999

La valeur nette des produits de la colonie est donc de... 7 292 999

On comptait dans la colonie au 31 décembre 1862, 5612 habitations rurales, réparties de la manière suivante :

Sucreries................................. 559
Caféières................................. 120
  À reporter........ 679

---

[1]. Bien que le nombre d'hectares consacrés à la culture de la canne ait été de 19 565, on ne doit pas en conclure que la totalité ait donné des produits dans l'année; sur chaque habitation on laisse toujours quelques terres en repos, et comme il faut environ de 12 à 15 mois aux cannes plantées pour arriver à maturité, la surface occupée par les cannes coupées en une année n'est pas évaluée à plus de 15 000 hectares.

Report............	679
Cotonnières........................	12
Vivrières..........................	4688
Cacaoyères........................	85
Poteries..........................	11
Chaufourneries....................	78
Moulins à vapeur..................	59
	5612 [1]

Le nombre des travailleurs employés aux cultures pendant l'année 1862 était de 69 100, dont 1 500 n'étaient pas attachés aux cultures proprement dites.

Voici le relevé numérique des différentes espèces d'animaux de trait et du bétail existant dans la colonie au 31 décembre 1862 :

Chevaux..........................	5 067
Anes.............................	462
Mulets...........................	4 531
Taureaux et bœufs................	14 573
Béliers et moutons...............	9 509
Boucs et chèvres.................	3 232
Cochons..........................	12 145

Ces animaux représentaient une valeur de 7 227 360 fr.

Le capital engagé dans les cultures peut donc être évalué approximativement à la somme de 78 141 860 fr. ainsi réparti :

	fr.
Valeur des terres employées aux cultures [2]......	38 811 800
Valeur des bâtiments et du matériel d'exploitation.	32 102 700
Valeur des animaux de trait et du bétail.........	7 227 360
Total..........	78 141 860

Dans cette somme n'est pas comprise la valeur des contrats d'engagements des travailleurs employés aux cultures.

Voici quelques détails sur l'origine des principaux produits cultivés à la Martinique :

Canne à sucre. — Les premiers Français qui se sont établis

---

1. Il y a lieu de faire remarquer que la même habitation réunit presque toujours plusieurs de ces exploitations.
2. La valeur de l'hectare est estimée à 1000 fr. pour les terres plantées en canne et en tabac, à 1100 fr. pour celles en cacao, à 1200 fr. pour celles en coton, à 1500 fr. pour celles en café et en vivres, et de 500 à 600 fr. pour les terres en savanes, en bois et en friche.

aux Antilles y trouvèrent la canne à sucre; mais on ne commença à la cultiver spécialement pour en faire du sucre qu'en 1644 à la Guadeloupe, et un peu plus tard, en 1650, à la Martinique; cette dernière colonie dut au juif Benjamin Dacosta l'introduction de la culture de la canne. La canne créole fut remplacée plus tard par la canne jaune de Batavia, qui y fut apportée en 1787 par Guyot Duclos, et par la canne de Taïti, qui fut introduite en 1789 par l'intendant Foullon d'Écotier.

En 1720 on comptait déjà 238 habitants sucriers à la Martinique.

En 1789 il y avait 19 000 hectares plantés en cannes qui rapportaient 18 500 000 kilog. de sucre brut.

Depuis cette époque jusqu'en 1832, la production annuelle a varié de 15 à 29 millions de kilogrammes. Voici, à partir de 1832, quel a été le résultat des produits de la canne[1]:

Années.	Nombre d'hectares cultivés.	Sucre. kil.	Sirops et mélasses. litres.	Rhum et Tafia. litres.
1835	21 179	30 504 630	6 630 000	1 500 720
1840	18 765	28 253 500	5 849 000	1 316 800
1845	20 331	35 056 790	6 510 700	1 846 498
1850	15 085	15 842 500	4 737 028	3 247 836
1855	16 599	21 109 637	5 662 990	4 589 436
1860	20 083	30 988 250	7 185 800	4 371 133
1861	20 516	28 240 400	6 224 050	4 739 210
1862	19 565	27 079 850	6 119 876	4 371 143

Café. — Le caféier fut introduit à la Martinique en 1720 par le capitaine Declieux, et s'y multiplia rapidement; en 1789, époque de la plus grande prospérité des caféyères, il y avait 6123 hectares plantés en café. Mais à partir de cette époque cette culture commença à décroître, sous l'influence des ravages d'un petit ver blanc, l'*Elacchysta coffeola*, des convulsions terrestres et atmosphériques, et surtout de l'appauvrissement des terres. En 1835 on ne comptait plus que 3082 hectares plantés en café, que 769 en 1855 et 515 en 1862. Dans le but d'encourager cette culture, le gouvernement accorda en 1857 une prime qui fut d'abord fixée à 10 centimes

---

[1] Ce relevé a été dressé par les *Tableaux de population, de commerce et de navigation* publiés annuellement par le département de la marine et des colonies.

par pied, puis à 55 centimes et qui était payable en quatre années. Depuis cette époque, on compte 109 142 pieds de caféiers nouvellement plantés dans la colonie[1].

Cacao. — La culture du cacaoyer date de 1664 à la Martinique. Ce fut le juif Benjamin Dacosta qui l'introduisit aux Antilles. En 1727, à la suite d'un tremblement de terre, elle commença à décroître; en 1789, elle s'étendait encore sur 1184 hectares, mais elle n'en comptait plus que 492 en 1835 et 193 en 1859. Elle a commencé à reprendre faveur depuis cette dernière année, grâce aux encouragements dont elle a été l'objet; et dans le courant de 1863 il y avait 314 121 nouveaux pieds de cacaoyers d'un an d'âge et en bon état de culture.

Coton. — Bien qu'indigène à la Martinique, le coton n'y fut jamais cultivé sur une grande échelle. En 1779, au moment où cette culture était le plus en faveur, elle ne couvrait que 2726 hectares; elle a bien diminué depuis cette époque, et ce n'est plus que dans quelques localités que l'on rencontre encore des plantations de cette précieuse plante.

Tabac. — Pendant longtemps, le tabac, originaire de l'Amérique, fut une des cultures les plus importantes de la Martinique. Les Caraïbes l'appelaient *petum*. Les tabacs à priser du *Macouba* jouissaient autrefois d'une réputation européenne. Néanmoins cette culture finit par être à peu près abandonnée. Elle ne fournissait plus au commerce d'exportation que 48 074 kilogr. en 1789, et 427 kilogr. en 1835. Elle fut reprise en 1843 et a produit 6000 kilogr. en 1862.

Épices. — La culture des épices, girofle, cannelle, etc., est peu étendue, et la presque totalité de la production est consommée dans le pays. Des essais de plantation de girofle, faits en 1825, ont été abandonnés dix ans plus tard.

Casse. — La culture du cassier, plus connue dans le pays sous le nom de canéficier, est fort ancienne aux Antilles; mais elle n'y a jamais pris un grand développement. Cependant la casse officinale, qui ne donnait que 59 794 kilogr. à l'exportation en 1835, en a produit 445 403 en 1861.

Vivres. — Les plantations de vivres du pays se composent principalement : de manioc, dont la racine fournit une farine substantielle qui forme la base de la nourriture des noirs; de bananiers, végétal dont l'excellent fruit peut se consom-

---

1. Cette prime, ainsi que celle sur la culture du cacaoyer a été supprimée par le conseil général de la colonie dans sa session de 1863.

mer avec ou sans préparation; d'ignames, dont la racine es très-nourrissante et qui pèse quelquefois jusqu'à 15 kilos; de patates; de choux caraïbes; des fruits de l'arbre à pain; de maïs, etc.

Bois. — La Martinique est riche en bois de construction, d'ébénisterie, de charonnage et de teinture qui garnissent les versants des mornes de l'intérieur; mais le manque de routes et l'escarpement des lieux boisés en rendent l'exploitation difficile; cependant l'exportation du bois de campêche n'est pas sans importance; elle a été de 731 556 kil. en 1863.

Jardin des plantes. — Un vaste jardin des plantes a été fondé à Saint-Pierre en 1803. Le but de cet établissement, qui est en relation d'échange avec les établissements analogues des autres pays, est de naturaliser à la Martinique les plantes des Indes orientales et principalement les épiceries; de rassembler, suivant un système botanique, les plantes indigènes, et de former un dépôt de plantes médicinales pour l'usage des pauvres.

Chambre d'agriculture. — Un arrêt du conseil d'État, du 10 décembre 1759, avait ordonné l'établissement à Saint-Pierre de la Martinique d'une chambre d'agriculture et de commerce commune aux îles françaises du Vent. Deux arrêts des 24 mars et 9 avril 1763 substituèrent à cette assemblée deux chambres d'agriculture, l'une à la Martinique, l'autre à la Guadeloupe, ayant chacune un député dans la métropole; ces chambres furent supprimées par une ordonnance du 7 juin 1787 et remplacées par une assemblée coloniale. Une nouvelle chambre d'agriculture fut fondée dans la colonie par un arrêté local du 17 avril 1848; on lui substitua en 1853 des comités agricoles communaux et un comité agricole central (arrêtés des 24 mars, 14 juillet et 24 octobre 1853). Ces comités furent à leur tour supprimés par un arrêté du 1er juillet 1859 et remplacés par un comité central unique qui prit le titre de chambre consultative d'agriculture. Cette chambre siége à Saint-Pierre; elle est composée de 12 membres, choisis parmi les agriculteurs notables de la colonie et présidée par le directeur de l'intérieur. Elle présente ses vues au gouvernement sur les questions qui intéressent l'agriculture. Son avis peut être demandé sur les changements à opérer dans la législation, en ce qui concerne les intérêts agricoles, notamment sur les contributions indirectes, les douanes, les octrois, la police et l'emploi des eaux. Elle peut aussi être consultée sur l'établissement des foires et marchés, sur la destination à donner aux subventions de l'État et de la colonie, sur l'établissement des fermes-écoles et le mode d'exploitation des habitations domaniales en régie. Elle est chargée de la statistique agricole de la colonie, de l'exposition locale, de la correspondance avec les sociétés agricoles, de la constatation des droits acquis aux primes instituées pour l'encouragement de l'agriculture et de l'élève du bétail.

Industrie.

La fabrication du sucre constitue la principale industrie de la Martinique. Depuis quelques années, surtout depuis la loi de 1860 sur le régime des sucres et celle de 1861 qui a permis l'exportation des produits de la colonie à l'étranger, les habitants ont tourné leurs efforts vers l'amélioration de leurs procédés de fabrication, afin de pouvoir soutenir la concurrence des sucres étrangers.

La plupart des nouveaux systèmes ont été essayés à la Martinique et déjà plusieurs grandes usines sont fondées ou sont en voie de construction dans les diverses communes de l'île.

La fabrication des rhums et tafias est une autre industrie importante qui se rattache à la précédente. Elle a pris, dans ces dernières années, des proportions considérables, et la qualité de ces spiritueux s'est tellement améliorée qu'ils peuvent aujourd'hui rivaliser avec les meilleurs produits du monde. Cette fabrication a été mise en ferme le 1er juillet 1861, et produit, dans les diverses communes de l'île, une somme de 602 560 francs en 1862.

En dehors de son application aux produits de la culture coloniale, l'industrie a peu d'importance dans la colonie.

Les seules fabriques qui y existent sont des poteries et des chaufourneries. Le nombre des premières est de onze et celui des secondes de soixante-dix-huit. Pour la fabrication de la chaux on emploie, comme dans le reste des Antilles, les madrépores et les coquillages de toute espèce qu'on trouve le long des côtes et qu'on calcine dans les fours.

La pêche se fait dans des canots ou pirogues non pontées.

En 1858, la marine locale se composait de 4 bateaux à vapeur, 8 goëlettes, 32 bateaux à voiles et 1421 gros bois, pirogues et autres embarcations.

Commerce.

Législation. — Jusqu'au retour définitif des colonies des Antilles au domaine de l'État (décembre 1674), le commerce de ces colonies resta le monopole exclusif des compagnies auxquelles elles avaient été concédées. En outre, la métropole s'étant réservé le droit exclusif d'approvisionner ses colonies, tout commerce avec l'étranger, à l'importation comme à l'exportation, leur était interdit par les arrêts et édits des 10 septembre 1668, 12 juin 1669, 10 juin et 1er juillet 1670, 18 juillet et 4 novembre 1671.

Après la dissolution de la compagnie des Indes occidentales (édit de décembre 1674), l'interdiction du commerce avec l'étranger fut maintenue, et un règlement du 20 août 1698 résuma, avec de nouvelles sanctions pénales, les dispositions des actes antérieurs. Toutefois un arrêt du conseil du 20 juin de la même année, « voulant procurer aux habitants des îles d'Amérique le débit de leurs sucres terrés et raffinés, » permit l'exportation de ces sortes de sucres à l'étranger, par navires français, à condition néanmoins que ces bâtiments reviendraient en France avant de retourner aux îles. Mais cette faculté leur fut retirée par un arrêt du 24 juillet 1708, parce que, « les habitants avaient abusé de cette permission, en envoyant aussi en droiture aux pays étrangers des sucres bruts et autres denrées. »

Un règlement du 12 janvier 1717 rendit applicable aux colonies le titre II de l'ordonnance de 1681 relatif à la juridiction de l'amirauté. Des lettres-patentes du mois d'avril de la même année réglementèrent de nouveau le commerce des colonies, en renouvelant la défense expresse de commercer avec l'étranger. Une ordonnance du 26 novembre 1719 permit d'appliquer la peine des galères perpétuelles aux nationaux coupables d'avoir enfreint cette défense.

Après ces actes, vinrent les *lettres-patentes en forme d'édit* du mois d'octobre 1727, concernant le commerce étranger aux îles et colonies d'Amérique. C'est le résumé le plus complet du système qui constituait le pacte colonial ; il frappait des mêmes peines, confiscation et galères, l'importation des marchandises étrangères aux colonies ou l'exportation des produits coloniaux à l'étranger. Une exception à cette règle était faite en faveur de l'Espagne ; en vertu des instructions royales du 15 août 1716 et du mémoire du roi, en date du 28 octobre 1727, le commerce des colonies d'Amérique avec cette puissance était non-seulement permis, mais encouragé.

Le régime du double monopole resta complétement en vigueur jusqu'en 1763. C'est à partir de cette époque qu'on commença à déroger au système de prohibition absolue. Deux mémoires du roi, du 18 avril et du 15 août de cette année, autorisèrent l'introduction dans les colonies, par bâtiments étrangers, de certaines denrées alimentaires et de matériaux de construction d'origine étrangère, ainsi que l'exportation directe des colonies à l'étranger des sirops et tafias de leur cru. Ces mémoires inauguraient le *système mixte* qui devait subsister jusqu'en 1861. Pour faciliter ces échanges avec l'étranger, un arrêt du conseil, en date du 29 juillet 1767, autorisa l'établissement de deux entrepôts, l'un à Sainte-Lucie, l'autre à Saint-Domingue. Les navires étrangers pouvaient y introduire certaines marchandises étrangères, à charge de payer un droit de 1 pour 100 *ad valorem*, et en exporter des sirops et tafias, sous le payement d'un même droit de 1 pour 100. Les navires français étaient affranchis de ces droits. Les autres colonies françaises des Antilles tiraient de ces entrepôts les marchandises dont elles avaient besoin.

Un second arrêt du conseil du 30 août 1784 fit un pas de plus dans cette voie; il autorisa l'établissement de six nouveaux ports d'entrepôt, dont trois aux Antilles et trois à Saint-Domingue, et étendit la nomenclature des marchandises étrangères à admettre dans ces entrepôts.

La révolution de 1789 maintint le principe qui formait le système commercial des Antilles. La loi du 17 juillet 1791, sur les armements des bâtiments pour le commerce des îles et colonies françaises, le confirma implicitement. Une exception fut faite, par les décrets du 19 février et 26 mars 1793, en faveur du pavillon américain, qui fut traité dans nos colonies sur le même pied que le pavillon français. Un décret du 11 septembre de la même année supprima les droits de sortie des tarifs coloniaux pour toutes les marchandises à destination de la France. Enfin, un arrêté consulaire du 23 juin 1802 (4 messidor an X), promulgua aux Antilles l'arrêt du conseil du 30 août 1784 sur le commerce étranger dans les îles françaises d'Amérique, ainsi que l'article 3 du décret du 21 septembre 1793 (acte de navigation), lequel eut pour effet de restreindre l'importation étrangère dans les colonies, en ne la permettant plus que par bâtiments français ou par navires des pays de provenance.

Lorsque nos colonies des Antilles nous furent rendues, en 1815, on chercha à reconstituer l'ancien système commercial, mais on ne le fit que peu à peu. Une ordonnance du 5 février 1826, spéciale aux Antilles, consacra de nouveau le principe du privilége colonial, tout en autorisant l'importation dans ces colonies, par navires nationaux ou étrangers, de certaines marchandises étrangères que des arrêtés locaux, fondés sur des besoins temporaires, avaient précédemment admis à la Martinique et à la Guadeloupe.

En vertu des articles additionnels de la convention de navigation, conclue le 26 janvier 1826 entre la France et l'Angleterre (encore en vigueur), les bâtiments de cette puissance furent traités dans nos colonies, dans certains cas déterminés, de la même manière que les bâtiments français.

D'autres modifications furent introduites, à diverses reprises, dans le régime commercial et dans le tarif des douanes des Antilles par les lois et ordonnances des 9 novembre 1832, 10 octobre 1835, 1er novembre 1836, 12 juillet 1837 (loi sur les entrepôts), 25 juillet 1837, 23 juillet et 31 août 1838, 8 décembre 1839, 18 juin 1842 et 29 avril 1845. A part quelques exceptions sanctionnées par les lois, ordonnances et décrets des 18 octobre 1846, 31 janvier et 10 mars 1855, 30 janvier et 16 août 1856, 18 avril 1857 et 24 juillet 1860, la loi du 29 avril 1845 resta la base réglementaire du régime des douanes de ces colonies jusqu'en 1861. Ce régime pouvait se résumer ainsi : fermeture des marchés étrangers aux produits coloniaux, à l'exception des sirops et des tafias ; traitement de faveur accordé aux produits coloniaux sur les marchés français ; réserve du marché colonial aux produits français, sauf quelques exceptions ; privilége du pavillon national pour les transports entre la France et les colonies, et réciproquement de colonie à colonie.

Ce régime fut profondément modifié par la loi du 3 juillet 1861, dont nous avons donné les dispositions essentielles dans la Notice préliminaire [1].

Depuis la promulgation de cette loi dans la colonie (arrêté du 6 août 1861), la Martinique est libre d'exporter ses pro-

---

1. Voir, t. V, p. 212 (n° de juin 1862).

duits à l'étranger et de recevoir les marchandises étrangères sous tout pavillon. Un décret du 6 octobre 1862 a accordé la franchise douanière aux produits exportés de France aux colonies, fabriqués avec les marchandises étrangères admises temporairement en France, par application de l'article 5 de la loi du 5 juillet 1836.

Les ports ouverts au commerce dans l'île de la Martinique, sont ceux de Saint-Pierre, de Fort-de-France, de la Trinité, du Marin, et le port du François, ouvert à titre provisoire.

Chambres de commerce. —Cette institution, créée par ordonnance du 17 juillet 1820, sous la dénomination de *Bureau de commerce*, a été de nouveau réglementée par les arrêtés du 5 avril 1848 et du 17 mars 1855. Il en existe deux dans la colonie, l'une à Saint-Pierre composée de dix membres, et l'autre à Fort-de-France composée de six membres, y compris le président. Le directeur de l'intérieur est membre né de ces deux chambres, et il préside de droit les séances où il assiste en personne.

Les membres de la chambre de commerce sont élus pour six ans et toujours rééligibles. Ils sont renouvelés par moitié tous les trois ans. Le président est choisi par le gouverneur parmi les membres de chaque Chambre de commerce. Il est nommé pour trois ans.

Les Chambres de commerce sont chargées: 1° de présenter des vues sur les moyens d'améliorer la situation du commerce ; 2° de faire connaître au gouvernement les causes qui en arrêtent les progrès ; 3° d'indiquer les ressources que l'on peut se procurer ; 4° de fournir des *parères*, etc.

En toute occasion où les chambres de commerce ont à s'occuper de matières dont la discussion serait susceptible d'être éclairée par l'avis des capitaines du commerce, elles peuvent, à cet effet, appeler dans leur sein le nombre de ces capitaines qu'elles jugeront convenable. Des capitaines du commerce peuvent être également désignés par le gouverneur pour assister les chambres dans l'examen des questions qui leur sont soumises par le gouvernement.

Il y a dans la colonie 4 courtiers agents de change et 2 commissaires-priseurs.

Statistique. — Le relevé ci-après montre le mouvement du commerce de la colonie avec la France, depuis le milieu du dix-huitième siècle:

	IMPORTATIONS. (marchand. franç.)	EXPORTATIONS. fr.	TOTAL. fr.
1736	»	16 000 000	»
1765[1]	14 707 035	21 683 741	36 390 776
1770	19 690 230	23 229 339	42 919 569
1790	10 442 137	30 246 286	40 688 423
1818	9 186 808	15 412 567	24 599 375
1825[2]	19 573 626	17 157 827	36 731 453
1830	12 450 825	19 833 277	32 284 102
1835	16 658 898	16 244 440	32 903 338
1840	20 869 159	15 390 374	36 259 533
1845	19 791 920	21 729 591	41 521 511
1850	18 644 189	10 018 952	28 663 141
1855	18 720 054	14 262 768	32 982 822
1860	21 108 444	21 322 225	42 430 669
1861	22 343 861	19 460 937	41 804 798
1862	20 074 822	19 983 953	40 058 775[3]

Quant au commerce de la colonie avec l'étranger et les autres colonies françaises, un document nous apprend qu'il s'élevait à un peu plus de 3 millions de francs, en 1790 ; mais depuis cette époque, il ne nous a été possible d'en donner un relevé exact, d'après les états de la douane locale, qu'à partir de l'année 1835 :

	IMPORTATIONS[4]. fr.	EXPORTATIONS. fr.	TOTAL. fr.
1790	2 096 359	1 218 757	3 315 116
1835	3 756 744	1 990 399	5 747 143
1840	5 500 367	3 462 214	8 962 581
1845	6 109 425	2 711 974	8 821 399

---

1. La statistique de 1765 et de 1770 est empruntée à un tableau du commerce fait à la Martinique par navires français de 1765 à 1771. Ce tableau est signé par le sieur Botuau, directeur des domaines de cette colonie en 1773 ; il est publié dans le tome V de l'*Histoire des Antilles*, par Dessalles.

2. Les chiffres dont se compose ce tableau, à partir de 1825, sont extraits des Tableaux généraux du commerce général de la France. Ils ont pour base, à dater de 1826, les valeurs moyennes ou officielles établies par l'ordonnance royale du 29 mai 1826.

3. En valeurs actuelles, les importations de marchandises françaises dans la colonie s'élèvent à 19 460 432 fr., et les exportations de la colonie en France à 22 212 977 fr.

4. Cette colonne comprend non-seulement les importations venant directement des autres colonies françaises et de l'étranger, mais encore les marchandises étrangères venant des entrepôts de France.

	fr.	fr.	fr.
1850	3 783 685	1 742 652	5 526 337
1855	7 116 570	2 136 671	9 253 241
1860	7 191 331	1 754 501	8 945 832
1861	8 632 639	2 411 628	11 044 267
1862	9 685 447	2 458 906	12 144 353

D'après les relevés qui précèdent, on voit que le commerce général de la colonie se serait élevé, en 1862, à la somme de 52 203 128 fr. (valeurs officielles, d'après l'état des douanes de France, pour le commerce direct entre la France et la colonie); mais, d'après les états de la douane locale, dont les bases de calculs et d'évaluations ne sont pas les mêmes[1], la valeur du commerce, pendant la même année, est réduite à la somme de 44 789 919 fr. Ce résultat est inférieur de 901 646 fr. au chiffre de l'année 1861. Comme l'indiquent les tableaux suivants, qui résument la valeur des divers commerces, la différence en moins, au compte de 1862, est déterminée surtout par la faiblesse relative des exportations des denrées du cru de la colonie; et cette différence eût été plus sensible, si le progrès des importations n'avait aidé à l'atténuer.

Importations.

	1861 fr.	1862 fr.
Marchandises françaises venant de France	16 640 392	16 130 849
— des colonies françaises	1 560 216	2 371 490
— étrangères par navires français	2 304 347	2 791 837
— — par navires étrangers	4 768 076	4 521 120
Totaux	25 273 031	25 815 296

Exportations.

	fr.	fr.
Denrées du cru de la colonie exportées pour la France	17 653 181	16 515 717
les colonies françaises	10 053	14 364
l'étranger	722 322	38 556
Marchandises provenant des importations françaises	1 543 627	1 921 192
étrangères	489 351	484 794
	20 418 534	18 974 623

---

1. Pour ne citer qu'un exemple, nous ferons remarquer qu'en France le prix qui a servi de base, en 1862, pour l'évaluation des sucres importés des colonies françaises, a été de 60 fr. les 100 kilog. A la Martinique, la valeur des exportations de sucre, en 1862, a été calculée d'après les prix des mercuriales mensuelles qui ont varié, pendant le cours de l'année, de 41 à 47 fr. les 100 kilog.

	fr.
Augmentation dans les importations de 1862............	1 443 911
Diminution dans les exportations de 1862..............	542 265
Diminution réelle dans le commerce général.....	901 646

IMPORTATIONS.

L'accroissement de 542 265 fr. dans les importations est attribuable au commerce français dans la proportion de 56 pour 100 et dans celle de 44 pour 100 au commerce étranger.

L'importation des colonies françaises est la seule branche du commerce français qui ait progressé, car les tableaux qui précèdent montrent que les expéditions de marchandises métropolitaines ont décru de 509 543 fr. C'est en partie le fait de la concurrence des produits étrangers que la loi d'émancipation commerciale du 3 juillet 1861 admet aux colonies aux conditions du tarif général de France. Les marchandises françaises qui ont lutté avec désavantage contre les similaires étrangers sont : les viandes salées et la graisse de porc, la farine de froment, les huiles d'éclairage, les chandelles et les bougies. Une autre cause de la décroissance des produits français est la réserve que le commerce local a dû prendre pour règle de ses opérations, en présence de la baisse du prix des sucres et du resserrement que la diminution des ressources publiques a déterminé dans la consommation de la colonie ; c'est ce qui explique la diminution qui a lieu dans l'importation des engrais, de l'huile d'olive, des savons, des peaux, des mules et mulets. Quelques articles ont tendu à faire contrepoids à la somme de ces diminutions ; ce sont : la houille, les vins et les tabacs.

A l'inverse du commerce de la métropole, les importations des colonies se sont accrues dans une proportion peu ordinaire, et excèdent de 811 274 fr. celles de 1861. La morue de Terre-Neuve, la farine de froment et le riz sont les principaux articles qui ont créé cette augmentation.

Le commerce étranger entre pour une somme de 240 534 fr. dans l'accroissement total ; sa part eût été évidemment plus grande sans la guerre d'Amérique qui a empêché l'extension des relations de la colonie avec ce pays. L'augmentation porte principalement sur la houille, la farine, les chapeaux de Panama, les mouchoirs des Indes et le tabac en feuilles. L'augmentation du commerce étranger a été restreinte par des réductions sur les produits de pêche que l'abondance de morue française a écartés des marchés; sur les riz en grains, dont le déficit coïncide avec l'interruption momentanée de l'immigration indienne; sur les cacaos en fèves de la Trinidad; enfin, sur les bois de construction que les Antilles tiraient autrefois d'Amérique.

Voici le relevé des principales denrées et marchandises qui ont été importées à la Martinique, de tous pays, en 1862:

	Quantités. kil.	Valeurs. fr.
Animaux vivants	»	832 488
Viandes salées de bœuf et de porc	608 930	581 341
Graisses	89 636	145 813
Fromages	83 030	123 171
Beurre salé	399 155	918 352
Engrais divers	1 086 097	212 048
Poissons secs, salés ou fumés (morue, etc).	5 391 948	2 184 457
Farine de froment	5 052 458	3 015 473
Maïs en grains	12 851 30^{lit}	195 452
Riz en grains	2 007 026^k	641 013
Légumes secs	820 193	324 104
Autres farineux	»	297 651
Fruits et graines	»	105 437
Café	38 994	111 385
Tabac en feuilles	283 616	549 540
Autres denrées coloniales	»	124 001
Huiles diverses	719 816	885 548
Bois communs	»	601 806
Tourteaux de graines oléagineuses	2 054 205	309 803
Houille crue et carbonisée	34 896 513	1 476 928
Matériaux de construction	»	88 421
Fonte, fer et acier	646 539	248 474
Cuivre pur	322 048	92 466
Autres métaux	77 513	59 467
Produits chimiques	691 898	93 322
Parfumeries	»	61 293
Médicaments composés	»	157 944
Savons ordinaires	322 041	313 612
Acide stéarique ouvré	84 899	246 813
Chandelles	273 281	380 441
Cigares et autres tabacs fabriqués	4 911 254	42 082
A reporter		15 420 148

— 335 —

	Quantités. kil.	Valeurs. fr.
Report....................		15 420 148
Sucre raffiné......................	275 251	336 296
Conserves alimentaires...............	45 859	119 799
Vins ordinaires.....................	2 656 290 ht	1 100 555
Vins de liqueur.....................	153 694	225 661
Bière.............................	118 310	77 635
Eaux-de-vie et liqueurs..............	175 498	229 228
Autres boissons....................	»	31 569
Eau congelée (glace)................	526 000 k	101 000
Poteries...........................	559 940	219 824
Verres et cristaux...................	»	69 407
Fils de lin, de coton et de laine......	»	51 901
Mouchoirs des Indes.................	»	370 082
Tissus de coton....................	262 596	1 179 357
Tissus de laine.....................	»	202 827
Tissus de lin et de chanvre..........	»	883 818
Tissus de soie......................	»	277 147
Papier et ses applications............	»	156 670
Peaux préparées et ouvrages en peau..	114 488	608 895
Chapeaux de paille..................	»	229 011
Cordages de chanvre................	96 981	118 314
Orfévrerie et bijouterie..............	»	175 042
Machines et mécaniques..............	»	591 523
Instruments aratoires et outils........	»	84 761
Armes de guerre et de commerce.....	»	141 402
Ouvrages en divers métaux...........	836 076	600 491
Merceries..........................	126 228	362 221
Modes et fleurs artificielles..........	»	138 472
Parapluies de soie...................	»	83 795
Ouvrages en bois et meubles.........	»	651 823
Habillements neufs..................	»	420 398
Autres objets......................	»	717 224
Total........................		25 976 296

EXPORTATIONS.

Les exportations de toute nature et pour toutes destinations se sont élevées à 18 974 623 fr., somme inférieure de 1 443 911 fr. à celle de 1861. La différence serait encore plus considérable si les réexportations n'eussent pas progressé de 373 000 fr.

La baisse sur les cours des denrées du cru de la colonie a été la cause de cette situation. La diminution sur la valeur des sucres exportés a été, à elle seule, de 1 816 919 fr., bien que les quantités sorties de la colonie aient été supérieures de 1 621 271 kilog. à celles de 1861. Les eaux-de-vie de mélasse ont aussi augmenté, en quantité, de 770 894 kilog.; les bois de teinture de 251 351 kilog.; le cacao de 14 100 kilog. et les confitures de 8 020 kilog. Les diminutions portent sur les peaux brutes pour 80 961 kilog., et sur la casse pour 283 786 kilog.

La diminution de 683 766 fr. constatée aux exportations pour l'étranger porte presque entièrement sur les sucres. Quelques essais d'expédition de sucres avaient, en effet, été tentés aux États-Unis, en 1861, dans des conditions de vente désavantageuses; ces essais n'ont pas été renouvelés en 1862; cette abstention semble devoir être attribuée à l'état de guerre et à l'élévation des droits de douane dans ce pays.

L'accroissement de 377 565 fr. sur les réexportations de marchandises françaises, se partage comme il suit :

	fr.
Pour la France....................	132 215
— les colonies françaises..........	154 498
— l'étranger.....................	90 852

La plus value de 132 215 fr., aux destinations métropolitaines, repose sur des rocous de Cayenne, dont aucune quantité n'avait passé par l'entrepôt en 1861, sur des vieux cuivres et des peaux salées de provenance française.

La forte valeur des envois de morue faits à la Guadeloupe aurait suffi à produire l'excédant de 154 498 fr. revenant aux colonies françaises; de même que le beurre salé expliquerait à lui seul le progrès des réexportations pour l'étranger, si ce progrès n'était encore soutenu par d'autres articles, qui ont contrebalancé l'influence de notables diminutions dans les farineux, sucs végétaux et autres marchandises.

Les réexportations de marchandises étrangères pour l'étranger sont, à mille francs près, égales à celles de 1861; mais les réexportations pour la France, en descendant de 260 920 fr. à 106 191 fr. par l'effet d'un écart considérable dans la valeur des cacaos sortis d'entrepôt, ont décliné, comparativement à celles pour les colonies, qui ont pris le premier rang, en s'élevant de 74 757 fr. à 225 820 fr., à la faveur de fortes mutations, pour la Guadeloupe, de riz en grains, de tabacs en feuilles et de mouchoirs de l'Inde.

Voici la liste des principales denrées et marchandises exportées de la colonie, pour tous pays, en 1862 :

	Quantités.	Valeurs. fr.
Sucre brut.................................	32 101 447 kil	14 312 052
Sirops.....................................	348 lit	1 254
Mélasse...................................	62 065	10 805
Confiture.................................	10 602 kil	25 548
Cacao et fèves............................	284 345	271 937
Café......................................	13 928	37 321
Casse.....................................	161 617	30 320
Fruits et graines.........................	18 097	9 823
Fruits médicinaux.........................	28 579	11 159
Bois de campêche..........................	550 752	49 399
Eau-de-vie de mélasse.....................	5 864 635 lit	1 787 457
Liqueurs..................................	1 480	4 379
Autres denrées............................	»	17 183
Total des exportations......		16 568 637

RÉEXPORTATIONS.

	Quantités. kil.	Valeurs. fr.
Viandes salées de bœuf et de porc.........	63 913	62 334
Peaux brutes..............................	132 206	103 658
Graisse de porc...........................	11 639	16 379
Beurre salé...............................	121 742	279 807
Engrais...................................	155 181	30 833
Poissons salés et autres..................	670 561	293 606
Graines et farineux alimentaires..........	817 417	342 481
Sucre brut................................	118 064	51 466
Tabac en feuilles.........................	37 263	65 796
Huile d'olives............................	138 436	168 854
Métaux divers.............................	»	90 682
Chandelles................................	28 639	41 545
Vins ordinaires...........................	509 250 lit	186 009
Vins de liqueur...........................	19 530	29 808
Tissus de coton...........................	»	137 231
Tissus de laine, de lin et de soie........	»	77 321
Peaux préparées et ouvrages en peau.......	8 879 k	36 746
Denrées et marchandises diverses..........	»	391 430
Total des exportations et des réexportations..........		18 974 623

Entrepôts.

Deux entrepôts sont ouverts à la Martinique : l'un à Saint-Pierre, l'autre à Fort-de-France (*loi du 12 juillet* 1837; *ordonnance du* 31 *août* 1838). Ils peuvent recevoir les marchandises françaises et étrangères de toute nature, même celles qui sont prohibées en France (*ordonnance du* 18 *juin* 1842, *art.* 7). Les marchandises reçues à l'entrepôt payent un droit de magasinage de 1 pour 100 de la valeur, par an. Le droit est le même pour celles qui, étant admissibles dans la colonie, y passent à la consommation.

Statistique. — En 1862, on voit se reproduire dans les mouvements des entrepôts, à l'entrée, les faits observés à l'importation ; c'est-à-dire, amoindrissement dans les valeurs des marchandises françaises, et progrès aux provenances des colonies et de l'étranger.

Les diminutions portent principalement sur les farineux alimentaires, l'huile d'olive, le savon et les vins; elles s'élèvent à la somme de 169 042 fr. Les marchandises qui ont donné des excédants sur celles de 1861 sont les tissus étrangers, affranchis désormais de l'ancienne prohibition dont la frappait le tarif colonial et les farines de froment. L'augmentation sur ces entrées est de 195 054 fr.; d'où il résulte à l'avantage de 1862 un accroissement définitif de 26 012 fr.

Les sorties pour toutes destinations se nivèlent, à 6 173 fr. près, en faveur de 1862, après la balance des pertes et des avantages relevés au compte des deux exercices. Il y a une augmentation absolue de 25 546 fr. à la sortie pour la consommation locale.

Le relevé ci-après indique le mouvement comparatif des entrepôts en 1861 et en 1862 :

Entrées.

		1861	1862
Marchandises françaises provenant...	de France..............	781 323	644 452
	des colonies françaises..	15 222	17 569
Marchandises étrangères provenant.....	des entrepôts de France.	214 927	182 756
	des entrepôts et des colonies françaises.....	13 558	43 235
	de l'étranger..........	613 031	776 061
	Totaux......	1 638 061	1 664 073

	Sortie.	1861	1862
Marchandises françaises sorties pour.	la France	7 555	9 616
	les colonies françaises	191 213	105 170
	l'étranger	447 696	514 199
Marchandises étrangères sorties pour	la France	261 141	106 181
	les colonies françaises	74 757	234 676
	l'étranger	152 446	133 247
Marchandises sorties pour la consommation locale	françaises	80 864	90 691
	étrangères	388 517	404 236
	Totaux	1 604 189	1 598 016

Navigation.

Législation. — Aux termes de la loi du 3 juillet 1861, les transports de la colonie en France et réciproquement peuvent se faire par pavillon étranger, sous le payement d'une surtaxe de 20 fr. par tonneau d'affrètement. Quant aux importations de marchandises étrangères, par navires étrangers, elles sont soumises à une surtaxe de pavillon de 20 fr. par tonneau d'affrètement, pour les provenances d'Europe, des pays non européens situés sur le littoral de la Méditerranée, et des pays situés sur le littoral du grand Océan, y compris le cap de Bonne-Espérance, et de 10 fr. pour les provenances des pays situés sur le littoral de l'océan Atlantique. En résumé, l'emploi du pavillon étranger n'est plus interdit dans la colonie que pour la navigation au cabotage, de colonie française à colonie française, et dans la limite assignée à ce genre de navigation.

Statistique. — Les mouvements de la navigation en 1862 ont donné les chiffres suivants :

	Navires.	Tonnage.	Équipage.
Entrées	714	111 890	8 098
Sorties	731	116 986	8 318
Totaux	1445	228 876	16 416

C'est une augmentation, sur les chiffres de 1861, de 169 navires, 64 157 tonneaux et 4870 hommes d'équipage.

Bien que les importations de France aient été inférieures à celles de 1861, les communications entre la métropole et la colonie par navires français ont été plus fréquentes. L'augmentation est de 60 navires et de 27 406 tonneaux, entrées et sorties réunies. C'est la conséquence du mouvement maritime considérable qui vint aboutir à Fort-de-France, tant pour ravitailler les convois de guerre à destination du Mexique, que pour approvisionner les dépôts de houille de la compagnie transatlantique. Le relevé spécial fait à cet égard accuse un nombre total de 69 navires et 19 790 tonneaux, non compris 4 paquebots transatlantiques de Saint-Nazaire, d'un tonnage effectif de 4 014 tonneaux, qui ont exécuté 9 voyages transocéaniques. Voici le détail de cette navigation :

	NAVIRES FRANÇAIS venant de				NAVIRES ÉTRANGERS venant de l'étranger.	
	France.		l'étranger.			
	navir.	tonn.	navir.	tonn.	navires.	tonneaux.
Pour compte des transatlantiques........	16	4447	»	»	15	3777
Pour compte de l'État..	26	7597	3	701	9	3268
Totaux............	42	12 044	3	701	24	7045

C'est aux mêmes causes que nous venons d'indiquer pour la navigation avec la France, qu'il faut attribuer l'activité plus grande qui a régné dans les rapports de l'étranger avec la Martinique, sous pavillon français. Les arrivages des ports anglais de Cardiff, Newcastle, etc., reproduisent, à 3 navires près, l'excédant de 27 voyages acquis en 1862.

Les relations avec les colonies françaises ont, par leur développement, profité aux armements de la Guadeloupe et de Terre-Neuve, qui y ont trouvé la matière de 57 voyages, entrées et sorties, de plus qu'en 1861. L'immigration indienne, interrompue momentanément, n'a donné lieu qu'à un seul arrivage de Pondichéry; mais, d'un autre côté, le pavillon français n'ayant pas eu à redouter, en 1862, la concurrence étrangère qui lui avait enlevé, en 1861, le fret des sucres expédiés à New-York, 19 navires, au lieu de 8, ont relevé de Cayenne pour prendre charge à la Martinique.

Quoique en apparence moins animée, si l'on ne considère que le nombre de bâtiments employés, la navigation étrangère n'a pas en réalité déchu; il y a 18 voyages de moins qu'en 1861, à l'entrée et à la sortie, mais 3470 tonneaux en plus. Le pavillon des États-Unis, porté pour 51 bâtiments en 1861, n'apparaît plus que pour 31 bâtiments en 1862.

Le pavillon étranger n'a pas usé de la faculté que lui accorde la loi du 3 juillet 1861 de faire de transports entre la France et la colonie et réciproquement.

Les caboteurs de l'île ont participé au mouvement maritime; ils ont contribué en partie aux excédants de la navigation à l'étranger sous pavillon français.

Les tableaux suivants donnent les détails de la navigation de la colonie avec la France, les colonies et l'étranger, en 1862 :

NAVIGATION ENTRE LA MARTINIQUE, LA FRANCE ET SES AUTRES COLONIES.

PORTS et lieux de provenance et de destination.	BATIMENTS FRANÇAIS.					
	Entrées.			Sorties.		
France.	Nombre.	Tonnage.	Équipage.	Nombre.	Tonnage.	Équipage.
Marseille	40	11 251	498	65	18 148	838
Cette	5	1 155	56	»	»	»
Havre	42	12 176	549	34	8 810	422
Bordeaux	41	9 320	477	35	8 037	396
Nantes	15	4 138	194	17	4 581	215
Saint-Servan	2	380	22	»	»	»
Dunkerque	2	450	24	1	206	12
Saint-Malo	1	189	10	»	»	»
Rouen	1	248	11	»	»	»
Saint-Nazaire	12	9 076	869	9	7 888	745
Belle-Ile	»	»	»	2	641	27
Toulon	2	483	20	»	»	»
Totaux	163	48 866	2730	163	48 311	2655
Colonies françaises.						
Pondichéry	1	393	22	»	»	»
Cayenne	19	4 795	226	»	»	»
Terre-Neuve	23	3 842	232	17	2 947	173
Guadeloupe	161	7 780	1459	165	9 408	1539
Saint-Martin	1	53	10	»	»	»
Totaux	205	16 863	1949	182	12 355	1712

NAVIGATION ENTRE LA COLONIE ET L'ÉTRANGER.

LIEUX de PROVENANCE.	ENTRÉES.					
	BATIMENTS FRANÇAIS.			BATIMENTS ÉTRANGERS.		
	Nombre.	Tonnage.	Équipage.	Nombre.	Tonnage.	Équipage.
Cuba	3	3 082	319	»	»	»
Porto-Rico	18	1 267	200	»	»	»
Ténériffe	2	635	25	»	»	»
Grande-Bretagne	16	6 403	330	30	8 429	344
Nouvelle-Écosse	»	»	»	25	2 624	166
Nouveau-Brunswick	»	»	»	3	537	24
Guyane anglaise	»	»	»	5	380	45
Inde anglaise	2	691	25	»	»	»
Antilles anglaises	16	700	149	131	3 634	685
Montevideo	1	216	11	»	»	»
Vera-Cruz	4	4 049	323	»	»	»
Venezuela	4	211	52	3	379	29
Congo	8	3 378	155	»	»	»
Anvers	»	»	»	2	408	22
Saint-Thomas	1	41	10	6	232	39
États-Unis	»	»	»	52	8 248	366
Saint-Barthélemy	»	»	»	7	145	36
Surinam	»	»	»	2	232	20
Antilles hollandaises	1	46	11	4	195	33
Totaux	76	20 719	1610	270	25 443	1809
	SORTIES.					
Antilles anglaises	22	1 685	216	173	11 422	1046
Nouvelle-Écosse	»	»	»	8	725	48
Guyane anglaise	»	»	»	5	270	39
Nouveau Brunswick	»	»	»	1	212	10
Mexique	10	8 578	847	2	1 278	43
Saint-Barthélemy	»	»	»	8	361	43
Porto-Rico	13	1 204	144	4	849	35
Santiago	1	290	11	»	»	»
Cuba	»	»	»	8	1 269	69
Havane	2	629	26	»	»	»
Venezuela	6	333	56	2	281	21
Surinam	»	»	»	2	232	20
Antilles hollandaises	»	»	»	6	543	39
Nouvelle-Grenade	1	216	11	»	»	»
Saint-Thomas	38	9 344	457	41	6 705	322
Saint-Domingue	13	3 920	167	1	200	10
Congo	3	1 364	53	»	»	»
États-Unis	6	1 914	128	10	2 496	90
Totaux	115	29 477	2116	271	26 843	1835

Douanes.

Malgré l'accroissement de revenus résultant pour le trésor public du développement des importations étrangères et des mouvements de la navigation, l'exercice 1862 s'est soldé par un déficit de 208 316 francs, occasionné par la baisse des cours servant de base aux valeurs sur lesquelles se prélèvent les droits de sortie des sucres et du tafia. La diminution sur ces droits a été de 251 574 francs.

Les recettes effectuées par la douane se sont élevées à la somme de 1 100 873 francs comme il suit :

	fr.
Droits de douane à l'entrée	337 538
Droits de navigation	85 656
Taxes accessoires de navigation	57 864
Droits d'entrepôt	10 478
Droits de sortie [1]	602 558
Droits divers	6 779
Total	1 100 873

Ces recettes se sont réparties de la manière suivante entre les ports de la colonie :

	fr.
Saint-Pierre	1 017 386
Fort-de-France	79 245
La Trinité	4 214
Le Marin	28
	1 100 873

Service postal.

La Martinique est en communication avec la France par les paquebots britanniques de la compagnie dite : *Royal Mail*

---

1. Les droits de sortie fixés en 1861 à 4 1/2 pour 100 pour les sucres et sirops, et 4 pour 100 pour les tafias, ont été réduits respectivement à 3 1/2 et 2 pour 100 en 1862, puis à 2 1/2 et 1 pour 100 en 1863, ce qui constitue une diminution de 44 pour 100 en faveur des sucres et de 75 pour 100 en faveur des tafias, de 1861 à 1863.

Steam packet company et par les navires français de *la Compagnie Générale Transatlantique.*

Le service par la voie d'Angleterre a lieu deux fois par mois : les paquebots partant de Southampton les 2 et 17 arrivent à Saint-Thomas les 17 et 2 des mois suivants, et correspondent avec plusieurs services annexes parmi lesquels se trouve celui des petites Antilles. Les paquebots de ce service touchent à Saint-Pierre les 19 et 4 de chaque mois. Au retour, ils touchent au même port les 27 et 12, et arrivent à Saint-Thomas les 29 et 14, enfin à Southampton les 14 et 29 des mois suivants.

Le prix du passage est fixé à 38 livres sterling, 10 shillings (965 fr.) dans une cabine à l'arrière, et à 33 livres sterling (825 fr.) dans une cabine à l'avant du paquebot.

Le service français de la Compagnie Générale Transatlantique est mensuel. Ce service a été organisé par une loi du 3 juillet 1861. Les paquebots-poste de la ligne du Mexique[1] partent de Saint-Nazaire le 16 de chaque mois et arrivent à Fort-de-France le 2 du mois suivant. Au retour, ils touchent au chef-lieu de la Martinique le 27 de chaque mois, et arrivent à Saint-Nazaire le 15 du mois suivant.

Les prix de passage sont fixés à 925 francs pour une place dans une cabine de 1re classe, à 800 francs dans une cabine de 2e classe, et 450 francs pour une place dans l'entrepont.

Pour les passagers civils et militaires voyageant sur réquisition du Gouvernement, ces prix sont diminués de 30 pour 100 conformément au cahier des charges approuvé par la loi du 3 juillet 1861.

Voici le tarif, pour cette catégorie de passagers :

	fr.
Une place dans une cabine de 1re classe............	465
— 2e —	420
Une place dans l'entrepont........................	245
— sur le pont........................	210

Indépendamment de ce prix, il y a à payer la nourriture à raison de 8 francs par jour pour la première et la seconde

---

1. Cette ligne a été organisée provisoirement par la convention du 17 février 1862, en attendant l'organisation complète du service. Les points d'escale de cette ligne sont : Saint-Nazaire, Fort-de-France, Santiago de Cuba et la Vera-Cruz.

classe, de 3 francs pour les passagers d'entrepont et de 2 fr. pour les autres.

Un paquebot de la Compagnie transatlantique est affecté au service de la ligne annexe entre la Martinique, la Guadeloupe et les colonies anglaises de Sainte-Lucie, Saint-Vincent de la Grenade et de la Trinité. Ce service a lieu en coïncidence avec le passage du paquebot de la ligne principale à Fort-de-France, à l'aller et au retour; ce service annexe est destiné à s'étendre jusqu'à Cayenne.

Les conditions de la transmission des correspondances entre la Martinique et la France, ainsi que les pays auxquels la France sert d'intermédiaire, ont été réglées par le décret du 7 septembre 1863.

Voici quelle est, aux termes de ce décret, la taxe des correspondances échangées entre la France et la Martinique :

1° Par la voie anglaise :

	fr. c.
Pour une lettre affranchie, par 10 grammes	» 70
— non affranchie —	» 80
— chargée —	1 40
Pour les imprimés, par 40 grammes	» 12

2° Par la voie française :

Pour une lettre affranchie, par 10 grammes	» 50
— non affranchie —	» 60
— chargée —	1 »
Pour les imprimés, par 40 grammes	» 12

Les correspondances originaires de la Martinique sont affranchies au moyen de timbres-poste coloniaux[1].

L'envoi de mandats de poste n'est autorisé, jusqu'à présent, que pour les militaires et marins qui servent dans la colonie.

En dehors de la voie rapide par bateaux à vapeur, il existe des communications entre la Martinique et la France par la voie des navires du commerce.

La moyenne de la traversée, par cette voie, est d'environ 40 jours de France à la Martinique, et de 45 jours de cette colonie en France. Le prix du passage, calculé d'après cette moyenne, est en général de 500 francs pour l'aller et de 600 francs pour le retour.

Les lettres expédiées par cette voie sont taxées à 30 cen-

---

1. Voir le service postal de la Réunion, page 107.

times par 10 grammes, si elles sont affranchies, et à 40 centimes en cas de non-affranchissement : ce prix comprend la taxe de mer de 10 centimes, allouée aux capitaines des navires porteurs de la correspondance.

Dans l'intérieur de la colonie, le transport des correspondances est effectué soit par les messageries publiques, soit par un service de bateaux entre Fort-de-France et Saint-Pierre. La taxe pour l'intérieur de la colonie est la même que celle qui est perçue en France.

Le personnel de la poste se compose d'un receveur-comptable à Saint-Pierre, de receveurs et de préposés dans les autres localités. Ces agents sont placés sous les ordres du chef du service des contributions.

Les recettes de la poste forment un produit du budget local de la Martinique.

GUADELOUPE ET DÉPENDANCES.

Résumé historique.

Le groupe d'îles qui se compose de la Guadeloupe[1], de Marie-Galante, de la Désirade et des Saintes, fut découvert par Christophe-Colomb, au second voyage qu'il fit en Amérique, dans les premiers jours du mois de novembre 1493. Ces îles étaient alors habitées par les Caraïbes et ce n'est que près d'un siècle et demi plus tard que les Européens vinrent s'y établir. En 1635, le sieur de l'Olive (Charles-Lyénard), lieutenant général de d'Esnambuc, gouverneur français de Saint-Christophe, et Jean Duplessis, sieur d'Ossonville, envoyés de France par la Compagnie des îles de l'Amérique, après avoir touché à la Martinique, débarquèrent à la Pointe-Allègre, Sainte-Rose, île de la Guadeloupe, le 28 juin, avec 550 personnes. Parmi ces passagers, 400 étaient des laboureurs qui, moyennant leur passage gratuit, s'étaient engagés à travailler pendant trois années pour le compte de la Compagnie. De

---

1. En caraïbe, *Karukéra*.

l'Olive construisit un fort sur la rivière dite Vieux-Fort, qu'il appela le fort Saint-Pierre parce qu'il en prit possession la veille de la Saint-Pierre ; Duplessis s'établit un peu plus loin sur la rivière dite du Petit-Fort.

Les premiers rapports des nouveaux venus avec les indigènes furent pacifiques, grâce au caractère généreux et libéral de Duplessis ; mais celui-ci étant mort le 4 décembre suivant, la guerre fut imprudemment déclarée aux Caraïbes par de l'Olive, devenu le seul chef de la colonie naissante. Cette guerre, avec quelques intervalles de paix, dura jusqu'en 1660 ; un traité général de paix, conclu le 31 mars de cette année par l'intermédiaire de M. Houel le gouverneur, délivra tout à fait la colonie des naturels qui se retirèrent à la Dominique et à Saint-Vincent.

Les débuts de la colonie ne furent pas heureux. La Compagnie se vit forcée de vendre ses possessions d'Amérique, et le marquis de Boisseret acheta la Guadeloupe et ses dépendances le 4 septembre 1649, au prix d'une somme de 60 000 livres tournois et d'une redevance de 600 livres pesant de sucre par an. Il céda la moitié de son marché au gouverneur de la colonie, le sieur Houel, son beau-frère. Ces nouveaux possesseurs devinrent tout à la fois propriétaires et seigneurs de ces îles qui ne continuèrent pas moins de faire partie de la Lieutenance générale des îles de l'Amérique. En 1659, la seigneurie de Boisseret passa à ses fils de Téméricourt et d'Herbelay.

La domination des seigneurs propriétaires de la Guadeloupe et de ses dépendances dura quinze années. Leurs exactions y ayant provoqué des troubles fréquents, Colbert, en 1664, détermina Louis XIV à racheter ces îles ; l'acquisition eut lieu au prix de 125 000 livres tournois. Colbert forma alors, sous le nom de compagnie des Indes occidentales, une nouvelle compagnie privilégiée à laquelle la Guadeloupe fut remise. Cette compagnie n'ayant pas mieux réussi que les précédentes, le roi en prononça la dissolution au mois de décembre 1674, et en paya les dettes. A dater de ce moment, la Guadeloupe fut, comme les autres îles de l'Amérique, réunie au domaine de l'État.

Quoique délivrée de la plus grande partie des entraves qui jusqu'alors avaient ralenti ses progrès, la colonie rencontra encore des obstacles au développement de sa prospérité. Placée, dès 1669, sous la dépendance de la Martinique, siège du gouvernement général des Antilles, elle n'eut qu'une faible part aux encouragements de la Métropole et les bras lui firent défaut pour ses cultures.

En 1691, les Anglais, sous les ordres du général Codrington, opérèrent une descente à l'anse à la Barque, brûlèrent le bourg de la Basse-Terre et firent le siége de l'île; ils furent obligés de se retirer après plus d'un mois de tentatives infructueuses pour s'emparer de l'île.

Douze ans plus tard, les Anglais vinrent de nouveau attaquer la colonie, avec une escadre de 45 bâtiments. Dans les premiers jours de mars, ils parurent devant Marie-Galante dont ils s'emparèrent le 6. Repoussés ensuite des Saintes et de l'îlet à Goyave, ils débarquèrent le 23 mars à la Guadeloupe, sur trois points différents, pénétrèrent jusqu'à la Basse-Terre dont le fort fut évacué. Mais, battus en plusieurs rencontres dans d'autres parties de l'île, ayant perdu 2000 hommes depuis leur descente, ils prirent le parti, le 18 mai, de se rembarquer après avoir pillé et incendié les quartiers de la Basse-Terre.

Après la paix d'Utrecht (11 avril 1713), la colonie fit des progrès sensibles; ses cultures se développèrent, son commerce prit de l'activité. La guerre avec l'Angleterre vint interrompre le cours de cette prospérité. Elle dura de 1744 à 1748, reprit en un instant en 1756, et en 1759, les Anglais, sous les ordres du chef d'escadre Moore et du général Barington, vinrent faire le siége de la Guadeloupe. La colonie opposa une résistance héroïque à l'ennemi, dont les forces se composaient de 12 vaisseaux de ligne, 6 frégates, 4 galiotes à bombes, 80 navires de transport, 6000 hommes de troupes réglées, et 2000 hommes de milices. Le 22 janvier, les Anglais donnent l'attaque, bombardent la Basse-Terre, le fort, et font une descente au bourg Saint-François qu'ils incendient. La garnison française abandonne le Fort, se retire avec les habitants sur les hauteurs et ne se rend que le 27 avril après un siége de quatre mois.

La domination anglaise dura quatre ans et quelques mois. Par le traité du 3 novembre 1762, ratifié le 23 février 1763, la Guadeloupe, la Désirade et les Saintes furent restituées à la France, ainsi que l'île de Saint-Barthélemy[1] et la partie nord de l'île Saint-Martin.

En reprenant possession de ces îles, le gouvernement leur

---

1. Cette île fut cédée en 1784 à la Suède.

donna une administration indépendante de celle de la Martinique; mais cet état de choses subsista tout au plus six années; le 7 mars 1769, les îles de la Martinique, de la Guadeloupe, de Sainte-Lucie, de la Désirade, de Saint-Martin et de Saint-Barthélemy furent réunies sous le titre de Gouvernement général des îles françaises du vent. On finit toutefois par s'apercevoir que les avantages que l'on espérait de cette réunion pour la défense commune, en temps de guerre, étaient illusoires; en conséquence, le 29 décembre 1775, la Guadeloupe fut définitivement séparée de la Martinique, tout en restant sous l'autorité commune du gouverneur général des îles du vent[1]. Dès lors ses progrès allèrent toujours en croissant, et, malgré un ouragan terrible qui ravagea la colonie le 6 septembre 1776, malgré la guerre de l'indépendance des colonies anglaises de l'Amérique du nord, la Guadeloupe était parvenue à un haut degré de prospérité au moment où éclata la révolution de 1789.

Ainsi que les autres îles françaises de l'Archipel américain, la colonie ressentit le contre-coup de la révolution. Là, comme à la Martinique, les décrets rendus par la Convention nationale à l'égard des hommes de couleur et des esclaves furent suivis de grands désastres et la guerre civile ne tarda pas à éclater dans l'île.

La guerre étrangère vint compléter la série des malheurs. Le 21 avril 1794, les Anglais, commandés par sir J. Grey et John Jervis, se rendirent de nouveaux maîtres de la Guadeloupe et de ses dépendances; mais ils ne gardèrent pas longtemps leur conquête. Une expédition française, composée seulement de deux frégates, d'un brick et de 5 bâtiments de transport et de 1150 hommes de troupes, sous les ordres des deux commissaires de la Convention, Chrétien et Victor Hugues, aborda à la Guadeloupe le 2 juin 1794. Après sept mois d'une lutte acharnée, à laquelle les habitants prirent une glorieuse part, les Anglais, au nombre de 8000, quoique bien approvisionnés, maîtres de la mer et soutenus par une forte escadre, se virent contraints de remettre la Guadeloupe, Marie-Galante et la Désirade au petit nombre de soldats français qu'avaient épargnés les combats et les maladies. Cette belle

---

1. Le 12 décembre 1849, la Guadeloupe, fut encore une fois placée sous l'autorité du gouvernement général des Antilles, lequel fut supprimé le 1er novembre 1851.

délivrance de la colonie a été due surtout à l'indomptable énergie de Victor Hugues, qui était resté seul pour diriger les opérations après la mort du commissaire Chrétien.

En 1801, le feu mal éteint de la guerre civile se ralluma à la Guadeloupe, et peu s'en fallut cette fois que la colonie ne subît le sort de Saint-Domingue. Elle échappa toutefois à ce désastre, mais ce ne fut pas sans des pertes considérables.

Le 21 octobre 1801, la révolte éclata à la Pointe-à-Pitre et se propagea bientôt dans toute la colonie. Le 5 novembre suivant, le capitaine général Lacrosse, dont l'autorité n'était plus reconnue, se vit contraint de s'embarquer laissant la colonie au pouvoir d'un gouvernement provisoire de quatre membres.

Pour réprimer cette insurrection, une expédition de 3500 hommes fut envoyée de Brest, sous les ordres du général Richepance. Le débarquement s'opéra à la Pointe-à-Pitre le 6 mai 1802. Les troupes furent bien accueillies d'abord par la population ; mais la révolte ne tarda pas à éclater parmi les troupes noires de l'île. Après un mois de lutte, elles furent forcées de déposer les armes.

Le 5 août suivant, l'ancien gouverneur, le contre-amiral Lacrosse, fut solennellement réintégré dans ses fonctions et l'ancien système colonial fut rétabli à la Guadeloupe, en vertu de la loi du 30 floréal an X (20 mars 1802), qui maintenait l'esclavage dans les colonies rendues par le traité d'Amiens.

A la rupture de la paix d'Amiens, la guerre avec l'Angleterre procura à la colonie des ressources inattendues. Les corsaires de la Pointe-à-Pitre firent des courses heureuses et multipliées, qui fournirent à l'île des approvisionnements et augmentèrent ses ateliers de noirs par la prise de plusieurs navires chargés d'esclaves.

En 1810, la Guadeloupe, dont la garnison se composait alors de 4000 hommes, tomba encore une fois sous la domination anglaise. Le vice-amiral Alexandre Cochrane et le lieutenant général Beckwitth, à la tête de 5000 hommes de troupes, s'en emparèrent le 6 février de cette année.

La colonie fut restituée à la France par le traité de Paris du 30 mai 1814. Cette rétrocession fut consentie par la Suède, à qui les Anglais avait cédé la Guadeloupe par le traité de Stockholm du 3 mars 1813, mais qui n'en avait pas encore pris possession.

La nouvelle des premiers événements des cent-jours produisit une grande émotion à la Guadeloupe. Dans la crainte de retomber sous la domination britannique, et grâce à l'initiative courageuse du commandant en second, l'adjudant général Boyer-Peyreleau, la colonie se rallia solennellement le 18 juin 1815 au Régime impérial. Les Anglais profitèrent de ce changement politique pour venir de nouveau, au nombre de 7000 à 8000 hommes, attaquer la Guadeloupe dont la garnison, réduite à 475 hommes, fut contrainte de se rendre le 10 août 1815.

Enfin, le 24 juillet 1816, la France rentra dénifitivement en possession de la Guadeloupe et de ses dépendances.

LISTE CHRONOLOGIQUE DES GOUVERNEURS.

Régime seigneurial (de juin 1635 à mars 1674).

DE L'OLIVE ET DUPLESSIS, gouverneurs de la Guadeloupe au nom des seigneurs de la Compagnie, le 28 juin 1635.
DE L'OLIVE, gouverneur au même titre après la mort de Duplessis, le 4 novembre 1635.
DE L'OLIVE, capitaine général de la Guadeloupe pour la compagnie des îles d'Amérique, 2 décembre 1637; de même que ses successeurs, il exerce ses fonctions sous l'autorité du lieutenant général pour S. M. des îles de l'Amérique.
AUBERT, gouverneur pour la compagnie, le 25 novembre 1640.
HOUËL, gouverneur et sénéchal pour la compagnie, le 7 septembre 1643.
MARIVET, gouverneur par intérim, août 1644.
HOUËL, reprend ses fonctions le 29 mai 1645.
Le 4 septembre 1649, la seigneurie des îles de la Guadeloupe, de la Désirade, de Marie-Galante et des Saintes est transférée aux sieurs Boisseret et Houël, qui se partagent la colonie.
HOUËL (le chevalier) ET DE BOISSERET, gouverneurs par intérim en l'absence de Houël, le 8 juillet 1654.
HOUËL reprend ses fonctions en 1656.
En 1664, la seigneurie de la Guadeloupe et dépendances passe, par expropriation, à la compagnie des Indes occidentales.
DUCOUDRAY, gouverneur par intérim, le 23 juin 1664.
DULION, gouverneur pour la compagnie, le 5 novembre 1664.

En 1669, le gouvernement de la Guadeloupe est réuni à celui de la Martinique.

En décembre 1674, les îles sont réunies au domaine de l'État.

Régime royal (de 1674 à 1759).

Hincelin, gouverneur de la Guadeloupe, le 5 juillet 1677, sous l'autorité du gouverneur général des îles et terre-ferme de l'Amérique.

Auger, idem, le 15 juillet 1695.

De Boisfermé, gouverneur par intérim, août 1703.

De la Malmaison, gouverneur en 1704.

Laguarrigue de Savigny, gouverneur par intérim, mai 1717.

De Moyencourt, gouverneur, mai 1719.

Giraut du Poyet, idem, le 3 février 1728.

De Larnage, idem, le 27 juillet 1734.

De Clieu, idem, le 17 août 1737.

De Lafond, gouverneur par intérim, octobre 1749.

De Clieu, reprend ses fonctions en décembre 1750.

De Lafond, gouverneur par intérim, le 15 août 1752.

De Mirabeau (le chevalier), gouverneur, le 27 décembre 1753.

Nadau du Treil, idem, mars 1757.

La colonie tombe au pouvoir des Anglais, le 27 avril 1759.

Domination anglaise (de 1559 à 1763).

Krumpt (le colonel), gouverneur le 1er mai 1759.

Campbell Dalrymple, idem, en 1761.

Régime royal (de 1763 à 1792).

De Bourlamarque, gouverneur général le 4 juillet 1763, après la remise de l'île dont le gouvernement est séparé de celui de la Martinique.

Copley (le baron), par intérim, le 24 juin 1764.

De Nolivas (le comte), gouverneur général le 20 mars 1765.

De Malartic, par intérim, le 29 novembre 1768.

De Bouillé, gouverneur de la Guadeloupe, le 27 février 1769.

Le gouvernement de l'île est réuni à celui de la Martinique.

Dion (le chevalier), gouverneur par intérim en août 1771, puis gouverneur titulaire le 18 mars 1772. Le gouvernement de l'île est séparé pendant six mois de celui de la Martinique.

De Tilly (le comte), gouverneur par intérim, le 14 avril 1773.

D'Arbaud (le comte), lieutenant général, gouverneur. Le gouvernement de la Guadeloupe est définitivement séparé de celui de la Martinique, quoique sous l'autorité commune du gouverneur général des îles du Vent.

De Damas (le vicomte), lieutenant général, gouverneur le 16 novembre 1782.

Beaumé de Saulais, gouverneur par intérim, le 27 mai 1784.

De Micoud (le comte), gouverneur par intérim, le 9 juin 1786.

D'Arrot (le vicomte), idem, le 25 juillet 1792.

Régime républicain (de 1793 à 1804).

Lacrosse, gouverneur le 5 janvier 1793.

Collot, gouverneur le 20 mars 1793.
  Prise de l'île par les Anglais, le 21 avril 1794; reprise de l'île par Chrétien et Victor Hugues, le 2 juin suivant.

Hugues (Victor), commissaire délégué par la Convention nationale en juillet 1794.

Hugues, Goyrand et Lebas, commissaires délégués par la Convention nationale, le 6 janvier 1795.

Hugues et Lebas, restés seuls au mois d'avril suivant, deviennent les agents particuliers du Directoire exécutif, le 26 janvier 1796. Hugues reste seul en mai 1797.

Desfourneaux, agent particulier du Directoire, le 22 novembre 1798.

Paris (le général), Danan et Roche Rupez, membres du Gouvernement provisoire, le 17 octobre 1799, après le départ pour la France, du général Desfourneaux.

Jeannet, Baco et Lavaux, agents particuliers, le 11 décembre 1799; les mêmes agents des consuls, le 13 janvier 1800; Bresseau remplace Lavaux le 20 mars 1800; Jeannet et Bresseau restent seuls le 30 décembre 1800.

Lacrosse, capitaine général le 29 mai 1801.

Pélage, Frasans, Danois et Corneille, membres du conseil formant le Gouvernement provisoire, le 24 octobre 1801; le capitaine général Lacrosse quitte la colonie le 5 novembre 1801.

Richepance, général en chef le 7 mai 1802.

Lacrosse, capitaine général le 3 septembre 1802.
Ernouf, capitaine général le 8 mai 1803.

Régime impérial (de 1804 à 1810).

Ernouf, capitaine général le 14 juillet 1804.
Prise de l'île par les Anglais le 6 février 1810.

Domination anglaise (de 1810 à 1816).

Sir Georges Beckwith, gouverneur le 6 février 1810.
Sir Hugh Lyle Carmichael, major général par intérim, le 10 juillet 1810.
Sir Cochrane, contre-amiral, gouverneur le 30 août 1810.
Sir John Shinner, major général, gouverneur le 26 juin 1813.
Reprise de possession provisoire de l'île par l'adjudant général Boyer-Peyreleau, commandant en second, le 7 décembre 1814. Reprise de possession définitive par le comte de Linois, contre-amiral, gouverneur, lieutenant général le 14 décembre 1814. Prise de l'île par les Anglais, le 10 août 1815; sir James Leith, gouverneur général pour S. M. Britannique.

Régime royal (de 1816 à 1848).

De Lardenoy (comte), lieutenant général, gouverneur général, reprend possession de l'île le 15 juillet 1816. Le même, gouverneur et administrateur pour le roi, le 12 janvier 1818.
Jacob, contre-amiral, idem, le 1er juillet 1823.
Vatable (baron), maréchal de camp, par intérim, le 18 mai 1826.
Angot des Rotours (baron), contre-amiral, gouverneur le 1er juin 1826.
Vatable (baron), maréchal de camp, idem, le 1er juin 1830.
Arnous-Dessaulsay, contre-amiral, idem, le 8 juillet 1831.
Jubelin, commissaire général de la marine, idem, le 3 juin 1837.
Gourbeyre, contre-amiral, idem, le 15 juin 1841.
Varlet, colonel, idem, par intérim, le 7 juin 1845.
Layrle, capitaine de vaisseau, gouverneur le 31 octobre 1845.

Régime républicain (de 1848 à 1852).

GATINE, commissaire général de la République, le 5 juin 1848.
FIÉRON, colonel, gouverneur le 12 octobre 1848.
FABVRE, capitaine de vaisseau, gouverneur le 14 avril 1849, sous l'autorité du gouverneur général des Antilles.
FIÉRON, colonel, idem, le 12 décembre 1849.
CHAUMONT, colonel, idem, par intérim, le 1er novembre 1851.
AUBRY-BAILLEUL, capitaine de vaisseau, gouverneur le 26 novembre 1851.

Régime impérial.

AUBRY-BAILLEUL, gouverneur; le régime impérial est rétabli dans la colonie, le 27 janvier 1853.
GUILLET, commissaire général, gouverneur par intérim, le 13 décembre 1853.
BONFILS, capitaine de vaisseau, gouverneur le 13 janvier 1854.
GUILLET, commissaire général, par intérim, le 29 mai 1856.
TOUCHARD, capitaine de vaisseau, gouverneur le 5 mars 1857.
BONTEMPS, commissaire général, idem par intérim, le 13 mars 1859.
FRÉBAULT, colonel d'artillerie de la marine, gouverneur le 5 janvier 1860; nommé général de brigade le 26 août 1861.
DE LORMEL, directeur de l'intérieur, gouverneur par intérim, le 11 janvier 1862.
FRÉBAULT, général de brigade, reprend ses fonctions le 4 juillet 1862.
DESMAZES, ordonnateur, gouverneur par intérim, le 26 février 1864.
DE LORMEL, gouverneur le 23 avril 1864.

Topographie.

La colonie de la Guadeloupe se compose de l'île de ce nom et de quatre dépendances, qui sont : les îles de Marie-Galante, de la Désirade, des Saintes, et d'une partie de l'île Saint-Martin.

Situation géographique. — L'île de la Guadeloupe fait partie, ainsi que ses dépendances, du groupe des Petites-Antilles ou îles du Vent. Elle gît entre 15° 57' et 16° 31' de latitude N. et entre 63° 32' et 64° 9' de longitude O. du méridien de Paris, à 135 kil. au N. O. de la Martinique et à environ 1250 lieues marines du port de Brest.

Configuration et étendue. — L'île, d'une forme irrégulière, est divisée en deux parties inégales par un petit détroit nommé la *Rivière salée*, qui communique à la mer par ses extrémités. A l'ouest de ce canal se trouve la *Guadeloupe* proprement dite, de nature volcanique et traversée par une chaîne de montagnes. On évalue la superficie de cette partie à 94 631 hectares. Sa longueur du nord au sud est de 46 kilomètres; sa largeur de l'est à l'ouest de 20 à 24 kil., et le développement de ses côtes est de 140 kil. environ. La partie de l'île située à l'est de la Rivière salée est désignée sous le nom de *Grande-Terre*. Elle s'élève peu au-dessus du niveau de la mer. Sa forme approche de celle d'un triangle; sa superficie est de 65 631 hectares. Sa largeur, de l'est au nord-ouest, est d'environ 38 kil.; sa largeur, du nord au sud, de 35 kilom., et le développement de ses côtes de 170 kilom. environ.

Divers îlots sans importance sont semés sur les côtes de la Guadeloupe, principalement entre la Grande-Terre et la Guadeloupe proprement dite. Les plus considérables sont les deux îlots de la *Petite-Terre*, situés à un mille marin de l'extrémité orientale de la Grande-Terre, et d'une superficie de 343 hectares.

Montagnes. — Une chaîne de montagnes volcaniques couvertes de bois traverse la Guadeloupe proprement dite du nord au sud. La hauteur moyenne de ces montagnes est de 1000 mètres; la plus remarquable est la *Soufrière*, qui s'élève, dans la partie méridionale de l'île, à 1484 mètres environ au-dessus du niveau de la mer. C'est un volcan encore en activité. Il n'y a pas de montagnes dans la Grande-Terre; les plus hautes collines qu'on y rencontre dans la partie orientale ne dépassent pas 35 mètres d'élévation.

Rivières et ruisseaux. — On compte à la *Guadeloupe* proprement dite une cinquantaine de ruisseaux et dix-sept rivières, dont les seules navigables pour des barques et des pirogues sont la rivière Goyaves et la Lézarde. La Rivière Salée, comme il a été dit plus haut, n'est autre chose, malgré son nom, qu'un petit bras de mer dont la largeur varie de

30 à 120 mètres et dont la longueur est de 6 milles. Le peu de profondeur de ses embouchures l'empêche d'être navigable pour des bâtiments d'un fort tonnage. La Grande-Terre n'est arrosée par aucune rivière; on n'y trouve que quelques sources et ruisseaux fournissant à peine assez d'eau pour la consommation locale.

Eaux thermales. — Les sources d'eaux chaudes sont nombreuses à la Guadeloupe; on peut les classer ainsi : 1° *sulfureuses;* eaux des hauteurs du Matouba, déposant beaucoup de soufre hydraté et marquant une température de 53° centigrades; 2° *salines faibles;* eau du Pigeon ou Bain-du-Curé, source située sur le bord de la rivière de Bouillante; eau de Dolé; eau de la ravine chaude du Lamentin; 3° *salines fortes;* eau de la fontaine Bouillante à la lame; eau du Palétuvier, bains chauds Beauvallon; 4° *salines fortes avec dépôts ferrugineux;* ces dernières eaux laissent déposer dans les bassins des précipités abondants qui contiennent plus de 50 pour 100 de leur poids de peroxyde de fer; bains jaunes; eau du morne Goyavier[1].

Sol. — Les terres de la *Guadeloupe* proprement dite sont légères et faciles à cultiver; elles reposent presque partout, en couches plus ou moins épaisses, sur un fond d'argile. Le littoral et les pentes des premiers mornes sont seuls utilisés pour les cultures. La canne à sucre cesse d'être cultivée au-dessus de 400 mètres; de cette dernière limite à 800 mètres, il y a des caféiers; au delà commencent les forêts. Entre la mer et les montagnes, on trouve quelques plaines, comme à Sainte-Rose, au Lamentin et à la Capesterre : elles sont formées d'alluvions et très-fertiles. Le sol de la Grande-Terre, généralement plat, est formé d'une terre grasse reposant sur une base calcaire. Presque tous les points de son étendue sont susceptibles de culture.

Bois et forêts. — Les forêts de la Guadeloupe proprement dite couronnent les sommets des montagnes et couvrent la partie la plus élevée de leurs flancs. Leur étendue en longueur est d'environ 35 kilomètres. Elles occupent environ le cinquième de la superficie totale de l'île. Il n'existe pas de forêts à la Grande-Terre.

---

1. Extrait des *Recherches analytiques sur les eaux thermales de la Guadeloupe,* par P. S. Dupuy.

Ports, baies et rades. — Les principaux mouillages de la Guadeloupe proprement dite sont ceux de la Basse-Terre, de l'Anse-à-la-Barque, de la baie de Deshaies et de la baie Mahault. La rade de la Basse-Terre, sur la côte occidentale, quoique ouverte à tous les vents, offre un bon ancrage. Le mouillage de la baie Mahault, sur la côte N. E., près de l'embouchure de la Rivière Salée, est d'un difficile accès dans certaines parties, à cause des écueils nombreux dont il est environné; la baie Mahault ne peut recevoir que de petits bâtiments. L'Anse-à-la-Barque et la baie de Deshaies, sur la côte ouest, ont de bons mouillages pour de grands navires et même des bâtiments de guerre.

A la Grande-Terre, il y a deux rades principales, l'une à la Pointe-à-Pître et l'autre au Moule. Le port de la Pointe-à-Pître, situé à l'embouchure méridionale de la rivière Salée, sur la côte S. O. de la Grande-Terre, est l'un des plus beaux, des plus sûrs et des plus commodes des Antilles; il est capable de contenir un grand nombre de bâtiments de commerce, et même des frégates de premier rang. D'importants travaux de curage y ont été commencés, à la fin de 1862, au moyen d'une drague à vapeur. On y trouve, à marée basse, des fonds qui varient de $6^m.75$ à $7^m.50$. L'entrée en est défendue par les forts Fleur-d'Epée et Union et par de nombreuses batteries.

Le port du Moule est situé sur la côte orientale de la Grande-Terre, à 20 kil. de la Pointe-à-Pître. C'est le seul qui existe sur cette partie de la côte; l'entrée en est assez difficile, mais l'intérieur du port offre un bon mouillage pour des navires de 300 tonneaux.

Caps. — Les principaux caps de la Guadeloupe sont : la Pointe-des-Châteaux, à l'extrémité orientale de la Grande-Terre, la Pointe de la Grande-Vigie, au nord de cette partie de la colonie, et la Pointe-à-Launay, au sud de la Guadeloupe proprement dite.

Villes. — Il y a trois villes à la Guadeloupe : la Basse-Terre, la Pointe-à-Pître et le Moule. La ville de la Basse-Terre est le chef-lieu de la colonie, le siège du gouvernement colonial, et d'un évêché; elle s'élève sur la côte occidentale de la Guadeloupe proprement dite, au S. O. de la Soufrière. Sa population est de 9480 âmes, non compris la garnison.

La Pointe-à-Pître, chef-lieu commercial de la colonie, est située à l'ouest de la Grande-Terre, près de l'embouchure méridionale de la rivière Salée, à 55 kilomètres de la Basse-Terre. La ville avait été détruite, le 8 février 1843, par un tremblement de terre suivi d'un horrible incendie; mais l'heureuse situation de cette ville en a fait activer la reconstruction; aujourd'hui, elle a repris son ancienne splendeur; sa population est de 15172 âmes. Le Moule est la deuxième ville de la Grande-Terre; elle est située à 30 kil. environ de la Pointe-à-Pître.

Phare et feux. — Un phare et cinq feux éclairent les côtes de la colonie. Le phare s'élève sur l'extrémité orientale de la Terre-de-Bas, l'un des îlots de la Petite-Terre, par 16° 10′29″ de latitude N., et 63° 25′16″ de longitude O. C'est un feu fixe placé à 33 mètres au-dessus du niveau de la mer et ayant une portée de 15 milles. Les cinq autres feux sont établis, le premier à l'entrée du port de la Basse-Terre, le second sur l'îlot Monroux, à l'entrée de la rade de la Pointe-à-Pître ; le troisième à l'entrée du port du Moule, le quatrième sur l'îlot à Gosier, et le cinquième à l'entrée du port du Grand-Bourg (Marie-Galante). La portée de ces quatre derniers feux est de 7 milles; celle du feu de la Basse-Terre est de 9 milles.

Circonscription territoriale. — La colonie est divisée en 3 arrondissements, 10 cantons et 32 communes, dont 16 à la Guadeloupe proprement dite, 10 à la Grande-Terre, 3 à Marie-Galante, 1 aux Saintes et 1 dans l'île Saint-Martin.

Arrondissement de la Basse-Terre.

Cantons.	Communes.
Basse-Terre...............	Basse-Terre. Sainte-Claude. Gourbeyre. Vieux-Port. Baillif. Vieux habitants.
Capesterre...............	Capesterre. Trois-Rivières. Goyave. Iles des Saintes.
Pointe-Noire...............	Pointe-Noire. Deshaies. Bouillante.
Ile Saint-Martin...........	Marigot.

Arrondissement de la Pointe-à-Pître.

Cantons.	Communes.
Pointe-à-Pître............	Pointe-à-Pître. Abymes. Gosier. Morne à l'eau.
Lamentin............	Lamentin. Baie-Mahault. Petit-Bourg. Sainte-Rose.
Port-Louis............	Port-Louis. Canal. Anse-Bertrand.
Moule............	Moule. Sainte-Anne.
Saint-François...........	Saint-François. Ile de la Désirade.

Arrondissement de Marie-Galante.

Grand-Bourg............	Grand-Bourg. Capesterre. Saint-Louis.

La Guadeloupe proprement dite comprend les 16 communes des cantons de la Basse-Terre, de la Capesterre (à l'exception des Saintes), de la Pointe-Noire et du Lamentin. La Grande-Terre contient les dix communes des cantons de la Pointe-à-Pître, du Port-Louis, du Moule et de Saint-François (à l'exception de la Désirade).

DÉPENDANCES.

Marie-Galante. — La plus grande des dépendances de la colonie est l'île de Marie-Galante, située entre 15°53' et 16°01' de latitude N., et 63°31' et 63°39' de longitude O., à 27 kilom. 1/2 à l'E. S. E. de la Capesterre (Guadeloupe). L'île a 50 kilom. de circonférence, 15 kilom. 1/2 de longueur du N. au S., et 15 kilom. de largeur de l'E. à l'O.; sa superficie est de 14 927 hectares.

L'île est traversée par une petite chaîne de montagnes que

l'on nomme la Barre de l'île et qui ne s'élève pas à plus de 200 mètres; ces collines sont couvertes de forêts où le bois de campêche abonde.

Le sol, de nature calcaire, est fertile et propre aux mêmes cultures que celui de la Guadeloupe.

Le principal mouillage de Marie-Galante est celui du Grand-Bourg, situé au S. O. de l'île; une ceinture de rochers en rend l'accès difficile. Le Grand-Bourg est le chef-lieu de l'île; sa population est de 6992 habitants.

L'île forme trois communes : le Grand-Bourg, la Capesterre et Saint-Louis.

Les Saintes. — Le groupe des Saintes se compose des cinq îlots nommés : Terre-de-Haut, Terre-de-Bas, Grand-Ilet, la Coche et Ilet à Cabrit, et de quelques rochers. Ce groupe, situé à 12 kilom. au S. E. de la Pointe à Launay (Guadeloupe), a 10 kilom. de largeur de l'E. à l'O., 6 kilom. 1/2 de longueur du N. au S. La superficie des divers îlots est de 1422 hectares. Le sol est très-montueux et peu productif.

Disposés d'une manière circulaire, les îlots des Saintes offrent dans leur ensemble, entre la Terre-de-Haut et l'Ilet à Cabrit, un bon mouillage pour les plus grands vaisseaux de ligne. La situation topographique de ce port, les siéges qu'il a soutenus et le réseau de fortifications qu'on y a établi lui ont justement mérité la dénomination de Gibraltar des Antilles. Les Saintes ne forment qu'une commune qui dépend du canton de la Capesterre et de l'arrondissement de la Basse-Terre.

La Désirade. — La troisième dépendance est l'île de la Désirade, située à 10 kilom. au N. E. de la Pointe des châteaux de la Grande-Terre; elle a environ 22 kilom. de tour, 10 kilom. de longueur et près de 3 kilom. de largeur. Sa superficie est de 2720 hectares.

L'île est traversée par une chaîne de montagnes dont les flancs sont taillés à pic d'un côté, et de l'autre vont graduellement en s'abaissant jusqu'à la mer. Le sol est peu productif; on y trouve quelques sources abondantes dont l'eau est excellente. Elle possède une anse assez bonne.

Saint-Martin. — La quatrième dépendance est la partie septentrionale de l'île Saint-Martin, située à 232 kilom. au N. de la Guadeloupe, par 18°4' de latitude N. et 65°25' de longitude O. La partie S. appartient à la Hollande. La superficie du territoire français, qui comprend environ les deux tiers de l'île, est de 5177 hectares. L'îlot Tintamarre, voisin de la côte N. E. de l'île, appartient également à la France. Des montagnes très-rapprochées les unes des autres hérissent le sol qui est généralement léger et pierreux. La partie française de l'île est cependant plus fertile que la partie hollandaise; on y récolte du sucre et du coton. On y a établi des salines qui donnent à cette dépendance de nouveaux avantages et un amendement précieux pour l'agriculture.

Il existe trois mouillages dans la partie de l'île qui nous appartient; le meilleur est celui de la baie du Marigot, où se trouve le bourg de ce nom, chef-lieu de la dépendance.

Météorologie.

Température. — La température moyenne de la Guadeloupe est de 26° centigrades; le maximum de son élévation varie, suivant la saison, entre 30 et 32° à l'ombre, et le minimum entre 20 et 22°.

Les mois les plus chauds sont ceux de juin, juillet, août et septembre; les moins chauds, décembre, janvier, février et mars. La chaleur varie suivant l'exposition et l'élévation des lieux; ainsi la température est plus basse de près de 2° sur la côte N. de l'île; et sur le plateau de la Soufrière, elle n'excède pas 17°, lorsqu'au pied de cette montagne le thermomètre est à 30°. La variation journalière du thermomètre est de 5 à 10° d'après la saison.

La chaleur est presque constamment tempérée, le jour et la nuit, par deux brises régulières et alternatives. L'une, appelée brise de mer, dure depuis le lever jusqu'au coucher du soleil; elle s'accroît à mesure que le soleil s'élève à l'horizon. L'autre, appelée brise de terre, commence à souffler entre six et sept heures du soir et dure pendant la plus grande partie de la nuit.

Humidité atmosphérique. — La situation de la Guadeloupe sous le vent de l'océan Atlantique, la hauteur de ses montagnes centrales et les forêts qui couvrent une partie de sa surface entretiennent dans son atmosphère une grande humidité. L'hygromètre à cheveu de Saussure y donne, pour termes extrêmes et opposés, 61° et 97°, et pour terme moyen 86°.

Pluies. — Le terme moyen de la quantité de pluie tombant annuellement à la Guadeloupe est, au niveau de la mer, de 2^{m}19. La différence entre les années pluvieuses et les années sèches n'excède pas 33 centimètres. Le minimum des pluies a lieu de décembre à avril. Dans les îles des Saintes et de la Désirade il pleut moins qu'à la Guadeloupe. La même observation s'applique à la Grande-Terre. Il tombe deux fois plus d'eau dans les montagnes que sur le littoral.

Saisons. — La quantité de pluie tombée se lie étroitement à la chaleur: les mois les plus chauds sont les plus pluvieux. De là naissent deux phases distinctes dans l'année : l'une plus fraîche et en même temps plus sèche; l'autre plus chaude et plus humide. Pendant la première, c'est-à-dire de décembre à mai, il y a un temps de repos dans la végétation : certains arbres se dépouillent de leurs feuilles. Dans la seconde, c'est-à-dire de juin à novembre, sous l'influence des pluies plus fréquentes et de la chaleur plus intense, une grande vigueur se développe dans tous les végétaux, c'est l'époque des plantations. L'*hivernage* proprement dit ne dure que trois mois, de la mi-juillet à la mi-octobre. C'est alors que les pluies deviennent diluviales, et que les bouleversements atmosphériques sont plus fréquents.

Durée des jours. — La durée des jours les plus courts est de 11 heures 14 minutes; celle des plus longs, de 12 heures 56 minutes; leur longueur moyenne est de 12 heures 5 minutes.

Vents. — Les vents qui dominent à la Guadeloupe sont ceux d'Est, de Nord et de Sud. Depuis novembre jusqu'en avril, ils soufflent de l'hémisphère boréal en passant du Nord vers l'Est; depuis mai jusqu'en octobre, ils soufflent de l'hémisphère austral et varient entre l'Est et l'Ouest en passant par le Sud. Le vent d'Ouest est le plus rare; il est aussi le moins constant dans sa durée. Les bourrasques orageuses sont entrecoupées de calmes plats. Les vents d'Est soufflent pendant les trois quarts de l'année environ; ce sont ces vents qui portent les noms de vents alizés, et d'où dérivent les expressions *au vent* et *sous le vent* qui servent à désigner, dans les Antilles, l'orient et l'occident.

Marées. — L'élévation ordinaire de la marée n'excède pas 40 à 50 centimètres; elle se réduit même à moins lors des solstices; pendant les équinoxes, elle est tout au plus de 80 centimètres à un mètre. Les raz-de-marée sont fréquents, surtout pendant l'hivernage.

Tremblements de terre. — Les tremblements de terre sont assez fréquents à la Guadeloupe ; le plus violent fut celui qui détruisit la Pointe-à-Pitre, le 8 février 1843.

Population.

Fondée en 1635 par 550 Français, 65 ans plus tard, en 1700, la colonie comptait déjà 10 875 habitants, dont 3825 blancs, 325 affranchis et 6725 esclaves. Sa population a continué à s'accroître jusqu'en 1790 ; elle était à cette époque de 109 639 individus, parmi lesquels on comptait 13 938 blancs, 3149 gens de couleur ou affranchis et 90 139 esclaves. La population blanche commença à diminuer par les émigrations pendant la révolution ; mais on remarqua que la classe des gens de couleur et des noirs augmenta de près d'un sixième par suite de l'arrivée dans la colonie d'un grand nombre de fugitifs des îles voisines, qu'attirait l'appât de la liberté, et de noirs enlevés aux Anglais par les corsaires. Il faut que cette augmentation ait été considérable, puisque, malgré la perte évaluée au moins à 10 000 individus, esclaves ou gens de couleur libres, qui, pendant la période révolutionnaire, avaient succombé dans les combats de terre et de mer contre les Anglais, ou que la guerre civile, les exécutions et les déportations avaient enlevés à la colonie, le premier état de population fourni en 1802, comparé à celui de 1790, offre un surcroît de 4087 individus.

La population s'accrut rapidement jusqu'en 1809, elle était alors de 120 098 individus ; mais pendant l'occupation anglaise, c'est-à-dire depuis 1810 jusqu'en 1814, elle diminua de près de 15 000 individus. A partir de cette époque le nombre des affranchis ou gens de couleur libres alla toujours en augmentant ; il était de 9000 en 1820, de 20 000 en 1836 sur une population totale de 127 574 individus.

En 1847, l'année qui a précédé l'émancipation des esclaves, la population de la colonie était de 129 109 habitants, dont 41 357 libres, y compris les anciens affranchis, et 87 752 esclaves.

Au 1er janvier 1863, le chiffre de la population sédentaire était de 138 501 individus [1], dont 66 939 hommes et 71 562

---

1. *Tableaux de population, de culture, etc., des colonies pour* 1862,

femmes. Ces habitants étaient ainsi répartis entre les diverses îles qui composent la colonie :

Guadeloupe	118 867
Les Saintes	1 537
La Désirade	1 864
Marie-Galante	13 071
Saint-Martin (partie française)	3 162
Total	138 501

Dans ce chiffre sont compris : 1° les fonctionnaires et employés, non propriétaires, s'élevant avec leurs familles au nombre de 780 personnes; 2° les immigrants de toute origine, au nombre de 12 421 : 3° les troupes de la garnison à l'effectif réglementaire de 1536 hommes.

En comparant le recensement de 1863 et celui de 1847, on voit que l'immigration des travailleurs de toute origine est la seule cause de l'accroissement de la population de la colonie. En effet, l'excédant des naissances sur les décès, pendant cette période de temps, n'a été que de 1393.

Il n'est pas possible d'établir séparément, d'une manière exacte, le chiffre de la population blanche, toute distinction à cet égard ayant disparu complétement, depuis un certain nombre d'années, de tous les actes civils et administratifs.

En 1862, la population de la colonie a présenté les mouvements suivants :

Naissances	4093
Décès	3902
Mariages	505

Relativement à la masse totale de la population, la proportion des naissances, des décès et des mariages a été, en 1862, d'une naissance sur 33 individus, d'un décès sur 35 et d'un mariage sur 274.

Population maritime. — Au 1er janvier 1864, le nombre des individus faisant partie de l'inscription maritime, à la Gua-

---

p. 15. L'annuaire de la colonie pour 1864 porte le chiffre de la population totale à 152 124 habitants; mais il y a lieu de supposer qu'il y a des doubles emplois dans cette évaluation.

deloupe, était de 4084, dont 665 au service de l'État. Ces 4084 inscrits comprennent :

Maîtres au cabotage	100
Matelots	2163
Apprentis et novices	1047
Mousses	168
Ouvriers	219
Hors de service	387
	4084

Immigration.

La Guadeloupe qui possédait, en 1848, 87 752 esclaves dont 78 000 employés sur les habitations rurales, vit, elle aussi, les nouveaux affranchis abandonner, après l'émancipation, les travaux de la campagne. La production sucrière, qui était, en 1847, de 38 millions de kilogrammes tomba en 1848 à 20 millions, et en 1849 à 17 millions.

Il fallut recourir à l'immigration étrangère, l'idée de l'introduction de travailleurs européens ayant dû être abandonnée par les raisons qui l'avaient fait rejeter à la Martinique, et qui ont été exposées dans un de nos numéros précédents [1]. On essaya de faire des recrutements à Madère, d'où les colonies anglaises avaient déjà tiré plusieurs milliers de cultivateurs; 188 ouvriers de cette origine furent introduits à la Guadeloupe au mois de mars 1854, ils avaient contracté un engagement de cinq ans, moyennant une solde de 1 fr. par jour, avec jouissance d'un jardin, d'une case et droit aux soins médicaux gratuits. Cet essai ne put malheureusement être renouvelé. La population peu nombreuse des îles Madère finit par refuser d'émigrer; une partie des Madériens introduits à la Guadeloupe fut rapatriée à l'expiration des cinq années d'engagement; les autres se sont établis définitivement dans la colonie.

La Guadeloupe recourut alors à l'immigration indienne, puis aux travailleurs africains, dans les mêmes conditions que la Martinique, c'est-à-dire que M. le capitaine au long

---

1. Voir plus haut, page 295.

cours Blanc, puis la Compagnie générale maritime y introduisirent des Indiens, moyennant une prime qui est aujourd'hui de 403,05 (net), et que les Africains furent livrés par M. Régis au prix de 485 fr. (net) par adulte. La colonie reçut ainsi depuis le 25 décembre 1854, date de l'arrivée du 1er convoi d'Indiens, jusqu'au 1er avril 1864, un contingent de de 11 867 coulis, et du 3 janvier 1858 au 20 juillet 1861, 5915 Africains. Dans ce chiffre sont compris 71 noirs introduits par le navire *le Siam* pour compte de la Compagnie maritime. La colonie supportait une partie des dépenses d'introduction, et elle avait constitué à cet effet, sa caisse d'immigration d'une manière spéciale.

Cette caisse s'alimentait alors d'une taxe dite d'immigration et qui se composait : 1° du 10e de toutes les recettes des contributions directes et indirectes, 2° du 10e à verser par les communes de leurs recettes d'octroi et de licences de cabaret. Les autres recettes de la caisse comprenaient : le produit de la subvention annuelle de la métropole (150 000 fr.) et celle de la colonie qui, en principe, doit être de 500 000 fr. au moins, mais qui varie suivant le nombre des immigrants introduits; les intérêts des actions de la banque et des inscriptions de rente sur l'État appartenant à la colonie, et au besoin, le capital provenant de la réalisation de tout ou partie de ces titres; le produit de droit fixe d'enregistrement sur les traités passés avec les immigrants et celui du droit proportionnel (le 20e) sur le salaire de ces travailleurs; enfin les remboursements directement effectués par les colons. Depuis le commencement de l'immigration l'importance de ces remboursements a varié selon l'état plus ou moins prospère de la colonie.

En ce moment l'Indien coûte à la caisse d'immigration qui fait la totalité des avances 634 fr. 55 c., savoir : 403 fr. 05 c. payés à la Compagnie transatlantique, 37 fr. 50 c. [1] pour avances faites à l'engagé dans l'Inde et 194 fr. en cas de rapatriement. Sur cette somme le colon rembourse à la caisse d'immigration, en vertu d'un arrêté local du 5 janvier 1863, la somme de 300 fr. dont 60 fr. comptant et le reste en 4 annuités également de 60 fr. chacune. Il supporte en outre

---

[1] L'avance n'est que de 30 fr. pour les femmes et de 15 fr. pour les non adultes.

un droit d'enregistrement de 30 fr., plus un droit proportionnel sur les salaires de 37 fr. environ pour les 5 années d'engagement; l'engagiste se rembourse au moyen d'une retenue sur le salaire de l'Indien des 37 fr. 50 c. qui lui ont été avancés dans l'Inde. La caisse d'immigration prend donc en réalité à sa charge, y compris la dépense du rapatriement, une somme de 267 fr. 55 c., et l'immigrant revient à l'engagiste à 329 fr. 50 c.

Le budget de l'immigration, pour 1864, établi en prévision d'une introduction de 2000 Indiens, a été arrêté pour les
recettes à la somme de. . . . . 2 429 016 fr. 18 c.
et pour les dépenses à. . . . . 1 203 313 fr. 54 c.
l'excédant présumé des ressources à la
fin de l'année, sera donc de. . . . . . . 1 225 702 fr. 64 c.

Ajoutons enfin que la Guadeloupe a reçu, au mois d'août 1859, par le navire de la Compagnie maritime, *l'Indien*, un contingent de 208 Chinois recrutés à Shang-Haï. Chaque engagé adulte a droit à une solde mensuelle de 4 piastres, indépendamment de la nourriture, des soins médicaux, etc. Une prime de 659 fr. 60 c. (net) a été allouée par la colonie à l'introducteur, pour tout immigrant adulte porteur d'un contrat de 8 ans, la prime était de 485 fr. pour un immigrant porteur d'un contrat de 5 ans, l'engagiste remboursant en outre directement à l'introducteur une somme de 150 fr. par travailleur.

Au 1er avril 1864, la Guadeloupe possédait 13 532 immigrants dont 9389 Indiens, 4031 Africains, et 112 Chinois. Nous croyons pouvoir résumer ainsi l'opinion des autorités locales et des engagistes sur l'état et sur le mérite de ces diverses races de travailleurs :

Indiens : Situation satisfaisante; travail bon; cependant cette main-d'œuvre est coûteuse.

Africains : Situation satisfaisante; ces noirs se fondent peu à peu dans la population créole congénère. Bon travail, plus économique que celui de l'Indien.

Chinois : Sauf un seul atelier, tous travaillent isolément comme domestiques, gardiens, gabarriers. Dans ces conditions, ils donnent un assez bon travail.

Gouvernement et administration.

L'organisation du gouvernement de la Guadeloupe est réglée, comme à la Martinique, par une ordonnance royale du 9 février 1827, qui a été successivement modifiée par une seconde ordonnance royale du 22 août 1833, par le sénatus-consulte du 3 mai 1854 et par les décrets impériaux des 26 juillet 1854 et 29 août 1855.

Le gouvernement local se compose d'un gouverneur, d'un conseil privé, d'un conseil général, de trois chefs d'administration et d'un contrôle colonial.

La colonie est représentée, auprès du gouvernement métropolitain, par un délégué élu pour trois ans par le Conseil général, et qui fait partie du Comité consultatif des colonies siégeant à Paris.

Nous renvoyons à la *Notice préliminaire*[1] pour ce qui regarde les attributions du gouvernement local.

SERVICES DE L'ORDONNATEUR. — Le personnel de l'administration de la marine se composait, au 1er janvier 1864, de trente-trois fonctionnaires et employés, savoir : d'un commissaire de la marine, ordonnateur; de trois commissaires adjoints; de dix sous-commissaires; de neuf aides-commissaires et de dix commis de marine. Ce personnel est réparti en un secrétariat et cinq bureaux dont voici les attributions:

Secrétariat de l'ordonnateur. — Correspondance générale concernant le service de l'ordonnateur; préparation et enregistrement des ordres de service; nominations, promotions, congés; expédition des affaires réservées; correspondance ministérielle; affaires pour le Conseil privé, etc., etc.

1er bureau. — Revue et solde des officiers sans troupes, des fonctionnaires et agents civils et militaires du service colonial; revue et inspection de la comptabilité des corps organisés; mouvement du personnel; tenue des matricules; formation des états de services; successions des fonctionnaires et agents du service; propositions pour les pensions de retraite.

---

1. Voir plus haut, p. 3.

2e bureau. — Armements et inscription maritime; solde du personnel des corps de la marine embarqués; cabotage; armements et désarmements; mouvements des bâtiments; police des gens de mer; tenue des matricules pour les navires du commerce armés dans la colonie; rôles d'équipages; matricule des gens de mer; levée; comptabilité invalides et gens de mer; pensionnaires de la marine; prises, bris, naufrages, épaves maritimes. La colonie est divisée en deux quartiers maritimes : celui de la Basse-Terre, comprenant un sous-quartier aux Saintes et quatre syndicats; et celui de la Pointe-à-Pitre, comprenant huit syndicats.

3e bureau. — Approvisionnements, travaux, subsistances; cahiers des charges et marchés relatifs aux approvisionnements de tous les services de l'État, aux travaux et aux vivres; ventes et cessions des magasins; réceptions des fournitures de toutes sortes; constatation des travaux; casernets de solde; impressions et reliures; baux; mobilier et matériel de tout le service; liquidation des dépenses du matériel; salaires des ouvriers des directions; police administrative des transports généraux; vérification de la comptabilité des magasins, des directions, des vivres et de celle en matière, et des bâtiments armés; casernement des troupes; formation et réunion des comptes vivres; matricule des ouvriers.

4e bureau. — Hôpitaux; administration de la police des hôpitaux; confection des inventaires des mobiliers; marchés et adjudications relatifs à ce service; liquidation des dépenses; comptabilité et centralisation des documents qui se rattachent à ce service.

5e bureau. — Fonds; comptabilité en deniers; centralisation des recettes et des dépenses; formation des budgets et des comptes annuels; emplois des crédits; ordonnancement; tenue des comptes courants; virements; vérification de la comptabilité du trésor.

Tous ces services sont centralisés au siége du gouvernement à la Basse-Terre. Quatre chefs du service de la marine sont en outre établis à la Pointe-à-Pitre, à Marie-Galante, aux Saintes et à Saint-Martin.

Service des ports. — Le personnel du service des ports se compose de quarante-quatre personnes, savoir : un capitaine et un maître de port à la Pointe-à-Pitre, un lieutenant de port au Moule; un lieutenant de port à Marie-Galante; un maître de port à Saint-Martin; huit pilotes, vingt-quatre capotiers, un gardien, et dix gardiens-allumeurs des phares et feux.

Trésor public. — Le trésorier-payeur est en même temps trésorier des invalides de la marine, caissier des prises et des gens de mer; il a sous ses ordres, un chef de comptabilité et un caissier à la Basse-Terre; un trésorier particulier et un caissier à la Pointe-à-Pitre.

Service de santé. — Le personnel médical et pharmaceutique, sans y comprendre les sœurs hospitalières, se compose de dix-huit personnes, savoir : un premier médecin en chef, un second médecin en chef, trois chirurgiens de première classe, quatre de deuxième classe, et six de troisième classe; un pharmacien de première classe, un de deuxième et un de troisième classe.

DIRECTION DE L'INTÉRIEUR. — Le personnel de la direction de l'intérieur se compose d'un directeur, d'un secrétaire général, de quatre chefs de bureau, de cinq sous-chefs, de dix commis et d'un certain nombre d'écrivains dont le chiffre est fixé chaque année par le budget. Ce personnel est réparti en un secrétariat et quatre bureaux dont voici les attributions :

Secrétariat général. — Centralisation du travail des bureaux, enregistrement et conservation de la correspondance ministérielle, archives, affaires à présenter au Conseil général et au Conseil privé; affaires réservées; personnel des divers services; police secrète.

1er bureau. — Administration, contentieux, enregistrement, domaine, contributions diverses, communes, prisons.

2e bureau. — Agriculture, commerce, immigration, douanes.

3e bureau. — Instruction publique, culte, assistance et police.

4e bureau. — Ordonnancement des diverses dépenses, comptabilité coloniale et communale, budgets, travaux et approvisionnements, contrôle des services financiers.

Enregistrement, etc. — Le service de l'enregistrement, des domaines, du timbre et de la curatelle aux successions vacantes emploie : un inspecteur chef du service, deux vérificateurs, onze receveurs-conservateurs, cinq commis-receveurs, et sept agents divers. Il existe un conseil de curatelle dans chacun des trois arrondissements de la colonie.

Douanes. — Le service des douanes se composait, au 1er janvier 1864, d'un inspecteur de troisième classe, chargé provisoirement de la direction, de deux sous-inspecteurs, d'un contrôleur, de deux commis de direction, de dix vérificateurs, d'un commis principal, et de six commis. Le service actif comprend un lieutenant, six brigadiers, cinq sous-brigadiers, quarante préposés à terre, un patron de canot et un sous-patron, vingt-quatre canotiers et dix préposés matelots.

Contributions. — Ce service comprend, indépendamment du trésorier payeur et du trésorier particulier, qui remplissent respectivement les fonctions de receveur général et de receveur particulier des contributions : un inspecteur de deuxième classe, chef du service, deux sous-inspecteurs, un contrôleur principal, huit contrôleurs, sept commis principaux, vingt-huit commis, dix-neuf surnuméraires et deux vérificateurs des poids et mesures.

Poste aux lettres. — Le personnel de la poste se compose d'un receveur comptable du bureau central à la Basse-Terre, d'un receveur particulier à la Pointe-à-Pitre, d'un receveur au Moule et d'un autre à Marie-Galante, de deux commis, de vingt-huit buralistes dans les communes et de sept facteurs[1].

Ponts et chaussées. — Le personnel des ponts et chaussées comprend dix-neuf personnes, savoir : un ingénieur colonial, chef du service; un ingénieur colonial et un sous-ingénieur colonial; un conducteur principal; onze conducteurs; un chef de comptabilité; un dessinateur et deux commis.

Police. — Le personnel de la police forme un total de quinze personnes réparties comme il suit : deux commissaires de police de première classe, deux de deuxième classe, six de troisième classe, deux commissaires de police adjoints et trois commissaires de police provisoires.

Prisons. — Le commandant de la gendarmerie est chargé temporairement de l'inspection des prisons. Il existe dans la colonie : 1° A l'Ilet-à-Cabrit (Saintes), une maison centrale de force et de correction pour les hommes et les femmes condamnés à plus d'un an d'emprisonnement; 2° A la Basse-Terre, une maison de correction et de discipline pour les femmes condamnées à moins d'un an d'emprisonnement et pour les disciplinaires (un quartier sert de maison d'éducation correctionnelle aux jeunes filles); 3° A la Pointe-à-Pitre, et au grand Bourg (Marie-Galante), une maison de correc-

---

1. Nous consacrons un article spécial au service de la poste, p. 414.

tion et de discipline pour les hommes condamnés à moins d'un an d'emprisonnement et les disciplinaires; 4° A la Pointe-à-Pitre, un pénitencier flottant, *le Cocyte;* 5° Un quartier de correction et de discipline est établi dans la maison de police municipale de l'île Saint-Martin ; 6° Une maison d'éducation correctionnelle aux Abymes ; 7° Enfin, six prisons cantonales, à la Capesterre, au Port-Louis, au Moule, à la Pointe-Noire, à Saint-François et au Lamentin.

Trois régisseurs, trois gardiens-chefs, dix surveillants et guichetiers, un écrivain, trois aumôniers, cinq chirurgiens, quatre infirmiers sont attachés à ces établissements.

Les prisons de la Basse-Terre, de la Pointe-à-Pitre, du Grand-Bourg et de Saint-Martin servent aussi de maisons d'arrêt. Celles de la Basse-Terre et de la Pointe-à-Pitre servent de maisons de justice.

Il est établi dans chaque prison une commission composée du maire, président, de l'aumônier de la prison et d'un conseiller municipal. Le président du tribunal de première instance et le procureur impérial sont de droit membres de la commission de surveillance.

Immigration. — Le personnel administratif du service de l'immigration comprend un commissaire, deux sous-commissaires, un commis, un écrivain, trois interprètes (deux Indiens et un Africain).

Il existe un comité d'immigration composé de cinq membres et présidé par le directeur de l'Intérieur. Il y a neuf syndicats de l'immigration dans les différentes circonscriptions de la colonie, et un syndicat-protecteur des immigrants, composé de trois membres, dans chacune des villes de la Basse-Terre, de la Pointe-à-Pitre, et du Grand-Bourg (Marie-Galante)[1].

Imprimerie du gouvernement. — Le personnel de l'imprimerie du gouvernement se compose d'un chef, d'un sous-chef, d'un chef ouvrier, de huit compositeurs, cinq imprimeurs, quatre relieurs, un lithographe et huit apprentis.

CONTRÔLE COLONIAL. — Le personnel du contrôle comprend : un commissaire de la marine, contrôleur colonial; un sous-commissaire, chef du bureau central; deux aides-commissaires, un commis et deux écrivains de marine.

---

1. Nous consacrons un article spécial à l'immigration, p. 366.

ORGANISATION MUNICIPALE. — L'organisation municipale de la Guadeloupe a été réglée par un décret colonial du 20 septembre 1837, modifié par le sénatus-consulte du 5 mai 1854, pour tout ce qui regarde l'élection des conseillers municipaux et la nomination des maires et des adjoints. Chacune des trente-deux communes de la colonie possède une administration composée d'un maire, d'un ou de deux adjoints et de conseillers municipaux dont le nombre varie de huit à vingt.

Forces militaires.

Les forces militaires de la Guadeloupe se composent : 1° des troupes de la garnison, infanterie et artillerie de marine ; 2° d'un corps de gendarmerie coloniale ; 3° d'ouvriers indigènes du génie ; 4° de disciplinaires coloniaux ; 5° de milices. Elles forment un effectif de 1849 hommes, les milices non comprises.

L'effectif des troupes destinées à former la garnison de la colonie a été fixé comme il suit pour l'année 1864 :

États-majors. — L'état-major général et l'état-major des places se composent d'un capitaine faisant fonctions de chef d'état-major ; d'un lieutenant d'artillerie de marine, officier d'ordonnance ; de l'officier supérieur le plus élevé en grade, commandant de place à la Basse-Terre (cet officier supérieur compte à l'état-major particulier de son arme) ; d'un capitaine d'infanterie de marine, commandant d'armes à la Pointe-à-Pitre (cet officier compte à l'effectif du détachement d'infanterie en garnison dans la colonie) et d'un capitaine adjudant de place à la Basse-Terre.

Artillerie. — Un chef d'escadron, directeur ; un capitaine en premier, adjoint à la direction ; deux gardes d'artillerie ; un sous-chef ouvrier d'état ; deux maîtres armuriers ; 6 gardiens de batterie et un portier-consigne ; deux batteries d'artillerie comprenant neuf officiers et 202 sous-officiers et canonniers ; un détachement de 50 ouvriers d'artillerie, commandé par un lieutenant. Total : 15 officiers et 261 soldats.

Génie. — Un chef de bataillon, sous-directeur des fortifications ; 2 capitaines ; 6 gardes du génie ; 4 agents divers ; une compagnie indigène d'ouvriers du génie, composée de 3 officiers et de 130 sous-oficiers et soldats. Créée par un arrêté local du 2 mai 1859, cette compagnie a été définitivement organisée dans la colonie par le décret du 4 avril 1860. Indépendamment de son service spécial au génie, elle est affectée à tous les travaux d'utilité publique. Total pour le génie : 12 officiers et 134 sous-officiers et soldats.

Infanterie de marine (2e régiment). — Un lieutenant-colonel commandant la portion du corps; deux chefs de bataillon; un capitaine-major; deux capitaines adjudants-majors; un lieutenant, officier d'habillement; un lieutenant, officier payeur; deux chirurgiens aides-majors; huit compagnies à 114 hommes dont 3 officiers. Total, avec les hommes hors cadre : 34 officiers et 922 sous-officiers et soldats.

Disciplinaires. — Une compagnie composée d'un capitaine de 1re classe, commandant; de 3 lieutenants, 2 sous-lieutenants et 286 sous-officiers et soldats.

Gendarmerie coloniale. — Un chef d'escadron, commandant; un capitaine et trois lieutenants; 150 sous-officiers et gendarmes à cheval et 24 hommes à pied. Total 5 officiers et 174 sous-officiers et soldats.

Milices. — A la suite de la reprise de possession de la colonie par la France, les milices furent rétablies à la Guadeloupe par une ordonnance coloniale du 22 avril 1817. En 1832, un arrêté local du 1er mars résuma toutes les dispositions relatives à l'organisation de cette institution. La milice se composait alors de compagnies d'infanterie et de cavalerie; il existait aussi des compagnies de pompiers dans les villes; mais ces compagnies ne furent réellement constituées que par l'arrêté du 15 février 1851.

Les compagnies d'infanterie furent dissoutes par l'arrêté du 24 septembre 1857, qui créa deux cadres dans la milice, l'un actif, l'autre sédentaire; le premier, seul armé et équipé, comprenant des sapeurs-pompiers et des chasseurs à cheval; l'autre, comprenant tout le reste de la population soumise à l'appel légal de la milice. Enfin, un arrêté du 9 avril réduisit le nombre et l'effectif des compagnies, et introduisit plusieurs modifications dans les règlements sur le service.

Le lieutenant-colonel commandant les troupes d'infanterie de marine de la garnison a le commandement supérieur des milices, sous les ordres du gouverneur qui nomme les officiers et les sous-officiers. Le service de la milice est obligatoire, sous certaines exceptions, pour tous les citoyens de 18 à

50 ans. Le cadre des compagnies a été fixé comme il suit par l'arrêté du 9 avril 1861 :

Basse-Terre et Pointe-à-Pitre : 3 officiers et 81 hommes par compagnie de sapeurs-pompiers ; 2 officiers et 26 cavaliers pour les chasseurs à cheval ;

Moule et Grand-Bourg : 2 officiers et 26 hommes par compagnie de pompiers ; un officier et 20 cavaliers par compagnie de chasseurs à cheval.

Autres communes : 1 officier et 25 hommes par compagnie de pompiers ; 1 officier et 13 cavaliers par compagnie de chasseurs à cheval.

Il existe dans la colonie 32 compagnies de sapeurs pompiers et 30 compagnies de chasseurs à cheval. Le nombre des miliciens qui pourraient être appelés sous les armes, en cas de besoin, peut être fixé, au maximum, à 5700 hommes, dont 4500 à pied et 1200 à cheval.

Station locale. — Les navires composant la station locale de la colonie, sont : l'aviso à vapeur *le Styx*, de 160 chevaux et de 4 canons ; et la goëlette à voile *l'Hirondelle*, de 2 canons. L'état-major et l'équipage de ces deux bâtiments présentent un effectif de 130 hommes.

Justice.

Aux termes de l'ordonnance du 24 septembre 1828 et du décret du 16 août 1854, les tribunaux et la cour de la Guadeloupe appliquent le Code Napoléon, le Code de procédure civile, le Code de commerce, le Code d'instruction criminelle et le Code pénal, dont la promulgation a eu lieu dans cette colonie aux époques suivantes : Code Napoléon, 29 octobre 1805 ; Code de procédure civile, 19 octobre 1828 ; Code de commerce, 26 mai 1851 ; Code d'instruction criminelle, 12 octobre 1828 ; Code pénal, 29 octobre 1828.

Les principales modifications apportées en France à notre législation civile et criminelle ont été successivement introduites à la Guadeloupe, en même temps qu'à la Martinique, avant et depuis la promulgation du décret du 27 avril 1848 abolissant l'esclavage dans les colonies.

L'arrondissement de la Basse-Terre compte quatre tribunaux de paix : la justice de paix du canton de la Basse-Terre, celles de la Capesterre, de la Pointe-Noire, du Marigot (partie française de Saint-Martin).

L'arrondissement de la Pointe-à-Pitre en compte cinq : la justice de paix du canton de la Pointe-à-Pitre, celles du Lamentin, du Port-Louis, du Moule et de Saint-François.

L'arrondissement de Marie-Galante n'a qu'une justice de paix, celle du grand Bourg.

Le tribunal de première instance de la Basse-Terre se compose d'un président, de deux juges, de deux juges suppléants, d'un procureur impérial, d'un substitut et d'un greffier.

Le tribunal de première instance de la Pointe-à-Pitre se compose d'un président, de trois juges, de deux juges suppléants, d'un procureur impérial, de deux substituts et d'un greffier.

Le tribunal de première instance de Marie-Galante se compose d'un président, de deux juges, d'un procureur impérial, d'un substitut et d'un greffier.

La cour impériale de la Guadeloupe siége à la Basse-Terre ; elle se compose d'un président, de sept conseillers, d'un conseiller auditeur, d'un procureur général, de deux substituts et d'un greffier en chef.

Le procureur général est le chef du service judiciaire dans la colonie.

Il y a à la Guadeloupe deux arrondissements de cour d'assises, l'un dont le chef-lieu est à la Basse-Terre et qui comprend le ressort du tribunal de première instance de la Basse-Terre ; l'autre dont le chef-lieu est à la Pointe-à-Pitre et qui comprend le ressort des tribunaux de première instance de la Pointe-à-Pitre et de Marie-Galante.

Chaque cour d'assises siége au chef-lieu de son arrondissement et se compose de trois conseillers et de quatre membres du collége des assesseurs. Ce collége est formé de 60 membres choisis parmi les habitants de la colonie, qui réunissent les conditions déterminées par le titre 4 de l'ordonnance du 24 septembre 1828, concernant l'organisation judiciaire et l'administration de la justice dans nos colonies des Antilles.

La compétence des tribunaux de paix, des tribunaux de première instance et de la cour impériale, a été déterminée pour la Guadeloupe comme pour la Martinique par l'ordonnance précitée du 24 septembre 1828 (voir p. 306 à 309, art. justice (Martinique).

Officiers ministériels. — Un décret en date du 14 juin 1864 a organisé le notariat à la Martinique et à la Guadeloupe. Ce décret se base sur les lois du 25 ventôse an XI (16 mars 1803) et du 21 juin 1843.

On compte à la Guadeloupe 19 notaires, 30 avocats et avoués et 21 huissiers.

Statistique judiciaire. — Les justices de paix de la Guadeloupe et dépendances, pendant la période triennale de 1859 à 1861, ont rendu en moyenne, chaque année, 1198 jugements en matière civile et commerciale et 8565 décisions de simple police.

Pendant la même période, le tribunal de première instance de la Pointe-à-Pître a rendu, en moyenne annuelle, 820 jugements en matière civile et commerciale; celui de la Basse-Terre, 355 jugements et celui de Marie-Galante 172. Soit une moyenne annuelle pour toute la colonie de 1357 jugements en matière civile et commerciale.

En matière correctionnelle la moyenne annuelle s'élève à 740 jugements qui se répartissent ainsi qu'il suit : Basse-Terre 271, Pointe-à-Pître 381, Marie-Galante 88.

La moyenne des affaires sur lesquelles la cour impériale a eu à se prononcer, de 1859 à 1861, a été annuellement de 92.

Les cours d'assises, pendant la même période, ont eu à juger annuellement, en moyenne, 116 affaires et 145 prévenus. La moyenne annuelle de la période triennale précédente, avait été de 123 affaires et de 166 prévenus.

Culte, assistance et santé publiques.

L'établissement de religieux à la Guadeloupe remonte à la fondation de la colonie; parmi les 550 passagers qui débarquèrent dans l'île, en 1635, avec de l'Olive et Duplessis, se trouvaient quatre Dominicains. Les Capucins, que Desnambuc avait fait venir à Saint-Christophe, en 1626, furent chassés de cette île en 1646 et se réfugièrent à la Guadeloupe. Les Carmes et les Jésuites y furent appelés, en 1649, par M. Houel, seigneur et propriétaire de l'île. Les Dominicains, les Capucins, les Jésuites et les Carmes furent donc les quatre premiers ordres qui eurent aux Antilles des missions religieuses chargées de la conversion des sauvages. Ce fut seulement vers 1683 que des prêtres séculiers commencèrent à arriver à la Guadeloupe. Les frères de la Charité, sous le nom de religieux de l'ordre de *Saint-Jean de Dieu*, furent établis à l'hôpital de la Guadeloupe par lettres patentes du 5 novembre 1685.

Après l'expulsion des Jésuites, en 1762, le spirituel des colonies fut partagé en trois districts entre les Dominicains, les Carmes et les Capucins, sous le titre de missions apostoliques. Le supérieur de chacun de ces ordres était en même temps préfet apostolique relevant directement du Saint-Siége. Mais des lettres patentes du 29 août 1763 établirent que désormais ces fonctions ne pourraient être exercées que par des ecclésiastiques séculiers ou réguliers, nés Français, et astreints à prendre des lettres d'attache du pouvoir royal. Toutefois les préfets existant alors furent maintenus, à condition de faire enregistrer leurs pouvoirs au Conseil souverain de la colonie. Supprimés par un décret de l'Assemblée législative du 10 septembre 1792, les préfets apostoliques furent rétablis aux colonies en 1802. Une ordonnance du 31 octobre 1821 institua à la Martinique et à la Guadeloupe des préfets apostoliques à vie. Cette institution subsista jusqu'en 1850. Une bulle du Pape du 27 septembre de cette année érigea la colonie en évêché, suffragant de la métropole de Bordeaux, avec siège à la Basse-Terre. Cette bulle fut reçue par un décret impérial du 18 décembre 1850 qui en ordonna la publication en la forme ordinaire. L'organisation des évêchés coloniaux fut réglée par un décret du 3 février 1851.

Le personnel du service du culte catholique dans la colonie se compose d'un évêque et de 87 prêtres, dont 61 à la Guadeloupe, 7 à Marie-Galante, 2 à la Désirade, 3 aux Saintes, 2 à l'île Saint-Barthélemy[1] et 2 à l'île Saint-Martin. Le séminaire du Saint-Esprit, à Paris, est le grand séminaire diocésain de la colonie. Il existe, en outre, un séminaire-collège à la Basse-Terre. La colonie y entretient 21 boursiers.

Un décret du 31 octobre 1856 a appliqué à la colonie le décret du 30 novembre 1809 et l'ordonnance du 12 janvier 1825 concernant le régime des fabriques.

La colonie est divisée en 3 archiprêtrés : Basse-Terre, Pointe-à-Pitre et Marie-Galante. On y compte 39 paroisses,

---

1. L'île Saint-Barthélemy, bien que ne faisant pas partie de la colonie, dépend, pour le service du culte catholique, de l'évêché de la Guadeloupe.

dont 29 à la Guadeloupe, 3 à Marie-Galante, 1 à la Désirade, 2 aux Saintes, 2 à l'île Saint-Barthélemy, 2 à l'île Saint-Martin.

La presque totalité de la population de Saint-Martin étant protestante et appartenant à la communion Méthodiste, le Gouvernement a autorisé provisoirement un pasteur d'origine anglaise à exercer son ministère au Marigot. Il existe dans la commune un consistoire dont la constitution a été approuvée par une décision du 11 mars 1852. Ce consistoire se compose du pasteur, président, et de 8 membres laïques choisis parmi les citoyens les plus imposés au rôle des contributions directes. Ces notables sont renouvelés tous les deux ans par moitié.

CONGRÉGATIONS RELIGIEUSES.

Il y a dans la colonie quatre congrégations religieuses, à savoir : 1° les Pères du Saint-Esprit, au nombre de 87, dirigeant le séminaire-collége ; 2° les Frères de l'instruction chrétienne, dits de Ploërmel, au nombre de 58 ; 3° les Sœurs hospitalières de Saint-Paul de Chartres, au nombre de 42 ; 4° les Sœurs institutrices de Saint-Joseph de Cluny, au nombre de 88.

INSTITUTIONS DE BIENFAISANCE.

Bureaux de bienfaisance. — Établis en 1826 par un arrêté du 6 septembre, les bureaux de bienfaisance continuent à être régis par l'acte qui les a constitués.

Sous le nom de commission administrative, les membres des bureaux établissent, chaque année, les budgets des recettes et des dépenses de l'exercice, et le président rend un compte annuel des opérations effectuées.

Aux termes de l'article 190 de l'arrêté du 29 décembre 1857, les règles de la comptabilité des communes sont appliquées aux établissements de bienfaisance, en ce qui concerne la durée des exercices, la spécialité et la clôture des crédits, la perception des revenus, la formation, l'exécution et le règlement des budgets.

Il existe un bureau de bienfaisance dans chacune des 32 communes de la colonie. Les recettes de ces bureaux se sont élevées, pendant la dernière année, à la somme de 174 470 fr. 25 c., sur laquelle 171 333 fr. 20 c. ont été distribués en secours.

Ouvroir. — L'ouvroir de Sainte-Camille, à la Basse-Terre, a été fondé par Mgr Forcade, sous le patronage de Mme Touchard, avec l'assistance de dames charitables, et a été autorisé par arrêté du 10 septembre 1857.

Cet établissement de charité est dirigé par les Sœurs de la congrégation de Saint-Joseph de Cluny et soumis aux règlements qui régissent les écoles primaires libres. Son but est de tirer de la misère, en les préservant du vice, les pauvres petites filles et orphelines qu'on y peut recueillir, pour leur donner, avec une éducation proportionnée à leur condition, des habitudes d'ordre, de piété et de travail, et pour en faire de bonnes ouvrières ou de bonnes servantes. Les élèves sont vêtues et nourries par l'établissement, en retour de leur travail dont le produit profite à l'œuvre. Quand elles en sortent à 18 ans, elles reçoivent, avec 50 fr. d'argent, un trousseau d'environ 150 fr. de valeur. On s'efforce, en outre, de leur procurer une position avantageuse, selon leurs forces, leur activité et leur savoir-faire.

Crèche. — La création de la crèche Sainte-Anatilde, à la Pointe-à-Pitre, est due à l'initiative de la commission administrative du bureau de bienfaisance de cette ville et de son président, M. Anatole Leger, maire. Elle a été autorisée par un arrêté du 10 novembre 1860; 1241 enfants y ont été admis dans une période de 21 mois et ont fourni 30 975 journées de présence. Une redevance de 5 centimes par jour et par enfant est payée par les parents qui ne sont pas réputés indigents. Les enfants d'indigents sont reçus gratuitement. La direction de la crèche est confiée à une sœur hospitalière de Saint-Paul de Chartres.

SANTÉ PUBLIQUE.

Jury médical. — Institué au chef-lieu de la colonie, le jury médical a été réorganisé par un arrêté du 20 février 1864. Il est composé de cinq membres, dont trois docteurs en médecine et deux pharmaciens. Il comporte, en outre, deux suppléants désignés indistinctement parmi les médecins ou pharmaciens militaires ou civils. Tous les membres du jury médical sont nommés par le gouverneur qui désigne également le président, sur la proposition du directeur de l'intérieur.

Le jury médical a dans ses attributions l'exercice des diverses branches de l'art de guérir, la police médicale et pharmaceutique et la médecine légale. Il est chargé, en outre, de la réception des officiers de santé, des pharmaciens et des sages-femmes ; il dirige la propagation de la vaccine, exerce une haute surveillance sur le service des hospices civils, des infirmeries des prisons, etc., etc., et dresse le programme des cours d'accouchement. Il donne son avis sur les analyses des substances présentées par l'autorité, ainsi que son opinion sur les questions qui intéressent le progrès de la science.

Conseils d'hygiène publique et de salubrité. — Un arrêté du 20 février 1864 a créé un conseil d'hygiène publique et de salubrité au chef-lieu de chacun des arrondissements de la Basse-Terre et de la Pointe-à-Pitre, et une commission au Grand-Bourg (Marie-Galante). Des commissions peuvent, en outre, être instituées dans les chefs-lieux de canton.

Le nombre des membres est fixé à quinze pour les arrondissements de la Basse-Terre et de la Pointe-à-Pitre, et à neuf pour la commission du Grand-Bourg. La présidence est exercée par le maire de la commune, membre de droit. Le directeur de l'intérieur est membre né de tous les conseils et commissions d'hygiène et de salubrité. Il préside les séances auxquelles il assiste.

Les conseils ou commissions d'hygiène et de salubrité ont mission de donner leur avis sur toutes les questions relatives à l'hygiène publique et à la salubrité de leur circonscription, notamment l'assainissement des localités ; les mesures contre les maladies endémiques et transmissibles ; les épizooties ; l'organisation des soins médicaux aux malades indigents ; l'amélioration des conditions sanitaires des populations ; la salubrité des ateliers, écoles, prisons, établissements de bienfaisance, etc. ; les questions relatives aux enfants trouvés, orphelins, vieillards, infirmes ; la qualité des aliments, boissons et médicaments livrés au commerce ; les eaux minérales ; les établissements dangereux, insalubres ou incommodes ; les travaux de cimetières, égouts, halles, marchés, fontaines, grande et petite voirie.

Hôpitaux militaires. — Les hôpitaux militaires de la Guadeloupe sont au nombre de 6 ; ils sont tous placés aujourd'hui sous le régime de la régie. Avant 1863, les quatre principaux hôpitaux étaient sous le régime de l'entreprise et l'entrepreneur devait y tenir disponibles 722 lits, y compris les lits d'officiers, d'hospitalières, etc. Ces lits étaient ainsi répartis :

Hôpital de la Basse-Terre............	314 lits
— de la Pointe-à-Pitre............	226 —
— du Camp-Jacob............	104 —
— des Saintes.................	78 —

L'hôpital militaire de Marie-Galante comptait 46 lits et celui de Saint-Martin 20, ce qui donnait, pour toute la colonie, un total de 788 lits. Actuellement (1864), il n'y a plus dans les six hôpitaux militaires de la colonie que 444 lits montés qui suffisent aux besoins du moment.

Voici le nombre d'officiers de santé et de sœurs de Saint-Paul de Chartres attachés à chacun de ces hôpitaux : Basse-Terre, un premier médecin en chef, quatre chirurgiens, deux pharmaciens et six sœurs; Pointe-à-Pitre, un second médecin en chef, quatre chirurgiens, un pharmacien et six sœurs; Camp-Jacob, deux chirurgiens et quatre sœurs; Saintes, Marie-Galante et Saint-Martin, chacun un chirurgien et deux sœurs. Quatre aumôniers sont attachés à ces hôpitaux.

Il existe un conseil de santé à la Basse-Terre, une commission de santé à la Pointe-à-Pitre, et une commission sanitaire auprès de chaque hôpital.

Hospices généraux. — Ces hospices sont au nombre de deux : l'hospice des lépreux, à la Désirade, et l'hospice des aliénés, à Sainte-Claude.

La création du premier de ces établissements remonte à l'année 1728. Son mode de gestion, souvent remanié, a été, en dernier lieu, organisé par l'arrêté du 28 décembre 1858. L'hospice est administré par le directeur de l'intérieur, en ce qui concerne l'ordonnancement des recettes et des dépenses, l'achat des objets de consommation et la passation des marchés pour la fourniture des aliments et autres objets. La direction de l'établissement est confiée à trois sœurs hospitalières de Saint-Paul de Chartres, pour tout ce qui est relatif à l'exécution des règlements et au maintien de l'ordre et de la discipline. La Martinique envoie ses lépreux dans cet hospice, qui compte une centaine de malades en moyenne.

L'hospice des aliénés, fondé d'abord à la Basse-Terre en 1849, a été transféré, en 1852, sur les hauteurs de Sainte-

Claude, au Camp-Jacob. Deux sœurs hospitalières de Saint-Paul sont attachées à cette maison.

Hospices civils. — On compte dans la colonie cinq hospices civils, savoir : l'hospice Sainte-Camille, l'hospice Saint-Jules, l'hospice Sainte-Élisabeth, l'hospice Saint-Hyacinthe et l'hospice du Grand-Bourg.

La fondation de l'hospice Sainte-Camille, à la Basse-Terre, décidée en mai 1847, a été réalisée en 1849. Depuis cette époque, l'établissement a pris de l'extension. Il est situé aujourd'hui dans la campagne, aux portes de la ville, sur l'habitation Thillac. Le service intérieur est confié à 4 sœurs hospitalières de Saint-Paul de Chartres. Ses dépenses sont basées sur un revenu de 44 125 fr.

La fondation de l'hospice Saint-Jules, à la Pointe-à-Pitre, remonte à l'année 1843, après le tremblement de terre du 8 février, qui détruisit entièrement la ville de la Pointe-à-Pitre. Après l'émancipation, en 1848, son importance s'est accrue, et sa destination, toute spéciale aux malades de la ville, s'est étendue aux malades des autres localités. Quatre sœurs hospitalières de Saint-Paul de Chartres sont chargées du service intérieur. Le revenu de l'établissement est de 50 250 fr.

L'hospice Sainte-Élisabeth, aux Abymes, fut ouvert en 1850, sous le titre de Salle d'asile de l'arrondissement de la Pointe-à-Pitre, sur l'habitation Longval, appartenant au domaine colonial; cet établissement a été converti en hospice en 1854. Il est desservi par 4 sœurs hospitalières de Saint-Paul de Chartres. Ses dépenses se balancent avec une recette de 43 770 fr.

La fondation de l'hospice Saint-Hyacinthe, à la Capesterre, a été autorisée par un arrêté du 28 avril 1855. Il est desservi par une infirmière. Ses dépenses annuelles sont de 14 585 fr.

L'hospice du Grand-Bourg, à Marie-Galante, créé en vertu d'un arrêté du 28 avril 1855, est desservi par deux sœurs hospitalières de Saint-Paul. Le montant de ses dépenses est de 18 535 fr.

La colonie entretient deux boursiers à l'Institution impériale des sourds-muets à Paris.

Indépendamment des officiers de santé de la marine impériale, on compte dans la colonie 21 docteurs en médecine, 12 officiers de santé, 24 pharmaciens, 7 vétérinaires et 72 sages-femmes.

Instruction publique.

Il existe dans la colonie 75 établissements d'instruction publique, dont 37 pour les garçons, 34 pour les filles, et 4 pour les deux sexes. Sur ce nombre, on compte 30 écoles libres, dont 4 pour l'instruction secondaire, et 45 écoles primaires communales. Voici la nomenclature de ces établissements :

Écoles secondaires libres pour les garçons (trois). — Le petit séminaire collège de la Basse-Terre, créé le 1er janvier 1852 par Mgr Lacarrière, évêque de la Guadeloupe, et largement développé par son successeur, Mgr Forcade, est dirigé par un supérieur nommé par l'évêque. Le supérieur est secondé par 1 directeur, 1 préfet des études, 1 préfet de discipline et 13 ecclésiastiques du diocèse, comme professeurs. L'enseignement qu'on y reçoit embrasse : l'instruction élémentaire ou classe préparatoire, l'instruction primaire supérieure ou classe de commerce, l'instruction secondaire et les arts d'agrément. Le nombre des élèves que contient cet établissement est de 130 en moyenne. La colonie y entretient 15 bourses, qui sont distribuées en bourses et demi-bourses par les soins de l'administration[1].

Deux autres institutions secondaires à la Pointe-à-Pitre sont dirigées par deux laïques et fréquentées par 93 élèves.

Écoles primaires libres pour les garçons (onze).— Deux externats : l'un à la Pointe-à-Pitre, dirigé par 6 frères et fréquenté par 140 élèves ; l'autre, au Moule, dirigé par 2 frères et fréquenté par 45 élèves. Neuf écoles primaires dirigées par les laïques et qui, pendant le premier semestre de l'année 1864,

---

1. Pendant les années 1859, 1860 et 1861, 1140 élèves sont sortis des écoles communales de la colonie. Il est intéressant de faire connaître les diverses directions que ces élèves ont suivies ; les voici : Entrés dans d'autres établissements d'instruction 69 ; envoyés en France 18, à l'étranger 2 ; marins et pêcheurs 95 ; employés dans les administrations 6 ; clercs d'avoués ou de notaires 2 ; pharmaciens 2 ; commis de négociants 57 ; économes ou habitants 19 ; cultivateurs 455 ; professions manuelles 276 ; domestiques 22 ; employés chez les parents 18 ; travaillant à l'île de Sombrero 50, aux sanes hollandaises 20 ; décédés 27.

ont donné l'instruction, dans les diverses communes de la colonie, à 244 enfants.

Écoles primaires communales pour les garçons (vingt-trois). — Vingt-deux de ces écoles sont dirigées par 54 frères de Ploërmel et ont été fréquentées pendant le premier semestre de l'année 1864 par 1650 élèves. Près de 3000 adultes ont en outre assisté aux instructions religieuses du soir et du dimanche chez les frères. Enfin, plus de 9000 enfants et adultes ont été instruits à domicile par les frères-catéchistes.

L'école primaire de Saint-Martin est tenue depuis le commencement de l'année 1864 par 2 laïques et compte 55 élèves.

École secondaire libre pour les filles. — Le pensionnat de Versailles, à la Basse-Terre, a été institué par une ordonnance locale du 17 octobre 1822. Cet établissement, dirigé par onze sœurs de Saint-Joseph de Cluny, est absolument sur le même pied que celui de la Martinique[1], c'est-à-dire même organisation, même affectation à la classe aisée de la population coloniale. Il a été fondé dans ce pensionnat 2 bourses de 18 mois et 30 demi-bourses à la charge de la colonie, et 2 bourses de 18 mois à la charge de l'établissement. Le total des élèves, tant pensionnaires que demi-pensionnaires, s'est élevé pendant le premier semestre de 1864 à 94. Une école gratuite est annexée au pensionnat ; elle se recrute des enfants de la classe noire et de celle de couleur, et compte 115 élèves.

Écoles primaires libres pour les filles (onze). — Le pensionnat de la Basse-Terre a pour succursales 2 externats, l'un à la Pointe-à-Pitre, l'autre au Grand-Bourg. Ils sont dirigés par 7 sœurs et fréquentés par 101 élèves. Neuf écoles dirigées par des institutrices laïques, dans les diverses communes de l'île, ont donné l'instruction à 256 enfants pendant la première moitié de l'année 1864.

Écoles primaires communales pour les filles (vingt-deux). — Ces écoles, à l'exception de celle de Saint-Martin, sont toutes tenues par les sœurs de Saint-Joseph, au nombre de 52, et donnent l'instruction élémentaire à une population d'enfants qui a été évaluée, pour le premier semestre de 1864, sans compter l'œuvre de l'éducation chrétienne, à près de 2200 adultes.

---

1. Voir plus haut, p. 313.

Écoles primaires mixtes (quatre). — Ces écoles, toutes situées à la Basse-Terre, sont dirigées par 6 institutrices laïques et reçoivent des filles et des garçons. Le nombre de leurs élèves a été de 84 pendant la première moitié de l'année 1864.

Dans les écoles communales, les enfants des indigents sont admis gratuitement par le maire jusqu'à concurrence du vingtième des élèves payants. En dehors de ce vingtième, les admissions gratuites sont accordées en vertu de décisions spéciales du gouverneur.

La colonie entretenait en France, en 1864, six élèves dans les lycées impériaux, 1 élève à l'École polytechnique, et 2 à l'École des arts et métiers de Châlons. Le nombre de ces concessions n'est pas fixe.

Une commission, nommée par le gouverneur de la colonie, est chargée, aux termes du décret du 23 décembre 1857, d'examiner, dans la colonie, les candidats aux brevets de capacité ès lettres et ès sciences.

Cours publics. — La commune du Moule entretient à ses frais un cours de mathématiques usuelles.

Écrits périodiques. — Il existe à la Guadeloupe trois journaux, savoir : la *Gazette officielle de la Guadeloupe*, l'*Avenir* et le *Commercial*, paraissant deux fois par semaine, la première de ces feuilles à la Basse-Terre, et les deux autres à la Pointe-à-Pitre.

L'administration locale fait publier un *Annuaire* de la colonie, et un *Bulletin officiel des actes du gouvernement* qui paraît par livraisons mensuelles.

Finances.

Les dépenses de souveraineté et de protection, auxquelles il est pourvu au moyen de fonds alloués par le budget de l'État, s'élèvent, pour l'exercice 1864, à la somme de 3 574 350 fr.

Les dépenses d'administration intérieure, à l'acquittement desquelles est employé le produit des revenus locaux, se montent à la somme de 3 544 601 fr.

Voici le relevé de ces dépenses :

DÉPENSES DE L'ÉTAT (exercice 1864).

Chap. I. — Personnel civil et militaire.

	fr.	c.
Gouvernement colonial	60 000	»
Administration générale	245 830	»
Justice	373 600	»
Culte	243 700	»
Subvention à l'instruction publique	100 000	»
États-majors	112 632	»
Inscription maritime	20 400	»
Gendarmerie coloniale	481 533	»
Compagnie disciplinaire	114 786	87
Troupes indigènes	67 116	78
Accessoires de la solde	34 800	»
Traitement dans les hôpitaux	489 731	»
Vivres	587 395	90
Dépenses accessoires et diverses	41 520	»
	2 973 045	55
A déduire $\frac{1}{30}$ pour incomplets	99 101	52
	2 873 944	03

Chap. II. — Matériel civil et militaire.

	fr.	c.
Ports et rades (travaux d'entretien)	25 000	»
Édifices publics	7 000	»
Casernement et campement	4 500	»
Artillerie et transports	63 000	»
Génie	313 900	»
Loyers et ameublements	75 000	»
Impressions et souscriptions	17 000	»
Frais de justice et de procédure	45 000	»
Introduction de travailleurs	150 000	»
Total du matériel	700 400	»
Rappel du personnel (chiffres ronds)	2 873 950	»
Total général	3 574 350	»

Les dépenses qui précèdent ne comprennent pas celles qui sont effectuées dans la colonie au compte du *service marine* et qui se sont élevées en 1862 (dernier compte rendu), à la somme de 511 276 fr. 97 c.

BUDGET LOCAL (exercice 1864).

Le budget local de la colonie, pour l'exercice 1864, est basé sur une recette totale de 3 544 601 fr., somme inférieure de 331 614 fr. à celle de l'exercice précédent. Cette diminution provient surtout de la suspension de la contribution personnelle, et de l'abaissement des prix du sucre qui servent de base à la liquidation des droits de sortie. Elle a été compensée par une réduction de dépenses et par une augmentation des droits d'octroi et sur les spiritueux.

Les dépenses obligatoires s'élèvent à 2 350 989 fr. 46 c., les dépenses facultatives à 860 746 fr. 54 c. et les dépenses spéciales et d'ordre à 332 865 fr.

Voici le relevé des recettes et des dépenses locales :

RECETTES.

	fr.	c.
Droits sur les terres cultivées en vivres et fourrages...............	37 000	»
Droits sur les loyers des maisons...	182 000	»
Contribution personnelle...........	ordre	
Contribution des patentes..........	165 000	»
Autres contributions sur rôles.....	20 950	»
Droits de sortie sur les denrées coloniales......................	635 271	»
Droits d'entrée sur les marchandises étrangères................	307 130	»
Autres droits de douane, de navigation, d'entrepôt et d'octroi......	204 970	»
Produit de l'impôt sur les spiritueux.	926 600	»
Droit d'enregistrement, de timbre, d'hypothèque, de greffe, etc.....	400 000	»
Droit sur la délivrance des passe-ports........................	2 500	»
Domaine.........................	61 880	»
Produit de l'imprimerie...........	40 000	»
Subvention de l'État pour l'instruction publique.................	100 000	»
Taxe des lettres.................	55 000	»
Produit du travail des détenus.....	40 000	»
Recettes diverses................	64 000	»
Recouvrement de frais de poursuites.	28 000	»
A reporter.........	3 270 301	»

	fr.	c.
Report..........	3 270 301	»
Prélèvement provisoire sur la caisse de réserve...................	70 000	»
Produits des exercices clos........	74 800	»
Contingent des communes pour les chemins de grande communication.	130 000	»
Total des recettes..........	3 544 601	»

DÉPENSES.

Section I. — Dépenses obligatoires.

Personnel.

	fr.	c.
Délégué au comité des colonies.....	12 900	»
Direction de l'intérieur..........	97 800	»
Enregistrement, hypothèques, timbre.	100 000	»
Contributions diverses...........	252 400	»
Poste aux lettres.................	35 220	»
Vérification des poids et mesures...	7 600	»
Douane........................	217 335	»
Instruction publique.............	190 950	»
Ponts et chaussées...............	81 525	»
Police générale.................	40 000	»
Prisons.......................	43 500	»
Service des ports................	46 780	»
Divers agents...................	48 540	»
Pensions.......................	14 055	66
Frais de perception de l'impôt......	129 488	»
Total..............	1 318 093	66
A déduire pour retenues...........	6 000	»
	1 312 093	66
Accessoires de la solde...........	27 500	»
Traitement dans les hôpitaux.......	46 380	50
Total du personnel........	1 385 974	16

Matériel.

	fr.	c.
Entretien des édifices coloniaux.....	60 450	»
Id. des routes et cours d'eau.	294 160	»
Id. des ports et des feux.....	24 000	»
Matériel des ports..............	6 050	»
Matériel des services financiers....	96 105	20
A reporter......	480 765	20

	fr.	c.
Report..........	480 765	20
Loyers et mobiliers divers.........	34 902	»
Casernement de la gendarmerie....	65 500	»
Atelier de discipline et prisons.....	160 705	»
Hospices des aliénés et des lépreux.	52 743	10
Dépenses diverses, arrérages, etc..	75 400	»
Total du matériel.........	870 015	30
Rappel du personnel..............	1 385 974	16
Dépenses des exercices clos........	95 000	»
Total des dépenses obligatoires..	2 350 989	46

Section II. — Dépenses facultatives.

	fr.	c.
Service de l'immigration...........	47 080	»
Imprimerie du gouvernement.......	47 200	»
Travaux neufs des édifices coloniaux.	24 000	»
Id. des routes et ouvrages d'art.	125 818	04
Curage du port de la Pointe-à-Pitre.	65 000	»
Loyers, mobiliers, etc.............	28 300	»
Encouragement aux cultures.......	85 500	»
Subvention à l'immigration........	257 732	»
Id. aux hospices..........	41 000	»
Id. à l'enseignement scolaire et professionnel......	31 794	»
Autres subventions...............	56 700	»
Secours et indemnités à divers.....	20 930	»
Dépenses diverses et imprévues....	29 692	»
Total des dépenses facultatives..	860 746	54

Section III. — Dépenses d'ordre et dépenses spéciales.

	fr.	c.
Restitution aux communes.........	132 865	»
Restitution à la caisse de réserve...	70 000	»
Emploi du contingent fourni par les communes, pour les chemins de grande communication..........	130 000	»
Total des dépenses d'ordre et spéciales................	332 865	»

Récapitulation.

Dépenses obligatoires............	2 350 989 46
Dépenses facultatives............	860 746 54
Dépenses spéciales et d'ordre.......	332 865 »
Total général des dépenses....	3 544 601 »

ÉTABLISSEMENTS FINANCIERS.

Banque de la Guadeloupe. — Constituée par la loi du 11 juillet 1851, au capital de 3 000 000 de francs, la banque de la Guadeloupe a son siége à la Pointe-à-Pitre. Elle effectue, sur les places de la colonie, dans les limites de ses statuts, toutes opérations d'escompte, d'avances sur cessions de récoltes, sur matières d'or et d'argent, et de change sur la France et les colonies. Pendant l'exercice 1863-1864, l'ensemble de ses avances, prêts et escomptes s'est élevé à la somme de 31 793 638 fr. 31 c., présentant une augmentation de 2 145 602 fr. 46 c. sur l'exercice 1860-1861.

Ce chiffre d'opérations se décompose de la manière suivante :

	fr.	c.
Escompte d'effets de commerce.......	25 408 146	09
Prêts sur cession de récoltes..........	4 734 600	43
Opérations sur transferts d'actions.....	1 208 962	84
Opérations sur transferts de rentes.....	210 300	»
Prêts sur matières d'or et d'argent.....	131 637	»
Prêts sur marchandises..............	99 991	95
Total........................	31 793 638	31

Depuis la conclusion des traités passés en 1860 et 1861 par la banque avec le comptoir d'escompte de Paris, le montant total des mandats émis sur ce comptoir a été de 38 976 139 fr. dont 8 795 759 fr. en 1863-64.

Le mouvement général des caisses de la banque, pendant le cours de l'exercice 1863-64, a présenté, dans son ensemble, un chiffre de 43 643 942 fr., dont 23 414 942 fr. à l'entrée, et 20 229 000 fr. à la sortie, y compris la balance au 30 juin 1863. Dans l'ensemble de ce mouvement de fonds, les billets figurent pour 39 659 875 fr., et le numéraire pour 3 984 067 fr. La moyenne des billets en circulation pendant l'exercice a été de 3 449 550 fr.

La masse générale des comptes courants a présenté une somme totale de 104 692 920 fr., dont 52 795 497 fr. à l'entrée, et 51 397 423 fr. à la sortie, y compris la balance au 30 juin 1863. Les dépenses d'administration, en 1863-64, se sont élevées à la somme de 76 848 fr., et les bénéfices nets à 510 000 fr. Les dividendes, pour cet exercice, ont été de 10 fr. 50 c. pour 100; soit 52 fr. 50 c. par action.

Après la clôture de l'exercice 1863-64, le fonds de réserve de la banque atteignait 1 122 524 fr.

Crédit foncier colonial. — L'établissement du crédit foncier colonial aux Antilles a été autorisé par décret du 31 août 1863, promulgué à la Guadeloupe le 2 octobre suivant. Cette société, dont le siège est à Paris, a été substituée à la Société anonyme du crédit colonial, qui avait été autorisée par le décret impérial du 24 octobre 1860. Elle a pour objet :

1º De prêter, à des conditions déterminées, soit à des propriétaires isolément, soit à des réunions de propriétaires, les sommes nécessaires à la construction des sucreries dans les colonies françaises ou au renouvellement et à l'amélioration de l'outillage des sucreries actuellement existantes ;

2º De prêter sur hypothèques, aux propriétaires d'immeubles situés dans les mêmes colonies, des sommes remboursables par les emprunteurs, soit à longs termes, au moyen d'annuités comprenant l'amortissement et les frais d'administration, soit à courts termes avec ou sans amortissement ;

3º D'acquérir, par voie de cession ou autrement, et de rembourser, avec ou sans subrogation, des créances privilégiées ou hypothécaires ;

4º De prêter aux colonies et aux communes dans les colonies, dans les mêmes conditions qu'aux particuliers, les sommes qu'elles auraient obtenu l'autorisation d'emprunter, avec ou sans hypothèque ;

5º De créer et de négocier des obligations pour une valeur égale au montant des prêts.

La durée de la Société est fixée à 60 ans, à partir du 31 août 1863. Le fonds social est de 12 millions de francs, divisés en 24 000 actions de 500 fr. chacune. La Société est investie d'un privilége dont la durée est fixée à 40 ans.

La Société est administrée par un conseil composé de quinze administrateurs nommés par l'assemblée générale des actionnaires.

Il est établi dans chaque colonie une commission spéciale à l'examen de laquelle sont soumises les demandes de prêts adressées à la Société. Cette commission se compose de l'agent de la Société, de deux membres nommés par le conseil d'administration et de deux membres nommés par le conseil général : elle comporte également des membres suppléants.

Depuis l'ouverture des opérations de la Société à la Guadeloupe jusqu'à la fin d'avril 1864, 65 demandes de prêts tant industriels que fonciers se sont produites ; 27 de ces demandes ont été admises par la commission coloniale pour une somme de 2 295 500 fr., et 38 demandes, qui n'avaient pas encore été examinées à cette date par la commission locale, restaient en instance et représentent une somme de 1 929 000 fr.

Agriculture.

Les principales cultures de la Guadeloupe sont celles de la canne à sucre, du café, du coton, du cacao, du manioc et des denrées alimentaires désignées sous le nom de vivres du pays et comprenant les bananes, les ignames, le maïs, les patates, les malangas, les madères, les pois, les couscous, etc.

La quantité d'hectares employés à chaque genre de culture et la quantité des produits récoltés en 1863 sont indiqués au tableau ci-après :

ESPÈCES DES CULTURES.	NOMBRE D'HECTARES cultivés.	QUANTITÉS EXPORTÉES.	QUANTITÉS CONSOMMÉES.	TOTAL.
Sucre............	*CANNE* 18,333	30,265,936	4,323,705	34,588,641 kil.
Sirops et mélasse..		257,696	1,587,024	1,844,720 litres
Tafia		1,423,237	1,343,843	2,767,080 litres
Café.............	1,962	409,059	818,118	1,227,177 kil.
Coton............	678	32,502	10,834	43,336 —
Cacao............	478	67,925	33,962	101,887 —
Girofle et poivre	8	»	248	248 —
Vanille...........		22ᵏ690	350	372ᵏ690ᵉ
Tabac............	31	»	5,745	5,745 kil.
Rocou............	161	124,400	»	124,400 —
Casse............	»	129	»	129 —
Vivres...........	4343	»	»	8,981,733 —
Manioc...........	3796	»	2,838,588	2,838,588 —
Campêche.........	»	822,027	»	822,027 —
Fécule de dictame...	»	»	3,860[1]	3,860 litres
Sel..............	»	3,600,000	»	3,600,000 kil.

A l'exception de la canne et du rocou, toutes ces cultures présentent une augmentation sur celles de l'année 1862.

La valeur brute des produits récoltés est estimée à la somme de 23 126 195 fr.

Voici quel était le nombre des principales habitations rurales existant dans la colonie au 31 décembre des années 1862 et 1863 :

			1862	1863
Sucreries.	Plantations avec usines à	vapeur............	72	76
		eau...............	137	133
		vent..............	194	191
		bêtes.............	8	6
	Usines centrales sans plantation.....		9	11
	Plantations sans usines..............		42	45
Caféières...............................			427	323
Cotonneries.............................			49	158
Vivrières...............................			4745	4967
Cacaoyères..............................			35	58

Le nombre des travailleurs employés aux cultures était de 63 620 au 31 décembre 1862, et de 65 036 au 31 décembre 1863.

Voici l'état numérique des différentes espèces d'animaux de trait et de bétail existant dans la colonie au 31 décembre des années 1862 et 1863 :

	1862	1863
Chevaux................................	3 787	2 768
Anes...................................	441	466
Mulets.................................	5 204	5 343
Taureaux et bœufs......................	7 829	9 141
Vaches et buffles......................	3 914	3 576
Béliers et moutons.....................	9 275	8 425
Boucs et chèvres.......................	8 155	8 493
Cochons................................	14 633	17 681
	53 238	58 893
Valeurs approximatives....	8 143 166ᶠ	8 074 870ᶠ

Le développement des cultures en 1863, la création de nouvelles usines à vapeur et le perfectionnement général apporté à l'outillage des sucreries, même de celles à eau et à vent, ont élevé la valeur des terres employées aux cultures, ainsi que celle des bâtiments et du matériel d'exploitation, comme on le voit par le relevé ci-après :

	1862 fr.	1863 fr.
Valeurs des terres employées aux cultures..	38 169 026	44 595 600
— des bâtiments et du matériel d'exploitation...................	35 478 735	36 344 725
— des animaux de trait et du bétail...	8 143 166	8 074 870
Montant des capitaux engagés dans la culture.	81 790 927	89 015 195

Canne à sucre. — La canne à sucre ne fut mise en plantation réglée, à la Guadeloupe, qu'en 1644, c'est-à-dire dix ans après l'établissement de la colonie. La canne créole et la canne de Batavia, successivement cultivées dans ce pays, ayant dégénéré, on y introduisit, en 1790, la canne de Taïti, supérieure à ces deux premières espèces et qui les a totalement remplacées. La première indication certaine que l'on ait sur la production sucrière de la colonie remonte à 1790; l'exportation de sucre pendant cette année a été de 8 700 000 kilogr. De 1790 à 1818 on manque de renseignements, mais à la fin de 1818, on trouve qu'il y avait 17 500 hectares cultivés en canne, qui fournirent à l'exportation 21 800 000 kilog. de sucre. De 1831 à 1835, la quantité de terre affectée à à cette culture n'a pas dépassé 19 900 hectares, et l'exportation annuelle a été, terme moyen, de 34 millions de sucre brut. Le relevé ci-après montre la marche qu'a suivie la culture de la canne à sucre depuis 1835 :

Années.	Nombre d'hectares cultivés.	Sucre. kil.	Sirops et mélasses. litres.	Tafia. litres.
1835........	24 809	36 335 241	6 506 129	2 158 015
1840........	23 502	30 722 041	5 338 088	2 857 056
1845........	22 998	33 788 488	4 802 036	2 013 889
1850........	15 335	13 719 918	2 526 224	630 783
1855........	14 491	27 772 239	3 584 224	2 766 786
1860........	17 892	32 903 019	1 086 258	3 877 930
1861........	17 968	31 219 226	1 724 717	3 664 809
1862........	18 656	35 643 069	1 982 069	4 703 039
1863........	18 333	34 588 641	1 844 720	2 767 080

On voit que la culture de la canne, qui avait diminué considérablement après l'émancipation, mais qui avait repris dans ces dernières années, a décru en 1863. Cette diminution s'explique par les longues sécheresses éprouvées par le pays et aussi par le bas prix des sucres, circonstances qui ont porté un grand nombre d'habitants à consacrer une plus grande partie de leurs terres à la culture du coton. Le produit des terres cultivées en cannes varie considérablement, selon le plus ou moins de fertilité du sol, et surtout selon les conditions atmosphériques. Les années pluvieuses sont toujours les plus abondantes. Le rapport annuel d'un hectare est, en moyenne, de 1 800 à 2 000 kilogr. La récolte de la canne a lieu du mois de février au mois de juin ; une faible partie de la récolte se fait aussi à l'arrière saison, en octobre et novembre.

Café. — Le café n'a été introduit à la Guadeloupe qu'en 1730. Sa culture s'y étendit si rapidement qu'en 1790 il y avait, dans la colonie, 8174 hectares plantés en café, ayant fourni à l'exportation pour la France 3 710 850 kilgr. de cette denrée. Mais, depuis cette époque, la guerre, les coups de vent et les maladies ont beaucoup diminué cette production. En 1835, on ne comptait plus, dans la colonie, que 5602 hectares consacrés à cette culture, et que 1591 en 1860 ; mais elle tend à reprendre depuis quelques années ; (1676 hectares en 1861 ; 1862 en 1862, et 1950 en 1863.)

Le caféier est un arbuste délicat, qui croît dans les mornes et dans les terrains à pente rapide. Il ne donne son fruit qu'au bout de trois ans, et n'est en plein rapport qu'à la cinquième ou à la sixième année. La récolte commence en août et finit ordinairement à la fin de décembre. Dans les terrains qui sont à une élévation de 500 et 600 mètres au-dessus du niveau de la mer, la récolte commence un mois plus tard et se prolonge quelquefois jusqu'en mars. Le produit annuel d'un hectare de terre planté en caféiers est en moyenne de 600 kilogr. de café nettoyé et bon à livrer à la vente.

Coton. — Les Antilles peuvent être considérées comme la terre natale du coton longue soie. Christophe Colomb, en 1493, fit de ce produit la base des tributs imposés aux Caraïbes ; le coton des communes du François, du Bailly et des Vieux-Habitants, à la Guadeloupe, et surtout celui de ses dépendances (Désirade, Saintes et Marie-Galante), eurent pendant longtemps une grande vogue sur les marchés européens. L'accroissement de sa culture fut tel qu'en 1789 il existait dans la colonie 8878 hectares plantés en coton.

Les guerres du premier Empire, l'inintelligence de quelques planteurs qui favorisèrent la dégénérescence des belles espèces, en introduisant des variétés grossières comme plus productives, enfin l'envahissement progressif de la canne à sucre, firent décroître rapidement ce chiffre. Pendant ce temps quelques émigrants de Bahama emportaient des semences de la Guadeloupe dans la Caroline du Sud, où cette culture ne tarda pas à prendre de vastes proportions. Telle est l'origine du fameux coton longue soie dit *Sea-Island*.

Depuis la guerre des États-Unis et la baisse des prix des sucres, la culture du coton qui était descendue, à la Guadeloupe, à 316 hectares en 1860, a repris faveur. En 1863, la colonie avait 678 hectares plantés en coton, dont 173 à la Guadeloupe, 104 à Marie-Galante, 50 aux Saintes, 56 à la Désirade et 295 à Saint-Martin. Ces chiffres ont encore été dépassés en 1864. On évalue à 250 kilogr. en moyenne le produit annuel d'un hectare de terre ensemencé en coton, les pieds espacés de 2 mètres. La récolte a lieu de mars à juin. Les prix des cotons de la Guadeloupe ont été estimés de 3 fr. à 10 fr. le kilog. suivant les qualités.

Cacao. — La culture du cacao n'a jamais eu beaucoup d'importance à la Guadeloupe. Le cacaoyer commence à produire à l'âge de 6 ans, et il est en plein rapport à 8 ans. On fait deux récoltes par an, la première en avril et mai, la seconde en octobre et novembre. Un hectare peut contenir 950 cacaoyers et produire annuellement de 500 à 750 kilogrammes.

Épices. — Il existait autrefois à la Guadeloupe d'assez vastes plantations de giroflier qui ont en partie disparu sous la double influence des coups de vent et de l'abaissement des prix ; on n'en trouve plus aujourd'hui que dans les quartiers du Vieux-Fort et du Petit-Bourg. Cette culture a été remplacée par celle du vanillon, espèce inférieure du genre vanille. Les autres plantes à épices ne sont cultivées qu'en jardinage, autour des habitations, et leurs produits sont consommés dans la colonie.

Casse. — Le canéficier ou cassier est un arbre très-commun à la Guadeloupe ; mais l'exploitation de son produit est de peu d'importance pour l'exportation.

Tabac. — La culture du tabac a été autrefois florissante aux Antilles et une des sources de leur prospérité ; vers le milieu du dix-septième siècle, cette culture fit place peu à peu à celle de la canne à sucre. Longtemps délaissée à la Guadeloupe, la culture du tabac tend aujourd'hui à se relever grâce aux encouragements de l'administration, et elle semble constituer, avec le coton, une ressource précieuse pour la petite propriété.

Rocou. — Le rocou est une matière colorante rouge qui est fournie par la graine du rocouyer, arbrisseau originaire de l'Amérique méridionale, et qui croît dans les terres hautes. La culture du rocouyer, qui avait repris à la Guadeloupe depuis quelques années, est en ce moment en décroissance par suite de l'abaissement des prix de vente de cette matière tinctoriale en France. Les propriétaires n'hésitent pas à faire le sacrifice de leurs rocouyères, pour établir de nouvelles plantations de café.

Vivres. — On cultive à la Guadeloupe et dans ses dépendances, sous le nom de *vivres du pays*, différentes plantes dont les principales sont le manioc, la patate, l'igname, la banane, le couscous, le malanga, le toloman, le madère, le maïs et les pois.

Le manioc dont la racine produit une farine substantielle et rafraîchissante est cultivé dans les différentes parties de la colonie, où il forme le principal aliment des noirs. Le rapport moyen d'un hectare planté en manioc est de 3120 litres de farine et de 120 litres de *moussache*, espèce de fécule fort belle qui sert d'amidon dans le pays.

La patate, l'igname, le couscous et le malanga sont des racines que l'on mange bouillies, rôties ou cuites au four. Le toloman et le madère sont des plantes tuberculeuses qui servent à faire de la fécule comestible.

La banane est un fruit qui offre une nourriture saine et agréable, et qui se mange crû ou cuit.

L'arbre à pain est très-répandu à la Guadeloupe. Il donne deux récoltes de fruits comestibles très-gros qui sont une ressource importante pour la population pauvre.

Les céréales cultivées à la Guadeloupe se réduisent à deux espèces : le maïs et le riz de Malanga, mais ces cultures sont peu étendues.

En fait de légumes, on a les haricots rouges et blancs, et différentes espèces de pois. L'herbe de Guinée est le seul fourrage que l'on cultive dans la colonie.

Chambres d'agriculture.— L'institution d'une chambre d'agriculture à la Guadeloupe remonte à l'année 1763, (arrêts des 24 mars et 9 avril). Cette chambre, qui se composait à l'origine de sept membres nommés par le roi, fut remplacée, en vertu de l'ordonnance du 7 juin 1787, par une assemblée coloniale et rétablie seize ans plus tard par un arrêté consulaire du 23 ventôse an XI. Un arrêté local du 3 novembre 1852 substitua à la chambre d'agriculture de la Guadeloupe trois chambres d'agriculture et des arts et manufactures agricoles, dont une à la Capesterre pour l'île de la Guadeloupe, une au Moule pour la Grande-Terre, et une au Grand-Bourg pour l'île de Marie-Galante et les autres dépendances de la colonie.

Chaque chambre est composée de six membres titulaires, domiciliés dans le canton où siège la chambre, nommés par l'élection générale des notables. Elles comportent, en outre, un membre adjoint par canton et dépendance de la circonscription. Elles sont présidées de droit par le Directeur de l'intérieur ou le maire de la commune où siège la chambre.

Les chambres d'agriculture et des arts et manufactures agricoles présentent à l'Administration leurs vues sur toutes les questions qui intéressent l'agriculture. Elles donnent leur avis sur les changements de la législation locale en tout ce qui touche aux intérêts agricoles. Elles sont consultées sur l'établissement des foires et marchés, des écoles professionnelles et sur la distribution des fonds destinés à l'encouragement de l'agriculture. Elles sont chargées du jugement des concours agricoles et de la distribution des primes et récompenses dans leur circonscription.

Comme chambres des arts et manufactures agricoles, leurs fonctions sont de faire connaître les besoins ou les moyens d'amélioration dans les manufactures, ateliers, fabriques, usines, arts et métiers agricoles.

La chambre de la Guadeloupe remplit les fonctions de commission centrale, dite de l'exposition permanente des produits de la colonie.

Société d'agriculture de la Pointe-à-Pitre. — Cette Société, créée le 11 décembre 1851, a été autorisée par l'arrêté du Gouverneur du 16 janvier 1852. Elle s'occupe de toutes les améliorations que réclame la culture coloniale et des industries agricoles établies ou susceptibles d'être l'objet de la sollicitude des habitants et de la protection de l'Administration. Elle provoque et encourage l'application des méthodes perfectionnées, l'emploi des machines utiles et l'introduction des plantes et animaux propres à augmenter les ressources agricoles du pays. Elle donne son avis sur les questions qui peuvent lui être soumises par l'Administration à qui elle adresse les demandes ou propositions sur lesquelles elle croit devoir attirer son attention.

La Société se compose de membres titulaires, d'associés, de correspondants et de membres honoraires. Le nombre des membres titulaires est fixé à cent: celui des associés, correspondants et membres honoraires, est illimité.

La société a un bureau composé d'un président, de deux vice-présidents, d'un secrétaire, d'un vice-secrétaire, d'un bibliothécaire-archiviste et d'un trésorier. Le bureau est renouvelé par moitié, chaque année : les membres sont indéfiniment rééligibles. Le Gouverneur a la présidence d'honneur de la Société et la convoque quand il le juge convenable.

Des comices agricoles, dont l'organisation est déterminée par l'Administration, dépendent de la Société d'agriculture. Ces comices ont été formés dans les communes du district sous le vent, du canton de la Basse-Terre, de la Capesterre, du Lamentin, du Port-Louis, du Moule, de Saint-François, de Marie-Galante, des Saintes, de la Désirade et de Saint-Martin.

Industrie.

A la Guadeloupe, comme à la Martinique, la principale industrie consiste dans la fabrication du sucre. L'introduction de moulins à vapeur pour les sucreries, et l'adoption des procédés nouveaux ont eu pour résultat, d'une part, de simplifier et de diminuer le travail des bras, de l'autre, d'améliorer la qualité du produit et d'en augmenter en même temps la quantité.

De toutes les colonies des Antilles, la Guadeloupe a marché une des premières dans cette voie de perfectionnement. Dès 1843, après le tremblement qui détruisit la Pointe-à-Pitre et renversa la plus grande partie ds sucreries de l'île, il se forma à Paris une société anonyme, sous le nom de Compagnie des Antilles, dans le but de créer aux colonies françaises, sous le patronage du gouvernement, de grandes usines centrales avec les appareils perfectionnés en usage en France, afin de centraliser le travail manufacturier et de le séparer de la culture.

Quatre usines furent bientôt construites à la Guadeloupe :

deux dans la commune du Moule, une dans celle de Port-Louis et la quatrième à Marie-Galante. D'après les données de la science, la canne à sucre contient, dit-on, 18 0/0 de son poids de matière saccharine ; avec les anciens procédés en usage aux colonies, on en obtenait à peine 5 0/0. Dès les deux premières années de l'installation des usines centrales à la Guadeloupe, le rendement fut de 8 0/0 et maintenant il a atteint de 9 à 10 0/0.

La compagnie des Antilles fut dissoute en 1848, et les planteurs se reconstituèrent, en 1853, en société en commandite, sous le nom de Société des usines centrales de la Guadeloupe. La nouvelle société n'exploita plus pour son compte ; elle afferma ses fabriques à des sociétés de planteurs qui payent un loyer proportionnel et progressif sur la production de chaque établissement, laquelle est moyenne annuelle de 7 à 8 millions de kilogrammes de sucre.

Depuis lors de nouvelles usines se sont créées. Grâce aux facilités qui leur ont été offertes par l'établissement aux colonies du Crédit colonial (24 octobre 1860) et du Crédit foncier colonial (31 août 1863), plusieurs propriétaires de l'île ont établi de grandes usines centrales. A la fin de 1863, le nombre des usines en exploitation dans la colonie était de 11, chiffre qui a été porté à 18 ou 20 dans le cours de l'année 1864. Quelques-unes de ces usines, munies des appareils les plus perfectionnés, peuvent fabriquer jusqu'à 2000 et 3000 barriques (de 500 kilos) de sucre par an, et produire un sucre cristallisé de la plus belle nuance[1].

---

[1] Il ne sera pas sans intérêt de rappeler ici que pendant un certain temps les colonies ont joui de la faculté de raffiner elles-mêmes leur sucre. On lit à ce sujet dans l'ouvrage de M. Boyer Peyreleau, les *Antilles françaises*, t. 2, p. 34 : « La métropole, séduite par les premiers avantages qu'elle retirait de la culture des cannes, encouragea les gouverneurs, le 30 décembre 1670, à faire établir aux îles des raffineries. Il en fut formé une à la Guadeloupe, en 1672, et le 29 novembre, on y envoya un sieur Loover pour enseigner aux habitants la manière de raffiner le sucre. Ces établissements, devenus nombreux, portèrent un tel coup aux raffineries de France que celles-ci demeurèrent inactives. Les ouvriers raffineurs désertaient le royaume pour passer aux îles. Enfin ces désertions furent suspendues par un arrêt du conseil d'État, en date du 21 janvier 1684, qui défendit d'établir des raffineries nouvelles aux Antilles ; un peu plus tard, celles qui y existaient furent supprimées et les colonies, qu'on voulait tenir dans une dépendance absolue, furent obligées d'envoyer leurs sucres en France pour y être raffinés. »

A chaque habitation sucrerie est attachée une *guildiverie* ou distillerie pour la conversion des vesous et mélasses en rhums et tafias, dont la moitié environ est consommée dans l'île et l'autre moitié est exportée [1]. Une faible partie de ces alcools est employée à la confection des liqueurs, parmi lesquelles se fait remarquer les crèmes de sapotes et de magnolia. Les fabricants de liqueurs joignent généralement à cette industrie celle des confiseries, des vins d'ananas et d'oranges et des conserves d'ananas.

En dehors des usines à sucre, les seules fabriques existant dans la colonie sont des tanneries, des chaufourneries et des poteries. Dans la dépendance de Saint-Martin on a établi récemment des salines qui ont produit, en 1863, 3 600 000 kilogrammes de sel.

La pêche qui se fait sur les côtes de l'île ne fournit aucun produit à l'exportation ; le poisson est livré frais à la consommation locale.

Marine locale. — La marine locale se composait au 1er janvier 1864 de 28 goëlettes employées au cabotage, 27 bateaux et 2013 embarcations diverses, dont 1128 sont affectées à la pêche.

Commerce.

Législation. — Le commerce de la Guadeloupe a toujours été soumis au même régime que celui de la Martinique ; nous renvoyons donc aux renseignements que nous avons donnés sur la législation commerciale de cette colonie [2]. Il y a cependant une exception à l'égard de la partie française de l'île Saint-Martin : cette dépendance est placée, depuis l'arrêté du 9 octobre 1862, sous le régime de la liberté la plus absolue. L'entrée des armes et munitions de guerre est seule interdite. Les denrées et marchandises de la partie hollandaise peuvent être importées en franchise par terre. Il n'existe de droits de sortie que sur les sucres, la mélasse,

---

1. Le rhum est le produit de la distillation du vesou ou suc liquide extrait de la canne ; le tafia provient de la distillation des mélasses écoulées du sucre. On donne aussi le nom de rhum au tafia coloré et de qualité supérieure.
2. Voir plus haut, p. 327.

et l'eau-de-vie de mélasse. Les habitants de la partie française de l'île jouissent de la faculté de consommer et d'exporter à l'étranger les sels récoltés par eux dans la partie hollandaise, en vertu des clauses du traité de 1648.

Les ports ouverts au commerce français et étranger dans la colonie sont ceux de la Pointe-à-Pitre, de la Basse-Terre, du Moule et du Port-Louis, à la Guadeloupe; du Grand-Bourg, à Marie-Galante; et du Marigot dans l'île de Saint-Martin.

Chambres de commerce. — Les chambres de commerce de la Guadeloupe, créées par un arrêté local du 31 juillet 1832, ont remplacé dans la colonie l'institution des *Syndics des communes* organisée en vertu de la dépêche ministérielle du 22 février 1777. Les chambres de commerce ont été de nouveau réglementées par les arrêtés des 8 novembre 1852 et 29 octobre 1861.

Ces chambres sont établies dans les villes de la Basse-Terre et de la Pointe-à-Pitre; elles sont composées de 6 membres à la Basse-Terre et de 9 membres à la Pointe-à-Pitre. Le directeur de l'intérieur est membre de droit; il préside les séances auxquelles il assiste.

Les membres des chambres de commerce sont élus pour six ans; le renouvellement a lieu par tiers tous les deux ans; ils sont indéfiniment rééligibles. Les chambres nomment, chaque année, dans leur sein, un président et un vice-président.

Les chambres de commerce ont pour attributions : 1° De donner au gouvernement les avis et renseignements qui leur sont demandés sur les intérêts industriels et commerciaux; 2° de présenter leurs vues sur les moyens d'accroître la prospérité de l'industrie et du commerce, sur les améliorations à introduire dans toutes les branches de la législation commerciale, y compris les tarifs des douanes et octrois, sur l'exécution des travaux et l'organisation des services publics qui peuvent intéresser le commerce ou l'industrie, tels que les travaux des ports, les postes, la navigation des rivières, etc.

Statistique. — Les relevés d'importation et d'exportation, antérieurs à 1789, sont trop incomplets et trop inexacts pour qu'il soit possible d'en donner un tableau satisfaisant. Tous présentent une balance considérable en faveur de l'exportation, parce que beaucoup de marchandises provenant de l'industrie française étaient alors exempts de droits d'entrée et n'étaient pas portés sur les relevés des douanes, et aussi parce qu'une bonne partie des objets importés dans la colonie était introduite par le commerce interlope. En 1776, la valeur des exportations de la colonie était estimée à 15 598 000 livres, argent des colonies, soit à 10 398 606 livres argent de France. En 1790, c'est-à-dire quinze ans après la constitution définitive de la Guadeloupe en colonie indépendante, son commerce d'échanges avec la France et l'étranger se traduisait par un chiffre de 31 865 936 fr., dont 20 667 237 fr. à l'exportation et 11 198 699 fr. à l'importation.

De 1790 à 1803 les événements qui se sont passés à la Guadeloupe se sont opposés au relevé de son commerce. De 1803 à 1810, la valeur des importations de la colonie fut, année commune, de 30 000 000 de francs, en raison des nombreuses prises faites par les corsaires, et celle des exportations de 22 000 000 de francs. Sous l'occupation anglaise, c'est-à-dire de 1810 à 1814, on ignore la valeur du commerce de l'île, car la plupart des transactions eurent lieu avec l'Angleterre et ses possessions. Voici, d'après les *Tableaux du commerce général de la France,* le tableau récapitulatif du commerce de la colonie avec la métropole depuis 1818 :

	IMPORTATIONS de marchand. franç.	EXPORTATIONS en France. fr.	TOTAL. fr.
1818.........	8 036 664	18 214 283	26 240 947
1821.........	11 241 450	16 092 385	27 333 835
1825.........	14 881 180	17 064 033	31 945 213
1830.........	11 285 909 [1]	20 823 871	32 109 780
1835.........	16 362 029	23 738 175	40 100 204
1840.........	16 431 072	20 332 506	36 763 578
1845.........	20 758 139	23 806 460	44 564 599
1850.........	14 395 985	8 528 637	22 924 622
1855.........	16 761 438	14 451 428	31 212 860
1860.........	19 648 060	19 019 670	38 667 730
1861.........	18 858 268	16 848 607	35 706 875
1862.........	16 842 920	20 661 968	37 504 888 [2]

Quant au commerce de la colonie avec l'étranger et les

---

1. Valeurs officielles à dater de 1830.
2. En valeurs actuelles, les importations de marchandises françaises dans la colonie, en 1862, représentent une somme de 14 878 854 et les exportations de la colonie en France une somme de 21 872 628 fr.

autres colonies françaises, voici les renseignements fournis par les états de la douane locale :

	IMPORTATIONS. fr.	EXPORTATIONS. fr.	TOTAL. fr.
1790.........	5 154 004	2 125 535	7 279 539
1820.........	3 679 070	»	»
1831.........	3 132 191[1]	1 517 114	4 649 305
1835.........	4 406 236	1 610 483	6 016 709
1840.........	4 359 332	2 217 337	6 576 669
1845.........	8 382 243	1 738 602	10 120 845
1850.........	3 196 530	683 185	3 879 715
1855.........	6 751 114	1 483 474	8 234 588
1860.........	10 032 457	1 222 458	11 254 915
1861.........	8 062 363	1 561 390	9 623 753
1862.........	8 094 750	2 450 226	10 544 976

D'après les relevés qui précèdent, le commerce général de la colonie, en 1862, représenterait une valeur de 48 049 864 fr.; mais d'après les états de la douane locale, dont les bases de calculs d'évaluations ne sont pas les mêmes qu'en France[2], cette valeur n'est que de 41 379 434 fr., dont 22 800 209 fr. à l'importation et 18 579 225 fr. à l'exportation. Comparant ces chiffres à ceux de l'année 1861, on constate, comme l'indique le tableau suivant, une augmentation de 1 349 878 fr. en faveur de 1862 :

Importations.

	1861 fr.	1862 fr.
Marchandises françaises venant de France..	14 330 531	14 705 459
— des colonies françaises....	1 586 303	2 012 402
— étrangères par navires français..	2 744 423	2 783 138
— — par navires étrangers..	3 731 637	3 299 210
Totaux......	22 392 894	22 800 209

---

1. Ces chiffres comprennent non-seulement les marchandises venues directement de l'étranger et des colonies, mais encore les marchandises étrangères tirées des entrepôts français.
2. Ainsi la valeur du sucre qui, en 1862, a été calculée en France à raison de 60 fr. les 100 kil. ne l'a été dans la colonie que sur le prix moyen de 47 fr.

	Exportations.	1861 fr.	1862 fr.
Denrées du crû de	la France............	15 680 614	16 128 999
la colonie exportées	les colonies françaises.	12 352	51 911
pour...............	l'étranger...........	90 700	74 379
Marchandises prove-	françaises...........	1 311 786	2 055 009
nant des importations	étrangères..........	541 210	268 927
		17 636 662	18 579 225

	fr.
Augmentation dans les importations de 1862............	407 315
Id. dans les exportations de 1862............	942 563
Total de l'augmentation dans le commerce général.....	1 349 878

IMPORTATIONS.

L'accroissement de 407 315 fr. qui existe aux importations générales de 1862 se rapporte principalement au commerce avec la France et les colonies françaises. En effet, la première de ces provenances, dont les apports en marchandises nationales s'élevaient, en 1861, à 14 330 531 fr. permet de constater, par le chiffre de 14 705 459 fr. qu'elle présente en 1862, une différence de 374 928 fr. à l'avantage de cette dernière année.

Parmi les articles auxquels se rattache particulièrement cette augmentation, figurent en première ligne 152 mulets pour une valeur de 170 050 fr.; 733 346 kilog. de tourteaux de graines oléagineuses représentant une valeur de 185 284 f.; 194 286 kilogr. de riz, valeur 58 776 fr.; les pierres, terres et minéraux, valeur 136 245 fr.; les machines et mécaniques, valeur 188 048 fr.; les tissus de soie, de coton et de laine, formant ensemble 421 494 fr.; les peaux ouvrées, 126 839 fr.; et la mercerie, 208 687 fr. Viennent ensuite le beurre salé, les pommes de terre, les poissons marinés, les vins de liqueurs, la bière et l'avoine, lesquels concourent à l'augmentation pour une valeur totale de 268 941 fr.

Mais il se rencontre malheureusement des diminutions qui absorbent en grande partie les augmentations. La principale, qui est de 693 071 fr., porte sur la farine de froment; elle peut être attribuée à la faculté dont jouit maintenant la colonie de s'approvisionner de cette denrée dans les îles étrangères voisines. La viande salée de porc, le saindoux, l'huile d'olive et les tissus de lin et de chanvre ont également fléchi, mais c'est par suite des fluctuations commerciales.

L'augmentation de 426 099 fr. qui se révèle au commerce d'importation avec les colonies françaises est due presque entièrement à la morue, dont l'introduction de Terre-Neuve a dépassé celle effectuée en 1861 d'une quantité de 949 800 kilogr. et d'une valeur de 368 941 fr.

L'excédant de 38 715 fr. existant aux marchandises étrangères importées par navires français provient des arrivages des entrepôts de la métropole et des colonies françaises, et porte principalement sur les tissus de coton, la farine, le tabac et les machines. Les importations des pays étrangers sous pavillon français ont fléchi de 44 622 fr.

Quant à la dépression de 432 427 fr. qui se produit aux importations de l'étranger par navires étrangers, elle est supportée en majeure partie par les engrais, le tabac en feuilles, les bois bruts et sciés, les merrains et les aissantes que la guerre civile des États-Unis continue à rendre rares sur les marchés coloniaux.

Voici la nomenclature des principales marchandises, de toute provenance, importées dans la colonie en 1862 :

	Quantités.	Valeurs. fr.
Chevaux...................................	186 têtes	118 150
Mulets, mules, ânes......................	1 182	573 070
Bœufs.....................................	1 755	604 355
Viandes salées............................	378 869 kil	414 919
Saindoux et autres graisses..............	127 602	223 115
Fromages.................................	66 996	128 740
Beurre salé...............................	225 132	528 907
Morues salées............................	4 583 090	1 805 817
Harengs et autres poissons salés........	163 089	66 414
Poissons marinés à l'huile...............	26 317	103 428
Farine de froment........................	3 439 990	1 837 695
Autres céréales...........................	786 107	360 946
Pain et biscuits de mer...................	184 792	137 947
Pommes de terre et légumes secs........	313 010	317 425
Riz en grains.............................	2 458 940	853 394
Farineux alimentaires divers.............	87 619	61 958
Fruits et graines.........................	213 995	82 224
Sucre raffiné.............................	34 209	16 420
Sucre brut...............................	282 928	305 421
Cacao en fèves...........................	65 216	68 534
A reporter..............................		8 608 879

	Quantités.	Valeurs. fr.
Report................................	....	8 608 879
Tabac en feuilles.....................	105 194^{kil}	199 824
Huile d'olive et autres................	336 040^{lit}	530 908
Bois de construction..................	»	445 281
Aissantes, feuillards et merrains......	»	357 779
Tourteaux de graines oléagineuses.....	1 366 145^{kil}	253 053
Briques, ardoises, tuiles, etc.........	»	234 845
Houille...............................	9 166 584	429 299
Métaux divers........................	255 274	211 828
Produits chimiques et couleurs........	»	170 877
Médicaments composés................	»	143 074
Savons ordinaires.....................	188 778	185 320
Acide stéarique ouvré.................	61 189	170 556
Chandelles............................	274 101	375 928
Tabacs manufacturés..................	3 568	36 204
Eau congelée (glace)..................	635 000	134 900
Vins..................................	1 974 994^{lit}	916 334
Autres boissons fermentées...........	168 330	100 765
Boissons distillées....................	26 287	44 401
Poteries..............................	463 138^{kil}	211 107
Verrerie et miroirs...................	74 578	86 822
Tissus de coton.......................	»	1 943 402
Tissus de laine.......................	»	215 921
Tissus de toile.......................	»	519 180
Tissus de soie........................	»	247 869
Papier et ses applications............	74 370	177 350
Chaussures...........................	78 268	630 673
Autres ouvrages en peau ou en cuir...	20 606	114 013
Chapeaux de paille et de fibres.......	»	129 323
Cordages de chanvre.................	113 598	151 035
Bijouterie, orfévrerie et horlogerie...	»	97 490
Monnaies d'or........................	»	201 000
Machines et mécaniques..............	»	1 557 787
Instruments et outils.................	»	72 695
Ouvrages en fonte et en fer..........	»	571 606
Ouvrages en métaux divers...........	»	109 572
Merceries............................	72 222	484 345
Modes (ouvrages de)..................	»	195 074
Parapluies............................	»	81 763
Futailles vides.......................	»	367 508
Meubles de toutes sortes.............	»	140 494
Ouvrages en bois.....................	»	108 922
Effets à usage.......................	»	307 743
Divers................................	»	527 460
Total...........................		22 800 209

EXPORTATIONS.

L'excédant de 942 563 fr. constaté aux exportations porte pour 471 623 fr. aux denrées et marchandises du crû de la colonie, et pour 470 940 fr. aux denrées et marchandises provenant de l'importation.

Malgré la baisse de son prix, le sucre a exercé une grande influence dans la progression qui se fait remarquer à l'égard des denrées du crû de la colonie. Il en a été expédié à destination des divers ports de la métropole 31 220 822 kilogr. valant 14 762 775 fr. De cette valeur résulte une différence en moins de 595 244 fr., bien que la quantité de sucre exportée en 1862 ait été supérieure de 4 058 418 kilog. à celle de 1861.

A l'exception du café, qui a éprouvé un déficit de 130 861 kilogr., valeur 260 980 fr., par suite des conditions atmosphériques peu favorables dans lesquelles se sont accomplies la floraison et la récolte en 1861, et du cacao, dont la diminution tient à une négligence momentanée de cette culture de la part des habitants au profit du coton, qui paraissait leur offrir de plus belles espérances, les autres denrées de la colonie ont également progressé.

Mais, à part l'eau-de-vie de mélasse qui accuse un excédant de 563 677 litres, valant 98 343 fr., les augmentations existant au rocou et au coton en laine ne sont pas d'une importance à signaler particulièrement.

Les exportations se sont accrues de 743 223 fr. quant aux marchandises françaises et francisées, et cet accroissement n'est que la conséquence des importations qui n'ont pu être absorbées en totalité dans la colonie. Les réexportations pour la métropole de ces marchandises, qui consistent principalement en vieux cuivre et peaux brutes, ont excédé de 41 473 fr. celles de 1861.

Les mêmes marchandises auxquelles incombe la différence en plus s'appliquent au commerce des colonies françaises. Ce sont les mules et mulets, les viandes salées de porc et de bœuf, les engrais, les poissons salés, la farine de froment, les foulards de soie.

Les pays étrangers ont puisé sur le marché de la colonie, en marchandises de même provenance, pour une valeur de 949 998 fr. qui, comparée au chiffre de 1861, constitue un excédant de 239 846 fr. Les engrais, la morue, les poissons marinés à l'huile, le riz en grains, les légumes secs, les vins ordinaires ont surtout alimenté cette branche de commerce.

Quant au déficit de 272 283 fr. ressortissant aux marchandises étrangères réexportées, il se répartit comme suit : expéditions pour la France 236 467 fr., pour les colonies françaises 60 373 fr., total 296 840 fr. Les exportations de l'espèce à destination de l'étranger présentent, au contraire, un excédant de 24 557 fr. C'est principalement à une quantité de 189 505 kilogr. de cacao en fèves, valeur 262 761 fr. exportée en moins pour la métropole, et à un amoindrissement de 266 217 kilogr., valeur 104 828 fr., survenu dans les riz dirigés sur les colonies françaises, qu'est dû le déficit dont il s'agit.

Voici la nomenclature des principales denrées et marchandises exportées de la colonie pendant l'année 1862 :

EXPORTATIONS.

	Quantités.	Valeurs. fr.
Sucre brut.................................	31 312 709^{kil}	14 805 003
Mélasse....................................	88 736^{lit}	16 900
Confitures.................................	2 811^{kil}	11 008
Cacao en fèves.............................	72 063	76 429
Café.......................................	216 855	469 728
Vanille....................................	»	1 398
Bois de campêche..........................	385 358	23 157
Cocon en laine.............................	27 494	42 757
Rocou......................................	190 400	190 400
Eau-de-vie de mélasse......................	1 863 259^{lit}	578 197
Autres denrées de la colonie...............	»	40 312
Total des exportations..................		16 255 289

RÉEXPORTATIONS.

Animaux vivants...........................	258^{têtes}	62 980
Viandes salées.............................	38 003^{kil}	43 344
Peaux brutes...............................	48 932	27 801
Graisses, fromages et beurre...............	29 310	67 171
Guano et autres engrais....................	1 355 547	485 239
Morue......................................	1 541 399	576 135
Autres poissons............................	21 180	68 696
A reporter.............................		17 586 655

	Quantités.	Valeurs. fr.
Report.........		17 586 655
Farineux alimentaires.................	576 581^{kil}	271 113
Cacao en fèves.....................	65 181	68 499
Huiles............................	78 803^{lit}	131 616
Métaux...........................	»	43 257
Sel marin.........................	321 200^{kil}	9 636
Vins et boissons...................	357 936	160 629
Poteries et verreries...............	»	41 441
Tissus............................	»	56 830
Denrées et marchandises diverses......	»	209 549
Total des exportations et des réexportations...		18 579 225

Entrepôts.

Deux entrepôts sont ouverts à la Guadeloupe, l'un à la Basse-Terre, l'autre à la Pointe-à-Pître. Ils sont régis par les mêmes dispositions qu'à la Martinique [1].

Statistique. — Les mouvements généraux des entrepôts de la Guadeloupe ont présenté, en 1862, sur ceux de 1861, une diminution de 418 385 fr. à l'entrée, et de 908 608 fr. à la sortie. Voici l'état comparatif de ces deux années :

Entrées.		1861 fr.	1862 fr.
Marchandises françaises importées	de France............	502 248	274 165
	des colonies françaises..	5 062	6 474
Marchandises étrangères importées	des entrepôts de France.	201 815	148 482
	des colonies françaises..	55 988	46 620
	de l'étranger..........	536 477	407 464
Totaux........................		1 301 590	883 205

Sorties.			
Marchandises françaises sorties pour	la France............	9	1 390
	les colonies françaises..	90 606	116 217
	l'étranger............	233 368	157 828
Marchandises étrangères sorties pour	la France............	337 631	101 164
	les colonies françaises..	132 446	72 073
	l'étranger............	71 133	95 690
Marchandises françaises	sorties pour la	151 065	61 369
Marchandises étrangères	consommation.	775 211	277 130
		1 791 469	882 861

1. Voir plus haut, p. 338.

Le déficit que l'on aperçoit aux marchandises françaises venues de France et aux marchandises étrangères venues des entrepôts français ou des colonies françaises provient de ce que ces marchandises ont été déclarées directement pour la consommation, car le chapitre des importations signale à leur endroit une augmentation.

Pour ce qui concerne les 129 013 fr. en moins aux apports de l'étranger, nous nous référons aux explications qui ont trouvé place au commerce d'importation, dans lequel sont du reste comprises les opérations d'entrepôt.

A l'exception des excédants figurant aux marchandises françaises sorties des entrepôts pour la France et les colonies françaises, et aux marchandises étrangères à destination de l'étranger, il y a dans les mouvements de sortie de ces établissements, au désavantage de 1862, une diminution de 960 157 fr.

Les réductions qui frappent les marchandises étrangères envoyées en France et aux colonies tiennent à un ralentissement dans quelques spéculations. La diminution survenue dans les sorties de l'entrepôt pour la consommation, en ce qui touche les marchandises françaises, ne peut être attribuée qu'aux ventes immédiates à l'arrivée et, à l'égard des marchandises étrangères, qu'aux fortes quantités de tabac en feuilles retirées en 1861, en vue de ne point acquitter le droit double établi par le décret du 27 juillet 1861.

Navigation.

Législation. — Les dispositions relatives au régime de la navigation sont les mêmes à la Guadeloupe qu'à la Martinique. Toutefois, dans l'île de Saint-Martin, les bâtiments français et étrangers ne sont soumis à aucun droit de port ou de navigation (arrêté du 11 février 1850).

Statistique. — Les mouvements de la navigation par tout pavillon ont présenté, en 1862, les chiffres suivants :

	Nombre.	Tonnage.	Équipage.
Navires français entrés............	421	54 290	4 355
Id. étrangers entrés............	214	17 941	1 235
Totaux des entrées.......	635	72 231	5 590
Navires français sortis............	429	54 598	4 438
Id. étrangers sortis............	214	18 472	1 243
Totaux des sorties.........	643	73 070	5 681

Ce qui donne pour les entrées et les sorties réunies un total de 1278 navires, 145 301 tonneaux et 11 271 hommes d'équipage ; c'est, comparativement à l'année 1861, une augmentation de 101 navires, 5528 tonneaux et 503 hommes d'équipage.

Dans la navigation directe entre la colonie et la métropole par navires français, bien qu'il soit entré en 1862 un navire en moins qu'en 1861, il y a, à l'entrée, un excédant de 1282 tonneaux, qui est en rapport avec la supériorité des importations de la métropole pendant l'année 1862. L'augmentation à la sortie est de 15 navires, 5996 tonneaux et 205 hommes.

La navigation entre la Guadeloupe et les autres colonies françaises a profité de l'accroissement obtenu aux valeurs d'importations ; elle présente une augmentation à l'entrée de 35 navires et 3785 tonneaux. A la sortie, une diminution de 1626 tonneaux concordant avec une augmentation de 13 navires, provient de ce que les caboteurs ont concouru à cette navigation en plus forte proportion que les navires au long cours.

Dans la navigation entre la Guadeloupe et l'étranger, par pavillon français, le nombre de navires à l'entrée est le même en 1862 qu'en 1861 ; mais il existe une différence en moins de 436 tonneaux dont la cause doit être attribuée au tonnage inférieur des navires employés à ce mouvement et à l'abaissement de valeur constaté déjà aux importations. Une augmentation à la sortie de 12 navires et de 838 tonneaux s'explique par le chiffre plus élevé des exportations pour l'étranger.

Comme à la Martinique, le pavillon étranger n'a pas usé, en 1862, de la faculté que lui accorde la loi du 3 juillet 1861 de prendre part à la navigation directe entre la colonie et la France.

La navigation étrangère s'est principalement accomplie par des navires d'un faible tonnage. Il y a eu augmentation de 14 navires à l'entrée et de 13 à la sortie, mais diminution de 2069 tonneaux à l'entrée et de 2242 à la sortie.

Les tableaux ci-après donnent des détails sur les mouvements de la navigation de la colonie avec la France, les colonies et l'étranger en 1862 :

NAVIGATION ENTRE LA GUADELOUPE, LA FRANCE ET LES COLONIES FRANÇAISES EN 1862.

PORTS ET LIEUX DE PROVENANCE OU DE DESTINATION.	BATIMENTS FRANÇAIS					
	ENTRÉES.			SORTIES.		
	Nombre	Tonnage.	Équipage.	Nombre	Tonnage.	Équipage.
France.						
Marseille..............	19	5 510	237	22	6 688	277
Hâvre.................	40	11 130	499	47	12 705	593
Bordeaux..............	20	4 791	228	19	4 619	221
Nantes................	29	8 073	363	29	8 490	376
Saint-Servan..........	3	590	34	»	»	»
Dunkerque.............	4	972	45	»	»	»
Granville.............	1	185	10	»	»	»
Caen..................	1	192	10	»	»	»
Cherbourg.............	1	221	10	1	183	9
Saint-Nazaire.........	»	»	»	1	134	10
Saint-Malô............	»	»	»	1	75	7
Totaux......	118	31 664	1 436	120	32 894	1 493
Colonies françaises.						
Martinique............	165	9 592	1 551	156	7 531	1 438
Pondichéry............	3	1 398	61	»	»	»
Sénégal...............	3	789	37	1	233	11
Terre-Neuve...........	23	3 804	238	11	1 565	108
Cayenne...............	2	690	30	»	»	»
Saint-Martin..........	1	44	10	1	53	10
	197	16 317	1 927	169	9 382	1 567

NAVIGATION ENTRE LA GUADELOUPE ET L'ÉTRANGER.

LIEUX DE PROVENANCE.	ENTRÉES.					
	BATIMENTS FRANÇAIS.			BATIMENTS ÉTRANGERS.		
	Nombre	Tonnage.	Équipage.	Nombre	Tonnage	Équipage.
Angleterre............	6	1 427	71	9	2 379	96
Nouvelle-Écosse.......	»	»	»	35	4 194	217
Antilles anglaises......	47	1 975	397	95	2 362	452
Madère...............	»	»	»	1	299	8
Antilles hollandaises...	1	43	10	12	498	66
Porto-Rico............	35	1 656	350	»	»	»
Vièques..............	2	111	20	»	»	»
Venezuela............	5	338	46	1	15	4
Saint-Thomas.........	8	348	73	6	166	36
Saint-Barthélemy.....	»	»	»	5	183	27
États-Unis............	»	»	»	50	7 845	329
Montevideo...........	1	366	15	»	»	»
Valparaizo............	»	»	»	»	»	»
Mexique..............	1	45	10	»	»	»
Totaux.....	106	6 309	992	214	17 941	1 235
	SORTIES.					
Nouvelle-Écosse.......	»	»	»	11	1 483	75
Antilles anglaises......	48	1 819	417	126	7 498	688
Havane...............	4	881	44	2	292	13
Porto-Rico............	32	1 695	316	2	407	14
Vièques..............	1	44	8	»	»	»
Venezuela............	6	501	60	»	»	»
Mexique..............	2	90	18	»	»	»
Antilles hollandaises...	3	157	29	15	896	82
Haïti.................	10	2 944	132	»	»	»
Saint-Thomas.........	31	3 357	316	45	6 516	291
Saint-Barthélemy.....	»	»	»	5	123	26
États-Unis............	3	834	38	8	1 257	54
	140	12 322	1 378	214	18 472	1 243

Douanes.

Voici l'état comparatif des recettes des douanes en 1861 et en 1862 :

	1861	1622
Recettes effectuées au profit { de la caisse coloniale....	1 211 991	1 182 524
{ des communes..........	524 293	548 548
	1 736 284	1 731 072

La diminution de 29 467 fr. qui affecte la caisse coloniale est la conséquence du déficit éprouvé dans les apports de l'étranger sous pavillon de cette provenance.

En ce qui touche les communes, l'augmentation de 24 255 fr. ressortissant à leur profit, provient de 5937 fr. de droits d'octroi et de 16 806 fr. de taxes additionnelles perçues sur les sucres et les cafés à la sortie.

Les recettes effectuées par la douane se décomposent ainsi :

	fr.
Droits de douanes à l'entrée..............	289 665
Droits de navigation..................	47 053
Droits de sortie.....................	660 484 [1]
Décime extraordinaire sur les droits de sortie.........................	66 042
Décime extraordinaire sur les droits d'octroi...........................	38 365
Taxes accessoires de navigation........	80 844
Droits d'octroi......................	383 625
Taxes additionnelles.................	143 142
Droits de quai......................	21 780
Recettes diverses....................	72
Total................	1 731 072

Voici dans quelles proportions les bureaux des douanes ont liquidé les divers droits encaissés :

	fr.
Pointe-à-Pitre......................	1 666 498
Basse-Terre........................	33 647
Moule.............................	26 597
Marie-Galante......................	4 330
	1 731 072

Service postal.

La Guadeloupe est mise deux fois par mois en communication régulière avec la France par la voie anglaise, et une fois par la voie française.

Les paquebots anglais de la Société dite *Royal Mail Steam*

---

[1]. Droits de sortie sur les sucres, 626 255 fr.; *id.* sur le café, 6505 fr.; *id.* sur les rhums et tafia, 27 724 fr.

navigation company, partant de Southampton les 2 et 17 de chaque mois, touchent à la Basse-Terre les 19 et 3 ou 4, selon que le mois a 30 ou 31 jours; au retour ils passent devant le chef-lieu de la colonie les 27 et 12, et arrivent à Southampton les 14 et 29.

Les paquebots-poste français de la Compagnie générale transatlantique, attachés à la ligne du Mexique, ne touchent pas à la Guadeloupe. Cette colonie est desservie par un bateau annexe appartenant à la Compagnie transatlantique, qui fait le service entre la Martinique, la Guadeloupe et les îles anglaises de Sainte-Lucie, Saint-Vincent, la Grenade et la Trinité; il rattache ces colonies à la ligne principale.

Lorsque le paquebot transatlantique parti de Saint-Nazaire le 16 de chaque mois arrive à Fort-de-France (Martinique), ce qui a lieu le 1 ou le 2 du mois suivant, le bateau annexe quitte ce port pour se rendre à la Guadeloupe; il touche à la Pointe-à-Pître et à la Basse-Terre le 2 ou le 3; lorsqu'au retour du Mexique, le paquebot de la ligne principale arrive à Fort-de-France (24 ou 25 de chaque mois), le bateau annexe fait un nouveau trajet à la Pointe-à-Pître et à la Basse-Terre; et il est de retour à Fort-de-France pour le départ du paquebot transatlantique qui quitte la Martinique le 26 ou le 27 et arrive à Saint-Nazaire le 12 ou le 13 du mois suivant.

Le prix du passage par la voie anglaise est de 38 liv. sterl. 10 schellings (962 fr. 50 c.) dans une cabine à l'arrière, et de 33 liv. sterl. (825 fr.) dans une cabine à l'avant.

Sur les paquebots français, il y a trois séries de places:

Cabines à 1 et 2 couchettes (arrière)............	925 fr.
Cabines à 3 et 4 couchettes....................	800
Entrepont....................................	450

De la Martinique à la Guadeloupe le prix est fixé de la manière suivante:

Cabines à 1 et 2 couchettes....................	40 fr.
Cabines à 3 et 4 couchettes....................	30
Entrepont....................................	20

Les passagers civils et militaires qui voyagent sur réquisition du gouvernement sont admis à bord moyennant une réduction du prix qui est de 30 pour cent, conformément au cahier des charges de la Compagnie française approuvé par la loi du 3 juillet 1861.

Voici le tarif pour cette catégorie de passagers :

De France à la Martinique.	fr.	De la Martinique à la Guadeloupe.	fr.
1re classe....................	493	1re classe (passager de chambre)..	20
2e classe....................	448	2e classe (passager sur le pont)....	14
3e classe....................	259		
4e classe....................	224		

Il est, en outre, payé le prix de la nourriture qui est fixé comme il suit :

   8 fr. par jour pour les passagers de 1re et de 2e classe.
   3   Id.   pour ceux de 3e classe.
   2   Id.   pour ceux de 4e classe.

Les conditions d'échange des correspondances ont été réglées par le décret du 7 septembre 1863 qui a fixé ainsi qu'il suit le tarif des taxes :

	VOIE	
	française.	anglaise.
	f. c.	fr. c.
Lettre affranchie par 10 gr..............	» 50	» 70
Lettre non affranchie par 10 gr...........	» 60	» 80
Lettre chargée par 10 gr................	1 »	1 40
Imprimés par 40 gr.....................	» 12	» 12

Les lettres échangées entre la Martinique et la Guadeloupe par paquebots-poste français sont soumises à la même taxe que celles qui sont échangées avec la France.

Les lettres des militaires et marins expédiées par la voie française, supportent une taxe de 20 cent. si elles sont affranchies; et une taxe de 30 cent. en cas de non affranchissement.

On se sert encore, mais très-rarement aujourd'hui, de la voie des navires du commerce pour le transport de la correspondance. Par cette voie, les lettres affranchies sont assujetties à une taxe de 30 cent. par 10 grammes, et une taxe de 40 cent. si elles ne sont pas affranchies.

La moyenne de la traversée par navires du commerce est d'environ 40 jours de France à la Guadeloupe et de 45 jours de la colonie en France. Le prix du passage est de 500 fr. pour l'aller et de 600 fr. pour le retour.

Le service de la poste dans l'intérieur de la colonie est fait par diligences ou bateaux à vapeur; les lettres sont assujetties aux mêmes conditions de taxe que celles qui circulent en France de bureau à bureau.

GUYANE.

Résumé historique.

La Guyane fut reconnue par Christophe Colomb lors de son troisième voyage en Amérique; il y aborda le 1er août 1498, vers les bouches de l'Orénoque. Alphonse d'Ojéda et le fameux pilote Jean de la Cosa, partis de Séville dans le mois de mai 1499, n'arrivèrent au Nouveau-Monde que dix mois après Christophe Colomb. Leur flotte, composée de quatre vaisseaux, et sur laquelle se trouvait Améric Vespuce, atterrit aussi à l'embouchure de l'Orénoque. Toutefois il est probable qu'avant l'arrivée des Espagnols, les navigateurs normands et bretons fréquentaient déjà les côtes de l'Amérique du Sud. Ils maintiennent, en effet, que « de toute ancienneté ils trafiquaient avec les sauvages du Brésil en un lieu dit depuis Port-Réal. Mais, dit le P. Bergeron, faute d'avoir écrit la mémoire de cela, tout est mis en oubli [1]. »

Vers la même époque un grand nombre d'autres aventuriers prirent connaissance des côtes de la Guyane; mais Vincent Yanez Pinçon est le premier qui les ait parcourues dans toute leur étendue. Parti de Palos dans le mois de décembre 1499, il aborda au continent d'Amérique au sud de l'équateur, y atterrit en deux ou trois points, puis, faisant route au nord et coupant de nouveau la ligne, il longea de très-près les terres. C'est dans ce voyage qu'il donna son nom à cette rivière dont la position contestée a occasionné la discussion, encore existante, sur les vraies limites des Guyanes française et portugaise.

Dans le courant du seizième siècle, le bruit de l'existence, au centre de la Guyane, d'une ville que l'on désignait sous le nom de Manoa del Dorado et que l'on supposait renfermer d'immenses richesses, attira dans le pays une foule d'aventuriers à la recherche de cette ville mystérieuse. Ces voyages, parmi lesquels nous citerons ceux de sir Walter Raleigh en

---

1. Bergeron, *Hist. de la navigation*, Paris 1630, in-8, p. 107.

1595 et en 1617; de Laurent Keymis et du capitaine Berrie en 1596; de Charles Leigh en 1604 et de Robert Harcourt en 1608 [1], n'eurent d'autres résultats que de mieux faire connaître la Guyane et ses véritables richesses. En 1604, à l'instigation d'un sieur des Vaux, qui avait longtemps vécu parmi les indigènes de ce pays, Henri IV chargea le sieur de la Revardière de se rendre à la Guyane et d'examiner s'il serait possible d'y fonder une colonie. Le rapport de la Revardière fut très-favorable, mais la mort de Henri IV empêcha de donner suite à ce projet.

Vers la fin de 1626, plusieurs marchands de Rouen envoyèrent, sous les ordres des sieurs de Chantail et de Chambaut, une colonie de 26 hommes qui s'établit sur les bords de la rivière de Sinnamary. Une autre colonie de quatorze personnes se fixa, deux ans plus tard, sur la rivière de Conamama, sous le commandement du capitaine Hautepine qui y laissa son lieutenant Lafleur. Cette nouvelle colonie reçut, en 1630, un renfort de 50 hommes menés par un sieur Legrand, et en 1633, un autre de 66 hommes conduits par le capitaine Grégoire. L'année suivante, quelques-uns de ces premiers colons passèrent dans l'île de Cayenne et commencèrent à cultiver la côte de Rémire. Ils construisirent sur la rive opposée, à l'embouchure de la rivière de Cayenne, un fort et un village qui est devenu le chef-lieu de la colonie.

Dans le but de tirer parti de ces établissements naissants, des négociants de Rouen s'associèrent et obtinrent, en 1633, le privilége du commerce et de la navigation des pays situés entre l'Amazone et l'Orénoque. Cette concession fut confirmée et étendue en 1638; mais les essais de cette compagnie n'ayant pas réussi, il se forma, dans la même ville, en 1643, une nouvelle société sous le nom de compagnie du cap Nord; elle obtint, comme la précédente, des lettres-patentes qui lui concédaient tout le pays compris entre l'Orénoque et l'Amazone, à la condition expresse qu'elle y ferait des établissements et qu'elle les peuplerait. Un des associés, le sieur Poncet de Bretigny fut chargé de la conduite des 300 hommes qui formaient l'expédition. Partis de Dieppe le 1er sep-

---

1. En 1720, M. d'Orvilliers, gouverneur de la Guyane, envoya un détachement de Français à la découverte de cette ville introuvable. En 1740, un certain Nicolas Horsman fit une nouvelle tentative infructueuse.

tembre 1643, sur deux navires, ils arrivèrent le 25 novembre dans la colonie et trouvèrent, en divers endroits, plusieurs Français, restes malheureux des premiers établissements, qui parlaient la langue des Galibis, naturels du pays, et en avaient pris les habitudes. On s'établit dans l'île de Cayenne et le mont Cépérou fut fortifié pour se mettre à l'abri des indigènes.

De Bretigny se conduisit avec tant de barbarie qu'une partie des colons s'enfuit dans les bois pour échapper à ses cruautés, et que les indigènes, poussés à bout, le massacrèrent ainsi que tous les Français qu'il avait amenés à la Guyane ; il n'en échappa que deux qui parvinrent à se réfugier à Surinam où les Hollandais étaient déjà établis.

En 1645, les associés de Rouen envoyèrent au secours de la colonie 40 hommes de renfort conduits par un nommé Laforêt ; ils furent également massacrés par les indigènes.

Vers la fin de 1651, il s'était formé à Paris une nouvelle association d'hommes marquants sous le titre de compagnie de la France équinoxiale. Les associés de Rouen, voyant par là que leurs priviléges allaient leur échapper pour n'avoir pas rempli les conditions de leur concession, expédièrent à la hâte 60 hommes qui arrivèrent à Cayenne le 1er mars 1652. Cependant la nouvelle compagnie, composée de douze seigneurs, obtenait du roi des lettres-patentes qui révoquaient celles octroyées aux associés de Rouen, formait un fonds de 8000 écus et parvenait à réunir 700 à 800 hommes pour courir les chances de l'expédition.

Toute la troupe s'embarqua au Havre, sur deux navires, le 2 juillet 1652, sous les ordres d'un gentilhomme normand nommé de Royville. Pendant la traversée, les seigneurs associés conspirèrent contre le chef, le poignardèrent le 18 septembre et jetèrent ensuite son corps à la mer.

Ils arrivèrent à Cayenne le 30 septembre 1652 et s'attendaient à trouver de la résistance, à cause des envois d'hommes faits depuis peu par les associés de Rouen ; mais, sur la sommation qui fut faite au sieur de Navare, qui commandait le fort, celui-ci le remit au chef de la nouvelle expédition.

Aussitôt débarqués, les colons s'établirent autour du mont Cépérou, dont les fortifications furent augmentées, sur la côte de Rémire, le long de la mer et du Mahury. L'administration de la colonie fut confiée à trois des principaux associés qui prirent le titre de directeurs pour la compagnie. Malheureusement, la discorde ne tarda pas à se mettre parmi les seigneurs ; un complot fut ourdi contre les directeurs ; les conjurés furent arrêtés, et l'instigateur du complot, le sieur Isambert, eut la tête tranchée ; trois de ses complices furent relégués sur une île déserte et deux autres moururent de maladie.

Bientôt la guerre avec les Galibis éclata et une horrible famine vint mettre le comble aux maux de la colonie, qui en peu de temps perdit une grande partie de ses habitants. Les attaques réitérées des naturels forcèrent les restes malheureux de cette expédition d'abandonner Cayenne au mois de décembre 1653 ; ils se réfugièrent à Surinam, d'où ils gagnèrent les Antilles.

La colonie resta sans habitants jusque dans les premiers mois de l'année suivante, lorsque des Hollandais, sous la conduite d'un nommé Spranger, abordèrent dans l'île de Cayenne et, la trouvant sans possesseurs, s'y établirent ; mais, en 1663, sous le titre de compagnie de la France équinoxiale et sous la direction du maître des requêtes de la Barre, il se forma une association qui, à l'aide du gouvernement, reprit possession de Cayenne le 15 mai 1664. Toutefois, cette nouvelle compagnie ne jouit pas longtemps de sa concession. Au mois de mai 1664, le roi, en révoquant toutes les concessions précédemment faites en faveur des sociétés particulières, autorisa, par un édit, la formation, sous le nom de Compagnie des Indes occidentales, d'une association beaucoup plus vaste à laquelle fut donnée la propriété de toutes les colonies de l'Amérique du Nord, des Antilles, de l'Amérique du Sud et de l'Afrique occidentale, avec le pouvoir d'y faire seule le commerce pendant quarante ans.

Le sieur Noël prit possession des terres fermes de l'Amérique du Sud accordées par le roi à la Compagnie des Indes occidentales. Il fit construire un fort à l'embouchure de la rivière de Sinnamary et commanda la colonie en l'absence de de la Barre qui en avait été nommé gouverneur.

C'est de cette époque qu'il faut dater la véritable fondation de la ville de Cayenne. Les colons français établis dans l'île, au nombre de 1000 environ, se livrèrent alors paisiblement à leurs travaux de défrichement. Malheureusement, la guerre vint arrêter l'essor que commençait à prendre la colonie ; le 23 septembre 1667, les Anglais, sous les ordres du chevalier Harman, firent irruption dans l'île, la ravagèrent entièrement et l'évacuèrent le 8 octobre suivant, sans y avoir fait d'établissement.

Le P. Morellet, curé de Cayenne, qui s'était réfugié dans les bois pendant l'occupation des Anglais, rallia les débris épars de la colonie et la dirigea jusqu'au retour de M. de Lézy qui reprit possession de l'île au mois de décembre de la même année.

Pendant les six années de paix qui suivirent, la colonie répara ses pertes. Un voyage d'exploration fut entrepris dans l'intérieur de la Guyane par deux jésuites, les PP. Jean Grillet et François Béchamel, qui y rencontrèrent de nombreuses peuplades d'Indiens, les instruisirent et les mirent en rapport avec les habitants de Cayenne.

La Guyane partagea, en 1674, le sort des autres colonies françaises et passa sous la domination immédiate du roi, après la suppression de la Compagnie des Indes occidentales.

Les Hollandais, qui voyaient avec jalousie prospérer notre colonie, l'attaquèrent le 5 mai 1676 avec onze navires de guerre. Toutefois, ce ne fut que par surprise qu'ils parvinrent à s'en emparer. Dans le but de s'en assurer la conservation, ils travaillèrent avec activité à augmenter les fortifications de Cayenne. Malgré ces précautions, ils ne gardèrent pas longtemps leur nouvelle conquête. Le comte d'Estrées parut bientôt devant Cayenne avec six vaisseaux, quatre frégates et un brûlot et en chassa les Hollandais le 20 décembre 1676.

La colonie éprouva, en 1686, une augmentation de population et de richesses. Quelques flibustiers, après avoir épuisé les faveurs de la fortune, vinrent s'y fixer et consacrèrent leurs capitaux à l'agriculture. Cayenne s'acheminait peut-être vers une grande prospérité, lorsqu'un marin français, Ducasse, y relâcha en 1688, et engagea une grande partie des habitants à aller attaquer Surinam, à titre de représailles. L'expédition fut malheureuse; il périt beaucoup de monde; la plupart des agresseurs furent faits prisonniers et la colonie perdit ainsi la partie la plus active et la plus laborieuse de sa population.

En 1694, le gouverneur de la colonie, M. de Férolles, voulant réprimer les empiétements des Portugais sur la rive septentrionale des Amazones, commença, vers la source de l'Orapu, un chemin qui devait conduire jusqu'aux bords du grand fleuve, et permettre ainsi d'en chasser les Portugais. Ce vaste projet ne put s'effectuer alors; mais les réclamations de

M. de Férolles, auprès du gouvernement métropolitain, amenèrent la destruction des forts bâtis par les Portugais sur le territoire français dont les limites, non contestées encore, s'étendaient de ce côté de l'Amazone jusqu'à son confluent avec le Rio-Négro. Un traité conclu à Lisbonne, le 4 mars 1700, reconnut le cours des Amazones pour limites des possessions des deux puissances.

La paix d'Utrecht changea, en 1715, les limites de la Guyane du côté de l'Amazone. Par l'article 8 de ce traité, la France renonça à la propriété des terres appelées du cap Nord et situées entre la rivière des Amazones et celle de Japoc ou de Vincent Pinçon. Depuis lors, la cour de Portugal n'a cessé de confondre la rivière d'Oyapock située sur la côte de la Guyane par 4° 15' de latitude nord, avec celle de Japoc qui a la sienne par 1° 55' de latitude nord. Telle est la source des discussions relatives aux limites méridionales de la colonie.

En 1763, le gouvernement français, voulant réparer la perte du Canada, conçut le dessein de donner un grand développement à la colonisation de la Guyane. Il y envoya dans ce but 12 000 colons volontaires de toutes les classes, sortis pour la plupart de l'Alsace et de la Lorraine. Ces émigrants s'établirent aux îles du Salut et sur les bords du Kourou ; mais cette expédition eut une déplorable issue. Le plus grand nombre de ces colons mourut dans la colonie, et, de ces 12 000 individus, il ne revint en Europe que 2000 hommes. Une soixantaine de familles françaises, allemandes et acadiennes, que la mort avait également épargnées, allèrent se fixer entre les rives du Kourou et du Sinnamary. Ce fut là tout ce que la colonie retira d'une entreprise qui ne coûta pas moins de 30 millions.

Il y avait déjà près d'un siècle et demi que les Français étaient établis à la Guyane, et durant ce long espace de temps, la colonie n'avait présenté aucun accroissement sensible soit dans ses cultures, soit dans sa population, soit dans son commerce. En 1775 on n'y comptait que 1300 personnes libres, et 8000 esclaves environ; ses exportations pour la France ne dépassaient pas 488 598 livres tournois. Jusqu'alors, le défaut de connaissances locales suffisantes avait été un des principaux motifs du peu de succès des entreprises de colonisation. On sentit enfin la nécessité d'envoyer sur les lieux un homme éclairé, et M. Malouet, commissaire général de la marine, fut choisi comme ordonnateur. Il arriva dans la colonie le 25 novembre 1776. Avant de se livrer à des projets de réforme ou d'amélioration, M. Malouet visita les différents districts de la colonie, se rendit ensuite à Surinam pour en étudier le système de culture et en ramena un ingénieur nommé Guizan, que le gouvernement hollandais avait autorisé à entrer au service de la France.

Sous la direction de cet homme habile, on s'occupa de chemins, de dessèchements et de canaux dans les terres basses, et l'agriculture commença à sortir de sa langueur. Malheureusement, le 6 octobre 1778, M. Malouet fut forcé, par le mauvais état de sa santé, de quitter la Guyane, et la colonie se vit privée de l'utile direction qu'il avait su imprimer à ses travaux agricoles.

L'état de la colonie ne s'était pas amélioré quand éclata la Révolution de 1789. Elle y produisit de grands troubles comme dans les autres colonies. Les décrets de la Convention nationale pour l'abolition de l'esclavage y furent publiés au mois de juin 1794. La révolte des noirs ne tarda pas à éclater, et, malgré les règlements sévères qui furent adoptés pour le maintien du travail, il y eut, pendant toute la période de liberté, des désordres sans cesse renaissants et un abandon à peu près complet des exploitations agricoles.

Le 10 novembre 1797, la Guyane vit débarquer sur ses rives les seize déportés du 18 fructidor an V (4 septembre 1797). L'année suivante, plus de 500 nouveaux déportés y arrivèrent successivement. La plus grande partie de ces malheureuses victimes de nos troubles civils périrent de chagrin, de dénûment et de maladies, dans les déserts de Sinnamary, d'Approuague et de Conamama.

Sous le gouvernement de Victor Hugues, de 1800 à 1809, la colonie se vit enrichie par les prises des corsaires armés à Cayenne. Cette richesse dura peu et nuisit même à la prospérité de la colonie, en éloignant les habitants de la culture des terres.

Vers le milieu du mois de novembre 1808, la Guyane fut attaquée par une expédition anglo-portugaise, forte de 1200 hommes et commandée par le lieutenant-colonel d'artillerie Marquès. L'ennemi s'établit d'abord dans l'Oyapock, puis dans l'Approuague, et, vers la fin de décembre, il se présenta devant Cayenne.

Le 12 janvier 1809, Victor Hugues se vit forcé de capituler, en stipulant que la colonie serait remise non aux Anglais, mais à leurs alliés les Portugais.

Durant les neuf années de la domination portugaise, il ne se passa rien de remarquable dans la colonie.

En 1814, la France rentra, par le traité de Paris, dans ses droits sur la Guyane; la reprise de possession de la colonie ne fut toutefois effectuée que le 8 novembre 1817, par une division navale, commandée par le contre-amiral Bergeret, qui y amena le nouveau gouverneur, M. le général Carra-Saint-Cyr.

Le gouvernement français chercha alors à introduire de nouveaux cultivateurs dans la colonie qui ne comptait encore que 15 000 à 16 000 âmes. On y envoya en 1820, 32 agriculteurs chinois et malais, puis en 1821, 20 *settlers* américains; mais ces deux entreprises échouèrent complétement.

Sur l'avis favorable émis par une commission envoyée de France en 1820, pour explorer les contrées arrosées par la Mana, des travaux de défrichement furent commencés, en 1823, sur les rives de ce fleuve. Trois familles du Jura, composées de 27 personnes, furent installées, sur la fin de 1824, aux frais de l'État, à deux lieues de l'embouchure de la Mana. Après avoir végété en cet endroit jusque vers le milieu de 1828, ces familles furent autorisées à revenir en France.

Dans cet état de choses, Mme Javouhey, fondatrice et supérieure générale de la Congrégation des sœurs de Saint-Joseph de Cluny, proposa de continuer l'entreprise de la colonisation de la Mana et de fonder dans ce quartier des établissements propres à servir d'asile aux enfants trouvés. Son plan fut agréé par le gouvernement, et une nouvelle expédition composée de 36 sœurs, 39 cultivateurs engagés pour trois années, et de quelques enfants, partit, en août 1828, aux frais de l'État, sous la conduite de cette dame. On s'occupa principalement de l'élève des bestiaux, de l'exploitation des bois, et de la culture des vivres nécessaires à la petite colonie. A l'expiration de leur engagement, en 1831, les 39 cultivateurs amenés par Mme Javouhey la quittèrent, mais elle y suppléa de manière à ce que son établissement pût se maintenir. En 1835, le gouvernement décida que les noirs de traite libérés en vertu de la loi du 4 mars 1831, qui existaient alors à la Guyane, seraient successivement envoyés sur l'établissement de la Mana, pour s'y préparer, par le travail, à la liberté; 550 noirs y ont été ainsi réunis, et depuis cette fondation le bourg a prospéré. Cet établissement fit retour au gouvernement le 1er janvier 1847, et a formé depuis lors un nouveau quartier de la colonie.

En 1836, le gouvernement résolut d'occuper un point du territoire contesté entre l'Oyapock et l'Amazone; le lac Mapa, situé à 50 kilomètres environ de ce dernier fleuve et à une petite distance de la rivière Araouari, fut choisi pour l'établissement d'un poste militaire qui fut installé dans le courant du mois de juin 1836. Il fut abandonné deux ans plus tard.

La cessation complète de la traite des noirs, et surtout l'avilissement du prix des principales denrées de culture, augmentèrent l'état de gêne de la colonie. Enfin, l'émancipation des esclaves, en 1848, porta le dernier coup à la colonie. Les habitations furent abandonnées, et quelques sucreries survécurent seules au naufrage général.

Cependant l'établissement des pénitenciers, en 1852, l'introduction d'immigrants africains, en 1853, et indiens en 1856, rendirent au pays quelque activité. Depuis cette époque, l'institution d'une banque (1854), la découverte des mines d'or (1855), la fondation d'une exploitation aurifère et agricole sur l'Approuague, l'établissement d'exploitations aurifères particulières, la création de vastes chantiers pour l'exploitation des bois, tant par les particuliers que par les pénitenciers, ont contribué à rendre à la colonie une partie de l'activité et de la vie qui s'y étaient éteintes depuis 1848.

LISTE CHRONOLOGIQUE DES GOUVERNEURS ET COMMANDANTS.

BRETIGNY (Charles Poncet de), gouverneur et lieutenant général pour le roi, débarque à Cayenne, le 4 mars 1644, et est assassiné par les indigènes en mai ou juin 1645.

LAFORET, arrive en novembre 1645, est assassiné par les indigènes le mois suivant.

Abandon de la colonie jusqu'au 21 mars 1652.

NAVARE (le sieur de), envoyé par la compagnie du cap Nord se maintient jusqu'au 30 septembre 1652.

DE BRAGELONE, l'un des douze seigneurs de la compagnie de la France équinoxiale, premier directeur dans la colonie jusqu'à l'abandon du pays, le 27 décembre 1653.

Spranger, chef d'un parti hollandais, s'établit dans le pays au commencement de 1654, et commande pour la compagnie d'Ostende jusqu'à sa capitulation avec MM. de Tracy et de la Barre, le 15 mai 1664.

De la Barre, gouverneur pour la compagnie de la France équinoxiale jusqu'en juin 1665.

Noel, commandant pour la Compagnie des Indes occidentales jusqu'au 8 septembre 1665.

De Lézy, gouverneur, par int., en l'absence de de la Barre, gouverneur titulaire, jusqu'au 23 septembre 1667.

Prise et ravage de la colonie le 23 septembre 1667, par les Anglais, qui l'abandonnent le 8 octobre 1667.

De Lézy revient dans la colonie en décembre 1667, et la commande, par int., jusque vers le milieu de 1668.

De la Barre, lieutenant général au gouvernement des îles et terre ferme de l'Amérique, fondé de procuration de la Compagnie des Indes occidentales, gouverneur jusqu'en 1670.

De Lézy, commandant pour le roi et la Compagnie jusqu'en 1675, prend alors le titre de gouverneur pour le roi jusqu'au 5 mai 1676. La colonie est prise par les Hollandais le 5 mai 1676, et reprise par les Français le 20 décembre suivant. De Lézy la gouverne jusqu'en mars 1679.

De Férolles, commandant jusqu'en octobre 1684.

Sainte-Marthe, gouverneur jusque vers le milieu de 1687.

De Férolles, commandant jusqu'en 1688.

De la Barre, gouverneur jusqu'en janvier 1691.

De Férolles, gouverneur jusqu'en 1700.

D'Orvilliers, commandant jusqu'à la fin de 1701.

De Férolles, reprend le gouvernement jusqu'à sa mort, le 5 août 1705.

Riouville, commandant jusqu'au 15 septembre 1706.

D'Orvilliers, gouverneur jusqu'en juillet 1713.

Grandville, commandant jusqu'au 7 septembre 1716.

D'Orvilliers[1] (Claude), capitaine de frégate, fils du précédent gouverneur de ce nom, gouverneur jusqu'en décembre 1720.

La Motte-Aigron, major et commandant jusqu'au retour du gouverneur, fin 1722.

---

1. De Béthune, nommé au commencement de 1715, se désista et ne vint pas dans la colonie.

D'Orvilliers, gouverne jusqu'en septembre 1729.

De Charanville, enseigne de vaisseau, commandant jusqu'en août 1730.

De Lamirande, capitaine de frégate, gouverneur jusqu'à sa mort le 30 août 1736.

De Crenay, commandant jusqu'à sa mort en décembre 1736.

D'Orvilliers (Gilbert), major et commandant jusqu'au 9 juillet 1738.

De Chateaugué, gouverneur jusqu'en juin 1743.

D'Orvilliers, commandant, reconnu gouverneur le 27 novembre 1749; s'absente en juin 1751.

Dunezat, major, commande, par int., jusqu'en mai 1752.

D'Orvilliers, de retour, s'absente encore en juillet 1753.

Dunezat, major, commande, par int., jusqu'en avril 1757.

D'Orvilliers, de retour, gouverne jusqu'en mai 1763.

De Béhague, commande, par int., jusqu'au 2 janvier 1764.

De Friedmond, commandant en chef, par int., avec de Préfontaine comme commandant particulier de la partie nord de la colonie, jusqu'au 22 décembre 1764.

De Turgot, nommé gouverneur depuis le commencement de 1763, n'arrive à Cayenne que le 22 décembre 1764, et part en avril 1765.

De Béhague, gouverneur jusqu'au 28 janvier 1766.

De Friedmond, maréchal de camp, gouverneur jusqu'au 15 décembre 1781.

Bessner, brigadier, gouverneur jusqu'à sa mort le 13 juillet 1785.

Lavallière, colonel, intérimaire jusqu'au 16 août 1785.

Fitz-Maurice, colonel, intérimaire jusqu'au 17 mai 1787.

Villeboi, maréchal de camp, gouverneur jusqu'à sa mort le 22 octobre 1788.

D'Allais, major, commande, par int., jusqu'au 18 juin 1789.

Bourgon, colonel, gouverneur jusqu'au 5 janvier 1791.

Benoit, major, commande, par int., jusqu'au 26 sept. 1792.

Guillot, commissaire civil, délégué de l'Assemblée nationale, reste dans la colonie avec M. d'Alais comme gouverneur général jusqu'en mai 1793.

Jeannet-Oudin, commissaire civil jusqu'en novembre 1794.

Cointet, lieutenant-colonel, commande jusqu'en avril 1796.

Jeannet-Oudin, de retour avec le titre d'agent particulier du Directoire, reste jusqu'au 5 novembre 1798.

Burnel reste avec le même titre jusqu'en novembre 1799.

Franconie, agent provisoire jusqu'au 9 janvier 1800.

Hugues (Victor), agent des consuls à son arrivée, prend, en 1804, le titre de commissaire de l'Empereur, commandant en chef, et gouverne jusqu'au 12 janvier 1809, date de la capitulation avec les Portugais et les Anglais.

Marquès, commandant en chef pour le Brésil, gouverne jusqu'à la remise de la colonie à la France le 8 novembre 1817.

Carra Saint-Cyr, lieutenant général, commandant et administrateur jusqu'au 25 juillet 1819.

Laussat, idem, jusqu'au 12 mars 1823.

Milius, capitaine de vaisseau, id., jusqu'au 26 mars 1825.

De Muyssard, commissaire de marine, id., jusqu'au 26 mars 1826.

Burgues de Missiessy, capitaine de frégate, gouverneur, par int., jusqu'au 15 février 1827.

Desaulses de Freycinet, contre-amiral, gouverneur jusqu'au 1er juin 1829.

Jubelin, commissaire général de la marine, gouverneur jusqu'au 24 avril 1834.

Pariset, commissaire de la marine, par int., jusqu'au 5 mai 1835.

Jubelin, reprend ses fonctions jusqu'au 11 avril 1836.

Laurens de Choisy, capitaine de vaisseau, gouverneur jusqu'au 27 octobre 1837.

De Nourquer du Camper, id., id., jusqu'au 16 novembre 1839.

Gourbeyre, id., id., jusqu'au 6 juin 1841.

Charmasson, id., id., jusqu'au 11 mars 1843.

Layrle, id., id., jusqu'au 20 octobre 1845.

Cadeot, commissaire de la marine, gouverneur, par int., jusqu'au 18 février 1846.

Pariset, contrôleur en chef de la marine, gouverneur, part en congé le 16 mai 1850.

Maissin, capitaine de vaisseau, gouverneur, par int., jusqu'à sa mort le 6 janvier 1851.

Vidal de Lingendes, procureur général, gouverneur, par int., jusqu'au 29 juin 1851.

De Chabannes-Curton, capitaine de vaisseau, gouverneur jusqu'au 11 mai 1852.

Sarda-Garriga, commissaire général de la république, gouverneur jusqu'au 25 février 1853.

Fourichon, contre-amiral, gouverneur jusqu'au 31 janv. 1854.

Bonard, capitaine de vaisseau, gouverneur nommé contre-amiral le 7 juin 1855, part en congé le 30 octobre 1855.
Masset, lieutenant-colonel, par int., jusqu'au 16 février 1856.
Baudin, contre-amiral, gouverneur jusqu'au 15 mai 1859.
Tardy de Montravel, capitaine de vaisseau, nommé contre-amiral le 27 janvier 1864, part en congé le 1er mai 1864, meurt en France le 4 octobre suivant.
Fabre, colonel, commandant militaire, gouverneur, par int., depuis le 1er mai 1864.
Hennique, général de brigade d'infanterie de marine, nommé gouverneur le 20 octobre 1864.

Topographie.

Situation géographique. — La Guyane française est une portion de cette vaste contrée de l'Amérique méridionale qui s'étend entre l'Orénoque et le fleuve des Amazones. Comprise entre les 2° et 6° de latitude nord et entre les 52° et 57° de longitude ouest de Paris, elle est bornée, au nord-est, par l'océan Atlantique, au nord-ouest et à l'ouest par le Maroni qui la sépare de la Guyane hollandaise, et par les pays intérieurs encore peu connus, situés au delà du Rio-Branco. Au sud, la limite n'est pas encore exactement déterminée[1].

---

1. Dans l'origine, la limite méridionale de la Guyane française était formée par les Amazones. Le traité d'Utrecht (11 avril 1713), en réservant exclusivement au Portugal la navigation de ce fleuve, céda à la même puissance « la propriété des terres appelées du cap Nord, et situées entre la rivière des Amazones et celle du Japoc ou de Vincent-Pinçon » et fixa la limite des deux Guyanes, française et portugaise, à la rivière de Vincent-Pinçon. Depuis lors, la détermination de cette limite a été un objet de contestation entre la France et le Portugal, la cour de Lisbonne prétendant confondre la rivière de Japoc ou de Vincent-Pinçon (qui a son embouchure près du cap Nord, vers 1° 55′ de latitude nord), avec la rivière d'Oyapock (qui a la sienne près du cap d'Orange par 4° 15′ de latitude nord et qui se trouve de 200 kilomètres plus rapprochée de Cayenne que la première). Le traité conclu à Madrid le 29 septembre 1801 fixa la frontière des deux colonies limitrophes à la rivière Carapanatuba, par 0° 10′ de latitude nord, et le traité d'Amiens, tout en reportant cette limite plus au nord, lui fit suivre le cours de l'Araouari dont l'embouchure est au sud du cap Nord, par 1° 15′ de latitude septentrionale. Quoi qu'il en soit, aux termes de l'article 107 du traité de Vienne (9 juin 1815) et par une convention passée à Paris le 28 août 1817 pour l'exécution provisoire des stipulations de cet article, la Guyane française

La distance de Cayenne à Brest est évaluée à 1320 lieues marines.

Étendue. — Le vague des limites de la Guyane française ne permet pas de déterminer exactement l'étendue de son territoire. On peut dire seulement que la longueur de ses côtes, depuis le Maroni jusqu'à la rivière Vincent-Pinçon, est de 500 kilomètres, sur une profondeur qui, poussée jusqu'au Rio-Branco, affluent des Amazones, ne serait pas moindre de 1200 kilomètres et donnerait alors une superficie triangulaire de plus de 18000 lieues carrées [1]. La superficie des quatorze quartiers de la colonie donne un ensemble de 1 308 739 hectares.

Sol. — On distingue les terres de la Guyane en terres hautes et en terres basses. Celles-ci occupent tout le littoral et s'étendent jusqu'aux premiers sauts des rivières; elles sont formées de terres alluviales, dont une partie est cultivée et l'autre est en savanes sèches ou noyées.

Montagnes. — Les terres hautes se continuent au delà des premières cataractes des rivières, à partir desquelles s'étend, dans l'intérieur des terres, une chaîne de montagnes de 500 à 600 mètres de hauteur, se dirigeant vers la chaîne principale de Tumuc-Humac, qui occupe toute la partie sud de la Guyane, sur une largeur moyenne de 10 à 12 kilomètres et dont les pitons les plus élevés atteignent jusqu'à 1000 et 1200 mètres.

Forêts. — Les forêts commencent à 60 ou 80 kilomètres des côtes et se prolongent, dans l'intérieur du continent, jusqu'à des profondeurs inconnues. Celles qui couvrent les terres hautes produisent toutes les espèces de bois dur, tandis que les terres basses ne donnent que des bois mous.

Marais et savanes. — La partie basse est couverte sur beaucoup de points de vastes marais formés par les pluies diluviales du pays, et d'où s'élèvent des forêts noyées composées de mangliers, arbres qui atteignent une hauteur de 20 à 30 pieds. Ceux de ces marais qui sont le plus profondément

---

fut remise à la France jusqu'à l'Oyapock seulement, sauf décision ultérieure relativement au terrain contesté qui s'étend entre cette dernière rivière et celle des Amazones. Sur la carte de la Guyane française qui fait partie de l'*Atlas des colonies*, le territoire contesté est indiqué sur une carte à petite échelle dressée dans le coin de la grande.

1. Notices statistiques sur les colonies françaises, 2ᵉ partie, p. 160, 1838.

inondés reçoivent le nom de *Pripris;* ceux qui sont desséchés forment d'immenses prairies où les palmiers pinots ont, à la longue, remplacé les mangliers, de là le nom de *pinotières* qu'on leur donne. On remarque enfin entre les rivières de Kaw et de Mahury, ainsi que dans les quartiers de Sinnamary, de vastes espaces formés par l'assemblage d'herbes aquatiques reposant sur un fond de vase molle, ce sont de véritables tourbières en voie de formation, qu'on désigne sous le nom de *savanes tremblantes.*

Cours d'eau. — Peu de pays sont plus sillonnés de cours d'eau que la Guyane française. On y compte 22 fleuves dont les principaux sont, en commençant par le nord : le Maroni, la Mana, le Sinnamary, le Kourou, la rivière de Cayenne, le Mahury, l'Approuague, l'Ouanary et l'Oyapock; et dans le territoire contesté, l'Ouassa, le Cachipour, le Gonani, le Carséouène, le Mayacaré, et la rivière Vincent-Pinçon. On désigne ordinairement sous le nom de criques les petits embranchements des rivières.

Lacs. — On compte une dizaine de lacs à la Guyane française. Les lacs Mepecucu, Macari et Mapa, situés dans le voisinage du cap Nord, dans la partie contestée, sont rangés parmi les plus étendus.

Routes et canaux. — Les routes et canaux coloniaux classés par l'arrêté du 20 octobre 1864 sont au nombre de trois :

1° *La route coloniale de Cayenne à Iracoubo,* qui prend naissance à la pointe de Macouria, pour de là se diriger vers Mana, en traversant les quartiers de Macouria, Kourou, Sinnamary et Iracoubo; 2° *la route coloniale de Cayenne au dégrad des Cannes,* qui a son origine dans la ville de Cayenne, et se dirige, en passant par Baduel et traversant l'île de Cayenne, vers le dégrad des Cannes situé sur la rive gauche et près de l'embouchure de la rivière du Mahury; 3° *le canal de la Crique fouillée,* qui prend naissance dans la rade à 2 kilomètres au sud du quai de Cayenne, traverse l'île de Cayenne en séparant le quartier de ce nom de celui du Tour-de-l'Ile et se jette dans la rivière du Mahury.

Circonscriptions territoriales. — La Guyane est divisée en 14 communes; les 13 communes rurales sont désignées sous le nom de *quartiers* et la quatorzième forme la ville de Cayenne. Voici la nomenclature de ces quartiers, en commençant par le nord :

	Hectares.	Habitants.
Mana....................	387,100	894
Iracoubo................	62,000	573
Sinnamary...............	28,675	797
Kourou..................	80,000	975
Macouria................	42,310	1114
Montsinéry..............	21,470	882
Ile de Cayenne..........	42,000	1846
Tour de l'île...........	28,300	909
Tonnégrande.............	42,000	688
Roura...................	90,400	1630
Kaw.....................	58,900	699
Approuague..............	262,000	1506
Oyapock.................	163,350	620
La ville de Cayenne.....	234	928
	1,308,739	

Nous commencerons la description topographique de ces différentes communes par celle de la ville de Cayenne; nous continuerons par les quartiers situés au sud de cette ville et ensuite par ceux situés au nord.

Ville de Cayenne. — La ville de Cayenne, chef-lieu de la colonie, s'élève sur la rive droite de la rivière à l'extrémité occidentale de l'île, par 4° 56 de latitude N. et 54° 35 de longitude O. de Paris. La ville est bornée à l'est par la crique Montabo, qui la sépare du quartier du Tour de l'île, et au sud par le canal Laussat, qui aboutit à la mer par ses deux extrémités et dont la largeur est de 13 mètres en moyenne. La ville mesure, y compris sa banlieue, un périmètre de 234 hectares, mais la partie aujourd'hui construite et habitée ne présente qu'une superficie de 90 hectares. Un monticule de 35 mètres de hauteur, anciennement désigné sous le nom de Montagne Cépérou, domine la ville du côté de l'est et la rade du côté de l'ouest. Le port est situé à l'embouchure de la rivière de Cayenne qui coule de l'intérieur. Son entrée est marquée par un rocher dit l'Enfant perdu, situé au large à 8 kilomètres dans le nord. Ce port peut recevoir des navires de 500 tonneaux d'un tirant d'eau de 4^{m}25. Une jetée s'avance dans l'intérieur de la rade et rend le débarquement facile à toute marée. Elle conduit sur le quai où s'ouvre la rue du port qui traverse la ville et vient déboucher sur la place d'armes où sont situés l'hôtel du Gouvernement et plusieurs autres établissements publics.

La ville s'étend de l'est à l'ouest; elle est percée de rues larges et bien alignées. Parmi les édifices publics les plus remarquables, nous citerons: l'église qui s'élève au centre de la ville, le palais de justice, la mairie, un vaste hôpital militaire à l'extrémité d'une belle avenue de palmiers, et l'hospice civil du camp Saint-Denis, dans la banlieue. Un large boulevard planté d'arbres fruitiers s'étend du nord au sud et sépare la ville de sa banlieue, où l'on ne voit encore que quelques maisons éparses et des jardins potagers dont les produits servent à l'alimentation de la population urbaine. La population de la ville proprement dite est de 8000 habitants.

Ile de Cayenne. — Le quartier de l'île de Cayenne prend sa limite à l'ouest à la crique Montabo, qui le sépare de la banlieue de la ville; il s'étend, au nord, sur le bord de la mer jusqu'à la rivière de Mahury, qu'il traverse pour comprendre dans sa circonscription toute la rive droite de ce fleuve dont il remonte le cours jusqu'à la Montagne anglaise, à 15 kilomètres de son embouchure. Il est borné au sud par la Crique fouillée qui le sépare du quartier du Tour-de-l'Ile et établit une communication entre la rade de Cayenne et le Mahury. La longueur de ce canal est de 8 kilomètres environ et sa plus petite largeur de 10 mètres.

Une chaîne de petites collines, d'une hauteur de 100 mètres environ, s'étend dans la partie nord du quartier, le long de la mer, sur une longueur de 6 kilomètres. Ce fut sur ce plateau, désigné sous le nom de Table de Rémire, du nom qu'avait autrefois le quartier, que s'établirent les premiers colons de la Guyane. Le sol, formé d'une terre légèrement argileuse, facilement pénétrée par les eaux pluviales, présente une grande fertilité. Un lac d'une certaine étendue alimente en toute saison un grand nombre de ruisseaux qui vont arroser les habitations situées sur les versants nord et sud de la montagne. L'administration y possède trois habitations : Baduel, Bourda et Montjoly. Cette dernière sert de lieu d'internement pour les transportés libérés. Une église et un presbytère ont été édifiés à l'endroit appelé Rémire.

La partie sud-ouest du quartier, du pied de la montagne de Rémire jusqu'à la Crique fouillée, forme une plaine fort accidentée, entrecoupée de marécages et moins fertile que la partie nord.

Sur la rive droite du Mahury qui dépend du quartier de

l'île de Cayenne, s'étend une vaste plaine alluviale, bordée de palétuviers du côté de la mer, et d'une grande fertilité. Un canal connu sous le nom de canal Torcy, du nom de l'ingénieur qui le fit fouiller sous l'administration de M. Hughes, pénétrait autrefois à 4 kilomètres dans l'intérieur de cette vaste plaine de terres noyées et en facilitait le desséchement. Vingt grandes habitations s'élevaient sur ses bords; aujourd'hui cette localité ne possède plus que quatre sucreries.

Les denrées cultivées dans ce quartier sont : le sucre, le rocou, la cacao, le café et les vivres du pays. On y récoltait autrefois du coton, mais cette culture a été abandonnée; elle réussirait cependant parfaitement bien sur les terres salées du littoral. La chasse et la pêche y sont assez abondantes.

A la hauteur du quartier de l'île de Cayenne, à 8 kilomètres en mer, se trouvent : l'îlet la Mère, où l'on a créé un établissement pénitentiaire; l'îlet le Père où se tient la station des pilotes ; les îlets les Mamelles et le Malingre, masses rocheuses où il n'est possible de former aucun établissement.

Tour de l'île. — Le quartier du Tour de l'île a été habité et mis en culture après celui de l'île de Cayenne. Il est borné au N. E. par la Crique fouillée, au S. O. par la rivière du Tour de l'île qui le sépare des quartiers de Tonnégrande et de Roura, au N. O. par la rivière de Cayenne, et au S. E. par celle du Mahury. Il présente une superficie de 28 300 hectares. Cette localité ne possède ni bourg ni paroisse. Le sol y est varié et présente diverses natures de terrains, mais qui ne sont pas de première qualité. Les terres alluviales des bords du Mahury et de la rivière de Cayenne sont propres à la culture du cotonnier qui y était anciennement florissante. Les denrées d'exportation sont : le sucre, le café et le cacao. Les produits naturels ne sont que les bois à brûler dont l'exploitation, d'une utilité réelle pour les besoins de la ville de Cayenne, a lieu principalement sur les terres où croissent les palétuviers rouges.

La rivière du Tour de l'île est navigable à toutes marées par les embarcations tirant deux mètres d'eau ; elle se jette d'un côté dans la rivière de Cayenne et de l'autre dans celle du Mahury. Ses affluents du côté S. O. sont le Cavalet, le Galion, le grand et le petit Cormonbo.

La rivière de Cayenne est navigable pour d'assez fortes embarcations jusqu'à celle du Tour de l'île, et prend à partir de ce point le nom de Rivière de Tonnégrande. Son cours est de 17 kilomètres.

La rivière du Mahury coule du S. O. au N. E. et parcourt un espace de 18 kilomètres jusqu'à son confluent avec la rivière du Tour de l'île.

Tonnégrande. — Ce quartier est arrosé par la rivière de Tonnégrande, qui n'est que la continuation de la rivière de Cayenne, par la rivière des Cascades ; la navigation de ces deux rivières est barrée à 15 kilomètres de leur point de jonction par un banc de roches granitiques. Le quartier est borné au N. E. par la rivière du Tour de l'île, au S. E. par la rivière du Galion qui les sépare du quartier de Roura, au S. O. par les grands bois, et au N. O. par le quartier de Montsinéry. Ce quartier se divise en terres hautes et terres basses généralement de mauvaise qualité, et en grands bois dans lesquels plusieurs grands chantiers d'exploitation ont été établis. L'un d'eux n'occupe pas moins de 150 transportés.

Le quartier produit du café, du cacao, du girofle, du rocou et des vivres. On y fabrique du charbon de bois, et les productions naturelles sont les bois de construction et d'ébénisterie, les graines oléagineuses, la gomme de balata et d'autres résines. Un bourg et une paroisse ont été créés depuis peu dans ce quartier.

Roura. — Ce quartier est borné au N. O. par la rivière du Tour de l'île, au N. E., par la crique Rocamont et les savanes dites de Kaw, au S. E. par le quartier de Kaw, et ses grands bois, et au S. O. par la rivière du Galion et le quartier de Tonnégrande. Les rivières qui l'arrosent sont le Counana, l'Orapu, la Comté qui, à leur point de jonction, prennent le nom de rivière d'Oyac, pour le perdre un peu plus loin et prendre celui de Mahury après avoir reçu la rivière du Tour de l'île. Le Counana, l'Orapu et la Comté sont navigables sur un parcours de 20 à 30 kilomètres pour des embarcations d'un tirant d'eau de deux mètres. L'Oyac est toujours navigable pour des bâtiments tirant jusqu'à 4 mètres d'eau.

Il existe dans ce quartier plusieurs chaînes de collines, d'une élévation de 200 mètres environ, qui suivent le cours des rivières. La plus importante de ces chaînes montueuses est celle qui s'étend vers le quartier de Kaw. Elle est couverte dans toute son étendue d'une épaisse forêt de bois vierges et présente à son sommet, sur une longueur de 28 kilomètres, une ligne horizontale peu accidentée, sur laquelle a été tracée la route conduisant de Cayenne à Kaw. On a constaté dans toutes ces montagnes l'existence de gisements d'or et de fer. Les premiers sont en ce moment en exploitation et donnent des résultats satisfaisants; on n'y compte pas moins de 17 placers.

Le quartier de Roura a toujours entretenu d'importants chantiers d'exploitation de bois; on y rencontre le vanillier à l'état sauvage le long des rivières. On y cultive le girofle, le café, le cacao, le rocou et les vivres.

Une jolie église et un presbytère ont été construits dans le bourg de Roura, situé sur la rive droite de la rivière d'Oyac, non loin de son confluent avec le Mahury.

C'est dans ce quartier que se trouve l'habitation domaniale la Gabrielle, où l'administration a placé des travailleurs immigrants qui y entretiennent de belles plantations de caféiers et de girofliers.

Kaw. — Le quartier de Kaw est borné au N. E. et à l'E. par l'Océan, au S. E. par le quartier de l'Approuague, au S. O. par celui de Roura, et au N. O. par la crique Angélique.

Cette localité possède un petit bourg avec une église.

La rivière de Kaw est navigable sur une étendue de 35 kilomètres pour des embarcations de deux mètres de tirant d'eau; elle prend sa source sur le versant S. O. des montagnes du Roura. Un canal de 8 kilomètres de longueur a été ouvert sur la rive droite de cette rivière, à 10 kilomètres de son embouchure, pour communiquer avec la rivière de l'Approuague.

La crique Angélique sort également des montagnes de Roura et traverse du S. au N. une vaste plaine de terres d'alluvions très-fertiles, située au pied de ces montagnes et qu'elle divise en deux parties égales, présentant chacune un périmètre de 16 kilomètres carrés.

Les terres élevées des versants des montagnes sont aussi d'une grande fertilité; on y cultive avec succès toutes les denrées d'exportation, mais particulièrement le rocou.

Approuague. — Ce quartier, qui était, avant 1848, le plus important de la colonie par le nombre de ses sucreries, est borné au N. E. par la mer, au S. E. par les grands bois, au N. O. par le quartier de Kaw, et au S. O. par une ligne imaginaire courant sud 24° ouest, qui le sépare de celui de l'Oyapock. Il est arrosé par l'Approuague, l'une des plus importantes rivières de la colonie, qui coule du sud-ouest au nord dans un parcours de 190 kilomètres environ. Sa largeur, jusqu'à 20 kilomètres de son embouchure, est de 4 kilomètres ; on rencontre dans cette partie de nombreuses îles boisées qui conviendraient à la culture des cotonniers.

L'Approuague reçoit un grand nombre d'affluents parmi lesquels nous citerons : à droite, la rivière de Courouaïe, les criques Matoroni, Acoupace, Ekeny et Koura ; à gauche les criques Inéry, Counamare, Ipoucin et Arataïe. Le fleuve prend sa source sur le versant oriental d'une chaîne de montagnes dont le versant occidental donne, à peu près au même endroit, naissance à la Mana.

Au nord de son embouchure, à 8 kilomètres en mer, se trouvent deux rochers arides dits le Grand et le Petit Connétable.

Sur la rive droite de l'Approuague, à 18 kilomètres de son embouchure et à son confluent avec la rivière de Courouaïe, est bâti un bourg désigné sous le nom de Guizambourg, en souvenir de l'ingénieur Guizan qui fut amené dans la colonie en 1777 par M. Malouet. C'est le lieu de résidence des autorités du quartier.

Le sol convient à toutes les cultures tropicales, particulièrement à la canne à sucre et au cotonnier.

Des gisements aurifères ont été découverts dans l'Approuague, au mois de juillet de l'année 1855, par M. F. Couy, alors commissaire commandant de ce quartier, qui, guidé par un Indien du Brésil, s'était rendu à cet effet dans la partie élevée de la rivière, sur les bords de la crique Arataïe. Quelque temps après, une expédition fut chargée par le gouvernement d'explorer ces parages. Les résultats obtenus amenèrent la formation d'une société qui, sous le titre de Compagnie aurifère et agricole de l'Approuague, obtint, par décret du 20 mai 1857, la concession, pendant 25 années, de 200 000 hectares de terrains, aujourd'hui exploités avec succès.

Oyapock. — Le quartier est borné au N. E. et à l'E. par la mer, au S. E. par le fleuve Oyapock, au N. O. par le quartier de l'Approuague et au S. O. par les grands bois.

Le fleuve Oyapock prend sa source dans la chaîne des montagnes Tumuc-Humac et coule du sud-ouest au nord dans un parcours de 320 kilomètres environ, pour venir se jeter dans le milieu d'une baie de 16 kilomètres de largeur, qui reçoit également les eaux de l'Ouassa du côté de l'est et de l'Ouanary du côté de l'ouest. La pointe que forme l'entrée de la baie à l'est s'appelle le cap d'Orange.

Cette baie est reconnaissable par une chaîne de montagnes qui s'élèvent dans un terrain plat et noyé et qui s'avancent vers la mer sur la côte ouest ; on les nomme le Petit et le Grand Coumarouma et la Montagne d'argent. On a créé sur cette dernière un établissement pénitentiaire qui produit d'excellent café. A l'extrémité de la langue de terre située entre l'Oyapock et l'Ouanary s'élève la montagne Lucas, que l'on aperçoit de loin en mer.

Les principaux affluents de l'Oyapock sont : sur la rive gauche, le Gabaret sur lequel se trouve le pénitencier Saint-Georges, installé en sucrerie, avec une machine à vapeur à laquelle une scierie a été adaptée ; les criques Armontabo, Sancacangue, Carari, Tamari et Sickny ; la rivière Camopi qui donne souvent passage aux nègres Bonis et aux Indiens Roucouïennes pour descendre dans le bas Oyapock ; — sur la rive droite, les criques Coripi, Prétanary, Quéricourt et Anotaïe, la grande rivière Miripi, les criques Yaré, Samacou, etc.

Au-dessus du premier saut, le cours de l'Oyapock et de ses affluents est fréquemment interrompu par des barrages de roches dioritiques qui n'en permettent la navigation qu'au moyen de légères embarcations pouvant être transportées à bras. Les espèces de gradins qui donnent lieu à ces chutes d'eau se prolongent au loin à travers le territoire sous forme de terrasses et de plaines hautes, quelquefois marécageuses, dont le niveau s'abaisse successivement jusqu'aux terres alluviales qui vont se perdre dans la mer.

Les denrées qui sont cultivées dans le quartier de l'Oyapock consistent en sucre, café, rocou et vivres.

Montsinéry. — Ce quartier est le premier de ceux qui sont situés au-dessus de la rivière de Cayenne ; il est borné au N. E. par la pointe dite Palicour située au confluent des rivières de Cayenne et de Montsinéry, au S. E. par la rivière de Cayenne et le quartier de Tonnégrande, et au N. O. par le quartier de Macouria. La qualité de ses terres est inférieure.

La rivière de Montsinéry parcourt ce quartier du S. O. au N. E. sur une étendue de 26 kilomètres ; elle n'est navigable jusqu'à son premier saut que par des grandes embarcations. Ses affluents sont : le grand et le petit Mapéribo, le

Thimoutou, la crique Coco, etc. Toutes ces rivières sont très-poissonneuses ; on y pêche les meilleures huîtres de la colonie après celles de Kourou. Les produits exportés sont : le café, le rocou, le girofle et les vivres ; il y existe deux briqueteries assez importantes. Le quartier possède un bourg non loin duquel se trouve une habitation qui sert d'église et de presbytère.

Macouria. — Ce quartier est borné au N. E. par la mer, au S. E. par le quartier de Montsinéry, au S. O. par les savanes naturelles et les grands bois et au N. O. par le quartier de Kourou.

Les terres de ce quartier, en avant des grands bois, sont plates et peuvent se diviser en trois bandes ayant chacune une largeur de 2 à 3 kilomètres. La première, qui borde la mer, est formée de terres d'alluvions, les meilleures de la colonie pour la culture du cotonnier. La seconde consiste en un banc de sable très-fertile où poussent, avec une végétation surprenante, le rocouyer, le caféier, le manioc, la sésame, les arachides et les arbres fruitiers. Viennent ensuite les savanes sèches formées d'une terre argilo-siliceuse qui n'a aucune fertilité.

Le quartier du Macouria n'est arrosé que par une grande crique qui porte le nom du quartier ; cette crique est traversée, sur un pont en bois à 2500 mètres de son embouchure, par un chemin qui conduit de Cayenne à la Mana et qui est carrossable jusqu'à la rivière de Kourou.

Kourou. — Le quartier de Kourou, si fatal à la colonisation entreprise en 1763, n'est cependant pas aussi malsain qu'on l'a pensé à cette époque. Les brises du large qui y règnent constamment emportent avec elles les miasmes délétères provenant des savanes et du rideau de palétuviers qui longe toute cette côte.

Ce quartier est borné au N. E. par la mer, au S. E. par le quartier de Macouria, au N. O. par la rivière de Malmanouri et au S. O. par les grands bois. Il est arrosé par la rivière de Kourou, navigable pour des embarcations de 40 à 50 tonneaux sur un parcours de 30 kilomètres environ. Ses trois principaux affluents sont : la grande crique Passoura sur la rive gauche, où l'administration pénitentiaire a créé une ménagerie ; la rivière des Pères sur la rive droite, et la rivière Coupii, sur la même rive, à 80 kilomètres de l'embouchure du Kourou. A 2 kilomètres de cette embouchure, sur la rive gauche, s'élève un bourg possédant une jolie église, un presbytère et une école primaire. Il y existait un pénitencier qui a été transporté depuis quelque temps à l'embouchure du fleuve.

Sur le littoral du quartier, en arrière du rideau de palétuviers, vient un banc de terre sablonneuse fertile et de peu de largeur qui s'étend sur toute la longueur du quartier; on trouve ensuite les savanes sèches et noyées où sont établies des ménageries importantes. Les savanes sont bornées par les grands bois.

Les denrées cultivées dans le quartier sont le café, le coton, le rocou et les vivres. Les produits naturels consistent en bois de construction et d'ébénisterie, graines oléagineuses, etc. L'administration pénitentiaire a établi un chantier d'exploitation de bois à 50 kilomètres de l'embouchure du Kourou; ses produits sont d'une grande utilité pour la transportation.

Iles du Salut. — Les îles du Salut sont situées à la hauteur de la rivière de Kourou, à 7 milles en mer, et à 27 milles au N. N. O. de Cayenne. Elles sont au nombre de trois : 1° l'île Royale, de 4 à 5 milles de longueur, située par 5° 16' 10" de latitude N. et 54° 52' 30" de longitude O.; 2° l'île Saint-Joseph et l'île du Diable, qui ont chacune à peu près 3 milles de longueur. Ces trois îles, boisées et d'un bel aspect, ne sont séparées l'une de l'autre que par un chenal étroit. Elles servent de lieu de dépôt pour les transportés à leur arrivée dans les eaux de la colonie. Les navires que leur tirant d'eau ne permet pas d'entrer dans le port de Cayenne y trouvent un mouillage sûr, à portée de toutes les communications utiles.

Sinnamary. — Le quartier de Sinnamary est compris entre la petite rivière de Malmanouri et la crique Crossoni et peut être parcouru dans toute sa longueur sur un chemin assez bien entretenu. Il est traversé du nord au sud par la rivière qui lui donne son nom et qui est navigable pendant l'espace de 52 kilomètres pour des embarcations de 40 tonneaux. La longueur de son cours est de 176 kilomètres et ses affluents les plus importants sont : sur la rive gauche, la rivière de Couroïbo à 50 kilomètres de l'embouchure; sur la rive droite la crique Galibi, qui se jette dans la Comté après avoir parcouru 40 kilomètres de pays montagneux, la rivière du Péril et le Comonabo.

Les montagnes sont très-nombreuses dans ce quartier à une certaine distance du littoral. La plus remarquable, qui se voit de fort loin en mer, est nommée montagne Amaïbo ou grande montagne.

Le quartier de Sinnamary possède un bourg, à 7 kilomètres de l'embouchure de la rivière, qui contient une église, un presbytère, une école primaire et 37 maisons.

Le quartier est consacré presque exclusivement à l'élève des bestiaux. Le sol est plat, sablonneux et coupé de savanes sèches et noyées. Il y existe quelques plantations de caféiers, de rocouyers et de cotonniers, et plusieurs chantiers d'exploitation de bois. On y trouve de l'or, comme sur presque tous les points du territoire de la Guyane.

Iracoubo. — Ce quartier s'étend depuis la grande crique Corossoni jusqu'à la petite rivière d'Organodo qui la sépare du quartier de Mana. Un chemin parcourt le littoral jusqu'à ce cours d'eau, et aboutit ensuite à un sentier qui conduit à la Mana.

Trois petites rivières seulement arrosent ce quartier, ce sont : la rivière d'Iracoubo dont le cours est de 30 kilom.; celle d'Organabo encore plus petite et celle de Counamama qui, à 6 kilom. de son embouchure, se divise en deux branches.

Le bourg d'Iracoubo est situé à l'embouchure de la rivière de même nom et sert d'habitation aux autorités du quartier et au curé chargé de desservir la paroisse.

A 15 kilomètres de la rivière d'Organabo se trouvent deux villages d'indiens Galibis et Arouagues.

Le territoire du quartier est plat et sablonneux; on y trouve de vastes prairies naturelles qui le rendent très-propre à l'élève du bétail. C'est en effet la principale industrie de ses habitants. L'administration pénitentiaire y a créé une ménagerie qui ne compte pas moins de 300 têtes de bétail. Quelques propriétaires y cultivent du rocou, du café et des vivres. Il existe quelques chantiers d'exploitation de bois qui ne fournissent que des planches en petite quantité. On y trouverait en assez grande abondance des graines oléagineuses, de la vanille, de la gomme de Balata. Le coton viendrait très-bien dans les terrains d'alluvions du bord de la mer.

Mana. — Le quartier s'étend depuis la rivière d'Organabo jusqu'à la rive droite du grand fleuve le Maroni qui est la limite entre la Guyane française et la Guyane hollandaise. C'est le quartier le plus étendu de la colonie.

La rivière de Mana qui donne son nom au quartier coule du sud au nord sur une étendue de près de 300 kilom. C'est une des plus importantes de la colonie; ses principaux affluents sont : sur la rive gauche, la rivière de l'Accarouani, où a été établie une léproserie à 14 kilom. de son confluent avec la Mana; la crique Portal et la crique Araouani, à 110 kilom. de l'embouchure du fleuve; — sur la rive droite, les criques Laussat, Alimichiri et Trompeuse. Les premiers sauts commencent un peu en amont des criques Laussat et Portal. L'entrée de la Mana, qui se trouve dans la baie du Maroni, est obstruée par des vases et des sables durs, mais à peine a-t-on franchi ces bancs que l'on trouve une profondeur de 4 à 5 mètres.

Le chef-lieu du quartier s'élève sur la rive gauche de la Mana, à 4 kilom. de son embouchure, sur un banc de sable qui est, dit-on, la continuation de celui des bourgs de Kourou et de Sinnamary.

Le Maroni, qui prend sa source dans les montagnes de Tumuc-Humac est le plus grand fleuve de la Guyane. Il n'est navigable pour les bâtiments que jusqu'à l'île Blacaret, après l'île Portal (40 kilom. de l'embouchure); à partir du saut Hermina (95 kilom. de l'embouchure), les pirogues seules peuvent le parcourir. Si l'on considère la position de ce saut par rapport à l'étendue entière du fleuve, on reconnaît que celui-ci n'est praticable que dans un huitième de son parcours. En avant du saut Hermina on rencontre plusieurs criques dont trois offrent une certaine importance, savoir : Siparini, Sacoura et Hermina. Les terres, toutes alluviales depuis l'embouchure, cessent d'offrir cet aspect à partir de la crique Siparini; la physionomie des pays baignés par le Maroni devient alors montueuse, les rives y sont élevées dans la plus grande partie de son cours. Le lit du fleuve est parsemé d'îlots; on y rencontre des sauts et des rapides dans la partie supérieure.

Les effets de la marée se font sentir jusqu'au saut Hermina. Le niveau des eaux varie dans chacune des deux saisons de ces climats. Le mouvement de dépression qui atteint jusqu'à quatre et cinq mètres dans les bassins supérieurs ne dépasse pas deux mètres dans les bassins inférieurs. La crue des eaux commence dès le mois de décembre et continue pendant près de cinq mois. La baisse a lieu de mai à la fin de septembre ; octobre et novembre sont les deux mois de stagnation.

A une distance de 160 kilom. environ de son embouchure, le Maroni se divise en deux branches : celle de gauche prend le nom de Tapanahoni et se dirige vers le S. S. O. pour venir prendre sa source par 3° 15 de latitude nord dans une chaîne de montagnes qui se détache de la chaîne principale de Tumuc-Humac. La branche de droite du Maroni et la plus importante est celle de l'Awa dont la largeur en cet endroit est de 500 mètres et dont la navigation est plus facile que celle du Tapanahoni, malgré les nombreux sauts qu'on y rencontre.

Les principaux affluents de l'Awa, sont : la crique Inini ; la crique Araoua qui, suivant les indigènes, communique avec l'Oyapock par l'Ouaqui et le Camopi ; les criques Maroni et Itani. Tous ces cours d'eau descendent du versant septentrional des montagnes Tumuc-Humac dont le versant méridional donne naissance au bassin des Amazones [1].

Le Maroni est devenu depuis 1858 le centre de la transportation à la Guyane. On y a établi à 20 kilom. de l'embouchure du fleuve, deux pénitenciers, Saint-Laurent et Saint-Louis, qui sont les plus importants établissements de ce genre dans la colonie. Un îlot du nom d'Ilet Portal, situé non loin des pénitenciers, a été concédé à un habitant qui y a créé des plantations de café.

Le sol du quartier de Mana, sur une profondeur de 40 à 50 kilom. à partir du bord de la mer, est plat et formé d'alluvions, de bancs de sable boisés et de savanes noyées. On trouve ensuite les grands bois qui s'étendent dans l'intérieur.

Indépendamment de deux ménageries qui y existent, les produits du quartier consistent en sucre, rhum, café, riz et farine de manioc. On pourrait facilement y introduire la culture du cotonnier. Les bois de construction, d'ébénisterie, la gomme de Balata, les graines oléagineuses, l'or et beaucoup

---

1. Pour de plus amples détails sur le Maroni, voir la relation du Voyage d'exploration, entrepris dans le haut de ce fleuve en 1861 par M. Vidal, lieutenant de vaisseau, dans le t. V de la *Revue maritime et coloniale*, p. 512, 638, numéros de juillet et d'août 1862.

d'autres productions naturelles pourraient y être également exploités si la population était plus nombreuse.

Météorologie.

Température. — A la Guyane, le thermomètre descend très-rarement au-dessous de 20° centigrades. Il monte quelquefois à 36 et 38°; mais son élévation habituelle varie entre 25 et 27°.

Climat. — Malgré cette grande chaleur, le climat n'est pas malsain, et si de nombreuses victimes ont succombé dans la plupart des tentatives de colonisation qui ont été faites à diverses époques à la Guyane, leur perte doit être attribuée plutôt à l'imprévoyance, aux privations et à la nostalgie qu'à l'insalubrité du climat. Malgré l'extrême humidité qui règne pendant la plus grande partie de l'année, l'air est aussi pur à Cayenne et sur les habitations anciennement défrichées et placées au bord de la mer que dans les provinces méridionales de la France.

Il suffit, en effet, aux Européens récemment débarqués, pour se soustraire aux influences fâcheuses de la chaleur humide du climat, d'éviter tout excès, de ne point s'exposer découvert aux rayons du soleil, et de s'éloigner, pendant les mois d'août, de septembre et d'octobre, des lieux situés sous le vent des plaines marécageuses. Les défrichements et les dessèchements qui continuent à s'exécuter à la Guyane française tendent d'ailleurs constamment à assainir le pays en reculant de plus en plus la limite des grands bois et en diminuant l'étendue des terres noyées.

Saisons. — La saison sèche dure environ 5 mois; elle commence en juin et juillet et se prolonge jusqu'en novembre ou décembre : quelquefois la sécheresse est extrême et souvent il ne tombe pas une goutte de pluie pendant tout le cours de septembre et d'octobre. La saison pluvieuse dure de 8 à 9 mois; elle commence en novembre ou décembre et se termine vers la fin de juin. Elle est ordinairement interrompue en mars par trois ou quatre semaines de beau temps.

Pluies. — Il résulte d'observations météorologiques, suivies pendant plusieurs années, qu'il tombe à Cayenne, année commune, de 3^m à 3^m 50 d'eau; il en tombe davantage dans l'intérieur. Les mois les plus pluvieux sont ceux de janvier, février, avril et mai.

Vents. — Les vents qui dominent sur la côte de la Guyane française sont ceux du N. N. E. et du S. E.; les plus forts sont ceux de la partie du N. E. Pendant la saison sèche, de juillet à décembre, les vents soufflent de l'est au sud. Aux approches et vers la fin de cette saison et de la saison pluvieuse, ils tendent à rallier la partie de l'est. Pendant la saison pluvieuse, de décembre en juin, ils soufflent de l'est au nord. Dans le petit été, c'est-à-dire vers l'équinoxe du printemps, les vents rallient le N. et le N. N. O.

Ouragans, raz-de-marée. — Les ouragans sont inconnus à la Guyane. Les raz-de-marée ne se font guère sentir que dans l'arrière-saison, aux mois de novembre et de décembre, et sont loin d'être aussi dangereux qu'aux Antilles.

Tremblement de terre. — Depuis la fin du siècle dernier, on n'a éprouvé dans le pays que trois tremblements de terre, le premier en 1794, le second en 1821 et le troisième le 8 février 1843; ils n'ont point causé de dommages notables.

Marées. — La hauteur moyenne de la marée est de 2^m 67, le maximum de son élévation est de 3^m 17 et le minimum de 2^m 17.

Durée des jours. — Les jours les plus longs sont de 12 heures 18 minutes et les plus courts de 11 heures 42 minutes.

Baromètre. — Les variations barométriques sont à peu près nulles à Cayenne; elles flottent entre 0^m 758 et 0^m 763.

Population.

Au 1er janvier 1864, le nombre d'individus composant la population de la Guyane française était de 24 951, non compris les transportés; ce chiffre se décomposait de la manière suivante :

Population sédentaire et flottante [1]...	18 507
Immigrants africains, indiens et chinois...	2 085
Indiens aborigènes, environ...	1 500
A reporter...	22 092

---

1. La population blanche forme à peu près le quinzième de ce total.

Report.........	22 092
Réfugiés brésiliens du Para..........	280
Garnison..........................	1 099
Personnel administratif et médical....	151
Surveillants......................	177
Sœurs de Saint-Joseph et de Saint-Paul.	77
Frères de Ploërmel................	16
Transportés hors pénitenciers.......	372
Total................	24 264

Si l'on ajoute à ce chiffre le nombre des transportés présents sur les pénitenciers à la même époque, on obtient un total de 30,897 habitants.

En 1862, la population de la colonie a présenté les mouvements suivants : 450 naissances, 512 décès et 72 mariages.

Il existe sur le territoire de la colonie quelques tribus d'Indiens aborigènes qui forment une portion tout à fait distincte de la population coloniale. Ils reconnaissent l'autorité de la France, mais cette reconnaissance ne se manifeste guère qu'au moment où ils élisent un capitaine chef de tribu, dont le grade est soumis à la confirmation du gouverneur. Leurs mœurs sont paisibles. Ils cultivent un peu de manioc, des ignames et des bananes, mais ils vivent surtout de chasse et de pêche. Ils sont divisés en plusieurs tribus dont les principales sont : les Trios, sur les bords du haut Tapanahoni; les Oyacoulets, entre les criques Ouanimari et Aloué sur le haut Maroni; les Roucouyennes, habitant les deux côtés des montagnes Tumuc-Humac; les Emérillons, établis entre le Maroni et l'Approuague, à la hauteur de la crique Inini; les Aramichaux, au delà des Emérillons, dans le haut de la crique Aroua et au milieu de la chaîne de séparation de l'Oyapock et du Maroni; les Cayécouchiennes, sur la rive gauche de l'Oyapock, au confluent de ce fleuve et du Camopi; et les Oyampis, sur la rive droite du haut Oyapock.

Indépendamment de ces populations aborigènes, on rencontre, en remontant le Maroni, à partir de la réunion de l'Awa et du Tapanahoni, trois tribus de nègres désignés sous la dénomination générale de *nègres-Bosh* (nègres des bois); ce sont les Youcas, les Bonis et les Polygoudoux. Ces tribus ne sont pas indigènes de la Guyane; elles sont formées d'anciens esclaves et de soldats noirs qui se sont évadés autrefois de la colonie de Surinam. Ils vivent comme les Indiens, principalement de chasse et de pêche, et descendent souvent aux établissements français pour y commercer au moyen d'échanges consistant en bois, gibier et poisson. Leur nombre peut être évalué à 1400 ou 1500 individus.

Immigration.

La Guyane possédait au moment de l'émancipation, une population esclave d'environ 13 000 noirs, dont 10 000 attachés aux habitations agricoles. Un grand nombre d'entre eux ayant immédiatement, comme dans nos autres colonies, abandonné le travail, on dut recourir à l'immigration étrangère. A quelle race convenait-il de s'adresser? Quels étaient les travailleurs qui pouvaient le mieux réussir sur le sol et sous le climat de la Guyane? C'est ce que l'expérience pouvait seule faire connaître, et on résolut d'expérimenter et de faire venir successivement et en petit nombre, des Africains recrutés à l'état libre, des Indiens et des Chinois.

La colonie accepta, pour le recrutement des Africains, les offres faites en 1853, par M. le capitaine au long cours Chevalier, du port de Nantes, qui s'engagea à enrôler exclusivement parmi les populations de la côte occidentale d'Afrique où l'esclavage n'existait plus (république de Liberia, côte de Krou, etc.), et à transporter à la Guyane un certain nombre de noirs, moyennant une prime de 325 fr. dont 200 fr. devaient être payés directement par l'engagiste et 125 fr. par la caisse coloniale. Les difficultés que M. Chevalier rencontra dans ses opérations de recrutement exigèrent l'élévation successive de cette prime; et enfin, lorsque le gouvernement se fut décidé à autoriser les enrôlements par rachat, M. Chevalier obtint, comme M. Régis, qui effectuait alors dans le Congo des recrutements pour la Martinique et la Guadeloupe, une prime de 485 fr. par adulte. Dans ces conditions, la Guyane reçut par les soins de ce capitaine, un contingent de 1379 Africains, qui furent répartis entre les colons. La société des mines d'or de l'Approuague reçut de son côté, en 1858, par les soins de M. Vidal, du Havre, un convoi de 141 noirs. Les derniers recrutements de M. Chevalier et ceux de M. Vidal furent effectués dans notre établissement du Gabon.

En ce qui concerne les Indiens, la Guyane participa aux

divers traités conclus pour le compte de la Martinique et de la Guadeloupe ; et depuis le mois de mai 1856, date de l'arrivée du premier navire expédié par la compagnie maritime, jusqu'au 9 juillet 1861, époque de la dernière introduction, cette colonie a reçu un contingent de 1850 coulis Indiens. Le prix d'introduction a été comme pour les colonies des Antilles de 415 fr. 55 c.

Enfin la Guyane a reçu, au mois d'août 1860, un contingent de 100 travailleurs chinois [1] cédés par la Martinique, et provenant du convoi apporté dans cette dernière colonie par le navire *le Galilée*, armateurs MM. Malavois et Cie. La prime a été, comme à la Martinique, de 809 fr. 60 c. par engagé, indépendamment des avances remises à celui-ci au moment de son engagement en Chine, mais dont reprise a dû être faite ultérieurement sur ses salaires.

Voici le jugement porté par les colons sur le mérite de ces divers immigrants.

L'Africain a parfaitement réussi comme travailleur. Il est le seul qui résiste aux durs travaux de dessèchement et de défrichement qu'exigent une grande quantité de terres de la Guyane situées dans des parties basses et marécageuses. On peut toutefois reprocher aux immigrants recrutés sur la côte de Krou et à Libéria une grande tendance à l'évasion. Plus de 200 se sont échappés de la colonie et se sont réfugiés dans les Guyanes anglaise et hollandaise, emportant les effets et les avances de solde dont ils avaient été gratifiés.

L'Indien a moins bien réussi que l'Africain ; il ne résiste pas aux travaux qu'exige la culture du sol de la Guyane ; il faut l'employer sur les terres hautes, et même avec cette précaution, sa santé se débilite promptement. L'administration locale fut obligée, il y a quelques années, de céder à la Guadeloupe un contingent de 200 Indiens dont les colons de la Guyane ne pouvaient tirer parti, et qui s'utilisèrent mieux sur les terres sèches de la Guadeloupe.

L'immigrant chinois a, en général, satisfait ses engagistes à la Guyane. Mais le prix élevé de l'introduction et le salaire relativement considérable (4 piastres par mois) que réclame ce travailleur ne permettent pas d'en faire venir un bien

---

[1]. En 1820, la colonie avait déjà reçu 27 Chinois et 5 Malais recrutés à Manille ; mais ce premier essai n'avait pas réussi.

grand nombre. Les événements qui viennent de se passer en Chine ont d'ailleurs complétement arrêté l'émigration.

L'immigration africaine étant interdite, la Guyane est aujourd'hui réduite au travailleur indien; elle doit recevoir en 1865 un convoi de 500 à 600 coulis recrutés à Pondichéry et à Madras. La société de l'Approuague attend de son côté un convoi de 300 individus de la même provenance.

La Guyane profite pour le rapatriement de ses travailleurs indiens du navire que la Compagnie transatlantique doit faire toucher chaque année à la Martinique et à la Guadeloupe pour prendre et reconduire dans l'Inde les immigrants qui ont achevé leur temps de travail. Quant aux Africains la colonie en a déjà fait rapatrier une centaine, au moyen de navires du commerce qu'elle a affrétés sur place et qui ont transporté les noirs à Sierra-Leone. Le consul de France dans cette résidence a visé ensuite à faire diriger chaque individu sur la partie de la côte qu'il habitait au moment de son engagement.

La caisse d'immigration de la Guyane possédait au 1er janvier 1864, un actif disponible de 330 000 francs, et il lui était dû par les colons environ 400 000 francs. La caisse s'alimente par la subvention métropolitaine qui est aujourd'hui de 100 000 francs, la subvention du service local de 50 000 francs, les droits créés par le décret du 13 février 1852, et enfin les remboursements des colons.

En vertu de deux arrêtés en date du 25 février 1864 toutes les anciennes dettes des colons à la caisse d'immigration ont été converties en une nouvelle créance qui sera partagée en nouvelles annuités d'un minimum de 200 francs, échéables le 1er octobre de chaque année à partir de 1864.

Pour l'avenir les introductions d'Indiens auront lieu dans les conditions suivantes :

Le prix à payer à la compagnie transatlantique étant comme on l'a dit de 415 fr. 55 c., plus les avances de solde à l'Indien, soit 37 fr. 50 c., ensemble 453 fr. 05 c., la caisse payera à la compagnie une somme de 303 fr. 05 c. Le colon payera de son côté : directement à la compagnie 85 francs, à la caisse d'immigration au moment de la remise du contrat d'engagement 65 francs soit 150 francs, sur lesquels le colon se rembourse ultérieurement de 37 fr. 50 c. au moyen d'une reprise sur les salaires de l'engagé.

La caisse d'immigration prend en outre à sa charge la moitié des frais de réengagement et la totalité des dépenses de rapatriement. Par suite du traité conclu avec la compagnie générale transatlantique, celle-ci s'est engagée à introduire à la Guyane, pendant une ou trois années de 400 à 600 immigrants par an.

Au 1er janvier 1864, la Guyane possédait 2000 immigrants dont 950 Indiens, 960 Africains et 90 Chinois.

Transportation.

C'est en 1852 que le gouvernement fit choix de la Guyane française pour y fonder une colonie pénale, dont les bases avaient été posées par le décret du 8 décembre 1851, prescrivant d'y envoyer les libérés en rupture de ban et les individus affiliés aux sociétés secrètes. Un second décret, en date du 27 mars 1852, vint ajouter un nouvel élément à la transportation en autorisant l'envoi à la Guyane, sous certaines conditions, des forçats détenus dans les bagnes et des forçats libérés dont le consentement serait préalablement obtenu. Ce décret a été remplacé par la loi du 30 mai 1854, qui consacra définitivement la substitution de la transportation aux anciens bagnes. Sans attendre cette loi, un décret du 20 août 1853 avait permis d'envoyer à la Guyane tous les individus, d'origine africaine ou asiatique, condamnés, dans les colonies, aux travaux forcés ou à la réclusion.

Aujourd'hui, la transportation ne compte plus de transportés politiques; elle ne comprend, outre les forçats, que des repris de justice condamnés pour rupture de ban, quelques étrangers expulsés qui ne peuvent être rapatriés ou engagés dans la légion étrangère, et les condamnés coloniaux d'origine africaine et asiatique.

Les individus condamnés pour rupture de ban, envoyés à la Guyane en vertu du décret du 8 décembre 1851, sont soumis au régime militaire, et affectés à des travaux d'utilité publique. Les forçats transportés sous le régime de la loi du 30 mai 1854 sont placés sous la juridiction d'un tribunal maritime spécial, et employés aux travaux les plus pénibles de la colonisation. Ils sont cependant exempts de la chaîne, sauf le cas de châtiment disciplinaire et, comme récompense de leur bonne conduite, ils peuvent obtenir des concessions provisoires de terrains et des adoucissements gradués jusqu'à leur libération complète et leur installation comme colons sur le sol de la Guyane.

Aux termes de l'article 6 de la loi du 30 mai 1854, tout individu condamné à moins de huit ans de travaux forcés, est tenu, à l'expiration de sa peine, de résider dans la colonie un temps égal à la durée de sa condamnation. Si la peine est de huit années, il doit y résider toute sa vie.

Un décret du 22 avril 1854 a créé, pour le service des établissements pénitentiaires, un corps spécial de surveillance organisé militairement, et dont l'effectif fixé au maximum à 5 p. 100 du nombre des condamnés, est aujourd'hui de 177 ; ce corps se recrute exclusivement parmi les sous-officiers des armées de terre et de mer.

Un règlement local, rendu le 10 mars 1855, détermine le régime auquel les transportés sont soumis et règle le fonctionnement des Pénitenciers.

Leur administration est confiée, sous l'autorité du gouverneur, à un directeur résidant à Cayenne. Cette administration comprend un bureau de personnel et un bureau de matériel, au chef-lieu. Le personnel du service de la transportation se compose d'un directeur, de dix commandants de Pénitenciers, de sept agents de colonisation, de douze officiers et écrivains du commissariat et de vingt-sept agents divers.

Le service du culte est confié à quatorze prêtres de l'ordre des Jésuites, assistés de quatorze frères appartenant à la même congrégation. Sur chaque pénitencier est établi un hôpital desservi par les sœurs de Saint-Paul de Chartres. Le personnel des hôpitaux comprend : deux chirurgiens de 1re classe, huit de 2e classe, dix de 3e classe ; un pharmacien de 2e classe, deux de 3e classe ; un médecin vétérinaire ; et quarante-trois sœurs.

Au 31 juillet 1864, l'effectif des transportés était de 6425 individus ainsi répartis :

Forçats	4 248
Réclusionnaires coloniaux	101
Repris de justice	1 116
Libérés astreints à la résidence	813
Libérés non astreints à la résidence	37
Étrangers expulsés	8
Femmes	102
Total	6 425

Iles du Salut et îlet la Mère. — Les îles du Salut, à l'embouchure de la rivière de Kourou, et l'îlet la Mère, sur la côte de Rémire, furent les premiers points désignés pour servir de dépôt général à la transportation. Un premier convoi de 300 forçats, tous ouvriers appartenant aux divers corps d'état, partit de Brest le 30 mars 1852 et arriva le 10 mai suivant aux îles du Salut ; à la fin de cette année, la colonie avait reçu six convois comprenant un effectif de 2456 condamnés, dont 1971 forçats, 314 repris de justice et 171 condamnés politiques.

Les îles du Salut et l'îlet la Mère renferment des ateliers nombreux qui ont fourni jusqu'ici des ouvriers pour la réparation des bâtiments de la station locale, et peuvent approvisionner les autres pénitenciers de presque tous les objets confectionnés qui leur sont nécessaires. En outre, des hôpitaux bien installés reçoivent les malades des pénitenciers du continent atteints de maladies graves, ou dont la convalescence doit être longue.

Au 31 juillet 1864, ces deux pénitenciers contenaient 1906 transportés, dont 1485 aux îles du Salut, et 366 à l'îlet la Mère.

Kourou. — Comme dépendance des îles du Salut, on fonda en 1860 un pénitencier sur les roches du Kourou, situées à six milles de ces îles. Cet établissement avait d'abord pour unique destination de fournir des bois aux îles et aux divers services de Cayenne ; aujourd'hui on y essaye l'élève du bétail et la culture du coton. On y comptait au 31 juillet 1864 402 transportés.

Montagne d'Argent. — Cet établissement, situé sur la rive occidentale de la baie de l'Oyapock, fut fondé en octobre 1852. On y plaça des transportés blancs et des condamnés noirs d'origine africaine et des Antilles. Le pénitencier fut reconstruit plus tard, vers la fin de 1854, sur un emplacement plus salubre que celui qui avait été choisi tout d'abord. On y cultive le café qui y est d'une qualité exceptionnelle. Il renfermait, au 31 juillet 1864, 539 transportés.

Saint-Georges. — En 1853, on établit un second pénitencier sur le haut Oyapock, à Saint-Georges, à trente-cinq milles de la montagne d'Argent. L'élément noir y put seul résister aux travaux de la terre. Aussi est-il presque exclusivement occupé par des Africains et des Asiatiques. C'est dans ce pénitencier qu'on recrute les bras nécessaires pour exécuter dans d'autres localités les premiers travaux de défrichement. On y fabrique le sucre et le tafia qui sont consommés sur les divers établissements. On y comptait au 31 juillet 1864 71 transportés.

La Comté. — Deux pénitenciers, celui de Sainte-Marie et celui de Saint-Augustin, furent créés en 1855 sur les bords de la rivière la Comté. En 1856, un troisième pénitencier, celui de Saint-Philippe, fut établi, mais abandonné presque aussitôt. L'insalubrité de ces parages força, en 1859, d'évacuer ces établissements.

Saint-Laurent (Maroni). — A la suite d'une exploration faite en 1857 sur les bords du Maroni et à vingt-quatre kilomètres de l'embouchure de ce fleuve, il fut décidé qu'un établissement agricole serait fondé dans cette région, et dès la fin de 1858, il devint évident que c'était là surtout que la colonisation pénitentiaire pouvait rencontrer des chances de succès. La localité est tellement salubre que la mortalité y varie de un à deux p. 100. En 1860, Saint-Laurent, commencé depuis dix-huit mois à peine, était déjà dans une situation assez prospère, et un décret du 30 mai de la même année affectait spécialement le territoire du Maroni à la transportation.

Une partie importante des terrains de Saint-Laurent fut consacrée tout d'abord à l'établissement de concessionnaires.

Persuadée que la constitution de la famille est la première condition de succès pour une œuvre semblable, l'administration a fait diriger sur Cayenne plusieurs convois de femmes condamnées, disposées à se marier avec des transportés. Les unions déjà contractées permettent de bien augurer de l'avenir. A la fin de l'année 1863, le nombre des mariages contractés dans la colonie était de 73 ; on y comptait à la même époque 56 ménages, dont 51 mariés dans la colonie et 5 en France.

Ces femmes ont été placées sur le pénitencier de Saint-Laurent sous la direction de quatre sœurs de Saint-Joseph de Cluny. Les sœurs ont fondé une crèche et une école pour les enfants des nouvelles familles qui se forment dans ce quartier. Elles y avaient déjà 27 enfants en 1863.

L'administration accorde en outre le passage gratuit et des secours aux familles des transportés qui demandent à aller rejoindre leurs parents à la Guyane.

Dans une dépendance de Saint-Laurent, à Saint-Pierre,

sur la rive gauche du Maïpourriri, on a tenté, en 1863, la création d'un village pour les libérés astreints à la résidence, de façon à ce qu'ils puissent se créer, au double point de vue de leur moralisation et du développement de la colonisation du pays, des moyens d'existence indépendants. L'effectif des concessionnaires, au 31 décembre 1863, était de 302 hommes, 56 femmes et 43 enfants, dont 30 nés dans la colonie.

A côté des condamnés concessionnaires de Saint-Laurent, se trouve un pénitencier qui prépare les terrains à concéder, et fait en même temps sur une assez grande échelle l'exploitation des bois de marine. Plusieurs chargements de bois à titre d'essai ont déjà été envoyés en France et ont donné de bons résultats.

Au 31 juillet 1864, les pénitenciers de Saint-Laurent contenaient 1384 transportés.

Saint-Louis. — Les succès obtenus à Saint-Laurent décidèrent, en 1859, l'administration à fonder un second établissement sur le cours du Maroni. Ce pénitencier, qui porte le nom de Saint-Louis, est établi à quatre kilomètres en amont de Saint-Laurent. Il est particulièrement affecté à l'exploitation forestière. On y comptait au 31 juillet 1864, 716 condamnés.

Pénitenciers flottants. — Trois bâtiments ancrés en rade de Cayenne, la *Proserpine*, la *Chimère* et le *Grondeur*, servent de pénitenciers flottants. On y a placé des transportés dont la plus grande partie sont débarqués chaque jour pour être employés aux travaux du port, à ceux du génie militaire et des ponts et chaussées. Les autres travaillent à bord à la confection de vêtements. Au 31 juillet 1864, ces bâtiments contenaient 758 condamnés.

Mont-Joly. — Cet établissement, situé dans l'île de Cayenne, non loin du chef-lieu, date de 1858. C'est moins un pénitencier qu'un lieu de dépôt pour les libérés astreints à la résidence et pour ceux qui attendent leur rapatriement. Les hommes de Mont-Joly sont employés à quelques travaux de culture et à l'entretien du bétail. Un certain nombre travaillent pour le compte des services locaux. Ils reçoivent les vivres de l'État. L'établissement contenait 196 individus au 31 juillet 1864.

Gouvernement et administration.

Le gouvernement et l'administration de la Guyane française ont été réglés par une ordonnance royale du 27 août 1828, modifiée par deux autres ordonnances des 24 septembre 1831 et 22 août 1833, et par deux décrets des 27 avril 1848 et 28 mai 1853.

Le gouverneur, seul dépositaire de l'autorité du gouvernement de la métropole, a sous ses ordres, pour diriger les différentes parties du service, un commandant militaire, un ordonnateur, un directeur de l'intérieur, un chef du service judiciaire et un directeur des pénitenciers; un contrôleur veille à la régularité des opérations et réclame, lorsqu'il y a lieu, l'observation des lois et règlements.

Un conseil privé est placé auprès du gouverneur; il se compose du commandant militaire, de l'ordonnateur, du directeur de l'intérieur, du chef du service judiciaire, de trois conseillers nommés par l'Empereur, du contrôleur colonial avec voix représentative et du secrétaire-archiviste, tenant la plume. Ce conseil, au moyen de certaines adjonctions, forme la juridiction du contentieux administratif en premier ressort, sauf recours au Conseil d'État.

L'ordonnance du 27 août 1828 avait institué à la Guyane un Conseil général qui fut transformé en Conseil colonial par la loi du 24 avril 1833, et qui a été supprimé par un décret du gouvernement provisoire du 27 avril 1848. La nouvelle organisation donnée aux Antilles et à la Réunion par le sénatus-consulte du 3 mai 1854 ne s'appliquant pas à la Guyane, le Conseil général n'a pas été rétabli dans cette colonie. Mais, aux termes de l'article 17 de cet acte, l'un des membres du Comité consultatif des colonies est chargé d'y remplir, pour la Guyane, les fonctions de délégué.

L'article 18 du sénatus-consulte de 1854 place la Guyane sous le régime des décrets impériaux.

Un décret du 27 décembre 1854 a autorisé le gouverneur, sous l'approbation du ministre, à statuer sur l'assiette, le tarif, la perception des contributions publiques, à l'exception des droits de douane qui sont réglés par des décrets de l'Empereur.

SERVICES DE L'ORDONNATEUR. — Le personnel de l'administration de la marine comprend : un commissaire de 1re classe, ordonnateur ; un commissaire de 2e classe, contrôleur colonial ; deux commissaires adjoints ; cinq sous-commissaires ; onze aides-commissaires ; dix commis de marine et un certain nombre d'écrivains[1].

Ce personnel est réparti dans : un secrétariat, un bureau des revues, des armements et de l'inscription maritime, un bureau des subsistances, un bureau des approvisionnements et des travaux, un magasin général et un magasin des subsistances, un bureau des hôpitaux et un bureau de la comptabilité centrale des fonds.

Service des ports. — Le personnel de ce service comprend : 1 capitaine, 1 lieutenant et 1 maître de port ; 1 chef pilote, 4 pilotes, 1 aspirant et 1 apprenti-pilote, et 2 guetteurs de vigie.

Trésor public. — Les fonctions de trésorier-payeur sont actuellement remplies par un commissaire-adjoint de la marine.

Service de santé. — Le service médical et pharmaceutique de la colonie comprenait, au 1er janvier 1864 : 1 second médecin en chef de la marine, 4 chirurgiens de 1re classe, 12 chirurgiens de 2e classe dont 4 auxiliaires, 16 chirurgiens de 3e classe dont 6 auxiliaires ; 1 pharmacien de 1re classe, 3 de 2e classe et 3 de 3e classe dont 1 auxiliaire.

DIRECTION DE L'INTÉRIEUR. — La direction de l'Intérieur, qui avait été supprimée à la Guyane par une ordonnance du 24 septembre 1831, a été rétablie par un décret du 28 mai 1853. Son personnel se compose d'un directeur, de 2 chefs de bureau, 2 sous-chefs, 4 commis et d'un certain nombre d'écrivains. Elle comprend deux bureaux : un bureau de l'administration et des contentieux ; un bureau de l'agriculture, du commerce, du culte, de l'instruction et de l'assistance publiques.

Immigration. — Le service de l'immigration forme un bureau spécial, dirigé par le commissaire de l'immigration,

---

1. Indépendamment des fonctionnaires du commissariat de la marine employés dans les services de l'ordonnateur, il y a un commissaire adjoint, un sous-commissaire et un aide-commissaire détachés à la division de l'intérieur ; un sous-commissaire, cinq aides-commissaires, deux commis et quatre écrivains détachés à l'administration pénitentiaire.

ayant sous ses ordres le syndic de l'immigration. Il existe un comité et un syndicat protecteur de l'immigration.

Enregistrement, etc. — Le personnel du service de l'enregistrement, des hypothèques et des successions vacantes comprend 2 receveurs et 2 commis-receveurs.

Douanes. — Le service des douanes emploie 14 personnes, savoir : 1 sous-inspecteur, chef du service, 2 vérificateurs, 1 brigadier, 5 préposés et 5 canotiers.

Police et prisons. — Le personnel de la police comprend pour la ville de Cayenne : 1 commissaire de police, 1 commissaire de police-adjoint et une brigade composée d'un brigadier, de quatre gardes, d'un archer-caporal et de huit archers, un brigadier de gendarmerie et quatre gendarmes à pied sont attachés au service de la police urbaine. La police est faite dans les divers quartiers de la colonie par 57 surveillants. Il existe une prison et un atelier disciplinaire de femmes à Cayenne et un atelier disciplinaire dans chacun des quartiers de l'Approuague, de l'île de Cayenne, de Sinnamary et de Kourou; 7 concierges et 8 autres agents sont affectés au service de ces prisons.

Ponts et chaussées. — Le cadre de service des ponts et chaussées a été fixé comme il suit par un arrêté du 26 février 1864 : un directeur, un sous-ingénieur colonial, 3 conducteurs, un agent-voyer, un agent comptable, un garde des matières et six piqueurs.

Imprimerie du gouvernement. — Cet établissement, qui est chargé de l'impression du *Bulletin officiel de la colonie* (mensuel), de la *Feuille officielle de la Guyane* (hebdomadaire), des travaux d'administration, est dirigé par un chef comptable, ayant sous ses ordres 1 sous-chef correcteur. L'atelier de composition comprend 1 maître entretenu, 5 compositeurs, 3 imprimeurs, 1 lithographe, 3 relieurs et 5 apprentis.

Agents divers. — Parmi les agents divers relevant de la direction de l'Intérieur, nous citerons : un percepteur des contributions à Cayenne, un agent comptable et un facteur de la poste et un interprète indien pour ce service, un arpenteur juré.

CONTRÔLE COLONIAL. — Le service de l'inspection et du contrôle de l'administration coloniale se compose d'un commissaire de 2ᵉ classe de la marine, contrôleur, d'un sous-commissaire délégué au magasin général et d'un aide-commissaire chef du bureau central.

ORGANISATION MUNICIPALE. — L'organisation municipale de la Guyane a été réglée par un décret colonial du 30 juin 1835, modifié par un arrêté local du 2 août 1848 quant au mode de nomination des conseillers municipaux.

La ville de Cayenne a seule un conseil municipal qui se compose d'un maire, de deux adjoints et de neuf conseillers municipaux. Tous ces fonctionnaires sont nommés par le gouverneur.

Dans chacun des autres quartiers de la colonie, il y a un commissaire-commandant et un lieutenant-commissaire, également nommés par le gouverneur et qui sont investis des fonctions analogues à celles du maire et des adjoints de Cayenne.

Il y a trois classes de quartiers : cinq de 1re classe, Approuague, Roura, Mana, Kourou, Sinnamary; deux de 2e classe, Oyapock et Kaw; six de 3e classe, Tonnégrande, Montsinéry, Tour-de-l'Ile, Macouria, Ile-de-Cayenne et Iracoubo.

Conformément au décret du 16 août 1854, les commissaires-commandants des quartiers d'Oyapock, d'Approuague, Kaw, Roura, Kourou, Sinnamary et Mana exercent les fonctions de juges de paix et de police dans leurs circonscriptions respectives.

Justice.

Aux termes de l'ordonnance organique du 21 décembre 1828, les tribunaux et la Cour de la Guyane française appliquent le code Napoléon, le code de procédure civile, le code de commerce, le code d'instruction criminelle et le code pénal, dont la promulgation a eu lieu dans cette colonie aux époques suivantes : Code Napoléon, 23 septembre 1805; code de procédure civile, 18 août 1821; code de commerce, 1er octobre 1820; code d'instruction criminelle, 10 mai 1829; code pénal, 15 février 1829.

Les principales modifications apportées en France à notre législation civile et criminelle ont été successivement introduites à la Guyane.

La justice est rendue dans la colonie par des tribunaux de paix, un tribunal de première instance, une cour impériale et une cour d'assises.

Un décret du 16 août 1854 a réglé l'organisation judiciaire sur les bases suivantes :

Le tribunal de paix et de simple police, établi à Cayenne, comprend la ville de Cayenne, les quartiers de l'Ile-de-Cayenne, du Tour-de-l'Ile, de Montsinéry, de Tonnégrande et de Macouria.

Les commissaires commandant les quartiers d'Oyapock, d'Approuague, de Kaw, de Roura, de Kourou, de Sinnamary et de Mana exercent les fonctions de juges de paix dans leurs circonscriptions respectives. La circonscription judiciaire du commandant du quartier de Sinnamary s'étend au quartier d'Iracoubo.

La compétence des juges de paix en matière civile est réglée conformément aux dispositions de la loi du 25 mai 1838. Toutefois, ils connaissent : 1° en dernier ressort jusqu'à la valeur de 250 fr., et en premier ressort jusqu'à la valeur de 500 fr., des actions indiquées dans l'article 1er de cette loi ; 2° en dernier ressort jusqu'à la valeur de 250 fr. des actions indiquées dans les articles 2, 3, 4 et 5 de ladite loi.

Le tribunal de première instance, siégeant à Cayenne, se compose : d'un juge impérial, d'un lieutenant de juge, faisant fonctions de juge d'instruction, d'un juge auditeur, d'un procureur impérial, de deux substituts et d'un greffier.

Ce tribunal connaît : 1° de l'appel des jugements rendus en premier ressort par les juges de paix en matière civile et commerciale ; 2° de toutes les actions civiles et commerciales, en premier et dernier ressort jusqu'à concurrence de 1000 fr. en principal ou de 100 fr. de revenu déterminé, et à charge d'appel au-dessus de ces sommes. En matière correctionnelle il connaît de l'appel des jugements de simple police. Le tribunal connaît en outre, en premier ressort seulement, des contraventions aux lois sur le commerce étranger, le régime des douanes et les contributions indirectes.

La cour impériale, siégeant également au chef-lieu, se compose : d'un président, de deux conseillers, d'un conseiller auditeur et d'un greffier. Les fonctions du ministère public auprès de la Cour sont remplies par le procureur impérial du tribunal de première instance ou par l'un de ses substituts. Les arrêts sont rendus par trois juges. La Cour est saisie directement de toutes les affaires correctionnelles par le procureur impérial.

Le président de la cour impériale est chef du service judiciaire dans la colonie.

La juridiction criminelle appartient à une cour d'assises composée : du président de la cour impériale, de deux conseillers et de quatre assesseurs, désignés conformément à l'ordonnance organique du 21 novembre 1828, et du procureur impérial ou de l'un de ses substituts.

La cour d'assises est saisie directement par le procureur impérial de toutes les affaires de sa compétence; à cet effet, les instructions criminelles dirigées par le lieutenant de juge sont transmises au procureur impérial.

Les juges et les assesseurs délibèrent en commun sur les questions de fait résultant de l'acte d'accusation et des débats. La déclaration de culpabilité est rendue à la simple majorité. Les juges statuent seuls sur la question de compétence, l'application de la peine, les incidents de droit ou de procédure, et les demandes en dommages-intérêts.

Le décret du 16 août 1854 a consacré une disposition spéciale pour la Guyane. L'article 21 de ce décret porte « qu'à l'avenir les vols autres que ceux commis avec violences ou avec des circonstances entraînant la peine des travaux forcés seront jugés et punis correctionnellement. »

Statistique. — Les justices de paix de la Guyane française, pendant la période triennale de 1859 à 1861, ont rendu en moyenne, chaque année, 451 jugements en matière civile et commerciale et 1060 décisions de simple police.

Pendant la même période, le tribunal de première instance de Cayenne a rendu, en moyenne annuelle, 196 jugements en matière civile et commerciale.

La moyenne des affaires sur lesquelles la cour impériale a eu à se prononcer, de 1859 à 1861, tant en matière civile et commerciale qu'en matière correctionnelle, a été annuellement de 147.

La cour d'assises, pendant la même période, a eu à juger annuellement, en moyenne, 10 affaires et 11 prévenus ; la moyenne annuelle de la période triennale précédente avait été de 12 affaires et de 16 prévenus.

Officiers ministériels.—On compte dans la colonie : trois notaires, trois avoués, trois avocats, cinq huissiers et un commissaire-priseur-vendeur. Les avoués et les avocats exercent indistinctement leurs fonctions auprès de la cour impériale et du tribunal de première instance. Un avocat et un huissier sont désignés par le gouverneur pour suivre au conseil privé les affaires du contentieux administratif.

Forces militaires.

Les forces militaires de la Guyane présentaient au 1er janvier 1864 un effectif de 1359 hommes dont 60 officiers.

Une portion du 3e régiment d'infanterie de la marine forme, avec une demi-batterie et un détachement d'ouvriers de l'artillerie de la marine, le cadre de la garnison de la colonie dont l'effectif a été fixé comme il suit pour l'année 1864 :

État major général et des places. — Un colonel à l'état-major de l'infanterie de la marine, commandant militaire ; un capitaine et un lieutenant de la même arme attachés à l'état-major du gouverneur ; un chef de bataillon d'infanterie de marine, faisant fonctions de major de la garnison ; un capitaine adjudant-major faisant fonctions d'adjudant de place à Cayenne. Ces deux officiers comptent à l'effectif de la portion de leur corps en garnison dans la colonie.

Artillerie. — Un capitaine en premier de l'artillerie de la marine et des colonies commandant la demi-batterie et faisant fonctions de directeur ; deux lieutenants, deux gardes d'artillerie, deux sous-chefs, un ouvrier d'État, deux maîtres armuriers, un gardien de batterie, 58 canonniers de la 14e batterie et 35 ouvriers de la 6e compagnie. Total : 5 officiers et 98 sous-officiers et soldats.

Génie. — Un chef de bataillon du génie, sous-directeur, 1 sous-lieutenant et 8 gardes du génie. Total : 10 officiers.

Infanterie de marine. — Un lieutenant-colonel commandant la portion du corps (3e régiment), 9 compagnies à 114 hommes y compris l'état-major. Total : 37 officiers et 1027 hommes.

Gendarmerie coloniale. — Un chef d'escadron, commandant, 1 capitaine, 3 lieutenants, 32 sous-officiers et gendarmes à cheval, et 140 sous-officiers et gendarmes à pied. Total : 5 officiers et 172 soldats.

Station navale. — La station navale de la Guyane se compose de cinq avisos à vapeur, de cinq goëlettes à voiles et de trois pénitenciers flottants ; en voici la désignation :

Alecton, aviso à vapeur de	2 canons	et de	120 chevaux.
Casabianca, Id........	4		160
Oyapock, Id........	2		20
Économe, Id........	2		25
Surveillant, Id........	2		25
Laborieuse, goëlette à voiles.	2		
Pourvoyeuse, Id........	2		
Vigilante, Id........	2		
Aurore, Id........	2		
Ile d'Aix, Id........			

Proserpine, *Chimère* et *Grondeur* pénitenciers flottants.

Ces bâtiments présentent un effectif de 5 lieutenants de vaisseau, 4 enseignes, 2 aspirants, 2 chirurgiens de marine, 2 commis de marine et 400 matelots environ.

Les services maritimes comprennent en outre : un maître charpentier, un maître voilier pour le service du port militaire, un syndic et un garde maritime pour le service de l'inscription maritime.

Culte, et assistance publique.

Les capucins sont les premiers missionnaires qui vinrent à la Guyane; ils arrivèrent à Cayenne en 1643 avec l'expédition commandée par Poncet de Brétigny. Toutefois, les circonstances ne leur permirent pas d'y fonder d'établissement important, et en 1652 il ne restait dans la colonie que deux de ces hommes apostoliques : le P. Bernardin du Renouard et le P. Jean-Baptiste de Dieppe. En 1651, deux missionnaires de la Compagnie de Jésus, les PP. Denis Méland et Pelleprat, venus des Antilles où les Jésuites avaient déjà des missions, firent une courte apparition à la Guyane; mais ce n'est qu'en 1665 que les religieux de cet ordre obtinrent de la compagnie des Indes l'autorisation de s'établir à Cayenne. Des concessions de terrains leur furent faites, et à partir du 1er janvier 1674 ils furent définitivement chargés du service religieux dans la colonie.

En 1674, le premier supérieur de la mission, le P. Grillet, accompagné du P. Béchamel, explora l'intérieur des terres pour aller à la découverte de peuplades indigènes. Cette entreprise fut heureuse et féconde en résultats, mais ces deux hardis missionnaires moururent des suites des fatigues éprouvées pendant le voyage.

En même temps, des paroisses se formaient à Rémire, puis à Roura, dans la rivière d'Oyac; des habitations modèles étaient construites à Rémire, à la rivière des Pères au Kourou, à Guatimala et dans la Comté.

De 1704 à 1720, le P. Creuilly, supérieur des Jésuites, et le P. Lombard essayèrent d'établir dans la Guyane de grandes missions sur le modèle de celles du Paraguay. Ils rassemblèrent les Indiens et fondèrent les missions de Kourou, de Conamama; en 1725, le P. Fauque établit la mission de Saint-Paul sur l'Oyapock, puis, en 1738, d'autres centres de réunion dans le haut de la rivière. Vers la même époque, les sœurs de Saint-Maurice de Chartres s'établirent à la Guyane et furent attachées à l'hôpital militaire qui venait d'y être créé.

Les missions étaient prospères quand, en 1744, un corsaire anglo-américain pénétra dans l'Oyapock, détruisit l'église et mit en fuite les Indiens rassemblés. La paroisse de Sinnamary avait été fondée quelques années auparavant.

La mission de Cayenne fut érigée en préfecture apostolique au mois de décembre 1751.

L'abolition de l'ordre des Jésuites fut exécutée à la Guyane en 1762. La dispersion des Pères et la confiscation de leurs biens dans la colonie anéantirent en peu de temps tout le travail d'un siècle. Les Indiens, réunis à force de zèle et de patience, disparurent de tous côtés.

Après l'expulsion des Jésuites, on tenta vainement de s'entendre avec quelque congrégation religieuse pour le service du culte à la Guyane, d'abord avec les Dominicains, puis avec les Prémontrés. Enfin, dans les derniers mois de l'année 1775, les prêtres du séminaire du Saint-Esprit furent chargés de tout le spirituel dans la colonie, et vers le commencement de l'année suivante, ils entrèrent dans leurs fonctions et les ont remplies depuis lors avec courage et piété.

Les Jésuites furent rappelés à la Guyane en 1852, à l'époque où la transportation y fut établie. Une mission de dix religieux de cet ordre fut attachée à la colonie pénale.

La Guyane n'a pas été érigée en diocèse, en 1851, lorsqu'il a été créé des évêchés pour la Martinique, la Guadeloupe et la Réunion. Cette colonie se trouve donc sous le régime antérieurement en vigueur dans ces mêmes colonies, celui des préfectures apostoliques. Le préfet apostolique est nommé par le gouvernement et agréé par la cour de Rome; il n'a que certains pouvoirs sur le clergé dont il est le chef.

Le personnel ecclésiastique, pour le service du culte dans les divers quartiers de la colonie, est fourni, comme il a été dit plus haut, par le séminaire du Saint-Esprit de Paris, et se compose : d'un préfet apostolique et de dix-huit prêtres. On compte quinze paroisses à la Guyane. Un conseil de fabrique existe dans celles de Cayenne, de l'Approuague, de Kaw, de Roura, du Canal-Torcy, de Montsinéry, de Kourou et de Mana.

CONGRÉGATIONS RELIGIEUSES.

Il existe dans la colonie cinq congrégations religieuses : les religieux du Saint-Esprit, au nombre de dix-neuf, desservant les paroisses de la colonie, l'hôpital militaire et dirigeant l'école agricole et pénitentiaire de Mondélice ; — les Jésuites, au nombre de 28, chargés de la mission religieuse des pénitenciers ; — les frères de l'Institut de Ploërmel, au nombre de 16, qui dirigent le collége et l'école primaire de Cayenne ; — les sœurs de Saint-Joseph de Cluny, au nombre de quarante-deux, chargées de l'instruction primaire et de plusieurs œuvres pieuses; sur ce nombre 23 sont attachées à des services entretenus par le gouvernement; — les sœurs de Saint-Paul de Chartres, au nombre de soixante-deux, attachées au service des hôpitaux.

HÔPITAUX.

Un hôpital militaire est établi à Cayenne depuis les premiers temps de la colonie. Il peut contenir de 700 à 800 lits au moins. La moyenne des malades en temps ordinaire est de 400. Le service médical et pharmaceutique y est dirigé par un second médecin en chef de la marine, deux chirurgiens de première classe, trois de deuxième classe, cinq de troisième classe; un pharmacien de première classe, un de deuxième et trois de troisième classe. Treize sœurs de Saint-Paul de Chartres, y compris la supérieure, sont affectées au service de l'hôpital militaire.

Un hospice civil contenant 150 lits est établi au camp Saint-

Denis, près de Cayenne. On y reçoit les malades, les indigents et les orphelins. Un chirurgien de la marine de première classe et sept sœurs de Saint-Paul sont attachées à cet établissement, où ces dernières ont fondé un asile pour l'instruction des enfants des deux sexes.

Une léproserie est installée à l'Accarouary, sur la Mana, sous la direction des sœurs de Saint-Joseph de Cluny. Cette œuvre remonte à 1835, époque à laquelle la fondatrice de la Congrégation, touchée de pitié pour les lépreux de la Guyane, offrit au gouvernement de se charger de ces infortunés et de les confier aux soins de ses sœurs. Ces malheureux se trouvaient alors relégués, sous la conduite d'un gardien, aux îles du Salut, où ils manquaient de bien des secours. Mme Javouhey obtint qu'ils fussent transférés, au nombre de 80 à 90, dans un endroit plus salubre, à six lieues de Mana et sur les bords de la rivière. On y fit construire une infirmerie et de petites habitations et trois religieuses furent affectées à ce service. En 1864, le nombre de ces malades était de 60 à 70. La mission des sœurs auprès d'eux ne consiste pas seulement à les soigner, à les soulager dans leur infirmité; mais elles les instruisent, les exhortent et dirigent leurs petits travaux.

Un bureau de bienfaisance, présidé par le préfet apostolique, est chargé de distribuer des secours à Cayenne.

Un comité de vaccine, établi par ordonnance du 4 janvier 1819, a pour but la propagation et la conservation de la vaccine dans la colonie.

Indépendamment des officiers de santé du gouvernement, on compte à la Guyane trois médecins, trois pharmaciens et une sage-femme.

Instruction publique.

Les établissements d'instruction publique existant à la Guyane sont au nombre de dix; ils comptaient, au commencement de 1864, 33 instituteurs et 885 élèves. Voici la nomenclature de ces divers établissements :

Collége de Cayenne.— La direction de cet établissement a été confiée aux frères de l'instruction chrétienne par un arrêté du 3 novembre 1854. Le supérieur de cette congrégation dirige le collège sous le nom de directeur général. Les fonctions d'aumônier sont remplies par un membre du clergé de Cayenne. Quatre frères professeurs et deux professeurs laïques sont attachés à cet établissement qui comptait, en 1864, 123 élèves dont 20 recevant une instruction secondaire. Le collège est divisé en cinq classes dont deux de cours supérieur. Le programme des classes comprend la langue française, les éléments de la langue latine et grecque, anglaise et espagnole, la géographie, l'arithmétique, l'algèbre, la géométrie, la tenue des livres, la physique, la mécanique, la mythologie, l'histoire sainte, ancienne et moderne, le dessin linéaire et la musique instrumentale.

L'administration a fondé au collège 12 places gratuites d'externes dont quatre sont attribuées à des élèves de classes secondaires.

École primaire de Cayenne. — L'école primaire de Cayenne, dépendant du collège, est également dirigée par les frères, au nombre de six; elle est divisée en huit classes et a été fréquentée pendant le premier semestre 1864 par 220 élèves.

Pensionnat et écoles primaires des sœurs. — La congrégation des sœurs de Saint-Joseph de Cluny possède à Cayenne une maison principale, qui a été fondée en 1822 par Mme Javouhey, supérieure générale de cette congrégation; cette maison comprend un demi-pensionnat qui comptait en 1864, 121 élèves, et une école primaire qui a été fréquentée pendant le premier semestre 1864 par 161 enfants. Treize sœurs, y compris la supérieure, sont attachées à cet établissement, qui est desservi par un membre du clergé de Cayenne. Le nombre des demi-bourses est de 20, dont 16 sont attribuées à des élèves de l'école secondaire.

Les sœurs font aussi une large part à l'instruction des adultes : elles les réunissent plusieurs fois la semaine, non-seulement pour l'instruction du catéchisme et de tout ce qui concerne les pratiques et les actes de la vie chrétienne, mais encore pour leur donner une certaine instruction élémentaire. Ces réunions d'adultes se composent de plus de 230 personnes, soit jeunes filles, soit femmes âgées.

La maison principale de Cayenne a sous sa dépendance l'établissement de Mana, où quatre sœurs tiennent, comme à Cayenne, une école primaire fréquentée par les enfants de couleur, des deux sexes, que l'on exerce, en dehors des classes, aux travaux agricoles; celle des filles comptait, en janvier 1864, 70 enfants, et celle des garçons 52. En outre, cette communauté, qui a aussi organisé des réunions de persévérance pour les jeunes filles, et des catéchismes pour les adultes, visite encore les malades à domicile, pour les soigner et leur distribuer des secours. Les sœurs exercent une influence utile sur la population de ce quartier, à laquelle s'est vivement intéressée la fondatrice de l'Institut, lorsque, en 1836, le gouvernement lui confia, dans cette localité, la mission de préparer les nègres à l'émancipation de l'esclavage.

Écoles primaires mixtes. — Il existe encore dans la colonie quatre écoles primaires mixtes, tenues chacune par une institutrice laïque. Elles sont établies dans les quartiers de Sinnamary, de Kourou, de l'Approuague et de Roura. La première a été fréquentée, pendant le 1er semestre de l'année 1864, par 23 garçons et 27 filles, la seconde par 10 garçons et 8 filles, la troisième par 9 garçons et 3 filles, la quatrième par 12 garçons et 8 filles. Dans toutes ces écoles, le programme se borne à la lecture, l'écriture, le calcul et le catéchisme.

Comme il a été dit plus haut, une salle d'asile est annexée à l'hopice civil du camp Saint-Denis, tenu par les sœurs de Saint-Paul de Chartres ; cet asile était fréquenté, au commencement de 1864, par 10 garçons et 12 filles. Ces enfants apprennent à lire, à écrire un peu, et reçoivent l'instruction religieuse. Le camp de Saint-Denis a une double destination, comme salle d'asile et comme orphelinat. De même que dans l'école de la Mana, les enfants des deux sexes y sont exercés à des travaux manuels : les garçons particulièrement à la culture, les filles à la couture et aux divers travaux de ménage.

Les établissements d'instruction primaire de Cayenne prospèrent d'une manière sensible. Ceux des divers quartiers de la colonie, fondés depuis deux années seulement, celui de la Mana excepté, n'ont pas encore reçu tout le développement désirable. L'inconvénient est surtout dans le peu d'importance des centres et la dissémination de la population rurale.

École agricole. — Les arrêtés locaux concernant les écoles primaires de la colonie ont prévu l'emploi des élèves à des travaux de culture en rapport avec leur âge et leurs forces ; mais cette partie du programme n'ayant pu, jusqu'à ce jour, être utilement pratiquée, un arrêté du 25 juin 1864 a prescrit la création d'une école agricole, sur l'habitation Mondélice (île de Cayenne). Elle est confiée aux soins des Pères du Saint-

Esprit. L'établissement recevra des externes et des pensionnaires de 9 à 14 ans. L'enseignement sera gratuit pour tous, et comprendra, en outre des travaux agricoles, l'instruction religieuse, la lecture, l'écriture et les éléments du calcul. La maison de correction pour les jeunes détenus de la Guyane a été annexée à cette école par un arrêté du 25 juin 1864.

Dans les établissements primaires de Cayenne, la gratuité est assurée à tous les enfants indigents qui en font la demande. Dans les établissements ruraux, la gratuité s'étend à tous les élèves.

Tous les établissements d'instruction publique de la colonie sont placés sous l'autorité immédiate du directeur de l'intérieur. Ceux de Cayenne sont visités par une commission d'inspection et par un comité spécial de surveillance. Dans les quartiers, la surveillance générale est exercée comme à Cayenne par l'administration; des visites mensuelles sont faites par le commissaire commandant assisté du curé.

Finances.

Les dépenses de la Guyane, à la charge du budget métropolitain, s'élèvent, pour l'exercice 1864, à la somme de 6 832 750 francs, *y compris les dépenses de la transportation;* et les dépenses d'administration intérieure, au compte du budget local, représentent une somme de 1 106 000 francs.

Voici le relevé de ces dépenses:

DÉPENSES DE L'ÉTAT (exercice 1864).

Chap. I. — Personnel civil et militaire.

	fr.	c.
Gouvernement colonial............	50 000	»
Administration générale..........	134 120	»
Justice........................	77 700	»
Culte..........................	83 000	»
États-majors....................	84 266	»
Services maritimes...............	8 600	»
Gendarmerie coloniale............	361 303	»
A reporter.........	798 989	»

	fr.	c.
Report............	798 989	»
Accessoires de la solde...........	30 000	»
Traitement dans les hôpitaux......	202 987	70
Vivres.....................	458 051	55
Dépenses accessoires et diverses...	22 850	»
Total............	1 512 878	25
A déduire un 30ᵉ pour incomplets.	50 429	27
Total du personnel...	1 462 448	98

Chap. II. — Matériel civil et militaire.

	fr.	c.
Ports et rades...................	45 000	»
Édifices publics.................	10 000	»
Casernement, artillerie et génie....	130 500	»
Loyers et ameublements..........	30 000	»
Introduction de travailleurs.......	100 000	»
Dépenses diverses...............	37 000	»
Total du matériel..........	352 500	»

Chap. III. — Etablissement pénitentiaire.

	fr.	c.
Commandement et administration..	188 000	»
Service du culte.................	90 600	»
Surveillance et police............	741 800	»
Colonisation....................	21 080	»
Agents et dépenses divers.........	90 000	»
Traitement dans les hôpitaux......	828 099	20
Vivres.........................	2 592 368	90
Total du personnel....	4 551 948	10
A déduire un 30ᵉ pour incomplets..	151 731	60
Total en chiffres ronds...	4 400 000	»
Construction de baraques, installation, etc......................	230 000	»
Construction et réparation de chalands......................	64 000	»
Vêtements et objets de couchage...	180 000	»
Achats de meubles et d'objets divers.	60 000	»
Essais de cultures...............	70 000	»
Dépenses extraordinaires et imprévues.........................	13 800	»
Total............	5 017 800	»

Récapitulation.

	fr.	c.
Personnel civil et militaire........	1 462 450	»
Matériel civil et militaire.........	352 500	»
Établissement pénitentiaire.......	5 017 800	»
Total général..........	6 832 750	»

Les dépenses qui précèdent ne comprennent pas celles qui sont effectuées dans la colonie au compte du *service marine* et qui se sont élevées en 1862 (dernier compte rendu) à la somme de 1 059 257 francs.

BUDGET LOCAL (exercice 1864).

Le budget local de la colonie, pour l'exercice 1864, est basé sur une recette locale de 583 600 fr., et sur une subvention métropolitaine de 523 000 francs. Les dépenses obligatoires s'élèvent à 956 676 francs et les dépenses facultatives à 149 924 francs. Voici le relevé des recettes et des dépenses locales :

RECETTES.

	fr.	c.
Contributions directes............	185 700	»
Contributions indirectes....	36 800	»
Droits de douane à l'entrée........	145 000	»
Droits de navigation, de pilotage, etc.	15 060	»
Droits de douane à la sortie.......	16 000	»
Droits d'enregistrement, etc...	46 500	»
Produits du domaine.............	44 940	»
Produits de l'imprimerie..........	30 000	»
Produits de la poste.............	10 000	»
Produits divers.................	53 600	»
Subvention métropolitaine........	523 000	»
Total des recettes........	1 106 600	»

DÉPENSES.

Section Iʳᵉ. — Dépenses obligatoires.

Personnel.

	fr.	c.
Direction de l'intérieur............	59 560	»
Administration des communes......	72 450	»
Police...........................	73 020	»
Services financiers...............	52 800	»
Instruction publique..............	56 050	»
Ponts et chaussées...............	33 300	»
Services des ports...............	19 890	»
Imprimerie......................	40 700	»
Prisons.........................	19 900	»
Agents divers...................	17 860	»
Dépenses assimilées à la solde....	15 000	»
	460 530	»
A déduire le 30ᵉ pour incomplets..	15 351	»
Total en somme ronde...	445 100	»
Traitement dans les hôpitaux......	23 600	»
Vivres..........................	32 400	»
Total du personnel.....	501 100	»

Matériel.

	fr.	c.
Travaux d'entretien et de réparation.	131 351	88
Matériel des services publics......	47 500	»
Loyers et ameublements...........	25 360	»
Entretien d'établissement d'assistance publique................	79 267	05
Subvention à l'immigration........	25 000	»
Recouvrement de l'impôt.........	37 000	»
Dépenses d'intérêt commercial.....	27 156	»
Dépenses diverses................	82 941	07
Total du matériel......	455 576	00
Rappel du personnel.............	501 100	»
Total des dépenses obligatoires.	956 676	»

Section II. — Dépenses facultatives.

	fr.	c.
Travaux neufs....................	56 000	»
Encouragements à la culture et à l'industrie........................	41 750	»
Exploitation des habitations domaniales...........................	27 684	»
Dépenses diverses et extraordinaires.	24 490	»
Total des dépenses facultatives.	149 924	»
Rappel des dépenses obligatoires..	956 676	»
Total général des dépenses......	1 106 600	».

Banque. — La banque de la Guyane a été fondée par un décret du 1er février 1854 au capital de 300 000 fr., réparti en 600 actions de 500 fr. chacune. Ce capital a été doublé par le décret du 5 juillet 1863. Les nouvelles actions ont été exclusivement attribuées aux propriétaires des anciennes. Le nouveau capital a commencé à fonctionner à partir du 1er juillet 1864.

Les opérations de l'établissement ont toujours été en progrès depuis la création, comme l'indique le relevé suivant :

Années.	Montant des escomptes.	Dividende annuel.	
	fr.	fr.	c.
1855-56............	914 773	25	»
1856-57............	1 665 581	52	50
1857-58............	1 832 622	47	62
1858-59............	1 754 539	50	05
1859-60............	2 575 567	56	50
1860-61............	2 846 718	62	»
1861-62............	3 722 079	80	»
1862-63............	3 312 587	79	»
1863-64............	3 833 641	105	»

L'élévation du chiffre du dividende du dernier exercice est due principalement à ce qu'à partir du 1er juillet 1863 la réserve ayant atteint la limite fixée par l'article 29 des statuts, il n'a plus été fait de prélèvement en faveur de ce compte, et les bénéfices réalisés pendant cet exercice ont été intégralement répartis entre les actionnaires et le personnel de la banque.

Le mouvement général des opérations de la banque pendant l'exercice 1863-64 s'est décomposé de la manière suivante :

Effets escomptés....................	3 833 641 francs.
Prêts sur effets publics ou actions de la banque.......................	561 694
Prêts sur matières d'or et d'argent....	315 873

Les sommes versées au compte courant pendant le même exercice se sont élevées à 1 966 848 fr. et les remboursements à 1 866 776 fr.

La banque a reçu du Trésor et transmis à l'agence centrale des banques coloniales 456 traites formant une valeur de 4 166 590 fr., supérieure de 1 128 577 fr. à celle de l'exercice 1862-63. Elle a délivré dans le cours de l'année 1863-64, 1657 mandats s'élevant à 4 758 748 fr. tirés tant sur le comptoir d'escompte de Paris que sur l'agence et les colonies françaises.

Le montant des billets en circulation s'est tenu en moyenne à 585 849 fr., l'encaisse métallique à 245 825 fr. et les remboursements de billets se sont élevés pendant l'année à 543 375 fr.

Le dividende de l'exercice 1863-64 a été de 105 fr. par action, soit 21 % du capital.

Agriculture.

Pendant longtemps les colons de la Guyane se sont bornés à cultiver les terres hautes; ils y ont successivement planté le caféier, le rocouyer, le cotonnier, les arbres à épices, et principalement le giroflier. L'exploitation des terres basses ou alluviales ne date que de l'administration de M. Malouet, en 1778. Ayant été témoin des succès obtenus par les Hollandais sur les terres basses de Surinam, cet administrateur fit sentir aux colons de la Guyane française les avantages qu'ils pourraient en tirer eux-mêmes, notamment pour la culture de la canne à sucre. Dans ce but, une habitation modèle fut créée dans les terres basses de l'Approuague, des encouragements furent accordés aux planteurs qui voulurent diriger leurs efforts vers cette culture.

Quant à l'exploitation des bois et à l'éducation des bestiaux, la Guyane française offre des ressources immenses que le gouvernement s'applique à développer; mais, ainsi qu'on l'a déjà dit, le manque de bras et l'insuffisance des capitaux ont jusqu'à présent rendu très-lents les progrès de la colonie sous ce rapport.

Le tableau suivant fait connaître, pour les années 1862 et 1863, la quantité d'hectares consacrés à chaque genre de culture, ainsi que la quantité des produits récoltés pendant ces mêmes années :

ESPÈCES des CULTURES.	NOMBRE d'hectares cultivés.		QUANTITÉS RÉCOLTÉES.	
	1862	1863	1862	1863
Sucre... ⎫			501 577^{kil}.	470 373^{kil}.
Tafia... ⎬ Canne à sucre.	447^h,5	397^h,5	250 788^{lit}.	263 435^{lit}.
Mélasse. ⎭			»	6 750^{kil}.
Café..................	504	577 ,7	84 838^{kil}.	86 212^{kil}.
Coton.................	27	29 ,2	3 375	3 526
Cacao.................	144	146 ,5	43 200	43 950
Girofle................	195	190 ,2	21 450	20 917
Rocou.................	955 ,2	985	359 031	328 650
Épices, vanille........	19	21 ,5	140	450
Vivres.................	3076 ,7	2998	2 689 582	2 916 679
Fourrages.............	67	»	200 000	
Totaux..........	5435 ,4	5345^h,6		

La valeur totale de ces produits, déduction faite des frais d'exploitation, s'est élevée à 364 843 fr. en 1862 et à 528 839 fr. en 1863.

Voici quel était le nombre des habitations rurales existant dans la colonie au 31 décembre des années 1862 et 1863 :

	1862	1863
Sucreries.............................	14	14
Caféières.............................	60	58
Rocouries............................	375	345
Cotonneries..........................	5	2
Cacaoteries..........................	12	12
Girofleries...........................	22	25
Porcheries...........................	25	25
Hattes et ménageries.................	180	182
Briqueteries.........................	3	3
A reporter..........	696	666

	1862	1863
Report..........	696	666
Chantiers de bois....................	23	20
Exploitations aurifères..............	18	22
Vivrières............................	678	754
Totaux...............	1415	1462

A l'exception de quelques grandes sucreries, il y a peu d'habitations consacrées à un seul genre de produits. La plupart des propriétaires cultivent à la fois le rocou, le coton, le girofle, le cacao et le café.

Le nombre des travailleurs employés aux diverses cultures était de 9778 au 1er janvier 1863 ; sur ce nombre on comptait 7829 cultivateurs du pays, 1614 immigrants et 335 transportés. Après les cultures vivrières, ce sont les rocouries et le sucreries qui occupent le plus de travailleurs.

Voici l'état numérique des animaux de trait et de bétail existant dans la colonie au 31 décembre des années 1862 et 1863 :

	1862	1863	Valeur par tête. fr.
Chevaux et juments............	105	98	500
Anes et mulets................	86	96	100
Béliers et brebis..............	878	1 056	30
Porcs.........................	4 365	5 907	20
Bœufs.........................	1 164	1 113	150
Taureaux et vaches............	3 106	3 410	180
Veaux et génisses.............	2 208	4 231	50
Totaux...........	11 912	15 911	
Valeurs totalisées......	1 045 220f	1 226 720f	

Le nombre de bestiaux qu'on peut prélever annuellement pour la consommation locale étant insuffisant, l'exportation du bétail est défendue dans la colonie, et des primes y sont allouées pour favoriser l'importation des taureaux de race et des bœufs d'abatage.

Le capital employé aux cultures peut être évalué approximativement de la manière suivante :

	1862	1863
Valeur des terres............	2 212 282	2 281 897
Id. des bâtiments et du matériel d'exploitation......	3 542 850	3 662 400
Id. des animaux de trait et de bétail..................	1 045 220	1 226 720
Totaux...........	6 800 352	7 171 017

Canne à sucre. — La culture de la canne à sucre est une des premières qui furent introduites dans la colonie; en 1724 il y existait déjà 27 sucreries; en 1836 on en comptait 51 : mais depuis cette époque, cette culture a continué à décroître pour faire place à celle bien moins dispendieuse du rocou. On cultive aujourd'hui la canne jaune et la canne violette de Batavia, ainsi que celle de Taïti, introduite en 1789 dans la colonie. Le produit moyen annuel d'un hectare planté en canne n'est environ que de 1500 kilog.

Café. — La Guyane est la première colonie qui se soit adonnée à la culture du café; cette fève y a été introduite en 1716 par des déserteurs de Surinam. On y connaît trois espèces de caféiers : celui d'Arabie, celui de moka et le caféier nain; ce dernier, dont la fève est plus amère, est le moins répandu dans la colonie. En 1836 on ne comptait que 188 hectares plantés en café; aujourd'hui il y en a 577. Ce mouvement ascendant est dû aux primes accordées par l'administration pour encourager cette culture. Le café de la Guyane a moins d'apparence que celui des Antilles, mais aussi moins de verdeur et plus de finesse. Le produit moyen annuel par hectare est de 200 kilogrammes.

Coton. — La culture du cotonnier a été longtemps florissante à la Guyane; en 1836, 2746 hectares plantés en coton avaient donné une récolte de 280 000 kilog., mais les prix plus rémunérateurs obtenus des autres produits du sol ont contribué à faire abaisser le chiffre de la production. Le coton de la Guyane est pourtant de belle qualité et généralement de l'espèce longue soie. Le rendement est de 125 kilog. à l'hectare.

Une usine centrale a été créée, à Cayenne par arrêté du 10 février 1863, pour l'égrainage, le nettoyage et la mise en balles du coton produit par la colonie. Un second arrêté du 9 janvier 1864 a réglé l'organisation de l'usine, les conditions d'admission des cotons, de leur remise aux propriétaires après l'égrainage, ou bien de leur envoi en France pour être vendus par les soins de l'administration, au compte des propriétaires. Plusieurs de ces lots ont été vendus en France et ont obtenu de bons prix. Ces cotons ont été reconnus comme pouvant supporter la concurrence des meilleurs sortes et ont été l'objet de nouvelles demandes.

Rocou. — La culture de cette matière tinctoriale est la plus ancienne de la Guyane française; elle embrassait autrefois tout le territoire entre l'Oyapock et le Kourou; elle a été plusieurs fois abandonnée et reprise selon les avantages que son prix très-variable offrait aux producteurs. Elle exige peu de bras et de capitaux et constitue la branche la plus importante de la culture industrielle. Les plus estimés viennent des terres hautes. Le produit annuel par hectare est de 400 kilog., terme moyen. Le rocouyer se sème en pépinière et se replante au bout de 4 à 5 mois; il commence à produire vers deux ans et dure communément 18 ans. On fait deux récoltes de graines par année, celle d'hiver est la plus abondante.

Cacao. — Ce fut vers 1728 que le cacaoyer commença à être cultivé dans la colonie. Il croît naturellement dans les forêts du pays, notamment dans les hauteurs de l'Oyapock et du Camopi. Le cacao de la Guyane, lorsqu'il est séché au soleil ou dans un courant d'air, présente, dans son onctuosité, des qualités qui le font rechercher pour le mélanger avec les variétés parfumées mais trop sèches de Caracas. La production moyenne d'un hectare est de 300 kilog., et la production annuelle d'environ 40 000 kilog., dont la moitié au moins est achetée par le commerce américain, de 70 à 80 centimes le kilog. Cette culture convient à la petite propriété; elle est encouragée par des primes et serait susceptible de prendre un grand développement et de fournir à la consommation de la France entière.

Girofle. — Le giroflier est originaire de l'Inde d'où il a été apporté à Cayenne en 1777. Les premières plantations eurent lieu sur l'habitation la Gabrielle. Il réussit surtout dans les terres basses, anciennement desséchées. Le rendement à l'hectare est de 110 kilog., en moyenne. Sous l'influence de la concurrence de similaires étrangers qui fit tomber le prix à 60 centimes le kilog., la production, qui était de 100 000 kilog. en 1836, n'est plus maintenant que de 20 000 kilog. par an; non que le giroflier ait disparu, mais parce que le prix n'est plus assez rémunérateur pour payer la main-d'œuvre nécessaire à la récolte.

Autres épices. — La culture du cannellier, du muscadier et du poivrier a été l'objet de diverses tentatives à la Guyane; et bien que le sol et le climat de la colonie semblent leur convenir, ces essais n'ont pas été couronnés de succès. La production est insignifiante.

Vanille. — La vanille est le fruit d'une liane qui croît naturellement dans les forêts de la Guyane; on la cultive dans quelques jardins d'habitations; elle y croît fort bien et pourrait acquérir un utile développement.

Tabac. — Jusqu'à présent les essais de culture du tabac n'avaient pas réussi; quelques plantations faites récemment sur les Pénitenciers ont donné de meilleurs résultats.

Vivres. — Les vivres du pays se composent principalement de manioc, de riz, de maïs, de bananes, d'ignames, de patates, et d'arbres à pain. La culture des vivres est l'une des plus importantes de la colonie. La population de couleur se nourrit principalement de *couac* (grosse farine de manioc) et de *cassave* (galette de manioc). Tous ces vivres se cultivent également bien en terres hautes et en terres basses.

Fruits. — Parmi les fruits de la colonie, on peut citer l'ananas, la banane, la sapotille, la barbadine, les oranges, la pomme cannelle, le corossol, la mangue, la goyave, l'avocat, le monbin, le coco et la grenade.

Fruits oléagineux. — La colonie produit beaucoup de matières oléagineuses et savonneuses; nous citerons entre autres: l'aoura, arbre très-commun dont les graines fournissent une huile employée pour l'alimentation des basses classes et la saponification; le palmier à huile d'Afrique acclimaté en 1806 par M. Kerkowe; le yayamadou, ou muscadin à suif, dont les graines donnent 25 pour 0/0 d'une matière grasse très-propre à la fabrication des bougies; les noix de coco et de bancoule; enfin le carapa, dont les forêts recèlent une quantité énorme. Dans le district de Cachipour, après la maturation des fruits, le sol est couvert d'une couche de graines épaisse d'environ 10 centimètres. Ce district et la rive gauche du Courouaïe pourraient fournir à la savonnerie de Marseille la presque totalité des graines oléagineuses qu'elle consomme.

Pâturages. — C'est dans les vastes savanes situées dans les quartiers de Macouria, de Kourou, de Sinnamary, d'Iracoubo, et de Mana, sous le vent de Cayenne, ainsi que sur les bords de l'Oyapock, que se trouvent les hattes ou ménageries consacrées à l'éducation des troupeaux de la colonie. Mais ces prairies naturelles auraient besoin d'être améliorées; il en est qui pendant l'été sèchent complétement et dont l'herbe brûlée par le soleil n'offre plus de nourriture aux bestiaux. Il en est d'autres dont le sol plus marécageux conserve l'eau croupissante, où l'herbe aigrie cesse d'être bonne à manger. Il conviendrait de pratiquer, dans ces dernières, des saignées, qui, en donnant de l'écoulement aux eaux, préviendraient la fermentation de ces herbes. Quant aux premières, la culture de l'herbe de Guinée et du Para y procurerait un excellent fourrage susceptible d'être consommé à l'étable, à l'époque de l'année où les pâturages viennent à manquer[1]. La pénurie de fourrage est telle qu'on est obligé d'en faire venir de France et de l'étranger. Pour donner l'exemple aux colons, l'administration a créé, sur l'habitation Bourda, des herbages qui ont produit en 1862, 200 000 kilog. de fourrages verts.

La colonie est loin de produire tous les bestiaux nécessaires à la consommation locale, malgré les primes fondées en 1837 en faveur des propriétaires qui présenteraient chaque année, à un concours public, les plus beaux animaux, ou qui auraient introduit des améliorations dans le régime de leurs ménageries[2].

Habitation domaniales. — Le domaine colonial possède trois établissements agricoles : 1° *Baduel*, jardin de naturalisation situé dans l'île de Cayenne et dont la destination est de fournir chaque année aux habitants des plants d'arbres fruitiers ou d'agrément; 2° l'habitation *Bourda*, dans le même quartier, où l'administration a créé des plantations d'herbes destinées aux bestiaux; 3° *la Gabrielle*, habitation située dans le quartier de Roura, où l'on cultive spécialement le girofle.

Comité d'exportation. — Une décision locale du 22 octobre 1860 a créé à Cayenne un comité chargé de faire connaître, au double point de vue commercial et scientifique, les ressources naturelles du pays et de préparer les envois pour l'Exposition des colonies. Ce comité a été réorganisé le 18 décembre 1863 en vue de l'Exposition universelle de 1867.

---

1. J. Itier, *Notes statistiques sur la Guyane française.*
2. Pour les forêts, voir à l'industrie, p. 756.

Industrie.

Comme aux Antilles et à la Réunion, l'industrie n'a d'importance, à la Guyane, que dans son application à la production et à la préparation des produits du pays. L'industrie sucrière y est peu avancée; la cuite s'y fait à feu nu et les procédés perfectionnés de fabrication n'y sont généralement pas encore employés. La colonie compte quatorze sucreries en activité.

Les forêts de la Guyane offrent des ressources inépuisables aux constructions navales, à l'ébénisterie, au charronnage et aux chemins de fer. Déjà en 1825, 1834 et 1852 d'heureux essais ont été faits pour notre marine; mais c'est surtout dans ces dernières années que l'industrie forestière a commencé à se développer avec l'aide de la transportation. Indépendamment des chantiers établis par le service pénitentiaire, on comptait, en 1862, 24 chantiers particuliers, occupant 413 ouvriers dont 173 transportés.

Les principales essences de bois sont au nombre de 76, dont les meilleurs pour les constructions navales sont: l'angélique, le coupi, le bois de rose mâle, le wacapou, le grignon, le courbaril, le taoul, le balata, le cèdre noir, etc. Des expériences faites récemment dans nos arsenaux ont démontré que la plupart de ces bois étaient supérieurs, sous le rapport de la durée, de la solidité et de l'élasticité, au chêne de France et aux bois de Teck[1].

La séve de balata fournit une gutta-percha supérieure à celle de l'Inde. L'arbre à caoutchouc est également abondant à la Guyane, mais on ne le trouve en famille que sur la partie contestée entre l'Amazone et l'Oyapock. On trouve également sur une espèce de figuier, très-abondante dans le pays, une gomme qui possède des qualités analogues à la gutta-percha.

L'écorce du palétuvier, si commune sur les bords de tous les fleuves de la Guyane, contient de 5 à 7 fois plus de tannin que l'écorce de chêne.

---

1. Voir à ce sujet un extrait du rapport de M. de Lapparent, directeur des constructions navales, inséré dans le t. II de la *Revue maritime et coloniale*, p. 830 (n° d'août 1864).

L'exploitation des gisements aurifères de la colonie, que le manque de bras a seul paralysée jusqu'à ce jour, tend également à s'accroître. La grande compagnie concessionnaire de l'Approuague, constituée au capital de quatre millions de francs, ne peut manquer d'en tirer avant peu des bénéfices considérables, surtout quand elle aura reçu de Chine les immigrants qu'elle a l'intention d'aller recruter dans ce pays. Indépendamment de cette compagnie, qui a établi la base de ses opérations sur les rives de l'Approuague, il existe dans la colonie 21 exploitations aurifères, toutes situées dans le quartier de Roura. Le nombre des travailleurs employés sur les placers, au 31 décembre 1862, était de 369. En 1863, une pépite d'or du poids de 355 grammes a été ramassée sur l'habitation *la Garonne*, à 30 kilomètres de Cayenne. Déjà des pépites de 60, 93 et 97 grammes avaient été trouvées sur le même gisement, et la compagnie de l'Approuague en avait rencontré sur ses placers du poids de 188 grammes. Les résultats des analyses des divers échantillons envoyés de la Guyane ont donné, sur 100 parties, de 90 à 94 parties d'or pur et de 4 à 10 parties d'argent. La production de l'or natif a suivi la progression suivante : 1860, 90 651 grammes; 1861, 168 967 grammes; 1862, 170 013 grammes; 1863, 395 733 grammes.

Une industrie qui pourrait prendre de l'extension à la Guyane est celle de l'élève des vers à soie. En 1858, un habitant du pays, M. Michély, entreprit des essais d'éducation à l'air libre qui réussirent parfaitement, et qui lui valurent des encouragements de la part du gouvernement. Les éclosions sont échelonnées de manière à obtenir une montée tous les dix à douze jours. Le cocon est confectionné en 36 heures; le papillon donne de 550 à 590 œufs. La nourriture de cette larve est une espèce de mûrier qui peut produire quatre récoltes de feuilles par an. On a calculé qu'un hectare planté en mûriers pouvait donner, en quatre récoltes de feuilles, au moins 35 000 kilogrammes de cocons, lesquels, à 5 fr. le kilogr., représenteraient une valeur de 175 000 fr. Les cocons envoyés par M. Michély à Paris ont été reconnus supérieurs, pour la qualité de leur matière soyeuse, à la plupart de ceux que l'on obtient, en France et en Italie, depuis l'invasion de l'épidémie sur les vers à soie.

Les seules fabriques existant à la Guyane sont des briqueteries; mais cette industrie est en décadence ; on en comptait 7 en 1836; il n'y en avait plus que 3 au 1ᵉʳ janvier 1864.

Les côtes et les rivières de la Guyane, surtout dans leur cours supérieur, sont très-poissonneuses. La pêche ne se fait dans la colonie que pour la consommation locale.

Dans les lacs de l'intérieur, les Indiens pêchent des quantités considérables d'un poisson connu sous le nom de *curi* ou *pirarocou*, dont la chair desséchée est délicate et se conserve très-longtemps. Ce poisson pourrait devenir un article d'exportation. Il en est de même du machoiran, qui sert à la nourriture des indigènes, et dont les vessies natatoires forment, sous le nom d'ichthyocolle, un objet important d'exportation. Elles sont employées, en Hollande et en Angleterre, à la clarification de la bière. Réduite, sous l'action du rabot, à de minces copeaux, la colle de machoiran se dissout complétement dans l'eau froide et est, pour le rendement, à la colle d'esturgeon de Russie, comme 2 est à 3. Son bon marché, 3 fr. le kilog., lui assure une grande supériorité sur cette dernière.

Commerce.

Législation. — Le régime commercial de la Guyane fut d'abord réglé par les dispositions législatives applicables à toutes les colonies d'Amérique; mais, en 1768, des lettres patentes du 1ᵉʳ mai substituèrent le régime de la liberté commerciale à celui de la prohibition. Les navires étrangers furent autorisés à venir commercer à Cayenne, en payant seulement 1 pour 100 de la valeur, soit des marchandises importées, soit de celles exportées. Cet acte, qui fut renouvelé par un acte du conseil du roi du 15 mai 1784, eut pour la colonie les plus heureuses conséquences, en lui permettant d'établir avec les colonies voisines, et particulièrement avec l'Amérique du Nord, des relations commerciales qui subsistent encore.

Ce régime fut maintenu lorsque la France reprit possession de la Guyane, en 1817. Il a été depuis lors remanié plusieurs fois par une série d'actes locaux et métropolitains et voici la législation qui y était encore en vigueur en 1864 :

Tous les pavillons étaient admis à la Guyane; mais les

rapports de la colonie avec la métropole ne pouvaient avoir lieu que sous pavillon français.

Les marchandises françaises (à l'exception de celles qui étaient admises en franchise), venant de France ou des colonies françaises par bâtiments français, payaient un droit d'entrée de de 2 pour 100 de la valeur.

Les denrées et marchandises étrangères dont l'introduction était permise payaient un droit de 5 pour 100 ou de 10 pour 100 de leur valeur, suivant leur nature et quel que fût le pavillon d'importation.

Un décret impérial du 24 décembre 1864, est venu modifier ce régime de la manière suivante :

Le port de Cayenne est ouvert aux bâtiments français et étrangers.

Les marchandises et denrées de toute nature et de toute provenance y sont admises par tous pavillons au droit de 3 pour 100. Importées par navires étrangers, elles acquittent en outre une surtaxe de pavillon réglée ainsi qu'il suit *par tonneau d'affrétement :*

Venant des pays d'Europe, ainsi que des pays non européens situés sur la Méditerranée.................................. } 10 fr.
Venant des pays situés sur l'océan Atlantique, y compris la ville du Cap et son territoire...................................

Venant d'ailleurs........................ 20 fr.

Les produits et denrées de la colonie et ceux qui y auront été importés pourront être exportés sous tous pavillons et pour toute destination. Toutefois, lorsque les transports seront effectués sous pavillon étranger, il sera perçu une taxe, par tonneau d'affrétement, de 10 fr. pour les produits exportés en France, en Algérie, à la Martinique et à la Guadeloupe, et de 20 fr. pour les produits importés à la Réunion.

La réexportation des marchandises ayant acquitté le droit de consommation ne donne lieu à aucun remboursement.

Une prime de 15 fr. par 100 kilog. est accordée pour l'introduction dans la colonie du poisson salé par les pêcheurs indigènes.

Les denrées du cru de la colonie sont exemptes de tous

droits de douane à la sortie; mais les denrées suivantes payent seulement, pour tenir lieu de l'impôt foncier, les droits ci-après : (Tarif de 1864.)

		PAR NAVIRES	
		Français. fr. c.	Étrangers. fr. c.
Sucre brut ou terré les 100 kil..........		0 70	1 30
Café	Id.............	2 50	5 50
Coton	Id.............	2 00	3 50
Rocou	Id.............	1 50	1 50
Girofle	Id.............	1 25	2 50
Griffes de girofle	Id.............	0 10	0 40
Tafia	les 100 litr........	0 50	0 50
Cacao	les 100 kil........	0 45	1 80
Mélasse	les 1000 kil.......	0 50	0 50
Peaux de bœuf	la pièce..........	0 25	0 50

Les principaux produits de la Guyane (sucre, café, coton, cacao et girofle) sont admis en France, à la modération ou à l'exemption de taxes réservées aux produits dits coloniaux.

Statistique. — Voici le tableau récapitulatif du commerce de la Guyane avec la France depuis la fin du siècle dernier[1] :

	IMPORTATIONS. (Marchand. franç.). fr.	EXPORTATIONS. fr.	TOTAUX. fr.
1790..........	557 837	444 731	1 002 568
1818..........	1 180 029	862 801	2 042 830
1825..........	2 162 396	2 603 223	4 765 619
1830..........	1 814 266	2 881 335	4 695 601
1835..........	2 000 537	2 679 254	4 679 791
1840..........	2 636 451	3 645 336	6 281 787
1845..........	1 885 140	2 753 944	4 639 084
1850..........	2 512 894	1 450 595	3 963 489
1855..........	4 162 255	1 004 886	5 167 141
1860..........	4 725 215	1 471 408	6 197 158
1861..........	4 571 240	1 133 690	5 704 930
1862..........	5 494 516	1 081 515	6 576 031
1863..........	4 920 480	459 992	5 380 472

Voici maintenant, d'après les tableaux de la douane locale,

---

1. Ces chiffres sont extraits, à partir de 1825, des tableaux généraux du commerce de la France, et sont exprimés en valeurs *officielles*.

le relevé du commerce de la Guyane avec l'étranger et les colonies françaises :

	IMPORTATIONS. fr.	EXPORTATIONS. fr.	TOTAUX. fr.
1790	112 368	87 122	199 490
1835	467 891	339 641	807 532
1840	1 048 994	420 856	1 469 850
1845	777 264	393 244	1 170 508
1850	595 315	205 927	801 242
1855	1 328 646	269 959	1 598 605
1860	1 789 327	420 130	2 209 457
1861	2 506 851	165 726	2 672 577
1862	3 494 998	352 621	3 847 619
1863	3 140 800	276 383	3 417 183

D'après les tableaux de la douane locale, le commerce général de la colonie, importations et exportations réunies, s'est élevé, en 1863, à une valeur de 9 765 555 fr., révélant une diminution de 178 172 fr. sur les résultats de 1862. Voici les mouvements de ce commerce :

IMPORTATIONS.

	1862 fr.	1863 fr.
Marchandises françaises venant de France	5 144 170	5 653 806
Id. des colonies françaises	11 685	4 052
Id. étrangères par navires français	1 182 756	553 085
Id. Id. par navires étrangers	2 305 557	2 583 664
Totaux	8 644 168	8 794 607

EXPORTATIONS.

	1862	1863
Denrées du cru de la colonie exportées pour la France	946 935	694 564
les colonies françaises	65 165	50 893
l'étranger	129 116	160 991
Marchandises provenant des importations françaises	120 912	50 188
étrangères	37 431	14 312
Totaux	1 299 559	970 948

IMPORTATIONS.

Dans la valeur des importations nationales, l'administration se trouve comprise pour une somme de 1 656 933 fr., et dans celle des marchandises étrangères extraites des entrepôts métropolitains pour 294 370 fr.; si l'on déduit le total de ces deux sommes, 1 951 303 fr., du total des importations de toute provenance, il en ressort, pour le compte du commerce particulier, une valeur de 6 843 303 fr.

La valeur des produits importés par le commerce national s'est accrue, comme on le voit, de 509 636 fr. Cette augmentation porte principalement sur les mules, les viandes apprêtées (bœuf bouilli), le riz, les légumes secs, les huiles, le savon, les bougies, les chandelles, le sucre raffiné, les vins, les tissus de lin et de chanvre, les cordages de chanvre. Les marchandises de même provenance sur lesquelles on a constaté des diminutions sont : la viande de porc, le saindoux, le beurre, les fromages, les métaux divers, les tissus de coton, le linge et les habillements.

L'importation des marchandises étrangères, sous pavillon étranger, a augmenté de 278 107 fr.; mais elle a diminué de 629 671 fr. sous pavillon français. Les augmentations ont porté sur les bœufs, la viande de porc, le bœuf bouilli, le beurre, le saindoux, les fromages et le tabac en feuilles; les diminutions, sur les génisses, la viande de bœuf, les poissons de mer (bacaliau), la farine et le riz.

Voici la nomenclature des principales denrées et marchandises qui composent les importations :

	Quantités.	Valeur. fr.
Bœufs vivants	3 736 têtes.	762 026
Mules et mulets	24	20 100
Autres animaux vivants	»	30 490
Viandes salées	501 100 kil.	747 708
Viandes apprêtées (bœuf bouilli).	192 170	456 708
Beurres et saindoux	136 145	317 728
Fromages	69 937	64 763
Poissons de mer	451 790	225 873
Farine de froment	1 826 340	1 010 950
Riz	428 779	186 554
Légumes secs	407 264	203 632
Huiles de graines et d'olives	93 149	207 523
Tabac en feuilles	41 301	150 972
Houille	4 165 175	249 916
Métaux divers	109 759	95 834
Savons blancs	97 594	97 594
A reporter		4 828 371

	Quantités.	Valeur. fr.
Report.....		4 828 371
Bougies et chandelles..........	29 837	85·192
Sucre raffiné.................	59 400	65 340
Vins français...............	1 806 076 lit.	1 025 326
Eaux-de-vie................	92 947	105 269
Vitrifications diverses.........	»	76 180
Tissus de lin et de chanvre.....	»	309 307
Id. de laine.............	»	87 377
Id. de coton.............	»	283 648
Chaussures.................	»	132 204
Cordages en chanvre..........	52 887 kil.	86 752
Machines, ouvrages en métaux divers...................	»	163 746
Mercerie, modes et articles de Paris....................	»	127 206
Linge et habillements..........	»	280 548
Objets non dénommés ci-dessus.	»	1 138 142
Total................		8 794 608

EXPORTATIONS.

Comme on le voit par le tableau publié plus haut, la valeur des produits du cru de la colonie exportés en 1863 s'est élevée à la somme de 906 448 fr., chiffre inférieur de 234 768 fr. à celui de l'année précédente. Toutes les denrées contribuent à cette réduction des exportations; nous citerons entre autres le sucre qui a diminué de 209 941 kil. et de 94 066 fr., le rocou de 66 952 kil. et de 47 095 fr., et l'or natif de 38 092 gr. et de 114 306 fr.

Voici le relevé des denrées et des marchandises du cru exportées en 1863 :

	Quantités. kil.	Valeurs. fr.
Peaux brutes.................	3 283	37 351
Vessies natatoires desséchées....	3 030	12 119
Sucre brut...................	237 932	97 466
Cacao brut...................	24 762	28 331
Café.......................	1 392	3 063
Coton......................	1 974	5 156
Girofle (clous et griffes)........	4 522	4 838
Muscades et vanille............	73 41	902
Bois de construction...........	1 225 st.	95 771
A reporter.......		284 997

	Quantités.	Valeur. fr.
Report.....		284 997
Bois d'ébénisterie...............	498 096^{kil}.	46 563
Rocou................	167 949	165 315
Tafia................	1 387^{lit}.	1 182
Citrons en saumure............	432	4 293
Graines de carapa............	15 000	4 500
Or natif..,.................	131^k,911	395 733
Divers objets non dénommés ci-dessus..................	»	3 865
Totaux............		906 448

Les marchandises retirées de la consommation pour être réexportées à toute destination s'élèvent à la somme de 64 500 fr. présentant une diminution de 93 843 fr. comparativement à l'exercice précédent. La Martinique se trouve comprise dans ce débouché pour 16 067 fr., la Métropole pour 10 600 fr. et l'étranger pour 37 833 fr.

ENTREPÔT.

Il a été établi un entrepôt fictif à Cayenne, par un arrêté du 28 janvier 1821; les marchandises non admises à la consommation y sont reçues à charge de réexportation. La durée de l'entrepôt qui était de six mois a été portée à un an par le décret du 24 décembre 1864. Au 31 décembre 1862, il ne restait aucune marchandise en entrepôt; dans le courant de l'année 1863, il est entré pour une valeur de 3272 fr. de marchandises étrangères et sur laquelle il a été retiré pour la réexportation à l'étranger une valeur de 2312 fr.

DOUANES.

Les recettes effectuées par le service des douanes en 1863 se sont élevées à la somme de 172 027 fr., dont voici le détail :

	fr.
Droits d'entrée...........................	140 832
Id. fixes de sortie......................	15 184
Id. de pilotage.......................	14 704
Id. de magasinage et d'entrepôt, etc........	1 307
Total...................	172 027

C'est, comparativement à l'année précédente, une augmentation de 38 271 fr. qui porte principalement sur le commerce étranger.

Navigation.

Législation. — Tous les navires étrangers sont admis dans le port de Cayenne. Toutefois l'acte de navigation du 21 septembre 1793 avait réservé au pavillon français la navigation directe entre la France et la Guyane. Cette disposition a été abrogée par le décret du 24 décembre 1864; et la navigation française n'est plus protégée maintenant que par une surtaxe d'affrétement variant suivant les distances [1].

Le droit de francisation est de 60 fr. pour les bâtiments de 100 tonn. et au-dessous; au-dessus de 300 t., il est de 15 fr. en sus par 100 tonneaux. Le droit de congé est de 20 fr. pour un bâtiment au long cours et de 15 fr. pour un caboteur. Le droit de pilotage, à l'entrée comme à la sortie, est de 306 fr. pour les bâtiments au-dessous de 50 tonneaux; il augmente de 10 fr. par 50 tonneaux jusqu'aux navires de 200 tonneaux et de 15 fr. par 100 tonneaux au delà de ce tonnage.

Statistique. — Le mouvement général de la navigation pendant l'année 1863 s'est effectué, à l'entrée, par 114 navires jaugeant 23 000 tonneaux et, à la sortie, par 109 navires jaugeant 21 784 tonneaux.

Dans ce mouvement, la part du pavillon national a été de 47 bâtiments et 12 124 tonneaux, à l'entrée, et de 44 bâtiments et 11 314 tonneaux, à la sortie. La part du pavillon étranger a été de 67 bâtiments et 10 876 tonneaux, à l'entrée, et de 65 bâtiments et 10 470 tonneaux, à la sortie.

La navigation entre la colonie et la Métropole, et entre la colonie et les autres possessions françaises, s'est faite exclusivement par des navires ou caboteurs français. A l'exception d'un seul caboteur de la colonie qui est allé à l'étranger, la navigation entre la colonie et les pays étrangers s'est faite exclusivement sous pavillon étranger.

---

1. Voir plus haut, p. 486.

Navigation de la Guyane en 1863.

LIEUX DE PROVENANCE ou de DESTINATION.	ENTRÉES.		SORTIES.	
	NOMBRE de bâtiments.	TONNAGE.	NOMBRE de bâtiments.	TONNAGE.
France.				
Marseille............	21	5 095	7	1 510
Bordeaux............	9	2 572	3	797
Nantes..............	12	3 347	»	»
Havre...............	1	245	1	238
Dunkerque..........	3	817	»	»
Totaux.......	46	12 076	11	2 545
Colonies françaises....	»	»	16	4 531
Étranger.				
États-Unis...........	25	3 441	9	1 609
Brésil...............	32	6 588	30	4 090
Lisbonne............	1	155	»	»
Surinam.............	7	279	19	3 507
Demerary............	2	177	5	505
Ténériffe et Madère....	1	284	»	»
Angleterre...........	»	»	1	273
Saint-Domingue.......	»	»	10	2 786
Havane et île de Cuba.	»	»	4	944
Saint-Thomas........	»	»	4	994
Totaux..........	68	10 924	98	19 239
Totaux généraux..	114	23 000	109	21 784

Service postal.

La Guyane est en communication avec la France par l'intermédiaire des paquebots anglais de la Compagnie dite : *Royal mail steam navigation company* qui vont de Southampton à Saint-Thomas et vont desservir les Antilles et la Guyane anglaise. Entre Démérari et Cayenne le service est fait alternativement par un bâtiment de la station locale pour tout le trajet, et par le bateau hollandais de Surinam ; dans ce cas le bâtiment français ne touche qu'à ce dernier port. Les lettres expédiées de Paris les 30 et 15 de chaque mois parviennent dans la colonie les 24 et 9 du mois suivant.

Par suite de la convention conclue avec la compagnie générale transatlantique, un service de bateaux à vapeur français aura lieu une fois par mois entre la Martinique et la Guyane, en coïncidence avec le passage à Fort-de-France des paquebots de la ligne de Saint-Nazaire. Il en résulte que prochainement la colonie sera trois fois par mois en relation directe et rapide avec la Métropole.

Le prix de passage par la voie anglaise jusqu'à Démérari est de 38 livres sterling, 10 shillings (962 fr. 50 c.) dans une cabine à l'arrière, et de 33 livres sterling (825 fr.) dans une cabine à l'avant.

De Démérari à Cayenne le prix est 69 fr. 40 pour la première classe et de 25 fr. 64 pour la seconde sur le bâtiment de la station locale. Ce prix est plus élevé par le bateau hollandais; il est de 114 fr. 70 pour la première classe et de 92 fr. 82 pour la seconde.

Les conditions d'échange des correspondances ont été réglées par le décret du 7 septembre 1863 qui a fixé le tarif des taxes ainsi qu'il suit :

	fr. c.
Lettre affranchie par 10 gr...........	0 70
Lettre non affranchie par 10 gr.........	0 80
Lettre chargée par 10 gr.............	1 40
Imprimés par 40 gr.................	12

On se sert encore de la voie des navires du commerce. Par cette voie les lettres affranchies sont soumises à une taxe de 30 centimes par 10 grammes, et à une taxe de 40 centimes si elles ne sont pas affranchies.

La moyenne de la traversée par navires de commerce est d'environ 50 jours de France à la Guyane et de 65 jours de la colonie en France. Le prix du passage est de 600 fr. pour l'aller et de 700 fr. pour le retour.

La poste à l'intérieur est desservie par un bureau principal à Cayenne et par des distributions dans les quartiers. La taxe des lettres est soumise aux mêmes conditions qu'en France.

CHAPITRE III.

COLONIES D'ASIE.

Établissements dans l'Inde. — Cochinchine.

ÉTABLISSEMENTS DANS L'INDE.

Historique.

La plupart des nations européennes ont été attirées vers l'Inde par la perspective des immenses ressources qu'offre au commerce, à l'industrie, comme aux explorations de la science, cette riche et magnifique contrée. Les Portugais, les Danois et les Hollandais y plantèrent les premiers leur drapeau; mais leur prospérité n'y fut que passagère. L'Angleterre et la France se disputèrent ensuite la suprématie de l'Inde.

La première expédition française qui se dirigea vers les mers de l'Inde, dans le but de s'y frayer des débouchés commerciaux, remonte à l'année 1603. L'initiative en est due à une société de négociants de Rouen. L'entreprise échoua; plusieurs autres tentatives qui suivirent eurent le même résultat.

En 1642, le cardinal de Richelieu créa une première compagnie des Indes Orientales, dont les efforts demeurèrent sans succès. Colbert reconstitua la compagnie sur de plus larges bases en 1664 : il lui accorda une exemption de taxes et le monopole du commerce de l'Inde pendant 50 ans.

Après avoir essayé, deux fois sans succès, de s'établir à Madagascar, la compagnie reprit avec ardeur le commerce direct avec l'Inde ; Caron, son chef, créa en 1668 un comptoir à Surate. Mais cette ville ne répondant pas à l'idée qu'il s'était formée pour un établissement principal, il enleva aux Hollandais la baie de Trinquemalé, dans l'île de Ceylan. Ceux-ci ne tardèrent pas à la lui reprendre et Caron passa alors à la côte de Coromandel où il s'empara, en 1672, de Saint-Thomé, ville portugaise qui était depuis 12 ans au pouvoir des Hollandais. Mais il ne put s'y maintenir et la restitua aux Hollandais en 1674.

La ruine de la compagnie était imminente sans l'habileté de l'un de ses agents, le nommé François Martin. Cet actif administrateur rallia sous sa conduite une soixantaine de Français, débris des colonies de Ceylan et de Saint-Thomé, et vint se fixer à Pondichéry qu'il acheta au souverain du pays, en 1683. Il fortifia la ville, et grâce à son habile administration, la petite colonie ne tarda pas à devenir florissante. Mais il ne put la défendre contre les Hollandais qui s'en emparèrent le 5 septembre 1693.

En 1699, Pondichéry fut rendu à la France en vertu du traité de Riswick, conclu en 1697, et devint le chef-lieu des possessions françaises dans l'Inde, dont Martin fut nommé gouverneur général. Sous son habile administration, le commerce prit une grande activité. Outre Chandernagor, qui avait été cédé à la compagnie en 1688, par le Grand-Mogol, on obtint la cession de Mahé en 1727, sous le gouvernement de M. Lenoir, et de Karikal, en 1739, sous celui de M. Dumas. Yanaon et Mazulipatam, dont les Français s'emparèrent en 1750, leur furent définitivement cédés deux ans après.

Dans la guerre de 1741, la rupture de la France et de l'Angleterre mit aux prises Pondichéry et Madras. Une escadre anglaise croisant dans les mers de l'Inde, paralysait notre commerce et faisait beaucoup de captures. Mahé de Labourdonnais équipe à ses frais une petite flotte de 9 bâtiments, disperse l'escadre ennemie et vient mettre le siége devant Madras, qui capitule le 21 septembre 1746. On la rançonne à 10 millions.

Les Anglais ne tardent pas à user de représailles ; le 29 avril 1748, ils paraissent devant Pondichéry avec une escadre de 32 bâtiments et 4700 hommes de troupes européennes, auxquelles se joignent 4000 hommes de troupes indiennes. Mais Dupleix les force à la retraite, après avoir défendu la ville pendant 42 jours de tranchée ouverte.

La paix d'Aix-la-Chapelle, conclue la même année, mit fin aux hostilités et permit à Dupleix, qui rêvait pour la France un empire dans l'Inde, d'y porter bien haut sa puissance. De 1746 à 1756, il obtint du Grand-Mogol la Nababie de Carnate, se fit le protecteur des soubabs d'Arcate et de Decan, auxquels il fit payer un tribut considérable, acquit de vastes accroissements de territoires à Pondichéry, à Karikal, à Mazulipatam et étendit la domination française sur les quatre provinces de Montfanagar, d'Ellour, de Rajamandri et Chicakal, ainsi que sur l'île de Seringam, formée par deux bras du Cavéry. Ces différents établissements offraient à notre commerce 200 lieues de côtes et un revenu annuel de 20 millions de francs.

Malheureusement ces splendeurs n'eurent qu'un éclat passager. Dupleix, abandonné à lui-même par la cour de Versailles, éprouva des revers dans la lutte acharnée qu'il eut à soutenir, avec des forces inégales, contre les princes de Tanjaour et de Maissour et contre les Marattes, conjurés pour notre ruine avec les Anglais, sous les ordres des généraux Clive et Warren Hastings. Dupleix fut rappelé à Paris en 1753.

Il nous restait encore des possessions d'une certaine étendue; mais, pendant la guerre de 7 ans, profitant de ce que la France n'envoyait plus de renforts dans ses colonies, les Anglais envahirent nos établissements, nous battirent à Vandabachi, s'emparèrent d'Arcate et investirent Pondichéry. Lally-Tollendal qui défendait la place, presque sans munitions, sans vivres, avec 700 hommes contre 2000, fut forcé de se rendre le 6 janvier 1761. Les Anglais sapèrent la ville : les murs, les forts, les édifices, tout fut détruit. Nonseulement les troupes, mais tous les Français attachés au service de la compagnie, furent renvoyés en France.

De ce moment date la chute de notre prépondérance dans l'Inde.

A la paix de 1763, nous rentrâmes en possession de Pondichéry et de nos autres comptoirs, mais avec de grandes réductions territoriales.

En 1769, après l'abolition du privilége de la compagnie des Indes, le commerce, devenu libre, ranima quelques espérances. Pondichéry recouvra un peu de son ancienne splendeur, mais retomba le 18 septembre 1778 au pouvoir des Anglais.

En 1782, le bailli de Suffren, envoyé au secours de l'Inde, fit preuve de beaucoup de courage et de hauts talents; avec de médiocres ressources, il livra quatre combats aux Anglais en sept mois, battit la flotte de l'amiral Hughes, et reprit en trois jours le fort de Trinquemalé.

Le traité de Versailles, du 20 janvier 1783, nous rendit Pondichéry et nos autres établissements que nous fûmes contraints d'évacuer en août 1793. La paix d'Amiens nous rétablit, il est vrai, en 1802, dans nos possessions, mais elle fut de si courte durée, que le 11 septembre 1803, Pondichéry passa pour la quatrième et dernière fois sous la domination anglaise.

Pondichéry et les autres établissements, réduits dans leurs limites, nous furent rendus par les traités de 1814 et de 1815. L'expédition partie de France pour aller reprendre possession des établissements français de l'Inde arriva à Pondichéry le 26 septembre 1816, mais la remise n'en fut faite par l'administration anglaise que le 4 décembre 1816 pour Pondichéry et Chandernagor, le 14 janvier 1817 pour Karikal, le 12 janvier 1817 pour Mahé et le 12 avril 1817 pour Yanaon.

Une convention, conclue le 7 mars 1815 avec le gouvernement anglais, a établi plusieurs stipulations importantes : 1° Le gouvernement français a renoncé au droit que lui accordait une convention du 30 août 1787, de réclamer de la compagnie des Indes anglaises 300 caisses d'opium au prix de fabrication; au lieu de ce prix, nous n'avons plus droit d'avoir les 300 caisses qu'au prix moyen des ventes à Calcutta; 2° le gouvernement anglais a obtenu le droit d'acheter, à un prix déterminé, le sel fabriqué dans nos établissements et excédant les besoins de leur consommation; 3° en compensation du préjudice résultant pour nos établissements de ces deux stipulations, le gouvernement anglais s'est engagé à payer au gouvernement français une rente annuelle de 4 lacks de roupies sicca (1 million de francs). Par un second traité du 13 mai 1818, qui n'avait d'abord que 15 ans de durée, mais qui depuis a été prorogé indéfiniment d'un commun accord, le gouvernement anglais, dans le but de rendre plus complet le monopole de la Compagnie des Indes, a racheté le droit que nous avions de fabriquer le sel dans nos établissements, moyennant une indemnité annuelle de 4000 pagodes (33 600 fr. [1]). En conséquence, il a été stipulé qu'il ne serait plus fabriqué de sel sur notre territoire et que le gouvernement anglais livrerait à l'autorité française, au prix de fabrication, le sel nécessaire à la consommation de nos établissements. Ce sel est revendu aux consommateurs par le gouvernement français; il en résulte un bénéfice qui est versé dans le trésor local.

LISTE CHRONOLOGIQUE DES GOUVERNEURS.

CARON, directeur de la Compagnie en 1672.
MARTIN (François) en 1680.
    Prise de la ville par les Hollandais, 6 septembre 1693.
    Reprise de possession par les Français, en vertu du traité signé à Ryswich, le 20 septembre 1697.
MARTIN (François), gouverneur général[1].
DULIVIER (P.), par intérim, 15 juin 1705.
DULIVIER (P.), confirmé, 1er janvier 1707.
HÉBERT (le chevalier), juillet 1708.
DULIVIER (P.), 7 octobre 1713.
HÉBERT (le général), août 1715.
DE LA PRÉVOSTIÈRE, 19 août 1718 [2].
LE NOIR (Pierre-Christophe), 11 octobre 1721.
BEAUVALLIER DE COURCHANT, 6 octobre 1723.
LE NOIR (P.-C.), 4 septembre 1726.
DUMAS, 19 septembre 1735.
DUPLEIX, 14 janvier 1741.
GODEHEU, 2 août 1754.
DUVAL DE LEYRIT, 10 février 1755.
DE LALLY-TOLLENDAL, 28 avril 1758.
    Prise de Pondichéry par les Anglais, 16 janvier 1761.
LAW DE LAURISTON, gouverneur général. Reprise de possession par les Français, le 28 février 1765, en vertu du traité signé à Paris le 10 février 1763.

---

1. Une partie de cette somme est répartie, à titre d'indemnité, entre le anciens propriétaires de salines à Pondichéry et à Karikal, le restant profite au budget local de nos établissements.
2. François Martin mourut à Poudichéry le 30 décembre 1706.
3. De la Prévostière mourut à Pondichéry vers le commencement d'octobre 1721.

Nicolas (François), par intérim, mai 1765.
Boyelleau (A.), par intérim, mai 1766.
Law de Lauriston, mars 1767.
De Bellecombe (Guillaume-Léonard), janvier 1777.
D'Albignac, par intérim, 28 janvier 1778.
De Bellecombe (G.-L.), juillet 1778.
  Prise de Pondichéry par les Anglais, 18 septembre 1778.
De Bussy, gouverneur général. Reprise de possession par les Français, le 10 mars 1783, en vertu du traité signé à Versailles le 20 janvier 1783 [1].
De Coutenceau, par intérim, 8 janvier 1785.
De Souillac, 21 mai 1785.
De Cossigny (David), 24 septembre 1785.
De Conway, 20 septembre 1787.
De Fresne, octobre 1789.
Leroux de Touffreville, par intérim, 5 février 1793.
De Chermont, 18 février 1793.
  Prise de Pondichéry par les Anglais, août 1793.
Braitwaite, général anglais.
Dixon, lieutenant-colonel anglais, 1793.
De Méron, officier suisse au service des Anglais, 1802.
  En vertu de la paix d'Amiens (27 mars 1802), les Anglais sortent de Pondichéry, le 11 juillet 1803, sans rendre la ville d'une manière officielle.
Decaen (le général).
Binot, par intérim, 13 juillet 1803.
  Rupture de la paix. Les Anglais rentrent dans Pondichéry, 1er octobre 1803.
Keith, lieutenant-colonel anglais, 1804.
Fallofield (E.-W.), lieutenant-colonel anglais, 1805.
Lockhart, colonel anglais, 1811.
Freser, colonel anglais, 1812.
Freser (Y.-S.), capitaine anglais, 1812.
  Reprise de possession par les Français, le 26 septembre 1816, en vertu du traité signé à Paris le 20 mai 1814, et de la convention du 7 mars 1815.
Du Puy (le comte), pair de France, gouverneur civil, 26 septembre 1816.

---

1. Le marquis de Bussy mourut à Pondichéry le 7 janvier 1785, à dix heures du soir.

Cordier, capitaine de vaisseau, par intérim, 15 octobre 1825.
Desbassayns de Richemont (le vicomte), commissaire général de la marine, administrateur général, 19 juin 1826.
Scipion, par intérim, 12 août 1828.
Cordier, par intérim, 14 août 1828.
De Mélay, capitaine de vaisseau, 10 avril 1829.
Saint-Simon (le marquis de), maréchal de camp, 3 mai 1835.
De Nourquer du Camper, capitaine de vaisseau, 27 avril 1840.
Pujol, capitaine de vaisseau, 16 novembre 1844.
De Lalande de Calan, capitaine de frégate, 5 janvier 1849.
Malassis, commissaire de la marine, par intérim, 14 juin 1850.
Bédier, commissaire général de la marine, 6 janvier 1851.
Malassis, commissaire de la marine, par intérim, 1er décembre 1851.
De Verninac Saint-Maur, contre-amiral, 29 juillet 1852.
Durand d'Ubraye, commissaire général de la marine, 1er avril 1857.
Bontemps, commissaire général de la marine, 18 janvier 1863.

Topographie.

Les établissements français de l'Inde se composent aujourd'hui de fractions de territoires, isolées les unes des autres, dont la superficie totale est de 49 622 hectares. Ce sont :

1° Sur la côte de Coromandel : Pondichéry et son territoire, composé des districts de Pondichéry, de Villenour et de Bahour; Karikal et les maganoms ou districts qui en dépendent;

2° Sur la côte d'Orixa : Yanaon, son territoire et les aldées ou villages qui en dépendent; la loge[1] de Mazulipatam;

3° Sur la côte de Malabar : Mahé et son territoire; la loge de Calicut;

4° Au Bengale : Chandernagor et son territoire; les loges de Cassimbazar, Jougdia, Dacca, Balassore et Patna;

---

1. Le nom de loge était autrefois donné à des établissements isolés comprenant une maison avec un terrain adjacent, où la France avait le droit de faire flotter son pavillon et de former des comptoirs.

5° Dans le Goudjérate : la factorerie de Surate.

Pondichéry. — La ville de Pondichéry, chef-lieu de nos établissements, est située sur la côte de Coromandel, dans le Karnatic, à 143 kilom. S. O. de Madras, par 11° 55′ 41″ de lat. nord, 77° 31′ 30″ de long. est. Elle est divisée en deux parties, la ville blanche et la ville noire, qui sont séparées par un canal. La ville blanche, à l'est et sur le bord de la mer, est régulièrement bâtie; ses rues sont larges et bien percées. Les principaux édifices publics sont : l'hôtel du gouvernement, l'église paroissiale, l'église des missions étrangères, deux pagodes, le nouveau bazar, la tour de l'horloge et celle du Phare, une caserne et un hôpital militaire. La ville ne possède qu'une rade foraine, qui est la meilleure de toute la côte. Cette rade présente deux mouillages, par 3 à 6 brasses pour les petits navires, et par 7 à 9 brasses pour les grands bâtiments. La communication avec la terre, assez difficile, se fait par des bateaux à fond plat, sans membrures, appelés *chelingues*. On vient d'y construire un pont débarcadère.

Le territoire de Pondichéry, dont la superficie totale est 29 069 hectares, se divise en trois districts, savoir : Villenour, Bahour et Pondichéry, contenant ensemble 93 aldées principales et 141 villages secondaires.

Le sol du territoire se compose en partie d'une terre argileuse plus ou moins mêlée de sable et en partie de terres sablonneuses légères. Ces différentes espèces de terres ne deviennent productives qu'au moyen de constantes irrigations.

Il existe sur le territoire de Pondichéry huit cours d'eau, ce sont : la rivière de Gingy, qui donne naissance à la rivière d'Ariancoupam et au Chounambar; le Pambéar, qui se jette dans la rivière de Gingy; le Coudouvear, qui se jette dans le Chounambar; le Ponnéar, qui prend sa source dans les Gathes et se jette à la mer; le Malctar, qui dérive des eaux du Ponnéar et se jette dans le Goudouvear; et l'Oupar, qui se jette à la mer. Les plus importants de ces cours d'eau sont les rivières Gingy et d'Ariancoupam, dont la source est à 10 myriamètres dans l'intérieur et qui ne sont navigables, pour les petits bateaux à fond plat, que pendant quatre mois de l'année, sur un parcours de 25 kilomètres à partir de l'embouchure. En dehors de ces cours d'eau, on compte dans les trois districts 9 grands canaux de dérivation, 5 barrages, 59 étangs, dont 5 grands, 202 sources et 53 réservoirs, servant aux irrigations.

Karikal. — La ville de Karikal est située sur la côte de Coromandel, dans la province de Tanjaour, par 10° 55' de lat. nord et 77° 24' de long. est, à 26 lieues au sud de Pondichéry. Elle s'élève à un mille et demi de l'embouchure de l'Arselar, l'une des branches du Cavéry, et dont le cours est de 16 lieues. Cette embouchure est entièrement obstruée par les sables pendant la saison sèche ; elle est dégagée pendant la saison des pluies par les eaux de l'Arselar. Les petits navires peuvent alors prendre charge à Karikal, et les bâtiments de 200 à 250 tonneaux, à varangues plates, remontent sur lest jusqu'à la ville.

Le territoire de Karikal, dont la superficie est de 13 515 hectares, se divise en 5 districts ou *maganoms*, qui sont ceux de : Karikal, Tirnoular, Nallajendour, Nédouncadou et Kitchéry ; ils renferment ensemble 109 aldées.

Le sol de ces cinq districts est très-fertile, et arrosé par six petites rivières qui sont autant de bras du Cavéry. Elles ont des débordements périodiques qui fertilisent les terres qu'elles couvrent. Ces irrigations se complètent par 14 canaux principaux et leurs ramifications.

Yanaon. — Le comptoir d'Yanaon est situé dans la province de Golconde, par 16° 43' de lat. nord, et 80° 05' de long. est, à 140 lieues N. N. E. de Pondichéry. Bâtie à l'endroit où la rivière de Coringuy se sépare du Godavéry, la ville de Yanaon est bornée à l'est et au sud par l'une et l'autre de ces deux rivières. Le territoire qui en dépend couvre une superficie de 1429 hectares ; il s'étend le long du Godavéry, à l'est et à l'ouest de la rivière Coringuy, sur une longueur de 2 lieues et demie, et une largeur qui varie depuis 350 mètres jusqu'à 3 kilomètres. Le sol est très-fertile.

Le Godavéry se jette dans la mer à 4 lieues au sud-est de Yanaon ; son embouchure est obstruée par des bancs de sable. La rivière de Coringuy, au contraire, qui débouche également dans la mer, a un lit profond qui permet aux navires de 200 tonneaux de remonter jusqu'à Yanaon.

Mazulipatam. — La ville de Mazulipatam, dont les Anglais ont repris possession en 1769, est située dans la province des Circars septentrionaux, par 16° 10' de latit. nord, et 78° 48' de long. est, à 110 lieues de Pondichéry et à 25 ou 30 lieues au sud d'Yanaon. Nous y possédons encore une loge avec le droit d'y faire flotter notre pavillon ; une aldée, nommée Francepett, située à 3 kilom. au N. O. de Mazulipatam, et deux terrains habités par 200 Indiens environ, dépendent de la loge française de Mazulipatam, qui relève elle-même du comptoir d'Yanaon. Par une convention conclue avec l'Angleterre, le 31 mars 1853, nous avons abandonné le droit de vente et de fabrication des spiritueux dans cette loge, pour lesquels les Anglais nous payent annuellement une somme de 3550 roupies (8520 fr.), qui figure parmi les recettes de la colonie.

Mahé. — Le comptoir de Mahé est situé sur la côte de Malabar, par 11° 42′ 8″ de lat. nord, et 73° 12′ 23″ de long. est, à 104 lieues à l'ouest de Pondichéry. La superficie totale du territoire, est de 5909 hectares. La ville de Mahé est située sur la rive gauche et près de l'embouchure d'une petite rivière qui porte son nom, et qui est navigable pour des bateaux de 60 à 70 tonneaux, jusqu'à une distance de 2 ou 3 lieues dans l'intérieur. L'entrée de cette rivière est barrée par des rochers qu'on peut passer à marée haute; l'eau devient profonde dès qu'on a franchi cet obstacle. Un pont, qui n'est pas achevé, doit mettre en rapport les deux rives de la rivière de Mahé, que l'on passe aujourd'hui en bac.

Les aldées, qui ont été rétrocédées à la France, sont séparées de la ville, et il a été construit une route pour fréquenter ces villages.

La terre des fonds des environs est sablonneuse; le riz peut se cultiver sur le bord des rivières, où l'on produit des inondations artificielles.

Calicut. — A 13 lieues S. S. E. de Mahé, et sur la même côte, se trouve la ville indo-anglaise de Calicut, où la France possède une loge qui est occupée par un gardien.

Chandernagor. — La ville de Chandernagor est située dans le Bengale, par 22° 51′ 26″ de lat. nord, et 86° 09′ 15″ de long. est, à 7 lieues au-dessus de Calcutta, à laquelle elle est reliée par un chemin de fer, et à environ 400 lieues N. N. E. de Pondichéry. Bâti sur la rive droite de l'Hougly, l'un des bras du Gange, à 35 lieues de son embouchure, Chandernagor s'élève au fond d'une belle anse formée par le fleuve. La ville est grande; ses rues sont larges et alignées, ses maisons élégamment construites.

La plus grande longueur du territoire français, du nord au sud, est de 5187^m, et sa plus grande largeur, de l'est à l'ouest, de 1877^m; sa superficie totale est de 940 hectares.

L'Hougly est remonté en toute saison, jusqu'au-dessus de

Chandernagor, par des bateaux à vapeur qui y trouvent constamment un tirant d'eau de 3 mètres.

Loges. — Les loges de Balassore (25° 37' 10" lat. nord, 82° 35' 40" long. ouest), de Dacca (23° 42' lat. nord, 87° 57' 20" long. est), de Cassimbazar (24° 10' lat. nord, 86° 9' long. est), de Patna (25° 37' lat. nord, 82° 54' 10" long. est) et de Jougdia (20° 50' lat. nord, 88° 52' long. est) consistent chacune en une maison avec un petit territoire habité par des Indiens. Elles sont situées dans les villes indo-anglaises de mêmes noms, toutes dans le Bengale. La France y exerce différents droits de souveraineté et de juridiction. Ces cinq loges ne sont plus occupées par nous; elles sont en location.

Factorerie de Surate. — La factorerie de Surate est située dans la ville indo-anglaise de ce nom, par 21° 11' de lat. nord et 70° 46' de long. est, à 55 lieues au nord de Bombay. Elle est occupée par un gardien; le jardin et les pavillons qui en dépendent sont loués en ce moment pour la somme de 2000 francs.

Météorologie.

Le climat de Pondichéry est généralement salubre. Pendant les mois de décembre et janvier, le thermomètre marque, le jour, de 25 à 28° centigrades, et de mai à septembre (mois durant lesquels règne un vent d'ouest très-brûlant) la température varie de 31 à 41°. Dans les temps ordinaires, la température moyenne, pendant le jour, est de 32°, et pendant la nuit de 26°.

La saison sèche dure depuis le commencement de janvier jusque vers le 15 octobre. Le reste du temps appartient à l'hivernage. Les pluies sont généralement fort rares; il n'en tombe avec quelque fréquence qu'en octobre et novembre.

A la côte de Coromandel, la mousson du S. O. commence vers le 15 mars et finit vers le 15 octobre, et celle du N. E. dans les premiers jours de novembre et se prolonge jusqu'en mars. Les mois de mai, juin, juillet et août sont marqués par une brise variant de l'O. au S. O. dite *vents de terre*.

Le climat et les saisons sont à peu près les mêmes à Karikal qu'à Pondichéry.

A Yanaon, la température varie de 18 à 22° d'octobre à

mars, de 26 à 30° d'avril à juin, et de 22 à 19° de juillet à septembre. La saison des pluies commence fin juillet et finit en octobre; il se passe souvent quatre à cinq mois sans pluie en été. La mousson du S. O. règne de mars à septembre, celle du N. E. d'octobre à février. Les vents d'ouest règnent de mai à juillet, comme à la côte de Coromandel.

Le climat de Chandernagor, en raison du grand nombre de bois et d'étangs qui entourent la ville, est beaucoup plus frais que celui de Calcutta; la température est en moyenne de 22° d'octobre en mars; elle tombe à 20° en décembre et janvier; elle se maintient généralement entre 20° et 25° en octobre, novembre et février; de mars en octobre, elle est en moyenne de 31°, avec des écarts jusqu'à 37°. Le mois de mai est le plus chaud de l'année.

Les pluies commencent en mars et avril, deviennent continues en juin et durent jusqu'à mi-octobre; elles sont torrentielles au mois d'août.

Les vents du S. E. soufflent généralement pendant la saison des pluies; ceux du S. pendant les chaleurs; ceux du N. O. au printemps et seulement pendant quelques jours; le vent du N. règne en hiver [1].

Le climat de Mahé est très-sain; la température y est plus fraîche et plus régulière que dans nos autres établissements de l'Inde; elle varie de 22 à 26° en janvier, février et mars, de 25 à 30° d'avril à septembre, de 23 à 27° en octobre, novembre et décembre.

Bien que la saison d'hivernage soit comprise entre le 15 mai et le 15 octobre, la mauvaise saison ne dure que pendant les mois de juin, juillet et une partie d'août; le mois de mai amène des bourrasques qui laissent la mer calme.

La mousson du N. E. y règne d'avril à octobre, et la mousson du S. O. d'octobre à avril. Les vents les plus ordinaires sont ceux de l'O., du N. E., du N. O. et du S. E.

Marées. — Dans l'Inde, les marées ne sont ni si hautes, ni si régulières que sur les côtes de l'Océan en Europe. La hauteur de la pleine mer ne dépasse pas habituellement 1 mètre à Pondichéry, et dans les grandes marées elle atteint quelquefois $2^m 50$ et $2^m 60$. A Karikal, elle est, terme moyen, de $1^m 624$ aux nouvelles et pleines lunes. L'heure de la pleine

---

1. Une grande partie de la ville de Chandernagor a été détruite le 5 octobre 1864 par un violent ouragan.

mer, aux nouvelles et pleines lunes, est 1 h. 30' à Pondichéry, et 9 heures du matin à Karikal.

Phares. — A Pondichéry, un phare à feu fixe d'une portée de 12 à 15 milles a été installé, le 1ᵉʳ juillet 1836, sur une tour située près du rivage et élevée de 90 pieds anglais au-dessus du niveau de la mer.

Le port de Karikal possède un feu fixe d'une portée de 8 à 10 milles, placé sur le mât des signaux à l'embouchure de la rivière et élevé de 34 pieds anglais.

Population.

La population des établissements français de l'Inde se compose : 1° d'Européens et de descendants d'Européens ; 2° de Topas ou gens à chapeau, population mixte ; 3° d'Indous ou aborigènes.

La population indigène se divise en deux classes, les Indous et les Musulmans, chacune ayant son langage, ses mœurs, sa religion et ses coutumes.

Les Indous se subdivisent en une foule de castes qui varient dans chacun de nos établissements, mais dans lesquelles on retrouve toujours les quatre classes principales, savoir : la caste sacerdotale ou celle des *Brahmes*, la caste militaire et royale ou celle des *Kchâtryas*, la caste agricole et commerçante ou celle des *Vaicyas*, et la caste servile ou celle des *Soûdras*. Les *Parias*, que l'on trouve partout, ne sont d'aucune caste.

Les Indous appartiennent par les traits du visage à la race caucasique. Ils sont d'une couleur noire claire. Beaucoup sont petits, faibles, mais agiles dans leurs mouvements ; les muscles sont grêles, le système nerveux peu développé. Leurs cheveux sont noirs, touffus, rudes au toucher. Les populations de la côte de Malabar sont généralement plus vigoureuses que celles des côtes de Coromandel et du Bengale.

Les Musulmans, moins nombreux que les Indous, ont sur eux une supériorité intellectuelle et physique. La teinte de leur peau est moins foncée que celle des races indiennes. Les traits mâles de leur visage, leur taille élevée, leur barbe noire et bien fournie, leur constitution robuste et nerveuse rappellent la race arabe.

Les Topas ou gens à chapeau sont issus des Européens généralement des Portugais, alliés aux femmes indigènes. Ils sont d'une couleur de peau moins foncée que les Indous. Le sang qui coule dans leurs veines les rattache à la population européenne, dont ils ont pris l'habillement.

Dans nos établissements, les Européens s'adonnent généralement au commerce, les Topas à quelques industries de ville ou à la domesticité, les indigènes à l'exploitation des terres, à la filature du coton, au tissage au métier et à la teinture en bleu des toiles de coton.

Statistique. — Au 1er janvier 1862, la population totale des établissements français de l'Inde s'élevait à 220 478 [1] individus, ainsi répartis :

DISTRICTS.	BLANCS.	TOPAS.	INDOUS.	TOTAL.
Pondichéry	989 [1]	1361	123,642	125,992
Karikal	212	»	52,431	52,643
Chandernagor	239	160	28,113	28,512
Yanaon	39	35	6,385	6,459
Mahé	13	»	6,859	6,872
Totaux	1492	1556	217,430	220,478

1. Dans ce chiffre n'est pas comprise la garnison européenne; elle s'élevait au 1er janvier 1863, à 143 sous-officiers et soldats.

Les fonctionnaires et employés, au nombre de 852, et les troupes indigènes, au nombre de 285 hommes, sont compris dans le chiffre total de la population. Pendant l'année 1861, il y a eu dans les cinq établissements 8341 naissances, 8105 décès et 2714 mariages, ce qui donne une proportion d'une naissance par 26 individus, un décès sur 27 et un mariage sur 81.

Émigration.

C'est par Pondichéry et Karikal que sont exclusivement sortis les émigrants indiens qui se sont rendus pendant ces

---

1. Au 1er janvier 1864, l'effectif de la population était de 229,057 âmes.

dernières années dans nos diverses colonies. On ne peut pas évaluer à moins de 70 000 le nombre de ceux qui ont ainsi émigré de 1848 à 1863 pour la Réunion, la Martinique, la Guadeloupe et la Guyane.

Une société dite d'émigration établie à Pondichéry, et composée des principales maisons de commerce de Pondichéry et de Karikal, était chargée, avec privilége jusqu'en 1862, de tous les détails du recrutement, et livrait aux colons les contrats d'engagement à 39 roupies pour la Réunion, et à 42 roupies pour les colonies d'Amérique.

La convention conclue avec le gouvernement anglais le 1er juillet 1861, et par laquelle tous les ports de l'Inde anglaise sont ouverts à nos recrutements, est venue modifier cette situation. L'article 2 de cette convention stipule que le gouvernement français confiera, dans chaque centre de recrutement, la direction des opérations à un agent de son choix qui recevra une sorte d'exéquatur du gouvernement britannique; la société d'émigration ne pouvait donc plus officiellement subsister. En conséquence, le gouvernement français a nommé un agent d'émigration dans chacune des villes de Calcutta, Yanaon, Madras, Pondichéry, Karikal, Mahé et Bombay.

Le gouverneur de Pondichéry donne des instructions à ces divers agents pour l'exécution de la convention, l'expédition des convois et la marche générale du service.

Chaque colonie débat librement avec les agents d'émigration les conditions des expéditions d'émigrants qu'elle réclame de chacun d'eux.

L'installation des agents d'émigration dans les divers ports de l'Inde anglaise date de trop peu de temps pour qu'on soit aujourd'hui en mesure d'apprécier le développement qu'il sera possible de donner aux recrutements. On a seulement déjà constaté que ces recrutements deviennent difficiles par suite de l'emploi avantageux que trouvent les Indiens dans les immenses travaux de chemins de fer, de canaux et de défrichements qui ont été récemment entrepris par l'administration de l'Inde anglaise.

Gouvernement et administration.

L'organisation du gouvernement et de l'administration de nos possessions de l'Inde a été réglée par une ordonnance du 23 juillet 1840, aux termes de laquelle le commandement et la haute administration sont confiés à un gouverneur résidant à Pondichéry, et sous les ordres duquel des chefs de service administrent les quatre établissements de Karikal, Chandernagor, Mahé et Yanaon.

Un ordonnateur et un procureur général dirigent, à Pondichéry, sous les ordres du gouverneur, les différentes parties du service dans l'ensemble des établissements. Un contrôleur colonial veille à la régularité du service administratif.

Un conseil d'administration, placé près du gouverneur, éclaire ses décisions et participe à ses actes dans certains cas déterminés [1].

L'ordonnance de 1840 avait créé à Pondichéry un conseil général, qui a été supprimé par un décret du 27 avril 1848, et qui n'a pas été rétabli. Comme élément de représentation locale, la colonie possède un comité d'agriculture et de commerce, créé par un arrêté local du 13 février 1849.

Voici la composition du personnel administratif de la colonie :

Gouvernement colonial. — Un gouverneur à Pondichéry, 4 chefs de services à Karikal, Mahé, Chandernagor et Pondichéry; 1 sous-commissaire, secrétaire archiviste à Pondichéry; 1 écrivain et 5 interprètes dans les divers établissements.

Administration de la marine. — Un commissaire de la marine, ordonnateur et faisant fonctions de directeur de l'intérieur, à Pondichery; 3 sous-commissaires, 1 aide-commissaire, 3 commis et 20 écrivains de la marine, à Pondichéry, répartis entre quatre bureaux; 8 écrivains de la marine, chargés des détails administratifs dans les quatre établissements secondaires.

Contrôle. — Un commissaire adjoint de la marine, contrôleur colonial; 1 aide-commissaire chef du bureau central, 9 écrivains et 1 interprète à Pondichéry, 1 aide-commissaire et 5 écrivains à Karikal, 1 aide-commissaire à Chandernagor.

Service des ports. — Un capitaine de port, 1 maître de port, 2 écrivains, 3 guetteurs et 1 chef de *macouas* (bateliers in-

---

[1]. Pour les attributions du gouverneur, du chef de service et du Conseil d'administration, voir la Notice préliminaire, p. 5.

diens) à Pondichéry; 1 lieutenant de port, 1 écrivain, 5 agents subalternes à Karikal; 1 écrivain et 1 garde pavillon à Mahé.

Service de santé. — Un second médecin en chef chargé du service, 3 chirurgiens, 5 pharmaciens ou élèves pharmaciens, 2 écrivains, 4 vaccinateurs, 3 mestry (médecins indigènes), une sage-femme à Pondichéry; 1 chirurgien de la marine chef de service, 2 mestry, 2 vaccinateurs, 1 élève pharmacien et 1 infirmier à Karikal; 3 chirurgiens de la marine 2 mestry-vaccinateurs et 2 garçons pharmaciens à Chandernagor, Mahé et Yanaon.

Un conseil de santé a été créé à Pondichéry par un arrêté local du 1er juillet; il est composé du second médecin en chef, président, du pharmacien chargé du service pharmaceutique, d'un chirurgien de 1re classe. Ce conseil s'occupe de toutes les parties du service sanitaire, et a sous sa surveillance les divers établissements hospitaliers de la ville; il transmet des instructions aux officiers de santé détachés dans les dépendances.

Administrations financières. — Un trésorier-payeur à Pondichéry et un préposé dans chacun des autres établissements; 1 chef de service des contributions et des domaines; 1 chef indien, *serestadar;* 5 receveurs des contributions et du domaine, dont 3 indigènes (*thasildar*); 2 inspecteurs des contributions, dont un indigène (*sayerdar*); 2 sous-receveurs indiens (*bechecar*); 3 interprètes; 24 écrivains et commis des contributions; 156 agents indigènes, désignés sous les noms de *sambourdy, gomasta, aminah, rayassóm,* dans les trois districts de Pondichéry[1].

Deux receveurs des contributions, dont 1 indigène, 7 commis écrivains, 1 interprète, 3 *bechecar,* chargés des régies et du service des plantations, et 126 agents indigènes dans les diverses communes de Karikal.

Un receveur, 3 commis ou écrivains, 1 interprète et 7 agents indigènes à Chandernagor.

Un receveur, 4 commis ou écrivains, 1 interprète, 2 agents indigènes à Mahé et 1 percepteur à Calicut.

---

1. Le nombre des Indiens attachés aux divers services de l'administration, sous le titre d'agents, de pions, etc., est très-considérable, parce que les mœurs indigènes forcent à répartir entre plusieurs individus des occupations auxquelles une seule personne suffirait en Europe; mais aussi leur salaire est très-peu élevé.

Un receveur, 1 régisseur, 1 interprète et 1 percepteur à Yanaon, et 1 percepteur à Mazulipatam.

Police. — Un maire, directeur de la police, 2 inspecteurs européens, 1 directeur de la police indigène (*naïnard*) 1 inspecteur (*paleagar*) 19 agents divers, 125 gardes de police et 60 pions à Bath[1], à Pondichéry.

Un commissaire et 1 inspecteur de police européens, plus 52 agents indigènes à Karikal.

Un commissaire de police européen et 70 agents indigènes à Chandernagor.

Un commissaire de police européen, 1 interprète et 12 agents à Mahé.

Un commissaire de police européen, 1 interprète et 22 agents indigènes à Yanaon.

Ponts et chaussées. — Un ingénieur, chef de service, 1 sous-ingénieur et 3 conducteurs, à Pondichéry ;

Un conducteur et 13 agents subalternes à Karikal ;

Un conducteur et 1 surveillant à Chandernagor[2].

Forces militaires.

Les forces militaires de nos établissements de l'Inde se composent de troupes d'infanterie de marine et de troupes indigènes dites *cipayes*; elles forment ensemble un effectif de 364 hommes répartis entre les divers établissements.

L'effectif réglementaire du détachement d'infanterie de marine (22e compagnie, 4e bataillon) est de 111 sous-officiers et soldats, et de 3 officiers.

Les cipayes sont divisés en deux compagnies : une de grenadiers et une de fusiliers, commandées chacune par un capitaine indigène (*soubédar*), un lieutenant européen, un lieutenant indigène (*gémédar*) et un sous-lieutenant européen. L'effectif réglementaire des deux compagnies réunies est de 244 sous-officiers et soldats.

---

1. *Bath* veut dire indemnité.
2. Nous nous occupons des services de la justice, du culte, de l'instruction publique et de l'émigration dans un article spécial.

Justice.

Législation. — Le Code Napoléon, le Code de procédure civile, le Code de commerce et le Code pénal ont été promulgués dans nos établissements français de l'Inde par un arrêté local du 6 janvier 1819. Cette promulgation, comme on le voit, était incomplète puisqu'elle réservait notre Code d'instruction criminelle pour conserver l'ordonnance de 1670.

Le gouvernement local ne tarda pas à s'apercevoir que la plupart des dispositions de cette ordonnance n'étaient pas en harmonie avec les principes de la législation française et, le 21 avril 1825, il rendit un arrêté dont l'article 5 est ainsi conçu :

« Les affaires criminelles et correctionnelles seront introduites d'après les règles du Code d'instruction criminelle et portées devant la cour royale dans les formes prescrites par les tribunaux de première instance, dans les cas de plaintes en police correctionnelle. Les dispositions dudit Code relatives au jury, aux cours d'assises spéciales, et la procédure prescrite devant les cours royales à cet égard ne sont pas rendues exécutoires par le présent arrêté. »

Mais d'autres arrêtés successifs, notamment l'arrêté du 17 novembre 1828, le plus complet de tous ceux qui ont été rendus sur la procédure criminelle dans l'Inde, déclarèrent applicables dans nos établissements les chapitres les plus importants du Code d'instruction criminelle.

La loi du 28 avril 1832, qui a modifié le Code pénal et quelques dispositions du Code d'instruction criminelle, a été rendue applicable dans nos établissements de l'Inde, sous la réserve de certaines modifications, par une ordonnance royale du 29 mars 1846.

Enfin, des décrets ultérieurs, notamment les décrets des 23 janvier 1852 et 15 janvier 1853 ont rendu exécutoires, dans nos établissements de l'Inde, diverses lois de la métropole qui touchent à nos Codes.

L'arrêté organique du 6 janvier 1819 avait posé en principe que nous serions tenus de respecter la législation civile des Indous et que, sous ce rapport, les Indiens, soit chrétiens, soit musulmans, continueraient à être jugés, comme par le passé, suivant les lois, us et coutumes de leur caste.

Quant à la législation criminelle, l'article 17 du même arrêté s'exprimait en ces termes : « Toutes les affaires criminelles se traiteront suivant les lois du royaume et non suivant celles des Malabars qui, à cet égard, ont toujours été rejetées. »

Aucun acte postérieur n'est venu modifier ces dispositions.

Organisation judiciaire. — La justice est rendue, dans les établissements de l'Inde, par des tribunaux de paix, des tribunaux de première instance et une cour impériale. L'organisation de ces divers degrés de juridiction est réglée par une ordonnance royale du 7 février 1842.

Aux termes de cette ordonnance[1], trois tribunaux de paix siégent à Pondichéry, Karikal et Chandernagor. Ils sont composés d'un juge de paix et d'un greffier ; deux suppléants salariés sont adjoints au juge de paix de Pondichéry. Les juges de paix connaissent de toutes actions personnelles ou mobilières et des actions commerciales en premier et dernier ressort jusqu'à la valeur de 75 francs en principal exprimé dans la demande, et à charge d'appel jusqu'à la valeur de 150 francs. Leur compétence s'étend, sans appel, jusqu'à 75 fr. et à charge d'appel jusqu'à 500 fr. quand il s'agit de contestations en matière de logement, de nourriture et autres litiges de même ordre. Les tribunaux de paix connaissent en outre des contraventions de police[2].

Les tribunaux de première instance jugent en matière civile, commerciale et correctionnelle. Ils sont composés : celui de Pondichéry, d'un juge impérial, d'un lieutenant de juge et de deux juges suppléants, d'un procureur impérial, d'un greffier et de plusieurs interprètes ; ceux de Chandernagor et de Karikal, d'un juge, d'un procureur impérial, d'un greffier et de plusieurs interprètes.

Ces tribunaux, comme tribunaux civils, prononcent sur l'appel des jugements rendus en premier ressort par les justices de paix. Ils connaissent en premier et dernier res-

---

1. Une ordonnance du 3 février 1846 a supprimé les fonctions de lieutenant de juge près le tribunal de 1re instance de Chandernagor. Un décret du 1er février 1862 a créé : 1° un emploi de substitut du procureur général près la cour impériale de Pondichéry ; 2° un second emploi de juge suppléant près le tribunal de 1re instance de la même ville.

2. Deux décrets, l'un du 2 juillet 1862, l'autre du 7 mars 1863, ont rendu applicables à nos établissements français de l'Inde : 1° la loi du 22 mars 1856 qui modifie celle du 23 mai 1838 sur les justices de paix ; 2° la loi du 4 mai 1861 sur la légalisation par les juges de paix.

sort des actions personnelles, mobilières et commerciales jusqu'à 500 fr. et des actions immobilières jusqu'à 25 fr. de revenu déterminé, soit en rente, soit par prix de bail. En premier ressort seulement, au-dessus de 500 fr. pour les actions personnelles, mobilières et commerciales. Toutefois, en raison de son éloignement de la cour impériale de Pondichéry, le tribunal de Chandernagor juge en dernier ressort les actions personnelles, mobilières et commerciales jusqu'à mille francs, et les actions immobilières jusqu'à 50 fr. de revenu déterminé.

Ces tribunaux, comme tribunaux correctionnels, connaissent en dernier ressort de l'appel des jugements des tribunaux de police. Ils prononcent en premier ressort sur les matières correctionnelles définies par le Code d'instruction criminelle ainsi que sur les contraventions en matière de commerce étranger, de contributions indirectes et autres qui entraînent une amende de plus de 15 fr.

A Yanaon et à Mahé, le chef de l'établissement remplit les fonctions de juge impérial et connaît en premier et dernier ressorts de toutes les affaires attribuées aux tribunaux de paix et de première instance. Il est assisté par un greffier.

Dans les établissements secondaires, les tribunaux ne peuvent juger en matière criminelle qu'au nombre de trois membres, sauf à Mahé où le président est autorisé à juger seul en cas d'impossibilité d'adjonction de deux notables. Le tribunal criminel se compose : à Chandernagor et à Karikal du juge impérial, du juge de paix, d'un fonctionnaire ou officier de la marine.

La cour impériale de Pondichéry se compose d'un président, de quatre conseillers, de deux conseillers auditeurs. Le procureur général, chef du parquet, est en même temps chef du service judiciaire. Il est assisté d'un substitut. Il y a près de la cour un greffier en chef et un interprète en chef.

La cour impériale statue souverainement sur l'appel des jugements rendus en premier ressort par les tribunaux civils et correctionnels. Trois magistrats au moins sont nécessaires pour rendre les arrêts.

La cour impériale, constituée en chambre criminelle, se compose de cinq magistrats de la cour et de deux notables. Le procureur général ou son substitut y porte la parole. Elle connaît : 1° de toutes les affaires où le fait qui est l'objet de la poursuite, est de nature à emporter peine afflictive ou infamante; 2° des appels de toutes les affaires criminelles jugées à Chandernagor, Karikal, Mahé et Yanaon. Les arrêts ne peuvent être rendus qu'à la majorité de cinq voix.

Le recours en cassation est ouvert en matière civile contre les jugements en dernier ressort des tribunaux de première instance et contre les arrêts de la cour impériale, conformément à la législation de la métropole.

En matière criminelle les jugements et arrêts ne sont pas susceptibles du recours en cassation, sauf : 1° le droit du procureur général de dénoncer au gouvernement les jugements et arrêts qui lui paraissent contraires à la loi ; 2° le droit réservé au gouvernement et au procureur général près la Cour de cassation, par les articles 441 et 442 du Code d'instruction criminelle de la métropole.

Barreau. — On compte dans la colonie 11 conseils agréés européens dont 6 à Pondichéry, 3 à Chandernagor, et 2 à Karikal, ainsi que 15 conseils agréés indiens dont 9 à Pondichéry et 6 à Karikal.

Officiers publics. — Il y a 1 notaire, 1 tabellion et 1 commissaire-priseur à Pondichéry; 1 notaire et 2 tabellions à Karikal.

Statistique. — La dernière mercuriale judiciaire parvenue concerne l'année 1859, elle donne les chiffres suivants :

Le tribunal de paix de Pondichéry a jugé pendant ladite année 2156 affaires; celui de Chandernagor, 735; celui de Karikal, 1199; celui de Yanaon, 35, et celui de Mahé, 14.

En matières civile, commerciale et correctionnelle, le tribunal de première instance de Pondichéry a jugé 1049 affaires; celui de Chandernagor, 267 ; celui de Karikal, 370; celui de Yanaon, 83 ; celui de Mahé, 12.

La cour impériale de Pondichéry a statué sur 238 affaires civiles et sur 19 affaires criminelles.

Le tribunal criminel de Chandernagor a jugé 7 affaires, et celui de Karikal, 4. Ceux de Yanaon et Mahé n'ont eu à juger aucune affaire de cette nature.

Culte et assistance publique.

Dans les établissements français de l'Inde, comme dans le reste de la péninsule, trois religions sont en présence : le christianisme, l'islamisme et le brahmanisme. L'immense majorité des Indiens est adonnée à ce dernier culte. Il n'y a guère que la population européenne ou de sang mêlé qui appartienne au christianisme.

Pondichéry est le siège d'une préfecture apostolique fondée en 1828, dont le personnel se compose de sept prêtres, savoir : un préfet apostolique et deux vicaires à Pondichéry; un curé et un vicaire à Chandernagor; un curé à Mahé et un à Yanaon[1]. Le préfet apostolique a seul juridiction sur ce clergé, qui est entretenu aux frais de la colonie et qui est fourni par le séminaire du Saint-Esprit à Paris.

Indépendamment de la préfecture apostolique, Pondichéry est le siège de la mission française du Malabar, instituée pour la conversion des gentils. Desservie dans l'origine par les jésuites, cette mission fut confiée, par lettres patentes du 10 mars 1776, à la Congrégation des missions étrangères de France. Son chef porte le titre de vicaire apostolique de Pondichéry et administrateur du Coimbatore[2]. L'action de la mission s'étend sur une partie de l'Inde anglaise; parmi les 105 000 chrétiens, les 170 églises et les 63 missionnaires qu'elle comprend, 80 000 sont sujets de l'Angleterre, 155 églises et 40 missionnaires se trouvent sur le sol anglais.

Cette mission jouit dans l'Inde d'une grande influence, justifiée à tous les yeux par ses œuvres de charité, de morale, d'utilité publique, par le dévouement évangélique de ses membres, qui tous, simples et désintéressés comme au temps de la primitive Église, enseignent par l'exemple la pratique de toutes les vertus.

La mission a fondé un grand et un petit séminaire à Pondichéry, un petit séminaire à Karikal, et environ 65 écoles primaires dispersées sur le territoire qui forme son vicariat. Le collège colonial de Pondichéry est placé sous sa direction.

La Congrégation des sœurs de Saint-Joseph de Cluny compte dans nos établissements 25 sœurs, dont 15 à Pondichéry, 3 à Chandernagor et 7 à Karikal, où elles tiennent des écoles, des asiles et un hôpital.

Comités de bienfaisance. — Les comités de bienfaisance sont

---

1. Le clergé de Karikal, composé d'un curé et de deux missionnaires, bien qu'entretenu aux frais de la colonie, appartient à la Congrégation des missions étrangères.
2. Le titulaire actuel est Mgr Godelle, évêque des Thermopyles.

chargés, dans nos divers établissements, de l'administration spéciale des fonds de charité, de la formation des listes d'indigents et de la distribution des secours. Les comités de bienfaisance sont composés de 7 membres titulaires à Pondichéry, de 5 à Karikal et à Chandernagor, et de 3 à Mahé et à Yanaon.

Mont-de-piété. — Un mont-de-piété, destiné à aider par des prêts sur gages les cultivateurs, les ouvriers et les petits marchands, a été établi à Pondichéry en 1827. Un fonds de 100 000 fr. est affecté à cet établissement.

Hôpital. — Un hôpital militaire a été construit à Pondichéry en 1858; il contient une quarantaine de lits et reçoit les officiers et assimilés, les soldats de la garnison, les officiers et marins du commerce, et même les particuliers qui veulent s'y faire traiter. Une maison de santé, attenante à l'hôpital, est spécialement affectée aux indigents natifs. Ces établissements hospitaliers sont tenus par des sœurs de Saint-Joseph de Cluny.

Pharmacie. — Une pharmacie est entretenue à Pondichéry aux frais de la colonie et approvisionnée par des envois de médicaments venant de France. Ces médicaments sont délivrés gratuitement aux indigents, et contre remboursement aux particuliers qui en font la demande.

Instruction publique.

Les établissements d'instruction publique existant dans les possessions françaises de l'Inde sont ainsi répartis dans les divers établissements :

Pondichéry. — Un collége colonial, confié depuis 1846 aux soins des prêtres des missions étrangères, auxquels sont adjoints des professeurs laïques. On y compte de 110 à 120 élèves;

Un grand et un petit séminaire dépendant de la mission apostolique;

Un pensionnat de jeunes filles, dirigé par sept sœurs de Saint-Joseph de Cluny, et fréquenté par 50 élèves environ. Indépendamment de ce pensionnat, les sœurs tiennent une école gratuite, un atelier de couture, une maison d'asile et deux orphelinats;

Une école gratuite pour les gens à chapeau, réunissant actuellement 116 élèves;

Une école gratuite pour les garçons malabars. C'est dans cet établissement que se forment les nombreux agents indigènes indispensables aux diverses parties du service de l'administration locale;

Une école gratuite pour les parias chrétiens et indous;

Deux écoles gratuites pour les garçons à Villenour et à Bahour;

Trois écoles gratuites pour les jeunes filles de race indienne, à Pondichéry et dans ses environs. L'instruction y est donnée par des religieuses natives d'un ordre fondé à cette intention.

Outre ces écoles gratuites, beaucoup d'écoles primaires particulières existent dans la ville noire à Pondichéry, et dans les aldées du territoire de cette ville.

Enfin, il existe à Pondichéry deux pensionnats de jeunes demoiselles, tenus par des institutrices européennes.

Karikal. — Un séminaire-collége, dirigé par plusieurs missionnaires, avec le concours de trois frères de la Doctrine chrétienne pour les classes élémentaires; une école gratuite pour les blancs et gens à chapeau, tenue par un instituteur laïque; trois écoles gratuites pour les Malabars; une école gratuite pour les parias, et deux pour les *macouas* (bateliers indiens). Les sœurs de Saint-Joseph dirigent une maison de jeunes filles divisée en quatre classes, dont une pour les Européennes, une pour les Topazines, une pour les Malabaresses et une pour les pariates. Le nombre total des élèves qui fréquentent les écoles gratuites est de 400 environ. Il y a de plus 52 écoles libres, contenant environ 1000 à 1100 enfants tamajours.

Chandernagor. — Une école gratuite pour les garçons, dirigée par les frères de la congrégation du Saint-Esprit; une école gratuite pour les jeunes filles, tenue par quatre sœurs de Saint-Joseph de Cluny.

Mahé. — Une école gratuite, dirigée par des laïques.

Yanaon. — Une école gratuite pour les garçons, tenue par des laïques; un pensionnat et une école gratuite pour les jeunes filles, dirigés par quatre sœurs de Saint-Joseph.

La colonie alloue aux divers établissements d'instruction publique une subvention annuelle de 39 920 fr.

Il existe à Pondichéry et à Karikal une commission

chargée de la surveillance des établissements d'instruction publique.

Bibliothèque publique. — Une bibliothèque publique a été fondée à Pondichéry en 1827; elle renferme aujourd'hui 12 000 volumes.

Imprimeries. — Il existe deux imprimeries à Pondichéry : celle du gouvernement et celle des missions étrangères. On imprime dans la première le *Bulletin* et le *Moniteur* officiel des établissements français dans l'Inde, et tous les actes ayant rapport aux divers services de la colonie. L'imprimerie de la mission a déjà répandu dans l'Inde plus de 140 000 volumes en langue tamoule.

Finances.

La rente annuelle d'un million de francs qui est payée à la France par le gouvernement de l'Inde anglaise[1], augmentée du bénéfice de change (environ 60 000 francs) que procure sa réalisation par la voie de la Réunion, figure chaque année au budget de l'État parmi les recettes générales du Trésor.

Les établissements français dans l'Inde sont portés au Budget de l'État (exercice 1863) pour une dépense de 548 800 fr., dont voici le détail :

DÉPENSES DE L'ÉTAT (EXERCICE 1863).

Personnel civil et militaire.

	fr.	c.
Gouvernement colonial...................	87 000	»
Administration générale.................	119 605	»
Justice.................................	150 660	»
Culte...................................	23 240	»
Troupes indigènes.......................	49 545	10
État-major particulier de l'artillerie......	547	50
Accessoire de la solde...................	43 500	»
Traitement dans les hôpitaux............	41 521	»
Vivres..................................	44 337	90
Total...........	559 956	50
A déduire, 1/30ᵉ pour incomplets....	18 665	21
Total du personnel......	541 291	29

---

1. Voir ce qui a été dit plus haut (p. 498) au sujet de cette rente.

Matériel civil et militaire.

	fr.	c.
Génie...........................	500	»
Loyer et ameublements................	5 000	»
Impressions et publications.............	1 000	»
Frais de justice et de procédure.........	1 000	»
Total du matériel.........	7 500	»
Total général (somme ronde)...	548 800	»

Les dépenses du service *marine*, effectuées pour le compte de l'Inde et comprenant spécialement la solde des troupes d'infanterie de marine, ne sont pas comprises dans ce chiffre de 548 800 fr.; elles se sont élevées, en 1862, à la somme de 83 742 fr. 61 c.

Le budget local des établissements voté par le conseil d'administration s'élève, pour l'exercice 1863 :

	fr.
En recettes, à la somme de................	1 453 566
Et en dépenses, à celle de................	1 593 215

qui comprend un contingent de 322 000 fr. à fournir à la métropole, en vertu de l'article 15 du sénatus-consulte du 3 mai 1854. Le million de la rente de l'Inde, ne faisant que passer par la caisse locale pour être versé au Trésor métropolitain, ne figure pas dans le budget de la colonie. Voici le détail de ce budget :

BUDGET LOCAL (EXERCICE 1863).

RECETTES.

	fr.
Droit sur les maisons à Mahé..............	1 410
Rentes foncières.......................	514 420
Enregistrement, timbre, droit de greffe, hypothèques, patentes....................	61 932
Taxes de navigation.....................	23 100
Droits sur l'introduction, la fabrication et la vente des spiritueux....................	293 291
Produit de la vente du sel[1], droits sur l'intro-	
A reporter........	894 153

---

1. Voir ce qui a été dit plus haut (p. 499) au sujet de la vente du sel.

	fr.
Report............	894 153
duction, la culture et la vente du tabac, du bétel et autres marchandises.........	429 641
Droits sur les lettres et passe-ports.......	11 170
Divers droits indirects...................	42 988
Locations, fermages et revenus des propriétés coloniales..........................	7 749
Divers droits et produits domaniaux........	4 850
Amendes.............................	8 954
Ventes et cessions des magasins à divers....	2 070
Inscriptions de rentes sur l'État...........	41 969
Recettes à titres divers...................	10 022
Total des recettes......	1 453 566

DÉPENSES.

Personnel.

	fr.
Administration générale...................	187 620
Justice...............................	20 080
Police................................	76 685
Ponts et chaussées.......................	59 960
Instruction publique.....................	39 920
Services spéciaux........................	25 310
Agents divers et suppléments spéciaux......	63 254
Accessoires de la solde...................	42 870
Hôpitaux..............................	16 261
Vivres................................	15 500
	547 460
A déduire pour incomplets et retenues......	10 949
Total du personnel......	536 511

Matériel.

	fr.
Travaux et approvisionnements............	218 500
Entretien des mobiliers et du matériel......	31 550
Achats de terrains et loyers...............	19 446
Frais de transport.......................	8 500
Impressions et publications...............	4 600
Éclairage des établissements publics........	13 000
Frais de justice et de procédure...........	13 600
Secours et subventions à divers...........	80 231
Encouragements aux cultures, à l'industrie..	14 450
A reporter..........	403 877

	fr.
Report............	403 877
Subventions à divers établissements d'utilité publique.......................	50 852
Recouvrements des impôts et dégrèvements..	101 633
Dépenses diverses et imprévues...........	98 161
Total du matériel.......	654 523
Contingent à fournir à la métropole.......	322 000

Dépenses extraordinaires.

	fr.
Soulte à payer au Trésor public...........	25 181
Travaux d'assainissement à Chandernagor...	55 000
Total général des dépenses......	1 593 215

Le budget des recettes et des dépenses locales se trouve réparti de la manière suivante entre les cinq établissements :

	Recettes. fr.	Dépenses. fr.
Pondichéry...............	867 790	869 201
Karikal..................	328 045	175 933
Chandernagor............	180 187	158 252
Mahé...................	46 581	35 595
Yanaon..................	30 963	32 234
Contingent à la métropole....	»	322 000
Totaux...........	1 453 566	1 593 215

Monnaies. — Le système monétaire français est en vigueur dans nos établissements de l'Inde, mais pour l'usage officiel et dans les actes authentiques seulement. La coutume publique a continué de faire prévaloir l'emploi des monnaies indiennes. Parmi ces monnaies, les plus usuelles sont :

	fr.	c.
La pagode à l'étoile (en or)............... =	8	40
La roupie de Pondichéry (en argent)....... =	2	40
Le fanon de Pondichéry (en argent)....... =	0	30
La cache (en cuivre).................... =	0	01 ¼

Le *lack* est une monnaie de compte qui vaut 100 000 roupies.

Agriculture.

Le système territorial de l'Inde est fort compliqué et soumis à des conditions toutes particulières à ces contrées. Nous nous bornerons à en donner sommairement une idée générale en ce qui concerne nos établissements, et principalement celui de Pondichéry et Karikal.

D'après la loi *malmoul*, ou coutume du pays, toutes les terres, à la côte de Coromandel, sont, en principe, la propriété du souverain[1]. Elles sont divisées en cinq classes principales, savoir : 1° *jaguirs*, terres abandonnées par le souverain en faveur de princes ou de chefs tributaires ; 2° *manioms*, terres affectées d'une manière irrévocable soit à des fonctionnaires, soit à des établissements publics ou religieux ; 3° *strotrions*, petites portions de terre concédées avec ou sans redevance ; 4° *adamanoms* ou terres dont le souverain a aliéné la jouissance à perpétuité, mais non la propriété, moyennant une redevance en argent ; 5° *promboes*, terrains incultes ou occupés par la voie publique, les savanes, étangs ou cours d'eau.

Le gouvernement français, en succédant aux princes indigènes, respecta ces principes fondamentaux ; toutefois, en 1824, dans le but de favoriser l'agriculture locale, il entra dans une nouvelle voie en adoptant un système de concessions de terres qui fut définitivement réglé par une ordonnance du 7 juin 1828. Allant même plus loin, l'État renonça, en 1854, à son droit de propriété sur les terres *adamanom* qui sont exploitées par les indigènes. Un décret du 16 janvier de cette année porte « qu'à Pondichéry et dans ses districts les détenteurs actuels du sol, à quelque titre que ce soit, qui acquittent l'impôt réglementaire, sont déclarés propriétaires incommutables des terres qu'ils cultivent. » L'administration s'est seulement réservé un privilége sur les récoltes, et au besoin sur le sol, pour le recouvrement de l'impôt.

Dans le district de Karikal, les terres de chaque aldée sont en général des propriétés indivises, exploitées d'après un mode

---

1. A Karikal et à Chandernagor, il n'en est pas de même : les terres appartiennent en toute propriété à ceux qui les possèdent, à charge par eux de payer à l'État une rente foncière.

spécial par leurs possesseurs communs. Ces propriétaires fonciers qui sont désignés sous le nom de *myrasdârs*, payent au gouvernement la redevance des terres, et ils emploient pour les cultiver des *sous-habitants* qui, pour leur salaire, ont droit à une part déterminée dans le produit des récoltes. Ces sous-habitants ont à leur tour sous leur dépendance une classe de travailleurs que l'on nomme *coolies*.

En résumé la condition des cultivateurs indiens, loin de s'être aggravée dans nos établissements depuis la reprise de possession, y a été partout améliorée et y est notamment beaucoup plus heureuse que celle des cultivateurs des autres parties de l'Hindostan.

Les principales cultures sont celles du riz, du *nelly*, et autres menus grains qui servent à l'alimentation des indigènes.

L'indigofère, dont la culture a été introduite dans le sud de l'Inde il y a cent ans à peine, donne aussi d'excellents produits qui sont employés à la teinture des toiles bleues dites *guinées*.

La culture du cocotier est très-importante dans nos établissements, surtout à Pondichéry et à Mahé; on en tire du *coir* ou fibre du fruit; des noix sèches décortiquées, connues sous le nom de *copra;* du *callou* et du *jagre*, de l'arrack et de l'huile. Le callou et le jagre s'obtiennent du suc de la séve et se boivent sans aucune préparation. L'arrack est une boisson fermentée tirée de la séve du cocotier.

Parmi les cultures secondaires on peut mentionner celles du bétel, du tabac, de la canne à sucre, du coton, de plusieurs plantes oléagineuses telles que le sésame, le gingely, et le palma-christi.

Le bétel est d'une consommation générale parmi les indigènes des deux sexes. Ils en mâchent les feuilles saupoudrées de chaux et d'areck.

On cultive aussi dans nos possessions un grand nombre d'arbres fruitiers parmi lesquels on peut citer : le bananier, le citronnier, l'oranger, le grenadier, le pamplemoussier, le goyavier, le papayer, la vigne, le manguier, l'attier, etc.

La quantité d'hectares employés à chaque genre de culture dans nos divers établissements pendant l'année 1862, et celle des terres en friches sont indiquées au tableau suivant avec la valeur approximative de ces terres :

CULTURES.	Pondichéry.	Karikal.	Mahé.	Yanaon.	Totaux.
	hect.	hect.	hect.	hect.	hect.
Riz en paille............	6,439 00	7,181 00	1,469	711	15,860 00
Menus grains..........	9,653 00	643 00	»	973	11,269 00
Potagers...............	279 00	118 00	»	»	397 00
Bétel..................	28 00	19 00	»	»	47 00
Tabac.................	3 66	0 52	»	»	4 18
Indigo................	1,082 00	46 00	»	»	1,128 00
Cannes à sucre........	9 23	0 07	»	»	9 30
Coton.................	3 67	»	»	»	3 67
Arbres fruitiers et halliers...............	2,004 00	310 00	3,985	»	6,299 00
Cocotiers et poivriers [1].	»	»	»	»	»
Totaux des terres cultivées...............	19,501 56	8,317 59	5,454	1,744	35,017 15
Terres non cultivées [2].	9,615 00	5,196 00	455	1,553	16,819 00
Valeur approximative des terres cultivées et non cultivées....	fr. 9,480,009	fr. 4,032,759	fr. 2,606,000	fr. 20,160	fr. 16,138,928

1. Les cocotiers étant disséminés dans les plaines consacrées à d'autres cultures, aussi bien que sur les bords des routes et des canaux, etc., il n'est pas possible, sans faire double emploi, de déterminer, même approximativement, l'espace qu'ils occupent dans les terres cultivées. Il en est de même du poivrier qui s'attache aux arbres auprès desquels il croît.

2. Dans les terres non cultivées on comprend les terrains incultes et vagues, les dépendances du domaine public et celles des habitations.

Les diverses cultures ont donné les produits suivants en 1862 :

	Quantités.	Valeurs.
Riz en paille...............	21 827 062 kilogr.	1 468 959 fr.
Menus grains..............	10 189 226 —	658 081
Légumes..................	1 369 825 —	99 720
Feuilles de bétel...........	434 097 —	101 645
Feuilles de tabac...........	5 437 —	1 653
Indigo en feuilles sèches.....	6 466 —	179 890
Cannes à sucre.............	345 000 (nombre)	10 530
Coton en laine.............	643 kilogr.	193
Fruits.....................	»	62 064
Noix de coco...............	2 802 885 (nombre)	130 896
Huile de coco..............	690 291 litres.	569 079
Callou....................	2 492 720 —	257 672
Jagre.....................	38 000 —	9 600
	A reporter......	3 549 982

	Quantités.	Valeurs.
Report.		3 549 982 fr.
Arrack.	25 000 litres.	11 240
Huile de gingely.	69 438 —	31 047
— de palma-christi.	5 081 —	2 871
— iloupé.	41 756 —	16 490
Poivre.	26 500 —	15 300
Total.		3 626 930

Le tableau suivant indique le nombre des habitations rurales existant dans les établissements de Pondichéry et de Karikal en 1862, avec la valeur approximative des bâtiments et du matériel d'exploitation :

	PONDICHÉRY.		KARIKAL.		TOTAUX.	
	Nombre	Valeur.	Nombre	Valeur.	Nombre	Valeur.
		fr.		fr.		fr.
Indigoteries.	99	124,740	1	720	100	125,460
Teintureries.	73	10,512	4	960	77	11,472
Savonneries.	»	»	4	5,280	4	5,280
Huileries.	161	22,343	88	10,656	249	32,99
Magnanerie.	1	»	»	»	1	»
Filatures de coton.	2	800,000	»	»	2	800,000
Totaux.	336	957,595	97	17,616	433	975,711

Le nombre des animaux de trait et du bétail existant dans la colonie pendant l'année 1862, se trouvait ainsi réparti entre les établissements :

DÉSIGNATION.	Pondichéry.	Karikal.	Mahé.	Yanaon.	Total.	Valeur approximative.
						fr.
Chevaux.	85	»	»	»	85	2,040
Bœufs.	21,965	11,320	579	420	34,284	1,067,972
Buffles.	3,445	4,020	»	412	7,877	222,120
Béliers et moutons.	18,680	3,780	»	62	22,522	86,909
Boucs et chèvres.	737	4,610	91	18	5,456	16,805
Porcs.	669	»	12	»	681	4,803
Anes.	311	»	»	»	311	3,110
Totaux.	45,892	23,730	682	912	71,216	1,403,759

RÉCAPITULATION.

VALEUR APPROXIMATIVE.	PONDICHÉRY	KARIKAL.	MAHÉ.	YANAON.	TOTAUX.
	fr.	fr.	fr.	fr.	fr.
Des terres employées à la culture	9,480,009	4,032,759	2,606,000	20,160	16,138,928
Les bâtiments et matériel d'exploitation..................	957,595	17,616	»	»	975,211
Des animaux de trait et du bétail.	935,757	431,556	14,100	22,346	1,403,759
Totaux................	11,373,361	4,481,931	2,620,100	42,506	18,517,899

Jardins d'acclimatation. — Il existe à Pondichéry deux jardins botaniques désignés : l'un sous le nom de jardin colonial, l'autre sous celui de jardin d'acclimatation. Le premier, fondé en 1827, couvre une superficie de 18 hectares; mais vu la mauvaise nature de son sol, les essais de tout genre qui y ont été tentés ont presque tous mal réussi. Il est aujourd'hui à peu près abandonné comme jardin d'expérimentation.

Quant au jardin d'acclimatation, créé le 15 mai 1861, son étendue est de 818 ares, et la nature de son sol ne laisse rien à désirer. Il est question d'y créer une école d'agriculture pratique. Une magnanerie est attenante au jardin d'acclimatation et couvre une superficie de 19 ares; elle produit une soie très-estimée.

Industrie.

Les principales industries de Pondichéry sont la filature, le tissage et la teinture des étoffes de coton connues sous le nom de guinées et mousselines. C'est à M. Desbassayns de Richemont, administrateur général de 1826 à 1828, qu'est due la première idée de la filature à la mécanique. Grâce aux efforts réunis de l'habile fondateur, M. Charles Poulain, et du gouvernement, qui fournit de larges subsides, cette industrie devint bientôt prospère à Pondichéry. Cet établissement emploie aujourd'hui 16 000 broches et 500 ouvriers. Depuis 1846, les produits s'élèvent à 1200 kilogrammes de fil par jour, et servent principalement au tissage des toiles dites de Guinée. Un autre établissement, presque aussi considérable, alimente les métiers d'un nombre considérable de tisserands indigènes.

Le tissage à la mécanique remonte également à M. Desbassayns. Quant au tissage natif, il a éprouvé dans nos établissements la même décadence que dans toute l'Inde. Réduit par la concurrence à circonscrire ses produits, ses seules ressources consistent aujourd'hui dans quelques mousselines, les guinées et divers tissus grossiers à l'usage des basses classes. Cependant, on compte encore sur le territoire de Pondichéry 4126 métiers de tisserand.

Les sources qui se trouvent sur le territoire de Pondichéry fournissent des eaux excellentes pour les teintures; les pays environnants envoient des toiles blanches dans cette ville pour y être teintes en bleu. On n'y compte pas moins de 73 teintureries qui teignent annuellement environ 400 000 pièces de toile mesurant chacune 16 mètres de long sur 1 mètre de large.

On fabrique à Karikal les mêmes étoffes qu'à Pondichéry, mais en moins grande quantité. La ville de Karikal possède des chantiers pour la construction des navires; il en sort chaque année une grande quantité de petites embarcations, et quelquefois aussi des bâtiments de 200 à 300 tonneaux.

A Chandernagor, Mahé et Yanaon, l'industrie des tisserands était autrefois plus prospère qu'aujourd'hui; sa décadence est principalement due aux droits de sortie élevés, imposés par les Anglais sur les matières premières nécessaires à cette industrie et qu'il faut tirer de leur territoire.

La fabrication du sel, qui était autrefois très-active dans nos établissements, y a été complétement abandonnée depuis la convention passée avec l'Angleterre le 13 mai 1818.

Commerce.

Législation. — Le régime commercial de nos établissements de l'Inde est celui de la liberté. Les denrées et marchandises de toutes provenances y sont admises, sans distinction de pavillon et en franchise de droits; mais les rapports directs avec la France ne peuvent se faire que sous pavillon national (acte de navigation du 21 septembre 1793).

Divers actes ont réservé à certains produits de l'Inde française quelques priviléges sur les marchés français. Ainsi, les huiles de coco et les graines de sésame, quand elles sont apportées en France sous pavillon français avec des certificats attestant leur origine nationale, sont admises à des droits beaucoup plus modérés que ceux qui frappent les similaires étrangers (loi du 9 juin 1845, et décret du 20 novembre 1850).

Les huiles d'origine française exportées de nos établissements pour les ports de la métropole sont soumises à un droit de sortie de 5 centimes par velte (arrêtés du 9 avril, 7 juin 1844 et 9 août 1847).

Statistique. — Voici, depuis l'époque de la reprise de possession, le relevé du commerce de nos établissements avec la France[1] :

Années.	IMPORTATION de marchand. franç. fr.	EXPORTATIONS en France. fr.	TOTAUX. fr.
1825	775 885	10 540 584	11 316 469
1830	43 567	5 274 792	5 318 359
1835	283 201	941 841	1 224 042
1840	433 321	3 975 903	4 409 224
1845	434 276	11 667 251	12 101 527
1850	465 657	4 944 491	5 410 148
1855	582 649	11 553 442	12 136 091
1856	604 870	14 600 702	15 205 572
1857	548 938	30 600 139	31 149 077
1858	503 574	23 187 588	23 691 162
1859	692 134	9 246 965	9 939 099
1860	444 510	13 591 244	14 035 754
1861	546 950	20 761 661	21 308 611
1862	651 289	18 166 076	18 817 365
1863	682 853	8 266 559	8 949 412

Le commerce de la colonie avec la France, en 1863, a donné les résultats suivants :

---

[1] Ces chiffres sont extraits des Tableaux généraux du commerce de la France publiés par l'Administration des douanes; ils représentent la valeur *officielle* des marchandises, d'après le tarif de 1826.

	VALEURS	
	officielles.	actuelles.
	fr.	fr.
Marchandises exportées de la colonie et arrivées en France pendant l'année..........	8 266 559	7 744 710
Marchandises françaises exportées de France pour la colonie.......................	682 853	835 894
Totaux...........	8 949 412	8 580 604

En 1862, le mouvement général du commerce de nos établissements, tant avec la France qu'avec les colonies et les puissances étrangères, s'est élevé, d'après les états dressés par la douane locale, à la somme de 24 059 375 fr., qui s'est décomposée de la manière suivante :

Importations.

	fr.
Marchandises françaises venant de France...............	369 138
— — des colonies françaises...........	645 273
— étrangères......................	6 396 407
Total..................	7 410 818

Exportations.

		fr.
Denrées du cru de la colonie exportées pour	la France...................	5 297 767
	les colonies françaises..........	1 752 922
	l'étranger...................	8 338 409
Marchandises provenant de l'importation exportées pour	la France...................	136 265
	les colonies...................	394 746
	l'étranger...................	728 448
	Total..........	16 648 557

Le commerce s'est réparti de la manière suivante entre les établissements :

	Importations.	Exportations.
	fr.	fr.
Pondichéry...................	4 005 944	12 290 185
Karikal.....................	3 275 556	3 995 734
Mahé......................	104 727	119 170
Yanaon.....................	24 591	243 468
Chandernagor[1]...............	»	»
Totaux...........	7 410 818	16 648 557

---

1. Chandernagor ne fournit aucune statistique, la plus grande partie de son commerce se faisant par Calcutta.

Les principaux articles d'importation sont :

	Pondichéry. fr.	Karikal. fr.	Mahé. fr.	Yanaon. fr.
Graines et farines	352 913	56 070	12 835	»
Noix de coco	160 488	»	»	»
Graines de palma-christi	78 588	»	»	»
Graines de sésame	»	92 256	»	»
Poivre et autres épices	151 509	90 708	»	»
Areck	180 150	239 588	»	»
Jagre	148 230	27 408	»	»
Capras	»	201 833	»	»
Huile de coco	84 900	»	»	»
Huile de palma-christi	44 226	»	»	»
Bois	405 628	192 545	1 495	»
Coton	280 560	»	»	»
Vieux cuivre	302 100	43 039	»	»
Boissons	341 824	36 671	34 124	21 078
Tissus de coton	1 048 050	838 180	»	»
Camphre	4 500	44 880	»	»
Encens	»	34 427	»	»
Plomb	»	41 706	»	»
Pétards	9 360	31 411	»	»
Sacs de gonys	»	152 550	»	»
Tabac	3 864	»	51 825	»
Roupies	»	535 682	»	»

La majeure partie de ces produits, notamment les grains, les cocos, les graines de palma-christi, les épices, les bois, le coton, le cuivre, les tissus de coton, le tabac viennent des établissements anglais et sont destinés à la réexportation.

Voici maintenant les principaux produits d'exportation :

	Pondichéry. fr.	Karikal. fr.	Mahé. fr.	Yanaon. fr.
Riz	149 124	1 364 765	»	»
Grains divers	64 062	326 480	»	6 404
Poissons secs	»	»	16 700	»
Sésame	64 346	»	»	»
Pistaches	186 687	»	»	»
Café	117 720	»	»	»
Épices	94 246	56 849	3 180	»
Areck	53 700	34 589	»	»
Sucre candi	»	15 246	»	»
Tabac	11 676	21 735	60 000	»
Camphre	»	8 448	»	»
Huile de coco	403 260	700 800	»	1 584
— de pistache	739 142	»	»	»
— de ricin	44 614	»	»	2 765

	Pondichéry. fr.	Karikal. fr.	Mahé. fr.	Yanaon. fr.
Huile de gingely	7 005	»	»	»
Encens	»	43 769	»	»
Indigo	2 698 020	5 184	»	»
Savon	74 700	85 341	»	»
Toile bleue	5 846 135	993 600	»	229 880
Percale bleue	455 004	19 440	»	»
Pagnes	306 360	»	»	»
Autres tissus de coton	127 939	»	»	»
Fils de coton	15 600	71 977	»	»
Peaux tannées	363 666	»	»	»
Bois d'ébène	»	12 902	»	»
Planches	»	»	14 251	»
Chevaux	»	14 880	»	»
Roupies	»	37 003	»	»

C'est ici le lieu de faire remarquer que les ports français de l'Inde ne font guère que l'office d'entrepôts ou de lieux de transit à l'égard d'une partie des marchandises portées aux tableaux ci-dessus, et que la statistique qui précède ne comprend pas tout le commerce de nos établissements. En effet, les marchandises importées par mer peuvent s'écouler par terre, et celles qui s'exportent peuvent aussi provenir du territoire anglais, sans que leur destination, leur origine et leur quantité puissent être déterminées par l'administration. Ceci, néanmoins, ne s'applique pas aux toiles de coton, toutes celles qui proviennent des fabriques du territoire français étant expédiées avec des certificats d'origine.

Navigation.

Législation. — Les navires étrangers sont tous admis à faire le commerce dans nos établissements, mais, comme on l'a dit plus haut, la navigation avec la France et les colonies françaises est encore réservée au pavillon national.

Les navires de tout pavillon sont soumis aux droits ci-après :

	Par tonneau. fr. c.
Droits de tonnage et de manifeste à Pondichéry, Karikal et Mahé	0 20
Droits de phare à Pondichéry	0 15
Droits de batelage à Pondichéry	4 88

Statistique. — Les mouvements de la navigation pour l'année 1862 sont indiqués au tableau ci-après :

PAYS DE PROVENANCE OU DE DESTINATION.	ENTRÉES.				SORTIES.			
	NAVIRES FRANÇAIS.			NAVIRES ÉTRANGERS.	NAVIRES FRANÇAIS.			NAVIRES ÉTRANGERS.
	Nombre.	Tonnage.	Équipage.	Nombre.	Nombre.	Tonnage.	Équipage.	Nombre.
PONDICHÉRY.								
France	9	3,456	147	»	23	8,288	348	»
Martinique	»	»	»	»	3	1,660	53	»
Réunion	15	6,161	244	»	31	8,423	355	»
Karikal	28	1,628	256	»	34	4,381	537	»
Yanaon	4	1,238	96	»	6	2,221	99	»
Londres	»	»	»	»	»	»	»	12
Maurice	4	1,629	66	7	5	1,870	68	7
Padang	»	»	»	2	»	»	»	3
Pinang et Singapoore	1	734	19	1	»	»	»	1
Ports de l'Inde anglaise	17	6,481	234	186	28	10,890	427	93
Totaux	78	21,357	1,057	196	120	37,733	1,892	115
KARIKAL.								
France	»	»	»	»	5	4,798	78	»
Réunion, Mayotte, Cayenne, Pondichéry	30	5,086	322	»	24	5,229	211	»
Pinang et Singapoore	1	318	15	18	»	»	»	8
Ports de l'Inde anglaise	»	»	»	156	»	»	»	255
Totaux	31	5,404	338	174	29	10,027	349	263
MAHÉ.								
France	1	299	15	»	»	»	»	»
Ports de l'Inde anglaise	»	»	»	74	»	»	»	82
Totaux	1	299	15	74	»	»	»	82
YANAON.								
Pondichéry	16	»	»	»	11	»	»	4
Totaux généraux	156	27,060	1,410	444	160	47,760	2,241	464

Service postal.

Le service de la correspondance postale échangée entre la France et nos établissements de l'Inde est centralisé dans des bureaux établis à Pondichéry[1], Chandernagor, Yanaon, Karikal et Mahé.

Dès l'ouverture des lignes de bateaux à vapeur britanniques entre l'Inde et Suez, en 1839, nos établissements ont pu communiquer avec la métropole par la voie de Suez. Mais, ce mode de transport des lettres n'a été réglementé pour la première fois que par un décret du 22 juin 1853, rendu à la suite de l'organisation de la compagnie péninsulaire et orientale, en 1852.

Aujourd'hui, les conditions d'échange des lettres, des imprimés et des journaux transportés par paquebots anglais sont réglées par les décrets des 26 novembre 1856 et 10 octobre 1859. Mais ces dispositions ont été modifiées par un décret du 7 septembre 1863, qui a été rendu exécutoire à partir du 1er janvier 1864.

Voici quelles sont les taxes établies par ce décret :

	fr. c.
Lettres affranchies par 10 gr...............	0 70
Lettres non affranchies...................	0 80
Lettres chargées........................	1 40
Imprimés par 40gr......................	0 18

La compagnie péninsulaire et orientale a quatre services mensuels pour l'Inde : deux sont dirigés sur Bombay et deux sur Calcutta. Pour le service de Bombay, les paquebots partant de Marseille les 5 et 20 de chaque mois arrivent à Alexandrie les 11 et 26. Les départs de Suez ont lieu les 12 et 27, et les arrivées à Bombay les 26 et 10.

Pour le service de Calcutta, les départs de Marseille ont lieu les 12 et 28, et les arrivées à Alexandrie les 18 et les 4. Les paquebots quittent Suez les 19 et 4, et arrivent à Calcutta les 29 et 13.

---

1. Le service de la poste anglaise, pour les lettres expédiées à l'intérieur de l'Inde, est dirigé par un agent du gouvernement anglais.

Les lettres pour Pondichéry transportées par la voie de Bombay sont expédiées à destination, soit par le chemin de fer qui traverse une partie de la presqu'île de l'Indoustan, soit par des coureurs indiens. Celles qui sont transportées par la voie de Calcutta sont déposées à Madras, au passage du paquebot, et de là transmises à Pondichéry. Le parcours sur le territoire britannique de l'Inde est soumis à une taxe spéciale de 10 centimes par lettre et de 6 centimes par imprimé. C'est là ce qui explique la surtaxe portant sur la correspondance pour l'Inde comparée à la taxe des autres colonies françaises.

Le prix du passage de Marseille à Pondichéry est de 100 livres sterling (2500 fr.) dans une cabine à plusieurs lits, et de 250 livres sterling (6475 fr.) pour une cabine réservée à deux lits. Outre le prix du passage, les voyageurs ont à leur charge, les frais de transit en chemin de fer entre Alexandrie et Suez : 1re classe, 7 livres sterl. (175 fr.); 2e classe, 3 livres sterl. 10 shill. (87 fr.)

L'ouverture de la ligne française de l'Indo-Chine qui a eu lieu au mois d'octobre 1862 permet d'ajouter un cinquième service pour les communications rapides entre la France et ses établissements de l'Inde.

La compagnie des services maritimes des Messageries impériales adjudicataire de cette ligne par suite d'une convention qui a été approuvée par la loi du 3 juillet 1861, a établi à Pointe-de-Galles (Ile de Ceylan), un service annexe, s'embranchant sur la ligne principale de Suez à Saïgon, et chargé de desservir Pondichéry, Madras et Calcutta[1].

Les paquebots de cette compagnie partent de Marseille le 19 de chaque mois, à 2 heures du soir, et arrivent à Alexandrie le 26. Ceux qui partent de Suez le 27 touchent à Pointe-de-Galles le 13 du mois suivant et le 15 à Pondichéry. Pour le retour, le départ de Pondichéry a lieu le 7, l'arrivée à Pointe-

---

1. Les bateaux à hélice de la ligne principale sont :

L'Impératrice	500 chevaux.
Le Donnaï	500 —
Le Cambodge	500 —
L'Alphée	400 —
L'Hydaspe	250 —

L'Erymanthe, de 400 chevaux, est affecté à la ligne de Pointe-de-Galles à Calcutta.

de-Galles le 10, à Alexandrie le 29, et à Marseille le 5 du mois suivant. C'est donc un trajet de 28 jours en moyenne.

Voici le prix du passage pour Pondichéry [1] :

	fr.
Cabine entière pour une personne	5,000
Cabines à deux couchettes, pont supérieur à l'arrière	3,125
Cabines à plus de deux couchettes, à l'arrière	2,500
Cabines à l'avant	2,250

Il est inutile d'ajouter que dans cette dépense ne se trouve pas compris le prix du transit égyptien indiqué plus haut [2].

Les passagers qui voyagent sur réquisition du gouvernement sont admis sur les paquebots avec un rabais de 30 pour 100 sur les prix ordinaires de la compagnie. Voici quel est le tarif applicable à cette catégorie de passagers :

	fr.
Cabines à deux couchettes, à l'arrière	2,264
Cabines à plus de deux couchettes, à l'arrière	1,824
Cabines à l'avant	1,649

Les conditions d'échange des correspondances par la voie française ont été réglées par le décret du 22 octobre 1862, et à partir du 1er janvier 1864, par le décret du 7 septembre 1863.

Voici l'état comparatif des conditions d'échange pendant les deux périodes :

Taxe de 1862 au 31 décembre 1863.		Taxe perçue depuis le 1er janvier 1864.	
	fr. c.		fr. c.
Lettres affranchies, par 7gr1/2	0 60	Lettres affranchies par 10gr.	0 60
Lettres non affranchies	0 70	Lettres non affranchies	0 70
Lettres chargées	1 20	Lettres chargées	1 20
Imprimés par 40gr	0 19	Imprimés par 40gr	0 18

---

1. Le prix du passage pour les établissements secondaires ne peut être indiqué, parce que les paquebots n'y touchent pas. Il suffit de dire que pour se rendre à Mahé, Yanaon et Karikal, il faut débarquer à Pondichéry; pour Chandernagor, on prend le paquebot jusqu'à Calcutta.

2. Le transit égyptien a été réduit pour les passagers du gouvernement en vertu d'une convention conclue avec le vice-roi, le 24 septembre 1861. Le prix de la première classe est de 81 fr. 40 c.; celui de la deuxième classe est de 53 fr. 40 c.

Pour les lettres des militaires et des marins, on perçoit une taxe de 20 centimes par 7 grammes et demi quand elles sont affranchies, et de 30 centimes en cas de non affranchissement. La correspondance officielle est exemptée de toute taxe.

On se sert dans l'Inde française, comme dans les autres colonies, de timbres-poste coloniaux.

En dehors de la voie rapide, des communications sont établies avec nos Etablissements de l'Inde par les navires à voiles qui doublent le cap de Bonne-Espérance.

La moyenne de la traversée est d'environ 100 jours de France dans l'Inde, et de 120 jours de la colonie en France. Le prix du passage, calculé d'après cette moyenne, est en général de 1,500 francs pour l'aller, et de 2,000 francs pour le retour.

Le prix des lettres expédiées par cette voie est de 30 centimes pour 10 grammes lorsqu'elles sont affranchies, et dans le cas contraire, de 40 centimes. Sur le produit de cette taxe, 10 centimes par lettre sont payés au capitaine du navire qui a effectué le transport.

Un bureau du télégraphe électrique anglais, dont les lignes aboutissent aux points les plus reculés de la péninsule, est établi à Pondichéry.

COCHINCHINE.

Résumé historique.

La nation annamite, d'abord gouvernée directement par la Chine jusqu'au xe siècle de notre ère, ensuite par deux maisons indigènes, Ly et Tran, sous le protectorat du Grand-Empire, ne s'affranchit de la domination chinoise qu'au commencement du xve siècle. Ce fut Nguyen-Tièn, l'ancêtre des rois actuels, qui opéra cette révolution en 1428 et qui parvint à placer sur le trône Lê-Loi, descendant du grand homme Lé-dai-hanh, dont Ly avait usurpé le trône au xe siècle.

Le pays, habité alors par la nation annamite, n'était autre que le Tong-King; il s'étendait dans le sud jusqu'à la chaîne de montagnes située au nord des provinces actuelles de Hué. Tout le pays au sud de ces montagnes jusqu'au Cambodge appartenait à la nation Tsiampoise.

Nguyen-Tièn et ses descendants, sortes de maires du palais, gouvernèrent effectivement le pays au nom des Lê, sous le titre de Chuà (seigneurs). Vers le milieu du xvie siècle, on vit un des descendants de ces Nguyen, Taoi-cong, s'établir dans les plaines et les montagnes de Hué avec une émigration de mandarins mécontents, de soldats réfractaires et de gens du peuple fuyant la misère et la famine. Son père l'avait déshérité en donnant la seigneurie de Chuà à un de ses employés, nommé *Trinh*, auquel il avait marié sa fille.

Il se forma alors deux vice-royautés, celle des Trinh au nord et celle des Nguyen au sud des montagnes de Hué.

En 1570, Taoi-cong se déclara roi sous le nom de Tien-Nguyen, pendant que la dynastie des Lé, ses ancêtres, continuait à régner au Tong-King [1].

Tien-Nguyen fit avec succès la guerre aux Tsiampois qu'il refoula peu à peu dans le sud, commençant ainsi l'absorption de

---

1. On voit ainsi se former le royaume d'Annam, composé: 1° au nord, du Tong-King, qui resta jusqu'en 1790 sous la domination des Lé, et ne fut réuni à la Cochinchine par Gia-Long qu'en 1802; 2° au centre, de la Cochinchine proprement dite, qui fut l'apanage des usurpateurs Nguyen; 3° au sud, de la Basse-Cochinchine, conquise par ces derniers sur le Cambodge.

la Basse-Cochinchine par la nation annamite. Vers la fin du XVIIe siècle les Tsiampois avaient perdu leur nationalité.

En 1658, le roi du Cambodge, qui avait envahi les frontières des Annamites, fut battu par ces derniers, fait prisonnier et ne recouvra la liberté qu'à la condition de demeurer à jamais vassal du royaume d'Annam.

En 1680, après le renversement de la dynastie des Ming en Chine, le général en chef chinois de la province de Canton, Diung-ngan-nghich, ne voulant pas reconnaître la dynastie tartare des Tsing, se rendit à Tourane avec 3,000 hommes et 50 ou 60 jonques, pour demander des terres au roi d'Annam. Celui-ci leur désigna le pays de Gia-Dinh, où existaient des territoires considérables dépendant du Cambodge et dont le gouvernement annamite ne s'était pas encore emparé. Il se débarrassait de la sorte de gens trop hardis pour ne pas devenir bientôt dangereux et en faisait en même temps les avant-coureurs de ses projets de conquête sur le Cambodge.

Les Chinois entrèrent donc en Basse-Cochinchine et s'établirent à Bien-hoa et à Mi-tho, sans opposition de la part du roi du Cambodge, trop faible pour résister à une invasion derrière laquelle il entrevoyait une guerre avec son redoutable voisin.

Cette invasion chinoise fut suivie, neuf ans plus tard, d'une invasion annamite. Le roi du Cambodge, qui résidait encore à Saigon, fut battu et forcé de se réfugier à Houdon, abandonnant aux envahisseurs toute la partie du royaume du Cambodge qui forme aujourd'hui la Basse-Cochinchine. Les Annamites poussèrent successivement leur conquête jusqu'à Ha-Thien en 1715, Vinh-Long en 1733, et Chau-Doc en 1765. Saigon devint la résidence du gouverneur général ou vice-roi de la Basse-Cochinchine.

On s'occupa de la colonisation du pays ; on y introduisit une population nombreuse, composée principalement d'agriculteurs; on l'y groupa avec autant de soin que de rapidité et on l'attacha au sol, aux dépens des indigènes, par des concessions de terres.

En 1772, la guerre éclata entre les royaumes d'Annam et de Siam. Une armée siamoise s'empara d'Ha-Thien, s'avança jusqu'à Chau-Doc, mais elle fut enfin repoussée par les Annamites ; la paix fut conclue en 1774, et Ha-Thien rendue au roi d'Annam.

Ce fut pendant cette même année qu'éclata la grande révolte des frères Tay-son. L'affaiblissement graduel de la dynastie royale et légitime des Lé, causé par l'ambition ascendante des Nguyen, qui dans l'origine n'avaient pas, on se le rappelle, le titre de souverains, avait excité de très-vifs mécontentements chez le peuple annamite, très-attaché à ses coutumes. Cette situation fut habilement exploitée par le nommé *Nhac*[1], riche marchand de la province de Qui-Nhon, qui, à l'aide de ses deux frères, entreprit de se faire un royaume pour lui-même aux dépens de la famille Nguyen. La révolte se répandit bientôt dans tout le royaume, dont la capitale tomba aux mains des frères Tay-son, vers la fin de l'année 1775.

Le roi Tien-Thon, qui régnait alors à Hué, se réfugia à Saigon; les rebelles l'y poursuivirent, s'emparèrent de sa personne et le mirent à mort en 1779. Son fils, Théto ou Nguyen-Anh, qui régna plus tard sous le nom de Gia-Long, parvint à s'échapper et entreprit de reconquérir son royaume. Il n'y serait probablement pas parvenu sans les secours que lui procura le célèbre évêque d'Adran, Mgr. Pigneau de Béhaine.

Après plusieurs années de guerres malheureuses et à bout de ressources, le monarque détrôné se trouva réduit, en 1785, à se réfugier à la cour de Bang-Kok et à réclamer l'assistance du roi de Siam. Des premiers succès furent suivis de revers, dus surtout aux exactions des troupes auxiliaires.

C'est de cette époque que date l'intervention militaire de la France en Cochinchine, où elle n'avait été jusqu'alors représentée que par ses missionnaires et ses martyrs.

Au moment où tout paraissait désespéré pour le dernier des Nguyen, héritier légitime du royaume d'Annam [2], le sort lui fit rencontrer l'évêque d'Adran qui lui offrit un asile précaire dans sa retraite menacée elle-même.

L'évêque lui proposa de solliciter l'appui de la cour de France pour faire valoir ses droits, et s'offrit à passer lui-même en Europe pour y négocier avec le roi Louis XVI une alliance offensive et défensive. Le fils de Thetò, enfant de six ans, accompagna l'évêque dans cette mission. Le traité fut signé à Versailles, le 28 novembre 1787, par le comte de Montmorin et par Mgr d'Adran, lequel revint ensuite dans l'Inde pour en surveiller l'exécution.

---

1. Le mot Tay-son, qui signifie montagne de l'ouest, était le nom du pays habité par Nhac et ses frères; mais, comme les gens qui se mirent à leur suite en firent l'appellation de la cause qu'ils servaient, ce nom leur fut appliqué.

2. Le dernier de la dynastie de Lê était mort en Chine, après avoir été forcé d'abdiquer en faveur d'un des frères Tay-son.

Les principales dispositions du traité étaient les suivantes : en échange d'un corps auxiliaire d'environ 1,500 hommes, et de tout un matériel de guerre, le roi de Cochinchine cédait à la France, en toute propriété comme en souveraineté, la presqu'île de Tourane et l'île de Poulo-Condore. Le port de Tourane devait appartenir concurremment aux deux puissances, et nous étions autorisés à y créer tous les établissements jugés nécessaires, tant à notre navigation et à notre commerce qu'à la réparation et à la construction de nos bâtiments. Nous devions de plus jouir d'une liberté absolue d'échange et de circulation dans tout le pays, à l'exclusion des autres peuples.

Malheureusement le traité ne reçut pas d'exécution de la part de la France, beaucoup par la faute du comte de Conway, gouverneur de nos établissements de l'Inde, qui était chargé de la conduite de l'expédition, et plus encore en raison de la révolution de 1789.

Néanmoins l'évêque d'Adran réussit à procurer au roi de Cochinchine un appui assez ferme pour triompher de ses ennemis et restaurer sa dynastie. Les noms des Français qui l'aidèrent dans cette entreprise, Chaigneau, Vannier, Ollivier et Dayot, sont restés populaires dans le pays. Grâce à leurs conseils, grâce aussi aux dissensions qui éclatèrent entre les frères Tay-son, les forces royales furent partout victorieuses, et tout le pays de Gia-dinh était reconquis en 1790.

Théto avait fait de Mgr d'Adran son premier ministre, le précepteur de son fils et son ami. Tant que l'évêque vécut, le roi se montra reconnaissant, et lors de la mort du prélat, en 1799, non content d'accompagner son cercueil avec son fils et avec la reine et de prononcer lui-même son panégyrique, il lui fit ériger, aux environs de Saigon, un tombeau que le gouvernement français, par une équitable appréciation des mérites de Mgr de Béhaine, a déclaré, en août 1861, propriété nationale.

Sous l'inspiration de l'évêque d'Adran, les officiers français désignés plus haut organisèrent l'armée annamite, formèrent la marine, bâtirent les fortifications de Saigon, celles de Hué et les citadelles des provinces. Toute la force et tout l'éclat de la première partie de ce règne furent leur ouvrage.

En 1802, Théto, ayant reconquis tout son royaume, se déclara roi du Tong-King et de la Cochinchine sous le nom de Gia-Long. Cependant nos officiers ne tardèrent pas à voir leurs services mis en oubli. Systématiquement écartés sous son fils Minh-Mang, qui lui succéda en 1820, ils furent contraints de retourner en France en 1823, et le pays retomba, dès lors, dans la léthargie asiatique dont leurs mains courageuses l'avaient tiré.

Les persécutions contre les chrétiens, suspendues sous Gia-Long, reprirent avec violence sous ses successeurs Minh-Mang (1820), Thieu-Tri (1840), Tu-Duc (1847). De temps en temps nos bâtiments se montraient dans la baie de Tourane pour essayer de renouer des relations politiques avec la Cochinchine et de protéger, par la vue de notre pavillon, nos missionnaires persécutés, mais ils rencontraient toujours une résistance obstinée à leurs ouvertures. L'amiral Laplace ne fut pas plus heureux, en 1831, que ne l'avaient été les capitaines de vaisseau de Bougainville, en 1825, et de Kergariou, en 1817. Toutefois, en 1843, le commandant Lévêque parvint à sauver et à recueillir à bord de l'*Héroïne* cinq missionnaires [1], qui avaient été désignés pour la mort. En 1845, la corvette *Alcmène*, détachée de la division de l'amiral Cécille, obtint la délivrance de Mgr Lefebvre, évêque d'Isauropolis. Enfin, en 1847, le capitaine de vaisseau Lapierre vint à Tourane avec deux navires de guerre, la *Gloire* et la *Victorieuse*, dans un but analogue de protection. Mais voyant ses réclamations méconnues et apprenant en outre que le roi avait donné l'ordre d'attirer les officiers français dans un guet-apens et de les massacrer tous, il attaqua les forts de l'ennemi le 15 avril, lui tua mille hommes et coula ou incendia cinq corvettes de guerre.

Ces châtiments partiels produisaient à la cour de Hué une inquiétude passagère, mais ils ne domptaient pas son orgueil. La mission de M. de Montigny en 1856 en offrit un témoignage significatif. Ce diplomate, chargé de négocier un traité avec les souverains de Siam et d'Annam, fit porter à Tourane une lettre pour Tu-duc par le *Catinat*, commandé par M. Lelieur de Ville-sur-Arce. Non-seulement les mandarins refusèrent de la recevoir, mais ils menacèrent le commandant du feu de leurs batteries. Celui-ci se vit contraint de mettre à terre une compagnie de débarquement, qui attaqua la garnison cochinchinoise, encloua 60 canons et noya une quantité considérable de poudre. Les mandarins vinrent alors faire d'humbles excuses, et offrir d'envoyer à Hué la lettre de M. Montigny. La réponse, même après cette démonstration, fut évasive et dédaigneuse, et le meurtre de Mgr Diaz, évêque espagnol, vicaire apostolique du Tong-King, martyrisé le 20 juillet 1857, lui servit bientôt de commentaire.

---

1. MM. Galy, Berneux, Charrier, Miche et Duclos.

A bout de patience, le gouvernement français se décida à agir vigoureusement. L'amiral Rigault de Genouilly, qui commandait alors la division navale des mers de Chine, fut chargé d'opérer militairement contre les Annamites et d'obtenir par la force la réparation de nos griefs. L'Espagne, intéressée comme nous à venger le sang de ses nationaux, fournit à l'expédition un contingent de Tagals de Manille, et le 31 août 1858 l'amiral se présenta devant Tourane avec une frégate, deux corvettes, cinq canonnières, trois transports et un petit vapeur espagnol.

L'attaque commença le lendemain matin ; les forts furent bientôt détruits, l'ennemi dispersé, et le 2 septembre toute la presqu'île de Tourane était en notre pouvoir. Le but primitif de l'amiral était d'agir sur Hué, mais les maladies particulières à la baie de Tourane, le changement de mousson qui allait rendre difficiles les opérations maritimes en cet endroit et les renseignements qu'il reçut sur les provinces de la Basse-Cochinchine, le décidèrent à changer son plan et à se diriger sur Saigon. Laissant une garnison à Tourane, il quitta cette position le 2 février 1859, avec deux corvettes, trois canonnières, un aviso espagnol, trois transports et quatre bâtiments de commerce. Le 7 il pénétrait dans la rivière de Saigon, et détruisait en la remontant les forts qui défendaient les approches de la ville, qui tombait elle-même entre nos mains le 17.

Après ce brillant succès, l'amiral revint à Tourane, où les attaques de l'ennemi nécessitaient sa présence ; il laissa notre position de Saigon sous le commandement du capitaine de frégate Jauréguiberry.

A Tourane, les Annamites, voyant arriver des renforts, demandèrent à traiter ; ces pourparlers traînant en longueur, l'amiral les rompit et reprit les hostilités. Le 15 septembre 1859 l'ennemi fut attaqué dans les retranchements qu'il avait élevés autour de Tourane et fut rejeté sur la route de Hué, après avoir été chassé de toutes ses positions.

Le terme du commandement de l'amiral Rigault de Genouilly arriva sur ces entrefaites. Le contre-amiral Page prit la direction des affaires le 1er novembre 1859 et s'empara de la position de Kien-Shan, qui commandait la route de Hué. On n'eut malheureusement pas le temps d'organiser notre conquête ; la guerre avec la Chine ne tarda pas à réclamer de nouveau le concours de toutes les forces que nous avions dans l'extrême Orient. L'abandon de Tourane fut décidé et l'on se borna à conserver Saigon pour servir de base aux opérations futures.

Après avoir étendu et consolidé notre position sur ce point, le contre-amiral Page laissa à Saigon le capitaine de vaisseau Dariès, avec 700 hommes, deux corvettes et quatre avisos, et partit pour la Chine au mois de mars 1860 avec le gros de nos forces.

Pendant près d'une année cette faible garnison eut à tenir en échec toute l'armée annamite, qui s'était fortifiée dans la plaine de Ki-Hoa autour de Saigon et tendait chaque jour à nous resserrer dans la ville. Ses attaques furent chaque fois repoussées avec succès.

La seconde expédition de Chine heureusement terminée, au mois d'octobre 1860, par le traité de Pékin, on s'occupa de nouveau de la Cochinchine. Tu-Duc, persistant à refuser tout accommodement propre à garantir la sécurité des missionnaires et des chrétiens, le vice-amiral Charner fut chargé de reprendre les hostilités en Cochinchine.

Il arriva à Saigon le 7 février 1861 avec une partie du corps expéditionnaire de Chine, qui, jointe à la garnison de la ville et à un corps de 800 marins débarqués, formait un effectif d'environ 3,000 hommes. Le 24 février, ces troupes, sous le commandement en chef de l'amiral Charner, se mirent en marche contre le camp retranché de Ki-Hoa, et le lendemain au soir, après une lutte opiniâtre, elles avaient chassé l'armée annamite, forte de 20,000 hommes environ, de toutes ses lignes fortifiées, qui présentaient un développement d'environ 12 kilomètres.

Pendant que les troupes opéraient sur terre, le contre-amiral Page remontait la rivière de Saigon avec une division composée d'une frégate, une corvette, trois avisos et cinq canonnières, et détruisait les forts et les barrages que l'ennemi avait construits pour assurer sa retraite vers le nord.

Après avoir expulsé l'armée annamite de la province de Saigon, l'amiral Charner envoya une double expédition, par terre et par eau, la première sous la direction du commandant du Quilio, la seconde sous celle du contre-amiral Page, pour s'emparer de Mitho.

Pendant que le premier corps, parti de Saigon dans les premiers jours d'avril, cheminait vers cette ville par d'étroits canaux, enlevant et détruisant les défenses que les Annamites avaient accumulées sur la route [1], la division de l'amiral Page franchissait les barres du grand fleuve du Cambodge, brisait les obstacles qui l'obstruaient,

---

1. C'est dans cette expédition que fut tué, le 10 avril 1861, le brave capitaine de frégate Bourdais.

arrivait devant Mitho le 12 avril et forçait l'ennemi à l'évacuer.

La prise de Mitho nous livra la province de Dinh-tuong, et tout le pays entre le Donnaï et le Cambodge se trouva ainsi en notre possession.

Effrayé de ces rapides succès, le roi d'Annam envoya des mandarins à Bien-hoa pour traiter de la paix; mais les négociations furent bientôt rompues par nous, car on s'aperçut que tout en parlant de paix, les envoyés de Tu-Duc cherchaient à soulever le peuple contre notre autorité.

Le contre-amiral Bonard fut nommé commandant en chef de l'expédition de Cochinchine, le 8 août 1861, en remplacement du vice-amiral Charner parvenu au terme de son commandement. Arrivé à Saigon, l'amiral Bonard s'occupa, suivant les instructions du ministre de la marine, de porter notre frontière à l'est de Saigon. C'est dans ce but que fut entreprise l'expédition de Bien-hoa. Le 14 décembre 1861, l'amiral se mettait en campagne, et en quatre jours nos troupes dispersaient 3,000 Annamites retranchés à 3 lieues au nord de Saigon, détruisaient les obstacles qu'ils avaient élevés sur la route de Bien-hoa, enfin s'emparaient de cette ville et poursuivaient l'ennemi qui s'enfuyait en désordre dans les montagnes.

Après la prise de Bien-hoa et la dispersion des forces que les mandarins avaient concentrées dans les montagnes de Baria, non loin du cap Saint-Jacques, l'amiral Bonard résolut de s'emparer de Vinh-long, d'où les émissaires de Tu-Duc excitaient à la révolte les habitants de la province de Mitho.

Le 20 mars 1862, nos troupes débarquaient à quelques kilomètres de Vinh-long, dont les approches étaient défendues par huit forts et de nombreuses estacades. Notre flottille, composée de deux avisos et de neuf canonnières, prenait part à la lutte, et, le 23, la place tombait entre nos mains.

Cette courte campagne de quatre mois eut pour résultat d'assurer notre prépondérance sur toutes les provinces de la Basse-Cochinchine et d'amener Tu-Duc à nous demander la paix.

Le *Forbin* fut envoyé à l'embouchure de la rivière de Hué pour intimider le gouvernement annamite, et détruire le cabotage sur tout le littoral ennemi. Devant cette ferme attitude, le roi Tu-Duc se décida à envoyer à Saigon deux hauts personnages pour traiter de la paix, qui fut signée le 5 juin 1862.

Par ce traité, le roi d'Annam a cédé à la France les trois provinces de Bienhoa, de Saigon et de Mitho, ainsi que l'île de Poulo-Condore. Il s'est engagé à permettre le libre exercice du culte catholique dans l'empire, à autoriser les sujets de la France à commercer librement dans les trois ports annamites de Tourane, Balat et Quang-an; enfin à nous payer en dix ans une indemnité de guerre de vingt millions de francs. Il était stipulé, de notre côté, que nous rendrions la citadelle de Vinh-long, dès que le roi Tu-Duc aurait fait cesser la rébellion qui existait alors par ses ordres contre nous.

A la période des combats succéda celle de l'organisation. L'amiral Bonard s'occupa de jeter les bases de notre nouvelle possession. Malheureusement cette nouvelle phase fut troublée par plusieurs insurrections locales, suscitées par quelques mandarins jaloux de voir notre influence succéder à la leur.

Le territoire de Go-cong, situé dans le sud de la province de Saigon, était devenu le foyer de ces insurrections sous les instigations actives d'un mandarin du nom de Quan-ding. Une expédition fut entreprise au mois de février 1863 pour la réprimer: parties le 25 de Saigon, nos troupes, en moins de deux jours, s'étaient emparées des positions ennemies et avaient dispersé les bandes rebelles qui s'y étaient réfugiées. Pendant que ces opérations se poursuivaient contre Go-cong, une autre colonne chassait quelques pillards qui s'étaient réunis dans les forêts du nord de la province. Une partie des Moï, peuplade qui confine à notre territoire vers l'est et qui avait été entraînée dans l'insurrection, abandonnait la lutte et demandait à capituler.

La répression de l'insurrection coïncida avec l'arrivée à Saigon du capitaine de vaisseau Tricault, porteur de la ratification du traité du 5 juin 1862. L'échange de ces ratifications eut lieu en grande pompe, le 15 avril 1863, à Hué, où l'amiral Bonard s'était rendu en personne [1].

Rentré à Saigon le 20 avril, le vice-amiral Bonard remit le service au contre-amiral de La Grandière et partit pour la France le 1er mai.

Un des premiers soins du nouveau gouverneur fut de régler nos rapports avec le royaume du Cambodge. Comme on l'a vu plus haut, ce royaume s'était reconnu tributaire de l'Annam au XVIIe siècle. Mais l'influence de ce pays sur le Cambodge avait passé progressivement au roi de Siam, qui, profitant habilement des querelles de Tu-Duc avec la France, avait fini, dans ces derniers temps, par gouverner à Houdon, au moyen de l'influence de ses commissaires sur l'esprit du monarque cambodgien. L'amiral

---

[1]. Le traité du 5 juin 1862 a été promulgué en France par un décret impérial du 1er juillet 1863.

de La Grandière entama des pourparlers avec le jeune roi du Cambodge, Phra-Norodon, qui s'est placé sous notre protectorat par un traité du 11 août 1863, et nous a livré, pour y fonder un dépôt de charbon, l'importante position des Quatre-Bas, sur le grand fleuve du Cambodge.

L'amiral de La Grandière s'est appliqué à développer les ressources de la colonie et à affermir partout notre autorité. Quelques bandes d'insoumis et de malfaiteurs s'étaient fortifiées dans le cercle de Baria, sur la frontière du Binh-tuan. Excitées par les mandarins de cette province, elles venaient attaquer et piller des villages isolés. Il fallut sévir. Le lieutenant-colonel Loubère, commandant la province de Bien-hoa, fut envoyé contre ces insurgés, qu'il mit en fuite et dont il détruisit les forts dans les journées des 22, 23 et 24 avril 1864. Le résultat de cette expédition ne s'est pas fait attendre ; les Moï des montagnes de Baria sont aussitôt venus faire leur soumission et remercier l'autorité française de les avoir délivrés de la tyrannie des mandarins.

Partout, les indigènes ont appris maintenant à apprécier les bienfaits de notre civilisation et se rapprochent de nous chaque jour davantage. En plusieurs circonstances, ce sont les milices indigènes qui ont réprimé elles-mêmes des tentatives d'agitation ; ce sont elles, enfin, qui, au mois d'août 1864, ont poursuivi, attaqué le mandarin Quan-ding, et, après qu'il eut été tué dans le combat, ont rapporté son corps à Go-cong, c'est-à-dire au lieu même où, dix-huit mois auparavant, ce mandarin, par sa rébellion, s'était acquis une certaine renommée.

Dans le courant de l'année 1863, le roi Tu-Duc avait envoyé en France une ambassade chargée de proposer au gouvernement français le rachat de nos trois provinces, et la concession du protectorat des six provinces de la Basse-Cochinchine. Ces propositions ont été finalement rejetées après avoir été l'objet de longues négociations, et c'est le traité conclu à Saigon le 5 juin 1862 qui règle actuellement nos rapports avec le royaume d'Annam.

LISTE CHRONOLOGIQUE DES COMMANDANTS ET GOUVERNEURS.

RIGAULT DE GENOUILLY, vice-amiral, commandant en chef de la division navale des mers de Chine et du corps expéditionnaire, s'empare de Tourane le 1ᵉʳ septembre 1858 et de Saigon le 17 février 1859.

Jauréguiberry, capitaine de frégate, commandant à Saigon depuis le mois de mars 1859 jusqu'au 1ᵉʳ avril 1860, d'abord sous les ordres supérieurs du vice-amiral Rigault de Genouilly, puis sous ceux du contre-amiral Page.

Page, contre-amiral, nommé commandant en chef de la division navale et du corps expéditionnaire dans les mers de Chine le 12 août 1859, prend la direction des affaires en Cochinchine le 1ᵉʳ novembre 1859, et la conserve jusqu'au mois de mars 1860.

Dariès, capitaine de vaisseau, commandant supérieur à Saigon depuis le 1ᵉʳ avril 1860 jusqu'à l'arrivée du vice-amiral Charner, le 7 février 1861.

Charner, vice-amiral, nommé commandant en chef des forces navales dans les mers de Chine le 4 février 1860, arrive à Saigon le 7 février 1861, et conserve le commandement jusqu'au 29 novembre de la même année, après s'être emparé des provinces de Saigon et de Mitho.

Bonard, contre-amiral, nommé commandant en chef en Cochinchine le 8 août 1861; s'empare de la province de Biênhoa, et de Vinh-long; part pour la France le 1ᵉʳ mai 1863.

De La Grandière, contre-amiral, nommé gouverneur et commandant en chef par intérim le 28 janvier 1863, entre en fonctions le 1ᵉʳ mai suivant, est nommé titulaire le 16 octobre de la même année; part pour la France le 31 mars 1865 en vertu d'un congé, après avoir remis le service au contre-amiral Roze, nommé gouverneur et commandant en chef *par interim*.

Topographie.

Situation géographique. — La Basse-Cochinchine [1] représente un vaste rectangle formé par la pointe de terre qui termine au sud le royaume d'Annam. Elle est baignée à l'ouest par les eaux du golfe de Siam, et à l'est par la mer de Chine. Elle est bornée au nord-ouest par le royaume du Cambodge, au nord par les pays des Moï [2], et au nord-est par de vastes forêts qui la séparent de la

---

1. Les Annamites désignent généralement la Basse-Cochinchine sous le nom de pays de Gia-dinh.
2. On appelle Moï les habitants des montagnes, sans doute aborigènes du royaume d'Annam et nullement de race chinoise. Une partie de ces Moï sont soumis aux Annamites.

province du Binh-tuan. Les grands côtés de ce rectangle ont une étendue de 280 kilomètres environ, en allant de l'est vers l'ouest; ses petits côtés, du nord vers le sud, n'ont que 180 kilomètres de longueur.

Ce pays, qui est situé entre les 103° et 105° 11′ de longitude est et les 10° 5′ et 11° 30′ de latitude nord, se divise en six provinces : 1° Bien-hoa, 2° Gia-dinh ou Saigon, 3° Dinh-tuong ou Mitho, 4° Vinh-long, 5° Angiang, 6° Hatien. Les trois premières sont devenues françaises par suite du traité conclu à Saigon le 5 juin 1862.

Superficie. — La superficie totale des trois provinces françaises est de 22,380 kilomètres carrés, dont 5,700 pour la province de Saigon.

Fleuves et cours d'eau. — La Basse-Cochinchine est divisée en deux parties à peu près égales par le grand fleuve du Cambodge, ou Meï-cong, qui prend sa source dans les montagnes du Thibet, traverse l'extrémité sud-ouest de la Chine, longe toute la partie occidentale du royaume d'Annam, passe ensuite dans le Cambodge et se partage en trois branches à Nam-van (quatre bras) par 11° 34′ de latitude nord, à 60 kilomètres environ de l'endroit où il entre sur le territoire de la Basse-Cochinchine. La première de ces branches remonte vers l'ouest et va se jeter dans le grand lac qui sert de réservoir au trop plein des eaux du fleuve; ce lac n'a pas moins de 400 lieues de superficie et 10 mètres de profondeur en moyenne. La seconde branche, celle de l'ouest, que les Annamites appellent *fleuve postérieur*, se rend directement à la mer avec de très-légères inflexions dans son cours, et s'y jette par deux larges embouchures. L'autre branche, ou *fleuve antérieur*, coule parallèlement au fleuve postérieur pendant la moitié de son parcours sur le territoire cochinchinois, et, arrivée à Vinh-long, elle se divise successivement en quatre bras qui conduisent ses eaux à la mer par six embouchures.

La rive gauche du fleuve antérieur et celle du bras du Ba-laï séparent les trois provinces méridionales de la Basse-Cochinchine des provinces septentrionales appartenant à la France.

La surface du delta qu'embrassent ces diverses embouchures est sillonnée d'une foule de cours d'eau formant un très-beau réseau de canaux naturels, dont quelques-uns sont assez profonds pour donner passage aux grands navires.

Deux cours d'eau, courant de l'est à l'ouest, le canal de Hatien et le Rach-kieng-giang ou Rach-gia, mettent le fleuve postérieur en communication avec le golfe de Siam.

Tous ces cours d'eau contribuent à la fertilité exceptionnelle des provinces qu'ils arrosent par le limon qu'ils y déposent dans leurs inondations périodiques. Ces crues, qui sont produites par la fonte des neiges du Thibet, coïncident avec la saison des pluies, d'avril à novembre. Dans certaines parties du fleuve, la différence de niveau entre les hautes et les basses eaux est de 10 mètres.

Les branches du Mei-cong sont larges et profondes; mais leurs embouchures sont obstruées par des barres sur lesquelles il ne reste, même dans les passes, que trois ou quatre mètres d'eau. La passe nord, celle qui conduit à Mitho, est la plus profonde et est accessible aux navires calant moins de cinq mètres.

Ces désavantages sont rachetés par l'admirable système hydrographique des trois provinces de la Cochinchine française, lequel se compose de quatre fleuves profonds, quoique de peu d'étendue, parallèles entre eux pendant la plus grande partie de leur cours supérieur, et qui se relient deux à deux pour se jeter à la mer par les deux embouchures du Soirap et du cap Saint-Jacques.

Ces cours d'eau sont, de l'est à l'ouest : 1° le Donnaï, ou rivière de Bien-hoa, 2° la rivière de Saigon, 3° et 4° les deux Vaïcos.

Le Donnaï prend sa source dans le pays des Moï, pénètre dans la province de Bien-hoa, passe devant la ville de ce nom et reçoit plus bas, sur sa droite, la belle rivière de Saigon. Le fleuve se partage ensuite en plusieurs branches, dont l'une, le Soirap, en raison de sa largeur et de sa direction parfaite du nord au sud, pourrait être considérée comme le prolongement naturel du Donnaï; mais comme le chenal par lequel elle se jette à la mer est moins facile à suivre que celui de l'autre branche, on a conservé le nom de Donnaï à la branche qui se trouve la plus navigable (c'est celle que l'on suit pour remonter à Saigon). Avant d'arriver à la mer, elle se dégage encore par la bouche du Dong-tranh, la moins navigable des trois, et se jette enfin dans la mer entre la pointe de Cangiò et le cap Saint-Jacques.

La rivière de Saigon, bien que plus profonde que le Donnaï dans son cours supérieur, n'est à proprement parler qu'un affluent de ce fleuve[1]; elle a sa source sur les limites du Cambodge, coule du nord-ouest au sud-est, arrive à Saigon où elle forme un grand coude, et se jette dans le Donnaï à dix milles au sud de cette ville. Cette rivière est la plus profonde de toutes celles de la Basse-

---

1. Certaines personnes ne donnent le nom de Donnaï qu'au fleuve qui réunit les rivières de Saigon et de Bien-hoa.

Cochinchine, et, même à marée basse, elle a presque partout assez d'eau pour un vaisseau à trois ponts. Sa largeur à Saigon est de 400 mètres.

Le Vaïco oriental ou grand Vaïco coule du nord au sud parallèlement à la rivière de Saigon, dont il offre presque partout les mêmes caractères, c'est-à-dire que l'eau y est aussi profonde, la navigation aussi facile; seulement sa largeur est un peu moindre.

Le Vaïco occidental ou petit Vaïco est parallèle au cours du bas Meï-cong; il sépare la province de Mitho de celle de Saigon, et vient se réunir au grand Vaïco, qui se jette dans la mer par l'embouchure du Soirap.

Ces divers cours d'eau, praticables pour les plus grands navires jusqu'à 70 et 80 milles de leur embouchure, ne sont que les artères principales. Une multitude de petites rivières ou arroyos relient ces artères entre elles et remplacent avec avantage les voies de transport terrestres. Le plus important de ces systèmes d'arroyos est sans contredit celui qui, sous les noms successifs d'arroyo Chinois, Rach-Bo-bo et arroyo de la Poste, part de Saigon, coupe transversalement les deux Vaïcos et vient déboucher dans le Meï-cong, devant Mitho, reliant ainsi la Cochinchine au Cambodge.

Sol. — La partie inférieure des bassins fluviaux de la Cochinchine française est plane et très-peu élevée au-dessus du niveau des hautes eaux; il en est de même de la partie supérieure des bassins des deux Vaïcos, qui ne forment qu'une immense plaine sans la moindre ondulation. Ces terres basses se divisent en trois catégories: 1° en rizières qui couvrent une superficie de 105,000 hectares environ dans nos trois provinces; 2° en forêts de palétuviers d'une hauteur d'un à trois mètres sur les bords des fleuves; 3° en plaines immenses où croissent à perte de vue des herbes et des joncs, et qui pourraient être facilement cultivées. Dans ces diverses zones, le sol, dans le voisinage des fleuves, est d'une admirable fécondité; la terre y est très-substantielle, boueuse, noirâtre, et paraît composée d'un humus de plusieurs pieds d'épaisseur.

Les terrains élevés commencent au-dessus de Saigon et s'étendent jusqu'aux limites septentrionales de la province de Bien-hoa. Ces terrains peuvent aussi se classer en trois catégories : la première comprend les terres cultivées, formant ensemble une superficie de 10,000 à 15,000 hectares, où l'on récolte l'indigo, le tabac, le coton, le sésame, le chanvre, les légumes, les arachides, l'aréquier, la canne à sucre, le bétel, les mûriers, le maïs ; la seconde catégorie est composée de terrains non encore cultivés et qui pourraient l'être sans grands frais, et la troisième est formée par les forêts.

Forêts. — Les forêts commencent dans le nord de la province de Saigon et s'étendent dans cette direction et dans celle du nord-est, du côté du Binh-tuang, sur une grande superficie. Sillonnées par plusieurs cours d'eau qui sont flottables, même pendant la saison sèche, ces forêts sont d'une exploitation très-facile et contiennent une variété d'essences précieuses propres aux constructions navales, au charpentage et à l'ébénisterie.

Montagnes. — Sur la rive gauche de la rivière de Bien-hoa et vers l'est, apparaissent plusieurs groupes de montagnes qui s'élèvent graduellement vers le nord; ce sont les dernières ramifications de la chaîne qui descend du Thibet, traverse le Yu-nan en Chine, et sépare le Ton-king et la Cochinchine de l'immense vallée du grand fleuve du Cambodge.

Plus au sud, se trouve le pâté des montagnes de Dinh et de Baria, immenses blocs granitiques élevés de 300 à 400 mètres, qui séparent les terrains d'alluvion, bas et noyés, des terrains élevés de la province de Bien-hoa. Entre la mer et ces montagnes, le groupe des monts du cap Saint-Jacques signale aux navigateurs l'embouchure du Donnaï. Plus à l'est, on aperçoit les hauteurs du cap Tiwane. Enfin, au nord-ouest de Saigon, au-dessus de Tay-ninh, s'élève le pic verdoyant et presque isolé de Dien-bau ou Ba-dinh, haut de 500 à 600 mètres, où commencent les forêts.

DIVISION TERRITORIALE ET ADMINISTRATIVE.

Les trois provinces de la Cochinchine française sont divisées de la manière suivante :

Province de Gia-dinh.

Saigon. — Cette province, située entre celles de Bien-hoa et de Mitho, a pour chef-lieu Saigon qui est le siége du gouvernement de la colonie. La ville est située à 55 milles de la mer, sur la rive droite de la rivière de ce nom, par 104° 21′ 43″ de longitude Est et 10° 46′ 40″ de latitude Nord. Elle a plus de

7 kilomètres de longueur sur 5 kilomètres de largeur et renferme déjà plus de 20,000 Asiatiques, dont les trois quarts sont indigènes.

Saigon formait autrefois une agglomération de plus de 40 villages, représentant une population d'au moins 50,000 âmes. Dès le début de notre expédition, tous ces villages, à l'exception d'un seul, celui de Choquan, ont été détruits par l'ennemi, qui ne voulait nous laisser que des ruines. Depuis cette époque, onze autres villages se sont formés autour de nous et sous notre protection. Ces douze villages comptent 830 hommes inscrits, ce qui représente approximativement 8,000 âmes.

Quant à la ville européenne, qui renferme la citadelle, la demeure du gouverneur, les bureaux de l'administration, les casernes, l'hôpital militaire, l'église, l'arsenal, etc., elle est comprise entre le fleuve à l'est, l'arroyo Chinois au sud, l'arroyo de l'Avalanche au nord, et les territoires concédés aux villages annamites au sud-ouest. Elle contenait, au 1er janvier 1865, 557 Européens, 600 Malabars, 1,200 Chinois, sans compter les troupes de la garnison et les équipages des navires et bateaux sur rade.

Le plan de Saigon, arrêté le 10 mai 1862, a déjà été exécuté en grande partie. On a tracé et empierré des rues nombreuses et larges qui présentent un développement de 30 kilomètres, ouvert ou approfondi des canaux, jeté des ponts, entrepris des quais, remblayé des marais, édifié une église, un hôpital, des maisons en pierre, construit un bassin de radoub de 53 mètres de longueur et de 4^m 50 de profondeur; enfin on termine un dock flottant qui pourra recevoir les navires du plus fort tonnage.

Binh-duong-huyen. — Cet arrondissement, dans lequel se trouve située la ville de Saigon, renferme 75 villages, 6 marchés et postes militaires, et 2 trams; il compte 3,302 inscrits et 1,200 Chinois.

Binh-long-huyen. — Cet arrondissement, chef-lieu Hoc-mon, s'étend au nord de Saigon sur la rive droite du fleuve, et comprend 75 communes, 4 marchés et postes militaires, 4 trams et 2,984 inscrits.

Tay-ninh. — Cette inspection, qui s'étend jusqu'à la limite septentrionale de la province, se compose des huyens de Tanninh et Quang-hoa. Tay-ninh en est la ville principale. L'arrondissement comprend 43 villages, 6 marchés et postes militaires, 3 trams et 841 inscrits. Il y existe de très-belles forêts, et le sol convient à une grande variété de cultures.

Tân-long-huyen. — Cet arrondissement, au sud-ouest de Saigon, renferme la ville importante de Cholon ou Cholen ; c'est un des plus fertiles et des plus florissants de la colonie. Il se compose de 96 villages, 8 marchés et postes militaires, 1 tram et compte 2,586 inscrits et 5,000 Chinois.

La ville de Cholen, distante de 7 kilomètres de Saigon, a été fondée vers 1778 par les émigrants chinois qui s'étaient établis un siècle auparavant à Mitho et à Bienhoa. Après la révolte des Tay-son, qui chassa de ces villes le mouvement commercial, ces Chinois vinrent choisir la position actuelle de Cholen, et appelèrent leur nouvelle résidence Taï-ngon ou Tin-gan. Ce nom, transformé par les Annamites en celui de Saigon, fut depuis appliqué à tort par l'expédition française au Saigon actuel, dont la dénomination locale est Ben-nghi ou Ben-thanh [1].

La ville de Cholen est bâtie sur les deux rives de l'arroyo chinois, par lequel passent toutes les marchandises venant du Cambodge pour embarquer à Saigon. C'est le principal entrepôt du commerce du riz dans la Basse-Cochinchine.

Phuoc-loc-huyen. — Cet arrondissement, le plus vaste et l'un des plus fertiles de la province, est situé au sud du précédent ; il s'étend à l'est jusqu'à la province de Bien-hoa, au sud jusqu'aux embouchures du Donnaï, et est limité à l'ouest par le Vaïco oriental. Can-gïoc en est le chef-lieu ; il renferme 109 villages, marchés et 3,740 inscrits.

Tân-an. — Cette inspection, ancien Phu annamite, est composée des deux huyens de Cuu-an et de Tan-thanh, situés entre les deux Vaïcos et le nord-est de la province de Mitho. Ils produisent beaucoup de riz et renferment 78 villages, 6 marchés, 1 tram et 3,638 inscrits.

Tan-hoa-huyen. — Cet arrondissement est limité au nord par le Soirap et au sud par le bras méridional du Meï-cong, qui conduit à Mitho ; il renferme les rizières les plus riches de la Cochinchine. Il a pour chef-lieu la ville de Go-cong et compte 33 communes, 6 marchés et 3,239 inscrits.

Province de Bien-hoa.

Cette province est divisée en quatre inspections :

Phuoc-chanh-huyen. — Ce huyen, qui renferme la ville de

---

1. *Annuaire de la Cochinchine française* pour 1865, p. 51.

Bien-hoa, est très-étendu, mais peu habité; il compte 109 villages, 4 marchés et 3,168 inscrits. Il existe près de Bien-hoa des carrières de pierres qui peuvent en fournir au moins 50,000 par mois, représentant environ une valeur de 3,000 à 4,000 piastres.

Bien-hoa n'est à proprement parler qu'une place forte, qui servait de résidence au gouverneur de la province; la citadelle est entourée seulement d'un petit nombre de cases annamites. Il se fait peu de commerce à Bien-hoa, qui n'a d'importance que comme position militaire.

Binh-an-huyen. — Situé entre la rivière de Bien-hoa et celle de Saigon, cet arrondissement s'étend jusqu'aux bois et forêts du nord. Il renferme 78 villages et 3,873 inscrits, et possède des marchés très-prospères : Thu-daù-mot, résidence de l'inspecteur, qui a été nouvellement rebâtie en pierres; Bung, où il y a une nombreuse chrétienté; Tu-Duc, sur la route de Saigon à Bien-hoa, où se trouvent les tombeaux de la famille royale de Cochinchine.

Long-thanh-huyen. — Cet arrondissement, très-étendu sur le long du Donnaï, compte 58 villages, 4 marchés et postes, 4 trams et 1,112 inscrits. On y récolte du tabac d'excellente qualité.

Phuoc-an-huyen. — Cette inspection est une des plus belles et des plus pittoresques parties de la colonie; elle forme la limite de nos possessions au sud-est. Baria en est la ville la plus importante. Sa principale richesse consiste dans ses salines qui couvrent actuellement une superficie de 500 hectares et qui lui assurent un revenu certain. L'arrondissement contient 36 villages, 936 inscrits et 4 marchés importants : Cho-ben, centre des salines; Phuoc-hai et Phuoc-tinh, sur le bord de la mer, possédant deux petits ports de pêche.

Province de Mitho.

Cette province est divisée en quatre huyens :

Kieng-hung-huyen. — Cet arrondissement, dans lequel se trouve située la ville de Mitho, compte 78 villages, 8 marchés et postes militaires.

Après Saigon, Mitho, chef-lieu de la province, est la ville la plus importante de la Basse-Cochinchine; elle renferme une citadelle. Elle est bâtie sur la rive gauche du bras septentrional du Cambodge, au point où débouche l'arroyo de la Poste. C'est l'entrepôt naturel de tout le commerce du Cambodge. Mitho est à 23 milles de la mer ; la profondeur de la rivière jusqu'à son embouchure est de sept à huit mètres au moins, mais la barre du fleuve n'est praticable que du mois d'avril au mois de novembre pour des navires calant moins de cinq mètres. De novembre à avril, l'entrée est souvent impraticable en raison des vents d'est et de nord-est. Aussi préfère-t-on remonter à Saigon par le Donnaï, qui se trouve relié à Mitho par l'arroyo Chinois, le Ben-Luc ou Vaïco oriental, le rach Bo-bo, le petit Vaïco et l'arroyo de la Poste. La marée se fait sentir dans tous ces cours d'eau, et les barques indigènes mettent 30 heures à franchir à l'aviron les 50 milles qui séparent les deux villes.

Kien-hoa-huyen. — Cet arrondissement, situé à l'est du précédent, entre l'arroyo de la Poste et la limite de la province de Saigon, a pour chef-lieu Tan-hoa-thon, et compte 84 villages et 7 marchés.

Kieng-dang-huyen. — Ce huyen, qui s'étend jusqu'à l'endroit où l'arroyo Commercial débouche dans le Cambodge, a pour chef-lieu provisoire Caï-bé, et renferme 48 villages et 8 marchés.

Kieng-phong-huyen. — Cet arrondissement forme la limite extrême de la province de Mitho du côté du Cambodge. Il possède 38 villages, 3 marchés et 1 fort.

Lignes télégraphiques. — Nos trois provinces sont reliées par un réseau de lignes télégraphiques qui présentait, au 1er novembre 1864, un développement de 394 kilomètres, répartis en cinq parcours, comme il suit :

	kilom.	
1° De Saigon à Thuân-kieû et à Cangioc............	72	»
2° De Bien-hoa à Thu-dau-môt et à Long-thanh.....	84	5
3° De Baria à Long-thanh et au cap Saint-Jacques...	92	»
4° De Mitho à Goden	50	»
5° De Trảng-bang à Thuân-kieû et à Tay-ninh.......	95	5
Total............	394	»

Sur ces 394 kilom. 0ᵏ500 sont à quatre fils, 6ᵏ300 à deux fils et 387ᵏ200 à un fil. Il y a dix câbles servant à traverser les arroyos. Quinze stations sont ouvertes à la correspondance.

Routes. — Cinq routes principales relient Saigon à Mitho, Tay-ninh, Bien-hoa, Baria et Go-cong. Pendant l'année 1864, 500 kilomètres de routes ont été faits ou réparés.

ILE DE POULO-CONDORE.

L'île de Poulo-Condore, qui fait partie de nos possessions de la Cochinchine, est située entre 8° 38' et 8° 46' de lat. N. et entre 104° 10' et 104° 18' de long. E. Essentiellement volcanique et de forme très-irrégulière, cette île court du N.-E. au S.-O., et son grand diamètre, qui suit cette direction, est de 18 kilomètres.

Dans son extrémité sud une baie profonde (baie du S.-O.) la sépare en deux parties très-inégales, la grande et la petite Condore, reliées entre elles par un isthme étroit que submergent les hautes marées.

La superficie de la grande Condore ou Con-non peut être évaluée à 5,465 hectares, celle de la petite Condore ou Bae-vioumg n'est que de 549 hectares. Cette dernière est entièrement couverte par des montagnes, dont les sommets les plus élevés ont 450 mètres de hauteur.

La grande Condore est montagneuse aussi dans la plus grande partie de son étendue. La superficie des terrains plats qu'elle renferme peut être évaluée à 1,100 hectares, auxquels il faut ajouter 500 hectares de pentes cultivables, ce qui fait un total de 1,600 hectares d'un sol très-fertile, susceptible de recevoir toutes les cultures tropicales.

La côte orientale de Poulo-Condore, profondément échancrée, présente trois baies : une petite baie au nord, de forme elliptique, située en dedans de l'extrémité N.-E. de l'île ; à un mille dans le sud, et séparée de la précédente par des rochers élevés, se présente la baie du N.-E., qui répond à la plaine de Co-hong, de 350 hectares environ ; puis vient, à 3 milles dans le sud de cette dernière, la baie de l'Est, qui correspond à une vaste plaine, dont la longueur est de 4,400 mètres sur une largeur moyenne de 1,600 mètres. Dans la saison des pluies, quelques torrents descendent des montagnes de la côte du N.-O. ; mais la plaine de Co-hong et celle de l'est ne possèdent aucun cours d'eau ; aux extrémités de cette dernière se trouvent, dans les sables de la plage, deux coupées bordées de palétuviers, et au moyen desquelles la haute mer inonde des marais situés à peu de distance du rivage.

Ces plaines ne sont cependant pas privées d'eau douce; les pluies, en descendant des pentes des montagnes, pénètrent les couches les plus superficielles du sol, mais, arrêtées à une profondeur qui varie entre 0^{m}80 et 1^{m}50 par de vastes gisements d'argile, elles filtrent lentement sur la pente de ceux-ci et poursuivent leur cours souterrain jusqu'au bord de la mer, où on les retrouve potables encore à quelques mètres du rivage. De nombreux puits sont disséminés partout, et il suffit de creuser à un mètre de profondeur pour trouver une eau limpide et abondante.

La population, à notre arrivée dans l'île, comprenait environ 300 habitants, dont la majeure partie est disséminée dans la plaine de l'Est et adonnée à la culture du riz.

En 1863, un pénitencier a été créé à Poulo-Condore, dans la plaine de l'Est, par les ordres du contre-amiral de La Grandière. On y a dirigé un certain nombre de prisonniers annamites, qui sont surtout occupés à la fabrication de la chaux. Les fours que l'on a construits sur la côte est de l'île, très-riche en madrépores, produisent dès à présent 100 tonneaux de chaux par mois.

L'île présente encore d'autres ressources par l'exploitation des bois, qui couvrent les montagnes sur une superficie de 4,000 hectares environ.

Météorologie.

Climat. — Le climat de la Basse-Cochinchine n'est pas malsain, malgré l'humidité qui y est entretenue par les terrains bas et noyés ; il réclame seulement des soins hygiéniques dont les plus simples étaient entièrement inconnus des indigènes avant notre arrivée [1]. La température ne varie guère qu'entre 20° et

---

[1] M. Aubaret fait remarquer, dans son *Histoire de la Basse-Cochinchine* (p. 114), que les maladies nombreuses qui se montrent chaque année chez les Annamites, pendant les mois de janvier et de février, doivent être surtout attribuées à l'insuffisance de vêtements capables de résister à la température qui baisse alors sensiblement pendant la nuit. Les Annamites qui vivent avec nous apprécient très-rapidement l'énorme bienfait d'une simple couverture de laine, qui sauve la vie à beaucoup d'entre eux.

30° centigrades ; toutefois, dans une partie de la saison sèche, qui dure d'octobre en avril, elle monte quelquefois jusqu'à 35° pendant le jour, et descend la nuit jusqu'à 18° et 17°. C'est surtout en février et au commencement de mars que le soleil est le plus brûlant. La province de Bien-hoa, étant plus élevée que celles de Saigon et de Mytho, jouit d'une température plus fraîche que celle de ces deux dernières.

Pluies. — Les pluies commencent en mai et finissent en octobre ; elles sont très-rares dans la saison sèche ; elles tombent le plus fréquemment en averses, ne sont pas constantes et se présentent en général une ou deux fois par jour ; il est très-rare qu'il pleuve avant midi. Ces pluies sont intermittentes ; il n'arrive jamais qu'il pleuve dix jours de suite sans cesse.

Vents. — Les vents régnants en Cochinchine sont ceux du N.-E., ou mousson du N.-E, qui durent d'octobre en avril, pendont la saison sèche ; et ceux du S.-O., ou mousson du S.-O., qui soufflent de mai au commencement d'octobre, pendant la saison pluvieuse. Ces derniers donnent quelquefois lieu à de violentes bourrasques, mais les ravages commis par les cyclones sont très-rares dans ce pays.

Observatoire. — Un observatoire a été créé à Saigon ; on y a installé une lunette méridienne et une pendule. Au moyen d'une centaine d'observations de culminations lunaires, on a déterminé la longitude de Saigon, qui est de 6 h. 57 m. 30 s. à l'est de Paris[1].

Marées[2]. — Le flot vient du nord, le long des côtes de Cochinchine. Il est, du reste, facile de suivre la marche de la marée dans la mer de Chine. Le plein a lieu les jours de nouvelle et de pleine lune, vers huit heures du matin, dans les parages des îles Lema, au large de Hong-kong ; puis il arrive vers 9 heures 30 minutes à Tourane, 11 heures au cap Varella, 2 heures au cap Saint-Jacques, 2 heures 30 minutes à Poulo-Condore, 10 heures à l'entrée du détroit de Singapore, et 11 heures 30 minutes à l'île Tree, où le flot de la mer de Chine rencontre celui du détroit de Malacca.

L'heure de la pleine mer retarde également en remontant de Hong-kong vers le nord. L'onde de marée formée dans le vaste

---

1. Cette longitude donne en degrés 104° 22′ 30″, ce qui fait une différence de 50″ avec la longitude que nous avons indiquée plus haut d'après M. Manen, sous-ingénieur hydrographe.

2. Cette note sur les marées, due à M. F. Vidalin, sous-ingénieur hydrographe, est extraite de l'*Annuaire de la Cochinchine*.

espace libre de l'océan Pacifique paraît donc pénétrer dans la mer de Chine par le détroit de Formose. Elle atteint d'abord le récif Pratas vers 4 heures du matin, puis elle se présente sur la côte, d'où elle se répand au nord et au sud.

Le groupe des Philippines apporte obstacle à la libre transmission de cette onde. Car les marées sont faibles et irrégulières dans la zone formée par cette ceinture d'îles... Il y a une interférence des diverses ondes arrivant par les différents canaux avec des retards successifs, qui altèrent le mouvement simple des marées. Généralement le niveau de l'eau monte pendant les dernières heures de la nuit, jusque dans la matinée ; puis il descend, plus ou moins régulièrement, pendant 12 heures. Quant aux courants de flot et de jusant, ils sont souvent très-modifiés par le courant général de la mousson, surtout au large.

Du cap Padaran à l'entrée du détroit de Singapore, les marées sont plus fortes et plus régulières ; mais elles se ressentent de l'influence des marées de la zone plus au nord. Ainsi, dans les cours d'eau de la Cochinchine, les basses mers de nuit, concordantes avec la basse mer des parages entre Hong-kong et les Philippines, atteignent un niveau bien inférieur à celui des basses mers de jour, qui se rencontrent avec la pleine mer de ces mêmes parages.

Les plus hautes marées de l'année ont été observées aux syzygies des équinoxes : leur niveau, qui atteint 3 mètres 80 cent. au-dessus des plus basses mers, a été sensiblement le même le matin et le soir.

Le jusant prédomine en rivière de Saigon pendant la saison des pluies, du mois de mai au mois d'octobre ; tandis que pendant la saison sèche, il ne se fait souvent sentir que dans la nuit ; dans les mortes eaux de cette saison, les navires restent fréquemment en travers durant tout le jour.

L'évitage au jusant a lieu généralement une demi-heure ou trois quarts d'heure après la pleine mer ; l'évitage au flot retarde souvent davantage après l'heure de la basse mer.

TABLEAU DE LA PLEINE MER, LES JOURS DE NOUVELLES PLEINES LUNES.

LOCALITÉS.	HAUTEURS	HEURES.	SUR L'HEURE DE SAIGON	
			retard.	avance.
		h m	h m	h m
Saint-Jacques.........	3m 80	2 00	» »	2 30
Cangiou.............	3 80	2 30	» »	2 00
Saigon..............	3 75	4 30	» »	» »
Bien-hoa............	3 20	5 45	1 15	» »
Entrée du Cou-thieû...	3 80	2 30	» »	2 »
Mitho...............	3 30	3 50	» »	» 40

L'heure de la pleine mer, en chacun de ces lieux, peut se déduire de celle de Saigon au moyen de ce tableau. L'heure du coucher et du lever de la lune peut se déduire de l'heure du passage au méridien, en retranchant ou ajoutant 6 h. 25 m.

Phare. — Un phare de première classe a été allumé le 15 août 1862 sur le plus méridional des sommets du groupe du cap Saint-Jacques. Ce feu est blanc et fixe. Sa portée est de 28 milles; elle a été vérifiée jusqu'à 33 milles par temps clair. La hauteur du plateau sur lequel est établi le phare est de 139 mètres; la hauteur de la tour est de 8 mètres, ce qui donne une hauteur totale de 147 mètres. La distance en projection du sommet sur lequel est établi le phare à la pointe la plus sud du cap est de 710 mètres. Voici quelle est la position de la tour : latitude 10° 19' 40" nord; longitude 104° 44' 43" est de Paris.

Population.

Indigènes. — Le chiffre de la population indigène de nos trois provinces peut être évalué approximativement à 900,000 âmes. Une partie des registres des communes ayant été détruite pendant la guerre, le chiffre exact de la population ne sera connu que lorsqu'ils auront été partout rétablis; mais la race annamite est très-féconde, et il est hors de doute qu'elle va prendre un mouvement ascensionnel considérable, maintenant qu'elle a commencé à ressentir les bienfaits de la paix et de la civilisation chrétienne.

« Les Annamites [1] appartiennent à la variété de l'espèce humaine que les anthropologistes désignent sous le nom de race mongole. Ils paraissent petits. Ils ont les membres inférieurs bien constitués, le bassin peu développé, le buste long et maigre, les épaules assez larges, la poitrine en saillie, les muscles du cou de même, la tête d'une grosseur proportionnée avec le reste du corps, les mains étroites et longues avec les doigts noueux. Leur teint varie beaucoup, suivant l'éducation, le rang ou les travaux, depuis la couleur de la cire d'église jusqu'à celle de la feuille morte et de l'acajou. Le front est rond, évidé par les tempes, les pommettes sont très-proéminentes; les yeux noirs, assez peu bridés, ont une expression douce, chagrine et timide. Le nez est trop large vers le haut et produit l'effet des pièces anatomiques rapportées après coup : c'est le trait distinctif du visage asiatique. Les Annamites sont imberbes jusqu'à l'âge de trente ans environ; même alors leur barbe est peu fournie et ne vient que sur les lèvres et au menton. Ils portent les cheveux longs. Les hommes de l'Annam rassemblent cet ornement, auquel ils tiennent beaucoup, de façon à laisser les oreilles découvertes... Les Annamites ont quelque chose d'étrange et d'aisé dans la démarche; la tête surtout a un port singulier, qui provient sans doute de la mode de chignon et du mouvement particulier dont elle est cause... Mais, de toutes les coutumes qui peuvent surprendre un Européen dans cette partie de l'Asie, celle de teindre les dents en noir est la plus déplaisante : à une certaine distance, les plus jeunes visages paraissent édentés. Les Annamites, ainsi que tous les peuples de la Malaisie, mâchent constamment une composition dans laquelle il entre du poivre-bétel, de la noix d'arec, du cardamome, de la chaux, et quelquefois du tabac. Cet aromate a une saveur agréable, quoique mordante, et il exerce l'influence des narcotiques. C'est par erreur qu'on attribue la couleur noire des dents chez les Anna-

---

1. Ce passage sur les caractère physique des Annamites est emprunté à l'*Histoire de l'Expédition de Cochinchine en* 1861, par M. Pallu, 1 vol. in-8⁰, Paris, Hachette 1864.

mites à l'usage du bétel : leurs dents sont noircies avec une drogue de composition chinoise. Les femmes européennes, à Macao, mâchent le bétel, en cachette, et leurs dents restent blanches... »

Chinois. — Les Chinois sont assez nombreux dans la Basse-Cochinchine; ils sont munis de chartes et de certaines exemptions. Ils ont accaparé une grande partie du commerce extérieur et intérieur du pays.

L'immigration chinoise en Cochinchine, qui remonte à la fin du xviie siècle, a son centre principal à Cholen, situé à 7 kilomètres seulement de Saigon. Les habitants de cette ville sont divisés en sept congrégations ; chacune d'elles a un chef, qui s'appelle *hong-phoo*. La population chinoise comprend encore un nombre assez considérable de marins, qui arrivent chaque année du Fo-kien, du Kouang-tou ou d'Hay-nan.

Européens. — D'après le recensement opéré au mois de juin 1864, le nombre des résidents européens existant à cette époque dans les trois provinces de la Cochinchine française était de 591 personnes. Dans ce chiffre n'étaient pas comprises les différentes populations asiatiques venues de l'Inde et de la Chine abriter leur commerce international sous notre pavillon.

« Les colons européens, en se mêlant à ces peuples, ne se confondent pas avec eux, dit le *Courrier de Saigon*. Presque tous sont Français, les uns appuyés sur de grandes maisons du commerce métropolitain, les autres, n'ayant qu'un modeste capital, mais une activité remarquable, ont engagé vaillamment la lutte pacifique qui, il n'en faut pas douter, fera prévaloir dans ces contrées les produits si variés et si supérieurs de notre industrie nationale. »

Gouvernement et administration.

Il a été pourvu au gouvernement et à l'administration de la colonie par les décrets impériaux du 10 janvier 1863 (régime financier), des 25 juillet et 17 août 1864 et 14 janvier 1865 (régime judiciaire), et par divers arrêtés locaux.

Aux termes de ces divers actes, le gouverneur représente l'Empereur; il est dépositaire de son autorité; il nomme les agents et fonctionnaires dont la nomination n'est pas réservée au gouvernement métropolitain. Il fixe les tarifs des taxes locales et détermine le mode d'assiette et les règles de perception des contributions publiques. Les arrêtés rendus sur ces matières sont immédiatement soumis à l'approbation du ministre de la marine et des colonies; ils sont, toutefois, provisoirement exécutés dans la colonie.

Le gouverneur prend des arrêtés et des décisions pour régler les matières d'administration et de police, et pour l'exécution des lois, décrets et règlements promulgués dans l'étendue de son gouvernement, et rend compte de ses actes au ministre.

Un conseil consultatif assiste le gouverneur dans les actes de son administration. Il est composé du commandant militaire, du chef du service administratif et du directeur de l'intérieur. Le chef du secrétariat du gouverneur remplit auprès de ce conseil les fonctions de secrétaire.

Le conseil délibère : sur les projets des budgets des services au compte de l'État; sur l'assiette des impôts, le mode de perception et les tarifs des taxes à percevoir, et généralement sur toutes les matières qui lui sont déférées par le gouverneur. Les avis du conseil ne sont point obligatoires pour le gouverneur.

Un commissaire de la marine est chargé de l'ordonnancement des dépenses et dirige l'ensemble des services administratifs de la marine, comprenant les revues, les armements, l'inscription maritime, les subsistances et les approvisionnements. Le cadre du commissariat, dans la colonie, a été fixé par un arrêté local 19 mai 1862.

Une direction de l'intérieur a été créée par un arrêté du 9 novembre 1864. Ce service comprend trois bureaux principaux, savoir : 1° le secrétariat général, centralisant le travail des autres bureaux et chargé des affaires réservées, des cultes, de l'instruction publique, etc.; 2° le bureau de l'administration et du contentieux; 3° le bureau de l'agriculture, du commerce, de l'industrie et de la police générale.

Le directeur de l'intérieur est investi des mêmes pouvoirs que les directeurs de l'intérieur dans les colonies des Antilles et de la Réunion. Il a sous ses ordres directs les inspecteurs des affaires indigènes et européennes, les officiers et agents de la police, les milices, les ponts et chaussées et les télégraphes. Il est chargé de la rédaction des budgets, de l'ordonnancement et de la surveillance des dépenses locales, de l'établissement des comptes de chaque exercice, du maintien de l'ordre public. Il ne relève que du gouverneur de la colonie.

ADMINISTRATION INDIGÈNE.

Sous le gouvernement annamite, les provinces étaient administrées par un gouverneur, *tong-doc*, au-dessous duquel venait, en première ligne, le mandarin appelé *quan-bo*, ayant la haute direction des impôts, des registres de la population, des levées de troupes, de la surveillance de l'agriculture, etc.

Après le *quan-bo* venait le mandarin appelé *quan-an*, qui, en sa qualité de chef de la justice, collationnait, révisait, approuvait, légalisait toutes les plaintes judiciaires de la province. Les provinces étaient divisées en un certain nombre de *phus* et de *huyens* (préfectures et sous-préfectures), administrées par des fonctionnaires qui, à un degré de hiérarchie différent, étaient chargés de l'administration de leurs circonscriptions respectives, en tant que surveillance générale, impôts, agriculture, justice, etc.

Ici s'arrêtait dans la province, en fait d'administration, la délégation de l'autorité souveraine. Toutes ces hautes fonctions étaient données à des mandarins lettrés, dont les actes étaient rédigés en chinois et écrits en caractères chinois, que ne connaissent pas les populations annamites, et qui, d'ailleurs, ne peuvent s'appliquer à leur langue.

Au-dessous des phus et des huyens se trouvaient le canton, puis la commune, unité administrative du royaume, qui partait de l'homme du peuple pour s'élever jusqu'au chef de canton.

Le huyen était donc divisé en cantons, et le canton en communes ou villages.

La commune était administrée par un maire (*xâ*) et par un conseil de notables. Le maire était nommé à l'élection et recevait son cachet ou commission du gouvernement des mandarins. Le chef du canton (*caï-tong*) était choisi parmi les maires, présenté par les conseils des notables, et nommé par l'autorité supérieure.

Le maire était le pouvoir exécutif de la commune, le délégué et l'agent du conseil des notables ; c'est lui qui levait l'impôt et les soldats que comportait la population du village. Il remplissait, en outre, les fonctions de juge de paix.

Le maire tenait, sous le contrôle des notables, deux registres, dont l'un était consacré à l'enregistrement des propriétaires de la commune payant l'impôt de capitation.

Le second registre de la commune était celui du cadastre, où les terres, enregistrées au nom de leurs propriétaires, étaient divisées, pour la cote de l'impôt foncier, en deux catégories, et chaque catégorie en trois classes.

La quotité de l'impôt que devait payer chaque commune par personne inscrite, par unité et qualité des terres cultivées, communales et particulières, le nombre de soldats et l'impôt afférent à chaque soldat, la nature et la quantité de corvées à fournir par chaque commune, étaient fixés par l'autorité centrale, et le conseil des notables, responsable de l'exécution et du payement, s'occupait, sans immixtion de l'autorité extérieure, de la répartition et de la rentrée des impôts de toute espèce. Enfin, la commune était responsable des délits qui se commettaient sur son territoire.

Cette organisation communale, qui est admirablement appropriée au génie de la race indigène, a été conservée dans nos trois provinces. Seulement, le maire reçoit aujourd'hui sa nomination du gouverneur; mais il est présenté par le conseil du village et, pour ainsi dire, encore élu par les notables.

Quant à l'administration supérieure des provinces, bien que maintenue en principe, elle a subi certaines modifications nécessitées par les circonstances locales, et n'est d'ailleurs pas uniforme dans chaque province.

Ainsi, le poste de gouverneur ou commandant supérieur de province n'a été maintenu que dans la province de Mitho. Les fonctions financières et judiciaires de *quan-bo* et de *quan-an*, même celles de *huyen* dans certaines circonscriptions, sont confiées à un corps d'inspecteurs des affaires indigènes, relevant directement de la direction de l'intérieur.

Voici, du reste, quelle est actuellement (avril 1865) l'organisation de chaque province : Dans celle de Gia-dinh, l'arrondissement de Saïgon ou Binh-duong-huyen, à l'exclusion de la ville européenne, est administré par deux inspecteurs des affaires indigènes qui, en qualité de quan-bo et de quan-an, sont chargés des impôts et de la justice indigène. L'arrondissement de Bing-long a conservé son huyen annamite. Le reste de la province est divisé en cinq inspections : celles de Cho-lon ou Tan-long, de Phuoc-loc, de Tay-ninh, de Tan-an et de Tan-hoa, toutes régies par des inspecteurs des affaires indigènes.

La province de Bien-hoa est divisée en quatre inspections : celles de Phuoc-chanh, de Binh-an, de Long-thanh et de Phuoc-an, administrées, comme dans la province de Saïgon, par des inspecteurs des affaires indigènes.

La province de Mitho a conservé l'ancienne hiérarchie annamite, avec cette seule différence que le *Tong-doc*, gouverneur ou commandant supérieur, le quan-bo et le quan-an, sont des officiers français. Les quatre huyens sont des fonctionnaires indigènes.

Le personnel européen et indigène, salarié par le gouvernement, dans la colonie, est composé de la manière suivante pour l'année 1865 [1] :

Administration de la marine. — 1 commissaire de la marine, chef du service administratif, ordonnateur, 1 commissaire-adjoint, 4 sous-commissaires, 9 aides-commissaires et 15 commis de marine, total, 30 ;

Direction de l'intérieur. — 1 directeur, 1 secrétaire général 2 chefs de bureau, 1 sous-chef et 18 employés, total 23 ;

Affaires indigènes (Personnel européen).—27 inspecteurs, dont 5 de 2e classe; 12 de 3e, 4 de 4e et 6 stagiaires ; 42 secrétaires, commis et employés divers ; total 69. —(Personnel indigène) : 2 phus (préfets), 12 huyens (sous-préfets), 36 secrétaires des phus et des huyens, 45 interprètes annamites, 39 lettrés annamites, 3 graveurs annamites et chinois, 1,700 miliciens indigènes, 46 chefs (*doïs*), 100 sous-officiers (*caïs*), 40 fourriers (*tholaïs*), 20 trams, 3 doïs chefs de partisans et 50 partisans de Go-cong, total 2,095 ;

Justice européenne et mixte. — 1 procureur impérial, chef du service judiciaire, 1 substitut, 2 juges, 2 greffiers, 2 interprètes et 2 huissiers, total 10 ;

Culte. —1 évêque, 2 grands vicaires, 1 secrétaire de l'évêché, 4 curés, 12 desservants et vicaires, plus un certain nombre de desservants et de catéchistes annamites;

Instruction publique mixte. —Un *gia-tho* (professeur d'enseignement supérieur), 4 *huan-dao* (surveillants de l'enseignement), 6 *hoc-shanh* (élèves ayant subi l'examen), 1 directeur du collége des interprètes français, 6 élèves du collége, 1 supérieur et 10 frères de la Doctrine Chrétienne, 1 supérieure et 4 sœurs de Saint-Paul de Chartres, 30 maîtres d'école primaire, total 75 ;

Ports et phares. — 1 capitaine et 1 maître de port à Saigon, 1 maître de port à Cholen, 6 matelots, 10 bateliers et interprètes annamites, 7 gardiens de phares, total 26 ;

Police. — 2 commissaires de police et 5 agents européens, 10 agents de police asiatiques, 4 caporaux et 40 matas (gardes de police), 3 sergents, 3 caporaux et 20 gardes de la garde urbaine, 2 interprètes et 4 journaliers, total 93 ;

---

1. Les détails qui suivent, sauf en ce qui concerne l'administration de la marine et le service du trésor, sont empruntés au budget du service local de la Cochinchine pour l'année 1865.

Hospice indigène de Choquan. — 2 sœurs françaises et 2 sœurs indigènes, 6 infirmiers et 5 infirmières asiatiques, 1 concierge et 1 cuisinier, total 17 ;

Prisons. — 1 aumônier, 3 concierges, 6 guichetiers et 6 autres agents.

Services financiers. — 1 trésorier-payeur, 1 inspecteur des finances (mission accidentelle), 1 agent des postes et 1 préposé, 2 vérificateurs du cadastre, 1 conservateur des hypothèques, 1 inspecteur des forêts et 3 gardes, total 11 ;

Service télégraphique. — 1 sous-inspecteur, chef de service, 2 chefs de station, 2 commis principaux, 13 stationnaires, 8 surveillants, 12 plantons et un certain nombre de journaliers ;

Agents divers. — 1 directeur du jardin botanique et 93 autres agents employés à divers services ;

Ponts et chaussées. — 1 ingénieur colonial, chef du service, 2 sous-ingénieurs coloniaux, 9 conducteurs et 8 piqueurs, total 20 ;

Imprimerie. — 1 chef typographe, 1 écrivain autographe, 3 compositeurs, 3 imprimeurs, 2 relieurs et 9 autres agents, total 19.

Forces militaires.

Les forces militaires de la colonie se composent de détachements d'artillerie de marine, de génie, d'infanterie de marine, de gendarmerie maritime, d'un escadron de spahis, d'une compagnie d'infanterie indigène, et de milices indigènes.

L'effectif normal des détachements de troupes européennes qui doivent former la garnison de nos trois provinces n'a pas encore été fixé. Ces troupes sont placées sous les ordres d'un commandant militaire dont les attributions sont déterminées par les ordonnances des 15 octobre 1836 et 19 mars 1826.

La compagnie indigène, organisée et armée à l'européenne, est formée de soldats qui proviennent soit du recrutement, soit des engagés volontaires. Ceux fournis par voie de recrutement, d'après les rôles des quan-bô des provinces, sont rigoureusement choisis, d'après les usages annamites, parmi les fils des personnes enregistrées sur les catalogues des communes. Les engagés volontaires proviennent de fils de gens enregistrés ou non enregistrés, et concourent à la formation de l'effectif demandé aux communes. La solde, la nourriture et l'entretien des troupes indigènes étant à la charge de la colonie, les communes versent au trésor une redevance annuelle pour chaque homme qu'elles fournissent. Elles sont en outre responsables de la présence de ces hommes sous les drapeaux. Le temps de service est de 7 ans (décision du 24 juin 1863).

Les miliciens indigènes sont également fournis et entretenus par les communes ; mais ils ont conservé l'organisation et l'armement annamites. Ils sont placés sous les ordres des inspecteurs des affaires indigènes et sont spécialement affectés à la garde et à la police des communes et au service des trams (stations de poste).

Sous le rapport militaire, les trois provinces sont divisées en six cercles : Baria, Bien-hoa, Go-cong, Tan-an, Phuoc-loc et Tay-ninh.

Station locale. — Comme pour les troupes de terre, le nombre des navires qui doivent composer la station locale de la Cochinchine n'a pas encore été arrêté. Il y a à Saigon un commandant de la marine qui a la direction supérieure de l'arsenal maritime et du port de guerre, et qui centralise, sous la direction du gouverneur, le service intérieur des bâtiments de la station.

Un certain nombre d'Annamites, provenant du recrutement, sont affectés au service de la marine.

Un arsenal maritime a été construit à Saigon, sur les bords de la rivière ; deux bassins ont été creusés, l'un pour recevoir des canonnières, l'autre pour le montage d'un dock flottant en fer. Plus de mille ouvriers, la plupart annamites ou chinois, sont employés dans les divers ateliers de l'arsenal.

Justice.

Un décret en date du 25 juillet 1864 a organisé le service de la justice dans la colonie.

Ce décret, qui simplifie la procédure au civil et au criminel, crée un tribunal de première instance, un tribunal de commerce et un tribunal supérieur à Saigon. L'étendue du ressort de ces tribunaux est réglée par un arrêté du gouverneur, pris en conseil d'administration.

Un procureur impérial, chef du service judiciaire, exerce l'action publique dans la circonscription soumise à la juridiction des tribunaux français, et remplit les fonctions du ministère public près des juridictions de première instance et d'appel. Un substitut lui est adjoint pour les fonctions du ministère public.

Le tribunal de première instance est composé d'un juge impérial et d'un greffier.

Comme tribunal civil, il connaît en dernier ressort de toutes les demandes qui n'excèdent pas 1,500 fr. de valeur déterminée ou 60 fr. de revenu, et, à charge d'appel, de toutes les autres actions.

Comme tribunal de simple police et de police correctionnelle, il connaît en dernier ressort de toutes les contraventions de police, et, à charge d'appel, de toutes les autres contraventions et de tous les délits correctionnels.

Le juge impérial remplit, en outre, les fonctions de juge d'instruction.

Le tribunal de commerce de Saigon est composé de cinq notables commerçants français ou étrangers, résidant depuis un an au moins dans la colonie, nommés chaque année par le gouverneur, qui désigne en même temps le président. Ils peuvent être indéfiniment renommés. Ils ne peuvent rendre les jugements qu'au nombre de trois. Le président et les juges ne reçoivent aucun traitement. Un greffier est attaché à ce tribunal.

Les attributions du tribunal de commerce de Saigon sont les mêmes que celles des tribunaux de commerce en France.

Le tribunal supérieur se compose d'un juge président. Le greffier du tribunal de première instance remplit les mêmes fonctions auprès du tribunal supérieur.

Comme tribunal d'appel, le tribunal supérieur connaît : 1° de tous les appels des jugements rendus par le tribunal français de première instance en matière civile et commerciale et de police correctionnelle ; 2° des appels des jugements en matière civile et commerciale et de police correctionnelle, rendus par les inspecteurs des affaires indigènes, chargés de la justice dans les cas déterminés ci-après ; 3° des demandes formées par les parties ou par le procureur impérial, en annulation des jugements de simple police pour incompétence, excès de pouvoirs ou violation de la loi.

Constitué en tribunal criminel, il connaît de toutes les affaires qui sont portées en France devant les cours d'assises. Dans ce dernier cas, le juge président est assisté du juge impérial, de l'un des membres du conseil de guerre à la désignation du gouverneur et de deux assesseurs désignés par la voie du sort, sur une liste de dix notables dressée, chaque année, par le gouverneur.

Les assesseurs ont voix délibérative sur la déclaration de culpabilité seulement. Trois voix sont nécessaires pour qu'il y ait condamnation.

Des interprètes assermentés sont spécialement attachés au service des divers tribunaux et répartis, selon les besoins, par arrêté du gouverneur.

En ce qui concerne les *tribunaux indigènes*, la loi annamite régit toutes les conventions et toutes les contestations civiles et commerciales entre indigènes et Asiatiques ; toutefois, la déclaration faite dans un acte par les indigènes ou Asiatiques qu'ils entendent contracter sous l'empire de la loi française, entraîne l'application de cette loi et la compétence des tribunaux français. La loi annamite régit également les crimes et délits des indigènes ou Asiatiques, sous la réserve de certaines exceptions prévues par le décret. Les tribunaux indigènes institués par le code annamite sont maintenus.

La compétence des tribunaux français et indigènes est réglée ainsi qu'il suit :

Les tribunaux français connaissent de toutes les affaires civiles et commerciales entre Européens, entre Européens et indigènes ou Asiatiques, et entre indigènes ou Asiatiques, quand ceux-ci y consentent, ou lorsqu'il s'agit d'un acte dans lequel les parties ont déclaré contracter sous l'empire de la loi française.

Hors du ressort des tribunaux français, les affaires civiles et commerciales de même nature sont portées devant l'inspecteur des affaires indigènes, chargé de la justice dans la province, qui est investi, en ce qui concerne ces affaires, des mêmes attributions que les tribunaux français de première instance et de commerce.

Les tribunaux français connaissent de tous les crimes, délits et contraventions commis dans l'étendue du ressort soumis à leur juridiction, à quelque nation qu'appartiennent les accusés ou inculpés.

Ils connaissent également des crimes commis hors du ressort, mais sur le territoire de la Cochinchine soumis à la domination française, par des Européens ou par des indigènes, ou des Asiatiques de complicité avec des Européens, ou par des indigènes ou des Asiatiques au préjudice d'Européens.

Les délits et contraventions commis par des Européens hors du ressort des tribunaux français sont jugés par l'inspecteur des affaires indigènes, chargé de la justice de la province. En matière de police correctionnelle, ces jugements sont toujours susceptibles d'appel.

Tous les crimes et délits ayant un caractère politique ou insurrectionnel peuvent être déférés, sur un ordre du gouverneur, aux conseils de guerre.

Tout jugement portant condamnation à la peine de mort, et prononcé par les tribunaux français, ne peut être exécuté sans l'autorisation formelle et écrite du gouverneur.

Les jugements des tribunaux indigènes portant condamnation aux fers, à l'exil ou à la peine de mort, sont, conformément à la loi annamite, soumis au gouverneur, qui prononce en dernier ressort, sur le rapport du chef du bureau de la justice institué près du gouvernement central.

Les jugements du tribunal criminel français ne sont susceptibles que du recours en grâce, avec sursis préalable. Le sursis est accordé par le gouverneur. Le droit de faire grâce n'appartient qu'à l'Empereur.

En matière civile et commerciale, les tribunaux français appliquent les dispositions du Code Napoléon et du Code de commerce en vigueur en France.

En matière de simple police, de police correctionnelle et en matière criminelle, ils ne peuvent prononcer d'autres peines que celles établies par la loi française.

Les inspecteurs des affaires indigènes, chargés de la justice dans les provinces, remplissent les fonctions de juge d'instruction et d'officier de police judiciaire pour les crimes commis hors du ressort des tribunaux français par des Européens ou par des indigènes ou des Asiatiques, de complicité avec des Européens ou au préjudice des Européens.

Le greffier institué près le tribunal français supérieur et près le tribunal de 1re instance remplit, en outre, les fonctions de notaire dans l'étendue du ressort de ces mêmes tribunaux. Hors de ce ressort, les fonctions de notaire sont exercées par des officiers ou des fonctionnaires désignés par le gouverneur.

Les fonctions d'huissier sont remplies par les agents de la force publique désignés par le gouverneur, sur la proposition du procureur impérial, chef du service judiciaire.

Un décret du 17 août 1864, et deux décrets portant la date du 14 janvier 1865, ont réglé :

Le premier, les traitements et les parités d'offices pour la magistrature de la Cochinchine ;

Le second, le costume des magistrats et greffiers ;

Le dernier, le mode de promulgation des lois, décrets, arrêtés et règlements dans ces possessions.

Un arrêté local du 21 décembre 1864 a promulgué dans toute

l'étendue de la colonie le Code Napoléon, le Code de Procédure civile, le Code de Commerce, le Code d'Instruction criminelle et le Code Pénal, sauf les modifications édictées par le décret du 25 juillet 1864, et sous la réserve d'apporter ultérieurement auxdits codes toutes autres modifications qui seraient reconnues nécessaires.

Statistique judiciaire. — Pendant l'année 1864, les tribunaux indigènes ont rendu 689 jugements, dont 34 à mort, 365 à l'exil (6 ans et au-dessus), 290 à la prison (2 ans et au-dessous).

Le bureau judiciaire européen de Saigon a opéré, pendant la même année, 14 liquidations de successions d'Européens, 94 actes divers notariés, 7 jugements en matière civile, 18 en matière commerciale et 83 ordonnances sur requêtes.

Culte et assistance publique.

La majeure partie du peuple annamite ne pratique qu'un bouddhisme relâché et mêlé de coutumes superstitieuses. Il adore des génies tutélaires ou malfaisants dont les statues se voient dans leurs pagodes. La plus grande partie de ces génies ou esprits sont des femmes, telles que : *Ba-chua-ngoc, Ba-chua-dong, Ba-hao-tinh, Ba-tuy-long, Cô-hong* et *Cô-hanh* [1].

Cette influence en faveur des femmes est due à ce que dans le *Bat-Quai*, et au signe *Li*, la meilleure place est occupée par le principe femelle. Le Bat-Quai n'est autre chose que le *Pa-qua* des Chinois, sorte de figure géométrique employée pour la divination. Cette figure comporte huit divisions, auxquelles correspondent des signes particuliers que tous les peuples de la Chine supposent doués de nombreuses influences. Chaque signe du Bat-Quai est composé de trois lignes horizontales, tantôt pleines (mâles), tantôt brisées (femelles); le signe Li est représenté par une ligne brisée entre deux lignes pleines.

Les Annamites vénèrent l'esprit du foyer, et cet esprit est représenté sous la forme de trois personnes, une femme placée entre deux hommes; cela n'est autre chose que la représentation de la figure Li.

Les pagodes annamites sont construites avec beaucoup de luxe, et sont situées généralement au milieu des bois les plus

---

[1]. *Ba* est une expression de respect équivalente à Madame; *Cô* signifie Mademoiselle, et ne se dit qu'aux filles de mandarins.

touffus. Beaucoup de familles ont dans leurs cases un petit autel qui symbolise, la plupart du temps, leur seul culte extérieur ; l'on y voit quelques statuettes de Bouddha et de Kouanine, déesse de la miséricorde.

La prédication de l'Évangile en Cochinchine date du commencement du XVIIe siècle. Lorsqu'en 1614 les Jésuites furent expulsés du Japon, une partie de ces missionnaires se retira au Tonking et en Cochinchine. Le Père de Busomi, Italien, fut le premier apôtre chrétien qui aborda dans ce dernier pays, le 18 janvier 1615 ; le Père de Rhodes, Français, y arriva dix ans plus tard (décembre 1624). Il donna ses premiers soins à l'étude de la langue annamite, et il la posséda bientôt si parfaitement que, six mois après son arrivée, il prêchait au peuple sans aide d'interprète. De retour en Europe, il publia plusieurs traités, dont les missionnaires ont tiré plus tard d'immenses secours [1]. En 1627, il quitta la Cochinchine pour aller évangéliser le Tonking; mais en 1640, après la mort du Père de Busomi, il revint prendre soin de la mission cochinchinoise, qui était dans une excellente voie de prospérité.

Malheureusement, l'Église naissante de la Cochinchine ne tarda pas à être l'objet de terribles persécutions. Ce fut au mois de juillet de l'année 1644 qu'elle donna les prémices de son sang. Un des catéchistes du Père de Rhodes, le nommé André, fut condamné à être décapité pour avoir prêché la foi chrétienne. A partir de cette époque, les martyrs se succédèrent sans relâche en Cochinchine. Nous n'entreprendrons pas de tracer ici le long récit de leurs souffrances; qu'il nous suffise de rappeler que les Églises réunies de la Cochinchine et du Tonking, depuis leur origine jusqu'à nos jours, peuvent inscrire dans leurs annales plus de 180 missionnaires qui ont enduré la mort pour la cause la foi.

Malgré les persécutions sans cesse renaissantes dont ils étaient les victimes, ces courageux apôtres du Christianisme s'arrangeaient de manière à ne pas abandonner entièrement leurs missions ; soit qu'ils restassent cachés dans le pays, soit qu'ils le quittassent momentanément, ils reparaissaient quand les violences de leurs persécuteurs paraissaient se relâcher.

En 1659, le Tonking et la Cochinchine furent érigés en vica-

---

[1]. Entre autres, un Catéchisme latin-tonkinois, et un Dictionnaire annamite-latin-portugais. 2 vol. in-4o. Rome, 1651.

riats apostoliques par le pape Alexandre VII, en faveur des missions étrangères. Mgr Pallu, évêque d'Héliopolis, et Mgr de la Mothe-Lambert, évêque de Bérythe, furent les premiers vicaires apostoliques de ces deux Eglises. Sous cette nouvelle organisation, les Jésuites restèrent ce qu'ils étaient, simples missionnaires, et conservèrent leur saint ministère sous la juridiction des vicaires apostoliques.

Voici la liste des vicaires apostoliques qui ont gouverné l'Eglise de la Cochinchine :

De la Mothe-Lambert (Pierre), évêque de Bérythe, consacré en 1660, mort en 1679 ;

Mahot (Guillaume), évêque de Bide, 1682-1684 ;

Duchêne (Joseph), nommé évêque de Bérythe, mort à Siam en 1684 avant sa consécration ;

Pérez (François), évêque de Bugie [1], 1691-1728 ;

Labbé (Marin), évêque de Tilopolis, coadjuteur du précédent, 1700-1723 ;

Alexandris (Alexandre de), évêque de Nabuce [2], 1727-1788 ;

Lefèvre (Armand-François), évêque de Noéléna, 1743-1760 ;

Bennetat (Edmond), évêque d'Eucarpie, coadjuteur du précédent, 1748-1761 ;

Piguel (Guillaume), évêque de Canathe, 1764-1771 ;

Pigneaux de Béhaine (Georges), évêque d'Adran, 1774-1799 ;

La Bartette (Jean), évêque de Véren, 1793-1823 ;

Doussain (Jean-André), évêque d'Adran, coadjuteur du précédent, 1808-1809 ;

Audemar (Jean-Joseph), évêque d'Adran, id., id., 1818-1821 ;

Taberd (Jean-Baptiste), évêque d'Isauropolis, 1827-1840 ;

Cuénot (Étiennne-Théodore), évêque de Métellopolis, consacré en 1835, 1er vicaire apostolique de la Cochinchine orientale (Tonking).

Lefebvre (Dominique), évêque d'Isauropolis, consacré en 1844, 1er vicaire apostolique de la Cochinchine occidentale (Basse-Cochinchine) ;

Pellerin, évêque de Biblos, consacré en 1845, nommé 1er vicaire de la Cochinchine septentrionale en 1850 ; en fonctions.

1-2. MMgrs de Bugie et de Nabuce sont les deux seuls vicaires apostoliques évêques de la Cochinchine qui n'aient pas été français.

Miche, évêque de Dansara, vicaire apostolique de la Basse-Cochinchine, a pris possession de son siége épiscopal le 21 janvier 1865.

Il est difficile d'évaluer exactement le nombre des chrétiens répandus dans les trois provinces françaises de la Cochinchine. On peut cependant compter sans exagération 22,000 chrétiens indigènes dans nos trois provinces, dont 10,000 dans celle de Saigon, 7,000 dans celle de Bien-hoa, et 5,000 dans celle de Mitho. Le mouvement ascendant des conversions, qui s'était arrêté au moment de la guerre, a repris son cours depuis deux ans.

Sous la direction de l'évêque, 17 missionnaires européens, disséminés dans 17 postes différents, sont chargés de l'administration spirituelle de ces chrétiens et de l'évangélisation des païens. Une dizaine de prêtres indigènes partagent avec les missionnaires tous les soins de leur ministère.

Le clergé indigène se forme et se recrute dans un séminaire qui a été créé dans ce but à Saigon, et qui est dirigé par les missionnaires.

Les sœurs de Saint-Paul, de Chartres, au nombre de 30, sont chargées de tous les hôpitaux, et dirigent l'Orphelinat de la Sainte-Enfance ainsi qu'une école de filles.

La mission compte dans les trois provinces quatre couvents de religieuses annamites : un à Saigon, un à Thù-Thièm, un à Choquan et un à Mitho ; ces religieuses rendent d'utiles services. Il y a en outre un couvent de trois carmélites européennes qui compte quelques postulantes indigènes.

Depuis notre occupation, une belle église a été construite à Saigon, sur les plans et sous la direction d'un architecte annamite. Dans les villages chrétiens des trois provinces, plusieurs églises ont été relevées ou fondées.

HÔPITAUX.

Il existe dans la colonie : un hôpital militaire à Saigon pour les officiers et soldats de la garnison, et pour les fonctionnaires et employés civils du gouvernement ; un hôpital annamite à Choquan, près de Saigon, auquel est attaché un dispensaire ; un hôpital militaire à Mitho, un à Bien-hoa et un à Baria ; enfin un certain nombre d'infirmeries dans les divers postes.

L'hôpital militaire de Saigon, le plus vaste de la colonie, peut contenir de 400 à 500 lits ; il a été entièrement construit en pierres depuis notre occupation.

L'hôpital annamite, fondé en 1861, par Mgr Lefebvre évêque d'Isauropolis, au centre de la ville européenne, a été transféré dans le courant de l'année 1864 au village de Cho-quan, sur les bords de l'arroyo chinois, à mi-distance de Saigon et de Cholen. Les ressources de cet établissement charitable se composent d'un crédit de 20,000 francs inscrit au budget local et de dons privés. La direction spirituelle en est confiée à l'évêque de Saigon ; le curé de Cho-quan, assisté d'un catéchiste indigène, y remplit les fonctions d'aumônier ; deux chirurgiens de marine, deux sœurs de Saint-Paul de Chartres et deux sœurs indigènes donnent leurs soins aux malades, dont le nombre varie de 150 à 200. Un dispensaire pour les femmes est annexé à l'hôpital annamite ; il renfermait, au mois d'octobre dernier, 78 malades.

Un établissement de convalescents va être fondé à Thu-dau-mot, près de Saigon, dans une position élevée et très-salubre.

Le personnel médical, attaché aux divers établissements hospitaliers, comprend 43 chirurgiens et 6 pharmaciens de marine [1].

Instruction publique.

En Cochinchine, le corps des lettrés et des fonctionnaires, comme cela existe en Chine, formait, avant notre arrivée dans le pays, une caste qui devait tout son prestige à sa connaissance de la langue chinoise, la seule qui fût écrite et qui fût employée pour les actes de l'autorité. On sait les difficultés qu'exige l'étude de cette langue ; le lettré chinois passe au moins la moitié de sa vie à acquérir, non des connaissances, mais l'instrument même de ces connaissances, c'est-à-dire les signes idéologiques de la langue chinoise.

Pour affranchir les indigènes, en même temps que nous-mêmes, de ces intermédiaires orgueilleux, il suffisait donc d'enseigner aux Annamites, avec les 24 lettres de notre alphabet, le moyen de lire et d'écrire leur propre langue. Les missionnaires sont les premiers qui aient tenté cette réforme radicale ; mais avec le peu de ressources dont ils disposaient avant l'expédition française, il

---

[1]. Dans ce nombre ne sont pas compris les chirurgiens embarqués sur les bâtiments de la station navale.

n'y a pas lieu de s'étonner si leurs progrès dans cette voie n'aient été qu'insignifiants. Depuis notre établissement dans le pays, tous nos efforts ont eu pour but la diffusion de notre langue et de notre alphabet ; et voici ce qui a été fait pour y arriver:

Collége des interprètes français. — Le plus pressé était de former un corps d'interprètes français pour parer aux besoins futurs de la colonie ; à cet effet on créa le *collége des interprètes français*, dont la direction fut confiée à un missionnaire, sous la surveillance du quan-bô de la province de Saigon. Les études portent exclusivement sur l'enseignement de la *langue annamite* écrite avec les caractères latins. Les élèves sont recrutés parmi les soldats et les marins du corps expéditionnaire susceptibles d'obtenir un congé renouvelable. Après un stage de trois mois au plus, ils doivent subir l'examen d'aspirant-interprète ou retourner à leur corps ; reçus aspirants-interprètes, ils ont neuf mois pour se préparer à l'examen d'aide-interprète. Ils quittent alors l'école munis d'un brevet et reçoivent une destination ; ils peuvent ensuite être nommés interprètes de 2me, puis de 1re classe. Cette institution a déja fourni un certain nombre d'interprètes depuis sa fondation.

Collége des lettrés. — Cependant, comme pour nos rapports avec l'étranger et le dépouillement des anciennes pièces annamites, nous avions besoin d'agents fidèles, on a créé à Saigon un collége des lettrés, où l'on n'enseigne que la langue chinoise, et qui n'est fréquenté que par de jeunes indigènes de bonnes familles. On y comptait, au 1er janvier 1864, 67 élèves dont le quart environ était chrétien. En même temps, on a maintenu, dans la province de Mitho, les écoles chinoises qui y existaient.

École de l'évêque d'Adran. — La partie la plus importante de notre tâche était de jeter dans le pays les bases d'une éducation franco-annamite ; l'arrêté du vice-amiral Charner, en date du 21 septembre 1861, répondit à ce besoin en fondant une école annamite-française qui reçut le nom d'*école de l'évêque d'Adran*. Les débuts de cette œuvre furent difficiles ; les parents se résignaient avec peine à confier leurs enfants au missionnaire chargé de la direction de l'école. Les choses ont bien changé depuis cette époque, et aujourd'hui une place à l'école est estimée comme un avantage et un honneur. Le nombre des boursiers, qui dans l'origine n'était que de 30, fut porté à 100 par un arrêté du 15 janvier 1862 ; peu à peu ce chiffre se compléta et en ce moment les bourses sont briguées comme dans un concours.

Écoles primaires. — Enfin un arrêté du contre-amiral de La Grandière, en date du 16 juillet 1864, a créé des écoles primaires dans les centres les plus importants de la colonie. Les instituteurs ont été choisis dans le corps des interprètes et parmi les élèves de l'école de Mgr d'Adran. A la fin de l'année 1864, il existait déjà une vingtaine d'écoles, parfaitement organisées. Les résultats ont dépassé toutes les espérances : après trois mois de leçons 300 enfants savaient déjà écrire, et 600 lire. Il est alloué aux instituteurs une prime d'un franc par chaque élève sachant lire et écrire ; ces élèves reçoivent la même prime.

OEuvre de la Sainte-Enfance. — L'instruction des filles a marché de front avec celle des garçons. Dès le mois d'octobre 1861, les sœurs de Saint-Paul de Chartres fondaient à Saigon un établissement de la Sainte-Enfance qu'elles ouvraient à toutes les orphelines, quelles que fussent l'origine et la religion des parents. La maison est divisée en deux parties bien distinctes : l'orphelinat et l'école. Depuis sa fondation, jusqu'au mois de juillet 1864, plus de 500 enfants ont été reçus dans l'orphelinat, ce qui, en tenant compte des admissions à l'école, porte à plus de 600 le nombre des enfants entrés dans la maison en deux ans et demi. Tous les enfants apprennent à lire, à écrire, à compter en français, et à coudre. Comme pour l'école de Mgr d'Adran, un arrêté du 30 janvier 1862 a accordé 100 bourses aux jeunes filles de l'école française de la Sainte-Enfance.

Les sœurs ont également ouvert au mois d'octobre 1864, dans leur établissement, un pensionnat offrant aux jeunes personnes tous les avantages d'une éducation chrétienne jointe à une instruction solide. Le cours des études comprend la lecture, l'écriture, la grammaire (française et anglaise), l'arithmétique, la géographie, l'histoire sainte, l'histoire ancienne et moderne, la musique, le dessin, les ouvrages à l'aiguille, etc.

Pour parer à l'insuffisance du personnel enseignant, des frères des Écoles-Chrétiennes, des sœurs de Saint-Paul de Chartres, des pères Lazaristes ont été demandés en France. Ces derniers vont ouvrir une école supérieure à Saigon. La fondation de 40 écoles primaires est prévue au budget de l'exercice 1865.

Finances.

Le régime financier de la Cochinchine a été réglé par le décret du 10 janvier 1863, qui a mis à la charge de la colonie toutes les dépenses autres que celles des services militaires et de la marine, c'est-à-dire toutes celles qui concernent l'administration, la justice, le culte, l'instruction, les travaux publics, etc. [1]. Ce même décret a institué dans la colonie un trésorier-payeur réunissant les fonctions de receveur général et de payeur chargé de la centralisation des recettes, de la garde des fonds et de l'acquittement des dépenses.

Le relevé suivant montre la progression rapide qu'ont suivie les recettes locales de la colonie :

1860.....	860,000 fr.	1863.....	1,800,000 fr.
1861.....	290,000 [2]	1864.....	3,012,000
1862.....	1,344,000	1865.....	4,083,000

Les recettes de 1865 présentent donc, sur celles de 1864, une augmentation de 1,071,000 francs, dans laquelle les contributions directes figurent pour une somme de 722,000 francs. De ces 722,000 francs, 435,000 francs sont dus à l'impôt des villages ou des cultures, évalué pour 1865 à 1,135,000 francs ; ce n'est que la conséquence de la transformation opérée dans l'assiette de l'impôt foncier et de l'impôt de capitation par l'arrêté du 22 octobre 1864 [3].

L'augmentation très-significative qui frappe le plus ensuite est celle qui décuple le revenu des permis de séjour exigés des Asiatiques non indigènes et le porte de 12,000 à 120,000 francs. Viennent enfin l'impôt des patentes qui, en s'élevant de 82,000 à 145,000 francs, témoigne éloquemment du maintien de la prospérité commerciale, et l'impôt des barques, dont l'extension aux bateaux de rivière a fait monter le chiffre de 20,000 à 80,000 fr.

L'accroissement des contributions indirectes (fermes de l'opium et des jeux) dépasse 400,000 francs.

La vente des bois provenant des forêts de l'État, qui ne figurait au budget de 1864 que pour 20,000 francs, est évaluée à 80,000 fr. en 1865. La vente des terrains n'accuse pas un progrès moins marqué ; de 176,000 elle est montée à 400,000 francs.

---

[1]. Toutefois les traitements du gouverneur et du trésorier sont à la charge de l'État.

[2]. La diminution sur les recettes de 1861 provient de la réduction des droits d'ancrage de deux piastres à une demi-piastre par tonneau.

[3]. Voir plus loin, page 584.

Le budget des dépenses a naturellement suivi la progression de celui des recettes ; les principales augmentations portent sur les travaux publics, la justice, l'instruction publique et l'agriculture.

Voici le relevé des recettes et des dépenses locales pour 1865 :

BUDGET DU SERVICE LOCAL POUR 1865.

RECETTES.

	francs.
Rentes tenant lieu d'impôt foncier.....	50,000 00
Contribution des patentes............	145,000 00
Contribution personnelle............	410,000 00
Impôt des villages..................	1,135,000 00
Impôt des salines...................	50,000 00
Droits sur les titres de propriété......	50,000 00
Droits d'ancrage, de phares et d'expertise........................	80,000 00
Produit des contributions indirectes...	1,100,000 00
Permis de séjour aux Asiatiques......	120,000 00
Impôt sur les barques annamites......	80,000 00
Droits d'enregistrement, de timbre et d'hypothèque....................	125,000 00
Amendes diverses...................	100,000 00
Taxe des lettres....................	25,000 00
Vente de terrains...................	400,000 00
Vente de bois des forêts de l'État.....	80,000 00
Locations ou concessions temporaires..	70,000 00
Télégraphie privée..................	3,000 00
Produits de l'imprimerie............	10,000 00
Location de places aux marchés.......	25,000 00
Recettes accidentelles et diverses.....	25,000 00
Prélèvement sur la caisse de réserve pour faire face aux premières dépenses de l'exercice, sauf remboursement ultérieur.................	400,000 00
Total.....	4,483,000 00

DÉPENSES.

	Personnel.	Matériel.	Total.
	fr. c.	fr. c.	fr. c.
Administration générale............	»	15,000 00	15,000 00
Direction de l'intérieur.	87,540 00	2,000 00	89,540 00
Personnel européen attaché aux affaires indigènes............	318,800 00	»	318,800 00
Personnel indigène et mixte............	440,070 00	»	440,070 00
Justice............	74,600 00	5,000 00	79,600 00
Culte............	47,000 00	45,000 00	92,000 00
Instruction publique...	110,500 00	30,000 00	140,500 00
Ports et phares.........	24,717 60	8,000 00	32,716 60
Police............	69,666 40	3,000 00	72,666 40
Hospice indigène.......	10,741 90	27,800 00	38,541 90
Prisons............	21,384 20	38,200 00	59,584 20
Services financiers.....	46,360 00	»	46,360 00
Service télégraphique..	132,356 20	26,000 00	158,356 20
Agents divers.........	44,292 75	»	44,292 75
Compagnie indigène....	57,814 39	900 00	58,714 39
Ponts et chaussées.....	116,800 00	15,600 00	132,400 00
Imprimerie............	44,953 40	20,000 00	64,953 40
Perception de l'impôt...	66,237 00	»	66,237 00
Accessoires de la solde.	110,150 00	»	110,150 00
Hôpitaux............	59,770 41	»	59,770 41
Vivres............	294,726 23	»	294,726 23
Travaux publics.......	»	1,244,119 52	1,244,119 52
Transports par terre et par eau............	»	15,000 00	15,000 00
Trams, etc............	»	6,000 00	6,000 00
Remboursement au service marine des dépenses de la station locale............	»	200,000 00	200,000 00
Prêts à l'agriculture....	»	50,000 00	50,000 00
Restitution à la caisse de la réserve.......	»	400,000 00	400,000 00
Dépenses diverses et imprévues............	»	155,900 00	155,900 00
Totaux.....	2,178,480 48	2,304,519 52	4,483,000 00

Établissement financier. — En dehors de la succursale établie à Saïgon par le Comptoir d'Escompte de Paris, il n'existe pas encore de banque particulière dans la colonie.

Monts-de-Piété. — Par décision du 18 février 1864, des monts-de-piété ont été créés dans les villes de Saigon, Cholen, Mitho, Bienhoa et Baria. Ils prêtent au moins le tiers de la valeur des objets engagés. Le taux de l'intérêt est de 3 0/0 par mois.

IMPOTS.

D'après la loi annamite, l'impôt foncier se payait en nature, mais le transport des riz dans les magasins de l'État occasionnant des dépenses considérables aux villages, il fut décidé, le 22 octobre 1864, que l'impôt sur les rizières serait converti en argent au taux de 5 f. 50 c. par mau (carré de 63^m 60^c de côté) pour les rizières humides et de 5 francs pour les rizières élevées.

Un certain nombre de villages des provinces de Saigon et de Mitho ont été autorisés, comme ayant les communications plus faciles avec les chefs-lieux, à verser la moitié de l'impôt en nature et l'autre moitié en argent.

Les terres à cannes à sucre, à bétel et à mûriers sont imposées au taux de 5 francs par an et par mau; les terres plantées en aréquiers et cocotiers, 3 francs; les terres en jardins, légumes, arachides, 2 francs; enfin les terres en palmiers d'eau, 1 franc. (Décision du 22 octobre 1864.)

L'impôt de capitation, qui existait sous le régime annamite, est fixé à 2 francs pour les hommes faits inscrits (*trang-hang*), et à 1 franc pour les jeunes gens au-dessous de 18 ans, les hommes de 55 à 60 ans et les infirmes. (Décision du 22 octobre 1864.)

L'impôt des salines est fixé au dixième de leur produit net, soit en argent, soit en nature. (Décision du 16 novembre 1864.)

Conformément à l'usage annamite, les villages sont tenus de fournir des corvées gratuites pour les travaux d'utilité publique, routes, canaux, etc. Ces corvées ne peuvent dépasser pour chaque village quatre journées par mois et par homme inscrit, ce qui donne pour la colonie un total annuel de 1,727,616 journées pour 35,992 inscrits, représentant une somme de 863,808 francs à 0 fr. 50 c. par journée. Les villages peuvent racheter les corvées par une contribution de 0 fr. 50 c. par journée de travail.

Nous ne parlerons ici que pour mémoire de l'impôt pour l'entretien de l'armée dont il a été question précédemment [1].

---

1. Voir plus haut, p. 569.

Patentes. — L'impôt des patentes commerciales et industrielles a été fixé par l'arrêté du 26 janvier 1865; il est divisé en trois classes de 100, 300 et 600 francs chacune. Les fabricants d'eau-de-vie ou de vin de riz sont assujettis à une patente de six piastres, renouvelable tous les six mois.

Ferme de l'opium. — Un arrêté du 28 décembre 1861 a réglementé le commerce de l'opium dans la colonie. La vente en détail de l'opium a été mise en ferme; le fermier perçoit le droit de 10 pour cent *ad valorem* dont est frappée l'importation de cette denrée, ainsi que la patente de 10 piastres par an que paye chaque débitant d'opium. Le prix d'adjudication qui, en 1862, était de 91,000 piastres par an, est aujourd'hui de 10,200 piastres (56,100 fr.) par mois.

Ferme des jeux. — Le droit exclusif d'ouvrir des maisons de jeu dans la colonie est adjugé chaque année à un fermier, qui perçoit le montant des patentes payées par les personnes tenant des maisons de jeu.

Impôt des barques. — Les barques de mer sont divisées, pour l'impôt, en quatre catégories : les barques ayant moins de 10 mètres de longueur payent un tribut annuel de 15 francs; au-dessus de cette longueur, elles acquittent un droit de 15, 20 ou 25 francs par mètre de large au maître bau, suivant leurs dimensions. (Décision du 1er mars 1864.)

Les barques de rivières sont frappées d'une contribution annuelle qui varie de 12 à 60 francs par an, selon leur jaugeage. (Décision du 5 janvier 1865.)

Permis de séjour. — Tous les Asiatiques non indigènes habitant la Cochinchine française doivent être munis de permis de séjour renouvelés tous les ans, moyennant une redevance qui a été portée à deux piastres par permis, par une décision du 7 novembre 1864.

MONNAIES, POIDS ET MESURES.

Monnaies. — Les monnaies annamites sont des espèces de lingots étalonnés et poinçonnés, ayant la forme de bâtons d'encre de Chine, qui sont couverts de caractères ou de figures symboliques. En voici la nomenclature:

ESPÈCE.	POIDS.	VALEUR. fr.
Demi-lingot d'or	10 onces.	639 40
Clou d'or	5 —	138 68
Demi-clou d'or	2 1/2 —	63 34
Lingot d'argent	10 —	81 57
Clou d'argent	1 —	8 15
Demi-clou d'argent	— 1/2	4 00

— 586 —

La subdivision infinitésimale de la monnaie annamite est la sapèque, petite pièce de zinc dont le poids est de 2 grammes 1/2 [1]; 60 de ces petites pièces forment un *tien*, 10 tiens font une ligature qui est séparée en deux moitiés, chacune de 5 tiens; chaque dizaine la ligature forme un *thuc*.

Parmi les monnaies étrangères, c'est la piastre mexicaine qui seule a cours forcé dans la colonie (décision du 10 avril 1862). Sa valeur en monnaie française suit les fluctuations du change et varie de 5 f. 50 à 6 f. 20. Pour les transactions de détail, ces piastres sont divisées en quatre parties.

Quant à la monnaie française, elle a été mise en circulation par un arrêté du 24 janvier 1864. Aux termes de cet arrêté, la pièce de cinq francs est donnée et reçue pour quatre-vingt-dix centièmes de piastre, le franc pour une ligature, la pièce de dix centimes pour un taillant (*tien*) de soixante sapèques, et la pièce de cinq centimes pour trente sapèques.

Poids. — Depuis le 1er janvier 1864, les poids et mesures officiellement reconnus dans la colonie sont les poids et mesures français (décision du 24 décembre 1863). Voici leurs rapports avec les poids et mesures annamites les plus usités :

Diviseurs et multiples du *cân* (*livre annamite*).

			kil. gr.
Dông......	=	10 phân................	0,003905
Luông.....	=	10 dông................	0,03905
Nên.......	=	10 luông...............	0,3905
Cân (livre).	=	16 luông...............	0,62480
Yên........	=	10 cân.................	6,248
Binh.......	=	50 cân.................	31,240
Ta.........	=	100 cân (picul).........	62,480
Quan......	=	500 cân................	312,400

Longueurs. — Il existe plusieurs mesures de longueur; les plus connues dans nos provinces sont le *thuoc* (coudée ou pied annamite) de 0m 424 et le thuoc de 0m 636 employé pour mesurer les étoffes.

Diviseurs et multiples du *thuoc*, de 0m 424.

			mètres
Ly................................			0,000424
Phân.............	=	10 ly.............	0,00424
Tâc.............	=	10 phan..........	0,0424
Thuôc (coudée)...	=	10 tâc............	0,424
Tâm.............	=	5 thuôc..........	2,120

---

1. Les sapèques sont formées d'un alliage de zinc, d'antimoine, de bismuth et d'étain; elles sont percées au milieu et enfilées comme les grains d'un chapelet.

			mètres.
Ngũ............	=	7 thuôc 1/2........	3,180
Truong ou duong.	=	10 thuôc..........	4,240
Sao.............	=	15 thuôc..........	6,360
Công............	=	12 tâm...........	25,440
Maû.............	=	10 sao...........	63,600

Diviseurs et multiplies du *thuôc* de $0^m,636$.

			mètres.
Ly..............			0,000636
Phân............	=	10 ly............	0,00636
Tâc.............	=	10 phân..........	0,0636
Thuôc...........	=	10 tâc...........	0,636
Vóc.............	=	6 thuôc.........	3,816
Truong ou duong.	=	10 thuôc.........	6,360
Thât............	=	1 cay ou 30 thuôc.	19,080
Công............	=	10 cay...........	190,80

Surfaces. — Diviseurs et multiples du *thuôc* carré.

			mètres.
Ly carré qui a......................			0,000424 de côté.
Phân carré...	=	100 ly carrés...........		0,00424
Tâc carré....	=	100 phân carrés........	0,0424
Thuôc carré.	=	100 tâc carrés.........	0,424
Tâm carré...	=	5 thuôc de côté......	2,120
Ngũ carré...	=	7 thuôc 1/2 de côté..	3,180
Truong carré........................			4,240
Sao carré...........................			6,360
Công carré..........................			25,410
Maû carré...........................			63,600

Capacités. — Diviseurs du *hôc*.

			lit.	cent.
Ta....	=	2 hôc.....................	79	80
Gia...	=	1 luong, ou vuong, ou phuong...	39	80 [1]
Thâng.	=	2 hiêp....................	13	30
Hiêp..	=	2 thuôc...................	6	65
O.....	=	(mesure très-usitée)............	1	33

---

1. Par décision du 24 décembre 1863 le gia ou luong a été porté à 40 litres.

Agriculture.

La basse Cochinchine est un pays essentiellement agricole; ses principales cultures sont celles du riz, du tabac, du coton, du maïs, de l'arachide, de la canne à sucre et du bétel. Nous allons les passer successivement en revue.

Riz. — Le riz, ce blé des Asiatiques, est la production par excellence de ces plaines basses et inondées qui forment le delta du Cambodge. L'étendue de terrain cultivée en riz dans les trois provinces que nous occupons est environ de 105,000 hectares [1]. Cette quantité de rizières fournit, année moyenne, 210,000 tonneaux de riz cargo qui représentent une valeur locale d'environ 35,000,000 de francs. L'exportation régulière, avant la guerre, pouvait être évaluée à un million de piculs, soit à plus de 62,000 tonneaux. En 1860, année de l'ouverture du port de Saigon, l'exportation monta à près de 100,000 tonneaux, en raison des quantités énormes de riz qui s'y étaient accumulées depuis deux années; l'exportation tomba à 42,470 tonneaux en 1862, et à 16,853 tonneaux en 1863, pour se relever, en 1864, à 79,243 tonneaux, chiffre qui dépasse l'exportation moyenne des années antérieures à notre occupation.

Le riz se cultive principalement dans les terrains bas et humides, que l'on nomme *Thao-dien*; ce sont les rizières proprement dites. Les terrains élevés dans lesquels on cultive le riz se nomment *Sôn-dien*; mais ce riz de montagne est peu répandu et d'un rapport médiocre [2]. Dans les Thao-dien, le riz se sème préala-

---

[1] En 1864, une plus grande étendue de terrain a été cultivée (un tiers en plus); si, malgré cet accroissement de la culture, l'année 1865 ne produit pas plus de riz que l'année précédente, la faute n'en sera pas aux agriculteurs; une sécheresse, comme on n'en a pas vu de semblable dans le pays depuis quinze ans, a nui beaucoup à la récolte. Les autres contrées de l'Asie ont encore plus souffert que la Basse-Cochinchine.

[2] Le *Courrier de Saigon* du 20 mars 1865 donne quelques détails sur la culture du riz de forêt, connue sous le nom annamite de *ray* et que l'on cultive dans les terrains élevés du cercle de Tay-ninh:

« Dès le mois de décembre, les bois sont abattus au plus épais des forêts de broussailles et quelquefois de futaies, et le premier incendie est allumé en janvier. Si le feu n'a point consumé assez de bois, la hache intervient une seconde fois, et l'on allume de nouveaux bûchers peu de temps avant les premières pluies. Le sol se couvre ainsi de cendres qui se mêlent à l'humus et le rendent plus meuble et plus fertile. Dès que les orages l'ont suffisamment détrempé, les planteurs en défrichent légèrement la surface avec des

blement dans de petits espaces réservés appelés *Lua-ma* ; au bout de 30 à 40 jours, lorsque les jeunes pousses ont attteint une certaine hauteur, on les arrache avec précaution et on fait alors de petites gerbes que l'on repique dans la terre boueuse de la rizière, en laissant entre chaque gerbe un espace suffisant pour lui permettre de se développer. Le temps des semailles commence vers la fin d'août et finit en septembre ; dans les pays où il y a deux récoltes, les premières semailles se font en février, les secondes en juillet. Le riz arrive à maturité après trois, quatre ou six mois ; dans le deux premiers cas, c'est du riz hâtif que l'on récolte dans les champs dits de deux époques ; le riz de six mois ou riz tardif est le plus communément cultivé dans la Basse-Cochinchine et vient dans les champs d'une seule époque. Quand le riz est mûr, on fait écouler l'eau qui reste dans la rizière et on le fauche. Le riz est ensuite battu et vanné ; lorsqu'on veut le décortiquer, on le fait passer à la meule, et, pour enlever la dernière

---

houes à main, et sèment le riz au piquet, plus ou moins serré, suivant qu'il reste plus ou moins de souches ou de troncs d'arbres. Il y a donc déjà économie de pépinières.

« Le riz de forêt pousse très-vite, mais est plus riche en paille qu'en grain. Toutefois cette culture, bien que faite par des moyens primitifs, donne une moisson très-avantageuse, parce qu'elle ne manque jamais, et que ce riz, mûr bien avant l'autre, est d'un débit assuré.

« Tous les terrains ne conviennent pas à l'établissement des ray. Si le sous-sol est trop argileux et sans écoulement, les eaux noient la plantation. S'il est au contraire trop sablonneux, ou présente des pentes trop déclives, l'eau n'y séjourne pas assez ou entraîne la plante. Alors le riz est brûlé ou perdu. Les grandes forêts conviennent peu parce que les grosses racines rendent la terre difficile à planter, et absorbent d'ailleurs à leur profit la plus grande partie des principes nutritifs du sol. Les taillis humides, épais, plantés de rotins, de palmiers sauvages, de nepenthès, voisins des ruisseaux ou des marais, au sol profond, noir, pas trop argileux, sont les plus avantageux. En effet, toutes les plantes y brûlent et donnent de la cendre ; les souches s'arrachent facilement ; l'écoulement des eaux est assuré, les racines fibreuses du riz trouvent aisément à se nourrir. Dans ces conditions, la récolte est fort riche.

« Ces rizières sèches durent deux ans, et sont abandonnées, justement alors que le défrichement est presque complet. La raison en est que plus tard leurs propriétaires auraient un impôt à payer pour ces terres. C'est un préjugé de croire qu'elles sont épuisées après deux semailles consécutives de riz. Sans engrais, elles produiraient encore de bonnes récoltes de maïs, de citrouilles, de haricots. Avec le moindre amendement et un assolement quelconque, elles donneraient toujours du riz. Ce qui le prouve d'une manière suffisante, c'est la végétation vigoureuse qui s'en empare aussitôt après l'abandon. »

pellicule, on le bat avec un fléau cylindrique formant levier sur lequel pèsent deux personnes. La substitution de moyens mécaniques au mode actuel de récolter et de décortiquer le riz accroîtra le rendement des terres dans une proportion très-notable.

Sous le rapport du rendement, les Annamites estiment que le meilleur riz rapporte cent pour un [1].

Il y a en Basse-Cochinchine deux genres de riz principaux : le riz gras ou gélatineux (*lua-dieù*) et le riz ordinaire ou peu gélatineux (*lua-khong-dieù*) ; ils comprennent chacun un grand nombre de variétés.

Coton. — Le sol de la Cochinchine est très-propre à la culture du coton ; mais les indigènes se sont peu préoccupés jusqu'ici à en produire au delà de leurs propres besoins. Les terres cultivées en coton présentent une superficie d'environ 2,500 hectares, qui donnent approximativement 3,500 tonneaux de coton, représentant une valeur de 3 millions de francs environ.

Le coton de la Cochinchine est généralement de l'espèce courte-soie, et, même dans les moins bonnes conditions de culture de préparation première, on le classe avec le *good midling upland* de la Nouvelle-Orléans. Il est doux, soyeux, fin au toucher, d'un beau blanc mat et beurré. Il croît dans les terres moyennes qui dominent les rivières ; quatre ou cinq mois suffisent pour l'arrivée à maturité ; la récolte se fait du mois d'octobre au mois de février ; les terrains rougeâtres sont ceux qui conviennent le mieux à cette culture.

Le coton alimente un commerce de cabotage entre les provinces du nord et la Basse-Cochinchine ; certaines qualités se vendent à Canton 20 p. 100 plus cher que le coton du Bengale. En 1860, il en a été acheté à Saigon pour la Chine 6,000 piculs à raison de 18 ligatures le picul, soit deux cents $7/8$ la livre. Le déchet constaté après un moulinage complet a été de 30 à 50 p. 100, ce qui a élevé le prix à 6 cents la livre environ, ou 8 dollars le picul.

La production du coton est susceptible d'un immense développement et surtout d'une amélioration considérable.

Canne à sucre. — La canne à sucre vient très-bien en Cochinchine ; sa culture occupe à peu près la même superficie que celle du coton. La production est d'environ 7,500,000 kilogr., dont une

---

1. Lorsque les Annamites parlent de récolte, il s'agit toujours de *paddy* riz non décortiqué). La proportion du riz au paddy est à peu près de un à deux ; il faut donc deux mesures de paddy pour en faire une de riz.

partie s'exporte dans le nord par jonques et barques de mer. Cette quantité représente une valeur de quatre millions de francs.

On distingue cinq variétés de cannes : la canne rouge, la canne blanche, la canne verte, la canne rouge et blanche, et la canne *Mia-voi* (canne éléphant) qui atteint un diamètre de 6 à 7 pouces, une longueur de plus de 10 pieds et dont le suc est extrêmement doux.

On cultive la canne surtout dans la province de Bien-hoa; le sucre qu'on en extrait est à l'état de cassonade brune ou blanche. Les indigènes y mélangent souvent du blanc d'œuf et en forment ainsi une espèce de gâteau très-poreux.

Tabac. — Le tabac est cultivé en Cochinchine sur une étendue d'environ 4,000 hectares, produisant près de 5,000,000 kilogr. de feuilles, dont la valeur sur place est de 1,200,000 francs. Les feuilles sont larges, longues et d'un tissu fin et doux; leur couleur, quand elles sont séchées, est d'un brun clair; les Annamites les découpent moins menu qu'en France. La manipulation du tabac améliorée lui donnerait sans doute une valeur commerciale considérable, car parmi les tabacs du bassin des mers de Chine, il a été classé immédiatement après celui de Manille. Tel qu'il est, préparé très-imparfaitement, il est préféré par beaucoup d'Européens aux tabacs de France.

Maïs. — Il y a trois espèces de maïs dans la basse Cochinchine : le maïs jaune, nommé aussi graines rouges ou *Ngoc-thuc*; le maïs blanc, et le maïs rouge et blanc. L'espèce blanche est moins commune et plus grande que le maïs jaune; elle fournit une très-grande quantité de grains qui ont beaucoup d'arôme et sont très-glutineux.

Plantes légumineuses. — Les principales plantes légumineuses sont les fèves ou haricots, les *Bien-dau*, sorte de haricot, et l'arachide, que l'on cultive dans les terres les plus sèches. Les indigènes font usage de l'arachide soit comme nourriture quand elle est fraîche, soit pour composer des gâteaux, soit surtout pour faire de l'huile. Cette huile est recueillie en si grande quantité qu'on ne peut employer une récolte dans l'espace d'un an. On fait avec le résidu de l'arachide des tourteaux qui servent d'engrais : il s'en fabrique plus de 400,000 par an. L'huile d'arachide deviendra en Cochinchine un important article de commerce; rien de plus facile et de plus productif en effet que cette culture, notamment dans les vastes plaines qui avoisinent Saigon.

Plantes oléagineuses. — Les Annamites ne produisent encore que peu de graines de sésame, parce que jusqu'à présent les débouchés leur ont manqué; mais le commerce de Marseille ayant grandement besoin de cette graine, cette culture est appelée à prendre de l'extension. Le sésame de la Cochinchine est d'ailleurs plus beau que celui de l'Inde. Indépendamment du sésame et de l'arachide dont nous avons déjà parlé, les Annamites possèdent une foule de plantes et d'arbres qui renferment des principes analogues, et dont ils extraient des matières oléagineuses..

Indigo.—L'indigo vient très-bien dans la province de Bien-hoa; il y occupe actuellement une superficie de 400 hectares. La plante se cultive en plein champ et produit une petite fleur bleue; les plants sont renouvelés annuellement. En général, les indigènes ne fabriquent l'indigo qu'à l'état de pâte molle, ce qui en rend le transport difficile. Lorsqu'ils auront appris les procédés employés pour l'obtenir à l'état solide, l'indigo, qui est de bonne qualité, pourra devenir un objet important d'exportation.

Mûrier. — Le mûrier existe à l'état de grand arbre, mais on ne le trouve ainsi que dans les forêts et dans les jardins. Celui que l'on cultive pour la nourriture des vers à soie est le *morus indica*, petit mûrier nain, qui se multiplie de bouture avec une grande facilité et dont on fait des plants étendus que l'on entoure de haies de cactus ou de bambous. La superficie des terres cultivées en mûriers dans nos trois provinces est de 2,000 hectares environ. Ce mûrier nain produit une feuille plus délicate que celle de la première espèce et n'exige pas plus de quatre mois pour être en plein rapport; en ménageant convenablement la taille et la plantation, on peut avoir des feuilles pendant toute l'année.

Chanvre. — Il y a quatre espèces de chanvre en Cochinchine: le Chi-ma, le Hac-ma, le Ti-ma et le Hoang-hiong, mais cette dernière, qui diffère du chanvre proprement dit, est assez rare. Le Cay-gaï (*Bœhmeria nivea*), vulgairement appelé Ortie de Chine (Apoo des Chinois) croît avec vigueur dans le pays, produit une excellente filasse et paraît une culture pleine d'avenir dans la colonie.

Indépendamment du coton, du chanvre et de la soie, le pays contient encore un grand nombre de plantes textiles. Les joncs, les roseaux et les bambous, les rotins et l'écorce du cocotier servent aux indigènes à fabriquer des cordes, cordages et gros fils.

Plantes à tubercules. — Il existe diverses espèces de plantes à tubercules, les unes poussant dans les lieux secs et élevés, les autres dans les lieux bas et humides. Parmi les premières on distingue le *Cam-ou*, dont le tubercule a un principe colorant tel qu'il peut être employé pour teindre en rouge. Il y a encore plusieurs espèces d'ignames, telles que le *Tu-diù*, le *Son-tu*, qui pousse entre les pierres, et dont le tubercule atteint quelquefois le poids de 5 kilogr., le *Phien-tu*, patate douce commune, qui renferme beaucoup d'arôme.

Cucurbitacées. — Les cucurbitacées sont représentées par un grand nombre d'espèces dont il serait trop long de donner la nomenclature. En général, ces différents produits potagers ne peuvent se conserver ; ils sont employés à l'alimentation journalière, parce qu'il est impossible de les faire sécher. Ils ne font pas non plus la base de la nourriture et ne sont que des assaisonnements.

Fruits. — Parmi les fruits que l'on récolte en Cochinchine, principalement dans la province de Bien-hoa, il convient de citer : le fruit du cocotier, qui est comestible soit frais, soit sec ; la mangue, le mangoustan, le jacq, la banane, l'ananas, le citron, l'orange, l'orange mandarine, la grenade, la pomme cannelle, la goyave, etc.

Épices et matières médicinales. — Le bétel ou poivre bétel, se cultive dans les terres les moins élevées des plateaux moyens, car il exige beaucoup plus d'eau que la canne, voire même que le tabac. On est obligé de l'arroser deux fois par jour ; de plus, il faut au moins trois ans pour que la plante arrive à la hauteur voulue, et pour que les feuilles, ayant atteint leur entier développement, aient la saveur herbacée et aromatique qui les distingue. C'est, avec le tabac, la culture que les Annamites affectionnent le plus, et qui cadre le moins avec leurs habitudes de patience et de tranquillité[1].

Le poivre ordinaire est aussi très-répandu et pousse presque seul dans tous les terrains boisés qui ne sont pas formés d'alluvions trop récentes.

La noix d'arec, qui sert comme matière tannante, mais surtout comme masticatoire, est le produit de l'*arecha catechu*, qui vient dans les terrains bien arrosés. Ces aréquiers atteignent dix mètres de hauteur et donnent des fruits jusqu'à 25 ans.

Thé. — On cultive également le thé, mais il est de moins bonne qualité que celui de Chine ; les indigènes n'en retirent que le thé vert (*thé tau*).

Jardin zoologique. — Une pépinière, à laquelle a été adjoint un entrepôt zoologique, a été créée à Saigon, au commencement de l'année 1864. Cette pépinière sert en même temps de jardin

---

1. De Grammont, *Onze mois de sous-préfecture en basse Cochinchine*, p. 157.

d'essai pour l'introduction et l'acclimatation en Cochinchine de plantes étrangères. L'entrepôt zoologique a surtout pour but de doter les jardins zoologiques de France des espèces qui leur ont manqué jusqu'à présent. Les travaux de construction sont terminés depuis le commencement de 1865, et l'établissement possède déjà une oisellerie complète.

Animaux domestiques. — Les Annamites ont une grande quantité de buffles qu'ils emploient pour labourer la terre et traîner leurs voitures ; le bœuf est plus rare ; les chevaux sont petits et peu nombreux, mais très-vigoureux. On élève beaucoup de volailles et de porcs.

Vente des terres. — Les terres appartenant à l'État sont vendues soit aux enchères publiques, soit à prix fixe et à bureau ouvert. Dans ce dernier cas, les prix ne peuvent être inférieurs à dix francs par hectare. Les payements ont lieu en plusieurs annuités. Le Gouvernement s'est, en outre, réservé le droit d'accorder, moyennant des conditions spéciales, des concessions gratuites à des militaires ou à des employés de l'État qui veulent se fixer dans le pays. (Décisions des 20 février 1862, 17 mai 1862, 25 février 1864 et 30 mars 1865.)

Titres de propriété. — Pour donner plus de sécurité aux propriétaires indigènes, une décision du 16 mai 1863 a créé des titres de propriété, qui, par leur inscription dans les bureaux de l'administration, moyennant un droit de deux pour cent de la valeur des biens, leur en garantit à jamais la jouissance.

Industries.

Parmi les industries de la Basse-Cochinchine, les plus importantes et celles qui méritent le plus d'être encouragées sont : l'exploitation des bois, l'éducation des vers à soie, la pêche et la salaison des poissons, la fabrication du sel et l'exploitation des carrières.

Bois. — L'exploitation des ressources forestières de la Cochinchine donne lieu à un grand nombre d'industries : bûcherons, scieurs de long, menuisiers, charpentiers, charbonniers, constructeurs de bateaux, etc.

Les bois de ces forêts conviennent à tous les usages ; à la suite des explorations qui ont été entreprises par ordre du Gouvernement, on en a déjà constaté plus de quarante essences différentes dont plusieurs peuvent servir à la teinture[1]. Les nombreux

---

1. Voir la description de ces essences de bois dans la *Revue maritime coloniale*, t. X, p. 672 (avril 1864), et t. XII, p. 453 (nov. 1864).

cours d'eau qui traversent les forêts en rendent l'exploitation facile et économique.

Plusieurs envois de bois propres aux constructions navales ont déjà été faits en France depuis notre occupation.

Le nombre d'indigènes adonnés à la construction des jonques et barques est considérable.

L'exploitation et le commerce des bois sont libres en Cochinchine; mais comme, selon la loi annamite, les forêts sont exclusivement la propriété de l'État, le Gouvernement, en échange de ce droit de propriété, a frappé toute vente de bois d'un droit de 25 pour cent du prix d'achat, à la charge de l'acquéreur. Des marchés publics pour la vente des bois sont établis à Tay-ninh, Thu-yen-mot, Bien-hoa et Bariah. (Décision du 30 juin 1862.)

Soie. — L'élève des vers à soie est très-populaire en Cochinchine ; il n'y existe encore aucune grande exploitation, mais chaque case annamite est souvent le siége d'une petite magnanerie dont la production ne dépasse pas quelques kilogrammes de soie.

Les cocons sont petits, de couleur jaune et ont une apparence grossière ; ils donnent environ chacun un *phan* ($0^{gr}4$) de fil. La série des opérations qui constituent l'élevage du ver à soie et la production des cocons et de la graine s'accomplit en une période de 45 à 50 jours. Les œufs ne se gardent que dix jours ; ils éclosent au bout de ce temps. Les vers peuvent se reproduire toute l'année. La production est moins abondante pendant la fin de la saison sèche, à cause du manque de feuilles. La production annuelle, dans nos provinces, est de 6,000 kilogrammes de soie brute, valant 240,000 francs. Le nord de l'Annam envoie chaque année une certaine quantité de soie à Saigon.

On nourrit presque partout des vers à soie, mais on ne tisse que dans quelques localités, principalement dans la province de Bien-hoa. Les procédés de tissage sont des plus primitifs. Ce métier est généralement réservé aux femmes.

Les tissus de soie et la soie grège sont malheureusement à des prix trop élevés pour qu'ils deviennent un objet d'exportation.

Coton. — Comme pour la soie, ce sont principalement les femmes qui tissent le coton. En 1864, plus de 4,000 pièces de cotonnades indigènes ont été expédiées de Saigon, surtout dans les provinces annamites.

L'introduction de nos procédés de tissage en Cochinchine est appelée à y produire d'aussi beaux résultats que dans nos Établissements de l'Inde.

Pêche. — Des pêcheries sont établies aux embouchures des différentes branches du Donnaï ; elles ne sont pas encore nombreuses, mais cette industrie est susceptible de développement.

Les cours d'eau de la Cochinchine sont extrêmement poissonneux, et les Annamites se livrent avec succès à l'industrie de la pêche. Le poisson est en effet avec le riz la base de leur nourriture. Ils en sèchent et salent tous les ans de grandes quantités qui sont consommées dans le pays ou exportées en Chine.

Le poisson ainsi préparé se conserve parfaitement bien et est, dit-on, préférable à la morue. Le grand lac du Cambodge en fournit des quantités considérables ; tous les ans, à l'époque des basses eaux, le poisson, se trouvant surpris dans ce vaste lac comme dans une nasse immense, cherche à s'échapper par tous les exutoires du lac. C'est alors que les pêcheurs qui l'attendent font des pêches vraiment miraculeuses.

Les Annamites fabriquent avec plusieurs espèces de poisson un condiment appelé *nuoc-man* (eau de poisson), dont ils font une très-grande consommation ; ils ne prennent aucun aliment sans l'assaisonnement de cette saumure.

On rencontre dans les mers de la Cochinchine une espèce de cétacé (*cavoi*, poisson éléphant souffleur) qui fournit de l'huile. Les espèces de poissons de mer et d'eau douce sont très-variées. Les crustacés (chevrettes, crabes et homards) sont également très-nombreux.

Les Annamites mangent aussi le caïman, dont la chair forme, dit-on, un mets délicat. Ils prennent ces animaux jeunes et les élèvent dans des sortes de parcs enclos et recouverts de troncs de palmiers juxtaposés. On conserve leur peau que l'on fait sécher, et l'on fabrique avec leurs dents des manches de couteau.

Salines. — L'exploitation des salines se fait sur le territoire de Ving-duong, dans la province de Bien-hoa. Le village de Choben est le centre de production du sel et le marché le plus important de ce district. Les Annamites paraissent très-avancés dans la connaissance et la pratique des procédés relatifs à cette industrie. Leurs marais salants sont d'ailleurs disposés comme ils le sont en Europe ; ils se composent toujours : 1° d'un canal ou réservoir dit *jas*, placé en avant des marais salants et plus profond qu'eux, qui communique avec la mer au moyen d'une écluse, se remplit à marée haute et est destiné à conserver l'eau, afin qu'elle y dépose ses impuretés, et à remplacer celle des autres bassins au fur et à mesure qu'elle s'évapore ; 2° du marais proprement dit, situé derrière le jas ; il est divisé en une multitude de cases ou compartiments appelés couches et tables, séparés par de petites chaussées destinées à multiplier les surfaces pour augmenter l'évaporation et recevoir les eaux de plus en plus concentrées. Sous l'influence du soleil, le sel ne tarde pas à se cristalliser ; on le retire alors sur le bord des tables où on le laisse égoutter. Il est ensuite mis en mulons ou porté en magasin pour être embarqué plus tard sur les jonques qui doivent l'exporter.

La production des salines de Baria s'élève actuellement à 17 millions de kilogrammes environ. Le budget de la colonie en retire un produit de 50,000 francs.

Carrières de pierres. — La province de Bien-hoa renferme plusieurs carrières de pierres, dites *da-ong*; c'est une sorte d'argile qui contient des oxydes de fer et se durcit rapidement à l'air, mais n'est pas de longue durée. L'extraction de ces pierres est facile, car elles sont dans la carrière à l'état de terre glaise ; le carrier n'a donc qu'à couper dans cette terre le morceau qui lui convient ; après avoir été exposé quelque temps au vent et à l'air, ce morceau se durcit et prend la consistance de la pierre.

Il existe aussi des briqueteries qui produisent toute espèce de tuiles et de vases.

Industries diverses. — Les Annamites travaillent un peu le fer, le cuivre, l'argent et l'or ; ils savent fondre même d'assez grosses pièces de bronze. Ils distillent le riz et en font une espèce de liqueur qu'on appelle vin du Donnaï, qui est très-renommée et dont on exporte de grandes quantités dans les provinces du nord.

Commerce et navigation.

Législation. — Le port et la rivière de Saigon ont été ouverts au commerce de toutes les nations par une déclaration du contre-amiral Page, en date du 10 février 1860. D'après le règlement qui suivit cette décision[1], les navires de commerce avaient été astreints à un droit d'ancrage de 2 piastres par tonneau ; ce droit fut réduit à une demi-piastre à partir du 23 janvier 1861. Le règlement de commerce du 25 août 1862[2] affranchit de ce

---

1. Ce règlement a été inséré dans le *Moniteur de la flotte* du 13 mai 1860.
2. Ce règlement a été inséré dans le *Bulletin officiel de la Cochinchine*, de 1862 (n° 16).

droit les navires français et espagnols, les navires nolisés par l'État et ceux qui arrivent sur lest.

Le payement du droit d'ancrage exonère le commerce de tous droits de douane, à l'importation comme à l'exportation, sur toutes les marchandises, sauf l'opium qui est frappé d'un droit de 10 pour cent *ad valorem* perçu par la ferme de l'opium.

Le droit de phare est fixé à trois centièmes de piastre par tonneau ; il n'est exigible qu'une fois par an pour un même navire. Sont exemptés de ce droit : les navires de guerre, les navires de commerce, les paquebots de la poste et les navires nolisés par l'État. (Décision du 6 juillet 1862.)

Quelques modifications ont été apportées au règlement de 1862 par une décision du 25 mai 1864. Le droit d'ancrage a été réduit à un quart de piastre pour les navires étrangers qui viennent sur lest charger dans le port de Saigon. Des dispositions ont été prises pour sauvegarder la santé publique, dans le cas où une maladie épidémique viendrait à se déclarer à bord d'un navire mouillé sur rade [1].

Telles sont les uniques charges que le commerce ait à supporter pour fréquenter le port de Saigon. Les frais de pilotage sont modérés et réglés conformément aux usages des ports voisins. Un steamer est toujours prêt à donner la remorque aux navires qui la demandent pour remonter le fleuve.

Statistique. — D'après le tableau ci-après (page 599), on peut se rendre compte du mouvement commercial de Saigon depuis l'ouverture de ce port en 1860. On voit que le mouvement des navires européens en 1864 a été beaucoup plus considérable que celui des années précédentes, même que celui des deux années 1860 et 1861, qui avaient été exceptionnelles. En effet, aussitôt après l'ouverture du port, les navires européens et les jonques chinoises y affluèrent en nombre considérable pour prendre les chargements de riz dont les magasins de Cholen regorgeaient depuis la prise de la ville.

Pendant l'année 1864, la valeur du commerce maritime de la Cochinchine, effectué par des navires au long cours, peut être évaluée approximativement à la somme de 30 millions de francs, dont 14,000,000 aux importations et 16,000,000 aux exportations [2].

---

1. Le nouveau règlement a été inséré dans le *Courrier de Saigon* du 25 mai 1864.

2. Ce mouvement ne comprend pas celui des barques de mer.

ANNÉES.	PAVILLONS.	ENTRÉES.		SORTIES.		TOTAL.	
		Nombre de navires.	Tonneaux.	Nombre de navires.	Tonneaux.	Nombre de navires.	onneaux.
1860	Européens...	111	39.595	111	39.595	502	163.190
	Chinois......	140	42.000	140	42.000		
1861	Européens...	175	76.079	175	76.079	446	178.078
	Chinois......	48	12.960	48	12.960		
1862	Européens...	114	45.645	129	51.847	380	112.394
	Chinois......	72	7.556	65	7.346		
1863	Européens...	114	41.951	111	38.716	301	88.678
	Chinois......	37	4.038	39	3.973		
1864	Européens...	269	106.979	243	98.649	563	212.321[1]
	Chinois,.....	26	3.382	25	3.311		

IMPORTATIONS.

Sur les 14,000,000 de francs d'importation, les boissons figurent pour 1,500,000 fr., le thé chinois pour 1,700,000 fr., la farine et le blé pour 1,500,000 fr., la chaux pour 2,000,000 fr., le papier chinois pour 2,000,000 fr., l'opium pour 600,000 fr., les drogueries chinoises pour 350,000 fr., la porcelaine commune de Chine pour 370,000 fr. Voici, du reste, les quantités de toutes les marchandises importées à Saigon en 1864, non compris les chargements venus pour le compte de l'Etat :

---

1. En raison de la variabilité des prix, la valeur des importations n'est donnée ici que très-approximativement. Quant à celle des exportations, les prix ont été estimés au-dessous de la moyenne des tarifs de l'année 1863. Il a été difficile de se procurer les quantités exactes des exportations. Nous savons de bonne part, dit le *Courrier de Saigon*, que tous les navires partant de Saigon trouvent, en arrivant à leur destination, un dixième en plus que la quantité qu'ils avaient déclarée au départ; aussi faudrait-il, pour être exact, ajouter ce dixième aux chiffres que nous publions.

NOMENCLATURE.	UNITÉS.	QUANTITÉS.	NOMENCLATURE.	UNITÉS.	QUANTITÉS.
\multicolumn{6}{c}{IMPORTATIONS.}					
Vin en barriques	Nombre..	6,055	Paniers à charbon	Nombre..	1,49
Vins et liqueurs	Caisses..	12,744	Voitures	Id	20
Vermouth et absinthe.	Id	6,110	Chevaux	Id	10
Bière	Id	1,276	Livres	Caisses..	58
Eaux-de-vie	Id	180	Borax	Id	2
Parapluies chinois	Paquets..	1,236	Cire	Id	9
Vinaigre	Caisses..	190	Emeri	Baril	1
Huile de lin	Barriques	10	Bouteilles vides	Caisses..	17
Savon	Caisses..	2 932	Ail	Id	412
Salaisons	Barils	149	Poisson sec	Piculs	11
Opium	Caisses..	256	Plats en terre	Nombre..	1,995
Horlogerie	Id	72	Tuiles et briques	Id	426,520
Parfumerie	Id	62	Chaises en bambou	Id	1,608
Comestibles	Id	240	Conserves	Caisses..	154
Effets confectionnés	Id	582	Légumes	Id	1,579
Médicaments	Id	3,617	Fruits et confitures	Id	5,324
Farine	Barils	10,323	Genièvre	Id	55
Papier chinois	Ballots..	33,505	Blé	Sacs	11,935
Sherry	Caisses..	104	Peinture	Caisses..	2,141
Porcelaine (tasses en)	Nombre..	130,531	Barres en cuivre	Nombre..	401
Effets chinois	Caisses..	65	Clous	Caisses..	600
Chaux	Sacs	23,062	Fer ouvré	Id	742
Planches	Nombre..	45,225	Poutrelles	Nombre..	73
Calicots et cotonnades	Ballots..	1,584	Madriers	Id	3,897
Sagou	Caisses..	815	Traverses	Id	4,170
Barres en fer	Nombre..	25,626	Sucre en pain	Caisses..	400
Gambier	Caisses..	4,156	Bougies	Id	972
Pelles et pioches	Nombre..	8,705	Sirops	Id	39
Tabac	Caisses..	701	Articles de Paris	Id	135
Fromage	Id	44	Piastres	Id	133
Chaussures	Id	168	Lattes en bois	Nombre..	9,694
Charcuterie	Id	9	Café	Sacs	588
Cuivrerie	Id	75	Thé	Jarres	93,920
Orgues	Id	5	Etoupe	Ballots...	4,265
Chinoiseries	Id	345	Toile à voile	Id	67
Orge	Sacs	4	Huile d'olive	Caisses..	1,788
Pierres en granit	Nombre..	18,720	Alun	Id	106
Etaux en fer	Id	5	Pétards	Id	539
Ciment	Barils	1,860	Allumettes chinoises	Caisses..	6,576
Quincaillerie	Id	293	Poteries	Nombre..	32,426
Liquides divers	Barriques	8	Tissus	Caisses..	97
Liqueurs diverses	Caisses..	1,442	Balances	Id	2
Meubles	Id	134	Minium	Barils	5
Plomb	Fûts	51	Machines	Id	3
Cordages	Pièces	747	Huile de castor	Id	30
Lampes	Caisses..	8	Suif	Id	95
Acides	Id	3	Pierres à polir	Nombre..	13,200
Goudrons et poix	Barils	65	Objets en rotin	Caisses..	194
Noix d'areck	Piculs	846	Pierres à fusil	Paniers..	46
Etain	Caisses..	6	Zinc en feuilles	Nombre..	2,152
Boîtes vides	Id	1,794	Cuirs	Caisses..	14
Balais	Paquets..	30	Biscuit	Id	25

NOMENCLATURE.	UNITÉS.	QUANTITÉS.	NOMENCLATURE.	UNITÉS.	QUANTITÉS.
IMPORTATIONS (suite).					
Soieries	Caisses	325	Plomb de chasse	Barils	14
Laques	Id	92	Couvertures en laine	Caisses	14
Sucre	Id	2,342	Ferronnerie	Id	15
Or en feuilles	Paniers	17	Droguerie	Id	519
Pommes de terre	Barils	5,309	Laiton	Id	3
Sel d'ammoniaque	Pots	4	Meules	Id	80
Chaux pour bétel	Id	60,000	Flanelle	Id	14
Teinture	Piculs	197	Oignons	Id	33
Mercerie	Caisses	6	Acier	Barils	148
Sardines	Id	116	Imprimés	Caisses	22
Métaux divers	Id	185	Tôle (feuilles)	Nombre	50
Lingerie	Id	44	Cannelle	Paquets	80
Lits en fer	Nombre	31	Diverses marchandises	Caisses	9,763

Ce n'est que pour le vin, les liqueurs, le sucre blanc, quelques objets confectionnés à l'usage du corps expéditionnaire, pour les fournitures de planches, l'opium et l'horlogerie, que les Européens entrent pour moitié dans l'exportation. La masse du peuple consomme toujours du thé, des médecines, du papier, des fruits, des porcelaines et autres denrées venant de Chine.

Pour quelques-uns de ces produits, les Européens pourront faire une concurrence sérieuse aux Chinois, introduire le café en rivalité avec le thé, nos porcelaines communes, nos papiers, nos ustensiles divers, etc.

EXPORTATIONS.

La valeur des exportations, en 1864, s'est élevée à la somme de 16,697,787 fr., dans laquelle le riz est compris pour plus des trois quarts. Sur les 79,000 tonneaux de riz exportés, 60,000 ont été expédiés par les navires de long cours; le reste par les barques de mer.

Plus de 5,000 tonneaux de poisson salé ou sec sont sortis de Saigon pour la Chine; 2,300,540 sacs vides en paille ont été expédiés à Singapore et à Bangkok; 180,722 nattes ont reçu diverses destinations.

Enfin, le reste des exportations est allé presque entièrement à Hong-Kong.

Sur le tableau des exportations que nous donnons ci-après, le bois figure pour une faible quantité, mais l'administration locale en a fait un très-grand approvisionnement (3,000 stères environ), et nous savons de source certaine que plusieurs navires ont été affrétés en France pour venir prendre des chargements préparés à l'avance.

Plusieurs denrées nouvelles se sont montrées en 1864 sur les marchés de nos provinces ; elles sont indiquées sur le tableau par un astérisque ; il est vrai que les quantités de ces denrées sont faibles, mais lorsque les indigènes verront que leurs produits se placent avantageusement, ils s'empresseront de les augmenter, ainsi qu'ils ont fait pour le riz.

EXPORTATIONS.			UNITÉS.	QUANTITÉS.	VALEUR.
					fr.
Riz....	Sorti par le long cours....	1,085,765	Piculs[2]...	1,267,869	12,678,690
	Sorti par les barques pour les provinces du Nord[1]	110,069			
	Sorti de Mitho pour les provinces du Nord......	72,035			
Poisson	Sorti par le long cours....	82,270	Id......	83,273	1,915,279
	Sorti par barques.........	1,003			
Paddy..	Sorti par le long cours....	10,324	Id......	20,656	123,936
	Sorti par barques.........	10,332			
Sel.....	Sorti par le long cours....	20,113	Id......	136,720	225,588
	Sorti par barques.........	116,607			
Sacs vides en paille			Nombre...	2,300,546	391,092
Nattes........................			Id......	180,722	90,361
* Cardamone			Piculs	203	101,500
Peaux de buffles................			Nombre...	19,864	79,456
* Peaux de cerfs.................			Id......	149	149
* Peaux de tigres.................			Id......	3	45
Ecailles........................			Piculs	313	17,215
Coton sans graines			Id......	1,596	207,480
Coton exporté de Mitho par les barques			Id......	881	114,530
Cuirs de porc.................			Nombre...	633	6,330
* Noix d'arek...................			Piculs	777	33,965
Huile de coco			Id......	978	44,010
* Indigo.......................			Id......	31	1,054
Os d'éléphants................			Id......	568	35,216
* Plumes d'oiseaux..............			Id......	73	14,600
* Sésames.....................			Id......	635	10,625
Sucre brut...................			Id......	1,162	23,240
Cornes.......................			Id......	6,648	166,200
Légumes secs (haricots, fèves).............			Id......	8,238	189,474
* Intestins de poisson.............			Id......	409	18,405
Bois à brûler..................			Nombre de morceaux.	1,595,520	25,350

1. Voir les tableau du cabotage par barques de mer entre Saïgon et Mitho.
2. 16 piculs ou un tonneau.

— 603 —

EXPORTATIONS (suite).	UNITÉS.	QUANTITÉS.	VALEUR.
Racines	Piculs	8	160
Graines	Id	1,820	32,760
* Thé annamite	Id	174	4,350
* Soie	Id	140	2,800
* Bois d'ébène	Id	100	1,200
* Cire	Id	2	400
* Rotin	Paquets	905	2,262
Bois de sapan	Piculs	1,510	13,590
* Soie grége	Id	19	22,800
Pièces de bois	Nombre	16	1,200
Madriers	Id	13	143
* Tuiles	Id	100,000	2,300
* Bois de teinture	Piculs	240	1,920
* Poivre	Id	848	32,224
Paillottes pour toitures, exportées par les barques de mer	Nombre	1,373,400	27,468
Pots vides pour eau de poisson, exportés par les barques de mer	Id	2,060,460	20,605
Joncs en paquets	Paquets	478	956
Nattes pour voiles	Pièce	2,698	809
Huile de coco	Piculs	90	4,050
* Pièces de cordages	Nombre	6,000	12,000
Diverses marchandises non relevées à cause des petites quantités exportées, mais qui se sont élevées à	Piculs	64,165	»
TOTAL de la valeur moyenne des exportations en francs			16,697,787

RÉEXPORTATIONS.

NOMENCLATURE.	UNITÉS.	QUANTITÉS.	NOMENCLATURE.	UNITÉS.	QUANTITÉS.
Cannelle	Piculs	10	Farine	Barils	8
Noix de galle	Id	120	Cercles en fer	Paquets	20
Herbes médicinales	Ballots	79	Mèches chinoises	Caisses	100
Fruits	Caisses	261	Porcelaine	Id	10
Sagou	Piculs	20	Manufactures franç	Id	128
Cotonnades (par long cours)	Pièces	240	Vermouth	Id	50
			Sardines	Id	10
Cotonnade (par barques de mer)	Id	11,111	Chinoiseries	Id	12
			Ferronnerie	Kilogram	370
Son	Sacs	856	Drap	Caisses	3
Fer en barres	Nombre	60	Marchandises japonaises	Id	24
Vin en barriques	Id	109	Cordages goudronnés	Kilogram	3,000
Bière	Caisses	11	Opium	Caisses	119
Champagne	Id	530	Thé	Jarres	753
Piastres	Id	308	Marchandises diverses	Ballots ou caisses	2,631

NAVIGATION.

Pendant l'année 1864, il est entré à Saigon 295 navires au long cours, jaugeant 110,361 tonneaux, et il en est sorti 268 navires, jaugeant 101,960 tonneaux, ce qui donne un mouvement de 563 navires et de 212,321 tonneaux. Si on ajoute à ces chiffres le cabotage de Saigon et de Mitho par barques de mer, on obtient un total de 380,519 tonneaux, qui représente le mouvement général de la navigation maritime de nos provinces en 1864.

Voici la récapitulation du mouvement maritime de la navigation au long cours par nations :

NATIONALITÉS.	ENTRÉES.				SORTIES.			
	Nombre.	Tonnage.	Équipage	Passagers	Nombre.	Tonnage.	Équipage	Passagers
Français............	82	56.662	3.923	749	79	55.522	3.806	745
Anglais............	58	17.177	946	356	56	16.263	942	269
Hambourgeois......	47	12.599	600	554	36	9.351	446	118
Danois.............	37	7.733	379	114	35	7.292	350	71
Prussiens..........	9	2.356	111	9	8	2.307	105	57
Brêmois...........	9	2.415	104	39	6	1.635	73	45
Hollandais.........	7	2.163	126	7	5	1.744	106	14
Hanovriens........	5	881	39	»	5	881	39	1
Suédois............	3	1.652	47	»	4	1.895	59	55
Mecklembourgeois...	2	528	23	»	2	528	23	11
Oldenbourgeois.....	3	675	30	100	2	419	22	4
Belges.............	1	311	11	»	1	311	11	»
Portugais..........	1	261	15	»	1	261	15	»
Américains........	2	1.218	39	»	1	118	13	»
Russes.............	2	307	20	15	1	81	9	1
Siamois............	1	41	13	»	1	41	13	3
Jonques chinoises...	26	3.382	992	391	25	3.311	962	121
TOTAUX........	295	110.361	7.418	2.334	268	101.960	6.994	1.485

On voit que le pavillon français figure en première ligne sur ce tableau ; le nombre des navires nationaux venant charger à Saigon, augmente chaque année ; il était de 44 en 1862, de 54 en 1863, et de 82 en 1864. Sur ces 82 navires, les paquebots des Messageries Impériales figurent pour 23 entrées. 30 navires sont venus de France, chargés en totalité ou en partie pour l'Etat ; ils sont tous repartis avec des chargements du commerce, sinon pour l'Europe, du moins pour un des ports de la mer de Chine, avec des frets variant de 40 à 60 fr. par tonneau. 29 sont arrivés chargés pour le commerce, ou sur lest, prendre un chargement. Sur les 79 navires français sortis, il faut déduire 23 sorties des Messageries Impériales ; ces 56 navires ont trouvé des frets avantageux, à l'exception d'un seul qui est parti sur lest.

Il y a lieu de signaler le chiffre décroissant des jonques qui faisaient le commerce de riz avec les places de Hong-kong, Canton, Shang-haï ; la plupart de ces jonques sont remplacées par des navires européens que préfèrent les maisons chinoises de Cholen [1].

CABOTAGE DE LA COCHINCHINE PAR BARQUES DE MER.

Avant de parler du cabotage de ces contrées, nous devons faire remarquer qu'il existe deux espèces de barques. L'une n'a pas de mât, fait le service de transport et remplace avantageusement les charrettes que nous avons en France ; nous appellerons cette espèce *barques de rivière*, et nous n'en parlons que pour mémoire, parce qu'elles ne servent qu'à charger ou décharger les navires et les barques de mer qui ne peuvent aller dans les arroyos ; il y en a environ 10,000. L'autre espèce, qui est mâtée avec deux ou trois mâts très-inclinés sur l'arrière, et qui fait le cabotage sur la côte, va jusqu'à Hué et quelquefois jusqu'à l'île de Haïnan ; c'est d'elles dont nous nous occuperons et que nous nommerons *barques de mer*.

Les barques de mer faisant le cabotage ont été aussi actives que les navires au long cours. Les mouvements de Saigon et de Mitho seulement ont été de 5,491 entrées et 5,027 sorties, jaugeant 168,198 tonneaux, soit par jour 460 tonneaux de marchandises entrées ou sorties de ces deux ports. Nous disons

---

[1]. Les négociants français ne devraient envoyer à Saigon, pour la navigation dans les mers de Chine, que des navires de 300 à 400 tonneaux, mâtés en brig-goëlette et bons marcheurs. Dans ces conditions de gréement, l'équipage est peu nombreux et le navire fait des traversées fort courtes.

seulement, parce que nous ne comptons pas les autres points, tels que Candjiou, Cangioc, etc., etc., où les barques vont commercer sans toucher à Mitho et à Saigon.

SAIGON.

Voici la liste des marchandises qui sont entrées à Saigon et qui en sont sorties, par barques de mer, pendant l'année 1864 :

		Entrées.	Sorties.
Bois à brûler	piculs...	162,947	»
Eau de poisson	pots....	3,867,130	»
Pots vides pour eau de poisson	nombre.	»	2,080,460
Sel	piculs..	240,815	116,607
Chaux	id.	7,246	»
Riz	id.	14,438	110,069
Huile de coco	id.	261	90
Cannelle	id.	64	»
Poterie	id.	78,720	»
Cordage	pièces..	83,750	6,000
Sucre	piculs..	6,238	»
Noix d'areck	id.	83	»
Poisson salé	id.	30,500	1,003
Soie	pièces..	46,114	614
Cotonnade	id.	»	11,111
Fil de soie	piculs..	78	»
Ligatures	nombre.	146,438	432,298
Thé annamite	piculs...	2,778	»
Thé en jarre	id.	»	753
Paillottes pour toitures	nombre.	»	1,373,400
Joncs	paquets.	»	478
Nattes pour voiles	pièces..	»	2,698
Madrépores	id.	»	50
Coton	piculs..	»	200
Diverses marchandises	piculs..	117,011	64,165

Ce commerce s'est effectué, entrées et sorties, par 9,334 barques jaugeant 145,782 tonneaux.

Voici le mouvement des barques de mer à Saigon, en 1864 :

LIEUX DE PROVENANCE ou de destination.	ENTRÉES.		SORTIES.		TOTAUX.	
	Nombre de barques.	Tonnage.	Nombre de barques.	Tonnage.	Nombre de barques.	Tonnage.
Bien-Hoa............	738	8.225	578	1.441	1.316	14.666
Bariah............	1.196	16.630	1.124	14.665	2.320	31.295
Candjiiou..........	697	8.664	510	6.536	1.207	15.200
Mitho............	492	5.518	895	10.932	1.387	16.450
Vinh-Luong.........	1	9		309	25	318
Binh-Tuan..........	1.237	23.287	1.145	22.106	2.382	45.393
Phuyen............	129	3.867	108	3.285	237	7.152
Quang-Nam.........	128	4.131	101	3.357	229	7.488
Binh-Dinh..........	123	4.148	93	3.271	216	7.419
Tan-Quan..........	7	126	8	275	15	401
TOTAUX..........	4.748	74.605	4.586	71.177	9.334	145.782

MITHO.

Le mouvement des barques de mer à Mitho, pendant l'année 1864, a été de 743, jaugeant ensemble 13,464 tonneaux, à l'entrée, et de 441 barques, 9,045 tonneaux, à la sortie.

Voici le relevé des denrées et marchandises apportées et emportées par ces barques de mer :

		Entrées.	Sorties.
Ligatures.................	nombre.	481,691 [1]	»
Sel.....................	livres...	3,064,800	»
Eau de poisson............	pots....	48,400	»
Pots vides pour eau de poisson..	nombre.	»	18,500
Marmites................	nombre.	227,050	»

1. En ajoutant ces 481,691 ligatures aux 146,438 arrivées à Saigon, on a un total de 628,129 ligatures; comme il en est sorti 432,298, on a un excédant de 125,831 ligatures, qui sont restées dans nos provinces pendant l'année 1864.

		Entrées.	Sorties.
Sucre noir	kilog...	14,027	»
Sucre blanc	id.	13,745	»
Huiles	id.	19,395	»
Cochenille	id.	1,374	»
Thé-Hué	id.	46,641	»
Thé de Chine	id.	402	»
Papier	feuilles.	85,000	»
Chaux	piculs.	937	»
Coquillages	kilogr.	43,111	»
Maïs	piculs...	65,650	»
Soie	id.	245	»
Cordages	pièces.	21,500	»
Papier à cigarettes	feuilles..	95,000	»
Jarres	nombre.	2,280	»
Planches	id.	72	»
Médecines, herbes	kilogr..	624	».
Huile de poisson	id.	375	»
Bâtonnets d'odeur	nombre.	624	»
Barres d'argent	id.	10	»
Riz	litres [1]..	»	5,762,300
Paddy	id.	»	1,033,200
Coton	kilogr..	»	52,889

Il y a lieu de remarquer que le commerce de cabotage entre Saigon et la Cochinchine intérieure prend chaque jour des proportions plus importantes. C'est seulement à la paix, c'est-à-dire dans la seconde moitié de 1862, que le port de Saigon fut ouvert aux Annamites. Dès cette première année, il arriva 1,000 barques ; il en est venu près de 3,000 en 1863 et 4,748 en 1864, représentant un tonnage de 74,602 tonneaux, sans compter le cabotage de Mitho, qui se fait en grande partie par le Cambodge. Or, les produits de la Cochinchine intérieure sont précisément ceux qui conviennent à nos besoins : ce sont les sucres, la soie, les sésames, les arachides, les huiles qui s'ajoutent à la chaux, aux coquillages, aux eaux de poisson, aux poissons salés, au sel, tandis que les Annamites prennent principalement à Saigon du riz et quelques marchandises européennes.

Le marché ouvert à nos produits manufacturés par notre possession de Saigon ne se borne donc pas aux six provinces de la Basse-Cochinchine ; il s'étend aussi à la Cochinchine intérieure et au Cambodge, avec lequel Saigon est en communication constante.

---

1. 80 litres de riz ou 200 litres de paddy font un picul.

Service postal.

La Cochinchine est mise en communication avec la France par les services maritimes des Messageries Impériales.

Les paquebots de la ligne de l'Indo-Chine, partant de Marseille le 19 de chaque mois, arrivent à Alexandrie le 25 ; les paquebots qui sont en correspondance avec les premiers quittent Suez le 27 et parviennent à Saigon le 24 du mois suivant; au retour, les départs de Saigon ont lieu le 1er, et correspondent avec les arrivées à Marseille, le 5 du mois suivant. Le voyage entre Marseille et Saigon s'effectue donc en 35 jours en moyenne.

Le prix du passage est fixé ainsi qu'il suit :

Cabine à une couchette...	5,190 francs.
Cabine à deux couchettes..	3,390 »
Cabine ordinaire........,.	2,610 »
Entrepont...............	1,425 »

Les enfants de 3 à 10 ans payent demi-place. Dans ces prix n'est pas compris le transit à travers l'Égypte, soit 62 fr. 40 c. pour la 1re classe, et 31 fr. 20 pour la 2e.

Les passagers civils et militaires qui voyagent sur réquisition du Gouvernement sont admis à bord des paquebots moyennant une réduction de 30.0/0 sur le prix du transport. Voici le tarif de cette catégorie de passagers :

	fr.	c.
Cabine à une couchette...	3,727	80
Cabine à deux couchettes.	2,467	80
Cabines ordinaires.......	1,921	80
Entrepont..	1,056	90
Pont...................	498	»

Il est, en outre, payé comme prix de la nourriture :

Pour les passagers de chambre.	316 francs.
— d'entrepont.	234 »
— de pont....	99 »

Les Établissements français de Cochinchine sont, en outre, desservis indirectement par les paquebots de la Compagnie Anglaise, dite Compagnie Péninsulaire et Orientale. Les départs ont lieu de Marseille les 12 et 28 de chaque mois, et les arrivées ou retours, les 3 et 18.

Les paquebots correspondant à ces services, au delà de Suez, touchent à Singapore les 16 et 1er, au voyage d'aller, et les 23 et 9 au voyage de retour. Les passagers et les correspondances qui prennent la voie anglaise, sont débarqués à Singapore, et transportés à Saigon par des bâtiments de la station de Cochinchine; le trajet est d'environ trois à quatre jours.

Voici le prix du passage par ces services jusqu'à Singapore :

Cabine à plusieurs couchettes. 110 livres sterling (2,750 fr.)
— réservée............. 290 — (7,250 fr.)

Les conditions d'échange des correspondances ont été réglées par les décrets des 7 septembre 1863 et 27 novembre 1864, qui ont fixé ainsi qu'il suit le tarif des taxes postales :

	VOIE	
	française.	anglaise.
	fr. c.	fr. c.
Lettres affranchies par 10 gr.................	0 50	0 70
Lettres non affranchies.....................	0 60	0 80
Lettres chargées.........................	1 »	1 40
Echantillons et imprimés par 40 gr..........	0 12	0 12
Papiers de commerce et d'affaires par 200 gr..	0 60	0 60

Les lettres des militaires et marins expédiées par la voie française sont taxées à 20 centimes si elles sont affranchies, et à 30 centimes en cas de non-affranchissement; telles sont aussi les taxes des correspondances expédiées par les navires du commerce.

Des mandats d'argent peuvent être délivrés ou payés en Cochinchine, mais seulement au profit des militaires et marins.

Ce service a donné les résultats suivants en 1863 :

fr. c.
Mandats émis.. 45,554 69
Mandats payés. 44,876 04

On se sert en Cochinchine de timbres-poste spéciaux, semblables à ceux qui sont en usage dans les autres colonies. La vente de ces timbres a produit, pour les 9 premiers mois de 1864, une somme de 17,718 fr.

Le service postal dans l'intérieur de la Cochinchine a été organisé par les arrêtés locaux des 13 janvier et 2 juin 1863. Ce service est placé dans les attributions du trésorier payeur institué par l'art. 8 du décret du 10 janvier 1863, qui a organisé le régime financier dans notre colonie.

Les correspondances échangées sur le territoire de la Cochinchine sont soumises à la taxe suivante :

	affranchies. fr. c.	non affranchies. fr. c.
Lettres jusqu'à 10 gr. inclusivement.	0 10	0 20
— de 10 à 20 —	0 20	0 30
— de 20 à 100 —	0 40	0 60
— de 100 à 200 —	0 80	1 20
— de 200 à 300 —	1 20	1 80
Journaux et imprimés par 40 gr.	0 05	

Par un arrêté du 15 juillet 1863, des bureaux ont été établis à Bariah, Bien-hoa, Go-cong, Mitho, Tay-ninh, Tong-keou et Trang-bang. Ces bureaux relèvent de la direction des postes de Saigon ; et les titulaires sont nommés par les commandants supérieurs des provinces, de concert avec le trésorier payeur.

CHAPITRE IV.

COLONIES DE L'OCÉANIE.

Iles de la Société. — Iles Basses ou Tuamotu. — Iles Tubuai. — Iles Marquises. — Nouvelle Calédonie.

ÉTABLISSEMENTS DE L'OCÉANIE.

Résumé historique.

Sous le titre général d'*Établissements français de l'Océanie* on comprend aujourd'hui : les îles Marquises, nos établissements militaires et maritimes de Taïti et notre Protectorat des îles de la Société et dépendances[1].

Les îles du Protectorat sont rangées sous le nom d'*États du Protectorat*. Cette dénomination a été adoptée en 1844, et constamment maintenue dans tous les actes du gouvernement local.

---

1. Le 14 janvier 1860, la Nouvelle-Calédonie, qui faisait partie de l'ensemble des établissements de l'Océanie, en a été séparée pour former un établissement distinct.

Les États du Protectorat se composent :

1° Du groupe S. E., ou îles du Vent de l'archipel de la Société [1] ;

2° Des îles Basses, ou Tuamotu.

Les îlots Gambier ou Mangareva, formant l'extrémité S.-E. de cet archipel, vivent sous une administration séparée.

3° De deux des îles Tubuai. Les deux autres îles de ce groupe

---

[1] En 1847, la séparation politique des deux groupes a été consacrée par une déclaration entre la France et l'Angleterre. La Reine Pomaré a bien souvent regretté, depuis cette époque, un acte qu'elle avait provoqué elle-même, en affirmant que son pouvoir ne s'étendait pas sur les Iles-sous-le-Vent de Taïti. Deux de ses enfants ont été élus rois de Raiatea et de Borabora en 1857 et 1860.

Voici le texte du document :

DÉCLARATION RELATIVE AUX ILES SOUS-LE-VENT DE TAÏTI.

Londres, le 19 juin 1847.

Sa Majesté la reine du royaume-uni de la Grande-Bretagne et d'Irlande, et Sa Majesté le roi des Français, désirant écarter une cause de discussion entre leurs gouvernements respectifs, au sujet des îles de l'océan Pacifique désignées ci-après, ont cru devoir s'engager réciproquement :

1° A reconnaître formellement l'indépendance des îles de Huahine, Raiatea et Borabora (sous le vent de Taïti) et des petites îles adjacentes qui dépendent de celles-ci.

2° A ne jamais prendre possession desdites îles, ou d'une ou plusieurs d'entre elles, soit absolument, soit à titre de protectorat, ou sous aucune autre forme quelconque.

3° A ne jamais reconnaître qu'un chef ou prince régnant à Taïti puisse en même temps régner sur une ou plusieurs autres îles susdites, et réciproquement, qu'un chef ou prince régnant dans une ou plusieurs de ces dernières, puisse régner en même temps à Taïti, l'indépendance réciproque des îles désignées ci-dessus, et de l'île de Taïti et dépendances, étant posée en principe.

Les soussignés, principal secrétaire d'État pour les affaires étrangères de Sa Majesté britannique et le ministre plénipotentiaire de Sa Majesté le roi des Français près la cour de Londres, munis des pouvoirs nécessaires, déclarent en conséquence, par les présentes, que leurs dites Majestés prennent réciproquement cet engagement.

En foi de quoi les soussignés ont signé la présente déclaration et y ont fait apposer le sceau de leurs armes.

Fait double à Londres, le 19 juin, l'an de grâce 1847.

(L. S.) PALMERSTON. (L. S.) JARNAC.

quoique reconnaissant autrefois la souveraineté des Pomare, sont restées jusqu'à ce jour en dehors de notre Protectorat.

La carte (ci-annexée) des Établissements français de l'Océanie et du Protectorat des îles de la Société et dépendances, présente l'ensemble de toutes nos îles et des îles voisines, dont les populations sont de même origine et parlent à peu près la même langue.

Quoique notre établissement dans la Polynésie ait débuté par l'occupation des îles Marquises, le chef-lieu de notre colonie ne tarda pas à être transporté, avec toutes nos forces militaires et maritimes, de Taiohae (île Nuka-hiva), à Papeete (île Taïti). Cette ville était la capitale du royaume taïtien. Elle est devenue la capitale des Etats du Protectorat français, le chef-lieu de nos Établissements.

La prise de possession des îles Marquises, et l'acceptation du Protectorat sur les îles de la Société, ont été, dans leur temps, le sujet de débats parlementaires d'un grand retentissement. Nous n'avons pas à y revenir[1]. Nous rappellerons seulement que ces actes étaient la mise en application d'une grande pensée, ayant pour but de doter la France, à des distances échelonnées autour du globe, d'établissements d'une étendue restreinte, et choisis dans les conditions convenables, pour servir de point d'appui et de ravitaillement à nos stations navales.

L'île de Taïti, la plus considérable et la plus peuplée des îles de l'est de la Polynésie, a été l'objet, au siècle dernier, des récits enchanteurs de ses premiers explorateurs, Wallis, Bougainville et Cook (1767, 1768 et 1769). Contrairement à ce qui arrive trop fréquemment, l'expérience a confirmé tout ce qui avait été raconté sur la salubrité du climat, la fertilité du sol, l'affabilité des naturels.

En 1797, une compagnie de missionnaires protestants, agents de la société des Missions de Londres, s'établit à Taïti avec leurs familles. Ils furent assez heureux, après un travail de vingt années, pour obtenir l'abjuration du paganisme par toute la population. Les vieilles idoles furent brisées, et la foi protestante devint la religion du pays.

Sous l'influence et à l'aide des mêmes missionnaires, le grand chef, Pomare, acquit peu à peu une prépondérance marquée sur les autres chefs, et il finit par se déclarer roi des îles de la Société et dépendances.

---

1. Voir la *Revue coloniale*, années 1844, 1845, 1846, 1847.

Son fils lui succéda sous le titre de Pomare II. Il constitua un gouvernement représentatif, dans lequel les chefs et des députés réunis en assemblée examinaient les projets de loi d'intérêt général. Les missionnaires, véritables inspirateurs de ces mesures, formulaient en codes les résolutions adoptées par l'assemblée, et Pomare les promulguait comme *lois*. C'est ce mécanisme de gouvernement qui a si fort émerveillé quelques voyageurs européens, et les a fait se méprendre étrangement sur l'état social des insulaires de l'archipel de la Société.

En 1821, Pomare II mourut, laissant un fils âgé d'une année, lequel ne vécut que jusqu'en 1825. Il y eut une régence, confiée à la mère, puis à la tante du jeune prince.

On décida, pendant cette période, que les chefs et les députés nommés par le peuple s'assembleraient chaque année, dans le but de discuter et d'adopter de nouvelles lois, tout en assurant l'exécution de celles déjà existantes.

A la mort de Pomare III (1825), sa sœur Aïmata fut proclamée reine, sous le nom de Pomare Vahine (femme). C'est elle qui règne aujourd'hui, sous le titre de Pomare IV, reine des îles de la Société et dépendances.

Tous ces événements ne s'étaient pas accomplis sans troubles et sans combats. Les missionnaires dirigeaient les affaires, tantôt sans obstacles, tantôt au milieu de difficultés de tout genre. Ils sentaient leur faiblesse dans le gouvernement des affaires temporelles, et combien ils auraient eu besoin de l'appui d'un pouvoir extérieur hors de toute contestation. Aussi ils suggérèrent deux fois aux chefs de solliciter le protectorat de l'Angleterre, dont les navires de guerre visitaient souvent le pays, et donnaient la plus haute idée de la nation et du souverain auxquels appartenaient de si admirables et si puissantes *pirogues de guerre*. Ces demandes ne furent pas accueillies, et aucune autorisation ne fut donnée aux missionnaires de couvrir du pavillon britannique les terres du royaume taïtien.

Cependant, notre marine et nos nationaux, longtemps absents de l'océan Pacifique, paraissaient de nouveau dans ces parages depuis la paix de 1815. Le contre-amiral Dupetit-Thouars, les capitaines de vaisseau Dumont-d'Urville, Cécille, Laplace, Du Bouzet, visitaient successivement et à des intervalles rapprochés (1838, 1839, 1840, 1841 et 1842), les îles de la Société. Ils réglaient diverses difficultés survenues entre le gouvernement indigène et nos nationaux, soit pour le commerce, soit pour le libre exercice du culte catholique. La religion protestante ayant été déclarée religion de l'Etat, les prêtres catholiques éprouvaient toutes sortes d'entraves à leur établissement dans le pays.

D'un autre côté, le port de Papeete était fréquenté, à cette époque, par de nombreux baleiniers, américains, anglais et français. Leurs turbulents équipages se livraient à des désordres que l'autorité indigène, malgré tous les conseils des missionnaires, était incapable de réprimer. Nos intérêts étaient, pendant ces conflits, activement et habilement servis par M. Moerenhout, d'abord chargé du consulat des Etats-Unis, puis de celui de la France, par délégation de l'amiral Dupetit-Thouars. M. Moerenhout persuada aux chefs les plus influents de tenter une démarche pour solliciter le protectorat de la France, et garantir ainsi leur pays de l'état de trouble et de confusion où il tombait.

La sollicitation était formulée, lorsque le passage d'un navire de S. M. britannique, le *Curaçao*, et les réclamations des résidants anglais, firent échouer cette première demande. Mais les vexations contre les Français recommencèrent, et n'eurent de terme qu'à l'arrivée du capitaine de vaisseau Du Bouzet. Au même moment, (juin 1842), le contre-amiral Dupetit-Thouars prenait possession des îles Marquises.

Après avoir réglé les détails d'installation du personnel administratif et militaire qu'il déposait dans notre nouvelle colonie, l'amiral faisait route sur Taïti, à bord de la frégate la *Reine-Blanche*. Il trouva, au mois d'août 1842, la situation très-tendue. Les résidants étaient inquiets, désiraient un gouvernement d'ordre et de justice, afin de sortir au plus tôt d'un état où la sécurité des personnes et des biens devenait de plus en plus précaire.

M. Moerenhout et les chefs, auteurs de la demande faite l'année précédente, profitèrent des circonstances nouvelles pour représenter à la Reine et à l'Assemblée des chefs combien il importait à leurs intérêts et à celui du peuple de s'appuyer sur une grande nation, sachant se faire respecter et obéir des étrangers, sachant administrer la justice dans leurs différends, toujours plus nombreux.

Sous l'empire de ces idées, sous la pression de désordres dont ils ne voyaient pas le terme, à la satisfaction générale de tous les résidants européens [1], la Reine et les grands chefs rédigèrent l'acte suivant :

---

1. Les Anglais témoignèrent par une adresse leur reconnaissance à l'amiral Dupetit-Thouars.

Taïti, le 9 septembre 1842.

« Parce que nous ne pouvons continuer à gouverner par nous-même dans le présent état de choses, de manière à conserver la bonne harmonie avec les gouvernements étrangers, sans nous exposer à perdre nos îles, notre liberté et notre autorité, nous, les soussignés, la Reine et les grands chefs de Taïti, nous écrivons les présentes pour solliciter le Roi des Français de nous prendre sous sa protection aux conditions suivantes :

« 1° La souveraineté de la Reine et son autorité et l'autorité des chefs sur leurs peuples sont garanties ;

« 2° Tous les règlements et lois seront faits au nom de la Reine Pomare, et signés par elle ;

« 3° La possession des terres de la Reine et du peuple leur sera garantie. Ces terres leur resteront. Toutes les disputes, relativement au droit de propriété ou des propriétaires des terres, seront de la juridiction spéciale des tribunaux du pays ;

« 4° Chacun sera libre dans l'exercice de son culte ou de sa religion ;

« 5° Les églises existant actuellement continueront d'être, et les missionnaires anglais continueront leurs fonctions sans être molestés ; il en sera de même pour tout autre culte ; personne ne pourra être molesté ni contrarié dans sa croyance.

« A ces conditions, la Reine Pomare et ses grands chefs demandent la protection du Roi des Français, laissant entre ses mains ou aux soins du gouvernement français, ou à la personne nommée par lui et avec l'approbation de la Reine Pomare, la direction de toutes les affaires avec les gouvernements étrangers, de même que tout ce qui concerne les résidents étrangers, les règlements du port, etc., etc., et de prendre telle mesure qu'il pourra juger utile pour la conservation de la bonne harmonie et de la paix.

« *Signé* POMARE.

« Paraita, *régent*, Utami, Hitoti, Tati.

« Je, soussigné, déclare que le présent document est une traduction fidèle du document signé par la Reine Pomare et les chefs.

« *Signé* Arii Taimai, envoyé de la Reine. »

L'amiral accepta, au nom du Roi, et sauf ratification, la proposition qui lui était faite. Il établit un gouvernement provisoire à Papeete, et quitta le port au bout de quelques jours, afin de visiter d'autres points confiés à sa surveillance.

Au mois de mars 1843, le Roi ratifia l'acceptation faite par M. Dupetit-Thouars, et conféra tout pouvoir au capitaine de vaisseau Bruat, déjà nommé gouverneur de nos établissements dans l'Océanie, pour s'entendre avec la Reine et les grands chefs.

Voici le texte de la ratification :

« Louis-Philippe, Roi des Français, à la Reine Pomare, Salut :

« Illustre et excellente Princesse., notre contre-amiral Dupetit-Thouars, commandeur de la Légion d'honneur, et commandant en chef de nos forces navales dans l'océan Pacifique, nous a rendu compte de la demande que, de concert avec les grands chefs principaux de vos îles, vous avez faite de placer votre personne et vos terres, ainsi que la personne et les terres de tous les Taïtiens, sous le protectorat de notre couronne, offrant de nous remettre la direction des affaires extérieures de vos États, les règlements de ports et autres mesures propres à assurer la paix dans cet archipel. Notre cœur s'est ouvert à votre voix ; et puisque, d'accord avec les chefs de vos îles, vous ne pensez trouver repos et sûreté qu'à l'ombre de notre protection, nous voulons vous donner une preuve éclatante de notre royale bienveillance en acceptant votre offre. Nous conférons tout pouvoir au Gouverneur de nos établissements dans l'Océanie, le capitaine de vaisseau Bruat, pour s'entendre avec vous et avec les grands chefs. Il a toute notre confiance, écoutez-le. Conservez vos terres et votre autorité intérieure sur vos sujets ; et, sous la garde de notre sceptre ami, assurez leur bonheur par la sagesse et la bonne foi. De notre côté, nous chercherons, comme toujours, les occasions de vous donner, ainsi qu'à tous les habitants de vos îles, des gages de la sincère affection que nous vous portons.

« Que la paix et la prospérité soient avec vous.

« Donné en notre palais des Tuileries, le vingt-cinquième jour du mois de mars de l'an de grâce 1843.

(L. S.) « *Signé* LOUIS-PHILIPPE.

« *Contre-signé* GUIZOT. »

Cependant, après le départ de l'amiral Dupetit-Thouars, le parti opposé à notre influence s'agita, et fit maintes tentatives pour détruire l'effet de l'acte solennel du 9 septembre 1842. L'opposition était dirigée par M. Pritchard, qui cumulait les fonctions et emplois suivants : consul anglais, missionnaire, commerçant, et, avant tout, conseiller de la Reine. Absent de Taïti lors des événements de septembre, il revenait, furieux de la tournure qu'ils avaient prise, et bien décidé à mettre toute sorte d'obstacles à l'établissement définitif du Protectorat français. Il ne fut, malheureusement, que trop secondé dans ses menées sourdes et ouvertes par le commandant Toup Nicholas, de la frégate de S. M. britannique, la *Vindictive*. C'est sur ce navire que M. Pritchard était rentré à Taïti, venant d'Australie.

Cette situation agitée, menaçant constamment d'aboutir à un violent conflit entre les autorités françaises et anglaises, prit fin en novembre 1843, par l'arrivée de M. Bruat, Gouverneur, Commissaire du Roi, et du contre-amiral Dupetit-Thouars, accompagnés de forces imposantes [1].

L'amiral fit de vives représentations à la Reine sur son mauvais vouloir pour exécuter la convention du 9 septembre 1842, et se crut autorisé, afin de sortir de tous ces embarras, à prendre possession de l'île Taïti et de ses dépendances. Cette prise de possession eut lieu en novembre, et M. Bruat fut installé immédiatement en qualité de Gouverneur.

Le gouvernement du Roi ne ratifia pas la décision de l'amiral Dupetit-Thouars. Des ordres furent donnés au commandant Bruat de maintenir la convention de septembre 1842. Le contre-amiral Hamelin remplaça l'amiral Dupetit-Thouars, et reçut pour instruction de concourir au rétablissement du Protectorat.

Tout ce qui s'était passé depuis dix-huit mois avait jeté un grand trouble dans les esprits. La reine Pomare s'était réfugiée, soit sur des bâtiments anglais, soit dans les îles N. O. (sous le vent) de ses États. Aussi le Gouverneur de nos établissements dans l'Océanie, fut-il, dès ses débuts, assailli de difficultés de tout genre, qui finirent par aboutir à des troubles sanglants. Au mois d'avril 1844, le commandant Bruat jugea nécessaire de frapper un coup décisif, pour démontrer notre ferme volonté de maintenir notre situation et affermir la confiance des chefs restés fidèles à notre cause. L'occasion lui était offerte. Depuis plusieurs mois, un rassemblement de près de 1,200 Indiens s'était campé et fortifié dans le district de Mahaena, à 20 kilomètres de Papeete. Ils se croyaient à l'abri de toute atteinte, grâce à la protection des montagnes, sans chemin tracé, qui les séparaient du chef-lieu. Ils ne croyaient pas non plus qu'un débarquement fût possible sur leur front, parce que la côte à Mahaena n'est pas protégée par la ceinture de récifs qui entoure presque toute l'île, et rend l'accès de la terre extrêmement facile aux embarcations, et souvent même aux grands navires.

Mais toutes ces difficultés furent vaincues ou tournées. Le gouverneur organisa avec la garnison et les marins une colonne de 500 hommes, embarqua son petit corps expéditionnaire sur la frégate l'*Uranie*, le vapeur le *Phaéton* et une goëlette locale. A la tête de ces forces, il quitta Papeete et vint hardiment mouiller ses bâtiments devant la position occupée par les insurgés. Le débarquement s'opéra en pleine côte, sous la protection du

---

[1] Frégates *Reine-Blanche*, *Uranie*, *Charte*, et plusieurs corvettes.

feu des navires. Les indigènes insurgés, auxquels on avait persuadé que leur position était inexpugnable, se complaisaient eux-mêmes à admirer leurs forces réunies. Ils étaient bien armés de fusils et avaient quelques petits canons. Ils furent vigoureusement attaqués, et ce ne fut qu'après une longue et acharnée résistance qu'ils abandonnèrent leurs terrains, laissant une centaine de morts, la plupart tués sur leurs retranchements. Cette journée nous coûta 16 morts et 52 blessés; mais une aussi rude affaire fit comprendre aux Taïtiens à quelles extrémités les conduisaient les perfides conseils de ceux qui les poussaient contre nous.

L'annonce du maintien du Protectorat, l'offre réitérée, faite à la Reine, de rentrer dans ses États, ne purent faire mettre bas les armes à la partie agitée et turbulente de la population, qui s'attendait toujours que quelque secours étranger lui viendrait en aide. Les demandes du Protectorat, sollicitées à l'Angleterre, puis à la France, avaient jeté dans les esprits des indigènes une grande confusion, et quelques-uns croyaient volontiers que leurs querelles intérieures pourraient faire naître un conflit sérieux entre les deux grandes nations. Ces sentiments étaient suggérés, et ils étaient entretenus par quelques personnes passionnées et peu éclairées.

En l'absence de la Reine, le commandant Bruat rétablit le Protectorat, et donna, suivant l'usage du pays, l'autorité de la Reine absente au Régent. Le code taïtien, dont nous avons parlé plus haut, fut revisé, et de nouvelles lois furent promulguées le 1er octobre 1845.

Cependant M. Bruat était obligé de disperser fréquemment des rassemblements hostiles, et toutes ces affaires, dans lesquelles nous avions toujours la supériorité, nous coûtaient des officiers et des soldats; enfin, le 17 décembre 1846, un coup de main hardi, opéré par M. le capitaine de corvette Bonard et quelques volontaires, pris dans tous les corps, mettait en nos mains le poste de Fatahua. Cette position intérieure, au fond de la vallée du même nom, et à 6 kilomètres de Papeete, était à juste titre considérée comme inexpugnable. Elle permettait aux divers camps d'insurgés de communiquer entre eux par les vallées du centre de l'île.

Cette dernière affaire terrifia les Taïtiens, et détermina leur complète soumission, le 22 du même mois. Les armes furent livrées, et plus de mille guerriers vinrent à Papeete, jurer serment de fidélité au gouvernement du Protectorat.

La reine Pomare ne tarda pas à suivre cet exemple. Au mois de mai 1847, elle quitta les Iles-sous-le-Vent, et fut réinstallée solennellement dans son autorité. Depuis cette époque, les Etats du Protectorat ont joui d'une tranquillité parfaite. Nos relations de chaque jour avec les indigènes les ont amenés à nous mieux connaître et à nous aimer. Par la force des choses, par suite de la supériorité irrésistible de notre civilisation et de nos principes, les indigènes eux-mêmes nous ont mêlés à leurs affaires intérieures, dans le désir de voir s'établir chez eux l'ordre et la justice que nous portons dans le règlement des affaires concernant les Français et les étrangers résidant dans le pays. Les garanties inscrites dans l'acte du Protectorat sont les seules auxquels les indigènes attachent de l'importance : possession des terres et liberté de conscience. L'autorité de la Reine, celle des principaux chefs, ont été plutôt affermies que diminuées par notre intervention. Celle-ci est demandée par tous, comme le seul moyen d'obtenir bonne justice. Il est bien difficile aux indigènes de comprendre la différence, plutôt apparente que réelle, entre l'autorité du gouvernement protecteur et celle d'un souverain. Ne doit-on pas se féliciter de voir cette population, douée de qualités heureuses, mais dénuée jusqu'ici des principes élevés de notre morale, se rapprocher de nos mœurs et de nos institutions ?

Les Pomare et divers chefs de Taïti avaient établi leur domination sur les îles de l'archipel de la Société, les îles Basses et l'archipel Tubuai. La déclaration du 19 juin 1847, entre l'Angleterre et la France, a constitué indépendantes les îles Sous-le-Vent de Taïti. Mais les îles Basses, deux des îles Tubuai se sont rangées dans les Etats du Protectorat. Leur histoire se confond avec celle de Taïti. Les populations de ces îles étaient, et sont encore, bien moins avancées en civilisation que celles de l'archipel de la Société.

Si l'on veut avoir une idée exacte de l'*état de la société taïtienne à l'arrivée des Européens*, on doit lire le charmant et remarquable travail de M. de Bovis, lieutenant de vaisseau, paru sous ce titre dans la *Revue coloniale*, année 1855 [1].

Nous aurions fort peu de choses à dire sur le passé des Marquises. Les dernières notices publiées dans la *Revue colo-*

---

[1] Ce travail a été reproduit en entier dans l'*Annuaire de Taïti*, année 1863.

niale, années 1857 et 1858 [1], donnent des développements complets sur ces îles, dont l'importance est peu de chose à côté des Etats du Protectorat ; mais les Marquises sont des mailles utiles du réseau d'îles dont l'ensemble forme notre colonie.

Enfin, les îlots Gambier ou Mangareva, situés à l'extrémité S.-E. des îles Basses, présentent une petite communauté tout à fait distincte des autres îles de l'archipel. Les chefs ont été autorisés, en 1844, à arborer le pavillon français. Depuis cette époque, la protection de la France n'a cessé de veiller à la sécurité extérieure de ces petites îles. La mission catholique établie aux Gambier depuis 1836 a obtenu en quelques années un succès complet. Elle dirige, plus ou moins ostensiblement, toutes les affaires du pays.

La reine Pomare est née en 1813. Après avoir divorcé avec un premier mari, elle a épousé le prince Ariifaite, moins âgé qu'elle de sept années. De ce second mariage, il reste cinq enfants, quatre garçons et une fille. Un des fils et la fille ont été proclamés chefs ou rois aux Iles-sous-le-Vent, en 1857 et 1860.

LISTE CHRONOLOGIQUE DES GOUVERNEURS ET COMMANDANTS.

Régime royal (de 1843 à 1848).

BRUAT (A.-J.), capitaine de vaisseau, commandant la subdivision navale de l'Océanie, nommé gouverneur des îles Marquises le 8 janvier 1843, entre en fonctions le 14 octobre de la même année, à Nuka-Hiva. Par ordonnance du 17 avril 1843, M. Bruat, est nommé gouverneur des établissements français de l'Océanie et commissaire du Roi près la Reine des îles de la Société.

LAVAUD (C.-F.), capitaine de vaisseau, nommé gouverneur des établissements français de l'Océanie et commissaire du Roi aux îles de la Société, le 6 septembre 1846, entre en fonctions le 23 mai 1847. Le commandement de la *Sirène* et de la subdivision navale de l'Océanie est ajouté aux fonctions de M. Lavaud par décision du 11 octobre 1847.

---

[1] *Archipel des Marquises,* par M. Jouan, lieutenant de vaisseau, ancien commandant particulier. *Les colonies françaises,* par M. Roy, secrétaire du Directeur des colonies.

Régime républicain (de 1848 à 1853).

Le 24 juin 1848, M. Lavaud prend le titre de commissaire de la République.

Le 28 juin 1849, un décret supprime les fonctions de gouverneur et charge le commandant de la subdivision navale d'exercer celles de commissaire de la République aux îles de la Société.

BONARD (L.-A.), capitaine de vaisseau, nommé commandant de la division navale de l'Océanie, le 19 juillet 1849, entre en fonctions le 29 mars 1850.

PAGE (T.-F.), capitaine de vaisseau, nommé commandant de la division navale de l'Océanie, et commissaire de la République aux îles de la Société, le 5 septembre 1851, entre en fonctions le 16 juin 1852.

Régime impérial.

Le 17 avril 1853, le capitaine de vaisseau Page prend le titre de commissaire impérial.

Prise de possession de la Nouvelle-Calédonie, les 24 et 29 septembre 1853.

DU BOUZET (J.-F.-E.), capitaine de vaisseau, nommé gouverneur des établissements français et de la subdivision navale de l'Océanie, le 22 mars 1854, entre en fonctions le 20 novembre 1854. Un commandant particulier est installé à Taïti, le 21 novembre 1854. Le 15 mars 1856, le commandant particulier prend par intérim les fonctions de commissaire impérial en l'absence de M. Du Bouzet, qui revient le 30 décembre 1856.

SAISSET (J.-M.-J.-T.), capitaine de vaisseau, nommé gouverneur et commandant de la subdivision navale le 19 mai 1858, entre en fonctions le 17 septembre 1858. Le 25 avril 1859, le commandant Saisset part pour la Nouvelle-Calédonie et ne revient pas à Taïti.

Par décret du 14 janvier 1860, les établissements de l'Océanie cessent d'être placés sous l'autorité du commandant de la subdivision navale. La Nouvelle-Calédonie et ses dépendances forment un établissement distinct. Les îles Marquises et les établissements militaires et maritimes de Taïti sont placés sous l'autorité d'un commandant qui remplit en même temps les fonctions de commissaire impérial aux îles de la Société. Un arrêté ministériel crée une station locale à Taïti.

GAULTIER DE LA RICHERIE (L.-E.), capitaine de frégate, nommé commandant des établissements français de l'Océanie et commissaire impérial aux îles de la Société, le 14 janvier 1860, entre en fonctions le 1er juillet 1860. Le Ministre de la Marine confie à M. de la Richerie le commandement de la station locale.

DE LA RONCIÈRE (E.), nommé commandant des établissements français de l'Océanie et commissaire impérial aux îles de la Société, le 14 décembre 1863, entre en fonctions le 12 octobre 1864.

COMMANDANTS PARTICULIERS.

Aux débuts de l'occupation, trois commandements particuliers avaient été organisés : un pour chaque groupe des Marquises et le troisième pour les îles de la Société. Les deux postes des Marquises, occupés par MM. Collet et Halley, capitaines de corvette, ne furent maintenus que peu de temps. — Les fonctions de commandant particulier, à Taïti, ont été occupées par M. FOUCHER D'AUBIGNY (H.), capitaine de corvette, de novembre 1843 au 16 janvier 1845. Ces fonctions, supprimées à cette date, ont été rétablies en 1854 et remplies par MM. ROY (L.-F.), capitaine de frégate, du 21 novembre 1854 au 29 décembre 1856; — POUGET (comte P.-B.-D.), capitaine de frégate, du 30 décembre 1856 au 16 octobre 1858; — DE SAISSET (P.-F.), lieutenant de vaisseau, par *intérim*, du 17 octobre au 31 décembre 1858; — GAULTIER DE LA RICHLERIE (L.-E.), capitaine de frégate, du 1er janvier 1859 au 30 juin 1860. — Au 1er juillet, les fonctions de commandant particulier de Taïti cessent d'exister.

Topographie et Hydrographie.

Les diverses îles relevant de notre souveraineté ou de notre Protectorat occupent une vaste surface, mesurant environ 320 lieues marines du nord au sud, et 300 lieues de l'est à l'ouest. Les limites nord sont formées par l'archipel des Marquises, les limites est, par l'archipel des îles Basses, les limites sud, par les îles Tubuai, et les limites ouest, par le groupe sud-est ou du Vent, de l'archipel de la Société.

Nous allons passer en revue toutes ces îles, en commençant par Taïti et suivant, dans chaque groupe, les directions de l'ouest vers l'est, et du nord vers le sud. Les noms employés sont ceux adoptés dans l'*Annuaire de la colonie* de l'année 1863. Afin d'éviter toute confusion au sujet de ces noms, qui varient sur presque toutes les cartes, nous avons indiqué la latitude et la longitude approximatives du centre de *chaque île* [1].

---

[1] L'*u* se prononce *ou* dans tous les mots indigènes.

Iles de la Société.

Iles du Vent. — L'archipel est partagé en deux groupes : celui du S. E. et celui du N. O. Le premier groupe, ou îles du Vent, est composé des îles Taïti, Moorea, et des îlots Tetiaroa et Meetia. Le second groupe, ou îles sous le Vent de Taïti, est placé en dehors de notre Protectorat.

Les Anglais appellent aussi les îles du Vent : îles Géorgiennes, et les Iles-sous-le-Vent : Iles de la Société. Cette dernière dénomination a prévalu pour l'ensemble de l'archipel [1].

Ile Taïti. — Cette île est située entre 17° 30' et 17° 53' de latitude sud, et 151° 26' et 151° 57' de longitude ouest. Elle se partage en deux parties bien distinctes : Taïti, proprement dite, et la presqu'île de Taiarabu, reliées entre elles par un isthme de 2,200 mètres de largeur, dont la plus grande hauteur au-dessus du niveau de la mer est de 14 mètres.

La superficie totale de Taïti et de Taiarabu est de 104,215 hectares. Leur périmètre offre un développement de 192 kilomètres : 120 kilomètres pour Taïti et 72 pour la presqu'île.

L'étendue de Taïti est de 79,485 hectares; celle de Taiarabu de 24,730 hectares. Chacune de ces parties est à peu près circulaire. De hautes montagnes, produit d'un immense soulèvement volcanique, en occupent le centre; les plus hautes sont, dans Taïti, l'Aorai (2,064 mètres) et l'Orohena (2,236 mètres); dans Taiarabu, le Niu (1,324 mètres).

Ce soulèvement paraît être le même que celui qui a fait émerger au-dessus des eaux, Moorea, les Iles-sous-le-Vent, les Gambier, Tubuai, et peut-être d'autres archipels de la Polynésie. Il n'a pas été aussi complet là où sont les îles Tuamotu, et ce sont les coraux qui, en s'établissant sur les bords des cratères arrivés presque à la surface de l'eau, ont donné naissance à ces îles basses, où le lagoon intérieur marque l'emplacement même de ces cratères.

---

[1] Le consul anglais, résidant aux Iles-sous-le-Vent, est accrédité comme consul aux Iles de la Société. Le consul anglais, résidant à Taïti, est accrédité auprès du gouvernement français comme consul à Taïti et dépendances (ou aux îles Géorgiennes).

Le sol de Taïti, pierreux et dur au sommet des montagnes, est souvent, sur les plateaux intermédiaires, formé de masses d'argile, mais en revanche, dans les vallées et sur les bords de la mer, une épaisse couche de terre végétale le recouvre et le rend propre à toutes les productions tropicales.

Cette bande de terre, qui s'étend le long de la mer, est plate, quelquefois très-étroite, d'autres fois elle acquiert une largeur de près de trois kilomètres. Elle repose sur les coraux. Elle fournira à l'agriculture une étendue de 25,000 hectares environ. Aujourd'hui, de nombreux goyaviers, d'inextricables buraos la recouvrent, mais ce qui est incontestable, c'est que partout où l'on a planté, le succès a couronné les efforts des colons.

Une ligne de récifs entoure presque partout l'île.

Papeete, capitale des États du Protectorat, et chef-lieu de nos établissements, est située au N. O. de l'île ; le port en est large, sûr, et accessible à des bâtiments de toute dimension. On y pénètre par trois passes. Celle de Papeete même, au nord, est la plus fréquentée ; sa largeur est de 70 mètres sur une longueur de 80 mètres environ. On y trouve 13 mètres de profondeur. La passe de Taunoa, à l'est, est commode à l'entrée, mais le chenal tortueux ne peut être parcouru par de grands navires. Enfin, à l'ouest se trouve une troisième passe, bien plus étroite, appelée passe de Tapuna. La marée se fait sentir, dans le port de Papeete, tous les jours, entre midi et une heure. La mer monte de 60 centimètres environ lors des pleines lunes.

Papeete est la résidence de la reine Pomare et du Commandant Commissaire impérial aux îles de la Société, ayant sous son autorité tous nos Établissements.

Cette ville, susceptible de contenir 20,000 habitants dans ses limites militaires, ne compte pas plus de 2,000 âmes. Il faut y ajouter le personnel de la garnison et de la station navale, 550 hommes environ.

En quittant Papeete et s'avançant vers l'ouest, on trouve le district de *Faaa*, où ont été essayées les premières cultures de café. Elles sont en voie de progrès.

A *Punaauia*, près de la maison de la cheffesse, arrive à la mer la rivière de Punaruu, une des plus considérables de Taïti. Elle aboutit au centre de l'île, au Maiao ou Diadème (1,239^m) et communique, par là, avec les vallées de Fatahua et de Papenoo.

Plus qu'à Punaauia, on trouve à *Paea* de jolies rivières, de belles terres ; aussi y a-t-il plusieurs habitations européennes.

Papara, un des districts les plus considérables et les plus peuplés de l'île, et son voisin *Atimaono*, par l'étendue des terres cultivables qu'ils contiennent, sont appelés à une grande richesse future. Ils présentent des positions propres à de belles exploitations. Une compagnie agricole [1] vient de fonder un vaste établissement entre les territoires des villages d'Atimaono-Papara et de Mataiea. Un convoi de mille coolies chinois est attendu pour mettre les terres en valeur [2]. Des immigrants, recrutés aux îles Vatiu et Rorotonga, engagés pour deux années, sont déjà à l'œuvre, et plantent du coton. Les Taïtiens donnent aussi un concours précieux.

Dans le district de *Mataiea*, Papeuriri offre un bon port. Cette heureuse disposition, jointe à des conditions semblables à celles que présente Papara, y ont amené de bonne heure quelques colons.

C'est de Mataiea que l'on se rend au lac de Vaihiria. A l'extrémité de la vallée du même nom, à 430 mètres au-dessus du niveau de la mer, se trouve ce lac, de 500 mètres environ de largeur, tout entouré de hautes et sévères montagnes. Il n'a aucun écoulement apparent vers la mer; l'eau y est froide et profonde. C'est probablement encore un cratère éteint, latéral et indépendant du grand cratère central indiqué par les montages de Papenoo.

Vers *Papeari* le terrain devient un peu marécageux, puis très-montagneux, et l'on arrive ensuite à Taravao, au point culminant de l'isthme. Les environs de Taravao sont peu peuplés. Du fort on découvre, à l'ouest, le port Phaëton, qui pourrait contenir sûrement de nombreux navires, mais dont l'entrée est difficile.

Au delà de Taravao, dans la presqu'île, se trouvent, à l'ouest, les districts de *Tuahotu*, *Vairao*, *Mataoae* et *Teahupoo*; à l'est, *Afaahiti*, *Pueu* et *Tautira*. Ce dernier est un des plus grands et des plus peuplés. Une belle rivière descend des montagnes du centre de la presqu'île, et forme, à son embouchure, un bon port.

En revenant de Taravao à Papeete, par l'est, on trouve d'abord le district d'*Hitiaa*. Il y a là encore un très-bon port, des bois de construction, de très-belles vallées susceptibles de

---

[1] La Compagnie Soarès, représentée à Taïti par M. W. Stewart.
[2] 350 Chinois sont arrivés à la fin de février 1865.

riches cultures. Les rivières qui les traversent sont larges et profondes jusqu'à une assez grande distance de la mer. On construit à Hitiaa quelques petits bâtiments.

Après Hitiaa, on rencontre *Mahaena*, plus petit district, mais ressemblant beaucoup au précédent, théâtre d'un combat sanglant en 1845; puis *Tiarei*; puis *Papenoo*, le plus grand des districts de Taïti. La vallée de la rivière de Papenoo s'étend jusqu'au pied des plus hautes montagnes, dont les sommets la couronnent, rangés comme sur une circonférence. Aussi, cette rivière est-elle la plus considérable de toutes celles de ce pays et le passage en est dangereux par les grandes pluies. La route de Papenoo à Tiarei est fort difficile en quelques points. Ce n'est plus qu'un sentier tracé sur les flancs escarpés de la montagne. Le récif disparaît de Tiarei à la pointe Vénus; aussi, plus de port ni même de mouillage. Au loin, à quatre milles, se trouve le banc de l'*Artémise*. Il est probable que les vents d'est, qui soufflent une grande partie de l'année et sont plus frais de ce côté de l'île, ont, en soulevant la mer, empêché le travail des coraux. Le même fait se présente à l'extrémité S.-E. de la presqu'île, à Epari : la route impériale de ceinture est interrompue à ce point à cause des difficultés de terrain.

En se rapprochant de Papeete on vient à *Mahina*, dont le village se trouve à la pointe Vénus. C'est dans le port qui est à l'ouest de cette pointe, que les premiers navigateurs venus à Taïti ont débarqué. Un feu de port est placé à la pointe, de manière à être caché aux bâtiments qui courraient sur le banc de l'*Artémise*. Le terrain est un peu sablonneux à Mahina ; il devient meilleur à *Arue*, petit district se confondant presque avec celui de Pare. On trouve, à Papaoa, les tombeaux des Pomare, originaires de cette partie de l'île.

Un peu avant d'arriver à Papeete, on traverse les vallées de Pirae et d'Hamuta, où de belles cultures commencent à s'établir, puis la vallée de Fatahua. Un chemin pittoresque et accidenté remonte celle-ci pour arriver à un petit fort placé sur un rocher qui la barre. La température est sensiblement plus fraîche à Fatahua qu'à Papeete : on y a essayé avec succès la culture de quelques fleurs et fruits d'Europe. C'est à la fois une position militaire et un lieu de rendez-vous pour les Européens.

L'île est divisée en vingt-et-un districts, et la population indigène se groupe en dix-huit villages, commandés par des chefs indigènes. Voici les noms des villages et des chefs, ainsi que le nombre des habitants taïtiens :

NOMS des villages.	NOMS des chefs.	NOMBRE d'habitants.
Pare................	Ariipaea.................	1,544
Arue-Tetiaora........	Ariipeu.................	299
Mahina	Tariirii (ch. de la Lég. d'honn.).	262
Papenoo.............	Ori.....................	217
Tiarei...............	Hitoti...................	229
Mahaena.............	Roura (cheffesse)........	137
Hitiaa...............	Tuavira, fils de la Reine........	460
Afaahiti.............	Ariiaue, fils de la Reine.......	76
Pueu................	Faahiahia	229
Tautira-Meetia........	Mano (cheffesse).........	539
Teahupoo............	Vehiatua................	298
Mataoe-Vairao-Toahotu	Tehio...................	365
Papeari..............	Haereotahi	220
Mataiea..............	Ravaai (chev. de la Lég. d'hon.).	606
Atimaono-Papara......	Teriifaatau (cheffesse).........	741
Paea................	Tetoofa.................	427
Punaauia............	Aifenua (cheffesse)..........	484
Faaa................	Maheanuu Id.	512
	TOTAL de la population taïtienne......	7,642
	La population française et étrangère monte à.......	1,444

Ilots Tetiaroa. — Ces îlots, très-bas, dépendent de la chefferie d'Arue, et sont au nombre de sept ou huit. Ils sont couverts de cocotiers et nourrissent des cochons pour le marché de Papeete. L'accès en est facile aux caboteurs. Ils sont situés à vingt milles au nord de la pointe Vénus.

Ilot Meetia. — Cette petite île, élevée de 435 mètres, dépend de la chefferie de Tautira. Elle est située à 60 milles environ, à l'est de Tairabu, et sert de lieu de relâche aux caboteurs des îles Basses qui viennent à Taïti. Une coupure dans les rochers permet aux embarcations d'accoster et d'être halées à terre par beau temps ; le plus souvent, les visiteurs communiquent avec la terre en se jetant à la nage.

Moorea. — Cette île, située au N.-O. de celle de Taïti, est dans des conditions à peu près semblables. Elle n'en est distante que de quelques milles, et offre, comme Taïti, d'excellents ports. Celui de Teavaro est éloigné de onze milles de Papeete, et la traversée s'opère facilement, surtout pour aller de Papeete à Teavaro. Le périmètre de Moorea est de 48 kilomètres. Sa superficie est de 13,237 hectares. Le terrain cultivable est au moins de 3,500 hectares.

L'île est divisée en dix districts, et la population indigène se groupe en quatre villages, commandés par des chefs indigènes. Voici les noms des villages et des chefs, ainsi que le nombre des habitants taïtiens :

NOMS des villages.	NOMS des chefs.	NOMBRE d'habitants.
Teavaro-Teaharoa	Tauhiro	336
Papetoai	Manea	263
Haapiti-Varari-Moruu-Atimaha	Taatarii a Tairapa	344
Afareaitu-Haumi-Maatea	Hapoto (cheffesse)	299
	TOTAL de la population taïtienne	1,242
	La population française et étrangère monte à	19 [1]

---

[1] NOTE PREMIÈRE. — Pour ne pas interrompre la description géographique de l'archipel, nous plaçons ici les renseignements généraux concernant le groupe N. O., dont nous avons expliqué plus haut la situation politique.

ILES-SOUS-LE-VENT — Le groupe N. O. de l'archipel des îles de la Société est ainsi composé :
1º Tubuai Manu, 2º Huahine, 3º Raiatea-Tahaa, 4º Borabora, 5º Motu Iti, 6º Maupiti, 7º Mapetia, 8º Bellingshausen, 9º Scilly.

Tubuai Manu, 17º 28' latitude, 152º 57' longitude [*], 200 hab. Cette île est souvent désignée par les indigènes sous le nom de Maiauiti. Elle est facile à reconnaître à deux collines, dont la plus élevée, celle de l'est, a environ 50 mètres. Dans le sud de l'île, une passe pour les canots. Les petites goëlettes locales y entrent quelquefois : le courant, très-violent, oblige à avoir des Indiens pour remorquer le bâtiment dès qu'il donne dans la passe.

Huahine, 16º 47' latitude, 153º 20' longitude (pointe sud), 1,100 hab. — Le commerce consiste en huile de coco, 20 tonneaux environ. Les habitants construisent des goëlettes qui vont jusqu'à 100 tonneaux. L'île a dans l'ouest deux passes permettant aux bâtiments de toute dimension de venir mouiller devant la maison du chef. Huahine a un autre port dans l'est. Le chef de Huahine se nomme *Teuvavai;* il est indépendant des chefs de Raiatea et de Borabora.

Raiatea-Tahaa, 16º 45' latitude, 153º 52' longitude (Havre Hamaneno). 1,200 hab. Les deux îles Raiatea et Tahaa sont comprises dans le même récif, présentant, ainsi que le récif de Taïti, plusieurs passes. Le commerce consiste en 30 tonneaux d'huile de coco environ. Il y a un moulin à eau qui fait mouvoir une machine à gratter les cocos. On exporte aussi des oranges, de l'arrowroot. Raiatea, proprement dite, a huit passes dans le récif, qui conduisent à autant de mouillages. Des îlots parsemés sur la côte aident à les reconnaître. Tahaa possède deux passes assez difficiles. Le chef ou roi de

---

[*] La latitude est sud, la longitude ouest. Ces coordonnées fixent le centre de chaque île, préviennent toute confusion dans les noms, et permettront au lecteur de trouver facilement, sur les cartes marines ou autres, quelques îles dont les désignations ont beaucoup varié.

Iles Basses ou Tuamotu.

Toutes ces îles, à l'exception de *Makatea*, de *Tikei*, de *Rekareka* et *Mangareva*, ne sont que de longs récifs madréporiques, de 400 à 500 mètres de largeur, entourant un lac intérieur qui

---

Raiatea est Tamatoa, second fils de la reine Pomare. Il réside ordinairement à Papeete, et est représenté dans son royaume par un régent, Tahitoo. Tamatoa est incapable de gouverner et vit dans la plus ignoble débauche. Deux missionnaires de la Société des Missions de Londres président à Raiatea-Tahaa. L'un est à la tête d'un collége construit pour une centaine d'étudiants. On y reçoit des indigènes qui, dès qu'ils ont achevé leurs études, se dispersent pour aller porter l'Évangile dans les diverses îles de la Polynésie. C'est de ce collége que sortent la plupart des missionnaires indigènes que l'on rencontre dans les différentes îles. Les jeunes gens de Taïti se destinant à la carrière ecclésiastique s'empressent de demander à y aller. Les missionnaires européens de Raiatea et de Tahaa vont de temps en temps faire des tournées dans tout l'archipel des Iles-sous-le-Vent. La Mission de Londres envoie tous les ans un grand bâtiment chargé de tenir ses missionnaires en communication avec l'Australie et l'Angleterre.

Borabora, 16° 30' latitude, 154° 06' longitude, « hab. — Cette île a une montagne centrale, le pic de Pahia, élevée d'environ 1,000 mètres. Elle exporte 50 tonneaux environ d'huile de coco et des oranges. La passe du nord est difficile à cause de la violence du courant; mais on est presque sûr d'y trouver un pilote. La souveraineté de Borabora appartient à la fille de la reine Pomare, Teriimaevarua, qui réside ordinairement à Papeete près de sa mère. Elle est représentée à Borabora par la veuve de l'ancien roi Tapoa, que l'on dit fort attachée à la famille des Pomare. L'autorité de la reine est pour ainsi dire nulle. Les îles de : Motu Iti-Mapetia, Mapihaa, Tubuai Manu, dépendent nominalement de cette souveraineté.

Motu Iti, 16° 17' latitude, 154° 30' longitude, inhabitée. — Cette île est aussi désignée par les Indiens sous le nom de Tupai. Elle est exploitée par un négociant européen établi à Borabora et produit 80 tonneaux d'huile de coco environ.

Maupiti, 16° 26' latitude, 154° 32' longitude, 300 hab. — Ile assez élevée. Cocotiers, bois de construction. Exporte 10 tonneaux d'huile de coco. On construit des goëlettes dont les fonds sont en tamanu, les ponts en burao et maiora. Il y a un mouillage dans le nord de l'île, mais la passe n'est praticable que pour les petits bâtiments.

Mapetia, 16° 52' latitude, 156° 34' longitude, inhabitée. — Les navires qui passent y envoient quelquefois ramasser des tortues qu'on y trouve sur la plage. Facile à accoster pour les embarcations.

Bellingshausen, 15° 48' latitude, 156° 50' longitude, inhabitée. — N'est qu'un rocher un peu élevé au-dessus de l'eau.

Scilly, 16° 33' latitude, 156° 59' longitude, inhabitée. — Groupes d'îlots très-bas et entourés par les brisants.

atteint 100 milles de circuit à *Rairoa*, et 90 milles dans l'île *Fakarava* [1].

Ces longs récifs, en partie à fleur d'eau, en partie à quelques mètres seulement au-dessus du niveau de la mer, sont accores et n'offrent aucun mouillage du côté du large, tandis que du côté intérieur ils s'abaissent en pente douce jusqu'à de grandes profondeurs. Quelques-uns des lacs, ainsi formés par de véritables digues de corail, offrent des ouvertures ou passes donnant accès à des bâtiments de toute grandeur. Nous citerons la passe des îles *Rairoa*, *Apataki*, *Toau*, *Fakarava*, *Kauehi*, *Raraka*, *Tahanea*, *Makemo*, *Raroia*, *Hao* et *Mangareva*.

Les petits bâtiments peuvent pénétrer dans les îles *Maniki*, *Takaroa*, *Katiu* et *Amaru*. Les autres îles sont moins favorisées : toutes n'ont même pas de passe pour embarcations. On est alors obligé de porter ces embarcations sur le récif, afin de les faire pénétrer dans le lac, opération souvent très-dangereuse, même lorsqu'elle est faite avec des Indiens. Mais ceux-ci, excellents nageurs, ne courent aucun risque dans les embarquements et les débarquements, au milieu des brisants. Malgré la largeur des passes indiquées ci-dessus, il n'est pas toujours prudent de s'y engager. Lorsque la mer est grosse, à l'époque des syzygies, l'eau déversée dans le lac par-dessus les récifs s'augmente d'abord du flot, et, s'échappant ensuite par les passes

---

La population de ces îles est donc d'environ 3,500 habitants. La production en huile de coco est à peu près de 200 à 240 tonneaux, qui sont achetés sur les lieux au prix de 550 francs le tonneau. Les exportations des oranges, de l'arrowroot, du tabac, la valeur des bâtiments construits dans les différentes îles indiquent, à la sortie, une somme au moins égale. Comme, presque partout, les Indiens se laissent endetter avant de produire, ils sont forcés d'accepter d'être payés en marchandises. L'influence dominante est celle des missionnaires de la Société de Londres. Néanmoins, l'anarchie la plus complète règne aux Iles-sous-le-Vent, principalement à Raiatea, où des luttes sanglantes ont eu lieu à la fin de l'année 1858 et en 1859.

[1] Ainsi que nous l'avons déjà dit, tous les noms employés dans cette notice, sont ceux adoptés dans l'*Annuaire de la colonie* de 1863. Les îles Basses sont généralement connues sous le nom indigène de Pomotu. Voici pourquoi le nom Tuamotu est usité aujourd'hui : les députés de l'archipel dont nous parlons, ont, dans l'année 1850 ou 1851, à l'assemblée réunie à Papeete, sous l'administration du vice-amiral Bonard, capitaine de vaisseau à cette époque, protesté énergiquement contre l'appellation de Pomotu (*îles soumises*) données autrefois par les Taïtiens vainqueurs ou conquérants de ces îles. L'assemblée indigène, formée des députés de toutes les

au moment du jusant, établit un courant d'une grande violence.

Les marées se font sentir dans toutes les îles, mais les observations manquent encore pour que nous puissions donner des renseignements précis sur les heures de pleine et de basse mer. La différence entre la haute et la basse mer varie à peu près entre 60 centimètres et un mètre.

Toutes les îles sont plantées de cocotiers. On y trouve de l'eau douce, souvent saumâtre. Elles sont presque toutes habitées.

Matahiva, 14° 56' latitude, 151° 00' longitude ; 30 hab. — Ét. 8 mil. sur 5 mil. Une passe pour emb. dans l'O. de l'île. Récif boisé, excepté du N. E. au S., en passant par l'E. Beaucoup de cocotiers ; on y trouve aussi quelques tortues [1].

Makatea, 15° 52' latitude, 150° 40' longitude ; 130 hab. — Ét. 5 mil. sur 4 mil. Une coupure dans le récif O. permet aux embarcations d'aller s'échouer sur une plage de sable. Île élevée d'environ 70 mètres, sans lac intérieur. Un village ; chef, Tematuanui. Cette île a un peu de culture vivrière, et fournit aussi du monoï très-estimé à Taïti. Quelques tamanus. Il existe dans le récif des grottes très-curieuses à visiter. A servi autrefois de lieu de déportation pour les habitants de Taïti.

Tikahau, 15° 00' latitude, 150° 30' longitude ; 10 hab. — Ét. 12 mil. sur 8 mil. Une passe pour les petits bâtiments dans l'O. Beaucoup de cocotiers sur les récifs. Quelques taros et quelques bananiers dans l'intérieur de l'île. Le lagoon est très-poissonneux.

Rairoa, 15° 09' latitude, 150° 00' longitude ; 600 hab. — Ét. 42 mil. sur 20 mil. Une passe à l'O. pour emb., deux grandes passes dans le N. Récif boisé par bouquets, excepté du S. E. au S. La première grande passe court N.-E. et S.-O. ; elle est indiquée par un îlot boisé. Se rapprocher de la terre de l'E., car le courant porte dans l'O., et dès qu'on aura doublé la pointe d'Atifareura, serrer le vent pour éviter un îlot de sable, Motu fara. L'autre

---

îles du Protectorat, a formulé le vœu que l'archipel de l'E. ne fût plus désigné que sous le nom de Tuamotu (*îles lointaines*). Le Gouvernement du Protectorat, déférant à ce vœu national, n'a plus, depuis l'année 1852, donné à l'archipel d'autre nom officiel que celui de Tuamotu.

[1] On se suppose toujours au centre de l'île. — Les abréviations suivantes ont été adoptées pour certains mots souvent répétés :

Ét. pour étendue ; mil. — mille marin ; emb.— embarcation ; hab. — habitant.

passe est sous le vent de celle-ci ; elle longe le village d'Atimaro. Les deux passes viennent se joindre dans le lagoon intérieur. Fort courant dans les deux passes ; il faut donc s'assurer de l'état de la marée avant d'y donner. Cette île compte quatre villages : Aifareura ; chef, Fariua. Attimaro ; chef, Tanetefauura. Farerii ; cheffesse, Temauri v. Atipahio ; cheffesse, Noia v. Les habitants assurent qu'aucun poisson n'est vénéneux dans le lagoon intérieur. On peut y trouver quelques éponges ; l'île produit un peu d'huile, mais elle est susceptible d'en produire beaucoup.

Arutua, 15° 22' latitude, 149° 06' longitude; 100 hab. — Ét. 15 mil. sur 15 mil. Une petite passe dans le S.-E. q. E. pour goëlettes de 20 à 30 tonneaux. Récif boisé, excepté de l'O. au S. Il y a un peu de nacre produisant quelques perles. On y fait 7 à 8 tonneaux d'huile de coco par an.

Kaukura, 15° 48' de latitude, 149° 00' longitude; 100 hab. — Ét. 26 mil. sur 10. Une passe dans le N. pour emb. Récif boisé par bouquets. On y fait une quinzaine de tonneaux d'huile de coco. Le chef et les habitants demandent que le gouvernement fasse creuser leur passe, comme on vient de le faire pour la passe de l'île d'Anaa. Un village ; chef, Vairaatoa. Les quatre îles Kaukura, Arutua, Niau et Apataki sont soumises à l'autorité du chef de Kaukura.

Niau, 16° 10' latitude, 148° 42' longitude; 30 hab. — Ét. 7 mil. sur 5 mil. Une petite passe pour emb. dans l'O. Récif boisé par bouquets. On assure que le lac de cette île est un marais d'eau saumâtre, dont la plus grande profondeur ne dépasse pas deux brasses. Ce marais nourrit un excellent poisson ayant le goût du saumon et qui est exporté dans les îles voisines. L'île produit quelques tonneaux d'huile de coco. Il y a aussi quelques tamanus.

Oahe, 14° 30' latitude, 148° 30' longitude; 20 hab. — Ét. 16 mil. sur 5 mil. Une passe dans l'O. N. O. pour batiments de 300 tonneaux, qui peuvent venir mouiller dans le S. E. de la passe. Récif boisé par bouquets. Forme avec l'île Manihi un seul district, sous les ordres du chef de Manihi.

Apataki, 15° 24' latitude, 148° 46' longitude ; 128 hab. — Ét. 20 mil. Sur 17 mil. Trois grandes passes dans l'O. La meilleure pour un grand bâtiment est la plus O. Récif boisé par bouquets. L'île a la forme d'un triangle. On y fait 15 à 20 tonneaux d'huile de coco par an.

Manihi, 14° 24' latitude, 148° 20' longitude; 100 hab. — Ét. 16

mil. sur 6 mil. Une passe dans le S. O. pour caboteurs. Récif boisé par bouquets. Elle donne environ 20 tonneaux d'huile. Cette île est à l'entrée du passage fréquenté par les navires venant du N. ou de l'E. et se rendant à Taïti ; lorsque le temps est clair, elle s'aperçoit, de la mâture d'un petit bâtiment, de 10 milles. Avant de donner dans la passe qui est longue et étroite, il sera prudent de s'assurer de l'état de la marée. Un village ; chef, Mairoto.

Toau, 15° 57′ latitude, 148° 18′ longitude ; 90 hab.— Ét. 20 mil. sur 10 mil. Deux grandes passes dans l'E. et une dans le N. O. Cette dernière permettrait à un grand navire d'y entrer. Récif boisé, excepté de l'O. au S.-E. en passant par le S. Le lac renferme beaucoup de poissons empoisonnés. On fait dans cette île environ 10 tonneaux d'huile par an ; mais on vient d'y planter de nouveaux cocotiers, ce qui promet une plus grande récolte pour l'avenir.

Fakarava, 16° 18′ latitude, 147° 52′ longitude ; 375 hab. — Ét. 32 mil. sur 13 mil. Deux grandes passes, une au N. et une au S. Les courants sont très-violents dans ces deux passes, et il est prudent, avant de s'y engager, de s'assurer de leur force qui est très-variable et presque nulle à la mer étale. La passe N. est la plus large. On trouve un bon mouillage au N., au S. et dans l'intérieur. L'île est entièrement séparée dans toute sa longueur, et les bâtiments entrant par une passe peuvent sortir par l'autre.

Cette île offre, en partant de Taïti, l'accès le plus facile dans l'archipel Tuamotu, et c'est dans son lac intérieur que le gouvernement du Protectorat désirerait voir les indigènes établir leur principal marché d'huile de coco et de nacre. La distance de Papeete est de quatre-vingts lieues. Le trajet peut être fait en quelques jours par les petits caboteurs, avec les vents de S.-E., la route étant à peu près le N.-E. de Papeete vers Fakarava. L'île ne produit aujourd'hui que 7 à 8 tonneaux d'huile de coco. Les récifs sont boisés par bouquets, excepté dans l'O., au S.-E. q. S., en passant par le S. Deux villages : Au N., Tikomanu ; chef, Taneopu. Au S. Tetamanu ; chef, Tamuta.

Anaa, 17° 27′ latitude, 147° 50′ longitude ; 1,300 hab. — Ét. 18 mil. sur 9 mil. Une petite passe dans le N. L'île est couverte de cocotiers. Cette île est la plus peuplée de l'archipel et celle dont les habitants sont les plus civilisés. Elle produit une quantité notable d'huile de coco, environ 200 tonneaux par an, qui vont sur le marché de Papeete. Au commencement de 1864, la très-petite passe du Nord, du nom de Tuuhora, a été creusée à une profondeur de 1 mètre 50 sur 10 mètres de largeur. Les caboteurs peuvent donc, dès aujourd'hui, y trouver un abri. Ce travail pourrait être continué, et, en creusant un chenal vers le lac, on arriverait sans beaucoup de difficultés à doter l'île d'un port suffisant pour toutes les transactions commerciales. Ce chenal est en voie de construction; il permet déjà à deux ou trois goëlettes d'une douzaine de tonneaux de s'amarrer dans l'intérieur du récif. Il y a un débarcadère. Un service mensuel de dépêches entre Tuuhora et Papeete est établi depuis le mois de mai 1864. Quelques jours de l'année, lorsque les vents quittent la partie sud, la passe est inaccessible à cause de la grosse mer. Par suite de la différence de niveau du lagoon intérieur et de la mer, le courant y sort souvent avec une très-grande vitesse. L'île compte quatre villages : Tuuhora; chef, Tematiti. Putuahara; chef, Teina. Tematahoa; chef, Tetanpuu. Topekite-Otepipi; chef, Metua.

Aratika, 15° 33′ latitude, 147° 48′ longitude ; 30 hab. — Ét. 20 mil. sur 13 mil. Deux passes pour emb., l'une à l'O., l'autre à l'E.; celle de l'O. permet, à la rigueur, à de petits caboteurs d'y pénétrer. Récif triangulaire boisé, excepté de l'O. à l'E. en passant par le S. Le lac contient beaucoup de poissons empoisonnés. Donne environ 10 tonneaux d'huile de coco.

Faaite, 16° 42′ latitude, 147° 35′ longitude ; 150 hab. — Ét. 16 mil. sur 13 mil. Une passe à l'O. pour emb. Récif triangulaire boisé, excepté de l'O. à l'E. en passant par le S. Elle produit environ 10 tonneaux d'huile de coco. De nouvelles plantations de cocotiers promettent pour l'avenir des récoltes plus abondantes. Un village ; cheffesse, Toofa. Les cinq îles, Faaite, Raraka, Toau, Taiaro et Aratika, obéissent au chef de Faaite.

Kauehi, 15° 50′ latitude, 147° 30′ longitude ; 30 hab. — Ét. 13 mil. sur 13 mil. Belle passe dans le S. Récif circulaire boisé par bouquets, excepté du S. à l'E. La partie N. est assez élevée. Cette île offre un bon mouillage dans l'intérieur du lac. Le village est dans le Nord du lac, à environ 7 à 8 milles de l'entrée. Un village ; chef, Paiore.

Takapoto, 14° 39′ latitude, 147° 26′ longitude ; 150 hab. —

Ét. 12 mil. sur 15 mil. Sans passe. Récif boisé, excepté du S. à l'E.-N.-E. Donne 10 à 12 tonneaux d'huile de coco. Un village; chef, Fariua.

Hereheretue, 19° 48' latitude, 147° 16' longitude; 25 hab. — Ét. 8 mil. sur 8 mil. Sans passe. Récif couvert de pandanus. L'isolement de cette île a maintenu ses quelques habitants à l'état sauvage.

Takaroa, 15° 27' latitude, 147° 15' longitude; 75 hab. — Ét. 11 mil. sur 5 mil. Une passe dans le S. O. pour goëlettes. Les Indiens y ont construit un débarcadère. Ile boisée et un peu élevée. Le récif est à toucher la terre. Environ 30 tonneaux d'huile de coco. Un village; chef, Maarere.

Raraka. 16° 09' latitude, 147° 15' longitude; 100 hab. — Ét. 14 mil. sur 9 mil. Une grande passe dans le N.-O., courant très-fort, un banc au milieu de la passe. Ile basse, mais assez boisée.

Tahanea, 15° 53' latitude, 147° 06' longitude; 100 hab. — Ét. 27 mil. sur 12 mil. Trois grandes passes dans l'E. q. N.-E.; celle de milieu est préférable pour les grands bâtiments. Le meilleur mouillage est dans le sud du lagoon. Récif boisé, excepté de l'O. q. S.-O. au S.-E., en passant par le S.

Taiaro, 15° 45' latitude, 146° 57' longitude; 12 hab. — Ét. 3 mil. sur 3 mil. Sans passe. Ile assez élevée, boisée par bouquets. Donne 15 tonneaux d'huile de coco.

Tikei, 57° 15' latitude, 146° 52' longitude; 27 hab. — Ét. 5 mil. sur 3 mil. Sans passe. Ile assez élevée, boisée par bouquets, n'a pas de lagoon intérieur. Environ 10 tonneaux d'huile de coco.

Motutunga, 17° 05' latitude, 146° 41' longitude; 100 hab. — Ét. 9 mil. sur 6 mil. Deux passes dans le N., ayant de 8 à 10 pieds d'eau. Récif boisé, excepté de l'O. à l'E. par le S.

Katiu, 16° 42' latitude, 146° 41' longitude; 50 hab. — Ét. 20 mil. sur 9 mil. Deux passes pour bâtiments de 100 tonneaux, une dans le N.-N.-O. et l'autre dans l'E.-N.-O. Récif boisé, excepté du S. au S.-O. Fournit un peu de nacre. Un village; chef, Tamatea. Les quatre îles, Katiu, Hiti, Tepoto et Tuanake, obéissent au chef de Katiu.

Tepoto, 16° 48' latitude, 146° 38' longitude. — Ét. 4 mil. sur 3 mil. Sans passe. Récif à peu près circulaire, boisé dans le N. Pandanus. Le lagoon est profond et très-poissonneux.

Tuanake, 16° 40' latitude, 146° 38' longitude. — Ét. 5 mil. sur 4 mil. Une passe au N.-O. pour emb. Récif couvert de broussailles; quelques pandanus seulement.

Hiti, 16° 42' latitude, 146° 28' longitude. — Ét. 3 mil. sur 3 mil. Sans passe. Récif circulaire, boisé par bouquets.

Makemo, 16° 35' latitude, 146° 02' longitude; 250 hab. — Ét. 37 mil. sur 10 mil. Deux passes. Violents courants dans les passes, l'une, située à l'E., l'autre située au N.-O. q. O. Celle de l'E. est seule praticable pour les navires un peu grands. Récif boisé, excepté du S.-O. au S.-E. q. E., en passant par le S. Un village; chef, Turia.

Haraiki, 17° 29' latitude, 145° 50' longitude. — Ét. 4 mil. sur 4 mil. Une mauvaise passe pour emb. au S.-E. Récif circulaire et boisé.

Anuanuraro, 20° 26' latitude, 145° 51' longitude. — Ét. 4 mil. sur 4 mil. Sans passe. Ilot assez élevé et boisé.

Anuanuranga, 20° 39' latitude, 145° 35' longitude. — Ét. 4 mil. sur 4 mil. Sans passe. Ilot assez élevé et boisé.

Marutea, 17° 00' latitude, 145° 32' longitude. — Ét. 20 mil. sur 10 mil. Une petite passe dans l'E. N. E. pour emb. Récif boisé, excepté de l'O. q. N.-O. au S.-E. en passant par le S.

Taenga, 16° 19' latitude, 145° 27' longitude; 75 hab. — Ét. 16 mil. sur 7 mil. Une passe dans le S.-O. pour emb. Récif triangulaire, boisé par bouquets.

Reitoru, 17° 51' latitude, 145° 27' longitude. — Ét. 4 mil. sur 4 mil. Sans passe. Récif circulaire, boisé dans la partie N.

Nukutipipi, 20° 57' latitude, 145° 21' longitude. — Ét. 4 mil. sur 4 mil. Sans passe. Récif boisé et circulaire.

Nihiru, 16° 42' latitude, 145° 13' longitude; 50 hab. — Ét. 10 mil. sur 5 mil. Une passe à l'O. pour emb. Récif boisé, excepté du N. au S. en passant par l'E.

Hikueru, 17° 36' latitude, 145° 00' longitude; 30 hab. — Ét. 10 mil. sur 5 mil. Sans passe. Récif boisé, excepté de l'O.-N.-O. à l'E.-S.-E. en passant par le S.

Tekokoto, 17° 21' lattitude, 144° 37' longitude. — Ét. 3 mil. sur 3 mil. Sans passe, n'est qu'un récif couvert de broussailles. En cas de nécessité, on pourrait venir jeter un pied d'ancre à l'abri de cette île, par 20 et 25 mètres de fond, sur un plateau qui est à peu près à un demi-mille du récif au N. O.

Raroia, 16° 06' latitude, 144° 45' longitude; 300 hab. — Ét. 27 mil. sur 11 mil. Une grande passe dans le N.-O. q. N. La passe est parsemée de pâtés de coraux. Récif boisé par bouquets, excepté dans le N.-E. et le S.-O. q. S.

Marukau, 18° 03' latitude, 144° 33' longitude ; 60 habit. — Ét. 11 mil. sur 8 mil. Une passe dans S.-E. pour emb. et caboteurs de 10 à 15 tonneaux. Récif boisé, excepté du N.-O. à l'O.-S -O.

Ravahere, 18° 06' latitude, 144° 33' longitude; 30 habit. — Ét. 12 mil sur 8 mil. Sans passe. Récif boisé, excepté du N.-O. à l'O.-S. Un peu de nacre.

Takume, 15° 48' latitude, 144° 32' longitude ; 60 habit. — Ét. 11 mil sur 4 mil. Sans passe. Cette île se confond aisément avec Raroia dont elle est peu distante. Récif boisé par bouquets, excepté du S.-O. au N.-E., en passant par le S. Le lagoon est très-poissonneux.

Nengonengo, 18° 45' latitude, 144° 00' longitude. — Ét. 9 mil. sur 6 mil. Une passe dans l'O. pour emb.

Rekareka, 18° 14' latitude, 145° 37' longitude ; 30 habit. — Ét. 10 mil. sur 6 mil. Sans passe. Ilot très-boisé. Les îles Rekarea, Tauere et Amanu obéissent au chef Purua, qui réside dans l'île Amanu.

Tauere, 17° 21' latitude, 143° 48' longitude ; 30 habit. — Ét. 4 mil. sur 4 mil. Dans l'O. une petite passe pour emb. Récif circulaire boisé.

Tetopoto, 14° 06' latitude, 143° 43' longitude; 50 habit. — Ét. 10 mil. sur 4 mil. Sans passe. Récif circulaire et boisé.

Manuhangi, 19° 12' latitude, 143° 33' longitude. — Ét. 4 mil. sur 4 mil. Sans passe. Récif circulaire et boisé.

Napuka, 14° 12' latitude, 143° 28' longitude ; 80 habit. —

Ét. 9 mil. sur 5 mil. Sans passe. Récif boisé. Beaucoup de tortues, un peu de nacre.

Angatau, 15° 52′ latitude, 143° 14′ longitude; 130 habit.— Ét. 5 mil. sur 5 mil. Sans passe. Récif circulaire, couvert d'arbustes.

Hao, 18° 14′ latitude, 143° 12′ longitude; 400 habit.— Ét. 25 mil. sur 10 mil. Une grande passe dans le N.-O., conduisant à un bon mouillage. Récif ayant la forme d'une harpe, et boisé par bouquets. De nouvelles plantations de cocotiers y ont été faites.

Amanu, 17° 51′ latitude, 142° 58′ longitude; 100 habit.— Ét. 17 mil. sur 8 mil. Une passe pour emb. dans l'O.-S.-O. Récif boisé, excepté de l'E. au S. O. q. S. en passant par le S.

Paraoa, 19° 09′ latitude, 142° 52′ longitude. — Ét. 4 mil. sur 4 mil. Sans passe. Récif circulaire et boisé.

Tematangi, 21° 39′ latitude, 142° 57′ longitude; 20 hab. — Ét. 4 mil. sur 4 mil. Sans passe. Récif circulaire couvert de pandanus. Ile très-basse.

Pinaki, 19° 12′ latitude, 142° 42′ longitude. — Ét. 4 mil. sur 3 mil. Sans passe. Récif boisé.

Fakahina, 15° 55′ latitude, 142° 25′ longitude; 150 habit.— Ét. 4 mil. sur 4 mil. Sans passe. Un grand navire peut venir très-près. Ile assez élevée et boisée, entourant un lagoon parsemé d'îlots.

Pukararo, 19° 19′ latitude, 141° 49′ longitude; 40 habit. — Ét. 4 mil. sur 4 mil. Sans passe. Récif boisé du N.-O. au S.-E. en passant par l'O.

Pukarunga, 19° 24′ latitude, 142° 32′ longitude; 10 habit.— Ét. 6 mil. sur 4 mil. Sans passe. Récif boisé de l'O. à l'E. par le N.

Akiaki, 18° 33′ latitude, 141° 25′ longitude; 40 habit. — Ét. 6 mil. sur 4 mil. Sans passe. Récif boisé du N. au S., en passant par l'O. Tortues. N'a pas de lagoon intérieur.

Vanavana, 20° 45′ latitude, 141° 25′ longitude; 20 habit.— Ét. 4 mil. sur 3 mil. Sans passe. Récif boisé, excepté du N.-O. au N.-E.

Vairaatea, 21° 51′ latitude, 141° 12′ longitude; 200 habit. —

Ét. 18 mil. sur 9 mil. Deux grandes passes dans le N. O. ayant 5 mètres d'eau. Ile boisée. Beaucoup de nacre. Le poisson du lagoon est dangereux.

Pukapuka, 14° 50' latitude, 141° 07' longitude. — Ét. 9 mil. sur 9 mil. Sans passe. Récif boisé.

Vahitai, 19° 20' latitude, 141° 05' longitude; 30 habit. — Ét. 8 mil. sur 4 mil. Sans passe. Récif boisé.

Nukutavake, 18° 45' latitude, 141° 08' longitude; 30 habit. — Ét. 8 mil. sur 5 mil. Sans passe. Récif boisé par bouquets.

Ahunui, 22° 14' latitude, 141° 00' longitude. — Ét. 7 mil. sur 5 mil. Sans passe. Récif boisé du S.-S.-O. au N.-N.-E. en passant par l'O. Le poisson du lagoon est dangereux.

Vahitahi, 19° 27' latitude, 140° 55' longitude; 30 habit. — Ét. 7 mil. sur 5 mil. Sans passe. Récif boisé. Le poisson du lagoon est de bonne qualité.

Tatakotoroa, 17° 22' latitude 148° 46' longitude; 120 habit. — Ét. 11 mil. sur 4 mil. Sans passe. Récif boisé, excepté dans la partie S.

Tureia, 20° 47' latitude, 140° 45' longitude; 110 habit. — Ét. 7 mil. sur 5. Sans passe. Récif boisé, excepté du S.-O. q. O. à l'E. par le S.

Tetakotopoto, 17° 00' latitude, 140° 35' longitude; 130 habit. — Cette île ne figure pas sur les cartes du dépôt de la marine publiées en 1857, *Carte des Tuamotu*, n° 1716, et sur l'édition de 1857 de la *Carte des archipels Taïti, Tuamotu, Nukahiva*, etc., publiée en 1843, n° 985. Cependant plusieurs Indiens, et parmi eux Paiore, chef de Kauehi, affirment l'avoir vue et indiquent le chiffre de population ci-dessus.

Anaa-iti, 22° 15' latitude, 139° 50' longitude. — L'existence de cette île, marquée douteuse sur la carte-annexe de l'*Annuaire* de 1863, est attestée par quelques Indiens.

Morane, 23° 05' latitude, 139° 39' longitude; 20 habit. — Ét. 4 mil. sur 3 mil. Sans passe. Récif boisé. On y a fait dernièrement des plantations de cocotiers.

Pukaruka, 18° 20' latitude, 139° 19' longitude; 30 habit. — Ét. 9 mil. sur 4 mil. Récif boisé, excepté dans la partie O. de l'O. N.-O. au S.

Tenararo, 21° 18' latitude, 138° 55' longitude ; 20 hab. — Ét. 2 mil. sur 2 mil. Sans passe. Récif boisé.

Maturevavao, 21° 19' latitude, 138° 50' longitude ; inhabitée. — Ét. 2 mil. sur 2 mil. Sans passe. Récif boisé.

Nania, 21° 18' latitude, 138° 44' longitude ; inhabitée. — Ét. 2 mil. sur 2 mil. Sans passe. Récif boisé.

Natupe, 18° 36' latitude, 138° 37' longitude ; 20 hab. — Ét. 14 mil. sur 5 mil. Sans passe. Récif boisé par bouquets.

Tenarunga, 21° 27' latitude, 138° 35' longitude ; 30 hab. — Ét. 6 mil. sur 3 mil.; une petite passe permettant aux canots d'entrer dans le lagoon. Récif boisé, excepté dans la partie O. du N. au S. q. S.-O.

Maria, 21° 59' latitude, 138° 31' longitude ; 36 hab. — Ét. 3 mil. sur 3 mil. Sans passe. Récif circulaire et boisé. Fort peu de cocotiers. Les habitants de Mangareva y envoient quelquefois faire la pêche de la nacre.

Marutea, 21° 32' latitude, 137° 43' longitude. — Ét. 19 mil. sur 10 mil. Sans passe. Récif boisé par bouquets. Cette île porte le même nom qu'une autre île déjà citée sous le n° 33. Nacre très-abondante et de belle qualité.

Mangareva ou *Gambier*, 23° 08' latitude, 137° 20' longitude ; 1,500 hab. — Sous cette dénomination il faut comprendre un petit groupe de quatre ou cinq îlots élevés, entourés d'une même ceinture de coraux. Ét. 15 mil. sur 13 mil. Trois passes donnent accès dans l'intérieur des récifs : une passe à l'O., une passe au S.-O. et une troisième passe au S.-E. A l'intérieur du récif est un bon mouillage ; 32 mètres, fond de sable vaseux. Le mont Duft, sur l'îlot principal, est élevé de 401 mètres. Les navires peuvent facilement s'approvisionner de bonne eau à Mangareva. Mangareva est très-riche en nacres, qui produisent des perles d'une très-belle eau.

Timoe, 23° 21' lat.; 136° 58' long.; inhabitée. — Ét. 5 mil. sur 3 mil. Sans passe. Récif couvert de pandanus. Les habitants se sont établis à Mangareva.

L'hydrographie de l'archipel est loin d'être terminée ; cependant presque toutes les îles sont aujourd'hui suffisamment connues et déterminées pour les besoins du cabotage qui se développe tous les jours.

Archipel Tubuai.

L'Archipel Tubuai se compose de quatre îles : 1° Rimatara ; 2° Rurutu ; 3° Tubuai ; 4° Raevavae[1].

Tubuai, 23° 22' latitude, 151° 55' long.; 250 hab. — Ile élevée, entourée d'un récif. Elle a environ 6 mil. de l'E. à l'O., sur 3 mil. du N. au S. On cultive de l'arrowroot, du tabac, des bananes, etc : On trouve au N. un mouillage pour les grands bâtiments ; mais ce mouillage, en pleine côte, est détestable. Chef de Tubuai, Tamatoa.

Raevavae, 23° 55' latitude, 150° 06' long.; 390 hab. — Cette île est de beaucoup la plus élevée du groupe. Aussi les Anglais lui avaient-ils donné le nom de High-Island. Elle a environ 4 mil. de l'E. à l'O., 3 mil. du N. au S. Il y a dans le N. de l'île un port dans le récif, 10 mètres, fond de corail; mais la passe en est difficile. Chef, Pofatu III. Les habitants de ces îles sont en relations constantes avec Papeete. Quelques charpentiers européens, aidés d'indigènes, construisent des goëlettes avec le bois du pays. Ces indigènes vont eux-mêmes à Taïti porter leurs produits et les vendre, ce qui leur procure un bénéfice et le plaisir de *voir un grand pays*.

Archipel des Marquises.

L'archipel se compose de onze îles ou îlots dont plusieurs sont déserts. Ces îles forment deux groupes éloignés l'un de l'autre

---

[1] Note Deuxième. Voici la description sommaire des deux îles de l'archipel Tubuai qui sont restées en dehors du protectorat français :

Rimatara, 22° 29' latitude, 155° 16' longitude ; 250 hab.—Ile peu élevée, entourée d'un récif. Cercle d'environ trois milles de rayon. Bois, pia, tabac. Les naturels construisent des goëlettes et des meubles qui se vendent à Taïti. Cette île n'a pas de mouillage. Les indigènes font un peu de cabotage et portent eux-mêmes leurs produits à Papeete, qui est pour eux leur chef-lieu.

Rurutu, 22° 27' latitude, 153° 47' longitude ; 500 hab.— Ile élevée. Bois et un peu de tabac. Communications assez actives avec Taïti, où les indigènes portent des cochons, des volailles et des étoffes du pays. Des ministres protestants indigènes desservent le culte. Cette île n'a que des coupées dans le récif, pour embarcations. Cependant il y a une passe où une petite goëlette peut venir s'amarrer sur des piquets plantés dans le corail.

de 25 lieues, du S.-E. au N.-O. Le groupe N.-O., ou Sous-le-Vent, désigné sous les noms d'îles de la Révolution, îles Washington, etc., renferme six îles : 1° Eiao, 2° Motuiti, 3° Hatutu, 4° Nukahiva, 5° Hapu, 6° Hauka. Le groupe S.-E., ou du Vent, désigné sous les noms de Marquises de Mendoza, puis seulement Marquises, nom qui a été étendu à tout l'archipel, renferme les cinq autres : 7° Tauata, 8° Hivaoa, 9° Fatuhuku, 10° Motane, 11° Fatuhiva. Ces îles ont été visitées par tous les navigateurs de différentes nations envoyés en voyage d'exploration, depuis un siècle. Aussi, à chaque instant, leur nom a-t-il été changé, chacun de ces explorateurs croyant devoir leur imposer un nom nouveau. L'*Annuaire de Taïti* (année 1863) a pris pour noms officiels ceux qui se rapprochent le plus des noms indigènes, et nous ne donnerons que ces noms. Il sera facile de trouver sur les cartes chaque île, puisqu'à côté du nom nous plaçons la latitude et la longitude du centre de l'île.

La loi du 8 juin 1850 a désigné les Marquises comme lieu de déportation, mais excepté à l'égard de trois personnes qui ont été graciées depuis longtemps, cette loi n'a pas reçu d'application.

Groupe nord-ouest ou Iles-sous-le-Vent. — *Eiao*, 8° 01' latitude, 143° 03' longitude ; inhabitée. — 640 mètres d'élévation. Il y a un petit port dans le N.-O. où il ne serait pas prudent de mouiller, mais il est facile d'envoyer une embarcation à terre.

Motuiti, 8° 44' latitude, 142° 59' longitude ; inhabitée. — 40 mètres d'élévation. Des pirogues de Nukahiva viennent pêcher de beaux poissons rouges qui sont très-recherchés des habitants. Il y a un peu de guano sur l'un des deux îlots, mais pas assez pour servir à une exploitation quelconque. Ces rochers sont sur un banc de sable vaseux, mêlé de madrépores, où l'on trouve 30 mètres à 2 milles de terre. Il est, à cause de la houle, à peu près impossible de débarquer sur le plus grand des deux îlots, et très-difficile de débarquer sur le plus petit.

Hatutu, 7° 55' latitude, 142° 56' longitude ; inhabitée. — 420 mètres d'élévation. A neuf milles dans l'E.-N.-E. de la pointe N.-E. de cette île, il y a une île très-basse entourée d'un récif de corail qu'on dit avoir vu à sec.

Nukahiva, 8° 35' latitude, 142° 20' longitude ; 1,200 hab. [1].

---

[1] La population de Nukahiva a été diminuée de plus d'un millier de personnes par une épidémie de variole, en 1863-1864.

— 1,178 mètres d'élévation. Arbres à pain, cocotiers, bananes, taros, cannes à sucre, caféiers, cotonniers, maïs, tout cela en quantité insignifiante. L'île possède plusieurs baies qui peuvent donner abri aux plus grands navires.

Taiohae. — C'est sur les bords du bassin de ce nom, de plus de deux milles de profondeur, que M. Dupetit-Thouars fonda notre premier établissement, ramené aujourd'hui à un simple poste d'observation.

La distance de Papeete est de 250 lieues en ligne directe. Cette traversée est opérée en moyenne par les bâtiments à voiles, six jours pour aller de Taiohae à Papeete, dix-huit jours pour se rendre de Papeete à Taiohae.

Les naturels des Marquises sont fort peu navigateurs, et leur état sauvage fait qu'ils vivent presque sans communication d'île à île.

Nukahiva est sous l'autorité de plusieurs chefs, dont les territoires sont séparés par des montagnes qui coupent l'île dans tous les sens. Les chefs sont à peu près indépendants les uns des autres. Cependant Moanatini, chef de Taiohae, a la suprématie sur tous les autres. Taiohae est la résidence du chef de la mission des Marquises.

Hapu, 9° 24' latitude, 142° 26' longitude ; 400 habit. [1]. — 1,190 mètres d'élévation. Le Français Marchand paraît être le premier navigateur qui soit venu relâcher dans cette île. Il fut si content de la réception qu'on lui fit qu'il nomma le point de son mouillage Baie de Bon-Accueil.

Le N. et l'O. de l'île ont des mouillages assez mauvais.

Hauka, 8° 56' latitude, 143° 53' longitude ; 450 habit. — 740 mètres d'élévation. Cette île a deux ports, mais où les grands navires sont très-mal à cause de la houle ; cependant le mouillage de Vaitake, dans le S.-O. de l'île, est très-bon, mais l'entrée est si étroite qu'un navire à voiles hésitera toujours à s'y engager.

GROUPE SUD-EST OU ILES DU VENT. *Tauata*, 9° 56' latitude, 141° 30' longitude ; 630 habit. — 1,000 mètres d'élévation. Cette île est la première visitée par Mindanao, à la fin du XVIe siècle, et plus tard par Cook.

La baie de Vaitahu (port de Madre de Dios, baie de la Résolution)

---

[1] De même qu'à Nukahiva, la population a été à moitié détruite par l'épidémie de variole de 1863-1864.

est un assez bon mouillage, mais où on est souvent exposé à dérader, le fond augmentant très-rapidement en s'éloignant de terre.

En 1842, un établissement avait été fondé dans cette baie, et le groupe S.-E., placé sous l'autorité d'un commandant particulier.

Hivahoa, 9° 45' latitude, 141° 27' longitude; 6,000 habit. — 1,600 mètres d'élévation. Cette île a plusieurs mouillages.

Fatuhuku, 9° 26' latitude, 141° 18' longitude; inhabitée. — 360 mètres d'élévation. La pêche y est très-productive. On dit qu'il y a autour de l'île un banc de sable qui s'étend à un mille ou un mille et demi.

Motane, 9° 58' latitude, 141° 11' longitude; inhabitée. — 520 mètres d'élévation. N'est qu'un îlot aride où quelques habitants des îles voisines viennent à la pêche. Il y a à l'extrémité S. un banc de rochers qui s'étend au large.

Fatuhiva, 10° 26' latitude, 141° 01' longitude; 1,000 habit. — 1,120 mètres d'élévation. Cette île est à peu près la seule de l'archipel où se fabriquent aujourd'hui les objets de curiosité recherchés des étrangers. Elle a été très-fréquentée par les baleiniers, qui souvent y sont venus prendre des hommes. Elle a deux mouillages dans la partie occidentale : Omaa, petite crique où le mouillage est assez mauvais et l'accostage des canots très-difficile, et Hanavave (baie des Vierges, de la carte de la *Vénus*), qu'on dit être une baie assez belle, mais dont l'entrée est fort étroite [1].

---

[1] Nous terminons cette revue descriptive des nombreuses îles formant notre colonie par quelques renseignements sur les îles de l'archipel de Cook et sur quelques îles non classées dans les groupes, et qu'on doit ranger parmi les Sporades australes.

ARCHIPEL DE COOK. — Il se compose de neuf îles ou groupes principaux, qui sont : 1° Ruruti, 2° Haitutate, 3° Rorotonga, 4° Îles Hervey, 5° Fenuaiti, 6° Vatiu, 7° Mangia, 8° Mitiero, 9° Mauti.

Ruruti, 20° 19' latitude, 162° 22' longitude; inhabitée.

Haitutate, 18° 48' latitude, 162° 03' longitude (île la plus nord); 1,300 hab. Plusieurs îles entourées d'un seul récif, courant à peu près N.-E. et S.-O. Longueur du récif, 16 milles environ. Une mauvaise passe pour les embarcations.

Rorotonga, 21° 12' latitude, 162° 07' longitude; 2,500 habit. — Île élevée de 800 mètres. Parallélogramme de 7 milles sur 4. Cocotiers, café, tamanus, tabac, pia, oranges. Le récif est très-près de la côte et laisse des coupées. Dans le N.-O. de l'île, le mouillage d'Avarua est bien abrité du vent de S. Un navire à vapeur y serait presque toujours en sûreté. On y trouve de bonne eau, et les embarcations accostent directement au sable de la plage.

Météorologie.

On distingue à Taïti, comme dans les autres contrées tropicales, deux saisons : la saison sèche ou belle saison, qui commence en avril et finit en décembre. Pendant ces huit mois les

---

Un navire à voiles peut y mouiller, mais il faut observer que par les vents du N.-O. au N.-E. il n'aurait pas appareillage. Une petite goëlette pourrait aller plus près de terre, par 10 mètres de fond, où elle serait en sûreté. Dans l'E. de l'île, le mouillage de Nyatangia est encore plus mauvais que celui-ci. Il peut recevoir des navires de 200 tonneaux. L'île est divisée en cinq districts, qui sont, dit-on, indépendants ; cependant le chef d'Avarua, Makea, paraît avoir une suprématie sur les autres. Un missionnaire de la Société de Londres réside à Rorotonga.

Iles Hervey, 19° 16' latitude, 161° 12' longitude; 20 habit. — Deux îles, distantes à peu près de 6 milles, entourées d'un récif de 12 milles environ. Orientées du N.-E. au S.-O.

Fenuaiti, 19° 48' latitude, 160° 36' longitude; inhabitée. — Ile très-basse mais qui, très-boisée, se voit encore à une assez grande distance.

Vatiu, 20° 04' latitude, 160° 28' longitude ; 1,200 habit. — Ile d'environ 120 mètres de haut, se voit à 25 milles; elle est entourée d'un récif qui est très-près de terre et n'a de coupées que pour les pirogues. Cocotiers, oranges, pia, tabac. Huile de coco, 50 tonneaux environ; tamanus, cochons. Les habitants n'ont que fort peu de pirogues ; de plus, elles sont très-petites (de 2 à 6 personnes au plus). Le N. de l'île est le point de communication le plus commode ; de là une route conduit à la case du chef. Toute l'île est soumise à un seul chef, Poaru. Les habitants sont en relations fréquentes avec Taïti par les navires du Protectorat.

Mangia, 21° 49' latitude, 160° 16' longitude; 1,400 habit. — Huile de coco, 30 tonneaux; fruits, volailles. L'île est partout entourée d'un récif s'étendant à 15 ou 20 mètres du rivage ; il n'y a pas de coupées. Le point de communication, Onevua, est dans l'O. de l'île et facile à reconnaître par toutes les constructions appartenant à la Mission protestante. L'île est soumise à un seul chef, Niumanga. Un missionnaire de la Société de Londres réside dans l'île.

Mitiero, 19° 52' latitude, 160° 04' longitude ; 250 habit. — Ile basse, mais boisée, ce qui permet de la voir à 7 ou 8 milles. Entourée partout d'un récif.

Mauti, 20° 06' latitude, 159° 34' longitude; 350 habit. — Cette île est à peu près pareille à la précédente. Cocotiers, tamanu.

L'archipel compte donc environ 7,000 habitants.

Il paraît certain que les ouragans visitent de temps en temps les îles de Cook. Néanmoins leurs habitants s'y livrent volontiers à la culture et un peu à l'industrie. Celle-ci consiste principalement dans la confection de filets de pêche. Comme pour l'archipel Tubuai, les relations sont très-fréquentes entre le port de Papeete et les îles de Cook. Quelques bâtiments venant de l'Australie et de la Nouvelle-Zélande font un commerce d'échanges avec ces îles.

pluies ne sont pas rares, mais elles n'affectent pas le caractère de violence qui les distingue souvent pendant l'hivernage ou saison pluvieuse.

Dans la belle saison, les vents soufflent du S.-E. au N.-E., en passant par l'Est. La brise d'Est commence vers 9 heures et tombe vers 5 heures. A 8 heures du soir, descend des mon-

---

Le collége protestant de Tahaa (île Sous-le-Vent de Taïti) est chargé de subvenir aux besoins du culte dans l'archipel.

SPORADES. — On a désigné sous ce nom, dans l'*Annuaire des établissements français de l'Océanie et du Protectorat des Iles de la Société* (année 1863), les îles éparses, comprises sur la carte annexe n° 1 de cet *Annuaire*.

Elles sont au nombre de huit :

a. Rakaana.
b. Maniki.
c. Peregrine.
d. Penrhyn.
e. Hull.
f. Wolstock.
g. Flint.
h. Caroline.

Ces Sporades renferment des populations très-pauvres et vivant à peu près à l'état sauvage.

Rakaana, 10° 02' latitude, 153° 26' longitude ; 100 hab. — Cette île est élevée et se voit d'une trentaine de milles à la mer. Bois, cocotiers. Pas de renseignements.

Maniki, 10° 29' latitude, 163° 20' longitude ; 200 hab. — Cette île est élevée et se voit d'une trentaine de milles à la mer. Nacre, holothuries. Mauvais mouillage. Le village principal est dans l'O. Les navires qui désirent communiquer peuvent venir très-près de terre. — NOTA. Cette île fournit habituellement des travailleurs aux exploitations d'huile de coco des îles Fanning, dirigées par des habitants des îles Sandwich.

Peregrine, 10° 27' latitude, 161° 35' longitude. — Pas de renseignements.

Penrhyn, 8° 58' latitude, 170° 29' longitude ; 220 hab. — Ile basse, ressemblant aux Tuamotu, ayant un lagoon intérieur. Le N. de l'île est aride, le S. et l'E. sont boisés en cocotiers. Une passe dans le N. de l'île conduit à un mouillage bien abrité, les bâtiments ne calant pas plus de trois mètres. Il y a deux autres passes : une dans le N.-N.-O. pour les emb. et une autre dans l'O., praticable par les bâtiments calant moins de 3 mètres 30 centimètres.

Hull, 21° 49' latitude, 157° 11' longitude. — Se compose d'un groupe de quatre îlots entourés d'un même récif. L'étendue du tout est de 7 à 8 milles carrés.

Wolstock, 10° 08' latitude, 154° 47' longitude. — Pas de renseignements.

Flint, 11° 26' latitude, 154° 11' longitude. — Pas de renseignements.

Caroline, 10° 06' latitude, 152° 46' longitude. — Quelques indigènes, placés pour le compte de négociants européens, travaillent sur ces îlots à la fabrication de l'huile de coco.

tagnes et des vallées une brise de terre très-raffraîchissante. Dans l'hivernage, la direction des vents est très-variable. Le vent d'E. amène la pluie et les orages. Les vents du N. et du N.-O. sont les vents de tempête : leur durée ne dépasse pas quatre jours. La pluie tombe avec violence.

Pendant les mois de janvier, février, mars et avril, c'est-à-dire pendant l'hivernage, la mer est généralement grosse sur les côtes N. et O. de Taïti. Les courants sont considérables dans les baies et aux environs des récifs. Les vents soufflent du N., du N.-E. et du N.-O. Il y a des raz de marée. Pendant les mois de mai, juin, juillet et août, la mer est grosse sur les côtes S.-O. et S., et les vents soufflent alors plus ordinairement du S.-E. et de l'E.

Les mois de septembre, octobre, novembre et une partie de décembre, sont de beaux mois, pendant lesquels la brise souffle de l'E. variable à l'E.-N.-E. et à l'E.-S.-E. La fin de décembre est regardée comme le commencement des mauvais temps et de la saison pluvieuse.

Le baromètre ne donne guère qu'une oscillation moyenne de $1^{mm}40$.

Le thermomètre ne s'élève pas, dans la belle saison, au delà de 27° le jour, et 20° la nuit, en moyenne. Pendant l'hivernage, il monte jusqu'à 29° le jour, et 23° la nuit, en moyenne. Son maximum atteint 34° le jour. Ces observations s'appliquent à la ville de Papeete, dont le séjour est un des plus chauds de l'île, à cause de sa position abritée des vents généraux du S.-E.

Le séjour dans les autres localités de l'île est sensiblement plus frais; cependant au mois de juillet le thermomètre descend jusqu'à 14° à Papeete, et à 8° au poste intérieur de Fatahua, à 600 mètres environ au-dessus du niveau de la mer. L'humidité est excessive. L'hygromètre n'est presque jamais au-dessous de 70°.

Le climat des îles Basses est généralement plus chaud que celui de Taïti; cependant les brises de mer et l'ombre des cocotiers qui couvrent le sol, le rendent très-supportable. Aux Tubuai et aux Gambier la température devient fraîche, mais il n'a pas été fait d'observations suivies à cet égard.

Le climat des Marquises est beaucoup plus chaud que celui des îles du Protectorat. Les saisons sont les mêmes qu'à Taïti, mais le thermomètre ne paraît pas descendre à Taiohae, île Nukahiva, au-dessous de 23°.

Les ouragans ne visitent pas l'archipel de la Société, ni les îles Basses, ni les Marquises; cependant on éprouve quelquefois de violents coups de vent dans ces parages, et des raz de marée rendent la mer très-grosse auprès des îles; mais l'archipel de Cook est sujet, à de rares intervalles il est vrai, à ce terrible choc des ouragans.

La salubrité du climat est excellente dans toutes ces îles, qui semblent convenir aussi bien aux Européens qu'aux indigènes. Le soleil même, si dangereux dans les pays intertropicaux, est inoffensif, et les cas d'insolation sont aussi rares qu'en Europe.

Population.

Origine. — Les populations répandues sur nos nombreuses îles font partie de cette race cuivrée qui se distingue par une teinte uniforme, la beauté des formes, une taille au-dessus de la moyenne, une expression de visage assez douce, à moins que le tatouage n'ait procuré à quelques-uns une laideur factice, destinée à les rendre terribles.

Ces Indiens se reconnaissent tous à la première vue et aux premières paroles, comme appartenant à une même race qu'ils désignent sous le nom de Mahori. Ils habitent les îles comprises dans un polygone dont les sommets seraient: la Nouvelle-Zélande, les îles Wallis, l'archipel des Navigateurs, les îles Sandwich et les îles Basses [1]. Les Taïtiens occupent une position à peu près centrale dans ce polygone: les liens qui unissent ces populations sous le rapport des traditions et de la langue sont reconnus par tous les voyageurs. Les habitants des Sandwich prétendent, encore aujourd'hui, descendre de Borabora, une des îles de la Société.

Ces îles ont été peuplées par des immigrations venues de l'Ouest et non de l'Est ou du continent américain, comme l'avaient supposé les premiers navigateurs. Cette opinion a été longuement développée et appuyée des raisons les plus sérieuses, par tous les savants qui se sont occupés de cette intéressante question.

Statistique. — Les différents voyageurs qui ont visité Taïti ont donné, sur le chiffre de sa population, les appréciations les plus diverses. Cook l'a porté à 240,000 âmes; Forster l'a réduit à 120,000. En 1797, le missionnaire Wilson compte 16,000 indi-

---

1. Ce sont les limites de la Polynésie.

vidus de tout âge et de tout sexe. Wilson signale, il est vrai, un décroissement rapide dans la population, mais en supposant que, de 1767, époque de la découverte de Taïti par Wallis, à 1797, la population ait diminué de moitié, ce qui doit être exagéré, on est bien loin d'atteindre encore aux chiffres fabuleux de Cook et de Forster.

A l'arrivée, si singulière pour eux, de bâtiments européens, les Taïtiens de chaque district devaient, comme ils le pratiquaient il y a quelques années à peine, se transporter partout à leur suite ; et Cook et Forster ont pris pour la population d'un district ce qui était celle d'une partie plus ou moins considérable de l'île. Nous croyons que les premiers visiteurs, enchantés de tout ce qu'ils voyaient et de l'hospitalité qui les accueillait après les rudes traversées de cette époque, se sont laissé séduire par les récits hyperboliques des indigènes et les cortéges nombreux des populations curieuses qui les accompagnaient.

La vie nomade, l'habitude de peu planter, mais de récolter seulement les produits spontanés du sol, sont des causes qui devaient demander des grands espaces pour fournir la nourriture des chefs et du peuple. Quand on parcourt l'intérieur de Taïti, on trouve, dans plusieurs grandes vallées, des traces d'anciennes habitations, des sépultures qui ont fait croire que la population, trop nombreuse pour vivre tout entière au bord de la mer, avait, à une époque reculée, reflué vers l'intérieur. L'exemple de ce qui s'est passé sous nos yeux, dans les dernières guerres, semble indiquer que cette opinion est erronée. — Poursuivi par le vainqueur, dont il n'avait à espérer aucun quartier, le parti vaincu abandonnait ses habitations et se réfugiait au fond des vallées, où il lui était plus facile de se défendre, et où l'on se hasardait rarement à le poursuivre. Là s'élevaient de nouvelles cases et de nouvelles clôtures ; là se construisaient des *maraë* (temples) et s'ensevelissaient les morts, jusqu'au jour où un revirement de fortune ou une paix, souvent momentanée, permettait à chacun de revoir son district et le bord de la mer que le Taïtien aime tant.

Les chefs ne désiraient pas voir la population s'accroître au delà de certaines limites, car il eût fallut pourvoir à sa subsistance par des moyens nouveaux. Les règlements eux-mêmes de la célèbre société des Areois peuvent donner une preuve de l'exagération des estimations anciennes de la population de Taïti. On sait que l'infanticide était une des règles de cette société religieuse et politique, et qu'aucune femme n'en pouvait faire partie qu'à la condition d'étouffer à sa naissance l'enfant dont elle devenait enceinte. Les prêtres ont été les premiers législateurs chez tous les peuples de la terre, qu'on a d'abord cherché à conduire au nom de Dieu. Derrière toutes les coutumes religieuses anciennes on trouve, presque toujours, un but politique qui nous apparaît aujourd'hui. Ainsi, entre toutes les raisons qui expliqueraient cette coutume barbare des infanticides à Taïti, une des plus importantes serait la nécessité pour les chefs de s'opposer, par tous les moyens possibles, à l'accroissement de la population au delà de certaines limites, passé lesquelles le sol n'aurait pu la nourrir dans les conditions de vie vagabonde.

Les femmes taïtiennes sont aujourd'hui très-bonnes mères, et depuis longtemps les Areois ont disparu avec leurs règles impitoyables.

Les recensements n'étaient pas chose facile au milieu d'une population dont la propriété et la parenté, peu limitées, s'étendaient dans les archipels environnants, et qui, par goût, se déplaçait le plus souvent possible, et changeait de nom en maintes circonstances, graves ou peu importantes. Cependant l'état-civil a été établi dans les îles Taïti et Moréa pour les indigènes, en 1852, et depuis cette époque on a pu suivre avec régularité les mouvements des naissances et des décès.

Un recensement a été fait avec soin, en 1848, de la population des deux îles. Le même recensement a été opéré en 1862; en voici le résultat :

ILES TAÏTI ET MOREA

ANNÉES.	INDIGÈNES.	EUROPÉENS.	TOTAL.
1848	9.454	515	9.969
1862	10.347 [1]	660 [2]	11.007
Augmentation.......	893	145	1.038

1. Ne sont pas compris dans ce nombre 98 immigrants de race polynésienne.
2. Dont 313 Français. Sur ce nombre, 46 sont mariés, savoir:
15 à des Françaises.   1 à une Américaine.
4 à des Anglaises.   26 à des Taïtiennes.

De la comparaison de ces chiffres il ressort que la population indigène est loin de disparaître, comme l'assurent certaines personnes.

Les mouvements de la population polynésienne constatés depuis 1852 accusent, au contraire, une augmentation continue des naissances sur les décès, de 1855 à 1864 inclus.

En 1853 et 1854, une épidémie de variole a sévi sur les deux îles. Pendant ces deux années, le chiffre des décès a dépassé celui des naissances de 84 pour l'année 1853, et de 699 pour l'année 1854 ; mais depuis la cessation de l'épidémie, l'excédant des naissances sur les décès n'a cessé de se manifester. Voici le tableau des naissances et des décès depuis 1855 jusqu'à l'année 1863 ;

(Il ne s'agit que des indigènes.)

ANNÉES.	NAISSANCES.	DÉCÈS.	EXCÉDANT des naissances sur les décès.
1855	251	218	33
1856	249	158	91
1857	245	196	49
1858	278	217	61
1859	266	192	74
1860	246	160	86
1861	259	180	79
1862	265	155	110
1863	306	202	104

On doit faire observer que l'épidémie n'a fait périr aucun Européen, et n'a été meurtrière à l'égard des Indiens qu'à cause du peu de soins qu'ils prenaient d'eux-mêmes et de leur habitude de se plonger dans l'eau froide à toute heure du jour. L'expérience acquise, les soins éclairés de l'administration, la distribution plus générale du vaccin, permettent d'espérer que les indigènes eux-mêmes sauraient mieux résister à une nouvelle invasion.

Quant au nombre des habitants des îles Basses, il a été aussi singulièrement exagéré. En l'évaluant à 8,000 environ, nous croyons être près de la vérité.

Le fruit du coco et le poisson sont la base de la nourriture des insulaires. Les cochons, les poules, commencent seulement à se multiplier, et augmentent le bien-être des indigènes qui, généralement, se groupent au bord de leurs lacs intérieurs, auprès d'un bois de cocotiers, dans lequel se trouvent toujours quelques trous d'eau douce, bien souvent un peu saumâtre. Le genre de vie imprévoyant des indigènes, qui prennent leur nourriture au jour le jour, là où la nature l'a placée, ne permet pas de croire à l'existence de populations nombreuses.

La population des Marquises était évaluée à 12,000 âmes en 1862 : mais une épidémie de petite vérole survenue en 1863, à la suite du rapatriement d'indigènes ramenés du Pérou, a enlevé 2,000 Marquisiens environ, quoique la maladie ait été circonscrite dans les îles Nukahiva et Hapu.

Le tableau suivant présente la répartition de la population sur nos îles et celles qui les avoisinent, pendant l'année 1863 :

		NOMBRE D'HABITANTS.	
Iles de la Société.	Iles du Vent............	10.347	
	Iles Sous-le-Vent.........		3.500
Iles basses (Tuamotu)...............		8.000	
Iles Tubuai......	Iles de l'Est............	550	
	Iles de l'Ouest...........		750
Iles Marquises.................		10.000	
Iles de Cook.................			7.000
Sporades Australes.............			520
Total de la population de nos îles......		28.897	
Id. id. des îles voisines..			11.770

Ces chiffres sont approximatifs, mais plutôt au-dessous qu'au-dessus de la vérité. 800 Européens au plus figurent dans ces nombres.

Immigration. — Le petit nombre des indigènes, habitant nos îles, ne permettrait pas d'entreprendre de grands travaux de culture sans avoir recours à la main-d'œuvre étrangère. Déjà, il a été fait appel aux indigènes des îles voisines : ceux-ci viennent très-volontiers passer une année ou deux à Taïti pour y gagner quelque pécule, le plus souvent une malle garnie d'effets, qu'ils rapportent chez eux. Ils y rapportent aussi les récits de leur voyage et de toutes les choses nouvelles qu'ils ont vues. Il est très-probable que ce mouvement de population ne fera que se développer, au profit réciproque de notre colonie et de nos voisins.

Au mois de mars 1864, le Gouvernement local a autorisé, conformément aux instructions du ministre, l'introduction de 1,000 Chinois, hommes, femmes et enfants, comme travailleurs immigrants, engagés pour plusieurs années, pour être employés aux cultures entreprises dans l'île Taïti, à la même époque, par une compagnie agricole. Cette opération, entourée de toutes les garanties ordinaires, s'effectue sans aucune subvention de la métropole ou de la colonie.

Un contingent de 350 personnes est arrivé à Papeete vers la fin de février 1865, et les autres vont suivre. L'exemple donné sera des meilleurs si l'entreprise réussit, comme tout porte à le croire, parce qu'il prouvera tout ce qu'on peut attendre de l'initiative individuelle, ne demandant au gouvernement que la protection des lois. D'ailleurs, la salubrité du climat rendra beaucoup moins coûteux que dans nos colonies des Antilles, par exemple, l'entretien des travailleurs chinois ou de toute autre origine. Les Européens eux-mêmes peuvent se livrer à la culture du coton, du café, de la canne à sucre, etc.

Gouvernement et administration.

Gouvernement. — Aucun acte métropolitain n'a réglé, jusqu'à ce jour, le gouvernement et l'administration de nos établissements de l'Océanie, autre que l'ordonnance du 28 avril 1843, rendue spécialement en vue de la prise de possession des îles Marquises.

L'acceptation du protectorat sur les îles de la Société nous amena, peu de temps après notre occupation des Marquises, à placer le chef-lieu de nos établissements à Papeete, île Taïti. Le gouverneur des établissements, commissaire du roi aux îles de la Société, fut donc investi d'une autorité très-étendue, basée sur l'ordonnance précitée et sur la ratification royale du 25 mars 1843, lui conférant tout pouvoir de s'entendre avec la reine et les grands chefs.

Il est résulté de cette situation une série d'actes locaux, constituant pour la colonie une administration toute particulière, dans laquelle l'élément indigène a conservé, aux îles de la Société et dépendances, la part d'autorité intérieure que lui réservait l'acte du protectorat du 9 septembre 1842. Cependant la pratique des choses a amené une liaison très-intime entre les affaires européennes (celles concernant les Français ou les étrangers) et les affaires taïtiennes. Naturellement, une prépondérance considérable, et qui ne peut que s'accroître chaque jour, s'est développée du côté des affaires européennes : la plupart du temps, les indigènes eux-mêmes demandent que nos lois leur soient appliquées. C'est donc aux mains de l'administration française que revient la direction supérieure des affaires, tant extérieures qu'intérieures, dans le Protectorat. Pour celles-ci, l'élément indigène a une très-grande part d'action, notamment dans les contestations relatives au droit de propriété des terres. Ces sortes d'affaires sont jugées exclusivement par les tribunaux taïtiens. Les pouvoirs du commissaire impérial s'exercent d'accord avec la reine, suivant la teneur des lois taïtiennes, dans tout ce qui concerne le régime applicable aux Taïtiens.

Notre Protectorat a pris pour drapeau les anciennes couleurs de Taïti, données par les missionnaires anglais, blanc et rouge, dans lesquelles on a placé un pavillon français. Ce pavillon ou drapeau est formé d'une bande rouge horizontale, d'une seconde bande horizontale blanche, de hauteur double de la première, et d'une troisième bande rouge égale à la première ; à l'angle supérieur, du côté de la hampe, ou drisse, se trouvent les couleurs françaises en forme de yacht. Ce signe national est arboré sur tous les établissements civils ; on y ajoute quelquefois notre drapeau. Celui-ci flotte seul sur les établissements militaires.

La marine marchande de la colonie porte souvent les couleurs du Protectorat. Les bâtiments couverts de ce pavillon sont soumis aux mêmes lois que nos bâtiments.

Administration. — Sous les ordres du commandant, commissaire impérial, un ordonnateur, nommé par décret, dirige les différentes parties du service administratif des troupes et de la marine, des finances coloniales et locales. Il est en outre chargé, par arrêté local, du service de l'administration judiciaire. Un secrétaire général du commissaire impérial dirige les affaires civiles du pays. Il s'occupe des intérêts des habitants français ou étrangers et de toutes les affaires taïtiennes, dans lesquelles notre administration intervient à un titre quelconque.

Afin de tenir le chef de la colonie au courant des événements importants et imprévus qui peuvent surgir dans un gouvernement aussi étendu, des *Résidents* ont été placés dans diverses îles éloignées du chef-lieu. Ces fonctionnaires sont au nombre de trois, savoir : le premier, à l'île Moorea, au port de Papetoai, ouvert au commerce extérieur ; le second à l'île d'Anaa, la plus importante des îles basses ; le troisième à Taiohae (île Nukahiva), est chargé du service du port. Il a, en outre, les attributions de juge de paix dans le ressort des Marquises.

L'administration taïtienne a été constituée depuis 1842, et se résume aujourd'hui en conseils de village, vrais conseils municipaux, sous la présidence des chefs, dont l'autorité, autrefois arbitraire, s'est trouvée limitée, et soumise à des formes garantissant la liberté individuelle et la sécurité de tous.

Un conseil d'administration placé près du commandant-commissaire impérial, donne son avis sur toutes les questions qui lui sont soumises. Comme élément de représentation locale, la colonie possède un comité consultatif d'administration, d'agriculture et de commerce, institué par arrêté du mois d'août 1861. Il doit siéger annuellement à Papeete.

Enfin, une assemblée indigène, portant le titre d'assemblée législative, ancien souvenir des assemblées formées du temps de la prépondérance des missionnaires anglais, vote les lois taïtiennes. Ces réunions n'ont plus eu lieu depuis la fin de 1861. Quoique le principe en soit excellent, elles auraient besoin d'être profondément modifiées dans leur forme et attributions, pour répondre à leur titre d'abord, et bien plus, pour satisfaire aux besoins de l'état social actuel des indigènes et aux nécessités de toute espèce créées par leur contact et leurs relations avec les Européens.

Commissariat de la marine. — Un commissaire adjoint, ordonnateur, un sous-commissaire, un aide-commissaire et deux commis de marine.

Secrétariat général. — Un commissaire adjoint de la marine remplit les fonctions de secrétaire général. Il est assisté d'officiers et d'employés pris dans la colonie.

Service des ports. — Un officier, détaché de la station locale, remplit les fonctions de capitaine de port à Papeete, et dirige les ateliers de la marine à l'arsenal de Fare-ute. Un maître de port, deux pilotes, deux élèves-pilotes sont attachés au port.

Service de santé. — Un chirurgien de la marine de 1re classe, un de 3e classe et un pharmacien de 2e classe forment le personnel du service de santé. Ils font le service de l'hôpital militaire de Papeete, qui peut contenir 50 lits. Quatre sœurs hospitalières de Saint-Joseph de Cluny sont attachées à l'hôpital.

Services financiers. — Un trésorier-payeur, un vérificateur de 3e classe et un commis-receveur de l'enregistrement et des domaines, un vérificateur de 3e classe et un lieutenant des douanes [1], un préposé de la poste aux lettres.

Service des ponts et chaussées et du cadastre. — Ce service est confié au génie militaire. Deux gardes du génie, recevant une indemnité, sont particulièrement attachés aux travaux des ponts et chaussés.

Service de la police. — La gendarmerie coloniale fait seule le service de la ville de Papeete. Deux brigades sont en outre stationnées dans l'intérieur de l'île de Taïti, et une troisième est établie à Taio-hae, île Nuka-Hiva. Les chefs de village, assistés de *Mutois*, sont chargés de la police du pays, partout où il n'y a pas d'*agents* français.

Forces militaires et maritimes.

Une direction d'artillerie et une chefferie du génie sont établies dans le port de Papeete. Des détachements de gendarmerie coloniale, d'artillerie de la marine et des colonies, d'infanterie de marine, forment la garnison. Le service de la direction d'artillerie est confié au capitaine-commandant. Il a sous ses ordres deux officiers, deux gardes, un chef-ouvrier d'Etat et un sous-chef artificier. Un capitaine du génie et trois gardes (dont un pour les ponts et chaussées), composent le personnel de la chefferie.

La gendarmerie compte 1 sous-officier et 14 brigadiers et gendarmes de l'arme à pied.

L'artillerie compte une demi-batterie de 50 hommes et 24 chevaux ou mulets, et un détachement d'ouvriers de 40 hommes.

L'infanterie compte deux compagnies de 115 hommes chacune.

---

1. Le service des douanes ayant été supprimé au 1er janvier 1865, ces deux agents ont quitté la colonie.

La gendarmerie tient résidence en plusieurs localités à Taïti et dans d'autres îles. L'infanterie fournit quelques postes extérieurs au chef-lieu.

Quelques cavaliers indigènes, au titre de cavaliers d'escorte, servent de garde d'honneur à la reine, et sont employés à la transmission des dépêches.

Il n'y a ni milices ni corps de pompiers.

La force navale au service spécial de nos établissements est composée d'un aviso à vapeur de 150 chevaux et de trois transports à voiles. Elle est chargée de la surveillance de nos archipels et des îles voisines sur une superficie de mer qu'on peut évaluer à environ 175,000 lieues marines (voir la carte des établissements). La station locale contribue au transport et à l'échange régulier des dépêches et des passagers entre Papeete et les ports de l'Amérique du Sud.

La colonie possède, dans le port de Papeete, à la pointe Fareute, un bel emplacement tout à fait propre à un arsenal maritime. Des quais d'abattage permettent aux bâtiments du plus fort tonnage d'effectuer toute réparation. Une cale de halage monte les navires jaugeant jusqu'à 500 tonneaux.

Cet *arsenal provisoire* contient aujourd'hui un dépôt de charbon de terre, des magasins de matières navales, et quelques ateliers à bois et à fer.

Deux batteries protègent l'entrée du port de Papeete, que l'on pourrait, sans grands travaux, mettre sur un pied respectable de défense.

Justice.

Les tribunaux taïtiens, d'après l'acte du Protectorat, devenaient incompétents pour juger les contestations entre les résidants, ainsi que les contraventions, délits et crimes commis par ceux-ci, en infraction aux lois édictées par le gouvernement protecteur, chargé de *prendre telle mesure qu'il jugerait utile pour la conservation de la bonne harmonie et de la paix.*

Aussi M. Bruat, de concert avec le régent des îles de la Société, appliqua-t-il, dans les terres du Protectorat, les dispositions de l'ordonnance royale du 28 avril 1843, réglant l'organisation de la justice aux îles Marquises. Toutefois, des modifications essentielles furent apportées à l'ordonnance elle-même, notamment en ce qui concernait la juridiction des conseils de guerre.

Au mois d'avril 1850, le commissaire de la République dans le Protectorat établit, d'accord avec la reine Pomare, une organisation judiciaire toute différente de celle qui avait fonctionné depuis notre occupation. Sous le titre de : *Code de procédure du Protectorat*, furent institués :

1° Une justice de paix;
2° Un tribunal de première instance et de commerce;
3° Une cour d'appel;
4° Un tribunal correctionnel;
5° Un tribunal d'appel des jugements correctionnels;
6° Un tribunal criminel, ou cour d'assises.

Dans les affaires où se trouvent mêlés des Taïtiens et des résidants, les tribunaux admettent un juge indien en remplacement d'un juge européen. Le juge de paix, dans ces circonstances, s'adjoint un juge indien; et, en cas de partage de voix, l'affaire est portée devant le tribunal supérieur. A chaque tribunal fut attaché un ministère public spécial. Le grand défaut de cette organisation est d'exiger le concours d'un personnel de juges très-nombreux dans un pays qui a très-peu de justiciables. Toutes ces fonctions judiciaires sont remplies par des officiers pris dans les divers services de la colonie, ou par des résidants. L'arrêté organique de 1850 mettait à l'élection un certain nombre des places judiciaires confiées au résidants.

En 1856, un juge de paix titulaire a été nommé par décret impérial; mais l'organisation de 1850 fonctionne encore aujourd'hui. Elle a été cependant un peu modifiée en 1860, 1861 et 1864, dans le but d'assurer la prompte et régulière distribution de la justice. En 1864, le tribunal civil et le tribunal correctionnel ont été réunis, et l'élection des juges résidants, qui s'opérait tous les ans avec des difficultés toujours nouvelles, a été supprimée. Une révision totale du système semble nécessaire.

La justice se rend au nom de l'Empereur et du gouvernement du Protectorat. Les tribunaux du Protectorat appliquent la loi française toutes les fois que les arrêtés locaux ou les lois taïtiennes n'ont pas prévu le cas qui leur est soumis.

L'administration de la justice taïtienne a toujours librement fonctionné depuis notre établissement. En 1855, une loi indigène a révisé les anciennes lois et a donné à ce service l'organisation suivante :

1° Le juge de district rend en dernier ressort la justice sur certains délits prévus par la loi. Le conseil de district intervient pour autoriser ou pour refuser devant le juge la poursuite des délits ou contestations. Dans le cas de refus, il en est référé au gouvernement.

Il peut être fait appel des jugements du juge de district, suivant les cas autorisés par la loi, devant un tribunal d'appel siégeant à Papeete.

2° Le tribunal d'appel est permanent. Il se compose de trois juges et d'un greffier. Le gouvernement s'y fait représenter par un délégué qui a voix représentative seulement.

Les jugements de ce tribunal ne sont définitifs que si la partie condamnée ne se pourvoit pas auprès de la haute cour (cour des Toohitu) dans les délais fixés par la loi.

3° La haute-cour indigène ou tribunal des Toohitu siége à Papeete et tient trois sessions par an, en janvier, mai et septembre.

La haute-cour juge en dernier ressort toutes les affaires qui, ayant été jugées par le tribunal d'appel, sont portées devant elle dans les délais fixés par la loi.

Les affaires relatives aux terres ou aux titres provenant des ancêtres sont portées d'abord devant le juge de district, assisté d'une partie des *huiraatira* (propriétaires) du district.

Si l'une des parties n'accepte pas le jugement, elle peut faire appel devant le tribunal siégeant à Papeete.

Enfin, la cour des *Toohitu* juge en dernier ressort.

Une ordonnance de la reine et du commissaire impérial saisit la cour des Toohitu de tous les crimes pouvant entraîner la peine capitale.

Les jugements de la haute-cour peuvent, par une décision de la reine et du commissaire impérial, être cassés pour cause de violation des formes prescrites par la loi. La même décision ordonne que l'affaire sera jugée de nouveau.

Le gouvernement est représenté à la haute-cour par un délégué ayant voix représentative seulement.

Les juges de district sont élus par les habitants, et le gouvernement les institue. Les juges du tribunal d'appel et ceux de la cour des Toohitu sont nommés par ordonnance de la reine et du commissaire impérial.

La loi taïtienne admet le divorce. Elle n'autorise le mariage des Taïtiens avec des Français que selon la loi française : les femmes suivent la qualité du mari [1]. La même loi a inscrit

---

[1]. Le nombre de ces mariages était, en 1863, de 26, comptant au moins un nombre double d'enfants.

la réciprocité pour une Française qui épouserait un Taïtien.

Comme nous l'avons dit déjà, l'assemblée législative des Etats du Protectorat ne s'est pas réunie depuis la fin de 1861. Ni la reine ni les chefs n'ont témoigné le désir du maintien annuel de ces réunions, qu'ils trouvent trop fréquentes.

Cultes et Assistance publique.

Dans nos établissements, deux religions sont en présence : le protestantisme et le catholicisme. Ainsi que nous l'avons mentionné plus haut, la renonciation de la population des îles de la Société au paganisme pour embrasser la foi protestante, a été le résultat des efforts d'une compagnie de missionnaires, agents de la Société des missions de Londres. Les premiers missionnaires catholiques n'ont paru dans nos îles que vers 1836.

A la suite de nombreux conflits, résultat inévitable de la situation nouvelle faite aux missionnaires anglais qui, par l'établissement de notre protectorat, durent compter avec un gouvernement régulier, remplaçant l'ancien ordre de choses, dans lequel il n'y avait que fort peu de distinction entre les affaires temporelles et les affaires spirituelles, divers actes locaux réglèrent les rapports entre l'Eglise taïtienne protestante et le gouvernement du Protectorat. Depuis cette époque, 1851 et 1852, presque tous les missionnaires d'origine anglaise ont quitté le pays ; mais, en 1863, deux pasteurs protestants français sont venus à Taïti, de leur propre initiative, pour offrir leurs services et répondre aux vœux souvent exprimés par les chefs et principaux Taïtiens, et, en dernier lieu (1860), par l'assemblée législative des Etats du Protectorat. Ces pasteurs se sont conformés aux lois existantes, et ils ont pris place dans l'Eglise du pays.

A l'extrémité S.-E. des îles Basses, la Mission catholique a obtenu de faire abjurer le paganisme aux habitants du petit groupe de Mangareva (Gambier). Toute la population, 1,500 âmes environ, était catholique avant l'année 1844.

Quelques Américains mormons ont paru à Taïti et aux îles Basses, vers 1851. Ils auraient eu un grand succès, principalement dans ces dernières îles, sans l'énergique intervention de l'autorité française, qui ne pouvait tolérer la propagation de principes si contraires à nos lois et à notre morale. La plus grande confusion règne dans les idées religieuses des habitants des îles Basses, surtout dans les îles éloignées du chef-lieu. Les indigènes se diraient volontiers, tout à la fois, protestants, mormons, catholiques.

Aux îles Marquises, la population était païenne et sauvage avant notre arrivée. Malheureusement, cet état a peu changé depuis vingt-deux ans; mais les efforts de la Mission catholique de cet archipel parviendront sûrement à retirer les indigènes de leur extrême indigence morale. On ne doit parler que pour mémoire de quelques missionnaires protestants venus des Sandwich aux Marquises : ils ont très-peu d'adhérents.

Culte catholique. — S. S. le pape a concédé à la société de Picpus le monopole de l'évangélisation des habitants de toutes les îles de la Polynésie dont nous nous occupons. C'est donc le supérieur de cette congrégation qui fournit le personnel des prêtres qu'il juge nécessaires à la propagation de la foi, ou que l'administration demande pour le service du culte de la colonie.

Depuis 1842, deux évêchés, *in partibus*, ont été créés. Le premier comprend les îles Marquises; il est occupé par Mgr Dordillon, évêque de Cambysopolis. Le second évêché comprend les îles de la Société, les îles Basses, les îles de Cook, etc. Il est occupé par Mgr Jaussen, évêque d'Axiéri.

Le gouvernement entretient à Papeete un curé et un vicaire, et donne un traitement à deux prêtres missionnaires dans les îles du Protectorat. La mission de Taïti compte neuf prêtres missionnaires en dehors du curé et du vicaire de Papeete. La mission des Marquises ne compte que six prêtres missionnaires.

La Mission de Taïti a fait élever à ses frais deux jolies chapelles (églises de nos campagnes), dans l'intérieur de l'île. Quatre autres chapelles ont été édifiées de la même manière à l'île d'Anaa. Aux Gambier, il existe plusieurs églises, vastes et bien ornées.

On construit à Papeete une grande église destinée à devenir paroissiale. La colonie contribue aux travaux pour une large part. Aujourd'hui, le service religieux est célébré dans une chapelle basse et beaucoup trop petite.

Aux Marquises, par un arrangement local, intervenu au commencement de 1863, les anciens bâtiments en pierre construits lors de notre prise de possession, et aujourd'hui inutiles à l'administration, ont été affectés au service du culte. L'hôtel du Gouvernement est devenu l'évêché, et le magasin général a pu être transformé en une belle et spacieuse église. L'évêque de Cambysopolis a accepté la direction des affaires indigènes de l'archipel.

Culte protestant. — Une loi taïtienne, du 18 mars 1851, a fixé à un par district le nombre des missionnaires protestants, européens ou indigènes. Une autre loi du 22 mars de l'année suivante a déclaré que les charges de missionnaire de district seraient soumises à l'élection des habitants; *si l'élection porte sur un étranger, le commissaire impérial peut s'opposer à l'admission de cet étranger dans l'Église taïtienne.* Enfin, un arrêté du 27 mai de la même année détermine les conditions de l'exercice du culte protestant par les étrangers dans les églises nationales des terres du Protectorat. En 1851 un traitement a été affecté à tous ces ministres.

Aujourd'hui les 22 villages des îles Taïti et Moorea ont chacun un pasteur rétribué au compte de la colonie. Les chaires de Pare, ou Papeete, à Taïti, celle de Papetoai, à Moorea, sont les seules qui soient occupées par des Européens. La première est remplie par un des pasteurs français, la seconde par le dernier des missionnaires anglais restant à Taïti [1]. Celui-ci a reçu, en 1856, le titre de chef du culte protestant aux îles du Protectorat, et il a été revêtu de certaines attributions.

Les résidants anglais et américains de Papeete, et quelques français protestants, ont dans cette ville un temple dont le service est fait par un missionnaire de la Société de Londres, mais restant tout à fait en dehors de l'Église taïtienne. Ce missionnaire est le seul de sa compagnie qui réside maintenant dans notre Protectorat.

Chaque village possède un temple. A l'île Moorea un bel édifice en pierres de corail a été construit, vers 1818, par les missionnaires anglais, chassés momentanément de Taïti. Tous ces temples sont, en général, bien entretenus et régulièrement fréquentés par les indigènes. Aux îles Tubuai on trouve des temples fort bien construits et très-proprement tenus; mais aux îles Basses beaucoup de ces églises tombent en ruines.

ASSISTANCE PUBLIQUE.

Jusqu'à ce jour il n'y a pas eu de misère réelle dans la colonie, le pays suffisant aisément à la nourriture des indigènes et à donner un travail rémunérateur aux Européens qui ont voulu s'y fixer. Cependant, une salle d'hospice de quatre lits a été ouverte en 1864. Elle a été placée, jusqu'à nouvel ordre, dans l'hôpital militaire de Papeete.

---

1. Ce missionnaire est depuis fort longtemps en dehors de la compagnie des missions de Londres.

Depuis plusieurs années, l'action de la police s'exerce régulièrement sur la contagion que la maladie vénérienne pouvait répandre. Des visites périodiques ont lieu, et dans un dispensaire établi *ad hoc,* on soigne les femmes malades. Des relâches de bâtiments de guerre à nombreux équipages ont prouvé que le séjour de Papeete était beaucoup moins dangereux que celui de la plupart des villes de l'Amérique du Sud dans le Pacifique, malgré l'extrême liberté des mœurs des indigènes. D'ailleurs ces mœurs ont aujourd'hui la même apparence extérieure que dans toutes les colonies.

Instruction publique.

Écoles. — Les missionnaires anglais ont été les premiers instituteurs de la population indigène. Ils lui ont donné l'écriture. L'instruction primaire étant pour ainsi dire nécessaire à l'observation du culte prêché par ces missionnaires, ils ont dirigé tous leurs efforts pour mettre les indigènes en état de lire la Bible, et ils y ont réussi. A notre arrivée à Taïti, nous avons trouvé tous les indigènes, hommes et femmes, sachant lire et écrire. La Bible, traduite en langue du pays, était dans toutes les mains. C'est dans la Bible que les enfants apprenaient et apprennent encore, en général, à lire, ce livre étant répandu à profusion dans le pays.

La liberté de l'enseignement existe dans la colonie. La seule obligation imposée aux instituteurs libres est d'enseigner la langue française. Chaque village taïtien est tenu d'entretenir une école communale. Les enfants des deux sexes ont été jusqu'à ce jour réunis, mais déjà ils sont séparés dans quelques villages. La nomination des instituteurs et des institutrices est attribuée, depuis l'année 1862, au gouvernement, qui doit, autant que possible, faire choix de sujets parlant la langue française.

En dehors de ces écoles, l'administration a ouvert, sous le titre d'*Écoles françaises,* des écoles primaires tenues par des Frères de l'Instruction chrétienne et des Sœurs de Saint-Joseph de Cluny. Les Frères sont arrivés à Taïti à la fin de l'année 1860. Les Sœurs étaient établies dans notre Protectorat bien avant cette époque. A la fin de 1346, deux Sœurs institutrices furent dirigées vers l'Océanie, pour aider les efforts d'autres Sœurs de la même congrégation, déjà dans la colonie pour le service des hôpitaux, et dont le zèle dévoué avait commencé à rassembler quelques élèves. Le 7 novembre 1857, l'école des dames de Saint-Joseph de Cluny fut définitivement constituée à Papeete. A l'école primaire s'ajouta un pensionnat primaire pouvant contenir vingt jeunes filles.

La loi taïtienne oblige les parents d'envoyer leurs enfants aux écoles et détermine certaines peines en cas d'infraction à cette prescription. En 1853, les pères de famille furent astreints à payer une somme mensuelle de 50 centimes par enfant fréquentant l'école. Cet impôt a été abrogé en 1860, et l'instruction est devenue gratuite. Il a été pourvu aux traitements des instituteurs et des institutrices des écoles de district par une contribution portant sur tous les habitants, pères de famille ou célibataires.

Les écoles primaires françaises sont gratuites; l'accès en est libre à tous.

Au commencement de 1863, l'administration jugea qu'un grand bienfait pour les insulaires des Marquises serait d'établir dans l'archipel, comme le demandait depuis longtemps le chef de la mission, Mgr de Cambysopolis, des écoles de Frères et de Sœurs. Deux écoles ont donc été ouvertes à Taiohae (île Nukahiva). Un personnel de quatre instituteurs et de quatre institutrices a été affecté à cette œuvre charitable, destinée à faire pénétrer, avec le temps, une vie nouvelle chez une population restée jusqu'à ce jour étrangère à toute civilisation.

Au mois d'octobre 1864, cinq écoles françaises étaient ouvertes dans la colonie, et un personnel de trente instituteurs et institutrices y distribuait l'enseignement, savoir :

1° A Papeete : deux écoles, 7 Frères et 11 Sœurs.

2° A Mataiea, district situé à douze lieues du chef-lieu : une école tenue par 4 Frères. La construction d'une école de Sœurs dans la même localité a été décidée en 1864, mais elle ne devait être entreprise qu'au commencement de l'année 1865.

3° A Taiohae (îles Marquises) : deux écoles, 4 Frères et 4 Sœurs.

Le pensionnat des Sœurs de Saint-Joseph, à Papeete, renfermait 20 élèves, dont 12 boursières au compte de la colonie.

Le nombre d'enfants fréquentant ces écoles s'élevait à environ 120 garçons et 80 filles pour Taïti, 20 garçons et 30 filles pour les îles Marquises. Total, 250 enfants. Une trentaine d'enfants non indigènes figurent dans ces chiffres. Le nombre des instituteurs doit paraître très-élevé par rapport à celui des enfants, mais en outre de la difficulté spéciale d'instruire des enfants, auxquels il faut d'abord apprendre une langue nouvelle, on remarquera que les six écoles confiées aux congrégations sont placées à des points éloignés de la colonie et qu'elles sont destinées à pourvoir à des besoins d'un ordre moral supérieur, besoins qui ne tarderont pas à être compris des populations auxquelles nous présentons généreusement le bienfait de l'instruction.

A Papeete, il existe encore quatre écoles libres, deux ouvertes depuis longtemps, et tenues par le missionnaire de la Société de Londres résidant à Taïti, et par sa femme. Les deux autres écoles ont été ouvertes en 1864 et sont tenues par les pasteurs français et leurs familles. Elles ont pris le titre d'*Ecoles protestantes taïtiennes-françaises*.

En résumé, dans le courant de l'année 1864, on comptait dans les diverses écoles des îles de la Société un nombre de 2,040 enfants, dont 1,063 garçons et 977 filles, ainsi réparties au point de vue de la nationalité : 41 Français, 1,924 Taïtiens, 20 Anglais, 14 Américains, 39 Polynésiens et 2 Suédois.

Imprimerie, journaux, publications. — Une imprimerie bien organisée existe à Papeete; elle appartient à la colonie et travaille, au besoin, pour les particuliers à titre de remboursement.

Vers 1815, une presse fut introduite aux îles de la Société par les missionnaires anglais. Cette presse, qui a été d'une grande utilité pour la propagande protestante, est aujourd'hui à Papeete, et elle sert encore au même objet. La Mission catholique possède aussi une presse et imprime de temps en temps quelques ouvrages.

Sous le gouvernement de M. Bruat, un journal lithographié a paru quelque temps sous le titre d'*Océanie française*. En 1850, une publication hebdomadaire en langue taïtienne, le *Vea no Tahiti*, ayant pour but de mettre les indigènes en relations plus intimes avec nous et de leur faire connaître exactement les actes du gouvernement, a été entreprise.

En 1853 a été fondé le *Messager de Taïti*, journal officiel des établissements français de l'Océanie, paraissant tous les samedis. Enfin, au 1er janvier 1859, le *Vea no Tahiti* a été supprimé et réuni au *Messager*. Celui-ci a, depuis cette époque, publié en taïtien tous les actes et les faits intéressant les indigènes. Le gouvernement local publie un bulletin des actes officiels, sous le titre de *Bulletin officiel des établissements français de l'Océanie et du Protectorat des îles de la Société et dépendances*.

Finances.

A notre arrivée à Taïti, tous les frais de notre établissement furent mis à la charge du gouvernement métropolitain. Cette situation a duré plusieurs années. Cependant les ressources du pays se développant tous les jours, il paraissait juste de recueillir quelques impots, afin d'en appliquer le produit aux dépenses d'intérêt local. D'ailleurs, nous gardions à notre charge les traitements annuels concédés à la reine et aux chefs, en échange de taxations plus ou moins arbitraires qu'ils avaient coutume de frapper sur le commerce et les navires en passage.

Le décret du 26 septembre 1855, portant règlement sur l'administration des finances de tous nos établissements coloniaux, a donc pu être appliqué à notre Protectorat.

Les lois taïtiennes, avant et depuis notre occupation, édictent, dans une foule de cas, des amendes et des taxes à répartir entre le gouvernement, la reine, les chefs, les juges, etc. Toutes ces amendes et taxes, qui n'ont pas cessé d'être perçues, ont été soumises, par un arrêté du 15 juin 1859, aux règles générales de notre comptabilité. Elles forment aujourd'hui, sous le titre de caisses indigènes, une annexe non sans importance du budget local. On peut les comparer aux recettes et aux dépenses communales de nos colonies, avec les différences résultant de l'état des mœurs et de la constitution sociale.

Les dépenses inscrites à la charge de l'État se sont élevées, au budget colonial, pour les quatre dernières années :

ANNÉES.	SERVICES civils.	SERVICES militaires.	SUBVENTION à la colonie.	TOTAUX.
	francs.	francs.	francs.	francs.
1861	92.090	247.080	300.000	639.170
1862	95.960	271.070	300.000	667.830
1863	97.410	273.330	300.000	670.740
1864	97.760	286.000	300.000	686.760

Si l'on veut connaître le total des dépenses du département de la marine et des colonies, par année, en faveur de l'établissement colonial, il conviendrait d'ajouter à ces chiffres la solde des troupes de la marine (artillerie et infanterie), leurs frais de passage, ainsi que l'entretien de la station locale.

Pendant les trois années 1861, 1862 et 1863 [1], les recettes locales réalisées ont présenté les chiffres suivants :

NATURE DES RECETTES.	ANNÉE 1861	ANNÉE 1862	ANNÉE 1863	Observations.
Contribution sur rôle...	47.966	48.485	49.720	Aucun impôt n'est établi sur la terre et ses produits à l'exportation.
Liquidation de droits...	106.208	128.895	162.442	
Produits divers et recettes à différents titres	77.443	64.879	75.223	
TOTAUX.........	231.617	242.259	287.385	

L'augmentation des revenus locaux, pendant l'année 1863, provient du nouveau tarif de douanes sur les droits à l'entrée adopté le 15 décembre 1862, et mis en application pour cinq années, à compter du 1er janvier 1863. Ces droits perçus sur les importations ne représentent pas 6 0/0 de la valeur des objets admis à la consommation. (*Voir article Commerce.*)

Les dépenses locales que la colonie a pu effectuer pendant ces trois années ont été plus que doublées par une subvention annuelle de 300,000 fr. inscrite aux dépenses de l'État.

En 1863, le budget local a été fixé à 612,000 fr. en recettes, et 597,000 fr. en dépenses. Les dépenses inscrites sont les suivantes :

PERSONNEL.

	fr.
Secrétariat général......................	15 000
Résidences.............................	10 500
Interprètes.............................	10 600
Supplément à la liste civile de la reine......	25 000
Traitement du régent....................	5 000
Diverses dépenses de la maison de la reine...	4 880
Chefferies.............................	21 320
A reporter............	91 700

---

[1] Nous ne connaissons pas encore les résultats de l'exercice 1864, dont la clôture n'a eu lieu dans la colonie que le 30 juin 1865.

	fr.
Report...................	91 700
Culte protestant....................	10 920
Justice.............................	16 600
Pensionnaires taïtiens...............	3 060
Enregistrement.....................	7 860
Douanes...........................	7 000
Poste aux lettres...................	3 000
Ponts et chaussées.................	7 180
Police.............................	4 560
Tribunaux du Protectorat...........	7 120
Port de Papeete....................	9 040
Instruction publique (écoles des Frères et des Sœurs)[1].......................	46 540
Cadastre...........................	5 000
Imprimerie........................	14 320
Prison et dispensaire...............	2 800
Divers agents et dépenses accessoires, déduction faite du 45e pour les incomplets......	12 773
Hôpitaux..........................	15 101
Vivres.............................	13 130
Total de la dépense du personnel.......	277 704

MATÉRIEL.

	fr.
Service postal (transport des courriers)......	50 000
Agriculture (achats de terres pour être revendues ; encouragements à la culture).......	100 000
Ponts et chaussées.....................	76 000
Chaloupes, canots, etc..................	6 000
Approvisionnements divers.............	17 000
Loyers et ameublements...............	5 000
Dépenses diverses.....................	65 838
Total des dépenses du matériel........	319 838
Report des dépenses du personnel.........	277 704
Total général.............	597 542

La caisse de réserve, qui au 1er juillet 1860, était réduite à néant, a présenté les mouvements suivants :

	fr.
1er Janvier 1861...............	23 658
— 1862...............	123 038
— 1863...............	91 350
— 1864...............	143 908

---

[1] Cette dépense a été inscrite au budget de 1864 pour la somme de 56,000 francs, et on a alloué en surplus 10,920 fr. pour les bourses au pensionnat des Sœurs, à Papeete, et 5,240 fr. pour moitié des bourses, en France, des jeunes gens envoyés en 1862, soit, en somme ronde, 72,000 fr.

Les caisses indigènes portaient, pour l'année 1864, des recettes prévues à 79,100 fr., et des dépenses inscrites à une somme égale.

Pour l'année 1865, les recettes prévues ont été fixées à 86,035 fr., et les dépenses ont été inscrites à la même somme.

Etablissement financier. — Une caisse agricole créée par arrêté du 30 juillet 1863. Cet arrêté :

1° Établit une caisse de dépôt dans laquelle tout habitant peut placer et retirer, à volonté, des dépôts de 20 fr. à 5,000 fr. portant 3 0/0 d'intérêt annuel ;

2° Autorise le prêt, à 5 0/0 d'intérêt annuel, de sommes ne pouvant excéder 2,000 fr., aux cultivateurs, contre garantie sur leurs terres ou sur leurs denrées récoltées. La durée de ces prêts ne peut s'étendre au delà de cinq années ;

3° Autorise l'achat de terres destinées à l'établissement des colons ; leur vente ou concession.

SITUATION GÉNÉRALE DE LA CAISSE AGRICOLE AU 1ᵉʳ JANVIER 1865.

ACTIF :

	fr.	c.		fr.	c.
Numéraire en caisse	4 228	41			
Intérêts échus	351	70			
Sommes déposées au Trésor	43 400	»	64 395	11
Prêts à l'agriculture	10 800	»			
Valeur des terrains acquis	5 615	»			

PASSIF :

Dépôts remboursables à vue	43 440	»	44 374	46
Intérêts dus par la Caisse	934	46		

Excédant de l'actif sur le passif	20 020	65

MOUVEMENT DE FONDS PENDANT L'ANNÉE 1864 :

RECETTES :

	fr.	c.		fr.	c.
En caisse au 1ᵉʳ janvier 1864	1 877	64			
Subvention de la colonie	19 400	»			
Dépôts faits par les particuliers	31 830	»			
Ventes de terrains	580	»	71 481	81
Rentrées de sommes prêtées	600	»			
Intérêts échus	146	67			
Location et produits divers de terrains	47	50			
Fonds retirés du Trésor	17 000	»			

A reporter	71 481	81

	fr.	c.
Report.....	71 481	81

DÉPENSES :

	fr.	c.		
Dépenses d'administration de la caisse....	675	80		
Achats de terrains....................	2 090	»		
Prêts à l'agriculture.................	6 300	»		
Remboursements de dépôts.............	14 970	»		
Payements des intérêts des dépôts.......	384	30	67 253	40
Dépenses du Comité consultatif d'agriculture.	490	50		
Dépenses du Jardin botanique...........	272	80		
Primes à l'agriculture.................	6 870	»		
Primes à l'exportation.................	2 800	»		
Fonds déposés au Trésor de la colonie...	32 400	»		
En caisse au 31 décembre 1864.........			4228	41

La monnaie française a cours légal dans toute la colonie. Le billon commence à être en usage sur le marché de Papeete.

Agriculture.

Quelques essais de plantations de cannes à sucre et de caféiers ont été tentés avant notre occupation, mais ce n'est que depuis l'année 1862 que la culture a attiré l'attention des habitants du pays. La lecture des comptes rendus des comices agricoles tenus à Papeete, en 1862 et 1863, mettra au courant de cette question intéressante et fera connaître les productions diverses de la colonie. (Voir le *Messager de Taïti*.)

Aujourd'hui, une grande entreprise agricole se poursuit sur l'île de Taïti, à douze lieues du chef-lieu, sur un domaine d'environ 800 hectares en plaine, 1,000 hectares en terres accidentées et 1,200 hectares en terrains montagneux. Le directeur de cette exploitation a trouvé des travailleurs dans les colons français qui vivaient, tant bien que mal, dispersés dans l'île, dans un recrutement d'indigènes opéré à l'archipel de Cook et dans les Taïtiens eux-mêmes. Ceux-ci, habitués à l'indépendance, n'aliénent pas volontiers leur liberté pour un temps déterminé, surtout de quelque durée, mais ils acceptent volontiers des travaux à l'entreprise, au bout desquels un salaire certain leur permet de satisfaire aux goûts nouveaux, de plus en plus nombreux, que leur donne le progrès de leur état social.

Un convoi de mille immigrants chinois doit être introduit sur le domaine de la compagnie agricole (Soarès et Cie); sur ce nombre, 350 sont déjà arrivés et ont dû aider à récolter 200 hectares environ de coton, planté en 1864 par les travailleurs dont nous avons parlé.

Un préjugé très-répandu existe sur le peu de terres que l'île de Taïti offre aux travaux de l'agriculture. Nous renvoyons à l'article *topographie* pour démontrer combien ce préjugé est mal justifié. L'île de Taïti *seule* est plus étendue de 6,000 hectares que notre colonie de la Martinique : ses nombreuses dépendances lui donnent des développements considérables.

La vraie difficulté consistait, et consiste encore, pour l'établissement des colons, dans l'achat des terres. Les indigènes, avant l'arrivée des Européens, occupaient le sol, sans se préoccuper beaucoup des limites de leurs propriétés, et jouissaient en commun de ses produits spontanés. Ils ont compris quel intérêt il y avait pour eux de ne pas se déposséder aveuglément en faveur des étrangers. Les lois taïtiennes et les arrêtés du commissaire impérial entourent de garanties toutes spéciales la propriété indigène, et veillent à ce qu'elle ne puisse être acquise par des Français ou par des étrangers que suivant des transactions soumises à une procédure régulière. Dès 1845, la loi taïtienne a investi le commissaire impérial du droit de s'opposer à toute vente de terre des indigènes à des Français et à des étrangers. Nos protégés ont compris que nous saurions les garantir mieux qu'eux-mêmes contre de funestes entraînements. Mais les terres disponibles ne manquent pas, et l'administration locale, en constituant, le 30 juillet 1863, une caisse agricole [1] a voulu elle-même acheter les terres offertes par les indigènes, dans des conditions qui ne puissent nuire, ni à l'intérêt particuliers des vendeurs, ni à l'intérêt commun de leurs villages. Sans entourer d'aucunes barrières les villages taïtiens, l'administration pensait qu'il importait de placer de préférence les colons sur les terrains situés entre ces villages, afin qu'un mélange trop brusque de gens ayant des idées très-différentes sur l'exercice du droit de propriété n'amenât pas des conflits regrettables. C'est ainsi que le domaine étendu de la compagnie Soarès a pu être acheté des indigènes, dans une localité inculte et presque déserte, entre les villages de Papara et de Mataiea.

---

[1] Voir *Établissement financier*, p. 671.

Toutes les cultures de l'île de la Réunion sont possibles à Taïti, ainsi que sur les îles hautes de nos archipels [1]. La végétation du pays est riche, mais peu variée. Le *tamanu* et le *miro* ou bois de rose, l'un et l'autre bois-durs excellents, le *tiairi* ou bancoulier, le *bois de fer*, le *burao*, le *sandal*, l'arbre à pain ou *maiore*, le cocotier fournissent de précieuses ressources pour la construction des maisons, des navires et pour l'alimentation. L'oranger et le goyavier ont été importés : ils viennent merveilleusement. Les oranges font l'objet d'un commerce fructueux avec la Californie.

Notre colonie nourrit déjà un nombre d'animaux suffisant pour l'alimentation de sa population et pour aider l'agriculteur dans ses travaux [2]. Au mois de juillet 1863, on comptait dans les îles Taïti et Moorea :

	AUX indigènes.	AUX résidants.	TOTAUX.
Chevaux	820	207	1 027
Anes	10	30	40
Mulets	»	9	9
Taureaux, bœufs et vaches	2 057	2 552	4 609
Béliers et moutons	10	78	88
Boucs et chèvres	2 910	380	3 290
Porcs	9 542	1 037	10 849
Volaille	15 076	5 433	20 059

On voit la part considérable que les indigènes possèdent dans cette richesse. Dans le gros bétail de Taïti, 800 têtes environ appartiennent à l'administration française. Aux Marquises, elle possède un troupeau presque aussi nombreux.

---

[1] On ne connaît pas encore par expérience le rendement des cannes à sucre de Taïti, qui jouissent cependant d'une bonne réputation.

[2] Voici le prix des principales denrées du marché de Papeete, au mois d'avril 1865 : pain, 50 à 60 c. le k.; viande de bœuf et de porc, 1 fr. 50 le k.; de veau et de mouton, 2 fr.; poissons, 1 fr. le kilog.; salade, carottes, oignons, navets, choux, tomates, aubergines, 50 c. le kilog.; ignames, taros, patates, maiore, 1 fr. le kilog.; cocos, 50 c. le kilog.; evis, oranges, bananes, ananas, 1 fr. le kilog.

Les îles contiennent très-peu d'oiseaux; il est à désirer qu'on introduise ces charmants et utiles destructeurs d'insectes.

Les bords de la mer sont en général poissonneux. Il est surtout facile d'établir des pêcheries dans l'intérieur des récifs; mais, si les besoins l'exigent, on trouvera de grandes ressources, pour l'alimentation des travailleurs agricoles, dans l'intérieur des lagoons des îles Basses. Le poisson de ces lacs est généralement de bonne qualité, et les indigènes distinguent aisément celui qui est malsain. Quelques essais de salaison de poisson ont eu lieu aux Tuamotu et ont bien réussi. Mais ce qui seulement peut développer cette industrie, c'est l'existence d'un marché voisin, tel que serait Taïti. On trouve aux îles Basses ces huîtres perlières, ou nacre, précieuses par elles-mêmes et par les perles qu'elles renferment. Les indigènes mangent l'animal contenu dans la coquille. Il est hors de doute que les huîtres perlières pourraient être exploitées avec des précautions et une prévoyance qui ont fait défaut jusqu'à ce jour. On augmenterait ainsi une richesse naturelle bien utile pour procurer, par les échanges du commerce, tout ce qui manque au bien-être de nos insulaires [1]. Il en est de même du cocotier. Ces précieux et magnifiques végétaux, couvrant des îles à fleur de l'eau, semblent sortir de la mer elle-même. Ils offrent de grands éléments de commerce [2].

Si donc le préjugé existe contre la faible extension que l'agriculture peut prendre à Taïti et dépendances, on doit espérer que, comme pour les îles Maurice et de la Réunion, l'avenir démentira cette opinion, et que la race européenne saura tirer, sous un climat qui lui est favorable, les riches produits du sol et des eaux que nous lui voyons chaque jour demander et obtenir de contrées mortelles pour elle-même.

Jardin botanique. — Un petit jardin botanique a été tenu, de 1861 à 1864, dans l'intérieur de l'hôpital militaire à Papeete. L'administration a décidé, au mois de juin 1864, que ce jardin serait transféré en dehors de l'hôpital pour occuper un terrain plus étendu et mieux approprié à sa destination. Le directeur de l'établissement a été spécialement chargé de préparer l'envoi

---

[1] La nacre est vendue généralement au poids, à 15 fr. environ les 100 kilogrammes, mais si le payement a lieu en étoffes, le bénéfice du négociant va au delà.

[2] L'huile se vend en moyenne 50 fr. les 100 litres; mais dans ces transactions il faut faire la même observation que pour les nacres.

de la colonie pour l'exposition universelle de 1867. On a cherché à introduire dans l'île de Taïti l'arbre de quinquina, dont on espère l'acclimation dans les montagnes intérieures de l'île. Cette tentative n'avait pas encore abouti en novembre 1864.

Industrie.

Avant l'arrivée des Européens le commerce et l'industrie des indigènes étaient nuls. Leurs vêtements, dont ils n'usaient que les jours de fête, consistaient en étoffes grossières que les femmes fabriquaient avec l'écorce de certains arbres. Les maisons, ou plutôt les abris, ne demandaient que peu de travail, excepté pour les chefs. Les Indiens, prenaient, il est vrai, quelques soins dans la construction des pirogues, qu'on divisait en trois catégories : l'*O-hure*, le *Vaha* et le *Pahis*. Celle-ci était la pirogue de guerre, destinée à la navigation extérieure.

Aujourd'hui on trouve parmi les naturels un assez grand nombre de charpentiers ordinaires et quelques maçons de campagne. Les hommes et les femmes sont habiles à tisser la paille pour chapeaux, pour nattes de toute dimension, à confectionner de légères couronnes en pia. Les étoffes en écorce d'arbres ne se fabriquent plus que dans les îles éloignées du chef-lieu, ou spécialement pour servir d'ornements lors des fêtes; mais en revanche, bon nombre de Taïtiennes savent coudre les vêtements européens. Elles blanchissent le linge avec soin, et il n'est pas une seule case indienne dans l'île Taïti ou l'on ne trouve un fer à repasser.

Les professions qui assurent facilement l'existence des Européens sont celles de charpentier, de calfat, de forgeron, tout ce qui tient à la construction ou à la réparation des navires. Les indigènes y montrent du goût et de l'aptitude.

On trouve à Papeete des entrepreneurs de charpente, de menuiserie, de maçonnerie, etc., en un mot presque tous les métiers nécessaires aux besoins d'une communauté européenne [1].

Les ponts et chaussées fabriquent de la brique d'assez bonne qualité. Une chaux excellente se fait avec les coraux pêchés le long de la côte. A Papeete même, il y a des carrières de pierres bonnes à toute espèce de construction.

---

[1] Tout le monde connaît à Papeete deux Anglais âgés de plus de soixante ans, résidant dans le pays depuis trente ans, et qui sont encore pleins de force : ils travaillent comme ouvriers charpentiers-calfats, huit à dix heures par jour, aux travaux du port.

L'industrie suivra les progrès de l'agriculture et du commerce, et elle est assurée de trouver dans les îles de notre colonie une grande quantité de matières premières à transformer, soit définitivement, soit pour la préparation à l'embarquement et au transport vers l'Europe.

Commerce.

Législation. — Aucune disposition métropolitaine ne régit le commerce de la colonie; mais dans ce cas, et en vertu de l'acte même du Protectorat, le commissaire du gouvernement français était chargé de régler cette matière.

Deux ports des Etats du Protectorat ont été ouverts au commerce extérieur et à la navigation au long cours : le port de Papeete avec un avant-port, Tanoa, et celui de Papetoaï, à l'île Moorea. Tous les autres ports des îles Taïti, Moorea, îles Basses, Tubuai, sont réservés au cabotage du pays.

Aux îles Marquises, le port de Taiohae est ouvert à tous les pavillons.

Aux îles Gambier, le port de Mangareva reçoit aussi les bâtiments de toute nation. Toutefois, le débarquement des liquides est formellement défendu ailleurs qu'à Papeete. Cette mesure a été prise et maintenue dans un intérêt de bon ordre et de moralité, pour prévenir l'abus de l'usage des liqueurs fortes, auxquelles les indigènes, hommes et femmes, sont si fortement enclins. Papeete est le seul des quatre ports où une administration régulière puisse faire exécuter les règlements, et, au besoin, maintenir la police des équipages.

A la demande des commerçants, M. Bruat établit l'impôt des patentes, concédant et garantissant les droits d'exercer telle ou telle profession. La vente des liqueurs alcoolisées fut longtemps prohibée, puis assujettie à des formalités nombreuses et restrictives; enfin, cette vente devint libre, au 1er octobre 1862, dans les débits de Papeete. Le débarquement, la circulation et la vente des liquides dans le territoire de la colonie, en dehors des limites du chef-lieu, sont restés soumis à toutes les anciennes dispositions écrites dans les arrêtés du commissaire impérial et dans les lois taïtiennes.

Un service des douanes a été organisé dès l'année 1844. Jusqu'en 1857, les douanes ne perçurent que des taxes *à l'entrée* sur les liquides; mais, à cette époque, l'administration jugea le moment venu de demander au pays une contribution plus étendue pour subvenir aux dépenses d'intérêt local. Un règlement, du mois d'avril 1857 étendit les droits *à l'entrée* sur les marchandises sèches. Ces taxes étaient perçues *ad valorem* sur des mercuriales dressées par trimestre. Les droits étaient doubles sur les marchandises importées sous pavillon étranger ou non assimilé au pavillon national.

Au 1er janvier 1861 la taxe différentielle fut supprimée. On supprima aussi les droits de tonnage et d'expédition. Après de sérieuses études de l'administration, soumises aux délibérations du comité consultatif d'administration, d'agriculture et de commerce, dans ses sessions de 1861 et 1862, un tarif de droits fixes à l'entrée fut rédigé, et rendu exécutoire pour cinq années, à partir du 1er janvier 1863.

Ce tarif exemptait de tout droit les objets destinés aux constructions navales, à l'agriculture, et les matières alimentaires. Aucune taxe à la sortie des marchandises n'a été et n'est établie.

Le régime des douanes n'a été appliqué que dans les ports des États du Protectorat.

Les ports de Taiohae (aux Marquises) et de Mangareva (aux Gambier) ont été tenus en dehors de toute réglementation commerciale autre que celle portant sur la défense de débarquer des liquides.

Au 1er janvier 1865, le service des douanes a été supprimé. Le revenu que la colonie tirait des recettes de la douane a été demandé à une augmentation des taxes portant sur les patentes des négociants importateurs et des débitants de boissons.

Faits commerciaux. — Presque toutes les opérations commerciales ont lieu à Papeete. C'est là seulement que les armateurs et négociants ont établi leurs magasins, et réuni l'ensemble des ressources de toute nature nécessaires au ravitaillement des navires. Ces ressources sont aujourd'hui très-réelles et permettent de réparer des bâtiments de toute dimension.

Une cale de halage, appartenant à la colonie, monte des navires de 400 à 500 tonneaux; le port referme des quais d'abattage appartenant à la colonie, et d'autres quais construits par des particuliers.

La statistique des faits commerciaux n'a été tenue, et encore incomplètement, que pour le port de Papeete. Elle donne cependant un aperçu suffisant du mouvement commercial de la colonie. Toutefois il s'exporte chaque année du port de Mangareva une notable quantité de nacre et de perles dont la valeur devrait compter dans les produits du cru.

Quant aux Marquises, ces îles sont encore dans l'état le plus complet de stagnation; mais elles nourrissent largement leurs habitants, rebelles jusqu'à ce jour à toute idée civilisatrice.

Les importations et les exportations de la place de Papeete, pendant les deux dernières années, ont donné lieu à des mouvements évalués comme il suit :

ANNÉES.	VALEURS importées.	VALEURS exportées.	VALEURS réexportées.	DROITS PERÇUS à l'importation.
	francs.	francs.	francs.	francs.
1863..	2.105.762	1.009.830	131.377	152.450
1864..	2.426.312	1.178.637	198.369	131.858

Ce qui donne, par année, une moyenne de 2,261,037 fr. de valeurs importées, sur lesquelles la douane a perçu chaque année 142,154 fr., soit moins de 6 pour cent.

Les principaux ports en relations avec celui de Papeete se classent dans l'ordre suivant, d'après l'importance des affaires commerciales :

San-Francisco (Amérique du Nord).

Valparaiso (Amérique du Sud).

Sidney (Australie).

Iles et archipels voisins de Taïti: Iles Sous-le-Vent, archipel de Cook, archipel des Navigateurs.

Les relations directes avec l'Europe sont extrêmement rares et se bornent généralement aux navires de commerce français frétés par le gouvernement pour le transport d'une partie des subsistances de la garnison et de la station navale, ainsi que du matériel destiné aux divers services coloniaux et maritimes.

Depuis trois ans ces transports partent régulièrement de Bordeaux tous les six mois. Ils ont introduit quelques marchandises françaises qui se sont bien placées; mais une fois le chargement du gouvernement déposé dans la colonie, les navires sont libres d'opérer leur retour en Europe comme ils l'entendent [1]. Jusqu'à

---

[1] Le département de la marine et des colonies va mettre en adjudication, pour trois années, 1866 à 1868, le transport des vivres et du matériel à destination des colonies de la Nouvelle-Calédonie et de Taïti, par un service régulier partant de Bordeaux les 15 février, 15 juin et 15 octobre de chaque année. Les voyages du 15 février et du 15 juin auraient lieu

ce jour, ils n'ont pas trouvé les éléments d'un fret de retour.

Voici, pour 1863 et 1864, le tableau détaillé des exportations des denrées du crû des îles du Protectorat :

DENRÉES DU CRU EXPORTÉES EN 1863 ET 1864.

NATURE des denrées.	UNITÉS.	QUANTITÉS.		VALEURS	
		1863.	1864.	1863.	1864.
				fr.	fr.
Huile de cocos....	litre.	369.856	565.626	236.184	356.998
Nacre............	kilog.	25.758	12.557	12.879	6.058
Oranges..........	nombre.	3.846.000	4.948.000	137.450	171.145
Fungus...........	kilog.	35.542	27.432	20.848	13.716
Tripans..........	—	30.000	9.440	17.725	4.720
Jus de citrons....	litre.	51.552	25.470	10.561	8.499
Cocos............	nombre.	44.700	24.100	1.895	1.205
Citrons..........	—	91.000	129.000	1.365	615
Arrowroot........	kilog.	2.700	600	1.350	300
Café.............	—	90	28	240	85
Vanille...........	—	75	181	3.630	9.350
Coton............	—	45	6	270	75
Confitures de goyaves............	—	400	433	800	3.665
Bois de construction............	mèt. cube.	»	20	»	2.000
Peaux salées.....	nombre.	»	247	»	1.772
Perles...........	lot.	»	1	»	1.255
Rhum du crû.....	litre.	»	723	»	723
				445.197	582.181

Le commerce intérieur de la colonie augmente chaque jour avec le perfectionnement des moyens de transport (cabotage). Les négociants de Papeete expédient vers les îles éloignées des marchandises diverses, étoffes, outils, farine, et ramènent en échange les produits tels que huile de coco, nacre, tripan. Les denrées amenées des îles Basses et des Tubuai, pendant l'année 1863, sur le marché de Papeete, sont les suivantes :

---

par le cap de Bonne-Espérance, la Nouvelle-Calédonie et Taïti. Le voyage du 15 octobre aurait lieu par le cap Horn, Taïti et la Nouvelle-Calédonie. Ces transports sont libres d'effectuer leur retour comme il leur convient; mais, comme ces navires ne sont pas chargés entièrement par l'administration de la marine, qui ne leur garantit à chaque voyage qu'un minimum, on peut, on doit même penser que cette navigation sera utilisée par le commerce de Bordeaux, ou de toute autre place, et que des opérations commerciales s'établiront entre la mère-patrie et ses colonies du Pacifique. Celles-ci, situées dans des conditions très favorables de culture à cause de leur extrême salubrité et fertilité, peuvent fournir dans peu de temps des frets de retour.

DENRÉES.	QUANTITÉS.	VALEURS.
		F. C.
Huile de cocos............................	188.230 L.	141.362 00
Nacres....................................	79.350 K.	39.675 00
Tripan....................................	11.000 K.	6.600 00
Cocos....................................	45.000 N.	2.255 00
Tabac....................................	567 K.	1.810 00
Arrowroot................................	4.670 K.	2.285 00
Porcs et volailles........................	936 T.	14.493 50
TOTAL........................		208.480 50

Si on compare ce tableau avec celui qui précède, on trouvera facilement la part des deux îles Taïti et Moorea.

Les indigènes connaissent fort bien, en général, l'usage de notre monnaie, et ils préfèrent de beaucoup les payements en argent à ceux en étoffes, et outils. Ces sortes de payements ajoutent toujours aux bénéfices du négociant; les indigènes s'en sont aperçu depuis longtemps, mais leur nonchalance et leur imprévoyance les mettent constamment à la merci de celui qui offre de livrer *sans délai* un objet sans en exiger payement immédiat. De là l'origine de dettes commerciales, que le gouvernement du Protectorat conseille aux indigènes, sans grand succès, d'éviter.

Cependant des mesures bienveillantes ont été prises pour garantir la loyauté de ces transactions. D'ailleurs, l'expropriation territoriale ne peut s'appliquer à aucune dette contractée par un indigène envers un Européen. Sans cette garantie, résultant de l'acte du Protectorat, bon nombre de débiteurs indigènes seraient depuis longtemps sans *terres*.

Il est utile de faire observer que, dans les exportations de denrées du crû, il ne figure, pour ainsi dire, que des produits naturels du sol, qui n'ont demandé presque aucune culture, aucuns soins. L'huile de coco provient en grande partie des îles Basses. Elle est extraite par les procédés les plus grossiers. Le développement des plantations de cocotiers sur les vastes plaines des îles Tuamotu pourrait fournir de considérables frets de retour à notre marine marchande. Le coton, le café, le tabac, les cannes à sucre, etc., s'ils viennent à être cultivés par une colonisation européenne, aidée de nombreux travailleurs océaniens et asiatiques, sur les îles Taïti et Moorea et autres terres hautes, présentent les éléments d'un commerce aussi riche qu'étendu.

Navigation.

La navigation coloniale est régie par des actes locaux qui ont distingué trois sortes d'armement : le petit cabotage, le grand cabotage et le long cours. Le petit cabotage ne s'étend pas au delà des eaux de nos archipels; le grand cabotage comprend l'océan Pacifique jusqu'aux environs des côtes de l'Amérique et de l'Australie; le long cours comprend les voyages à la côte d'Amérique, d'Australie et au delà.

Les petits caboteurs, jusqu'au tonnage de 30 tonneaux, sont exempts de rôle d'équipage. Un congé annuel, du coût de 6 fr., leur tient lieu de papiers de bord. Cette interprétation libérale, faite en janvier 1863, du règlement de police maritime, a donné l'essor à une activité intérieure toute nouvelle et à des relations d'île à île très-profitables aux intérêts moraux et matériels des populations indigènes, trop souvent engourdies sur leurs terres isolées.

Au 1er août 1863, le nombre de petits caboteurs, inscrits à Papeete, mais appartenant pour la plupart à des indigènes des diverses îles, et conduits par eux, montait à 55 bateaux, représentant un tonnage total de 472 tonneaux, soit, en moyenne, 8 tonneaux 1/2 par caboteur.

La police du grand cabotage et du long cours est soumise à peu près aux mêmes règles que dans nos autres colonies. Ces bâtiments peuvent arborer, soit le pavillon français, soit les couleurs du Protectorat. Les services des capitaines et des équipages, naviguant sous la bannière du protectorat français, sont assimilés à ceux rendus sous notre pavillon national, et comptent pour la pension des invalides. Néanmoins, de grandes facilités pour exercer le commandement de ces navires coloniaux sont données par l'administration de la marine, à cause de l'absence presque complète, jusqu'à ce jour, de sujets pourvus de brevets de capitaine.

Les navires peuvent être achetés ou construits en tout pays. Nos consuls autorisent les armateurs et propriétaires à prendre provisoirement les couleurs de notre Protectorat, jusqu'à ce que le navire puisse se rendre à Taïti et s'y munir de papiers réguliers.

Au 1er août 1863, les navires armés au grand cabotage étaient au nombre de 6, jaugeant 262 tonneaux. A la même date les navires armés au long cours étaient au nombre de 10, jaugeant 1281 tonneaux. Il y a quelque intérêt pour nos navires à prendre le pavillon du Protectorat, lorsqu'ils vont au port de San-Francisco, où ils sont traités beaucoup plus favorablement que le pavillon français. On leur applique le même traitement que nous donnons à Taïti aux navires des États-Unis.

Ce traitement, qui est le même pour tous les pavillons, consiste à n'imposer aucune taxe de navigation, aucun droit différentiel sur les marchandises.

Pendant les années 1859, 1860, 1861, 1862, 1863 et 1864, le port de Papeete a enregistré les mouvements de navigation dont voici les moyennes pour les quatre premières et les deux dernières années.

NOMBRE de bâtiments		TONNAGE des bâtiments		NOMBRE D'HOMMES des équipages.		NOMBRE des passagers.	
Entrés.	Sortis.	Entrés.	Sortis.	Entrés.	Sortis.	Entrés.	Sortis.
149	155	12.901	13.182	1062	10 1	627	475
Pendant les deux années 1863 et 1864 ces mouvements de navires ont donné en moyenne les résultats suivants :							
213	218	15.808	15.776	1335	1327	1349	1120

L'augmentation qu'on remarque dans le nombre des entrées et des sorties de navires vient du développement du petit cabotage, dont nous avons expliqué les causes.

Les baleiniers, qui figuraient il y a quelques années pour une part considérable dans le mouvement de navigation du port de Papeete, ont presque disparu. Ils continuent à fréquenter les îles Sandwich, et quelques-uns vont à San-Francisco.

Service postal.

Service intérieur. — Une fois par semaine, des courriers à pied partant du chef-lieu, parcourent pour le transport des dépêches l'île Taïti. Une fois par semaine, une chaloupe porte et rapporte les correspondances à destination ou originaires de l'île voisine Moorea. Un courrier mensuel est établi entre Papeete et l'île d'Anaa, actuellement la plus importante des Tuamotu, et située à quatre-vingts lieues du chef-lieu. Les correspondances avec les autres parties de la colonie ne sont pas régulières.

Les taxes suivantes sont adoptées pour le service intérieur, îles de la Société, îles Basses et îles Marquises :

	fr. c.
Par lettre du poids de 10 grammes.	0 10
Pour journaux imprimés, par poids de 0,40 gr.	0 04

Service extérieur. — L'échange régulier et périodique de dépêches entre la métropole et la colonie ne date que du 1er janvier 1860. Il s'exécute conformément aux dispositions du décret du 7 septembre 1868, ainsi qu'il suit :

Toutes les lettres, journaux, brochures, etc., originaires de la France ou des colonies françaises et des pays étrangers qui sont en communication avec la France, sont réunies *en dépêches closes* par les bureaux du Havre et de Paris à Calais (bureau ambulant). Elles sont acheminées vers le bureau colonial de Papeete (île Taïti), par les navires britanniques (en traversant l'isthme de Panama) jusqu'au port de Payta (Pérou), où elles parviennent vingt-huit jours après leur départ de Southampton. Ces départs ayant lieu le 2 et le 17 de chaque mois les dépêches de la métropole parviennent le 30 et le 15 du mois suivant à Payta.

L'administration de la colonie prend les dispositions convenables afin que le 15 de chaque mois, un bâtiment de la marine impériale ou du commerce soit rendu à Payta. Ce bâtiment reçoit les dépêches de l'office britannique, et fait route directement sur Taïti. La traversée s'opère en vingt-cinq jours environ, de sorte que les dépêches parties de Paris le 15 au soir, et le 17 au matin de Southampton, sont rendues à Papeete vers le 10 du second mois, soit en cinquante-cinq jours environ.

Les dépêches de la colonie mettent trente jours de plus que le temps précédent, pour se rendre de Taïti à Paris, parce que les vents généraux du S.-E., régnant entre nos établissements et les ports de la côte occidentale de l'Amérique du Sud, rendent beaucoup plus longues et difficiles pour des navires à voiles, les traversées de retour vers cette côte que les traversées d'Amérique vers nos îles. Aussi les dépêches closes du bureau colonial à destination de la métropole, au lieu d'être remises à Payta, sont portées au port de la côte d'Amérique le plus facile à atteindre par les bâtiments de la marine impériale ou du commerce, partant de Papeete du 1er au 5 de chaque mois, c'est-à-dire à Valparaiso. Après avoir remis leurs dépêches au consulat de France dans ce port, qui les donne à l'office des paquebots britanniques, nos bâtiments remontent la côte d'Amérique et vont attendre à Payta les courriers d'Europe; la traversée de Taïti à Valparaiso est de trente-cinq à quarante-deux jours.

TAXE des lettres, journaux, brochures, etc., transportés par un échange périodique et régulier de dépêches entre la France et les établissements français des îles Marquises, des îles Basses et des îles de la Société, par la voie des navires étrangers, au moyen desquels sont acheminées les correspondances que la Grande-Bretagne échange avec les côtes occidentales de l'Amérique du Sud, et par la voie des bâtiments de la marine impériale ou du commerce naviguant entre les côtes occidentales de l'Amérique du Sud et les établissements français précités.

Par lettre simple n'excédant pas 10 grammes.

	fr.	c.
France et Algérie	1	20
Colonies françaises (en passant par la France)	1	80
Espagne, Portugal et Gibraltar (jusqu'à Béhobie)	1	30
Belgique, Pays-Bas, Suisse, État d'Allemagne, Autriche, royaume d'Italie, Grande-Bretagne et Malte	1	70
États Pontificaux, Danemark, Alexandrie d'Égypte, Constantinople, Smyrne, Suez, etc.	2	00

Suède, Norwége, Russie, Pologne, Grèce, Brésil, Shang-Haï, possessions anglaises d'Asie, Maurice, Nouvelles-Galles du Sud, Australie occidentale, Nouvelle-Zélande, Canada, Terre-Neuve, États-Unis, etc............. 2 10

Les lettres chargées payent double taxe, et leur affranchissement est toujours obligatoire.

Pour journaux, brochures, ouvrages périodiques, livres brochés ou reliés, etc., par 40 gr. ou fraction de 40 gr., avec affranchissement obligatoire.

	fr.	c.
France et Algérie...	0	22
Espagne, Portugal et Gibraltar (jusqu'à Béhobie)......	0	24
Colonies françaises...	0	35
Pays étrangers (frontières de France).................	0	35

Ces objets doivent être mis sous bande et ne contenir d'écrit à la main que l'adresse des destinataires. Toute infraction à ces conditions soumettrait les articles expédiés à la taxe des lettres.

Un décret du 27 novembre 1864 a réglé le prix du port des papiers de commerce entre les habitants de la France et de l'Algérie, et les habitants des colonies et établissements français. La taxe doit être payée par l'envoyeur : elle est fixée, en ce qui concerne les îles Marquises, les îles Basses, les îles de la Société, à 1 fr. 10 c. pour tout paquet de papier d'affaires portant une adresse particulière et par chaque 200 grammes ou fraction de 200 grammes. Ces échanges ont lieu par voie d'Angleterre et de Panama pour les établissements français de l'Océanie.

Au moment même où paraît la présente notice, nos paquebots transatlantiques ouvrent la ligne de Saint-Nazaire à Aspinwall. Un service à vapeur entre les ports de Panama et de Payta, soit une distance moindre de 600 lieues marines à parcourir, chaque mois, aller et retour, mettrait donc, dès aujourd'hui, nos établissements de l'Océanie en communication directe avec la mère-patrie [1].

Outre le service anglais en coïncidence avec la ligne de Southampton, les Anglais vont établir entre Panama et Valparaiso un service en coïncidence avec les paquebots français de Saint-Nazaire à Aspinwall, de sorte que l'île de Taïti sera mise trois fois par mois en correspondance avec la métropole.

---

[1]. La première étape de nos transatlantiques est de 1,200 lieues environ, distance entre Saint-Nazaire et Fort de France (Martinique).

NOUVELLE-CALÉDONIE

Résumé historique.

La Nouvelle-Calédonie a été découverte par Cook, le 4 septembre 1774 ; le premier point que cet illustre navigateur reconnut fut un cap de la côte orientale, qu'il appela cap Colnett, du nom d'un de ses volontaires qui, le premier, en eut connaissance. Quelques jours après, Cook, avec les deux bâtiments sous ses ordres, l'*Adventure* et la *Resolution*, vint jeter l'ancre dans la baie de Baiaup, tribu de Pouma, au Nord de Balade. Il descendit à terre et, profitant des bonnes dispositions des naturels, il renouvela son eau et fit quelques observations astronomiques. Pendant ce temps, le naturaliste Forster, qui l'accompagnait dans cette expédition, s'occupa de recherches sur l'histoire naturelle et d'études sur les mœurs du pays. Le 13 septembre, Cook quitta le havre de Balade, en longeant la côte Est ; le 23, il reconnut, au Sud de la Nouvelle-Calédonie, l'île Kunié [1], à laquelle il donna le nom d'île des Pins, à cause de la grande quantité d'arbres de cette essence qu'elle renferme. Les deux navires anglais quittèrent ensuite ces parages.

Il n'est pas douteux que La Pérouse, avec la *Boussole* et l'*As-*

---

[1] Pour l'orthographe des noms, il est bon de remarquer que l'*u* se prononce *ou* par les Indigènes ; c'est ce qui explique pourquoi certaines personnes écrivent Kounié, Ouaïlou, Kouaoua, Lifou, et d'autres Kunié, Uaïlu, Kuaua, Lifu, etc.; malgré cette différence dans l'écriture, la prononciation est toujours la même.

trolabe, n'ait visité la Nouvelle-Calédonie en 1788, en quittant Botany-Bay ; mais son naufrage aux îles Vanikoro nous a privés des renseignements qu'il a dû recueillir sur cette île.

En 1791, le gouvernement français résolut d'envoyer une expédition à la recherche de ce grand navigateur. Il en confia le commandement au contre-amiral Bruny d'Entrecasteaux, qui partit de Brest le 29 septembre 1791, ayant sous ses ordres deux frégates, la *Recherche* et l'*Espérance* ; cette dernière était commandée par M. Huon de Kermadec.

Les deux navires se dirigèrent vers l'Australie, en doublant le cap de Bonne-Espérance, et après avoir touché à l'île de Van-Diemen, ils arrivèrent en vue de l'île des Pins, le 16 juin 1792. Ils remontèrent alors vers le Nord, en longeant les récifs qui bordent la côte occidentale de la Nouvelle-Calédonie, sans pénétrer dans les passes. Pendant ce temps, Beautemps-Beaupré, géographe de l'expédition, dressait sous voiles la carte de l'île. D'Entrecasteaux découvrit plusieurs îlots au Nord de la Nouvelle-Calédonie, et détermina la position du récif qui porte son nom. Continuant ses recherches, il explora les archipels situés à l'Ouest et au Nord de la Nouvelle-Guinée, traversa la mer des Moluques, contourna l'Australie en en longeant les côtes occidentales et méridionales, repassa à la terre de Van-Diemen, visita l'archipel des Amis, puis reparut l'année suivante à la Nouvelle-Calédonie avec la *Recherche* et l'*Espérance*, sans avoir découvert les traces de La Pérouse. Les deux navires mouillèrent le 18 avril 1793 dans le havre de Balade, où ils séjournèrent jusqu'au 9 du mois suivant. Ce temps fut employé par les naturalistes de l'expédition à explorer le pays et à en étudier les productions. Labillardière a laissé à ce sujet d'excellents renseignements. En quittant Balade, le 9 mai, les deux frégates allèrent reconnaître les récifs que Cook avait découverts à l'extrémité Nord-Ouest de la Nouvelle-Calédonie et firent route ensuite pour le Nord.

Pendant la même année (1793), ou en 1805 suivant une autre version, le capitaine Kent, du *Buffalo*, découvrit le port Saint-Vincent, sur la côte Ouest de l'île.

La Nouvelle-Calédonie resta jusqu'en 1843 sans être visitée par des navires de guerre. Le commandant Dumont-d'Urville n'y toucha pas en 1827 ; le 15 juin de cette année, il se contenta de reconnaître les îles Loyalty, à peine vues en 1800 par le *Walpole*, et en 1805 par le *Britannia*. Après avoir exploré les côtes de ce groupe et en avoir fait lever le plan, il quitta ces îles pour continuer ses recherches.

Le 19 décembre 1843, le *Bucéphale*, commandé par M. Julien de La Ferrière, capitaine de corvette, mouilla à Balade, et y déposa Mgr. Douarre, évêque d'Amata, les RR. PP. Viard et Rougeyron, et deux frères laïques. Ces Pères formèrent le noyau de la mission dont la Nouvelle-Calédonie est devenue le centre.

Le *Rhin*, commandé par M. Bérard, lieutenant de vaisseau, visita Balade au mois de septembre 1845. Le 3 juillet de l'année suivante, la *Seine*, commandant Le Comte, se perdit sur la côte entre le cap Colnett et Balade. Le commandant profita de son séjour forcé pour explorer le pays ; au mois de septembre suivant, il quitta la Nouvelle-Calédonie avec les officiers et l'équipage du navire naufragé, pour rentrer en France en passant par Sydney. Au mois d'août 1847, les missionnaires, attaqués par les naturels, profitèrent du passage d'un navire français, la corvette la *Brillante*, sous les ordres de M. Du Bouzet, pour abandonner momentanément la Nouvelle-Calédonie.

Au commencement de 1851, l'*Alcmène*, commandée par M. le comte d'Harcourt, vint mouiller à Balade. C'est pendant le séjour de ce bâtiment en cet endroit que les indigènes massacrèrent l'équipage d'une chaloupe envoyée à dix lieues plus loin pour faire une reconnaissance hydrographique, sous les ordres de MM. Devarenne et de Saint-Phalle, aspirants de marine. Ces deux officiers tombèrent des premiers sous les coups des sauvages ; trois matelots sur quinze purent seuls regagner l'*Alcmène*. La répression de cet acte de vandalisme ne se fit pas attendre ; le commandant envoya aussitôt une centaine d'hommes sur le lieu du massacre ; une vingtaine de naturels furent tués, les plantations, les cases et les pirogues des indigènes détruites.

Ces événements, les rapports de M. le comte d'Harcourt et le désir de posséder une colonie lointaine qui pût au besoin recevoir des établissements pénitentiaires, décidèrent le gouvernement français à s'emparer de la Nouvelle-Calédonie. En conséquence, le 1er mai 1853, le ministre de la marine et des colonies prescrivit à M. le contre-amiral Febvrier-Despointes, commandant en chef les forces navales dans le Pacifique, de mettre ce projet à exécution. L'amiral arriva à Balade le 24 septembre 1853 sur la corvette à vapeur le *Phoque*, et le jour même, sans opposition de la part des naturels, il prit solennellement possession de la Nouvelle-Calédonie et de ses dépendances au nom de la France. De Balade, l'amiral se rendit à l'île des Pins, où, quelques semaines avant lui, une corvette anglaise était venue pour y planter le pavillon britannique. Les chefs indigènes, qui avaient refusé de l'accepter, s'empressèrent, grâce à l'intervention des missionnaires, de faire leur soumission à la France, sous les yeux même de la corvette anglaise (29 septembre).

L'amiral revint ensuite à Balade, où il fit commencer la construction d'un blockhaus. L'arrivée du *Prony*, le 30 octobre suivant, et du *Catinat*, le 7 décembre, permit à l'amiral de renforcer les travailleurs et de hâter l'achèvement du poste fortifié.

L'amiral Febvrier-Despointes quitta la Nouvelle-Calédonie le 31 décembre 1853 sur le *Catinat*, laissant à Balade le *Prony*, qui fut rallié, le mois suivant, par la corvette la *Constantine*, détachée de la division navale des mers de Chine.

Le commandant de ce bâtiment, M. le capitaine de vaisseau Tardy de Montravel, en vertu des instructions spéciales dont il était porteur, assura et compléta notre prise de possession; il entra en relations avec les principaux chefs des tribus de l'île et leur fit reconnaître la souveraineté de la France. Pendant un séjour prolongé dans ces parages, il explora les côtes de l'île, cherchant les ports qu'elle pouvait offrir à notre navigation maritime et commerciale, et choisit la baie de Numea, sur la côte Sud-Ouest, pour y fonder Port-de-France, qui devint le chef-lieu de notre établissement.

Rappelé dans les mers de Chine par la guerre qui venait d'éclater avec la Russie, le commandant Tardy de Montravel quitta la Nouvelle-Calédonie, au mois de septembre 1854, sur la *Constantine*.

M. le capitaine de vaisseau Du Bouzet, nommé le 22 mars 1854 gouverneur des établissements français et commandant de la subdivision navale de l'Océanie, partit de France sur l'*Aventure* en avril 1854. Il s'arrêta à Taïti et parut à Port-de-France au commencement de 1855.

Les premiers mois de son gouvernement furent employés à la construction d'une caserne et des édifices nécessaires à toute colonie naissante. Il visita Balade et Poébo en compagnie de M. Testard, chef de bataillon d'infanterie de marine, venu de France avec lui et nommé par lui commandant particulier de la Nouvelle-Calédonie.

En revenant de Balade dans le Sud, l'*Aventure* se perdit sur les récifs de l'île des Pins dans la nuit du 28 au 29 avril 1855. Tout le monde remarqua la présence d'esprit du commandant Du Bouzet en cette circonstance. Les naturels se montrèrent bienveillants et empressés; les missionnaires, établis à l'île des Pins depuis 1848 et qui avaient déjà réuni autour d'eux un certain nombre d'indigènes convertis, se mirent à la disposition du gouverneur, et l'on pourvut ainsi aux premiers besoins de l'équipage.

Le 24 juillet 1855, le commandant Du Bouzet partit de Port-de-France pour Taïti, laissant en son absence la direction des affaires de la colonie au chef de bataillon Testard.

Au mois d'octobre 1855, le commandant concéda des terres à quelques colons dans le voisinage de Port-de-France. Les missionnaires obtinrent à la même époque une concession de 3,400 hectares environ dans la baie de Morari ou Boulari [1], à condition d'y établir à leurs frais un village destiné à servir au chef-lieu de poste avancé contre les sauvages, et de centre de civilisation aux indigènes. Le village fut immédiatement fondé, et le 1er novembre 1855 le chef de bataillon Testard installait à Conception, à 10 kilomètres au Sud de Port-de-France, 150 indigènes chrétiens amenés de la côte Est par le chef de la mission, le R. P. Rougeyron. Ces indigènes, dont le nombre s'est accru d'année en année, nous ont toujours donné un concours fort utile, surtout dans les premiers temps de notre établissement, en accompagnant nos troupes dans leurs expéditions.

Au mois de mai 1856, M. le capitaine de frégate Lebris, commandant par intérim de la subdivision navale de l'Océanie, arriva à Port-de-France, sur la *Bayonnaise*, et fit avec le commandant particulier un voyage autour de l'île.

Vers la même époque (juin 1856), de nouveaux colons cherchèrent à s'établir dans la belle vallée de Boulari, située au pied du Mont-d'Or, à quelque distance au Sud de Fort-de-France, et qui leur avait été vendue par un chef indigène. Mais, attaqués par les naturels, ils furent contraints de se réfugier à Port-de-France. Quelque temps après, M. Bérard, qui avait donné sa démission de sous-commissaire de la marine pour s'associer à un certain nombre d'Européens, reprit possession de la vallée de Boulari, y commença des plantations de canne à sucre considérables et monta un moulin à canne apporté de Sydney.

Cependant les indigènes, sous les ordres du chef Kouinedo, continuaient leurs manifestations hostiles envers les nouveaux colons. Ils commencèrent par assassiner trois indigènes de Conception, puis quatre colons tombèrent sous leurs coups le 3 novembre 1856; enfin, le 19 janvier 1857, ils parvinrent à cerner

---

1. Bulari sur la carte.

l'habitation de M. Bérard, et le massacrèrent ainsi que les onze blancs qui étaient établis avec lui.

Ce fut le commencement de la guerre dans cette partie de l'île. On fit de fréquentes expéditions contre les indigènes réfugiés dans les montagnes et dans les vallées voisines du chef-lieu. Au mois de février 1858, on réussit à surprendre le chef Kouinedo et ses alliés dans les villages de l'intérieur. Ce coup de main, appuyé par les indigènes chrétiens de Conception, amena la soumission de Kouinedo qui donna des otages.

Sur la côte orientale nous rencontrions aussi de la résistance; sept colons européens qui se dirigeaient de Kanala vers le Nord de l'île, au mois de mars 1856, furent attaqués à Uaïlu ; six d'entre eux furent assassinés et le septième parvint à se réfugier chez les missionnaires de Ouagap (Tiouaka). A Balade, le poste était menacé; à Poébo, l'église de la mission était incendiée. On fit trois expéditions contre les indigènes; Bouarat, le chef de la tribu de Yenguène [1], qui s'était montré le plus hostile envers nous, fut déporté à Taïti [2].

M. le commandant Du Bouzet, qui était revenu dans la colonie le 3 mai 1857 sur le *Styx*, partit, le 27 octobre 1858, sur la *Bayonnaise*, pour Valparaiso, d'où il rentra définitivement en France.

M. le capitaine de vaisseau Saisset, successeur de M. Du Bouzet, arriva dans la Nouvelle-Calédonie le 25 mai 1859, après s'être arrêté quelque temps à Taïti. Il commença immédiatement une reconnaissance à travers l'île, à la tête d'une forte colonne. Sa première station fut au Pont-des-Français ou Yaoué, à 8 kilomètres de Port-de-France, au point de jonction de la presqu'île avec la grande terre. De ce point il se rendit à Boulari, au pied du Mont-d'Or, et y fit reprendre les fouilles commencées par le *Prony*, commandant de Brun ; on trouva presque partout des affleurements de houille, mais point de couche exploitable. De Boulari, l'expédition se rendit par terre sur la côte Est pour surprendre les villages d'Ounia et de Yaté. Après avoir exploré les environs, la colonne fut transportée par le *Styx* à Kanala. La beauté de cet endroit le fit choisir au commandant Saisset pour fonder au fond de la baie un établissement sous le nom de Napoléonville.

---

1. Iengen sur la carte.
2. Après un exil de cinq années, Bouarat, s'étant franchement rallié à nous, a été réintégré comme chef de sa tribu, au mois d'août 1863. C'est aujourd'hui un des chefs de l'île qui nous est le plus dévoué.

La tribu de Yenguène, une des plus belliqueuse de l'île, quoique privée de son chef Bouarat, exilé à Taïti, n'en conservait pas moins une attitude menaçante. Quelques individus, Européens de la pire espèce, s'étaient disputé la succession de ce chef, et étaient parvenus à exciter les gens de Yenguène contre nous. Une colonne de 175 hommes, sous les ordres du commandant Saisset, marcha contre eux le 31 août 1859, et en moins de huit jours elle parvint à les disperser. Trois des Européens, pris les armes à la main, qui s'étaient mis à la tête de l'insurrection, furent faits prisonniers et condamnés à être fusillés. Cette expédition nous coûta deux hommes tués, dont un officier, le capitaine Tricot, et vingt-cinq blessés. L'ordre rétabli, la colonne revint à Kanala et traversa l'île dans toute sa largeur pour se rendre à Ouaraye [1], sur la côte Ouest, d'où le *Styx* et la *Calédonienne* la ramenèrent à Port-de-France.

Vers la même époque, les chefs Jack et Kandio, principaux meurtriers de M. Bérard, furent pris et fusillés.

Au mois de décembre 1859, le gouverneur accorda une amnistie aux débris des bandes indigènes qui n'avaient pas fait leur soumission dans le voisinage de Port-de-France.

Après le départ de M. Saisset (3 avril 1860), M. Durand, chef de bataillon d'infanterie de marine, qui avait succédé à M. Testard en qualité de commandant particulier, prit l'administration de la colonie, et fut remplacé lui-même par M. le capitaine de vaisseau Guillain, qui débarqua à Port-de-France le 2 juin 1862.

Depuis lors, notre influence dans l'île s'est accrue chaque année. Toutefois des expéditions ont été rendues nécessaires de temps à autre, tant pour faire rentrer dans l'ordre certaines tribus récalcitrantes que pour venger des attaques et des massacres de la part des indigènes. Parmi les plus importantes de ces expéditions, nous citerons celles de Wagap (janvier 1862), de Monéo (28 mars, 4 avril 1864), des Loyalty (juin 1864) et de Gatope (septembre 1865).

A la suite de ces expéditions deux postes militaires ont été créés, l'un à Wagap, en janvier 1862, sur la côte Est, l'autre à Gatope, en septembre 1865, sur la côte Ouest. La sécurité de nos relations avec le Nord de la colonie se trouve ainsi assurée.

Quant à l'occupation militaire des îles Loyalty, où nos missionnaires étaient établis depuis 1859, elle remonte au mois de

---

1. Uaraï sur la carte.

mai 1864. Un petit poste ds 25 hommes, sous les ordres d'un lieutenant d'infanterie de marine, avait d'abord été installé à Enou sur la partie Nord du littoral de la baie du Sandal (île Lifou). Mais deux des tribus de l'île ayant manifesté des intentions hostiles et cherché à soulever contre nous le reste de la population indigène, le gouverneur, M. le capitaine de vaisseau Guillain, résolut de venir lui-même sur les lieux. Il partit de Port-de-France le 19 juin 1864, emmenant avec lui 200 hommes de troupes embarqués sur le *Coëtlogon* et le *Fulton*. En passant, les deux navires s'arrêtèrent à Maré, la plus méridionale des îles Loyalty, pour y faire reconnaître notre autorité, et le 21 au matin ils jetèrent l'ancre dans la baie du Sandal, en face du poste d'Enou. Une partie des troupes fut débarquée pour renforcer ce poste, tandis que le *Fulton* transportait sur la côte Sud de l'île 125 hommes d'infanterie de marine destinés, sous les ordres du chef de bataillon Testard, à parcourir l'île du Sud au Nord et revenir rejoindre le gouverneur sur la côte Ouest.

Le 24, les forces qui étaient restées dans la baie du Sandal occupèrent Chépénéhé, gros village situé à petite distance au Sud d'Enou et qui était devenu le foyer de l'insurrection.

De son côté, le commandant Testard, suivant le programme qui lui avait été tracé, débarquait le 22 sur la côte Sud-Est, à Louengani, et le lendemain matin il se mettait en marche pour la baie du Sandal; le 23 au soir il campait à Oué, village situé au fond de la baie de Chateaubriand, à peu près au milieu de la côte Ouest, et le 24 au matin il faisait route pour Chépénéhé, distant de 26 kilomètres environ. En chemin, cette petite colonne fut attaquée à l'improviste par une nuée d'indigènes et dut faire usage de ses armes pour repousser les assaillants. L'île fut mise en état de siége, et deux détachements furent chargés de l'explorer en divers sens. La rapidité de nos mouvements et la vigueur déployée par nos soldats arrêtèrent l'insurrection, et le 27 juin, Boula, un des trois grands chefs de l'île, envoya sa soumission. Le 29 juin le gouverneur partit pour Port-de-France, laissant au chef de bataillon Testard, commandant supérieur des forces de terre et de mer, le soin de rétablir l'ordre et la paix dans l'île. Mieux renseignés sur nos intentions pacifiques, les indigènes ne tardèrent pas à venir à Chépénéhé faire acte de soumission, et plusieurs d'entre eux, au nombre desquels se trouvait Boula et deux petits chefs, consentirent même à partir le 23 juillet avec le commandant Testard, pour aller assister aux fêtes du 15 août à Port-de-France.

M. Trève, chef de bataillon d'infanterie de marine, laissé à Lifou comme commandant des îles Loyalty, avec 125 hommes, s'occupa de la construction des divers établissements nécessaires à notre occupation, tels que maison de commandement, magasins, hôpital, casernes, four, etc.; des routes furent ouvertes, des puits furent creusés, un jardin potager fut planté pour les besoins du poste. Les indigènes, dont le désarmement avait été effectué à la fin du mois d'août 1864, se rapprochèrent de nous ; ils furent associés à nos jeux, à nos fêtes et à nos travaux. La bonne volonté qu'ils apportaient de plus en plus à ceux-ci témoignait de leur intelligence et de leurs sentiments sympathiques à notre égard. Onze mois se passèrent dans ces bonnes dispositions, et le 19 mai 1865, lorsque le commandant Trève quitta Lifou pour rentrer au chef-lieu et de là en France, les indigènes avaient déjà planté un grand nombre de cocotiers et ensemencé en coton quelques hectares de terrain. L'île semblait résolûment entrée dans une ère pacifique et régénératrice.

Depuis lors, le groupe d'Uvea a été divisé en trois districts, administrés chacun par un chef indigène relevant du commandant de Lifou.

LISTE CHRONOLOGIQUE DES GOUVERNEURS ET COMMANDANTS.

De 1853 à 1860, la Nouvelle-Calédonie resta placée sous les ordres supérieurs du gouverneur des établissements français de l'Océanie, qui résidait tantôt à Papeete, tantôt à Port-de-France. Pendant les absences du gouverneur, un commandant particulier dirigeait l'établissement.

FEBVRIER-DESPOINTES (A.), contre-amiral, commandant en chef la station de la mer Pacifique, prend possession de la Nouvelle-Calédonie et dépendances, le 24 septembre 1853 ; quitte la colonie le 31 décembre 1853.

TARDY DE MONTRAVEL, capitaine de vaisseau, arrive en janvier 1854, et fait reconnaître l'autorité de la France par la plupart des chefs de l'île, fonde Port-de-France, et quitte la colonie en septembre 1854.

DU BOUZET (J.-F.-E.), capitaine de vaisseau, nommé gouverneur des établissements français et commandant de la subdivision de l'Océanie, le 22 mars 1854, arrive dans la colonie en janvier 1855, et la quitte momentanément le 24 juillet de la même année, laissant comme commandant particulier M. Testard, chef de bataillon d'infanterie de marine. Ce dernier remplit ces fonctions jusqu'à l'arrivée de M. Durand. M. Du Bouzet quitte définitivement la colonie le 27 octobre 1858.

Saisset (J.-M.-J.-T.), capitaine de vaisseau, nommé gouverneur des Etablissements français et commandant la subdivision navale de l'Océanie, le 19 mai 1858, arrive dans la colonie le 25 mai 1859, et part pour France le 3 avril 1860.

Durand (J.-P.-T.), chef de bataillon d'infanterie de marine, nommé commandant particulier de la Nouvelle-Calédonie, le 15 septembre 1858, arrive le 24 mars 1859.

Par décret du 14 janvier 1860, la Nouvelle-Calédonie et ses dépendances sont séparées des autres établissements de l'Océanie et érigées en colonie distincte.

Durand (J.-P.-T.), chef de bataillon d'infanterie de marine, est nommé commandant de ladite colonie, par décret du 14 janvier 1860 ; est promu lieutenant-colonel le 14 juin 1861, et part pour France le 3 juin 1862.

Guillain (Ch.), capitaine de vaisseau, nommé gouverneur le 14 décembre 1861, prend possession de son gouvernement le 2 juin 1862 ; en fonctions.

Topographie.

Situation géographique.—La Nouvelle-Calédonie, l'une des îles les plus importantes de la Mélanésie, est située entre les 20° 10' et 22° 26' de latitude Sud, et entre les 161° 35' et 164° 40' de longitude Est du méridien de Paris. Sa longueur est de 280 kilomètres environ, sur une largeur moyenne de 55, et sa superficie de 1,200 lieues carrées environ. C'est une terre allongée, dont la direction

N.-E., S.-E. fait avec l'équateur un angle d'environ 40°. Un récif madréporique l'enveloppe comme une ceinture et se prolonge au Nord et au Sud dans une étendue telle que la distance d'une extrémité à l'autre de ce récif est de 125 lieues marines.

La configuration géographique de l'île, à l'intérieur, est encore peu connue. Les parties Sud et Est sont celles sur lesquelles on a le plus grand nombre de données exactes [1].

Montagnes. — L'île entière est traversée par une chaîne de montagnes se dirigeant obliquement, comme l'île elle-même, du S.-E. au N.-O., mais généralement plus rapprochée de la côte Est que de la côte Ouest, et se bifurquant dans le Nord, de manière à former deux branches, dont l'une s'incline vers le N.-E. et l'autre vient aboutir à la pointe N.-O., enclavant entre elles la vaste plaine du Diaot. Dans le Sud, la chaîne donne naissance à de nombreux rameaux secondaires qui viennent mourir à une certaine distance de la côte, et dont quelques-uns laissent entre eux de fertiles vallées. Les sommets les plus élevés de ces montagnes atteignent jusqu'à 1,500 mètres ; les pentes sont généralement assez douces et cultivables à plusieurs centaines de mètres au-dessus du niveau de la mer.

Composition du sol. — Ces montagnes sont formées dans le Sud par des serpentines et autres silicates magnésiens qui s'étendent du cap de la Reine-Charlotte à Uaïlu, et dont les profondes échancrures forment les portes de Yaté, Port-Bouquet, Nakete, Kanala, Kuaua et Uaïlu. Au Nord de Uaïlu apparaissent les schistes argileux et ardoisés ; ils occupent toute la côte jusqu'à Poébo, où ils sont remplacés insensiblement par les gneiss et les micachistes, riches en grenats, qui composent presque exclusivement le versant N.-E. de Balade, jusqu'à l'embouchure du Diaot, les schistes ardoisés ne se montrant plus que de loin en loin, au pied des montagnes ou dans le fond des vallées.

Sur un seul point de la côte entre Yenguène et Touo, au-dessus des schistes argileux, apparaissent des calcaires grisâtres, cristallins, traversés par des filons de quartz et dont les couches sont plissées, comme satinées, presque verticales. Malgré l'absence des fossiles, les caractères physiques, la position et les analogies

---

[1]. Depuis d'Entrecasteaux et Beautemps-Beaupré, les officiers de la marine qui ont le plus contribué à faire connaître la géographie de la Nouvelle-Calédonie sont : MM. de Montravel, Bouquet de la Grye, Lecomte, d'Harcourt, Auger-Dufraisse, de Bovis, Bourgey et Banaré.

avec les roches siluriennes de la Nouvelle-Hollande, permettent évidemment de les ranger dans cette formation.

Ainsi, le versant N.-E. ne présente que des roches plutoniques ou de transition. Les côtes sont plus abruptes. Il n'existe pas d'autres plaines que les deltas souvent considérables formés par les torrents, dépôts absolument récents, dont la formation se continue sous nos yeux.

L'intérieur et la côte occidentale sont moins connus et offrent certainement plus d'intérêt. Après avoir quitté les micachistes sur le versant S.-O. des montagnes de Balade, nous trouvons une deuxième série de schistes ardoisiens formant le bassin du Diaot. Ils sont traversés en tout sens, de même que les micachistes, par des filons de quartz et de roches magnésiennes, surtout des stéatites. Plus loin se présentent des couches épaisses d'argiles blanchâtres, tachées d'ocre, des collines calcaires, des grès houillers avec trace de houille, et enfin deux séries de collines d'un calcaire dur, blanchâtre, non cristallin, entremêlé de filons de chaux spatique et de quartz blanc laiteux.

Au S.-E., à Yaté, au-dessus des serpentines qui forment la chaîne principale de la côte N.-E., nous trouvons des argiles rouges, contenant en abondance du fer à l'état de limonite, des calcaires probablement métamorphiques, un bassin étendu des mêmes argiles rouges avec minerai de fer, des argiles de couleurs diverses, traversées par des pegmatites, dont la décomposition forme un kaolin quelquefois pur, plus souvent taché par l'oxyde de fer. La serpentine apparaît de nouveau, formant le Mont-d'Or, et enfin les terrains houillers se montrent sur le rivage de Morari et dans les îlots voisins. Les calcaires reparaissent sur quelques points avancés, comme à l'extrémité du cap sur lequel Port-de-France est bâti [1].

Cours d'eau. — Sur un sol aussi accidenté que celui de la Nouvelle-Calédonie les cours d'eau sont nombreux, mais leur parcours est généralement de peu d'étendue ; les plus profonds sont inaccessibles aux navires à cause des barres situées à leur embouchure. Le plus important de ces cours d'eau est le Diaot, qui a son embouchure au Nord de l'île, dans la baie d'Harcourt en face de l'île Pam. Cette rivière longe le massif de montagnes qui la sépare de la côte N.-E. En la remontant, après avoir passé le village de Diaot qui dépend de la tribu de

---

1. *Notice sur la Nouvelle-Calédonie*, par le R. P. Montrouzier.

Balade, on entre dans la tribu Paéak, appelée aussi Bondé, du nom du principal village; on rencontre d'abord Mandine, puis Bondé. La marée est sensible jusqu'au delà de ce village. Le Diaot est une jolie rivière de deux à trois mètres de profondeur; on peut la remonter jusqu'à 27 milles avec des embarcations et des chalands. Son cours est de 40 milles environ. La vallée qu'elle arrose est large et d'une grande fertilité. Le Diaot est la seule rivière de l'île qui coule du Sud au Nord; la direction des autres est généralement transversale par rapport à la largeur de l'île.

Caps. — Les principaux caps de la Nouvelle-Calédonie sont : sur la côte Est, le cap Colnett, le premier point de l'île découvert par Cook, le cap Tuo, le cap Baye, le cap Bocage, le cap Bégat, le cap Dumoulin, le cap Coronation ou Puareti, le cap de la Reine-Charlotte qui forme l'extrémité S. E. de l'île; sur la côte Ouest, le cap Goulvain, le cap Devert et le cap Tonnerre qui borne au Nord la vallée de Koumak.

Côtes, ports et rades, etc. — Les récifs madréporiques qui entourent l'île laissent entre eux et le rivage un canal d'eaux tranquilles qui mettent en communication les différents points de la colonie et dont la navigation est sûre pour les bâtiments à vapeur et même pour les navires à voiles d'un faible tonnage. De distance en distance, ces récifs offrent des ouvertures nombreuses, plus ou moins larges, plus ou moins profondes, conduisant pour la plupart à des embouchures de rivières, à des baies, des criques, des ports où les navires trouvent d'excellents abris. Nous allons donner une description sommaire de ces divers mouillages et des lieux qui les environnent; ce sont naturellement les plus connus des Européens et ceux où ils ont cherché à s'établir depuis leur arrivée dans l'île. Nous commencerons par la côte N.-E.

Le havre de Balade, sur la côte N.-E., le premier point que nous ayons occupé dans la Nouvelle-Calédonie, est exposé aux vents depuis l'Est jusqu'au N.-O. en passant par le Nord; il offre un mouillage peu sûr en raison de l'éloignement des récifs extérieurs. Le territoire de Balade, arrosé par deux cours d'eau qui se perdent dans la plage, pourrait devenir un excellent centre agricole et industriel.

La partie Nord de la côte comprise entre Tiari et Poébo forme la tribu de Pouma ou de Balade, qui s'étend dans l'intérieur jusqu'au Diaot. Il y a sur la côte trois villages principaux : Maamat, en face du mouillage, Baio sur l'aiguade, et Balade à mi-chemin entre Baio et le cap Poébo, sur la limite de la tribu.

Poébo, à quelques milles au Sud de Balade, possède un petit port intérieur assez bien abrité, dont la largeur est de 600 mètres et dont le fond est excellent. On y accède du bassin extérieur par un chenal, long de 800 mètres et large de 450. Au fond du port coule la rivière de Poébo, très-étroite et peu profonde. La mission catholique y possède un établissement important, avec une église en maçonnerie et des ateliers pour les indigènes. A quelque distance de Poébo se trouve la vallée de Houéhiahommé, où des gisements aurifères ont été découverts en 1863.

La tribu de Poébo ou Mouélébé habite sur le rivage ; le village du chef est près du port au sud du cap Poébo.

Au Sud de Poébo se trouve la tribu importante de Téa-Dianou, qui habite tout l'intérieur et qui ne possède sur la côte N.-E. que le hameau de Ouanpouet, propriété du chef. Taou, remarquable par ses belles cascades et Pagné sont de petits villages alliés et dépendant de Yenguène. Ouétième, placé sous l'influence de Yenguène, est cependant habité par des indigènes originaires de Poébo et amis de cette peuplade. Une rivière considérable se jette dans la mer à Ouétième ; à 2 milles environ du rivage elle se bifurque et la branche principale remonte vers le Nord, où, dit-on, elle prend sa source près de celle du Diaot. La tribu du Téa-Dianou occuperait les gorges d'où sortent ces deux rivières.

Yenguène, à 26 milles au sud de Poébo, possède également un mouillage ; deux immenses blocs calcaires sont placés à l'entrée du port ; celui de gauche représente à s'y méprendre une église avec deux tours carrées et a reçu pour cette raison le nom de Tours-Notre-Dame. Le port a la forme d'un cercle de 500 mètres de rayon ; il reçoit les eaux de deux petites rivières, la Yenguène et la Tchyenguène, navigables pour les embarcations. La tribu de Yenguène est une des plus puissantes de l'île ; elle s'étend jusqu'à la rivière de Tipendié.

Au S.-E. de Yenguène se trouve la tribu de Pouaï divisée en deux sections : les Pouaï-Pindié sur la rivière de Tipindié et les Pouaï, chefs, un peu à l'intérieur, au S.-E. des premiers qui les ont en partie détruits. Deux rivières se jettent dans la mer au lieu dit Tipindié : celle qui porte ce nom, au N.-O. et celle de Tiané au S. E.

La première rivière que l'on rencontre au S.-E. de Tipindié est celle de Tuo ; elle forme la limite N.-O. de la petite tribu du même nom qui s'étend jusqu'à la rivière de Pouanendou au Sud de Kouaï. La mission et le village du chef sont situés à l'Est du cap Tuo.

La baie de Ti-Ouaka [1], à 30 milles environ au Sud de Yenguène, s'étend de la rivière de Pouanendou jusqu'au cap Baye, sur une longueur de 10 milles ; elle est fermée du côté du large par des bancs de corail isolés et éloignés de 8 à 9 milles du littoral. La tenue y est bonne, quoique la mer y soit très-grosse et incommode par les grands vents du S.-E. au N.-E. qui règnent quelquefois dans ces parages.

Sur l'un des points de cette baie, et à peu de distance du cap Tuo, entre la chaîne médiane de la Nouvelle-Calédonie et le bord de la mer, se trouve le vaste territoire de la tribu de Ti-Ouaka ou simplement Ouaka. Nous la désignons ordinairement sous le nom de Ouagap ou Wagap, par suite d'une altération de nom empruntée aux indigènes de Balade, qui nous ont fait connaître les Ouaka. Cette tribu est divisée en trois sections aujourd'hui indépendantes les unes des autres : les Ti-Ouaka dans la vallée de ce nom, les Amoua dans le haut de la rivière ; et dont le principal village est situé au pied de la montagne Atit ; les Tibuaramua, depuis la petite rivière Ina jusqu'au cap Baye. Les Baye ou Baï forment une tribu indépendante et très-guerrière, qui a été presque détruite par ses voisins. Au Sud de Baye, se trouve le belle vallée de Ouindou, très-petite tribu alliée de Baye.

La large coupure, indiquée sur la carte sous le nom de baie de la Bayonnaise, est appelée par les indigènes Goyeté ou Aémua Goyété (rivière de Goyété).

Un poste militaire a été fondé à Wagap, en 1862, à la suite d'une révolte des gens de cette tribu. Les établissements du poste et ceux de la mission sont assis sur une grande plage sablonneuse qui fait face à la rade, et réunis entre eux par une route de 500 mètres de longueur. En arrière se développe une vaste plaine bornée d'un côté par la rivière de Wagap, superbe cours d'eau qui conduit à la vallée de Ti-Ouaka, et la parcourt dans toute sa longueur. A dix minutes du poste, au sommet d'une colline de 150 à 200 mètres de hauteur, il existe une ardoisière dont on a commencé l'exploitation.

Avant d'arriver au cap Bocage, on rencontre la rivière de Mouaréo ou Monio, puis, dans un repli du cap, le port et la petite rivière de Bâ. La rivière de Monio est facilement navigable pour des embarcations ; ses rives sont très-riches et arrosent une des plus belles et des plus grandes vallées de la côte Est ; elle est entourée de montagnes escarpées ; des cannes à sucre cultivées jusqu'à leurs plus hauts sommets témoignent de la fertilité de ce lieu.

---

1. Ti-Uaka sur la carte.

Depuis Monio jusqu'à Uaïlu, les collines porphyriques qui longent la côte sont isolées de la chaîne principale de l'intérieur, et l'intervalle forme de jolies vallées fraîches et fertiles, séparées les unes des autres par des collines très-basses, offrant des communications faciles entre ces deux points.

La vallée de Goyété est le centre de la puissante tribu des Atinen, dont le chef a détruit la population de Baye et conquis Monio. Le principal village des Atinen, dans la vallée de Goyété, s'appelle Pounériouen.

Au delà du cap Bocage, se trouve la petite baie de Uaïlu, dans laquelle débouche une rivière assez profonde; on arrive ensuite à la baie de Kaouhoua[1], qui est limitée au Sud par le cap Bégat, et qui offre un mouillage très-sûr. Elle est entourée de hautes montagnes ferrugineuses, d'où descendent des cascades et de nombreux cours d'eau. Elle se divise en avant-port, dans lequel on peut entrer avec tous les vents, et en arrière-port, où les navires à voiles sont obligés de se touer. Ce second port fait avec le premier un coude presque à angle droit, et forme le véritable mouillage. La plage du fond de la baie est coupée par l'embouchure de deux rivières larges, mais peu profondes.

La distance entre la baie de Kaouhoua et celle de Kanala, est de 16 à 18 milles. Encaissée entre une suite de contreforts boisés et fort élevés, surtout au goulet, cette dernière est un des plus vastes et des meilleurs mouillages de la colonie. Offrant dans son étendue un abri aussi sûr que la rade de Toulon, il renferme dans son sein quatre bassins naturels, dans lesquels toute espèce d'établissements maritimes, militaires et commerciaux pourront être créés, chacun d'eux présentant la même sécurité pour les réparations, les mêmes facilités pour les chargements et les déchargements, les approvisionnements d'eau douce et les communications.

Dans le fond de la baie, auquel on a donné le nom de port d'Urville, débouchent deux rivières, celle de Kanala et celle de Negrepo; ces deux cours d'eau prennent leurs sources dans la chaîne de l'intérieur, l'un à l'Est l'autre à l'Ouest, parcourent les vallées qui séparent la grande chaîne des groupes de hautes terres qui bordent la mer et descendent à la baie par une vallée commune en serpentant au milieu d'une plaine basse, couverte d'une riche végétation jusqu'à un mille de la mer et de palétuviers jusqu'au bord de la baie. La rivière de Kanala est la plus profonde des deux, et peut être remontée avec un canot moyen jusqu'à 7 milles de son embouchure. Sur les bords de la rivière Negrepo, et sur une

---

1. Kuaua sur la carte.

colline assez élevée, on a fondé, en 1859, le poste de Napoléonville, d'où l'on domine toute la plaine environnante. Quelques colons possèdent déjà d'assez belles plantations, remarquables surtout par leurs magnifiques cocotiers et sapins, et tout fait espérer que ce point, grâce à la richesse de son terrain, deviendra l'un des centres les plus productifs de la colonie. Un sentier indigène relie Kanala à Port-de-France en traversant l'intérieur de l'île:

La distance par mer entre Kanala et Port-de-France est de 140 milles environ.

A quelque distance au Sud du cap Dumoulin, la côte s'enfonce et forme la baie de Nakéti, dans un endroit où les montagnes s'écartent l'une de l'autre, en décrivant un vaste demi-cercle pour développer à la vue une plaine aussi large que profonde qui se relie par une vallée latérale à celle de Kanala.

En continuant de longer la côte Est, on rencontre, presque à l'extrémité Sud, la baie de Yaté [1], dans laquelle va se jeter la rivière de ce nom, l'une des plus considérables de la partie Sud, qu'elle traverse dans presque toute sa longueur. Son cours assez rapide est de 45 à 50 kilomètres ; il est malheureusement obstrué par des cascades. L'embouchure est large de plusieurs centaines de mètres et offre un mouillage sûr aux embarcations d'un assez fort tonnage inquiétées par la houle et la mer de la baie de Yaté, devant laquelle il n'existe pas de récifs de coraux comme devant les autres baies du littoral.

Sur la rive gauche de cette embouchure se trouve l'établissement agricole d'Yaté, fondé en 1864. Un sentier indigène relie ce point à la côte Ouest, en traversant les bassins des rivières de Yaté, des Kaoris et de Boulari ; il aboutit, après avoir parcouru une distance de 53 milles, au hameau de Nikoé, à l'embouchure de la rivière de Boulari.

Après avoir doublé l'extrémité S.-E. de la Nouvelle-Calédonie, et franchi le canal de la Havannah, on entre dans la baie du Sud ou du Prony, qui s'enfonce dans les terres d'environ 7 milles, en se rétrécissant comme un bras de mer très-sinueux, et se termine par deux anses très-profondes. La baie du Sud possède des sources d'eaux chaudes, qu'on voit surgir du sein de la mer, et dont les dépôts calcaires forment autour d'elles un écueil, où se multiplient de magnifiques huitres. Cette baie reçoit les eaux de deux petites rivières non navigables.

Toute la partie Sud de la Nouvelle-Calédonie, comprise entre

---

1. Iaté sur la carte.

la baie du Sud et la chaîne de montagnes qui limite au Nord la vallée de Yaté, forme un immense plateau, sillonné de nombreux cours d'eau. Ces plaines sont remarquables par leur horizontalité parfaite et par leur étendue. Leur altitude au-dessus du niveau de la mer est d'environ 400 mètres. A la suite des pluies d'hivernage elles deviennent de véritables marais, et c'est à ces eaux stagnantes qu'il faut attribuer les joncs dont elles sont presque exclusivement couvertes.

Cette partie de l'île est habitée par la grande tribu des Touaourous.

Pour gagner la côte occidentale, en sortant de la baie du Sud, on franchit le canal Woodin, qui sépare la Nouvelle-Calédonie de l'île Uen. A l'extrémité de ce canal, et à la partie N.-N.-O. de cette île, on trouve une petite baie qui offre un excellent mouillage aux navires attardés dans le canal Woodin.

On rencontre ensuite les deux petites baies d'Uie et de Ngo; puis au delà de cette dernière, l'embouchure de la rivière des Kaoris.

La première grande baie en remontant la côte Ouest est celle de Morari ou de Boulari, dont le mouillage est ouvert aux vents et à la mer depuis le S.-S.-O. jusqu'au S.-E. Elle possède une magnifique aiguade, au pied d'une cascade qui descend du Mont-d'Or.

Le territoire qui avoisine la baie offre l'aspect d'une fertilité rare : les vallées sont profondes et parcourues par des cours d'eau dont les bords sont couverts d'une végétation puissante; les montagnes, quoique élevées, ont jusqu'à la moitié de leur hauteur une déclivité qui permet toute culture et baignent leur pied dans la mer et non dans des plaines de palétuviers. Les forêts de l'intérieur sont riches en arbres propres aux constructions et qui pourraient être facilement amenés à la baie.

C'est dans cette vallée, sur les bords de la baie, que les missionnaires possèdent leurs établissements de Conception et de Saint-Louis, dont il sera fait plus ample mention à l'article *agriculture*.

Un peu au Nord de Morari, dont elle n'est séparée que par une étroite presqu'île, se trouve la magnifique rade de Port-de-France, à l'entrée de la vaste baie de Nouméa ou de Dumbéa.

La rade est vaste, d'un accès facile et parfaitemennt abritée; elle est formée par une presqu'île accidentée qui présente dans ses découpures plusieurs anses pouvant recevoir des navires de fort tonnage, et par l'île Du Bouzet (Nou des indigènes) qui court parallèlement à la côte et en est séparée par un canal d'une longueur de trois milles et d'une largeur moyenne d'un mille environ. Ce canal, qui a deux issues, l'une à l'Est, l'autre à l'Ouest de l'île Nou, offre partout un mouillage abrité de tous vents; il est divisé en deux parties par un banc qui le coupe à son point le plus étroit, sans toutefois intercepter la communication de l'une à l'autre aux navires calant moins de 5 mètres.

C'est après examen de tous ces avantages que le commandant Tardy de Montravel se décida à fonder sur ce point le chef-lieu de la colonie.

Aucune rivière ne vient se déverser dans la rade de Port-de-France; d'après la disposition des montagnes, les eaux courantes se jettent, à une certaine distance de la ville, dans la baie de Nouméa, au Nord, et dans celle de Morari, au Sud. Le ruisseau le plus rapproché est à 6 ou 7 milles au Nord de Port-de-France.

La plupart des maisons de Port-de-France sont encore en bois; on y distingue quelques constructions en pierres, telles que le magasin de la flotte, le Trésor et la caserne d'infanterie de marine. Une grande voie qui porte le nom de Magenta et qui a une longueur de 300 mètres environ, part de la porte Est de la résidence du gouverneur et aboutit à l'extrémité Nord du marais. Une autre voie, plus fréquentée que cette dernière, conduit de la plage en ligne droite à la montagne, où est élevé le poste sémaphorique.

A quelques mètres du rivage et le bordant parallèlement sur une longueur de 150 mètres environ, s'élève une butte (la butte Conneau), qui malheureusement masque complétement la vue de la rade; on a commencé à l'aplanir, et les terres de déblai ont été employées au comblement du marais qui l'avoisine. La grande place de la ville est la place Solférino, située sur le rivage près de la jetée; c'est le champ de manœuvres des troupes et l'emplacement où ont lieu toutes les fêtes publiques.

L'île Nou offre de précieuses ressources en bois et possède deux sources d'une eau excellente, dont une ne tarit jamais. C'est sur cette île que sont établis les bâtiments du pénitencier.

Près de Port-de-France et à 1,500 mètres sur la droite de l'observateur placé en rade s'élèvent les établissements de l'artillerie de la marine, sur un petit plateau qui commande la ville, la rade, les passes et l'anse dite baie des Anglais.

Une route relie Port-de-France au village de Conception, éloigné de 9 kilomètres $1/2$ de la ville; cette route, dite des Français, tire son nom du ruisseau qu'elle traverse à 8 kilomètres du chef-lieu, sur un pont en pierre construit par les soldats de la 1re compagnie disciplinaire. Non loin de là est situé la Ferme-modèle.

La baie de Dumbéa, faisant suite à la rade de Port-de-France, reçoit la rivière Dumbéa, qui est assez large et navigable pour des embarcations jusqu'à quelques milles de son embouchure. Elle arrose une magnifique et fertile vallée dans laquelle on rencontre déjà de belles plantations de sucre et de gras pâturages. Une route en pierre est ouverte depuis l'extrémité N.-O. de la baie de Dumbéa jusqu'au village de Payta, situé au fond de Port-Laguerre. C'est de ce point que partent les veines de houille qui descendent jusqu'à Morari et paraissent se concentrer sur ce dernier point.

La baie de Saint-Vincent, à quelque distance au Nord de Port-Laguerre, est bornée de tous côtés par une chaîne d'îles laissant entre elles un bassin d'une vaste étendue; malgré son aspect imposant, cette baie n'offre qu'une portion navigable extrêmement réduite par les atterrissements des rivières qui descendent des montagnes. Ces cours d'eau se perdent en partie dans des terres marécageuses, et ceux de leurs bras qui arrivent jusqu'à la baie sont obstrués par des bancs de sable et de vase.

Au delà de la baie de Saint-Vincent, la côte est encore peu connue; elle offre sans doute encore d'autres mouillages, à en juger par les renfoncements qu'on y rencontre de loin en loin. Une expédition entreprise au mois de septembre 1865 contre les tribus habitant la partie de la côte Ouest, située entre l'île Konie et la baie de Chasseloup, a permis d'explorer ces localités. A la suite de cette expédition, un poste a été fondé à Gatope sur les bords de la baie de Chasseloup.

Plus au Nord, sur la même côte, entre le cap Devert et la pointe Néué, le pays est habité par deux tribus, celle de Gomen, au pied du piton du cap Devert, et celle de Koumak, au pied du massif qui sépare la plaine du village de Néué. C'est au Sud de ce massif que se jette dans la mer la jolie rivière qui arrose la vallée de Koumak.

Iles. — Les principales îles dépendant de la Nouvelle-Calédonie sont les suivantes :

L'île Huon et l'île de la Surprise, aux extrémités Nord et Sud des récifs d'Entrecasteaux [1].

Le groupe de Belep, comprenant les îles Poot, Art et Dau-

---

1. Ces îles sont situées en dehors du cadre de la carte.

Teama, au milieu des récifs des Français, à 10 ou 12 lieues de l'extrémité Nord de la Nouvelle-Calédonie. Ce sont des terres hautes, peu fertiles, dont les habitants forment une tribu à part, dite de Bélep, et où les missionnaires possèdent un établissement ;

Le groude de Nénéma, à l'Ouest de la presqu'île formant l'extrémité N.-O. de la Nouvelle-Calédonie, et dont les principales sont : les îles Paaba, Tanlon, Iandé, Ienegéban, Néba, Pum, Tanlep, toutes habitées, assez fertiles et plantées principalement en cocotiers. Elles forment toutes une même tribu, celle de Nénéma, dont le chef héréditaire réside à Iandé ;

L'île Pam, à l'embouchure du Diaot, et un peu plus au Nord, l'île Bualabio, séparée de la grande terre par le détroit Devarenne ; l'île Pam est déserte, celle de Bualabio compte une cinquantaine d'habitants qui dépendent d'Arama. Cette tribu s'étend sur tout le littoral de la baie d'Harcourt, jusqu'au cap Tiari.

Sur la côte Est, on rencontre de nombreux îlots inhabités et privés d'eau. Un seul a quelque importance pour la navigation, c'est l'île du Pin, près du récif de Ti-Uaka, qui présente cette particularité de ne posséder qu'un seul pin.

Au Sud, se trouve l'île des Pins (Kunié des indigènes) ; elle est le centre d'un groupe d'îlots boisés et couverts de pins, et au nombre desquels nous citerons l'île Alcmène, dont on a déjà tiré beaucoup de bois pour les établissements de Port-de-France. Les abords de l'île des Pins, parsemés de récifs, sont d'un accès difficile ; séparée de la grande terre par un chenal de 5 à 6 lieues, elle affecte la forme d'un cercle irrégulier de 10 milles de diamètre environ. Sa superficie consiste presque entièrement en un immense plateau ferrugineux, aride, que domine une montagne, le pic Nga, dont le sommet, haut de 266 mètres, s'aperçoit de 10 lieues en mer. La zone du littoral de l'île présente une succession de prairies étroites, il est vrai, mais très-fertiles et parfaitement arrosées. L'île des Pins a été longtemps le centre des établissements des missionnaires à la Nouvelle-Calédonie.

En remontant vers la côte Ouest, on rencontre d'abord l'île Uen, aux sommets escarpés et ne possédant que très-peu de terres cultivables ; elle est séparée de la grande terre par un chenal profond connu sous le nom de canal Woodin.

Non loin de ce canal, en dedans de la ceinture des récifs et près de la passe de Boulari, se trouve l'îlot Amède, sur lequel on vient d'établir un phare de premier ordre.

L'île Nou, ou Du Bouzet, est à l'entrée de la rade de Port-de-France (il en a été parlé plus haut).

A l'entrée, et dans la baie de Saint-Vincent, il existe plusieurs îles dont les plus importantes sont les îles Hugon, Ducos et Le Prédour. L'île Ducos, la plus fertile des trois, possède d'excellents bois, un ruisseau et un petit port dont le mouillage est sûr.

Au delà de ce point, l'on ne rencontre plus sur la côte Ouest que quelques îlots sans importance, tels que ceux de Contrariété, Grimoult et Konié, presque tous entièrement privés d'eau.

De toutes les îles dépendant de la Nouvelle-Calédonie, les plus importantes sont les îles Loyalty, à environ 60 milles dans l'Est. Ce groupe d'îles s'étend du S.-E. au N.-O., entre les parallèles de 20° 10' et 21° 40' de latitude Sud, et entre les méridiens de 163° 50, et 165° 50' à l'Est de celui de Paris. Il se compose de trois îles principales et de nombreux îlots. Ces trois îles, placées à une distance moyenne de 30 milles les unes des autres, sont, en allant du S.-E. au N.-O. Maré, Lifu (Lifou) et Uvea (Ouvéa).

Vues de la mer, ces îles se présentent comme une suite de plateaux isolés, presque de même niveau et s'élevant peu au-dessus de la mer. Le rivage, presque partout escarpé, est à pic au-dessus de l'eau, rarement coupé par de petites plages de sable. L'eau est profonde près du rivage, mais pas assez cependant pour nuire au mouillage. Le moins dangereux est celui de la baie du Sandal, sur la côte occidentale de Lifou ; son diamètre est d'environ 10 milles marins.

La plus grande des trois îles, Lifou, a une longueur d'environ 60 kilomètres du S.-E. au N.-E., sur une largeur de 30 kilomètres. Le sol est un carbonate de chaux, tantôt semé de sable calcaire, tantôt hérissé de blocs redressés ; ce calcaire grossier a été perforé par l'eau de manière à présenter à la surface l'aspect de roches madréporiques, mais ce n'est qu'un calcaire coquillier où l'on trouve des bivalves pétrifiés, et çà et là, de rares madrépores empâtés dans la masse et dans les fissures. L'eau potable manque presque entièrement, et ce n'est que depuis la fondation de notre établissement qu'on a commencé à y creuser des puits qui donnent une eau excellente.

Le sol n'est dénudé presque nulle part, excepté sur le rivage et la bande avoisinante, qui ne comprend le plus ordinairement que des rochers. Il est au contraire couvert de végétations diverses, au nombre desquelles des bois d'essences variées et précieuses, tant pour les constructions que pour les travaux de menuiserie et d'ébénisterie. Malheureusement, la couche d'humus est très-légère, ce qui restreint la partie arable à une faible proportion, eu égard à l'ensemble de la surface de l'île. Des arbres de la plus belle venue, des cocotiers, des pins, croissent néanmoins serrés et mélangés au milieu des rochers et sans l'aide de la moindre parcelle de terre. Le cap Lefèvre entre autres est couvert de pins très-élevés, dont les racines courent à nu sur un lit de pierres très-accidenté.

Le coton, le tabac, y viennent très-bien; ils s'y rencontrent en une foule de points à l'état sauvage ou inculte. Un jardin d'essai, créé au mois d'octobre 1864, a déjà donné de beaux résultats : vigne, fruits de tous genres importés de la Réunion, légumes, plantes rares et fleurs variées, tout y réussit à merveille.

Le bois de Sandal, qui abondait autrefois dans l'île, a disparu presque complétement par suite d'une exploitation mal entendue; on ne le rencontre plus qu'à l'état d'arbrisseau. Des mesures ont été prises récemment pour repeupler l'île de cette essence précieuse.

La population de Lifou est divisée en trois tribus : celle d'Ouette au Nord, de Leuci au Sud, et de Gadja au centre; la première compte 2,200 âmes, la seconde près de 4,000, et la dernière 1,300. Un poste a été créé en 1864, à Chépénéhé, village principal situé dans l'anse Nord de la baie du Sandal.

L'île Maré est un peu moins grande que Lifou ; elle n'a que 34 kilomètres de longueur sur 29 de largeur ; sa constitution géologique est la même que celle des deux autres îles. Elle ne possède que deux très-mauvais mouillages.

Uvéa est une bande étroite de calcaire, légèrement convexe du côté de l'Est, qui s'étend du S.-O. au N.-N.-E. sur une longueur de 42 kilomètres et une largeur moyenne de 4 à 5 kilomètres, excepté dans la partie Nord, qui a près de 14 kilomètres de large. A l'Ouest de l'île, une série d'îlots circonscrivent un bassin de 15 mètres de diamètre, où mouillent les navires sur un fond de sable mou. L'île est aussi boisée que Lifou et contient les mêmes essences d'arbres, auxquelles vient s'ajouter le bois de rose, mais les terres végétales y sont plus nombreuses ; aussi les cultures y sont-elles plus considérables. Les bananiers y viennent assez bien; le papayer y abonde de même que le cocotier qui y est d'une espèce vraiment supérieure. Les indigènes le cultivent avec le plus grand soin et en extraient des quantités d'huile déjà importantes.

L'île est partagée en deux grandes tribus de 1,300 à 1,500 habitants chacune : 1° au nord, la tribu de Ouanéki ou Oueneguè, dont le village principal est au centre de l'île; au fond de la baie du N.-O. s'élève le village de Saint-Joseph, où les missionnaires ont construit une vaste église et où le mouillage est bon pour les navires. Onéis, autre village important de cette tribu, est situé à l'extrémité de la pointe N.-O. de l'île. Les îles Beaupré sont habitées par quelques familles dépendant d'Ouanéki. 2° la tribu de Fadiaoué habite la partie Sud de l'île; son village principal est sur la côte Ouest.

La population totale du groupe est de 15,000 âmes environ, dont 7,500 à Lifou, 4,300 à Maré, 3,000 à Uvéa, 200 à Mouli et 100 à Tika, petite île située entre Lifou et Maré.

Sous le rapport physique, les habitants ressemblent à ceux de la Nouvelle-Calédonie; mais leur état de civilisation est généralement plus avancé. Le cannibalisme n'existe plus qu'à Maré, dont la partie Sud s'est montrée jusqu'à présent rebelle à toute tentative de civilisation [1].

Météorologie.

Climat. — Quoique située sous les tropiques, la Nouvelle-Calédonie jouit d'un climat très-salubre; les chaleurs n'y sont jamais excessives, tempérées qu'elles sont par les brises de terre et de mer qui se font sentir alternativement. Les Européens peuvent sans aucun danger se livrer toute l'année et à chaque heure du jour aux travaux agricoles. La raison de ce fait peut être attribuée à l'orientation de l'île S.-E. et N.-O., qui l'expose à l'action constante et bienfaisante des vents alizés du S.-E.

Température. — Les plus grandes chaleurs règnent pendant les mois de janvier et de février et ne dépassent guère 32° centigrades. Les mois les plus frais sont ceux de juillet et d'août, pendant lesquels le thermomètre donne une moyenne diurne de + 16 à + 18°; il descend quelquefois à + 9 ou + 10° la nuit,

---

[1]. Pour plus amples détails sur les îles Loyalty, voir la notice de M. Jouan, lieutenant de vaisseau, dans la *Revue*, t. I, p. 363.

de mai à novembre ; la température moyenne se maintient entre
+ 20 et + 24°.

Pression atmosphérique. — La hauteur du baromètre varie de 755 à 766^{mm}. En règle générale le mercure monte par les vents d'E.-S.-E. ou alizés ; il baisse par les autres vents, surtout par celui de l'Ouest.

Voici le résumé des observations météorologiques faites pendant l'année 1863 à l'hôpital de Port-de-France, situé à 6^{m}70^c au-dessus du niveau de la mer :

	PRESSION BAROMÉTRIQUE			TEMPÉRATURE			PRESSION DE LA VAPEUR moyennes mensuelles.	HUMIDITÉ RELATIVE en 100° moyenne mensuelle.
	MAXIMUM.	MINIMUM.	MOYENNES mensuelles.	MAXIMUM.	MINIMUM.	MOYENNES mensuelles.		
	mm	mm.	mm.	centig	centig	centig	mm.	
Janvier	766.5	756.0	759.8	29°2	23°0	24°.6	19.59	83
Février	766.5	761.0	763.8	31.6	25.0	27.6	20.31	84
Mars	767.0	761.0	763.1	31.0	23.2	26.4	21.49	83
Avril	767.5	755.0	761.6	28.6	20.6	23.6	19.41	88
Mai	769.0	762.0	766.2	26.2	19.4	22.3	17.53	85
Juin	770.0	757.2	765.6	25.0	19.4	26.6	17.79	88
Juillet	770.0	759.7	766.2	25.2	16.6	20.7	16.12	86
Août	769.0	756.0	764.3	24.6	17.0	20.0	16.31	88
Septembre	769.0	760.5	765.2	27.6	16.2	21.7	17.17	85
Octobre	765.0	755.5	761.2	28.2	18.2	23.1	19.51	87
Novembre	763.0	757.0	761.2	29.4	21.2	23.3	20.37	91
Décembre	766.9	755.0	759.2	29.»	21.4	24.8	21.29	89
MOYENNES ANNUELLES	766.9	757.9	763.1	28.0	20.1	23.4	18.91	81

Saisons. — Comme dans tous les pays intertropicaux l'année se partage en deux saisons : l'hivernage ou saison des pluies et des chaleurs qui dure de janvier à avril, et la saison sèche ou fraîche qui comprend le reste de l'année. Pendant cette saison les rosées sont très-abondantes et compensent merveilleusement le manque d'eau, en constituant un système précieux d'arrosement.

Vents. — Les vents alizés de l'E.-S.-E. dominent à peu près toute l'année, souvent même ils soufflent grand frais. Les calmes et les vents irréguliers arrivent ordinairement à l'époque des pluies.

Ouragans. — Le mois de janvier est celui des ouragans, dont la durée dépasse rarement 48 heures, et qui sont heureusement loin d'avoir la violence de ceux des Antilles.

Pluies. — Les pluies abondantes de l'hivernage tombent par intermittences de un à cinq jours, séparées par des intervalles plus ou moins longs de beau temps. La saison sèche n'est cependant pas privée d'ondées bienfaisantes. Ainsi, pendant l'année 1863, le nombre de jours pluvieux à Port-de-France a été de 118, pendant lesquels il est tombé $1^m 2795$ d'eau. Ces chiffres se répartissent ainsi :

Janvier à avril, 41 jours de pluie, 593^{mm} de pluie.
Mai à août, 46 id. 293 id.
Septembre à décembre, 31 id. 393 id.

A Napoléonville (Kanala), sur la côte Est, le nombre des jours de pluie, pendant la même année, a été de 142, ayant donné $2^m 1643$ d'eau.

Population.

Les Néo-Calédoniens sont en général fortement constitués, mais leurs traits sont peu agréables. Ils sont beaucoup plus noirs que les Polynésiens, beaucoup moins noirs que les nègres. Ils ont les cheveux crépus, le front peu évasé, les lèvres légèrement saillantes. Leur nez est épaté artificiellement ; généralement leurs oreilles sont largement percées au lobe inférieur. Ils n'ont pas les membres grêles des Australiens ; leur barbe est fournie, mais le plus grand nombre ne la laisse pas pousser. En naissant les enfants sont presque blancs.

Les vieillards sont rares et n'arrivent jamais à un âge très-avancé. Les Néo-Calédoniens ont généralement peu d'enfants, encore s'en débarrassent-ils souvent [1].

Le père Montrouzier pense que ces naturels viennent du Sud de l'Asie, et à l'appui de son opinion il donne les raisons suivantes : 1° la distinction des castes qui est un trait caractéristique des Asiatiques et qui existe également dans la Nouvelle-Calédonie ; 2° l'institution du *Tabou* (objet déclaré sacré) qui est commune aux Néo-Calédoniens et aux peuples d'Asie ; 3° la circoncision qui se pratique dans les deux pays ; 4° l'emploi d'un

---

1. Le père Montrouzier, *Notice sur la Nouvelle-Calédonie*, p. 11.

langage d'étiquette à l'égard des chefs, en usage chez les deux peuples; 5° enfin, similitude d'une foule d'usages de la vie civile : usage de fiancer les enfants dès leur bas âge, emploi d'un même mot pour exprimer la parenté entre frères et entre cousins, etc., etc.

Un autre auteur qui a écrit sur la Nouvelle-Calédonie [1] dit que ce peuple vient d'Uvéa ou îles Wallis dans la Polynésie; mais il ne paraît pas que ce soit là leur véritable origine, car l'époque de l'immigration des Uvéaux dans l'île Halgan (l'une des Loyalty appelée Uvéa par les indigènes) ne remonte pas au delà de 80 ans. Si l'on trouve de ces Polynésiens répandus dans la Nouvelle-Calédonie, il faut en attribuer la cause à la fréquence des communications entre la côte orientale de cette île et le groupe des Loyalty. Du reste, il existe dans ces dernières deux races très-distinctes : l'une qui représente la race jaune polynésienne, émigrée des Wallis ; l'autre, la race noire océanienne, la plus ancienne dans le pays et semblable à celle qui peuple la Nouvelle-Calédonie. « On imagine bien, dit M. le Dr de Rochas, que ces deux races n'ont pas vécu côte à côte sans mélanger leur sang. De ce commerce intime il est résulté que la race jaune a perdu en beauté et que la race noire y a gagné. » Suivant cet auteur, la Nouvelle-Calédonie a reçu sa population de diverses sources. Les Papouas de la Nouvelle-Guinée et d'autres peuplades noires des îles de l'Asie australe ont pu y arriver tout comme la race jaune polynésienne y a envoyé elle-même des colonies. Du mélange de toutes ces races est sortie la variété Néo-Calédonienne, où l'on reconnaît encore aujourd'hui plus ou moins des Endamènes d'Australie, des Papouas et des Polynésiens.

Quant au caractère des Néo-Calédoniens, en voici les traits principaux, d'après le père Montrouzier, qui a été à même de l'observer de près : « Depuis longtemps que j'étudie ce peuple, dit-il, je suis encore à chercher en lui une vertu. Il est intelligent, c'est incontestable ; mais il est paresseux, fourbe, cruel et orgueilleux au delà de toute expression. Il a vu, depuis plusieurs années, les Européens de près ; il ne conteste pas la supériorité de leur système, leur confort, leur bien-être ; mais il répète : « Souffrir pour souffrir, j'aime mieux avoir faim que de travail-

---

1. M. Braine.

ler. » La fourberie est le fond de son caractère. Le bon Néo-Calédonien doit savoir composer son visage de manière à ce que jamais l'émotion ne le trahisse. Un des meilleurs chrétiens de Balade avouait aux pères missionnaires qu'autrefois il avait été bien aimé des anciens, qui le désiraient pour leur chef parce qu'il était si habile dans l'art de tromper que jamais, dans l'occasion, il n'était sans trouver un mensonge juste à propos pour se tirer d'embarras. La cruauté, la férocité de ce peuple se révèle par l'existence, trop souvent constatée, de l'anthropophagie, par l'usage de mettre les têtes des ennemis mangés comme un trophée au-dessus des maisons, de massacrer sans pitié les naufragés, etc. Enfin son orgueil se montre dans la répugnance qu'il témoigne à accepter ce qui vient des étrangers, habillement, langue, usages.

Malgré ces vices, la population de la Nouvelle-Calédonie offre des ressources. Elle est intéressante, non-seulement aux yeux de la foi pour le missionnaire qui se dévoue à l'arracher à ses erreurs, mais pour la politique qui veut coloniser et assurer aux colons des travailleurs à bas prix. En gagnant sa confiance, en la traitant avec bonté, mais sans faiblesse, on se préparera une génération qui vaudra mieux que ses pères et qui fera honneur à ses maîtres. »

La population indigène, en y comprenant celle des îles Loyalty, peut être estimée à 40,000 ou 45,000 habitants, répartis en un certain nombre de tribus, subdivisées elles-mêmes en villages de 150 à 200 habitants au plus. D'après la nomenclature de MM. Vieillard et Deplanche [1], les tribus, en commençant par l'extrémité Nord et en suivant la côte Est, sont les suivantes :

				Report...	6,900
1º —	Iles Belep.....	800	9º —	Tipindié......	1,000
2º —	Nénéma.......	1,000	10º —	Tuo..........	800
3º —	Arama........	1,200	11º —	Tiuaka.......	3,000
4º —	Puma (Balade).	200	12º —	Tora.........	200
5º —	Muélibé (Poébo)	2,000	13º —	Tibuarama....	500
6º —	Panié.........	200	14º —	Baye.........	300
7º —	Diaué.........	300	15º —	Mué..........	800
8º —	Ienghen.......	1,200	16º —	Uaïlo........	1,200
	A reporter....	6,900		*A reporter*....	14,700

---

1. Notice sur la Nouvelle-Calédonie, p. 21.

Report....	14,700	Report...	20,480
17° — Kuaua.........	1,000	28° — Urai...........	600
18° — Kanala.......	2,000	29° — Burai........	400
19° — Naketi		30° — Muéo.........	300
20° — Yoo..........	200	31° — Pimayé......	200
21° — Jemia	150	32° — Koni........	500
22° — Tuauru.......	300	33° — Tanala........	200
23° — Neua.........	150	34° — Taom.........	500
24° — Ile des Pins..	800	» — Pipelot......	
« — Ile Uen......		35° — Gomen.......	1,500
25° — Kuré.........	80	36° — Kumac.......	800
26° — Moeil.........	300	37° — Bondé........	2,000
27° — Uitoé.........	800	38° — Iles Loyalty...	15,000
A reporter...	20,480	Total...	42,480

Toutes ces tribus sont à l'état d'hostilité permanente ; aucun chef n'est assez puissant pour réunir contre nous une expédition redoutable. Leurs rivalités entretiennent parmi eux des divisions favorables à notre ascendant ; un grand nombre de tribus se sont ralliées d'ailleurs à notre domination sans arrière-pensée.

Population blanche. — Quant à la population blanche, en dehors des troupes et du personnel de l'administration, elle peut être évaluée à 500 habitants environ, venus pour la plupart de l'Australie et qui se sont particulièrement établis à Port-de-France et dans les environs.

La population blanche s'est accrue, en 1863 et en 1864, d'une quarantaine de jeunes orphelines envoyées de France par l'administration de l'assistance publique ; ces jeunes filles ont presque toutes trouvé à se marier ou à s'établir dans la colonie peu de temps après leur arrivée.

Transportation. — Un premier essai d'établissement pénitentiaire a été fait en Nouvelle-Calédonie, en 1864. Parti de Toulon le 6 janvier, sur la frégate à voiles l'*Iphigénie*, commandant Bertin, le convoi, composé de 250 forçats pris parmi les ouvriers des divers corps d'état, arriva le 7 mai suivant à Port-de-France. Les condamnés ont été débarqués sur l'île Nou et ont été employés depuis cette époque aux travaux d'installation du pénitencier et aux constructions publiques à Port-de-France. Un certain nombre de travailleurs doivent être mis à la disposition des colons pour les travaux de défrichement. Depuis l'arrivée de ces condamnés dans la colonie, la santé des hommes n'a pas cessé d'être favorable. Un deuxième convoi de 200 hommes, choisis parmi les forçats astreints, par la nature de leur condamnation, à la résidence perpétuelle, est parti de Toulon le 20 janvier 1866 sur la frégate la *Sibylle*.

Gouvernement et administration.

A partir de la prise de possession, la Nouvelle-Calédonie fut placée sous l'autorité du commandant de la station de l'océan Pacifique, dont la résidence était à Taïti, et administrée par des commandants particuliers.

Un décret du 14 janvier 1860 a séparé le gouvernement de nos établissements en Océanie et érigé la Nouvelle-Calédonie en colonie distincte.

Ce même décret a rendu applicable à la Nouvelle-Calédonie l'ordonnance du 28 avril 1843 sur l'administration de la justice aux îles Marquises et sur les pouvoirs spéciaux des gouverneurs. Aux termes de ce décret (art. 7), le gouverneur est autorisé à faire tous règlements et arrêtés nécessaires à la marche du service administratif, comme à l'intérêt du bon ordre et de la sûreté de la colonie. Depuis cette époque, aucun autre décret n'est intervenu dans le gouvernement e l'administration de la colonie.

Un conseil d'administration, créé par un arrêté du 11 septembre 1860, donne son avis au gouverneur sur toutes les questions qui lui sont soumises. Ce conseil se compose du gouverneur (président), de l'ordonnateur, du secrétaire colonial, des chefs des services de l'artillerie, du génie et de santé, et de deux habitants notables, nommés par le gouverneur, pour siéger avec voix délibérative lorsque le conseil s'occupe d'affaires d'intérêt local.

Sous les ordres du gouverneur, un ordonnateur nommé par décret impérial est chargé de l'administration de la marine, des troupes, du trésor et de la justice, de la direction supérieure des travaux de toute nature, y compris ceux des Ponts et Chaussées, enfin, de la comptabilité des divers services, personnel, matériel et financier.

Un arrêté du 22 janvier 1864 a créé un secrétariat colonial qui est chargé, sous les ordres immédiats du gouverneur, de l'administration intérieure de la colonie, de la police générale et de l'administration des contributions directes et indirectes. Le secrétariat comprend deux bureaux, l'un pour les affaires européennes et l'autre pour les affaires indigènes.

Voici la composition du personnel administratif de la colonie :

Commissariat de la marine : Un commissaire ordonnateur, un sous-commissaire, deux aides-commissaires, deux commis et trois écrivains.

Secrétariat colonial : Un secrétaire colonial, un commis et deux écrivains de marine.

Bureau des affaires européennes : Un sous-commissaire, chef, un commis, un interprète et un écrivain.

Bureau des affaires indigènes : Un officier, chef, trois interprètes, dont un à Lifou (îles Loyalty).

Service du cadastre : Un ingénieur colonial, chef, deux conducteurs, un écrivain dessinateur.

Service des mines : Un ingénieur colonial.

État civil : Un secrétaire de la mairie.

Services financiers : Un trésorier payeur, nommé par décret impérial, est chargé de l'encaissement des recettes et du payement des dépenses de toute nature. Il remplit également les fonctions de receveur de l'enregistrement et des domaines et de conservateur des hypothèques.

Ponts et Chaussées : Un capitaine du génie, chef du service, deux gardes du génie, un conducteur auxiliaire, un écrivain dessinateur et deux surveillants des travailleurs indigènes.

Police : Un commissaire de police pour la ville de Port-de-France et un agent de police pour la banlieue.

Service des ports et pilotage : Un lieutenant de port, un maître de port, un pilote major, deux pilotes, six aspirants pilotes, un contre-maître charpentier et un certain nombre de matelots indigènes.

Imprimerie : Un chef et neuf ouvriers compositeurs, lithographes, pressiers, relieurs, etc. [1].

---

[1]. Pour la justice, le culte, l'instruction publique et les postes, voir aux articles spéciaux.

Forces militaires.

Les troupes formant la garnison de la colonie se composent de détachements d'artillerie et d'infanterie de marine, de gendarmerie coloniale et de disciplinaires coloniaux. Elles présentaient, d'après le budget de 1865, un effectif de 904 hommes. En voici la composition :

Etat-major général : Deux officiers ayant le rang de capitaine, attachés à l'état-major du gouverneur.

Artillerie : Un capitaine, commandant le détachement d'artillerie et faisant fonctions de directeur de l'artillerie, 2 gardes, 1 sous-chef ouvrier d'état, 2 seconds-maîtres armuriers, un officier et 52 hommes formant une demi-batterie d'artillerie, un officier et 40 ouvriers d'artillerie; total 100 hommes.

Génie : Un capitaine (chargé du service des ponts et chaussées) et 2 gardes du génie ; total 3 hommes.

Gendarmerie : Un capitaine commandant, 19 gendarmes à cheval et 10 gendarmes à pied; total, 30 hommes.

Infanterie de marine : Quatre compagnies à 114 hommes et section hors rang, en tout 472 hommes, dont un chef de bataillon et 13 officiers.

Disciplinaires : Un capitaine, 3 lieutenants, 2 sous-lieutenants et 286 disciplinaires coloniaux; total 292.

Service de santé : 5 chirurgiens de marine.

Station navale : La station locale, placée sous les ordres du gouverneur, qui a également le titre de chef de division navale, se compose d'un aviso à vapeur, portant le guidon du commandant de la division, et de quatre goëlettes à voiles.

La colonie est divisée en cinq circonscriptions militaires, savoir: 1° celle de Port-de-France, comprenant toute la partie Sud de l'île ; 2° celle de l'Est, dont le chef réside au poste de Napoléonville avec 40 hommes ; 3° celle du Nord-Est, ayant son centre au poste de Wagap, occupé par 46 soldats ; 4° celle du Nord-Ouest, comprenant toutes les terres comprises entre la baie de Néoué et l'île Konienne ; le chef de cette circonscription réside au poste de Gatope; 5° celle des Loyalty, dont le commandant réside à Chépénéhé (île Lifou), et a 70 hommes sous ses ordres.

Il existe aussi un petit poste de police à Poébo, qui est occupé par une brigade de gendarmerie.

Justice.

Aux termes de l'article 6 du décret du 14 janvier 1860, portant séparation entre les établissements français de l'Océanie et de la Nouvelle-Calédonie, l'ordonnance du 28 avril 1843 sur l'administration de la justice aux îles Marquises et sur les pouvoirs spéciaux du gouverneur est applicable à ces deux établissements.

L'article 7 de ladite ordonnance autorise le gouverneur à faire tous les règlements et arrêtés nécessaires pour assurer la marche des diverses branches du service administratif, et à déterminer pour la sanction de ses arrêtés les pénalités que réclameraient l'urgence et la gravité des circonstances.

C'est en s'appuyant sur ce dispositif que le gouverneur de la Nouvelle-Calédonie a pris, le 17 octobre 1862, un arrêté qui, après avoir déclaré exécutoires dans cette possession nos Codes métropolitains et un certain nombre de lois ou décrets en matière civile et criminelle, institue un tribunal de paix, un tribunal de 1re instance et un conseil d'appel à Port-de-France.

Aux termes de cet arrêté, le juge de paix connaît des actions civiles, soit personnelles, soit mobilières, et des actions commerciales, savoir :

En dernier ressort, lorsque la valeur de la demande principale n'excède pas 400 francs, et en premier ressort seulement, lorsque la valeur de la demande en principal n'excède pas 1,500 francs. Le juge de paix connaît des contraventions de police telles qu'elles sont définies par le Code pénal et par le Code d'instruction criminelle.

Le tribunal de 1re instance se compose d'un président, de deux juges et de deux suppléants, d'un procureur impérial et d'un substitut. Les jugements du tribunal de 1re instance sont rendus par trois juges au moins.

Le tribunal de 1re instance se constitue en tribunal civil, en tribunal de commerce et en tribunal de police correctionnelle.

Comme tribunal civil, le tribunal de 1re instance connaît en dernier ressort des actions civiles soit réelles, soit mixtes, lorsque la valeur de la demande en principal n'excède pas 1,500 francs et en premier ressort seulement lorsque la demande en principal est supérieure à cette somme.

Comme tribunal de commerce, le tribunal de 1re instance connaît de toutes les transactions ou contestations telles qu'elles sont définies par le Code métropolitain. Les jugements en matière commerciale sont rendus en dernier ressort lorsque la valeur de la demande en principal n'excède pas 1,500 francs, et en premier ressort lorsque la demande en principal excède cette somme. Dans les affaires civiles et commerciales, les parties sont dispensées d'avoir recours au ministère des avoués et agréés.

Comme tribunal de police correctionnelle, le tribunal de 1re instance connaît en dernier ressort de l'appel des jugements du tribunal de simple police, et en premier ressort de toutes les contraventions ou délits qui excèdent la compétence de ce tribunal.

Le tribunal de 1re instance est saisi en matière correctionnelle par le renvoi du tribunal de police, par la citation donnée directement au prévenu et aux parties civilement responsables du délit, par la partie civile, et dans tous les cas, par le procureur impérial.

Les jugements du tribunal correctionnel peuvent être attaqués par la voie d'appel quand l'emprisonnement prononcé est de plus de 15 jours; il en est de même quand les amendes excèdent 500 francs, sans les dépens.

Les fonctions attribuées au juge d'instruction par le Code d'instruction criminelle sont remplies par le juge de paix.

Le conseil d'appel est composé de cinq conseillers; l'un des conseillers remplit les fonctions de président. Les fonctions du ministère public sont remplies, près le conseil d'appel, par le procureur impérial. La justice est rendue souverainement par le conseil d'appel.

Le conseil d'appel connaît de l'appel des jugements du tribunal de 1re instance et du tribunal correctionnel. Il statue directement comme chambre d'accusation sur les instructions en matière criminelle, correctionnelle et de police; prononce le renvoi devant les juges compétents ou déclare qu'il n'y a pas lieu de poursuivre. Dans l'un ou l'autre cas, il ordonne, s'il y a lieu, la mise en liberté des inculpés.

En matière civile et commerciale, le conseil d'appel connaît des demandes formées par les parties ou par le procureur impérial dans l'intérêt de la loi, en annulation des jugements en dernier ressort de la justice de paix et du tribunal de 1re instance, pour incompétence ou excès de pouvoirs.

En matière de police, il connaît des demandes formées par le ministère public dans l'intérêt de la loi, par les parties en annulation des jugements rendus en dernier ressort du tribunal de simple police ou du tribunal correctionnel pour incompétence, excès de pouvoirs ou contravention à la loi.

Le conseil d'appel se constitue en tribunal criminel pour le jugement des affaires où le fait qui est l'objet de la poursuite est, aux termes du *Code pénal*, de nature à emporter peine afflictive et infamante.

Lorsque le conseil d'appel se constitue en tribunal criminel, il est complété par l'adjonction de quatre membres assesseurs, choisis parmi les habitants notables. Il suffit de la présence de trois membres (le président compris) pour qu'il y ait arrêt.

Les juges du conseil d'appel et les assesseurs prononcent en commun sur les questions de fait résultant de l'acte d'accusation et des débats.

Les juges statuent seuls : sur la question de compétence, sur l'application de la peine, sur les incidents de droit ou de procédure, sur les dommages-intérêts.

Tous les arrêts du conseil d'appel, rendus en matière civile ou commerciale, peuvent être attaqués en cassation dans les cas prévus et suivant les formes et les règles prescrites par les lois spéciales qui régissent la cour de cassation.

En matière criminelle, les jugements et arrêts ne sont pas susceptibles du recours en cassation, sauf : 1° le droit du ministère public de dénoncer au gouverneur de la colonie les jugements et arrêts qui lui paraissent contraires à la loi ; 2° le droit réservé au gouvernement et au procureur général près la Cour de Cassation par les articles 441 et 442 du *Code d'instruction criminelle de la métropole*.

Les juridictions dont nous venons de parler sont confiées, jusqu'à nouvel ordre, à des fonctionnaires ou officiers désignés par le gouverneur de la Nouvelle-Calédonie.

Culte.

Les Néo-Calédoniens n'ont pas l'idée d'un Dieu créateur ; mais il ne faudrait pas conclure de là qu'ils n'admettent pas de divinité. Ils parlent souvent de l'âme du monde, *Neuengut*; c'est elle qui gouverne toutes choses, qui est la cause de phénomènes qu'on ne peut expliquer... Outre cette divinité chargée de gouverner le monde, il est une foule de génies attachés à divers lieux et appliqués à diverses fonctions. Ainsi, il en est que l'on prie pour obtenir une pêche abondante, d'autres qui accordent le vent, la pluie ou le soleil. Ceux-ci résident dans les bois, ceux-là dans les cimetières. Tous ont leurs prêtres qui exploitent la crédulité du peuple et vivent à ses dépens...

Ces prêtres ou prieurs se divisent en plusieurs classes ; les uns sont chargés de jeter des maléfices, d'autres de découvrir les auteurs des maléfices ; il y en a qui donnent des amulettes pour être invulnérables, réussir dans une entreprise, se rendre invisible ; d'autres, enfin, qui ont le don de voir et d'entretenir des génies tantôt mâles, tantôt femelles, vivant dans les bois, principalement près des sources, ayant un corps invisible aux profanes, d'une ou deux coudées de haut, volant dans les airs et portés au mal, etc...

Les Néo-Calédoniens croient aussi à une vie future; ils n'ont pas d'idée bien arrêtée sur le sort différent des bons et des mauvais ; ils supposent que chacun conservera après la mort la position qu'il occupait sur la terre, que les chefs resteront chefs, les sujets resteront sujets, mais que les uns et les autres seront plus heureux qu'ils ne le sont ici-bas, mangeant des bananes mûres et se plongeant dans le plaisir des sens. Souvent ils se croient obsédés par les âmes de leurs ancêtres ; ils font alors des choses extraordinaires : grimpent sur des cocotiers, gravissent les montagnes avec une agilité extraordinaire, déploient beaucoup de force, battent quelquefois ceux qu'ils rencontrent, et ne reviennent à leur état normal que lorsqu'un prieur a mâché quelques herbes qu'il leur crache à la figure [1].

---

[1] Le père X. Montrouzier, *Notice sur la Nouvelle-Calédonie*; Revue alg. et col. (avril et mai 1860).

Missions. — Ce sont des Pères Maristes qui ont été les premiers à entreprendre l'évangélisation des indigènes de la Nouvelle-Calédonie. Venus de Taïti sur le *Bucéphale*, au nombre de trois : Mgr. Douarre, évêque d'Amata, les RR. PP. Viard et Rougeyron, ils débarquèrent à Balade au mois de décembre 1843, accompagnés de deux frères de la même congrégation.

Pendant les premiers temps de leur séjour dans le pays, les missionnaires furent soumis à de bien rudes épreuves, manquant souvent de vivres et en butte aux persécutions des naturels.

Au mois de septembre 1845, ils perdirent un des leurs, le R. P. Viard, appelé à Sydney pour y être sacré et devenir coadjuteur de Mgr. Pompallier, vicaire-apostolique de la Nouvelle-Zélande. Le R. P. Viart fut remplacé par le R. P. Grange, qui arriva le 5 juillet 1846, le surlendemain du naufrage de la *Seine*. Mgr. d'Amata quitta Balade au mois de septembre de la même année, accompagnant en France le commandant Lecomte, de la corvette perdue. La mission ne se composait plus alors que des RR. PP. Rougeyron et Grange, de trois frères et de trois matelots restés avec eux comme ouvriers.

Quelque temps après le départ de Mgr. d'Amata, au mois de juillet 1847, la mission de Balade fut attaquée par les indigènes, qui dévastèrent les plantations, brûlèrent le magasin, assassinèrent un des frères, et forcèrent le R. P. Grange à se réfugier avec ses compagnons à Poébo, où le R. P. Rougeyron était venu s'établir. Cette mission fut bientôt attaquée à son tour, et au mois d'août suivant, lorsque la *Brillante*, commandée par M. le comte Du Bouzet, vint visiter l'établissement de Poébo, elle le trouva en état de siége. Les missionnaires, dont le nombre s'était accru du R. P. Roudaire, arrivé sur la *Brillante*, se décidèrent à quitter, momentanément du moins, la Nouvelle-Calédonie; la *Brillante* les conduisit à Sydney. Après un séjour de quelques mois, ils allèrent s'établir à Annatom, île du groupe des Nouvelles-Hébrides; le R. P. Grange, qui était tombé malade, était retourné en France.

En 1848, la mission s'augmenta des RR. PP. Gagnères, Chapuy et Goujon, et de trois frères. Trop nombreux pour rester dans une île aussi petite qu'Annatom, elle se divisa : deux d'entre eux, les RR. PP. Roudaire et Goujon, acccompagnés de quatre frères, furent envoyés à l'île des Pins.

En septembre 1849, Mgr. d'Amata, devenu vicaire-apostolique, revint de France et rejoignit la mission à Annatom; il amenait avec lui les RR. PP. Bernin, Forestier, Vigouroux, Anhard et un frère.

Après un séjour de courte durée dans cette île, l'évêque laissa à Annatom les RR. PP. Chapuy et Vigouroux avec un frère, remplaça à l'île des Pins le R. P. Roudaire par le R. P. Goujon, et partit avec les RR. PP. Roudaire, Rougeyron, Bernin, Anliard et Forestier pour visiter la côte Est de la Nouvelle-Calédonie, et chercher de nouveau à s'y établir. Cette nouvelle tentative ne fut pas plus heureuse que la première; après avoir séjourné quelque temps à Yenguène ainsi qu'à Yaté, l'attitude des indigènes devenant de plus en plus hostile, les missionnaires abandonnèrent une seconde fois la Nouvelle-Calédonie et se retirèrent les uns à l'île des Pins, les autres à Sydney pour y attendre un moment plus favorable. Ils emmenaient avec eux un certain nombre d'indigènes qui avaient déjà embrassé le christianisme.

En 1850, l'*Alcmène*, commandée par le vicomte d'Harcourt, fit le tour de la Nouvelle-Calédonie, ayant à bord, comme interprète, un des frères de la mission. A son retour à Sydney, celui-ci, qui avait eu l'occasion de s'entretenir avec les indigènes de Balade, exposa à Mgr. d'Amata tout ce qu'il avait observé parmi eux de regrets du passé et de bonne volonté pour l'avenir. L'évêque se décida à repartir avec ses missionnaires pour la Nouvelle-Calédonie, et l'on vint se rétablir à Balade, en avril 1851. Vers la même époque, les RR. PP. Roudaire et Anliard, ainsi qu'un frère, allèrent fonder une mission à Tikopia (Nouvelles-Hébrides); mais, après de très-grandes souffrances, ces missionnaires furent tous massacrés par les naturels, ainsi que l'équipage de l'*Etoile du matin*, qui était venue les visiter.

Cependant la mission de Balade prospérait. Celle de Poébo avait été relevée. Un certain nombre d'indigènes d'une tribu voisine, celle de Tuo, ayant manifesté le désir de suivre les instructions des RR. PP., étaient venus s'établir à Balade, ce qui facilitait à ces derniers les moyens d'apprendre leur idiome. Un nouveau missionnaire, le R. P. Montrouzier, arriva sur ces entrefaites (février 1853). Mais une cruelle épreuve était réservée à ces courageux apôtres de la foi. Au mois d'avril de la même année, ils eurent la douleur de perdre leur chef, Mgr. d'Amata, qui succomba à une courte mais cruelle maladie.

Le R. P. Rougeyron remplaça Mgr. Douarre en qualité de provicaire; il resta à Poébo avec le R. P. Gagnères; le R. P. Montrouzier fut chargé de la mission de Balade, et le R. P. Forestier de celle de Tuo. Le R. P. Vigouroux alla s'établir dans la tribu de Tiwaka, après avoir essayé vainement de le faire à Yenguène, dont le chef l'avait cependant demandé.

C'est à cette époque (septembre 1853) que le contre-amiral Febvrier-Despointes prit possession de la Nouvelle-Calédonie, et fonda un blockhaus à Balade.

Tout alla bien jusqu'en 1855. Dans le courant de cette année, une partie de la tribu de Balade ayant montré quelques intentions hostiles, la mission dut être abandonnée, et le R. P. Montrouzier, qui la dirigeait, fut appelé par le gouverneur à Port-de-France, dont il devint le premier aumônier.

Après le départ du missionnaire, les indigènes chrétiens qui étaient restés à Balade ne tardèrent pas à devenir l'objet des défiances et des persécutions du reste de la tribu. Ils prièrent donc le R. P. Rougeyron, qui, de Poébo, ne pouvait pas veiller sur eux, de leur chercher un asile. C'était en avril 1855.

Le supérieur de la mission eut d'abord la pensée de les établir à Yaté, sur la côte S.-E.; mais une guerre qui venait d'éclater dans cette tribu lui fit voir que la circonstance n'était pas favorable. Il laissa donc son petit troupeau à Yaté, et vint seul à Port-de-France aviser aux besoins de la position. Il alla visiter avec le R. P. Montrouzier les belles plaines situées au Sud de la ville, dans la vallée de Boulari; il en fut satisfait, et après en avoir obtenu la concession du gouvernement, il se hâta d'aller chercher ses indigènes à Yaté. Telle est l'origine de Conception, qui est devenu le centre de la mission de la Nouvelle-Calédonie.

Une année à peine après la création de ce village, le nombre des indigènes qui s'y trouvaient réunis dépassait déjà quatre cents.

L'arrivée de quatre nouveaux confrères permit au provicaire apostolique de fonder successivement trois nouvelles stations : aux îles Belep, en 1855; à Uvea (îles Loyalty), en 1856, enfin à Lifou, en 1857.

Aujourd'hui la mission de la Nouvelle-Calédonie se compose de 24 Pères et de 10 frères de la Société de Marie, qui sont répartis dans dix-sept résidences principales, à savoir : Port-de-France, un curé et un vicaire; Pénitencier de l'île Nou, un aumônier; Conception, résidence du provicaire apostolique, supérieur de la mission; Saint-Louis, près de Conception, dans la baie de Boulari; île Ouen, station centrale d'où un missionnaire visite Touaourou; Yaté; et île des Pins; Ouagap ou Tiwaka, d'où le missionnaire visite Amoua, Ouindou, etc.; Touo; Poébo; Arama; Bondé; Art et Poot (îles Belep); enfin deux stations à Uvea et deux à Lifou (îles Loyalty).

Dans le courant de l'année 1864, le nombre des indigènes

chrétiens évangélisés par les missionnaires, pouvait être évalué à 10,000 environ, dont 5,000 avaient reçu le baptême.

Service de santé.

L'hôpital de Port-de-France est un des premiers établissements qui aient été construits à l'époque de la fondation de la colonie. Il est situé dans une position salubre, dirigé par un chirurgien de marine et desservi par les sœurs de Saint-Joseph. Il est disposé pour recevoir une quarantaine de lits.

Pendant l'année 1864, 485 malades, ayant donné 12,522 journées, soit une moyenne journalière de 34.3 malades, ont été traités à l'hôpital. La durée moyenne des traitements a été de 26 jours. Ces malades, pour le plus grand nombre, appartiennent au personnel militaire et maritime de la colonie. La mortalité, dans ce personnel, n'a que faiblement dépassé la proportion de 1 p. 100. Quant à la population civile, estimée aujourd'hui à 800 âmes[1], elle a compté 24 décès, soit 3 p. 100, mortalité sensiblement égale à celle observée dans les départements les plus chauds de la France, où, suivant M. A. Becquerel, on compte un décès sur 37.95 habitants.

Les affections les plus fréquentes sont celles du tube digestif; mais la diarrhée et la dyssenterie ne revêtent pas le caractère grave qu'on lui reconnaît dans les autres régions coloniales.

En 1864, il y a eu 36 naissances à Port-de-France (16 garçons et 20 filles), chiffre de beaucoup supérieur à celui des décès appartenant à la population civile.

Indépendamment de l'hôpital de Port-de-France, il existe dans l'île deux infirmeries, l'une au poste de Napoléonville, l'autre au poste de Wagap. En 1864, 201 malades, ayant donné 2,619 journées, ou une moyenne journalière de 7.1, ont été traités à Napoléonville. La durée moyenne des traitements a été de 13 jours. A Wagap on a eu, pendant la même période, 166 ma-

---

1. Ce chiffre de 800 âmes est donné par M. le chirurgien principal Proust, chef du service de santé en Nouvelle-Calédonie, dans son rapport médical de 1864.

lades, donnant 1,519 journées, soit une moyenne journalière de 4.1, et une durée moyenne de traitement de 9 jours. Aucun malade n'est mort dans ces deux infirmeries en 1864.

En résumé, les observations médicales, faites en 1864, tendent de nouveau à démontrer que le climat de la Nouvelle-Calédonie reste toujours favorable pour les émigrants d'Europe.

Le service médical comprenait, en 1864 : deux chirurgiens de 1re classe, dont un chef de service, un chirurgien de 2e classe, quatre de 3e classe, et un pharmacien de 1re classe. Deux de ces chirurgiens étaient détachés, l'un à Napoléonville, l'autre à Wagap. Le service du poste de Lifou (îles Loyalty) a été assuré jusqu'à ce jour par un des chirurgiens de la station locale détaché de son bâtiment.

Instruction publique.

Le service de l'Instruction publique a été réglementé dans la colonie par un arrêté du 15 octobre 1863. Le gouvernement reconnaît deux classes d'écoles : 1° les *écoles publiques*, entretenues par l'administration et dans lesquelles l'enseignement est donné gratuitement ; 2° les *écoles privées* fondées ou entretenues par des particuliers ou des associations.

Aux termes de l'art. 2 de cet arrêté, l'enseignement doit porter sur l'instruction morale et religieuse, la lecture, l'écriture, les éléments de la langue française, le calcul et le système légal des poids et mesures. Le même article arrête en même temps un programme complémentaire d'enseignement facultatif.

Ce même arrêté attribue la surveillance des écoles à une commission permanente dite Comité de surveillance et d'inspection de l'instruction publique. Le comité propose les mesures qui semblent les plus propres à rendre l'enseignement profitable et fécond ; il est aussi chargé de se prononcer sur la suite à donner aux demandes d'autorisation d'ouvrir des écoles privées.

A la fin de l'année 1864, il existait dans la colonie sept établissements d'instruction primaire, dont trois à Port-de-France, un à Payta, et un dans chacun des postes de Napoléonville, Wagap et Lifou.

Les trois écoles du chef-lieu forment deux catégories par leur objet et leur destination. Une école de garçons et une école de filles sont exclusivement réservées à la jeunesse européenne. Une autre école est spécialement affectée à l'instruction des enfants de la population aborigène.

Le personnel enseignant de l'école européenne des garçons se compose d'un professeur assisté d'un moniteur. La tâche de ce dernier consiste à préparer les enfants à recevoir les leçons du professeur proprement dit et à rendre plus sûrs les fruits de son enseignement, en expliquant une seconde fois aux élèves les matières qui font l'objet du cours. Le nombre des élèves de cette école, en 1864, était de 12.

L'école européenne des filles est tenue par une religieuse de l'Ordre de Saint-Joseph-de-Cluny. Elle a été fréquentée en 1864 par une trentaine d'enfants.

L'école des jeunes indigènes de Port-de-France se divise en deux sections : *apprentis ouvriers et élèves interprètes*. Dans la première, les enfants reçoivent surtout une instruction professionnelle, et sous la direction de deux ouvriers d'artillerie de la marine, ils sont initiés aux métiers et à l'industrie des peuples civilisés ; dans la seconde, l'instituteur s'attache surtout, en leur rendant familière la langue française, à mettre ses élèves en état de servir d'interprètes et de faciliter ainsi nos relations avec ceux de leurs compatriotes qui sont encore restés en dehors de nos mœurs et de notre influence. En 1864 on comptait dans l'école des jeunes indigènes, une cinquantaine d'élèves.

L'école de Payta, ouverte par arrêté du 13 juin 1864, a été fondée par plusieurs colons de ce village qui se sont cotisés à cet effet. L'administration a contribué à la création de l'école en fournissant le matériel et en allouant à l'instituteur un traitement annuel de 2000 fr. La rétribution scolaire est de trois francs par enfant. Au mois d'octobre 1865, l'enseignement était donné dans cette école à une douzaine d'enfants.

Les écoles de Napoléonville, de Wagap et de Lifou sont placées sous l'autorité du commandant de chacun de ces postes. L'enseignement y est confié à un militaire choisi avec soin dans la garnison et qui prend le titre de moniteur. Le nombre des enfants qui ont fréquenté ces trois écoles pendant l'année 1864 a été de cinquante environ.

Un orphelinat, dirigé par des sœurs de Saint-Joseph, a été institué à Port-de-France pour recevoir, jusqu'à leur établissement, les jeunes filles de l'administration de l'Assistance publique de Paris envoyées de France dans la colonie. Un premier convoi de dix élèves est arrivé au mois de septembre 1863, par l'aviso à vapeur le *Fulton*, et les jeunes filles qui le composaient étaient toutes mariées avant la fin de l'année. Le 9 février 1864, la frégate *l'Isis* apportait un second convoi de trente jeunes filles. Sur ce nombre douze s'étaient mariées dans le courant de l'année ; d'autres avaient accepté diverses conditions qui leur avaient été offertes.

Il n'existe pas de salles d'asile à proprement parler dans la colonie ; mais l'orphelinat en tient lieu à l'occasion. C'est ainsi que plusieurs jeunes enfants, orphelins ou sans soutien, ont été confiés par l'administration à la charité des sœurs.

Finances.

Les dépenses inscrites au budget de l'État, pour le service de la Nouvelle-Calédonie, s'élevaient, en 1865, à la somme de 1,291,612 francs, dont voici la décomposition :

BUDGET DE L'ÉTAT (exercice 1865).

Chap. I. — Personnel civil et militaire.

	fr.	cent.
Gouvernement colonial.................	16,966	67
Administration générale...............	50,530	»
Justice...............................	7,400	»
Culte................................	10,600	»
États-majors.........................	39,800	»
Gendarmerie.........................	80,183	»
Disciplinaires coloniaux...............	121,028	»
Accessoires de la solde...............	36,000	»
Hôpitaux.............................	79,197	50
Vivres...............................	356,514	40
	798,249	57
A déduire le 30ᵉ pour incomplets.....	26,607	14
Total du personnel........	771,612	43

Chap. II. — Matériel civil et militaire.

Travaux des port et rades............	10,000	»
Édifices publics.....................	10,000	»
Casernement et campement...........	2,000	»
A reporter	22,000	»

Report	22,000 fr.	
Artillerie et transports	56,500	»
Génie	110,000	»
Introduction de travailleurs	30,000	»
Dépenses diverses	1,500	»
Total du matériel	220,000	»
Subvention au service local	300,000	»
Rappel du personnel	774,612	43
Total général	1,294,612	43

Les dépenses qui précèdent ne comprennent pas celles qui sont effectuées dans la colonie au compte du *service de la marine* proprement dit, et qui se sont élevées, en 1863 (dernier compte rendu), à la somme de 504,810 francs[1].

BUDGET LOCAL (exercice 1865).

Les recettes locales de la colonie, quoique encore très-minimes, ont suivi cependant une marche progressive depuis l'année 1859, comme le montre le relevé suivant :

1859	27,172 fr.
1860	37,641
1861	28,792
1862	39,042
1863	76,260

Le budget local de l'exercice 1865 est basé sur une recette de 140,456 fr. à laquelle vient s'ajouter une subvention métropolitaine de 400,000 fr. Voici le relevé des recettes et des dépenses de ce budget :

RECETTES.

	fr.	cent.
Contributions foncières	7,424	82
Contributions des patentes	25,331	25
Droits de pilotage et de port	3,000	»
Droits de greffe	2,500	»
Locations de chalands	900	»
A reporter	39,156	07

---

1. Ces dépenses comprennent la solde des troupes de la marine, leurs frais de passage, ainsi que l'entretien de la station locale.

Report	39,156	07
Vente de terrains domaniaux	28,000	»
Locations de terrains	3,200	»
Rentes foncières	6,000	»
Coupe et cession de bois	5,350	»
Produits de la ferme modèle	5,000	»
Droits d'enregistrement et d'hypothèques	10,500	»
Droits de timbre	1,500	»
Taxes des lettres	4,800	»
Produits de l'imprimerie	3,600	»
Bons de 500 fr. payables en terres	4,500	»
Subvention métropolitaine (y compris 100,000 fr. pour la construction d'un phare.)	400,000	»
Recettes diverses	8,650	»
Produits du four à chaux	12,000	»
» de la briqueterie	10,000	»
Total des recettes	540,456	07

DÉPENSES.

Chap. Ier — Personnel

Direction de l'Intérieur	46,209	»
Services financiers	3,150	»
Instruction publique	6,440	»
Ponts et chaussées	15,495	»
Police	4,200	»
Prisons et dispensaire	4,800	»
Pilotage	13,490	»
Accessoires de la solde	3,000	»
Administration générale	25,127	»
Mission scientifique	1,200	»
Agents divers	28,080	»
Total	148,191	»
A déduire le 50e pour les incomplets	2,961	»
Total	145,230	»
Hôpitaux	7,270	»
Vivres	49,460	»
Total du personnel	201,960	»

Chap. II. — Matériel.

Approvisionnements	20,000	»
Briqueterie	14,000	»
Four à chaux	11,000	»
Bâtiments	24,008	»
Routes, ponts et canaux	12,000	»
Voirie	45,000	»
Frais généraux	18,000	»
Service du cadastre	3,000	»
Service du port et du pilotage	5,000	»
Approvisionnements divers	7,000	»
Ameublement	6,800	»
Célébration des fêtes publiques	6,000	»
Dépenses de la ferme-modèle et du jardin d'acclimatation	12,300	»
Dépenses diverses et imprévues	54,392	»
Total du chap. 2 (matériel)	238,500	»

Chap. III. — Dépenses extraordinaires.

Dépenses du phare	100,000	»
RÉCAPITULATION		
Chapitre 1ᵉʳ Personnel	201,960	»
— 2 Matériel	238,500	»
— 3 Dépenses extraordinaires	100,000	»
Total général	540,460	»

Agriculture.

Le sol de la Nouvelle-Calédonie est presque partout très-fertile, mais comme toute terre vierge, il a besoin d'un immense travail pour sa mise en culture.

Les indigènes ont des procédés de culture des plus primitifs ; ils remuent la terre au moyen de pieux effilés et les femmes écrasent les mottes avec une masse en bois. Les productions végétales, naturelles au sol calédonien, dont les indigènes tirent partie pour leur nourriture, sont surtout l'igname, le taro, la patate douce, la canne à sucre, la banane et la noix de coco.

Igname. — Les Néo-Calédoniens apportent un soin tout particulier à la culture des différentes espèces d'ignames, mais surtout à celle du *dioscorea alata*, qui a autant d'importance pour eux que le blé en a pour nous ; les tubercules de cette plante forment, en effet, la base de leur nourriture. Pour prospérer, l'igname demande un sol meuble et profond. Les plantations ont lieu aux mois de juillet et d'août; les tubercules, coupés par tronçons de dix à douze centimètres, sont plantés en ligne ou en quinconce, espacés d'un mètre environ; les tiges commencent à pousser du quinzième au vingtième jour ; lorsqu'elles ont atteint 40 ou 50 centimètres de hauteur, on les soutient par des échalas. A partir de ce moment jusqu'à la maturité des tubercules, les indigènes s'occupent de les sarcler, butter et diriger les tiges à leur support. Au bout de sept à huit mois, quand les feuilles sont entièrement fanées, on arrache les tubercules ; chaque pied en porte d'un à trois ; il y en a quelquefois qui ont un mètre de longueur et pèsent de 8 à 10 kilog. Toutes les espèces d'ignames se mangent cuites au four, ou grillées sur les charbons ; elles peuvent se conserver pendant plusieurs mois.

Taro. — Le taro occupe le second rang dans les cultures des indigènes. Sous cette dénomination de taro, on désigne généralement les rizhomes féculents et alimentaires d'un certain nombre d'aroïdées, entre autres ceux des *Colocasia Esculenta*, Schott, et des *Eucolocasia esculenta Arum* Schott, *Arum esculentum*, Linn. Le taro se plaît dans les terres basses et humides ou sur les flancs des montagnes facilement arrosables. On le multiplie en coupant les rizhomes à 2 ou 3 centimètres au-dessous des feuilles, dont on ne conserve que les pétioles. Au bout de douze à quinze mois, les plantes ont acquis assez de développement pour être utilisées, mais ce n'est guère qu'à la fin de la seconde année qu'elles ont pris tout leur accroissement. Comme rendement, le taro est inférieur à l'igname, mais il lui est supérieur par sa qualité nutritive ; il a un goût âcre qui disparaît à la cuisson, il ne se conserve pas plus de huit à dix jours, mais il offre cet avantage de pousser et mûrir pendant toute l'année.

Patate douce. — Les Néo-Calédoniens ont longtemps dédaigné la patate douce, *Batatas edulis*, Chois., à cause de son origine étrangère ; mais sa culture facile, l'abondance et la bonté de ses produits ont fait tomber toutes les préventions, et aujourd'hui ses tubercules entrent pour une part notable dans la nourriture des indigènes. Les Européens mangent les feuilles de cette plante en guise d'épinards. Le suc laiteux des tiges sert aux femmes pour le tatouage.

Canne à sucre. — Le *Saccharum officinarum*, Linn, est la seule graminée qui soit utilisée en Nouvelle-Calédonie pour l'alimentation; abondamment répandue sur toute la surface de l'île, cette plante, quoique soumise par les indigènes à une culture mal entendue, donne cependant de fort beaux produits; on en trouve quelquefois qui ont 5 mètres de hauteur, sans la flèche, et qui mesurent 6 centimètres de diamètre. Tout porte donc à croire que, soumise à une culture plus rationnelle, la canne à sucre de la Nouvelle-Calédonie pourrait rivaliser avec les meilleures espèces connues.

Les Néo-Calédoniens cultivent un grand nombre de variétés de cannes à sucre, mais MM. Vieillard et Deplanche réduisent ces variétés à cinq, savoir : 1° cannes à tiges velues; 2° cannes à tiges glabres, violettes; 3° cannes à tiges glabres d'un blanc violacé; 4° cannes à tiges glabres rubanées; 5° cannes à tiges glabres d'un jaune verdâtre.

La canne à sucre est certainement la plante alimentaire dont les naturels font la plus grande consommation, car ils en mangent comme passe-temps à tous les instants de la journée. Ils ne voyagent pas sans un morceau de canne à la main pour se rafraîchir en route.

Les plants des indigènes mettent généralement dix-huit mois à prendre leur entier développement; mais, dès le neuvième mois, on commence à les couper. Dans les environs de Port-de-France, quelques colons possèdent déjà de magnifiques plantations de cannes.

Banane. — La banane entre pour une large part dans la nourriture des indigènes, soit crue, soit cuite. Avant l'occupation française, ils n'en connaissaient que quatre espèces, savoir : *Musa fehi*, Bert., *Musa paradisiaca*, Linn., *Musa discolor*, Hort., *Musa oleracea*, Nob. Les *Musa sinensis* et *sapientum*, introduits depuis quelques années seulement, commencent à se répandre dans les tribus.

Coco. — Assez abondant sur la côte N.-E. de l'île, le cocotier est rare sur la côte opposée. Vigoureux dans la partie Nord, il décline vers le Sud; nulle part, du reste, il ne présente cette luxuriance de végétation qu'on lui connaît dans les îles plus rapprochées de la ligne. Il donne par an 70 à 80 cocos [1].

---

[1]. La plupart des renseignements qui précèdent sur les cultures des Néo-Calédoniens sont extraits de la Notice de MM. Vieillard et Deplanche.

Les Néo-Calédoniens connaissent une douzaine de varités de cocotiers. On sait quels avantages les insulaires des mers du Sud retirent de cette espèce d'arbre.

Coton. — Le coton actuellement cultivé dans le pays se distingue en deux grandes variétés, dont une à reflets bleuâtres paraît être indigène, puisque les missionnaires l'ont signalée dès leur arrivée dans la colonie; ces cotonniers, élevés tout au plus de 1 mètre, ont les rameaux grêles et étalés. Les autres espèces ont été apportées de l'étranger. Quelques colons ont déjà essayé cette culture avec succès.

Un hectare planté en coton longue soie a produit 1,460 kilog. de coton brut, 267 kilog. de coton net et un rendement en argent de 2,136 fr. Une culture de coton jumelle a donné à l'hectare 1,676 kilog. de coton brut, 375 kilog. de coton net et un rendement en argent de 937 fr.

Tabac. — Les Néo-Calédoniens se livrent, dans presque toutes les localités, à la culture du tabac; les tabacs indigènes, convenablement préparés, sont de bonne qualité et peuvent rivaliser avec ceux de la Réunion. Depuis qu'ils trouvent à écouler avantageusement leurs produits, les naturels ont donné une plus grande extension à cette culture.

Dans la circonscription de Wagap on estimait, au commencement de 1865, à 30,000 le nombre de pieds en pleine végétation, pouvant donner en deux coupes une récolte de 2,000 kilogr. On a calculé qu'un hectare de terrain, convenablement cultivé, pouvait contenir 10,000 pieds de tabac et rendre 750 kilogr. On peut évaluer à 27,000 kilogr. au moins la consommation annuelle du tabac dans la Nouvelle-Calédonie, car dans ce pays tout le monde fume, hommes, femmes et enfants. C'est donc là pour le petit cultivateur une source de revenus faciles à obtenir.

Café. — Le café a été acclimaté dans l'île depuis l'arrivée des colons européens; il y vient parfaitement, et son rendement est aussi avantageux qu'à Java. Les RR. PP. Maristes ont maintenant à Conception près de 2,000 plants de café. On en a également planté au mois d'octobre 1862, à la ferme-modèle, qui ont donné au mois d'août 1865 une abondante récolte de graines; 6,000 de ces graines, semées en pépinière, ont parfaitement levé et ont été mises à la disposition des colons.

Céréales, etc. — Diverses variétés de céréales, de plantes légumineuses et fourragères d'Europe ont été introduites dans l'île, et s'y sont acclimatées sans effort. De magnifiques jardins potagers existent au pénitencier de l'Ile Nou, à la mission de Conception, et à Lifou. La vigne fournit par année une double récolte de raisins, en janvier et en août. La douceur du climat et la verdure perpétuelle du mûrier permettraient de se livrer toute l'année à l'éducation des vers à soie.

Matières oléagineuses. — Les graines oléagineuses ne manquent pas en Nouvelle-Calédonie ; les euphorbiacées y sont assez nombreuses, mais c'est particulièrement aux graines de ricin et aux noix de bancoul que l'industrie peut demander une source féconde d'huiles d'excellente qualité.

Bestiaux. — Les vallées et les coteaux de la colonie renferment des pâturages excellents pour la nourriture du bétail ; malheureusement les indigènes n'ont manifesté jusqu'à présent aucun goût pour l'élevage des troupeaux. Cependant les essais des missionnaires et des colons à Conception, Tuo, Poébo et Payta prouvent que les moutons, les bêtes à cornes, les chevaux et les ânes prospèrent à merveille dans le pays. Les laines provenant des troupeaux des missionnaires, qui avaient été envoyées à l'exposition de Londres en 1862, ont été estimées égales aux types les plus purs d'Australie. Les colons ont également acclimaté sur leurs terres tous nos volatiles de basse-cour, tels que coqs, poules, canards, oies, dindes et pintades.

Le seul animal que les indigènes élèvent pour leur nourriture est le cochon ; mais quelques-uns de ces animaux, à force d'errer, sont passés presque entièrement à l'état sauvage.

Grandes concessions. — Pour donner une idée de l'état des cultures à la Nouvelle-Calédonie, nous croyons devoir ajouter ici quelques renseignements sur les principales exploitations agricoles des environs de Port-de-France.

Sur la concession des RR. PP. Maristes, on comptait au commencement de 1864 trois cents indigènes définitivement fixés dans deux villages : Conception et Saint-Louis. Les missionnaires leur enseignent eux-mêmes à conduire la charrue et à labourer. Les adultes vivent en famille, cultivent pour leur propre compte les terres qui leur ont été distribuées et dont ils sont les fermiers, à titre gratuit jusqu'à présent. En outre, ils font avec la ville un commerce actif de légumes européens, de lait, beurre, œufs, volailles, poissons, etc. Ce commerce, qui leur plaît beaucoup, les met en contact avec les Européens dont l'exemple, au point de vue du travail, leur est très-utile ; les ressources que ce petit commerce leur procure leur permettent d'acheter des vêtements, des outils et d'autres objets nécessaires à leur bien-être.

Les jeunes gens et les enfants vivent dans un établissement qui leur est spécialement destiné, à Saint-Louis, et composé d'une école primaire, d'ateliers divers et d'une ferme d'environ 25 hectares, dont tous les travaux sont exécutés par eux d'après un bon système de culture européenne. Les eaux d'une belle rivière qui coule à une distance de 2 kilomètres ont été amenées sur l'établissement et font marcher deux scies, un moulin à farine, un tour, etc., et permettront d'établir un moulin à cannes aussitôt que les cultures seront assez considérables pour qu'on puisse en tirer parti.

Les Missionnaires entretiennent en outre dans les belles prairies de leur concession des troupeaux considérables de bœufs, de vaches, de moutons et de porcs.

A côté de l'établissement des R. Pères Maristes, se trouve celui de M. Joubert qui avait obtenu en 1858 une concession de 4,400 hectares, s'étendant du Pont-des-Français jusqu'à la rivière de la Dumbéa. Ce colon, qui habitait Sydney depuis de longues années, avait amené avec lui, en Nouvelle-Calédonie, une vingtaine de familles, dont quelques-unes ont maintenant quitté la colonie; les autres se sont établies à leur propre compte hors de sa propriété. Aujourd'hui la concession est divisée en deux parties, régies chacune par un des deux fils du propriétaire. On compte déjà sur l'une de ces exploitations 1,700 têtes de bétail [1]; sur l'autre, on cultive principalement la canne à sucre et l'on vient d'y monter le premier moulin à cannes de la colonie. L'inauguration en a eu lieu le 5 septembre 1865, et le vesou obtenu a fourni un sucre de bonne qualité.

A Payta, port Laguerre, M. Paddon avait obtenu en même temps que M. Joubert une concession de 4,400 hectares; il y amena une vingtaine de familles anglaises et allemandes. Sur ce nombre, dix s'y sont fixées définitivement et ont reçu chacune 20 hectares de terre cultivable. Ces familles, grâce à leur travail et à leur énergie, sont aujourd'hui dans une assez grande aisance. Le reste des terres (4,000 hectares environ) est exclusivement employé en paccages et nourrit un troupeau de 500 têtes de gros bétail appartenant aux héritiers de M. Paddon.

---

1. M. Joubert a traité avec l'administration locale pour la fourniture de la viande de boucherie pour les rationnaires, à raison de 1 fr. le kilog., au lieu de 2 fr., prix qui avait été payé jusqu'alors.

Une autre concession de 500 hectares avait été accordée en 1858 à M. Adam, français, qui avait déjà fait des entreprises considérables à la Réunion et en Australie. Cette propriété est aujourd'hui cultivée par son petit-fils, M. Duboisé, de la Réunion, qui a amené de cette île un certain nombre de travailleurs indiens, et qui commence à avoir de belles cultures.

Société agricole de Yaté. — Au mois de janvier 1864, vingt colons, récemment arrivés de France, ont été autorisés à former une association qui a pris le nom de Société agricole de Yaté. Une concession de 300 hectares de terres, dans la plaine de ce nom, a été faite à cette Société, en vertu de l'art. 8 de l'arrêté du 5 octobre 1862 sur l'aliénation des terres domaniales, qui accorde un bon de 150 francs, payable en terres, à tous les immigrants ayant une profession utile à la colonie. La plaine de Yaté est située sur la côte S.-E., au pied des montagnes de Coronation; elle s'étend le long du littoral sur une profondeur de 1,800 mètres et une longueur de 2,700 kilomètres. C'est un territoire fertile, bien arrosé, abrité des vents du large par une zone forestière, au-dessus de laquelle surgissent de nombreux cocotiers.

Ferme-modèle. — Au mois d'août 1862, une ferme-modèle a été créée à 10 ou 12 kilomètres de Port-de-France. Elle est placée sous la direction d'un ingénieur agricole, et est surtout destinée à former une pépinière d'arbres, d'arbustes et de plantes dont l'acclimatation pourrait être reconnue utile à la colonie. On y cultive aussi des légumes d'Europe. On y élève de la volaille, des lapins et des porcs. On y a également placé quelques bœufs, un nombre assez considérable de vaches et un petit troupeau de moutons à poil ras et à longue queue, importés du Cap en 1862 par la frégate l'*Isis*.

Marché. — Deux marchés publics, l'un pour les légumes, fruits, volailles, etc., l'autre pour le poisson, ont été créés à Port-de-France en 1863, pour faciliter l'approvisionnement de la ville. La mercuriale suivante de ce marché, relevée le 23 septembre 1865, donnera une idée de la valeur des denrées dans cette ville : Carottes, 40 c. le kilog.; navets, 25 c.; radis, 55 c.; choux, 80 c.; salade, 30 c.; oignons et ciboules, 45 c.; poireaux, 1 fr. 50 c.; aubergines, 75 c.; pommes de terre, 60 c.; beurre 5 à 8 fr. le kilog.; lait, 50 c. le litre; fromage, 50 c. l'un; œufs, 2 fr. 50 c. la douzaine.

Aliénation des terres domaniales. — Toutes les aliénations de terres domaniales consenties jusqu'à ce jour sont régies, suivant les dates auxquelles elles ont eu lieu, par les cinq actes principaux ci-après indiqués : Déclaration du 20 janvier 1855 ; règlements du 10 avril 1855, du 1er juin 1857 et du 1er octobre 1859 ; enfin l'arrêté du 5 otobre 1862. Cet acte est le seul en vigueur aujourd'hui ; il diffère des précédents en ce qu'il ne contient aucune clause restrictive comme condition spéciale à remplir. Il détermine quatre modes distincts d'aliénation, à savoir: ventes à prix fixe, ventes aux enchères publiques, concessions gratuites, ventes ou locations par contrats de gré à gré. Quelle que soit la manière dont les concessions ont été acquises, elles ont toutes un caractère définitif à la seule condition d'acquitter le prix d'achat.

Par une disposition spéciale de cet arrêté (art. 8), des concessions gratuites, représentées par des bons de 150 francs payables en terres, sont accordées aux militaires et marins congédiés qui désirent s'établir dans la colonie. Le même avantage est réservé, à leur arrivée, aux immigrants français des deux sexes, venus sans engagements et capables d'exercer une profession utile.

Les officiers civils et militaires ou assimilés, lorsqu'ils veulent se fixer dans la colonie après avoir obtenu leur retraite, ont également droit, dans ce cas, à une concession gratuite représentée par un bon de terres d'une valeur de 500 francs.

Impôt foncier. — La propriété foncière est soumise, en vertu d'un arrêté du 5 octobre 1862, à un impôt annuel de 1 pour 100 sur la valeur des propriétés rurales et de 2 pour 100 sur celles des propriétés urbaines. L'évaluation a pour base le prix moyen de l'hectare dans le même périmètre, pour la propriété rurale, et le prix moyen de l'are pour la propriété urbaine. Ces prix moyens sont fixés chaque année par une décision du gouverneur.

Industrie.

Les industries des Néo-Calédoniens sont peu nombreuses : la pêche, la fabrication des filets, des frondes, de quelques armes en bois et en pierre, d'étoffes et de poteries grossières, telles sont à peu près leurs seules industries.

La pêche se fait au moyen d'hameçons, de lances bifurquées ou simples, et quelquefois d'arcs. Les femmes ont la spécialité de la pêche sur le rivage et sur les récifs, à marée basse. La pêche en pirogue, en dedans de la ceinture des récifs de l'île, est réservée aux hommes.

Les pirogues consistent en un tronc d'arbre creusé et effilé à ses deux extrémités, de 4 à 7 mètres de longueur, et muni d'un balancier qui maintient l'équilibre de la fragile nacelle ; c'est une espèce de châssis formé de deux perches liées par une de leurs extrémités à l'un des bordages et unies par l'autre extrémité à un flotteur longitudinal. Les plus grandes pirogues sont doubles, c'est-à-dire que deux nacelles sont accouplées et maintenues par des traverses à une distance de 50 centimètres à 1 mètre. Il y a des pirogues pontées d'un bout à l'autre et munies d'un ou deux mâts, avec voile triangulaire en natte de jonc.

L'île offre partout des bois qui conviennent très-bien aux constructions navales ; le Niaouli surtout, qui croît près des rivages, fournit des bois courbes dont on a plusieurs fois tiré bon parti. Ainsi, à Port-de-France, sur la cale qui y a été édifiée par les soins de l'administration, on a déjà construit un côtre-pilote (le *Secret*) et réparé plusieurs navires et embarcations, entre autres la goëlette de l'État la *Fine*.

Plusieurs bateaux de 10 à 20 tonneaux de jauge ont aussi été construits à l'île des Pins, à Port-Laguerre et sur divers points de la côte. Enfin, au mois d'août 1865, une jolie goëlette de 60 tonneaux est sortie du chantier des missionnaires, à Saint-Louis [1].

Produits des eaux. — La baleine proprement dite se rencontre rarement sur les côtes de la Calédonie ; le *Humpbach* et le *Dugong* y sont moins rares. On trouve aussi des épaulards (*delphinus orca*, Linnée ?) ; les Missionnaires de l'île des Pins ont préparé de l'huile avec des cétacés de cette espèce qui étaient venus s'échouer sur le rivage de l'île.

---

1. Ce navire, le premier de quelque importance qui ait été construit dans la colonie, a été fait sur le plan de la goëlette de l'État la *Gazelle*, modifiés et réduits par les missionnaires. Les travaux ont été dirigés par un excellent ouvrier français. Le Niaouli a fourni les bois courbes ; la quille, de près de 20 mètres de longueur, est en *Montrouziera houp* (Pancher), bois presque incorruptible ; les bordages sont en *acacia tuberculosa*, dont le bois tenace, flexible et peu susceptible de pourriture, paraît posséder des qualités exceptionnelles pour ce genre de travail. Ces trois essences ne sont pas rares dans la colonie, mais le *houp* ne se trouve guère que dans les ravins d'un accès difficile.

Les huîtres perlières que l'on rencontre dans les eaux de la Nouvelle-Calédonie sont généralement de petite dimension.

Les Nautiles sont très-abondants sur les plages; leurs cloisons nacrées sont un objet de commerce très-recherché dans quelques îles de l'Océanie; peut-être pourraient-elles trouver leur emploi dans certains ouvrages de marqueterie.

On ne connaît dans le commerce néo-calédonien que deux espèces de tortues; les indigènes les pêchent pour les vendre aux Européens; ces deux espèces portent en anglais les noms de : *ox bill turtle* et *green turtle*. La première, qui est la plus estimée, se vend en moyenne 15 francs la livre anglaise. La deuxième ne vaut que 10 francs; elle est très-recherchée comme aliment.

La biche de mer ou trépang (*Holoturia edulis*) est très-abondante sur les côtes de la Nouvelle-Calédonie et y constitue la branche la plus importante de commerce. On évalue à 100,000 francs par an le chiffre des exportations. Elles se sont faites pendant longtemps sur une île voisine, Erromango, qui servait d'entrepôt général, et où les navires allaient charger le sandal et le trépang, qu'ils portaient à Shanghaï ou à Hongkong. Les négociants calédoniens préfèrent maintenant charger pour Sydney, et la biche de mer leur sert comme fret de retour pour les navires qui leur apportent des marchandises.

L'*Holoturia edulis* présente un assez grand nombre de variétés. Cinq seulement sont admises comme sortes commerciales; elles portent dans le commerce les noms suivants, que nous faisons suivre de leur valeur en Nouvelle-Calédonie :

1re variété : *Brown with teats*...	750 fr.	le tonneau.
2e — *Large black*.........	625	—
3e — *Small black*.........	500	—
4e — *Red bellies*	375	—
5e — *White*	300	—

Leur préparation est très-simple : on les fait cuire pendant 20 minutes dans leur eau, puis on les fend de la tête à l'anus et on procède ensuite à la dessiccation. Celle-ci s'opère dans un vaste hangar, sur trois étages de claies disposées au-dessus d'un bon feu. Le trépang étant très-hygrométrique, il est indispensable d'entretenir le feu jusqu'au moment de l'expédition, afin de ne l'embarquer que très-sec, sans quoi son altération est très-rapide et se communique facilement à toute une cargaison. La première qualité se vend, en Chine, jusqu'à 2,250 à 2,500 fr. le tonneau.

Mines. — Les richesses minérales de la Calédonie ne sont encore qu'imparfaitement connues ; les travaux géologiques exécutés jusqu'à ce jour permettent cependant d'affirmer que le sol de la colonie offre des ressources dont l'industrie pourra tirer un grand profit.

La pierre à bâtir se trouve partout, ainsi que la chaux hydratée et le spath ; les coraux, dont est formée la ceinture madréporique qui entoure l'île, donnent une chaux excellente. Plusieurs chaufourneries existent déjà dans la colonie. Les gisements nombreux de schistes ardoisiers seront d'une exploitation facile. Le fer est abondant, mais on ne peut de longtemps songer à l'utiliser, en raison du bon marché des fers anglais sur les marchés australiens.

On a reconnu dans diverses parties de l'île des affleurements de houille, et il est probable qu'à une certaine profondeur les gisements donneront des filons très-riches.[1]

Il n'est pas douteux que l'or dans l'île dans la partie Nord la similitude de la constitution géologique de la Nouvelle-Calédonie et des terrains aurifères australiens en est une preuve certaine ; mais jusqu'ici il n'a pas encore été trouvé en quantité suffisante

---

[1]. Voici un extrait d'un rapport adressé au gouverneur, par M. Garnier ingénieur des mines, sur les gisements houillers de Karigou, dans la vallée de la Dumbéa.

« Le combustible extrait jusqu'à présent doit être rangé dans la classe des anthracites, par son aspect d'un brillant métallique, sa dureté, sa pesanteur spécifique, la difficulté qu'on a pour l'enflammer, sa combustion, accompagnée d'une légère flamme, quoique développant beaucoup de chaleur. Or, la houille que nous recevons ici de la Nouvelle-Hollande est très-grasse. Elle a même en excès ce qui manque à notre combustible ; aussi reproche-t-on généralement aux charbons australiens de brûler trop vite, ce qui revient à dire que le pouvoir calorique est faible, conséquence de la grande quantité de matières bitumeuses qu'ils contiennent, et dont la grande partie se volatilise pendant la combustion, produisant cette fumée abondante et noire qui se dégage des cheminées de nos bateaux à vapeur. Le mélange de ces deux combustibles doit nécessairement en former un troisième donnant de meilleurs résultats que ceux produits par chacun d'eux employé isolément. Jusqu'ici, le charbon de Karigou n'a pas été d'une qualité très-homogène ; dans le milieu d'une couche, il est vitreux et d'une pureté presque absolue, mais à mesure que l'on approche des schistes auxquels se termine le banc, le combustible s'en imprègne peu à peu lui-même et finit insensiblement par se fondre dans ses roches. D'après tous ces faits, je suis porté à conclure que la formation carbonifère a eu un grand développement dans cette contrée. » (*Moniteur de la Nouvelle-Calédonie*, du 5 février 1865).

pour rémunérer le travail de ceux qui se livrent à sa recherche, en raison peut-être de leurs moyens restreints d'exploitation [1].

Nous devons aussi appeler l'attention des industriels sur les argiles fines, nakolin, terre anglaise, etc.!, qui abondent dans les pays; l'industrie céramique trouverait là d'excellents matériaux.

Signalons encore une découverte faite en 1862, à la mission de Conception, par le R. P. Forestier : celle de schistes piriteux très-riches en sulfate d'alumine.

Exploitation des bois. — On a beaucup exagéré dans ces derniers temps les richesses forestières de la Nouvelle-Calédonie; s'il est vrai de dire qu'on y trouve des essences d'excellente qualité, et surtout très-variées, il faut ajouter que les arbres de grande dimension sont rares, surtout dans les districts très-peuplés, et que leur position sur les hautes montagnes en rend l'exploitation très-difficile.

L'arbre le plus commun dans la Nouvelle-Calédonie, et particulièrement dans la presqu'île de Port-de-France, est sans contredit le *Melaleuca* (*leucodendron* [Forster], *Viridiflora* [Gaertner]), connu des indigènes sous le nom de *Niaouli*. Les feuilles odoriférantes fourniraient une huile de cajeput fort estimée.

L'écorce blanchâtre du Niaouli, qui lui a valu son nom scientifique (arbre blanc), est employée depuis longtemps par les Calédoniens pour couvrir leurs habitations. Quant au bois, on peut en tirer un excellent parti pour certains ouvrages de sculpture et d'ébénisterie, et pour les constructions navales ; il ne le cède à aucun autre comme force, élasticité et puissance de durée.

---

[1] Les deux échantillons de gisements aurifères découverts dans la partie Nord de notre colonie, et adressés à l'Exposition permanente des colonies de Paris ont été soumises à l'analyse. Ils ont donné les résultats suivants :

	Spécimen n° 1.	Spécimen n° 2.
Or...............	80 gr. 50	81 gr. 11
Argent...........	16 10	15 49
Autres métaux....	3 40	3 40
Total............	100 00	100 00

D'après leur titre, la valeur commerciale de ces deux spécimens serait pour le kilogramme :

	Spécimen n° 1.	Spécimen n° 2.
Or...............	2.764 fr. 73	2.785 fr. 33
Argent...........	35 24	33 71
Totaux...........	2.799 97	2.819 04

Après le Niaouli, les essences les plus communes sont : le Bancoulier (*Aleurites triloba*), dont le bois est poreux et très-léger ; l'*Acacia spirorbis*, dont le bois est très-dur et facile à travailler ; le *Backburnia primata*, dont le bois, fortement coloré en jaune, se fendille au soleil et se travaille difficilement ; le *Casuarina nodiflora*, connu sous le nom de bois de fer ; le bois de rose (*Thespesia populnea*), qui est très-recherché, mais malheureusement trop rare ; enfin le Sandal qui, depuis l'exploitation qui en a été faite par les Anglais et les Américains, se trouve réduit à de faibles taillis. Il faudra encore bien des années pour en obtenir de beaux échantillons.

Dans le but d'empêcher la destruction des essences forestières de la colonie, l'exploitation des bois sur les terres non concédées ne peut avoir lieu que sur l'autorisation du gouverneur et des chefs de poste. (Arrêtés des 26 juillet 1862 et 11 janvier 1864.)

Commerce et navigation.

Les ports de la Nouvelle-Calédonie sont déclarés *ports francs*; les importations et les exportations n'y sont soumises à aucun droit de douane ; les navires français et étrangers n'ont à payer que des droits de pilotage.

Les importations, venant presque toutes d'Australie, se composent principalement de bœufs, moutons, chevaux, farine, biscuits, haricots, sucre, café et charbon de terre.

Les exportations consistent en huile de coco, peaux de bœuf et de mouton, trépangs, écaille de tortue, bois de sandal et laine.

Voici la récapitulation du commerce extérieur de la colonie pendant les années 1861, 1862, 1863 et 1864 :

IMPORTATIONS.	1861	1862	1863	1864
	FR.	FR.	FR.	FR.
Denrées et marchandises importées de France, par navires français...	»	»	50.000	100.000
Denrées et marchandises françaises importées de l'étranger par navires.. { français..	»	148.9~0	171.700	70.000
étrangers.	1.257.000	1.079.450	1.262.300	1.435.000
Produits des îles..................	11.500	250	»	»
Totaux.	1.263.500	1.228.030	1.484.000	1.605.000
EXPORTATIONS.				
Denrées et marchandises françaises ou étrangères provenant de l'importation	3.500	»	»	»
Produits de la colonie et des îles exportées pour l'étranger..........	43.450	55.443	46.112	60.990
Totaux........	46.950	55.443	46.112	60.990
TOTAUX des importations et des exportations..............	1.315.450	1.284.093	1.530.112	1.665.990

Dans ce tableau ne figurent pas les marchandises et denrées apportées pour le compte de l'administration, soit par des bâtiments de guerre, soit par des bâtiments de commerce.

La différence qui existe entre les marchandises importées de la France, en 1861 et en 1864, ne donne pas une idée exacte de l'augmentation de ce commerce d'importation. En effet, jusqu'en 1863, le gouvernement local faisait une grande partie de ses achats dans les magasins de Port-de-France ; mais depuis 1863, c'est-à-dire depuis l'ouverture de la ligne régulière entre Bordeaux et Port-de-France, l'administration locale assure presque tous ses besoins par des envois directs que lui fait la métropole. Il en résulte que la presque totalité des marchandises portées sur les manifestes d'entrée, en 1864, profite réellement à la consommation générale.

Le commerce extérieur de la colonie, pendant ces quatre années, a donné lieu au mouvement maritime suivant :

Tableau de la Navigation de 1861 à 1864.

ANNÉES.	ENTRÉES				TOTAUX.	
	BATIMENTS FRANÇAIS.		BATIMENTS ÉTRANGERS.			
	Nombre de navires.	Tonneaux.	Nombre de navires.	Tonneaux.	Nombre de navires.	Tonneaux.
1861	2	745	32	5.269	34	6.014
1862	3	990	16	2.818	39	3.803
1863	7	3.107	20	3.117	38	6.224
1864	4	2.063	23	6.137	27	8.200
SORTIES.						
1861	2	745	29	4.953	31	5.698
1862	3	990	19	3.337	22	4.367
1863	7	2.716	17	2.527	24	5.243
1864	4	1.974	24	6.181	28	8.155

CABOTAGE.

Voici maintenant l'état comparatif du commerce d'échange qui s'est effectué entre Port-de-France et les côtes de l'île pendant les années 1861, 1862, 1863 et 1864 :

ANNÉES.	VALEUR des PRODUITS IMPORTÉS à Port-de-France.	VALEUR des PRODUITS EXPORTÉS de Port-de-France.	TOTAUX des VALEURS MISES en circulation.
1861	71.100 fr.	64.465 fr.	135.565 fr.
1862	66.395	105.587	171.982
1863	112.300	152.400	264.700
1864	128.235	146.630	274.865
TOTAUX.....	378.030	449.082	847.112

Ce tableau fait ressortir entre les années 1861 et 1864 une augmentation du double dans la valeur des produits, tels que porcs, ignames, huile de coco, importés à Port-de-France par les caboteurs. Les patrons, pour charger leurs bateaux, sont obligés de parcourir une grande partie de la côte, de s'aventurer au milieu des populations de l'intérieur. Aussi le développement de cette navigation de cabotage, si intéressante au double point de vue de l'approvisionnement du chef-lieu et de nos relations commerciales avec l'intérieur, est-il intimement lié à l'extension de notre autorité sur les indigènes.

Service postal.

La Nouvelle-Calédonie est en communication mensuelle avec la France au moyen des paquebots-poste anglais de la compagnie Péninsulaire et Orientale qui desservent l'Australie.

Les départs de Marseille ont lieu le 28 de chaque mois, et les arrivées à Sydney, le 14 du deuxième mois qui suit le départ. Les relations entre Sydney et Port-de-France sont assurées au moyen des bâtiments de la station locale.

Le prix du passage par les services britanniques jusqu'à Sydney est de 120 l. st. (3,000 francs) dans une cabine commune, et de 300 l. st. (7,500 francs) pour une cabine réservée. Les voyageurs doivent payer en outre le prix du transit en chemin de fer, entre Alexandrie et Suez : 1re classe, 175 francs, et 2e classe, 87 francs.

Les conditions d'échange des correspondances ont été réglées par les décrets des 7 septembre 1863 et 17 novembre 1864. Voici le tarif de la transmission :

Lettres affranchies, par 10 grammes.............. 0.70
— non-affranchies...................... 0.80
— chargées............................ 1.40
Échantillons et imprimés, par 40 grammes........ 0.12
Papiers de commerce et d'affaires, par 200 grammes. 0.60

La plupart des correspondances sont expédiées aujourd'hui par les services rapides. Le nombre des lettres qui ont passé par le bureau de Port-de-France, en 1864, a été de 17,108 contre 13,112 en 1863, soit une différence en plus de 3,996 lettres pour 1864. En 1863, il y a eu un excédant de 2,268 lettres sur l'année 1862, pendant laquelle le bureau de Port-de-France a expédié ou reçu 10,844 lettres.

Cependant on se sert encore quelquefois de la voie des navires du commerce qui doublent le cap de Bonne-Espérance. Par cette voie, la moyenne de la traversée est d'environ 120 jours de France à la Nouvelle-Calédonie, et de 150 jours de la colonie en France. Le prix du passage est de 2,000 francs en moyenne pour l'aller et de 2,500 francs pour le retour.

Les lettres expédiées par cette voie sont taxées à 30 centimes par 10 grammes si elles sont affranchies, et, dans le cas contraire, à 40 centimes.

L'affranchissement des correspondances expédiées de la colonie a lieu au moyen de timbres-poste [1] spéciaux à nos possessions d'outre-mer.

Des mandats sur la poste peuvent être adressés de France dans la colonie, mais seulement au profit des militaires et marins qui s'y trouvent en garnison et des transportés qui sont dans les établissements pénitentiaires.

---

[1] On vient de créer deux séries nouvelles de timbres-poste coloniaux, les timbres à 20 centimes et à 80 centimes, ce qui élève à six les catégories de timbres-poste en usage dans nos colonies, soit, les timbres à 1 centime, à 5, 10, 20, 40 et 80 centimes.

APPENDICE

Régime des Sucres.

A l'époque où fut publiée la *Notice préliminaire* du présent ouvrage, le régime des sucres était réglé par la loi du 13 mai 1860; depuis lors diverses modifications ont été apportées à ce régime par les décrets des 16 janvier 1861, 24 juin 1861, 24 octobre 1861, 10 juin 1862, et par les lois des 2 juillet 1862, 16 mai 1863 [1] et 7 mai 1864. Voici le texte de cette dernière loi :

Art. 1er. A partir du 15 juin 1864, les droits sur les sucres seront établis ainsi qu'il suit, décimes compris :

Sucres...	Bruts de toute origine.	au dessous du n° 13..... 42 fr.	les 100 kilogr.
		du n° 13 au n° 20 inclusivement... 44	
	Assimilés aux raffinés.	Poudres blanches au dessus du n° 20 45	
	Raffinés dans les fabriques de sucre indigène et dans les colonies françaises............ 47		

Les types n°s 13 et 20 seront déterminés conformément à la série des types de Paris.

Art. 2. Les colonies françaises de l'île de la Réunion et des Antilles jouiront d'une détaxe de 5 francs par 100 kilogrammes, du 15 juin 1864 au 1er janvier 1870, décimes compris.

Art. 3. Les sucres importés des pays hors d'Europe par navires étrangers, et les sucres importés des pays et des entrepôts d'Europe, quel que soit le mode de transport, seront soumis à une surtaxe de 2 francs par 100 kilogrammes, décimes compris.

Art. 4. La faculté d'abonnement accordée aux fabriques de sucre indigène, par l'article 4 de la loi du 23 mai 1860, est et demeure supprimée.

Art. 5. Le régime actuel du drawback est supprimé.

---

[1] On trouvera le résumé de ces lois et décrets dans la *Revue maritime et coloniale*, t. IX, p. 450 (novembre 1863).

Les sucres non raffinés, de toute origine, jouiront de la faculté de l'admission temporaire en franchise, sous les conditions ci-après déterminées.

L'admission temporaire ne sera obligatoire qu'à l'égard des sucres qui seront raffinés pour l'exportation.

Les sucres déclarés pour l'admission temporaire donneront lieu à des obligations cautionnées.

Ces opérations seront épurées dans un délai qui ne pourra excéder quatre mois, soit par l'exportation au raffinage ou par la mise en entrepôt d'une quantité de sucres raffinés correspondant aux rendements qui seront déterminés à l'article 6, soit par le payement des taxes et surtaxes applicables aux sucres bruts soumissionnés.

Lorsque les raffinés exportés proviendront de sucres importés par navire étranger, les soumissionnaires devront payer, au moment de l'exportation ou de la mise en entrepôt, la moitié de la surtaxe de pavillon.

Relativement aux obligations cautionnés, l'action du Trésor et la responsabilité des comptables resteront de tous points soumises aux règles tracées par les ordonnances et arrêtés rendus sur les crédits accordés pour le payement des droits de douane.

Art. 6. Le rendement des sucres destinés à l'exportation après raffinage sera réglé ainsi qu'il suit :

Origine	Numéro	Produit	Pour 100 kil. de sucre brut conformément aux types indiqués ci-contre.
Sucre de toute origine.	au dessous du n° 10.	Sucres mélis ou quatre-cassons et sucre candi. 78 k.	
		Sucre lumps et sucre tapé de nuance blanche. 79	
	du n° 10 au n° 13 exclusivement.	Sucres mélis ou quatre cassons et sucre candi. 80	
		Sucre lumps et sucre tapé de nuance blanche. 81	
	du n° 13 au n° 16 inclusivement.	Sucre mélis ou quatre-cassons et sucre candi. 83	
		Sucre lumps et sucre tapé de nuance blanche. 84	

Les vergeoises du n° 13 et des numéros supérieurs seront admissibles pour l'exportation à la décharge des obligations d'admission temporaire, à raison de 500 kilogrammes pour 100 kilogrammes de sucre brut.

Les sucres coloniaux et étrangers ne seront admissibles au raffinage pour l'exportation que lorsqu'ils auront été importés directement par mer des pays hors d'Europe.

Art. 7. Les sucres raffinés qui, après avoir été placés en entrepôt dans les conditions prévues par l'article 5, seront retirés pour la consommation, acquitteront les droits afférents à la matière brute dont ils proviennent et sur les quantités soumissionnées au moment de l'admission temporaire.

Art. 8. Si les obligations ne sont pas apurées dans le délai fixé par l'article 5 de la présente loi, le Trésor poursuivra immédiatement, outre le recouvrement du droit d'entrée, le payement des intérêts de ce droit, à raison de 5 p. 100 l'an, et ce à partir de l'expiration dudit délai.

Toute tentative ayant pour but de faire admettre à l'exportation ou à la réintégration en entrepôt, comme il est dit à l'article 5, des sucres n'ayant pas le poids déclaré ou le degré de pureté et de blancheur exigé par les règlements sur la matière, sera punie, dans le premier cas, d'une amende égale au double droit sur le déficit, et dans le second cas, d'une amende de 10 francs par 100 kilogrammes. La marchandise pourra être retenue pour sûreté de l'amende et des frais.

Art. 9. La restitution des droits à l'exportation des sucres raffinés, lorsque le payement de ces droits sera justifié au moyen de quittances antérieures à la promulgation de la présente loi et n'ayant pas plus de quatre mois de date, se fera sur les bases du tarif et d'après les rendements déterminés par les lois antérieures.

Les sucres raffinés indigènes non libérés d'impôt, existant en magasin dans les fabriques-raffineries ou en cours de raffinage au moment de la mise en vigueur de la présente loi, acquitteront le droit de 47 francs par 100 kilogrammes, décimes compris.

Aux termes de cette loi, voici le nouveau tarif des sucres à l'importation depuis le 15 juin 1864 :

Sucres bruts au-dessous du n° 13.

	Nav. franç.	Nav. étrang.
Des colonies françaises :		
Des Antilles et de la Réunion.............	37 fr.	39 fr.
De la Guyanne française, Sainte-Marie-de-Madagascar, Mayotte, Nossi-Bé, Taïti et Nouka-Hiva.......................	37	»
D'ailleurs, hors d'Europe (y compris les possessions françaises autres que celles ci-dessus désignées)......................	42	44
Des entrepôts........................	44	44

Sucres bruts du n° 13 au n° 20 inclusivement.

Des colonies françaises :		
Des Antilles et de la Réunion.............	39	41
De la Guyane française, Sainte-Marie-de-Madagascar, Mayotte, Nossi-Bé, Taïti et Nouka-Hiva.......................	39	»
D'ailleurs, hors d'Europe (y compris les possessions françaises autres que celles ci dessus désignées)......................	44	46
Des entrepôts........................	46	46

Sucres en poudres blanches au-dessus du n° 20

Des colonies françaises :		
Des Antilles et de la Réunion.............	40	42
De la Guyane française, Sainte-Marie-de-Madagascar, Mayotte, Nossi-Bé, Taïti et Nouka-Hiva.......................	40	»
D'ailleurs (y compris les possessions françaises autres que celles ci-dessus désignées), prohibés.		

Sucres raffinés.

Des colonies françaises :		
Des Antilles et de la Réunion.............	42	44

	Nav. franç.	Nav. étrang.
De la Guyane française, Sainte-Marie-de-Madagascar, Mayotte, Nossi-Bé, Taïti et Nouka-Hiva..................	42 fr.	» fr.
D'ailleurs (y compris les possessions françaises autres que celles ci-dessus désignées), prohibés.		

Décret du 25 juillet 1865.

De la Belgique, de la Grande-Bretagne et des Pays-Bas :

En pains ou en poudre assimiliés ou raffinés.	50 fr.	60 cent.
Candis..................	54	15

Régime commercial du Sénégal.

Depuis la publication de la Notice sur le Sénégal, le régime commercial de cette colonie a été modifié par le décret impérial du 24 décembre 1864. Voici le texte de ce décret :

Art. 1er. Les marchandises de toute nature et de toute provenance peuvent être importées par tout pavillon à Saint-Louis (Sénégal) et à l'île de Gorée.

A Saint-Louis, elles sont soumises à une taxe de 4 p. %. de la valeur ;

A Gorée, elles sont admises en franchise de tout droit de douane et de navigation.

Art. 2. L'accès du fleuve du Sénégal, au-dessus de Saint-Louis, continue à être interdit aux bâtiments étrangers.

Art. 3. Les marchandises importées à Saint-Louis jouissent, pendant un an, du bénéfice de l'entrepôt fictif. A l'expiration de ce délai, les droits sont liquidés d'office.

Art. 4. Les produits chargés dans le port de Saint-Louis et de Gorée peuvent être exportés pour toute destination et par tout pavillon.

Art. 5. Les produits chargés dans le port de Saint-Louis et de Gorée sur des navires étrangers seront, à leur importation en France, assujettis à une surtaxe de pavillon de 20 francs par tonneau d'affrétement, conformément aux dispositions de la loi du 3 juillet 1861, concernant le régime des douanes des Antilles françaises et de la Réunion.

Art. 6. Sont abrogées toutes dispositions contraires au présent décret.

Art. 7. Nos ministres secrétaires d'État du département de l'agriculture, du commerce et des travaux publics, du département de la marine et des colonies et du département des finances sont chargés, chacun en ce qui le concerne, de l'exécution du présent décret.

Tableau du commerce général des colonies

DE 1861 A 1864 EN (VALEURS ACTUELLES),

d'après les *Tableaux généraux du commerce de la France* et les Etats des douanes locales (1).

COLONIES.	1861.		1862.		1863.		1864.	
	Importations.	Exportations.	Importations.	Exportations.	Importations.	Exportations.	Importations.	Exportations.
	fr	fr.	fr.	fr.	fr.	fr.	fr.	fr.
Martinique.........	28,995,205	24,939,997	29,144,879	24,340,672	25,481,170	26,197,873	27,097,774	18,844,91
Guadeloupe........	24,683,647	20,454,370	22,273,604	24,923,190	23,144,726	22,148,746	18,668,033	14,079,17
Guyane	7,006,723	1,045,779	9,992,577	1,256,401	8,740,412	725,776	9,783,820	1,337,3
Réunion..........	52,769,749	50,929,892	52,346,189	39,300,220	59,303,741	44,657,112	34,929,500	24,321,5
Sénégal...........	8,209,499	4,909,964	7,811,163	5,342,993	9,314,961	6,557,014	7,989,563	6,935,2
Gorée.............	6,890,199	4,951,963	6,699,598	6,355,788	7,720,719	4,885,725	7,437,094	7,974,4
St-Pierre Miquelon.	4,239,567	4,098,289	3,528,763	5,267,998	3,880,103	5,326,014	3,632,784	7,638,3
Inde	9,145,814	28,398,872	7,978,908	22,720,367	8,585,112	18,422,726	5,836,400	21,138,3
Gabon............	»	»	655,551	1,624,804	1,067,503	944,463	1,165,430	1,986,0
Mayotte, Nossi-Bé et Ste-Marie de Madagascar (2).....	675,335	1,186,376	571,189	1,208,702	181,747	1,404,351	363,829	988,7
Etablissements de l'Océanie...........	»	»	2,787,947	1,698,077	2,105,762	1,141,236	2,426,312	1,377,0
Nouvelle-Calédonie.	1,268,500	46,950	1,228,630	55,443	1,484,000	46,112	1,605,000	60,9
Cochinchine.......	»	»	8,000,000 (3)	10,000,000 (4)	»	»	14,000,000	16,697,7

(1) Ce tableau fait suite à celui qui a été publié dans la *Notice préliminaire*, p. 32 et 33.

(2) Les chiffres se rapportant à ces possessions ne comprennent que le commerce entre la France et la colonie.

(3 et 4) Chiffres approximatifs.

État des denrées coloniales exportées de la Réunion, de la Martinique et de la Guadeloupe en 1863, 1864 et 1865.

DÉSIGNATION DES DENRÉES.		RÉUNION.			MARTINIQUE.			GUADELOUPE.		
		1863.	1864.	1865.	1863.	1864.	1865.	1863.	1864.	1865.
Sucre	kil.	44,150,523	36,397,134	41,230,609	30,458,778	24,161,246	30,191,467	30,265,936	15,905,985	24,456,684
Sirops et mélasses	lit.	3,650,240	3,793,155	3,646,349	84,918	621,494	352,810	257,696	162,295	160,937
Rhum et tafia	»	113,385	78,489	115,727	5,455,051	3,031,043	4,559,487	1,423,237	397,829	1,126,452
Café	kil.	213,610	43,388	215,331	32,161	10,706	44,981	409,059	219,994	447,170
Coton	»	»	18,245	16,795	1,600	10,135	46,283	32,502	105,501	238,801
Cacao	»	545	477	»	258,127	224,076	258,425	67,925	69,225	79,254
Canne	»	»	»	»	302,589	302,297	369,828	129	839	709
Campêche	»	»	»	»	731,556	619,596	410,185	822,027	118,939	156,010
Roucou	»	»	»	»	»	»	»	124,400	112,200	151,745
Vanille et vanillon	»	29,681	20,856	35,376	»	»	»	»	371	1,271
Girofle	»	20,387	49,172	34,184	»	»	»	»	»	»
Macis et muscades	»	1,901	2,596	1,365	»	»	»	»	»	»

Budgets des colonies pour l'année 1865.

(Ce Tableau fait suite à celui qui a été publié dans la *Notice préliminaire*, pages 26 et 27.)

SERVICE DE L'ÉTAT.

COLONIES.	DÉPENSES.
	fr. c.
Martinique．	2,932,970 »
Guadeloupe et dépendances．	3,302,820 »
Réunion．	2,603,260 »
Guyane．	1,739,890 »
Sénégal et dépendances．	3,254,090 »
Etablissements de la Côte d'Or et du Gabon．	391,120 »
Saint-Pierre Miquelon．	159,290 »
Sainte-Marie de Madagascar．	214,500 »
Mayotte et dépendances．	390,320 »
Etablissements de l'Océanie (Taïti, Iles Marquises, etc.)．	379,800 »
Nouvelle-Calédonie．	991,610 »
Etablissements français de l'Inde．	539,750 »
Service commun des colonies．	323,750 »
Etablissements pénitentiaires．	5,009,000 »
Subvention au service local．	2,223,500 » [1]
Dépenses militaires et maritimes classées dans les différents chapitres du budget au titre du service *marine*．	5,071,886 »
Total．	29,527,886 »

[1] Voir le détail de ces subventions au tableau ci-dessous, 2e colonne.

SERVICE LOCAL.

COLONIES.	RECETTES.			DÉPENSES.
	Recettes locales.	Subventions de l'État.	Total des recettes.	
	fr. c.	fr. c.	fr. c.	fr. c.
Martinique．	3,474,297 51	» »	3,474,297 51	3,474,297 51
Guadeloupe．	3,167,355 »	» »	3,167,355 »	3,167,355 »
Réunion．	5,704,152 71	» »	5,704,152 71	5,328,932 71
Guyane．	619,140 »	523,000 »	1,142,140 »	1,142,140 »
Sénégal et dépendances．	488,700 »	590,000 »	1,078,700 »	1,078,700 »
Côte-d'Or et Gabon．	18,180 »	150,000 »	168,180 »	168,180 »
Saint-Pierre et Miquelon．	84,529 40	126,500 »	211,029 40	211,029 40
Sainte-Marie de Madagascar．	12,000 »	80,000 »	92,000 »	92,000 »
Mayotte et dépendances [2]．	35,400 »	154,000 »	189,400 »	189,400 »
Taïti．	249,000 »	300,000 »	549,000 »	549,000 »
Nouvelle-Calédonie．	140,460 »	300,000 »	440,460 »	440,460 »
Etablissements de l'Inde [3]．	1,409,155 »	» »	1,409,155 »	1,433,098 »
Totaux．	15,402,368 62	2,223,500 »	17,625,869 62	17,274,592 62

[2] Les chiffres pour Mayotte sont les mêmes que ceux du budget de 1862.

[3] Non compris la rente de l'Inde (1,060,000 fr.) et le contingent de ces établissements (222,000 fr.), qui sont versés au Trésor métropolitain et qui figurent aux recettes de l'État.

Budgets de la Cochinchine

DE 1860 A 1866.

ANNÉES.	SERVICE DE L'ÉTAT.	SERVICE LOCAL.	
		Recettes.	Dépenses.
	fr.	fr.	fr.
1860............	»	860,000	»
1861............	»	290,000 [1]	»
1862............	»	1,344,000	»
1863............	19,000,000	1,800,000	»
1864............	14,000,000	3,012,719 [2]	3,012,719
1865............	8,500,000	4,483,000	4,483,000
1866............	6,748,941	5,056,000	5,056,000

[1] La diminution des recettes en 1861 provient de l'abaissement des droits d'ancrage (1/2 piastre par tonneau au lieu de 2 piastres).

[2] La comparaison des recettes effectuées avec les prévisions du budget fait ressortir une différence en plus de 3,283,530 francs.

Mouvement général des opérations d'avances, de prêts, et d'escomptes des banques coloniales [1].

PENDANT LES EXERCICES 1862-63, 1863-64, 1864-65.

	1862-63	1863-64	1864-65
Martinique............	25,573,768	25,305,741	22,701,095
Guadeloupe............	29,648,035	31,793,638	24,719,475
Réunion............	22,553,837	22,783,162	23,041,655
Guyane............	3,312,587	3,833,641	3,995,660
Sénégal............	754,520	758,230	904,715
Totaux.......	81,842,747	84,474,382	75,362,600

[1] Ces opérations ne comprennent pas les émissions et les remises qui constituent le mouvement de change avec la Métropole.

TABLE DES MATIÈRES

Notice préliminaire.

	Pages.
Nomenclature des colonies	1
Régime constitutionnel	3
Du gouvernement	3
Des chefs d'administration, du contrôleur et du commandant militaire	5
Du conseil privé	6
Du conseil général	8
De l'administration municipale	10
Du comité consultatif des colonies	11
Régime législatif	13
Organisation judiciaire	17
Organisation du culte et de l'enseignement	21
Régime financier	22
Régime commercial	29
Organisation militaire et maritime	34

CHAPITRE PREMIER.

Colonies d'Afrique.

LA RÉUNION.

Résumé historique	35
Liste chronologique des gouverneurs	39
Topographie	43
Météorologie	49
Population	51
Immigration	52
Gouvernement et administration	56
Justice	61
Culte et assistance publique	65
Instruction publique	70
Forces militaires	73
Finances	74
Agriculture	82
Industrie	90
Commerce	92
Entrepôts	100
Navigation	101
Douanes	105
Service postal	107

MAYOTTE.

	Pages.
Résumé historique	110
Liste chronologique des commandants supérieurs	112
Topographie	113
Météorologie	116
Population	116
Gouvernement et administration	117
Culte et assistance publique	118
Justice	118
Forces militaires	120
Finances	121
Agriculture	123
Commerce et navigation	125
Service postal	127

NOSSI-BÉ.

Résumé historique	128
Liste chronologique des commandants particuliers	130
Topographie	131
Météorologie	133
Population	134
Administration, justice	135
Culte et assistance publique	136
Agriculture	136
Commerce et navigation	137

SAINTE-MARIE DE MADAGASCAR.

Résumé historique	139
Liste chronologique des commandants	141
Topographie	142
Météorologie	143
Population	144
Gouvernement et administration	145
Forces militaires	145
Justice	145
Culte et assistance publique	146
Finances	146
Agriculture	148
Commerce, navigation, service postal	148

SÉNÉGAL ET DÉPENDANCES.

Résumé historique	149
Liste des directeurs et gouverneurs	156
Topographie	160
Météorologie	171
Population	173
Gouvernement et administration	176

	Pages.
Forces militaires et maritimes	179
Culte et instruction publique	180
Justice	181
Finances	185
Agriculture et produits du sol	189
Industrie	192
Commerce	194
Navigation	205
Service postal	209

ÉTABLISSEMENTS DE LA CÔTE-D'OR (Grand-Bassam, Assinie et Dabou).

Résumé historique	213
Liste chronologique des commandants	217
Topographie	218
Météorologie	220
Population, religion	221
Gouvernement, administration et forces militaires	222
Agriculture	223
Commerce et navigation	224

GABON.

Résumé historique	225
Liste chronologique des commandants supérieurs	227
Topographie	228
Météorologie	232
Population	233
Gouvernement et administration	235
Forces militaires et maritimes	236
Culte et assistance publique	237
Justice	238
Finances	239
Agriculture	241
Commerce et navigation	242
Service postal	246

CHAPITRE II.

Colonies d'Amérique.

ILES SAINT-PIERRE ET MIQUÉLON.

Résumé historique	247
Liste chronologique des commandants	249
Topographie	250
Météorologie	253
Population	254
Gouvernement et administration	255

	Pages.
Forces militaires et maritimes	256
Justice	257
Culte, instruction et assistance publiques	260
Finances	260
Cultures et produits naturels	263
Industrie	264
Commerce	272
Navigation	275
Service postal	278

MARTINIQUE.

Résumé historique	280
Liste chronologique des gouverneurs	284
Topographie	287
Météorologie	292
Population	294
Immigration	295
Gouvernement et administration	299
Forces militaires	304
Justice	306
Culte et assistance publique	309
Instruction publique	312
Finances	315
Agriculture	320
Industrie	326
Commerce	327
Entrepôts	338
Navigation	339
Douanes	343
Service postal	343

GUADELOUPE ET DÉPENDANCES.

Résumé historique	346
Liste chronologique des gouverneurs	351
Topographie	355
Id. des dépendances (Marie-Galante, les Saintes, la Désirade, Saint-Martin)	360
Météorologie	363
Population	364
Immigration	366
Gouvernement et administration	369
Forces militaires	375
Justice	376
Culte, assistance et santé publiques	378
Instruction publique	385
Finances	387
Agriculture	394
Industrie	401
Commerce	403

	Pages.
Entrepôts	412
Navigation	413
Douanes	416
Service postal	417

GUYANE.

Résumé historique	420
Liste chronologique des gouverneurs	428
Topographie	432
Météorologie	447
Population	449
Immigration	450
Transportation	453
Gouvernement et administration	458
Justice	461
Forces militaires et maritimes	464
Culte et assistance publique	465
Instruction publique	469
Finances	471
Agriculture	476
Industrie	483
Commerce	485
Navigation	492
Service postal	493

CHAPITRE III.

Colonies d'Asie.

ÉTABLISSEMENTS DANS L'INDE.

Résumé historique	495
Liste chronologique des gouverneurs	499
Topographie	501
Météorologie	505
Population	507
Émigration	508
Gouvernement et administration	509
Forces militaires	512
Justice	513
Culte et assistance publique	516
Instruction publique	518
Finances	520
Agriculture	524
Industrie	528
Commerce	529
Navigation	533
Service postal	535

COCHINCHINE.

	Pages.
Résumé historique	539
Liste chronologique des commandants et gouverneurs	548
Topographie	549
Météorologie	559
Population	562
Gouvernement et administration	565
Forces militaires	569
Justice	570
Culte et assistance publique	574
Instruction publique	578
Finances	580
Agriculture	588
Insdustries	594
Commerce	597
Navigation	604
Service postal	609

CHAPITRE IV.

Colonies de l'Océanie.

ÉTABLISSEMENTS DE L'OCÉANIE (îles de la Société, îles Basses, archipel Tubuaï et Marquises).

Résumé historique		612
Liste chronologique des gouverneurs et commandants		622
Topographie et hydrographie		624
Id.	Iles de la Société	625
Id.	Iles Basses ou Tuamotu	631
Id.	Archipel Tubuaï	643
Id.	Archipel des Marquises	643
Météorologie		647
Population		651
Gouvernement et administration		655
Forces militaires et maritimes		658
Justice		659
Culte et assistance publique		662
Instruction publique		665
Finances		668
Agriculture		672
Industrie		676
Commerce		677
Navigation		682
Service postal		684

NOUVELLE-CALÉDONIE.

	Pages.
Résumé historique	688
Liste chronologique des gouverneurs et commandants	696
Topographie	697
Météorologie	710
Population	713
Gouvernement et administration	717
Forces militaires	719
Justice	720
Culte	723
Service de santé	727
Instruction publique	728
Finances	731
Agriculture	733
Industrie	740
Commerce et navigation	745
Service postal	748

Table de l'Appendice.

Régime des sucres	751
Régime commercial du Sénégal	755
Tableau du commerce général des colonies de 1861 à 1864	756
État des denrées coloniales exportées de la Réunion, de la Martinique et de la Guadeloupe en 1863, 1864 et 1865	757
Budgets des Colonies pour l'exercice 1865	758
Budgets de la Cochinchine de 1860 à 1866	759
Mouvement général des opérations d'avances, de prêts et d'escomptes des banques coloniales	759

ERRATA.

Page 65, ligne 15, *lisez* : 1850, *au lieu de :* 1860.

Page 227, note 1, ligne 9, *lisez* : 1850, *au lieu de :* 1860.

Page 412, État comparatif du mouvement des entrepôts de la Guadeloupe, *lisez* : 1861, *et non* 1684.

Page 743 ligne 20, *lisez* : Il n'est pas douteux que l'or existe dans la partie nord de l'île.

www.ingramcontent.com/pod-product-compliance
Lightning Source LLC
Chambersburg PA
CBHW052036290426
44111CB00011B/1521